经典全译本

（法）托克维尔-著
陈天群　赵振-译

# 论美国的民主

De la démocratie en Amérique



江西人民出版社

**图书在版编目（CIP）数据**

论美国的民主：全2册 / (法) 托克维尔(Tocqueville,A.) 著；陈天群，赵振译. -- 南昌：江西人民出版社，2013.4

ISBN 978-7-210-05812-0

Ⅰ. ①论… Ⅱ. ①托… ②陈… ③赵… Ⅲ. ①民主－研究－美国 Ⅳ. ①D771.221

中国版本图书馆CIP数据核字(2013)第049215号

论美国的民主

(法) 托克维尔(Tocqueville,A.) 著；陈天群，赵振 译

责任编辑/王华

出版发行/江西人民出版社

印刷/北京嘉业印刷厂

版次/2013年5月第1版

2013年5月第1次印刷

开本/787毫米×1092毫米 1/16 35.5印张

字数/580千字

书号/ ISBN 978-7-210-05812-0

定价/ 42.80元

赣版权登字—01—2013-33

# 目录

## 下卷

第二部分

## 民主对美国人情感的影响



第三部分

## 民主与民情的关系

# 译者前言

《论美国的民主》的诞生，既是一个天才学者智慧的结晶，也是欧洲和美国历史发展到一定阶段的文化成果。

1831年，法国人托克维尔前往美国考察。当时的法国，正处于“七月革命”——法国人民推翻了查理十世的专制——之后的虚弱的平静之中，各种力量暗流涌动，国家的未来尚不明朗，新的流血事件似乎随时可能爆发。相比之下，当时的美国可谓朝气蓬勃，一派祥和，社会发展一日千里。这个建国仅仅55年的新国家，没有任何历史包袱，不像欧洲国家有那么多盘根错节的势力，也没有前朝遗留下来的条条框框，美国人对于自由和平等的渴望切实可行，而且在实践中也颇有成效。

这一切引起欧洲人的极端关注，对于法国人来说更是如此。在托克维尔踏上美国之旅的那一年，法国已经承受了40余年的动乱。各种势力、各个阶级殊死搏斗，反反复复，死伤无数。似乎所有人都满怀愤怒，人人都在喊打，但总也打不出一个未来。

就是在这样的背景下，托克维尔到了美国。在9个多月的时间里，他同美国各个阶层的人进行了广泛交流，上至美国总统安德鲁·杰克逊以及政府要员，下至普通民众以及地处偏远的印第安部落，获得大量第一手资料。他以局外人的眼光审视美国，敏锐地发现了与法国的不同之处。

回国之后，1835年，《论美国的民主》上卷问世，托克维尔一举成名。5年后，下卷出版。1841年，托克维尔入选法兰西学院院士，时年36岁。

托克维尔的时代，欧洲正从贵族社会向民主社会过渡。身为贵族，托克维尔冷静地判断出，贵族的美好时光已经一去不返，普通民众即将登上历史舞台。在舞台转换的过程中，法国的政治体制必须改变，而参考的范本，则是大洋彼岸的美国。托克维尔说：“我之所以考察美国，并不单纯出于好奇心……我希望能从美国找到可资借鉴的经验和教训。”

在托克维尔看来，民主社会的到来是不可避免的时代潮流，因为“尽管民主政府也存在各种缺点和不足，但它仍然是最有利于社会繁荣的政府”，而美国之所以伟大，“并不在于她比其他国家更为聪明，而在于她有更大的能力弥补自己犯下的错误”。

《论美国的民主》是第一部探讨美国民主体制的著作，对欧洲乃至全世界都有深远影响。它分为上下两卷，上卷讲述美国的政治制度，并对其进行学术解析，下卷以美国为背景阐发托克维尔的政治思想。上卷和下卷的写作时间相隔5年，在结构和文风上差异较大。

托克维尔的这部作品，有多个中译本，其中董果良先生的译本最早、最权威。我们这个译本，在一些地方参照了董先生的译法，在此表示衷心感谢！

# 上卷

# 绪论

在美国居住期间，地位平等无疑是我感受的新鲜事物中，最能吸引我的注意力的。它对社会的发展能够产生巨大的影响力，我几乎轻而易举就认识到了这一点。无论是舆论的风向，还是法律的意图，无论是执政者的理念，还是被统治者的习惯，都深受这一重要事情的影响。

没过多久我又发现，即使是行政条款和法律，也没有这件事情所造成的影响更大。并且它的限制作用，在面对政府时比面对社会民众时更加有效。它创造了很多的言论，产生了诸多的感情，使得社会的风气得到了转变，所有不起源于它的东西也都正在被其改变。

因为所有个别的事件都是因地位平等而出现，所以，我越深入地研究美国社会，我越认为地位的平等是一件极其基础的重要事情。我一直将我全部考察的中心设在它的身上，也正是基于这个原因。

我把目光移到地球属于我们的那半边之后，感觉这里与新大陆的情况在很多地方十分相似。我发现，虽然在地球的这半边，地位并没有像美国那样极端的平等，但也正沿着这种趋势前进。而在欧洲，那些已经统治美国社会的民主也正在快速地攻城掠地。

写作这本你们马上要看的书的想法，就是从那一时间开始的。

所有人都发现了我们现在正在经历一场伟大的民主革命，但对其认识却没能达成一致。一部分人觉得它不过是偶然产生的新状况，依然很有可能被控制住。但另一些人认为这是有史以来最频繁、最悠久也持续最久的现象，所以这场革命注定无法被阻止。

我现在回过头来看法国在700年之前的样子。那时占据法国的是少数家族，他们占有土地并统治人民，而统治权也随着财产的继承而代代流传。人控制人的唯一办法就是强权，而强权的唯一来源就是土地产权。

不过，教士阶层的政治权力很快就在法国出现并迅速扩张。无论是穷人还是富人，无论是农奴还是领主，都能够进入教士阶层。可以说教士阶层对任何人都并不排斥。平等也就通过教会，开始向政治之中渗透。有些人原本是农奴身份，注定一生要被人所奴役，但他获得了神甫的身份之后，也就获得了与贵族相同的地位，并且经常可以成为国王的客人。

人们之间的关系随着时间的流逝和社会的安稳与文明，变得越来越复杂和繁乱。这时，制定调整这些关系的民法就变得十分有必要了，所以，法学家开始出现了。他们从阴暗的法庭和尘埃密布的办公室中走了出来，开始在王公贵族的府宅之中出入，在穿着华贵服装或精美铠甲的封建贵族身边侍坐。

因为妄图建立功勋，国王们破产了。因为沉迷个人决斗，贵族们破产了。而因为从事商业的成功，普通的百姓却开始变得富有。在国家事务之中，金钱的影响力开始显现，商业变成了进入权力之门的新途径。资本家们组成了一个政治集团，虽然被人轻视，却又不断被人谄媚。

民众的文化水平不断提高，对文学和艺术的爱好也越来越热烈。知识成为事业取得成功的关键因素，科技也成了行政活动的措施，学识成了社会中的一种能力。由此，知识分子开始步入政坛。

获得权力的途径越来越多，家庭出身也越来越不被人们所看重。贵族的名号在11世纪还是无价之宝，但在13世纪就可以用金钱买到。1270年开始，贵族名号开始被出售，所以可以说，是贵族自己在政府中引入了平等。

为了反对国王的权力，或者为了从敌人手中夺取权力，贵族在这700年之中不断将政治权力托付于人民的手中。而国王为了限制贵族的权力，更是经常让政府吸收下层民众。

法国国王总是标榜自己为最主动和最彻底的平等主义者。如果他们充满雄心并且十分强势，就会尽力让民众获得与贵族同样的权利。如果他们没有成就伟业的雄心和能力，甚至会让民众获得比自己还高的地位。民主不仅因为一些国王依赖民众的能力而得到发展，还因另一些国王的昏庸而得到发展。无论路易十一还是路易十四，他们都尽力让所有的子民都能够在自己的王权之下，保持平等的身份，然而路易十五却最终让王室和他自己灰飞烟灭。

人们占有土地开始不再按照封建土地所有制的形式，而且流动资产也同样被当做财富，并足以产生足够的影响和权力。在这之后，每一个工业技术上的发明，每一处商业的进步，都会使得与其相适应的平等因素在人群中被开发出来。向着普遍的平等的进步，出现在所有的工艺新方法之后，所有的新出现的需求之后，所有的满足新需求的想法之后。让富人变穷与让穷人变富，似乎成为奢侈、好斗、追逐时尚，甚至人类最低俗情欲和最高尚情操的共同追求。

当权力和财富可以从脑力劳动中获得以后，所有的科学发明、新鲜知识、新鲜思想都被人们当做是将要获取的权力的萌芽。上帝赋予的一切能力，包括文学才能、表达才能、记忆才能、道德才能、想象才能、思索才能，都使得民主得到了进步。即便是民主的敌人掌握了这些才能，他们也依然可以因为彰显了人类的伟大能力，而为民主做出贡献。文学变成了对任何人敞开的军械库，任何弱势群体和穷人都可以从中获取武器，所以，伴随着文明和教育所控制的范围不断扩大，民主所控制的范围也日渐扩大了。

如果你查阅了我们的历史，你就会发现在过去的700年间，所有的大事都促进了平等的发展。

十分之一的贵族在十字军东征和多次对英国的战争中消失了，他们的土地也被分解。民主的自由也被地方自治制度带入了封建君主政体之中。在战场上，平民和贵族也因为枪炮的发明而获得了平等的地位。他们的精神粮食也由印刷术平等地供给。邮政使得知识被带到了国王的宫殿，也同样被带到穷人的茅屋。新教宣布任何人在通往天堂的道路上都是平等的。诸多发财的新途径因美洲的发现而被开发出来，许多没有名气的探险家因此获得了财富。

我们如果研究法国每50年发生的改变，就会发现从11世纪起的任何一个50年的末期都有一场双重革命爆发过了。在社会的台阶之中，贵族下滑了，而平民上升了。一个从上至下，另一个由下往上。每隔半个世纪，他们间隔的距离就会减少，所以最后他们交汇在了一起。

实际上，这并不是法国特有的现象。不管我们的目光朝向何方，都会发现整个基督教世界都在发生同样的革命。

民主被生活中的各种事件所推动。不管一个人是自愿推动民主进步，还是不经意地帮助了民主，是为了民主而斗争，还是宣布与民主为敌，他都为民主的发展贡献了力量。即便有人迫不得已，有人浑然不觉，但他们都成为上帝手中听话的工具，所有人集中在了一起，他们相互配合，最后完成了同一个任务。

可以说，地位向平等的逐渐发展，是上天注定的必然结果。普遍而持久，能够在任何时候不受人力的限制，任何人和事都促进了它的发展，这就是这种特殊发展的主要特征。

难道认为通过一代人的努力，就可以阻止一个历史悠久的社会运动的想法还不够愚蠢吗？难道认为民主在将封建制度和国王摧毁之后，会向资产阶级和富豪们投降的想法还不够愚蠢吗？民主怎么可能会在自身已经发展到如此强大，它的敌人又如此虚弱的现在停下脚步呢？

那如今我们的终点在哪里呢？这是一个无人可以解答的问题，因为用类比的方法已经不能回答了。那也就是说，历史上在世界的任何地区都没拥有过今天的基督教世界的地位平等，我们已经完成了宏伟的任务，这使得我们没有办法去推测是否可以再做些什么。

我在一种担忧上帝惩罚的心态之下，将大家即将阅读的这本书写完。这种心态产生的原因，就是我发现了这场革命无法被阻止，它已经在数个世纪之间将一切阻碍越过，并且即使在今天，它依然前进在自己制造的废墟之上。

即使上帝不告诉我们，我们也会发现它的思想的一些表现。只要我们对每年自然的正常运转和事情的持续发展方向稍微进行观察就足够了。就像我知道天上的星星是按照上帝手指画出的轨迹运动的，虽然我并没有接到上帝的提醒。

现在，我们经过了长时间的观察和仔细的推敲，明白了平等的逐渐发展不仅存在于人类的历史之中，也将存在于人类的未来之中。实际上，这一发现带有着全能上帝的神谕性质。可以说，各民族只能听从上帝对他们社会状况的安排，试图阻止民主的发展就是违抗上帝的旨意。

我认为，我们这一代的基督教国家中发生了十分恐怖的情况。革命将会改变它们的命运，并且其力量已经强大得没有办法阻止了，然而它的速度还没有快到无法引导的地步。这意味着，这些国家依然掌握着自己的命运，不过它们很快就会失去这种控制力。

所以对我们这一代的社会领导人来说，最要紧的任务是对民主进行引导，有可能的情况下，要重新建立民主的宗教信仰。将民主的风俗变得简洁，对民主的行为进行管理，并用科学的行政手段来逐步代替民主的经验主义，用对民主真正利益的认知来代替它盲目的本性。同时，在适合的时间和地区使用民主的政策，并根据环境和人员的情况来调整其政策。

一个完全崭新的社会需要一种完全崭新的政治学。

但实际上，我们几乎没有这样考虑过。我们置身于一条汹涌的大河之中，偶尔能够伸出头看到岸边的一片废墟，不过，河水马上就将我们再次吞噬，带向黑暗之中。

在我刚才所述的伟大社会革命中，没有比法国更为激进猛烈的欧洲国家了。在法国，这种革命的进行通常是为所欲为的。

革命通常是在违背这个国家的领导者的意图，或者他们不知情的情况下发生的，因为这些领导者从没有考虑过要对革命做一些准备。这个国家中最有权力、最有知识、最有品质的阶层都没有考虑，要去寻找控制革命的办法来领导这场革命，而不是任由民主狂放的本性支配自身，让民主独立壮大，就像是一些孩子，他们没有父母的关爱，流落街头，只看到社会的缺陷和痛苦，完全靠自己的力量长大。人们似乎在它突然掌握政权之前并未感到它的存在。但在它获得了权力之后，人们开始满足其任何要求、任何命令，把它当做权力的标志。然而在它因为自身过分的行为被削弱时，立法者们并没有采取措施去引导和纠正它，而是设计了各种野蛮的法律试图将它毁灭。让它学会治理国家的方法并不是立法者的目的，他们费尽心机的目的是为了将民主从政府中排挤出去。

最终，虽然社会之中确实爆发了民主革命，但对这场革命有帮助又不可或缺的变化却并没有出现在法律、思想、舆论、道德等方面。所以，虽然我们获得了民主，却无法减轻它的缺陷而发挥它的优点，以至于我们从民主中，只收获了害处，而没有因此获益。

在欧洲国家被贵族支持的王权平稳地统治之时，人们虽处于不幸之中，却依然感受到了些许的幸福，这幸福在我们这代人看来，可能难以想象和接受。

当时国王感觉自己在人民面前拥有着神一样的地位，所以在获得了这种对神的敬仰之后，他就不希望滥用自己的权力。当时的一些大臣也拥有许多权力，这使得皇亲贵族很难无视他们去实行暴政。而当时的贵族身份在人民之上，他们像牧民对待自己的牲畜一样对待着人民，虽然有着同情，却缺乏足够的关心。他们关注穷人的命运觉得那是上帝委托给他们的责任，并不是觉得穷人应当获得与他们平等的地位。

这时的民众不曾幻想自己会获得不一样的社会地位，更没有想过要与统治者平起平坐。他们觉得自己已经是在接受统治者的赏赐了，所以对争取自己的权利毫无兴趣。如果统治者是一个公平且胸怀宽广之人，他们就会对其表示爱戴，服从他的严厉统治而没有任何抱怨，也不感到卑微，似乎是接受上帝降下的不可违抗的惩罚。另外，风俗和习惯也为暴政限定了范围，限制了暴力某些方面的使用。

有人要剥夺自己感觉的合法特权的想法从没有出现在贵族们的头脑中，农奴们也觉得自己卑贱的身份是上天注定、不能被改变的。所以当时的人们都认为，两个具有这样差距的命运的阶级之间是能够创造出一种关系来相互照顾的。这样，虽然社会上存在着痛苦和不平等，但双方的内心却没有堕落。

统治者执行权力以及被统治者习惯于听从，都不会让人堕落，统治者运用了被认为是不合法的暴力，以及被统治者听从被认为是侵占和压制的强权才是真正的原因。一边的一些人占据了财产、权力和闲适，所以他们可以生活得奢华，寻找快乐，讲究礼节，品味艺术。而另一边的那些人，一生都在从事劳动，他们举止粗鲁，毫无知识。不过，汹涌的激情、高尚的道德、虔诚的信仰和朴实的行为，依然出现在这些无知又粗鲁的百姓身上。

一个以这种方式组织的社会，很有可能是稳定又强盛的，甚至可以存在光辉的方面。但在其中，各个阶层开始相互融合，那些阻碍了人们的障碍被逐渐摧毁，越来越多的人占据了财产，也有越来越多的人占有了权力，教育的普及程度越来越高，导致人民的知识水平越来越平等，社会的情况也越来越民主。最终，民主和平地控制了法律和风俗。

所以，我想象出了这样一个社会：在这里，所有人都将法律当成自己所创，所以他们毫无怨言地保护法律、服从法律。人们并不因政府的神圣而尊重它，只是出自需要。对国家元首的敬爱可能不够强烈，却绝对是有理由的真情实感。因为人人都获得了有保障的权利，所以人们之间的关系开始变得相互信赖，并平等地尊重对方。

在明白了自己的真正利益之后，民众也自然而然地明白，自己必须承认自己的义务，这样才能够享受社会的公共权利。所以贵族的个人威信被民众以自由的联合所取代，国家中的暴政和飞扬跋扈也会被避免。

我觉得如果一个国家是遵照这种方式创建的话，它的社会不会没有发展，社会自身的运动也会一如往常地逐步向前发展。或许民主社会没有贵族社会的辉煌，但也肯定没有太多的苦痛。虽然没有过度的享受，但会普及社会的福利。虽然科学不会特别出色，但文盲将会大幅减少。虽然不会有太过执著的感情，但会有更加稳重的行动。虽然还会有各种犯罪，但数量肯定会大量减少。

人民敢于献出自己的生命并付出巨大的牺牲的原因，并不总是因为疯狂的激情和宗教的狂热，教育和经历有时也会让人如此。所有人都是弱小的个体，这也让所有人都感到了其他同胞有着与自己一致的需求。他们明白，只有帮助他人才会换来他人的帮助，所以他们很容易就看清了个人利益与公众利益的统一。

国家不再会有过去那样的辉煌和荣誉，甚至有可能会变得弱小，这不是因为人民不想变得更好，而是因为他们已经对自己的生活感到满意，因为大多数的人民得到了比以前更多的幸福，所以人民才不会再反抗。

并不是所有的东西都在这种制度下做到了完美，不过社会起码有了能够让事情变得更完美的条件。如果人们能够永远拒绝接受贵族制度只是可能提供的社会福利，那就可以享受到民主制度一定可以提供的任何利益。

不过，如果我们不顾一切地远离之前的社会形势，并将父辈遗留下来的所有制度、思想和风俗全部抛弃的话，我们又要找什么东西来代替它们的位置呢？国王的权威不在了，但法律的权威却没能取代它。在我们生活的时代中，权威既被民众所蔑视，又被民众所恐惧。与原本由于崇拜和尊敬权威给他们造成的损失相比，对权威的恐惧所造成的损失要大得多。

我认为，原本可以单独与暴政相对抗的个人被我们摧毁了，政府将从家庭、组织、个人手中夺来的全部特权独揽于自己的手中。所以，少数几个人掌握权力使得所有的民众变成了弱者，并开始屈服于此。而这些权力通常是保守性质的，其中个别甚至是压迫性质的。

由于财产的过度分割，贫富差距确实被缩小了。但随着这种缩小，贫富双方似乎重新找到相互对立的理由。他们相互之间充满了恐惧和妒忌，都试图夺走对方的权力。不管是哪一方，都认为只有权力才是今天和未来唯一稳定的保证，而从没有产生权利观念。

穷人们没有将父辈的信仰继承下去，却将父辈的大多数偏见继承了下来。他们没有将父辈的操守继承下去，却将父辈的无知继承了下来。他们并不明白获利主义的学问，却以获利主义为行事准则，而愚昧也是他们如今的利己主义和他们过去的献身精神的共同原因。

社会承认自身的弱小和颓败，害怕自己因为革命运动而死去，正是出于这个原因，社会才保持了和平稳定，而不是因为它认定自己足够强盛和繁荣。没有人有足够的勇气和耐心去做好事，所以，所有人都看见了坏事。人们曾经有过希望和抱怨，感到过快乐和伤悲，但这些都如同老年人的冲动一样软弱无力，没有产生任何明显持久又使人感到满意的结局。

这导致我们虽然放弃了过去体制所能提供的社会福利，从当下体制中却没有得到它所应该提供的福利。我们虽然将贵族制度破坏，却在漫步于这些废墟时过于留恋，似乎心甘情愿将自己永远置于此地。

知识界所表现出来的可悲程度，并不比这里要好。

法国的民主在发展的道路上受尽阻挠，但它却敢不受任何控制地随性发展，将发展道路上碰到的所有阻碍铲平，任何能被摧毁的阻碍都被摧毁了，不能被摧毁的阻碍也都被撼动了。他占领和统治这个社会的办法不是一步步地采取和平的方式，而是在混乱和斗争的嘲杂之中不停地发展壮大。人们被战斗的激情所点燃，在反对敌人的观点和暴行时，将自己所梦想的目的全都抛在脑后，发表了与自己真情实感和淳朴本性并不一致的观点，使其超过了社会可能存在的极限。

最终，我们本来不想看到的大动乱爆发了。

我多次回顾历史，却从没有发现比现在的状况更加悲惨与可怜的情况在历史中出现过。我们生活的这个时代，人们的认识、兴趣、行动与信仰联系的纽带已经被割断了。所有以往时代都曾出现的人的情感与观点间的和谐关系，似乎都在今天逐渐解体。几乎可以认为，一切与道德相关的要求都是空话。

现在我们也会经常看到许多虔诚的基督徒，他们以相信死后升天堂的宗教精神来规范自己的生活。这些人正在为了人类的自由，也就是所有美德的基础而奋斗，而献身。基督教认为在上帝面前所有人都是平等的，所以自然不会反对所有人在法律面前都是平等的。然而宗教却在各种突发事件爆发之后，走向了民主阵营的对立面，并且多次打击自己所追求的平等，宣布自由是自己的敌人。假如宗教能够与自由联合起来的话，它完全能够让自由变得神圣而不可侵犯的。

经过在这些信教者周围的观察，我认为说一些人是在面对现实，远比说其在等待天堂更为合适。他们保护自由的原因，既是因为他们觉得自由是所有崇高品质的根源，也是因为他们认为自由是所有福利的起源。他们希望自由能够取得权威的心理是十分真诚的，他们渴望自由会施恩于人们。我想我是明白这些人心急地向宗教请求帮助的原因的，一定是他们明白，民意没有建立权威时，自由就不可能建立权威，而没有信仰的话，不可能培养出民意。当这些人看到宗教加入了敌人的军营之后，就停下了脚步。一部分人开始对宗教进行攻击，而另一些人也不再拥护宗教。

在之前的几个世纪中，一部分地位低下又出卖自己的人为屈从大唱赞歌，还有一部分有着独立思想又品德高尚的人，却为了保护人类的自由展开了没有胜利可能的战斗。然而在我们生活的时代中，却经常可以见到这样一种人，他们出身高贵，举止优雅，但与他们高贵的地位不适应的是，他们反而对屈从赞不绝口。与他们相对的是，还有一些人将自由吹嘘得无限美好，并大声为人类的一些权利呼喊。要知道他们并不曾体验过自由的神圣与伟大，而且他们自己都不知道自己要求的那些权利是什么。

由于公正、稳重、富裕和广博，一些具有优良品质并爱好和平的人，会被周围人自然而然地推举为领导者。对祖国，他们满怀热爱，甚至准备随时为它牺牲。然而他们没能分辨文明带来的益处与弊端，并且觉得与恶相关的所有想法都与新的观念相互纠缠着。这使得他们在后来，常常敌视文明。

我在这种人的身边发现还有另外一种人存在。他们以进步为幌子，拼命将人们物质化，让他们追求不正当的利益和背叛信仰的知识，以及违背道德的幸福。他们标榜自己为现代文明的守护者，并骄傲地宣称自己是现代文明的领导者，将他们没有资格担任的职位窃取。

那我们又身处于怎样的环境之中呢?

这里，信徒们在和自由斗争，而自由的朋友也在攻击宗教。高贵独立的人宣扬顺从，顺从卑贱的人高喊独立。诚实而进步的人民抵制所有的进步，而卖国贼和无耻之徒却宣称自己是文明和进步的代言人。

我们这个世纪是否和以前的所有世纪一样呢？人们一直看到的都是如今这样的世界吗？所有的关系在如今的世界上都是反常的，有品德的人没有才能，而有才能的人没有名气，向暴君效忠和喜欢安定的秩序被当做一码事，热爱自由和藐视法律被当做一码事。当良心透过人们的行动照下来，它的光黯淡无比。世间的所有事情，无论是光荣还是耻辱，无论是真实还是虚伪，似乎怎样都已经无所谓了。

难道上帝创造了人类，就是为了让我们在如今这样贫乏的知识当中永久地挣扎吗？我觉得不是这样的，上帝一定为欧洲准备了一个十分安稳平和的未来。虽然对于上帝的目的，我无法揣测，但我也不能因此就不相信它，相比于怀疑上帝的公正，我更愿意怀疑自己的知识。

世界上似乎已经出现了一个国家，它已经实现了我所提到的这场伟大社会革命的极限。这场革命在那里是以一种简单的方式进行的，甚至可以认为，它收获这场革命的果实并没有经历我们国家爆发的民主革命。

那些移民在17世纪初期定居在了美洲大陆，他们在欧洲旧社会反对的思想中筛选出了民主思想，然后自己把它应用在新大陆的海滩。民主思想在这里自由地发展着，随着民意的不断发展，它也最终成为法律制度。

与美国人一样，我们早晚也会取得地位的几乎完全平等，我对此深信不疑。但我还不能就此下结论说，美国人所收获的政治果实，我们也早晚会根据一样的社会形势收获。我也从没有认为，民主可以提供的唯一模式就是美国人所发明的政治模式。不过，在这两个国家产生法制和民意的理由是一致的，所以我们关注的焦点就是这个理由在每个国家所产生的结果有何不同。

所以，尽管好奇心在一些时候十分重要，但我研究美国的原因，并不仅仅是为了满足自己的好奇心。我希望美国可以提供一些我们可以参考的经验。如果你觉得我是打算写一首赞美诗，那你就完全错误了。一个读完这本书的人，是绝不会认为我有那种想法的。我认为任何制度都不可能代表绝对的好，甚至可以说，我都没有产生过评论这场无法阻挡的革命对人类究竟是好是坏的企图，所以我的目的并不是为了赞美美国的政治制度。就这场革命而言，我认为它已经是一个完成了或将要完成的客观现实了。我只是想从所有经历了这场革命的国家之中，找到那个发展最完美最安定的国家，继而论述出革命应该出现的结果。在有可能的情况下，进一步论述出革命如何能够使人类受益。我相信自己在美国看到的东西已经超越了它本身。除了民主自身的形态，我还想探究它的目的、特性、成见和激情。至少我们也知道该如何希冀和恐惧它，这就是我想将民主搞清楚的原因。

所以我在这卷书的第一部分想要说明的就是，民主在美国完全随自己想法发展，其行动几乎全依靠本能且几乎没有受到任何限制，而它究竟为美国的法律指明了哪一方向，对政府工作产生了何种影响，对国家政务长期施加怎样的压力。由此而产生的缺陷和益处，我都进行了仔细研究。为了引导民主，美国人使用的预防措施和他们忘记使用的措施都是我的研究方向。我还试图讨论出民主最终可以支配社会的理由。

展示地位平等与民主政府对社会、习俗、观念、民意究竟在美国造成了什么样的影响，是我在这卷书的第二部分想要说明的。然而我对这一计划却开始丧失了激情。因为另一位作家马上就会将美国人的主要性格特征介绍给读者们，他还可以给这残酷的景象覆盖上稀薄的纱巾，并用我所没有的文学技巧来讲出动人的历史事实[1]。所以我觉得在我完成自己所要求的任务之前，我的工作将变得一文不值。

对于展示我在美国的见闻这项工作，我不知道自己有没有成功地完成，但我承诺我绝对是真心想要做到的。并且用事实作为观点的基础，而不会让事实服从于观点。

我在可以参考已有的著作来表达观点的地方，参考的都是最有威信、最为著名的作品[2]，并且仔细对原文进行核对。我也将所有的资料出处进行了注释，任何人都可以检查核对。我还向见识宽广的人求教关于舆论、行政惯例、民意调查等有关的问题。当一件事情十分重要，但却难以辨别真相时，单个人的言论就不能让我满意，做出结论之前我必须总结好几个人的言论。

我十分希望读者能够相信我所说的。原本，有很多著名权威或者算得上权威的人的言论可以被引用，将其作为我观点的支持，不过我并没有选择如此。一位主人接待一个

1 古斯塔夫 · 德 · 博蒙先生与我一同进行了在美国的游历。在我这本书的第一版出版期间，他的名为《玛丽或美国的奴隶制》的小说也正在创作之中。后来，这部书也得以出版。深入描绘出英裔美国人社会中黑人的社会境遇，并使大家知道，是博蒙先生的主要意图。人们会通过他的著作而对奴隶制产生一个真实而崭新的印象。对于已经建立的这个统一的共和国来说，这一问题关系重大。我不确定我说的是否正确，但我觉得想从书中看到动人场面与情节的读者，肯定会对博蒙先生的著作感兴趣。并且在那些想要获得正确印象与奥妙的真理的读者中，这本书肯定可以首先获得更坚实也更持久的成功。——原注

2 感谢有关单位将许多法律与行政方面的资料惠赠与我，对他们的热情我始终没有忘记。爱德华 · 利文斯顿先生是在热情帮助我研究的美国官员中，我应该首先感谢的。在当时，他担任美国国务卿，现在担任美国驻巴黎最高大使。在我参观美国议会期间，利文斯顿先生还向我赠送了与联邦政府相关的文件。现在我还保存着这些文件的绝大部分。以前我因为读书而认识了少数人，利文斯顿先生就是其中值得尊敬的一位。对于他对我的赏识，我感到十分荣幸。

外国人，在主人的暖炉旁边，外国人经常会听到一些主人甚至不曾对亲友讲述的秘密。因为外国人很快就会离开此地，所以他并不为向外国人说出此事而担忧。我会记录下每一次听到的这种秘闻，不过我打算让记事本永远地躺在书橱里。因为相比于客人回国后，让热情的主人倍感悔恨和尴尬的旅客，我还是更愿意让自己的书减少一些荣誉。

虽然我付出了艰苦的努力，但我也清楚，想要批评这本书也是相当轻松的一件事。

我觉得任何一个认真阅读了这本著作的人，都会发现有一个将各个部分连接为整体的中心观点在全书出现。不过如果一个人要用一个单独的事件来反证我所说的系列事实，或者用一个单独的观点来反对我所用的系列观点的话，也十分简单，因为我讨论的对象之间有着过于巨大的差异。我本人是根据系统的证据来阐释我的观点的，而不是根据个别的证据，所以我也希望我的读者在阅读这本书时，能够采取与我写作相同的精神，在评论时根据的也是全书的总体感觉。

人们在论述时不能让自己与行动中一样，出现偶尔背离逻辑的事情，并且要想在论述时前后不一，其难度差不多和在行动中首尾一致是相同的，所以我希望大家明白并能够理解，虽然我常常会总结出错误的观点，但我必须对自己的所有观点进行理论综述。

最后，我告诉大家，我在写作时，没有想去帮助任何一个党派，也没有想攻击任何一个党派。我也不是想证明自己的独特，只是想让自己能够看得比各党派更深远，当他们的忙碌只是为了明天的时候，我却已经看到了很远的未来。可能在不少读者心中，这本书丝毫没有讨好任何人的意图正是它的主要缺点。

# 第一部分

## 第一章　北美洲的地貌

在地貌上，北美洲的总特征十分明显。

陆地与河流、山峰与峡谷，全都井然有序。这种布置简洁而又宏伟，不仅有各色景物的混合，还有各色景物的转变。

北美洲基本被那两大地区各占据一半的地盘。

其中一个地区，往北到达北极，东西都到达海洋，向南则展开成一个三角形。加拿大的五大湖区下面，是三角形两个并不相等的边与底边的交汇之处。而第二个地区，则从第一个地区的终点开始，包含了这块大陆上所有剩余的部分。

一个地区向北极稍微倾斜，而另一个则向赤道稍微倾斜。

在第一个地区，地表下降的速度十分缓慢，人们无法看出它的坡度，这里既没有山峰，也没有峡谷，可以说是一片平原。这里的河流似乎是随心所欲地漂流，河道都十分弯曲。有些河流本来并行或者汇合，但之后却分开又汇合，有时还会进入沼泽区，在它们自己创造的水的迷宫之中失去踪影。在经历了各种转折之后，最终进入了北极地区的海洋之中。与旧大陆上的绝大多数湖泊不同的是，第一地区最南边的几个大湖的周围并没有山崖峭壁，它们的湖岸十分平缓，高出水平面不过几英尺而已。所以每个大湖都像是一个装满了水的巨碗。即使稍微改变一下地球的构造，湖水也就流向了北极或者热带的海洋之中了。

尽管不够平坦，但第二个地区更加适合人类居住。两条大型山脉各据一方，一条沿着大西洋的海岸伸展，被称为阿勒根山脉，另一条则与南海平行[1]。在这两条山脉之间，足有228843平方里约[2]的土地，其面积相当于6个法国。不过在这个宽广的地区之中有一个大型的河谷，它从阿勒根山脉的圆形山顶曲折地流下，又慢慢地向上爬，直到爬满落基山脉的每一座山顶。从众多山峰中流出的各条河流，都从各个方向汇聚在大河谷最深处的大河之中。为了纪念遥远的祖国，法国人曾将这条大河命名为圣路易河，而印第安人的说法更为夸张，他们将它命名为“河流的父亲”——密西西比河。

我之前所说过的两个地区的交界地带，是密西西比河的发源地。它的源头与这两个地区高原中最高的地方相距不远。还有另外一条河[3]也从这最高的地方附近发源，经过了多次曲折之后，最终进入了北极的海中。在一个时期，密西西比河自己的河道并不稳定，只有在从湖区和沼泽带中慢慢流出去之后，它的水流方向才得以确定，开始逐渐向南方流去。

有时候，密西西比河在大自然塑造的黏土河床中安稳地流淌着。还有时候，却因为暴雨而转变为洪水，冲击1000多里约的地区[4]。

在距离河口600里约以内的河道中[5]，平均有15英尺的水深。从河口到上游200里约左右的河道中，可供载重300吨的货船通行。

向它提供水源并可以通航的大型河流就有57条。据统计，密西西比河的支流中，1300里约长的有一条[6]，900里约长的有一条[7]，600里约长的有一条[8]，500里约长的也有一条[9]，200里约长的有四条[10]。那些各地汇入其中的小型河流就更不用说了。

密西西比河所经过的河谷，似乎都是为它专门创造的。如同神一样，这条大河同时拥有向善和作恶的意愿。在河流的附近，自然展现出的是一片取之不尽用之不竭的肥沃之地，而距离它越远，植物越少，土地越荒芜，所有事物都更加衰败了。密西西比河河谷所

---

1 第二条山脉应指落基山脉，南海应当为太平洋。文章后面的南海也是如此。——译者注

2 1341649英里。《美国概论》第449页，达比著，费城，1828年。按照1里约等于2000图瓦兹计算。*——原注

* 里约与图瓦兹均为法国旧时长度单位，一里约约合4000米。一图瓦兹等于1949米。——译者注

3 鲁日河。

4 2500英里，即1032里约。《美国概论》第1卷第166页，沃顿译。——原注

5 1364英里，即563里约。《美国概论》第1卷第169页。——原注

6 即密苏里河，长1278里约。《美国概论》第1卷第132页。——原注

7 即阿肯色河，长877里约。《美国概论》第1卷第188页。——原注

8 即鲁日河，长598里约。《美国概论》第1卷第190页。——原注

9 即俄亥俄河，长490里约。《美国概论》第1卷第192页。

10 即伊利诺伊河、圣皮尔河、圣弗兰西斯河、得梅因河。按照标准英里及1里约等于2000图瓦兹计算，我得出了上述河流的长度。——原注

展示的地球变迁的巨大痕迹，比任何一个地方都要清晰得多。水的功能被流域内的全部景象所证明。不管是丰收还是灾荒，全部因为水流。远古大洋的海水，不仅为今天作物的生长积累下了谷底的肥沃的土壤，还在它退去时将土地冲平。如今在河流右岸那无尽的平原，就像是被农民用碾子碾过一样平坦。而一个地方距离山脉越近，那里的土地也就越发的坎坷和荒芜，古老而又突兀的岩石四处遍布，它们就像是一个个躯体被时间吞噬的骷髅一样，矗立在那些地方，可以说是一路崎岖。土地的表层全部都是花岗岩风化形成的沙子，并有些许不规则的石块散落其中。植物要想将它们的萌芽钻出来，要历经千辛万苦才能翻越这些险阻。一些人说，这其实是一片沃土，只不过落满了大量建筑物的瓦砾。稍加调查，就能够发现这里的沙石和落基山脉顶端的沙石在成分上完全一致。洪水不仅在谷底积累了土壤，也必然将山顶的一些石头冲了下去。这些从山坡上滚下去的石头，经过碰撞，最终在它们原来山峰的根上停了下来。

虽然现在密西西比河河谷还是一片荒原，但总的来说，它是最适宜居住的地方，只有上帝才为人类准备出这样的地方。

在阿勒根山脉的东边，也就是这条山脉和大西洋的中间，有一条似乎是因海水退去而留下的漫长丘陵，它基本是由石头和沙子组成的。这一地带的宽度平均刚到48里约[1]，但却足有390里约[2]长。在美洲大陆的这一地区，植物不够茂盛，种类也过于贫乏，拓荒者的劳动难度着实很大。

然而，率先被拓荒的勇士占据的，正是这条荒无人烟的海岸。后来发展壮大为美国的英国殖民地，也正是在这条贫瘠的沙地上成长的。直到今天，这里依然是美国力量的中心。而将要控制这个大陆的伟大民族的力量，也已经静静地聚集在了它的西方。

安德列斯群岛3的海岸和南美大陆，对于最初踏上它们的欧洲人来说，就是诗人们所描述的仙境。热带独有的波光在海面闪烁，海水清澈见底[4]，许多小岛就像是漂浮在海面上的花篮一样，遍布这一地区。在这神奇的地方，似乎你能看到的一切存在的理由，都是为了满足人的需要或享受而准备。大多数的树木都结满了营养丰富的水果，即使有些水果对人们而言并没有太大作用，但依然可以用它缤纷的色彩使人感到快乐。森林是由香气扑鼻的柠檬树、野生的无花果树、圆叶子的桃金娘树、带刺的金合欢树以及夹竹桃树一起汇聚而成。树木被长满鲜花的美洲藤蔓植物所联结起来。许多鸟类在欧洲都不曾被见到过，它们将自己深红或蓝色的美丽羽毛展示给世界，同时还一起活力十足地欢唱着，这叫声与富有生机的大自然完全和谐。

当时的人们在这种环境之中陶醉了，完全没有感觉到在这光鲜的外表下还隐藏着

---

1 100英里。——原注

2 约合900英里。——原注

3 西印度群岛中除巴哈马群岛之外的所有岛群。不过此地作者应指西印度群岛。——译者注

4 马尔提·布伦在其1817年所著的《世界各洲地理概况》第3卷第726页说道：安德列斯群岛的海水十分清澈，足以看清水下60米的珊瑚和鱼类。船只就像在空中悬浮一样。透过透明的液体，航海者俯视海底公园，让人目不暇接。在黑角藻堆和海带丛中，色彩缤纷的贝类和鱼类散发着光芒。——原注

死亡。这种环境让人们不考虑将来而只顾及现在。历史上，你很难再找出一个能让人如此的消极因素了。

北美洲的情况与这里并不相同。严肃、庄重、正式是北美洲所有事物的感觉。可以说北美洲被创造是为了让人类的智慧得到发挥，而南美洲被创造则是为了让人的身体享受欢愉。

大自然在海岸上，用花岗岩石块和沙子组成了一条腰带。大海汹涌而又多雾，不停地侵袭着海岸，也使得海岸的树木异常繁茂，不管是红松，还是落叶松，无论是常绿栎、野橄榄，还是桂树，都变得无比壮实。

要进入茂盛的中央森林，就需要首先翻越这第一条腰带。中央森林中生长着东西半球所繁育的大型乔木，法国梧桐、梓树、糖枫、弗吉尼亚白杨、栎树、山毛榉、椴树的树枝和叶子相互交杂。

与人类管理的森林一样，死亡在这些森林中也在不停地带走生命，只不过没有去收拾砍伐之后的现场罢了。也正因为如此，经过长时间的积累，断枝残叶越积越深，它们需要很长的时间才能够腐烂，导致新的树木已经没有地方生长了。不过繁殖活动依然存在于这些断枝残叶的下层。最终战胜了所有阻碍的，是藤蔓植物与野草。它们爬到了死去和倒下的树木之上，并从这些腐烂的树木上的尘埃之中吸收营养，将遮盖它们的干树皮撑起并顶破，开辟出一条为自己的萌芽成长的道路。所以可以说，在这里死亡也为生命提供了帮助。对立的死亡和生命好像故意将它们的成果混合并进行交换。

有众多没有人工疏通的小溪流在森林昏暗的最深处存在，并使得森林异常潮湿，鲜花、果实和飞鸟也都难以出现于此。

这里唯一可以将大自然的沉默打破的，无非是一棵腐烂树木倒地的声音、一条河流流水的声音、野牛的叫声或者刮风的声音。

森林已经在大河的东方失踪了一部分，那里有着无边的草原。无论是传说还是科研，都没能回答出原因，是自然不愿意在众多运动中在此播下树种，还是过去曾经有人将此地的森林毁灭了呢？

虽然这片广阔的土地十分荒凉，但也并不是从来不曾有人居住于此。在森林中与草原上，许多世纪以来都有一些游荡的部落居住。不管是从圣劳伦斯河河口到密西西比河三角洲，还是从大西洋到南海，这其中的野蛮部落其发源应当是相同的，因为他们具有很多相同特征。他们与我们现在知晓的所有人种都并不一样[1]，既不像欧洲人那样白，也不像大多数亚洲人那样黄，也不像黑人那样黑。他们有着略微泛红的肤色，毛发茂盛并有光泽，嘴唇很薄，颧骨很高。在语言方面，这些部落虽然使用的词汇并不完全相同，

1 后来的研究表明，在体型、语言与习惯上，北美印度安人与亚洲的通古斯人、满族人、蒙古人、塔塔尔人及其他亚洲游牧民族具有相似特征。可能，在古代的某个时期，这些亚洲民族到达白令海峡附近以后，从那里移居到荒凉的美洲大陆的。不过，科学尚无法完全将其解释清楚。有关这一问题，请参考：马尔提·布伦著作第五卷；洪堡的著作；费舍著《关于美洲大陆起源的推测》，或费舍著《美洲大陆的起源》，彼得堡，1771年；阿戴尔著《美洲印第安人史》，伦敦，1775年。——原注

其语法也在诸多方面与其他的语言不同，但在他们之间，语法却是一致的。不过，现在的美洲土著语言好像已经有新元素加入了，这也说明现代印第安人的智慧，很难达到带来新元素的人的水平。

相对于旧大陆，这些部落的社会形势在诸多方面存在着差异。他们从来没有接触过比自己更加文明的种族，而是独自在广阔的空间中自由地繁衍。也正是因为如此，他们完全没有像那些由文明陷入野蛮的民族那样丧失是非观和善恶观，更没有与他们一样，因为知识的匮乏和道德的沦丧而陷入堕落。印第安人的一切，包括他们的道德、陋习、偏见都是他们在独立的自然环境中发展出来的，可以说他们的一切都是没有受到外界干扰，独自发展出来的。

在文明国家中，之所以一些人变得粗鲁，并不只是因为他们本身的无知和穷苦，更是因为他们接触了太多文雅之士和富有之人。他们每天都会将自己的悲惨生活与一些人的快乐和势力相对比，这让他们内心充满了愤怒与恐惧。而他们的自卑感和依附感，也让他们感到愤怒和耻辱。而这些情绪表现在行为上，就让他们看起来傲慢又下流。

根据观察，我们很容易证明这种情况是千真万确的。相比任何其他的地方，在贵族统治的国家中的一些人要更加粗鲁。相比乡下人，大城市中的人要更粗鲁。

由于自身地位的低下，弱小而穷苦之人在拥有权势人扎堆的地方受尽欺凌。他们找不到让自己重新获得平等的机会，所以他们深陷绝望之中，开始自愿破坏人类的尊严。

但是原始人的社会并没有这种因为地位差距而造成的恶劣结果。虽然印第安人无知并贫穷，但所有人都是平等和自由的。

印第安人在欧洲人刚刚到达北美洲时，并不明白财产的作用，也并不关心文明人利用财产获取享乐。他们的言行非但毫不粗鲁，反而有一种贵族般文雅的气质，十分的低调稳重。他们平时温顺又热情，不过打起仗来却有着超出人类极限的凶残。他们可以冒着自己被饿死的危险，来救助一个在晚上敲门请求收留的陌生人，也能将俘虏哆嗦的四肢亲手撕碎。这个新大陆荒原和森林中的人所表现出来的最大的勇气、最骄傲的精神、最坚定的尊严[1]，在许多古代十分著名的共和国中，也未曾出现过。对于欧洲人的到来，他们没有感到妒忌，也没有觉得害怕。他们怎么会和自己的同类，也就是人，进行战斗和争论呢？印第安人完全可以在生活中别无他求，他们生活得再艰难，也不会抱怨，反而会高兴地唱着歌迎接死亡[2]。这些原始人也与其他人种一样，相信存在着一个完美世界，虽然他们称呼神的名字并不一致，但依然也崇拜着创造一切的

---

1 杰斐逊总统在其著作《弗吉尼亚纪要》的第148页写道："当易洛魁人受到强大敌军的攻击之时，即使是老年人也会为逃走或保护自己的花园而感到耻辱。与古罗马人在抵抗高卢人对罗马城的围攻时一样，他们对死亡毫无畏惧。"

随后，他又在第150页写道："不存在任何一个印第安人落在敌人手中之后，因为求饶而存活的例子。情况正好相反，俘虏总是对胜利者施以各种侮辱和嘲笑，希望可以早些被胜利者杀死。"——原注

2 可参考：雷帕基·杜·普勒茨著《路易斯安那史》；沙尔瓦著《新法兰西的历史》；《美国哲学学会报告》第1卷所记载的赫克韦尔德的信件；杰斐逊著《弗吉尼亚纲要》第135至190页。因为杰斐逊品德高尚，地位特殊，写作时间也为美国的迅速上升时期，所以他的言论也尤其重要。

神。对于许多伟大而智慧的哲理，他们通常也都有着简单而又给人启发的观点。

虽然我是在对一个十分原始的民族进行性格描述，但一地区存在过一个在诸多方面比他们文明和进步，并比其要发达许多的民族，是可以确定的事实。

在大西洋沿岸的大多数印第安部族之中，有一个含糊的传说流传很广。它告诉我们，在密西西比河西方本有一个部落居住。直到现在，在俄亥俄河岸边和整个中央盆地中，人造的土丘也并不罕见，这些大多是古代的坟墓，如果你挖到深处，依然可以看到人的骨头、造型奇特的器皿、武器、金属工具，还有一些工具是现在的部族完全不知道用途的。

有关这个消失已久的部族历史，现今的印第安人不能提供任何线索。那些三百年前发现了美洲大陆并生活在这里的人，也没能说出一个可以发展为一个猜想的故事。那些流传下来的传说和易遭破坏又经常被发现的遗迹，也未能给予任何帮助。但可以确定的是，在那里绝对生活过成千上万我们的同类。不过没有人能解释清他们在什么时间到达这里，他们的发源、命运和经历又是什么样子，他们的灭亡是在什么时间，以怎样的方式？

多么奇怪！一个民族本来发展得十分顺利，却突然在地球上失踪了。它的名字被人们遗忘，它的语言失去了传承，它的荣誉也如同一个没有回声的呼喊，再也不见踪影。不过，我觉得他们留下的坟墓足够纪念他们的过往，也足能唤起人们对他们的回忆。可以说坟墓是最能体现生命的浅薄与痛苦，也是人类活动最持久的纪念。

虽然许多的原始部落居住在我刚刚描述的广阔土地上，但在被发现的时候，它依然是一片荒原。因为虽然印第安人住在了那里，却并没有占有它，所以我有十分充足的理由这样表述。占有土地需要依靠农业，但这些北美洲的原始居民却是靠狩猎维持生计。他们固执的偏见、难抑的激情、各种陋习，或许还加上他们野蛮人的道德，使灭亡成为他们难以避免的走向。从欧洲人踏上海岸的那一天开始，这些部落就开始走向了灭亡。经历了之后的一系列事件，现在马上就要结束了。他们被安排在新大陆的肥沃土地之上，却好像只是被上帝赋予了短暂的使用和获益权利。似乎等待别人的到来，是他们居于此地的唯一原因。不管是那些适合经商与办厂的海岸，那些河道很深的河流，还是那个取用不尽的密西西比河河谷，甚至可以说是整个大陆，看上去都已经为一个伟大的民族安排好了空的发源地。

文明人就是在这个地方，开始了建立新社会的试验。他们第一次将当时民众还不清楚或者认为无法实行的理论应用其中，世界也因此开始出现了前所未有的伟大景象。

# 第二章　英裔美国人的来源及其对未来的重要影响

一个人出生之后，在快乐与游戏之中，他的童年静静地过去了。然后，他慢慢长大，逐渐步入成年。最终，他得以通过世界的大门，与成年人们相互交往。通常他第一次被人注意观察是从这时开始的，许多成年之后出现的不良习惯和品质的萌芽都在这时被认真地观察。

如果我没搞错的话，我觉得这是一个完全错误的想法。

我们应该回顾他的过往，研究他还是母亲怀中的婴儿的日子，研究外面世界对他不成熟的心智的影响，思考他最开始的见闻，聆听最初使他沉睡的思想清醒起来的语言，最后，我们还应该观察能够展示出他的坚强的最初奋斗。要搞清楚终身支配他的偏见、习惯和激情的起源，就必须如此。我认为，一个人躺在摇篮中的时候，是他一切的起源。

一个民族的情况也和它基本一致。每个民族的起源都有踪迹可查，在他们的繁盛时期，他们身处的环境注定对其发展很有帮助，并对他们之后的所有事情都造成了影响。

我认为，如果社会成员的来源、第一手的历史资料都被我们所掌握的话，我们肯定可以找出他们的偏见、习惯、激情和任何最终被称为民族性的东西的主要原因。早就形成的历史惯例却与如今的趋势相冲突的原因，似乎与公认的原则相对立的法律存在的原因，以及社会上常见的片段性观点的原因，我们都可以用这一方法找到。如同过去勉强挂在老房子房顶下的破链子一样，这些理由也因为不能承载任何东西而断裂，再也无法成为一个整体。所以，我们也可以找到一些民族为什么会被神秘莫测的力量带入未知的结局中的原因。不过，直到现在，对事情的这种研究一直处于十分匮乏的状态。一般人们只有在民族衰亡的时候，才会去分析研究这个民族，当它最终想要追溯自己的萌芽期时，时间已经为萌芽时期蒙上了阴霾，并用无知和自大的怪谈来环绕着它，人们再也无法得知其真相。

人们清楚地知道它的社会状况并发展顺利的国家只有一个，它就是美国。同时，各州的起源和对各州未来的影响也可以在此清晰地了解。

欧洲各民族的特点，在他们踏上新大陆之前就早已确定，并呈现出不同的特征。他们已经具备的文明程度使他们足以研究自己，所以他们留下的诸多有关自己观点和法律的记录，我认为其真实性都很高。所以基本上，我们对于15世纪的人的了解与对同时代人相比，差不多是同等的清晰可见。由于愚昧无知，我们在之前的时代创造了诸多虚假的表象，然而美国向我们展示了真相。

由于美国的建立时间距离现在并不长，所以我们可以很清楚地弄清它的各种要素。不过，要想现在推测这些要素的最终结果还相差甚远。上帝赐予了我们一支我们祖先不曾有过的火把，它将我们的智慧点亮，我们也因此找到了决定各族人民命运的根本原因。因为我们祖先的无知，这些原因一直没能被发现过。可以说，我们这一代人，似乎已经注定了能够更清晰地了解世间的变幻。

如果你在深入研究美国的政治和社会现状之前，将美国的历史进行了仔细地钻研的话，那么你完全可以确定：在美国这个国家的起源之中，你可以找到美国所有看法、习惯、法律，甚至可以说是任何事情的原因。所以说，以后所要说的所有事物的萌芽都将在这一章出现，读者可以从中找到解开全书的钥匙。

现在居住在美国的移民们，在很多地方都并不相同，他们在不同的时间搬到这里，有着不同的目的，并用不同的原则管理自己。不过他们也发现了他们存在着一些共同点，有着相似的经历。

能将人团结起来的最有能量也最持久的连接，大概就是语言了。当时的所有移民都是同一民族的后代，都说这同一种语言。他们所诞生的国家，在一个世纪以来始终在煽动教派的争斗，各个教派只能让法律轮流保护自己。各个教派的信徒们的政治教育正是在这种激烈的教派斗争中获得的，最终他们对真正权利和自由的观念的理解，超过了当时绝大多数的欧洲人。自由制度强有力的早期形式，也就是地方自治，在移民的早期就深入到了英国人的习惯之中，甚至都铎王朝的中心都被地方自治带入了人民主权学说。

那时，宗教纠纷使得基督教世界混乱动荡。英国的人民本身虽然是比较稳重的，但也十分狂热地加入其中，人民现在也变得刻薄和爱好争论。由于参加这个智力的比拼，人们的知识得到了增长，逻辑得到了充分地锻炼，他们的社会在争论宗教问题时，也开始好转了。那些到大西洋对岸找寻新未来的英国后代，或多或少地表现出了英国民族的这一普遍特点。此外，还有一个特征不仅对英国人适用，对法国人、西班牙人、任何来新大陆的欧洲人也都适用。我们会在有机会的情况下再次进行阐述。在所有欧洲人刚刚建立的殖民地中，这个完全民主的萌芽即使没有发展，也最少被保护了下来。有两个原因造成了现在的这种结果。第一，贫穷和苦难是平等的最佳保障。移民们在背井离乡时，都认为生活幸福和有权势的人不会如此，所以相互之间并不存在优越感。第二，由于政治或宗教斗争，虽然有少许的富人和领主被迫来到此地，并在当地制定了等级不同的法律，但是人们不久就发现，贵族制度在美洲根本没有生存的土壤。虽然人们有了土地，但靠它的出产远不能同时让雇农和土地所有者都富裕。这块土地利用起来，难度不小，土地的所有者只能不停地照料和关注这块土地，所以基本都是由土地所有者亲自耕种分成了小块的土地。要知道，土地是贵族制度的根基，只有依靠土地，贵族制度才能生存。贵族的出现，必须依靠土地继承。但是这个地方，不仅没有贵族存在所必要的特权，也没有贵族存在所必要的身份制度。虽然大量的富人和穷人都存在于一个民族之中，但是如果其财富并不是因土地而来，严格上并不能说它拥有贵族阶层，而是民族之中财富的分配不均衡而已。

所以可以说，在刚刚建立英国殖民地的时期，各个殖民地之间有着家人一样的关系。他们坚持的原则，让他们看起来是命中注定要去发展自由的。但这种自由并不是他们祖国中的贵族阶层的自由，而是历史上从没有先例的平民的民主和自由。

不过在这相同之中也存在着些许的差异，我认为必须进行说明。英裔美国人这个大家庭被分成了南北两部分。直到现在他们也依然没有完全融合，而是独自发展。

第一个英国殖民地建立在弗吉尼亚，早在1607年，移民就抵达此地。欧洲在这一时间，满脑子都是开采金银来让国家富裕的想法，但实际上，这个想法完全错误，并且十分致命。在欧洲，它使得沉迷于此的欧洲各国变得贫困不堪，比战争和所有错误的政策法律加起来还要严重。在美国，因它而死去的人数比那二者加起来致死的人数还要多。弗吉尼亚被送入了大量淘金者[1]。这些人没有本领和德行，却有着暴躁又喜好惹事的性格。他们将刚刚建立的殖民地搞得混乱不堪，将殖民地的发展搞得十分不稳定[2]。在这之后，农民和手工业者来到了这里。他们虽然讲究一些道德，并且比较温顺，但并不比英国的下等阶层[3]强多少。建立新制度所需要的崇高的视角和深入的思考，他们都并不具备。奴隶制在殖民地建立初期就被确立了[4]，这一件事对以后整个南方的性格、法律和未来造成了巨大的影响。我们后面将会说明，奴隶制不仅侮辱了劳动，还给社会带来了懒惰的社会风气，而无知、傲慢、夸张、奢侈也随之而来。在思想上，它让人变得沮丧。在行动上，它使人陷入懒惰。南方的民众情况和社会情况的产生，完全可以通过奴隶制和英国人性格进行解释。

北方和它一样来自于英国，但其情况却完全不同。请让我简单的说明一下这一情况。

---

1 在1609年英国国王颁布的特许状中，额外增加了一些条款，要求移民必须将所采金银的五分之一缴纳给国王。参考《华盛顿生平》，第一卷第18至66页，马歇尔著。——原注

2 威·斯迪斯在其《弗吉尼亚史》中写道，家庭有不良记录的青年人站了新移民的绝大部分。为了不让自己的孩子受到株连，他们的父母就将他们送到了前往新大陆的船只上。而家中的老年人、走私行骗的破产者、纵情声色的无业游民，以及许多类似的人，构成了移民剩余的部分。从本质上说来，这些人对建立家园并不擅长，而对抢劫和破坏却十分拿手。他们很容易在一些扰乱治安的首领的带领下，就去从事各种犯罪行为。有关弗吉尼亚的历史，可以参考下面这些著作：《1624年定居后的弗吉尼亚史》，斯密斯著；《弗吉尼亚史》，威廉·斯迪斯著；《弗吉尼亚最初的发现与定居史》，比弗利。这本书在1807年被翻译为法文并出版。——原注

3 英国的富人来殖民地定居，是很久以后的事情了。——原注

4 1620年，一艘荷兰船只将20名黑人运至詹姆斯河岸，将奴隶制引入美国。参考查莫斯的著作。——原注

当今美国社会理论基础的主要思想都产生于北方的那几个英国殖民地，也就是人们习惯上叫做新英格兰[1]的那几个州。新英格兰的这些思想，从邻近各州开始扩散传播，逐渐到比较远的各州，最后整个国家都受到了影响。现在，它们的影响甚至越过了国界，传遍了整个美洲大陆。与高地燃烧的大火一样，新英格兰的文明不仅使得自身周围变得温暖，还用自身的光芒将整个天空照亮。

新英格兰的创建完全是全新的情景，这里的任何事情都是独一无二的。殖民地所有的早期居民，差不多都是没有接受过教育、没有财产、因为贫穷和不当的行为被从家乡驱逐的人，或者贪婪的投机者和包工头。甚至有些殖民地居民的家世是不可以说的，例如，海盗创建了圣多明各，而在现在，英国的刑事法庭也为澳大利亚提供着居民。

在自己的祖国时，新英格兰这些在海岸边住下的移民们都是些自由自在的人，当他们出现在美洲的土地上，并且团结起来的时候，社会立即就变得十分特别。这是一个没有领主和农奴的社会，甚至可以说，这是一个没有穷人和富人的社会。他们当中高文明程度人士的比例，要比我们现在的任何欧洲国家都要高。

或许无一例外，他们全都接受过十分优秀的教育，甚至其中不少人还是欧洲著名的饱学之士。与其他由独身的冒险家们创建的殖民地不同，新英格兰是由移民们带着家属和良好的秩序与道德，来到这荒凉的地域的。具有创业的企图，是最能够体现出他们与其他全部移民不同的地方。他们背井离乡并不是出于无奈，而是自愿放弃了还可以的地位和生活。他们之所以离开舒适的家庭，渡海来到这里，并不只是为了改善自己的生活或发财，更是为了满足自己单纯的求知欲。他们希望一种理想能够最终得胜，所以才自愿在流亡中感受历经磨难的生活。

这些移民和他们自己所称的朝圣者都属于英国的一个教派。这个教派因为教义十分严格，而被命名为清教。可以说清教的教义并不只是单纯的宗教理论，绝对的民主共和理论已经存在于它的许多方面。所以，可以说它为自己创造了不少十分危险的敌人。由于在祖国中，清教徒受到了政府的压制，他们认为自己教义的严格遵守程度受到了自己所在社会的不良影响，所以，他们决定在这个世界上找到一个人烟稀少的地方，这样就能够按照自己原本的方式生活，并自由地崇敬上帝。

我在这里摘录一些引证，在叙述这些狂热的冒险家精神时，它们比我的叙述更加清晰。

纳撒尼尔·莫尔顿曾对新英格兰的早期历史进行了研究，他曾在文章的开篇[2]说："我始终觉得，用文字将我们祖辈在创造这块殖民地时期，受到的上帝多方面仁慈的关

1 新英格兰各州处于哈德逊河东部，包含下面六个州：康涅狄格州、罗得岛州、马萨诸塞州、佛蒙特州、新罕布什尔州及缅因州。——原注

2 《新英格兰回忆录》，波士顿，1828年；另外也见于《马萨诸塞殖民地史》第二卷第440页，哈切森著，波士顿。——原注

心记录下来，好让我们的后代铭记上帝的仁爱，是我们神圣的义务。任何我们看见和从我们祖辈处听到的事情，都应该使我们的孩子也知道。这样就能够让我们的子孙明白为何要去赞美上帝，同时也能够让上帝的仆从亚伯拉罕的子孙和上帝的选民雅各的子孙能够将上帝的神奇举动永远铭记（《诗篇》第105篇第5、6节）。还要让他们知道，上帝是怎样将葡萄带至荒原，又是怎样将异教徒驱逐，将种葡萄的土地整理出来，将葡萄种上，让葡萄秧的根深扎入地下，还有在以后又是怎样让葡萄不断分蔓，将整个土地覆盖（《诗篇》第80篇第13、15节）。而且，还要让他们知道，上帝是怎样将他的子民指引到了他的神圣之地，让他们在自己赐予的山中居住（《出埃及记》第15章第13节）。为了使上帝得到他本该享有的荣誉，必须让他们知道这些事情。这样，为上帝服务，作为上帝的工具的圣徒们也可以享受到上帝的光荣。”

就像是一阵古老的风将《圣经》的香气带了过来，所有人在读完这段开篇词之后，都会在心里感到一种宗教的庄重。宗教使这位作家的信仰更加坚定，使他的语言更有力量。与在作家的眼中一样，这些人在今天读者的眼中，早就不是远渡重洋去投机的少数冒险者了，他们已经成为一个伟大的民族的种子，被上帝亲手播撒在一片早就准备的土地之上。

随后，作者又用同样的手法，将最早的移民背井离乡时的情景进行了描写[1]：“所以，他们离开了生养自己的德尔夫特—哈勒夫特城，因为他们明白，此生之中自己注定是一个朝圣者和异乡人，所以他们的心情十分平和。在他们看来，尘世间的一切都不值得留恋，他们将双眼朝向上帝，上帝已经为他们准备了神圣的地方，而那里才是他们可爱的故乡。在一大群不能跟随他们旅途的亲友的陪伴下，他们到达了停泊船只的港口。当晚，所有人都没有睡觉。整整一晚，大家都在谈论着友情、真诚地交流、传递着基督徒真正的爱。但是第二天，他们还是上船了。亲友们依然希望能够在船上多陪他们待一会儿，然而就在这时，所有人都深深地悲叹，泪水夺眶而出。他们长时间地抱着不肯放手，虔诚地祷告着，即使是陌路人也都因此深受触动。当船要开走的信号发出后，所有人都跪在地上，他们的牧师饱含热泪，向着天空对上帝祈祷，希望得到他的恩典。最终，人们互道再见。要知道，对他们当中的大多数人来说，这次再见意味着再也不见。”

算上妇女和儿童，这批移民大概有150人左右。他们希望能够在哈德逊河岸创建一个殖民地。然而，经历了大西洋中的漫长漂流，他们不得不在新英格兰的荒滩，也就是现在的普利茅斯镇登陆。在那里，现在依然可以看到，朝圣者们上岸后踩着的那块大石头[2]。

---

1 《新英格兰回忆录》第22页。——原注

2 这块大石头现在已经成为美国人的神像。在美国的一些城镇中，我曾经看到他们将这块石头的碎块进行精心地保管。人的力量与伟大已经在他们的心中被铭刻，难道这还不够明显地表明这一点吗？这块石头曾经被一些苦命的人用双脚踩过一会儿。它理应留名千古，让一个伟大的民族在此留下印记。他们甚至对它的碎块表示了尊敬，在离它十分遥远的地方依然将其碎块保留着。有多少建筑的基石中包含这些碎块，又有谁对它们没有崇敬之心呢？——原注

这位我刚才所说的历史学家说过："我们要先将这群悲惨的人登陆后的情况加以简单地描述，来赞美上帝将他们拯救的恩典，然后再进行长篇大论。"

"现在，他们已经穿过了宽广的大西洋，抵达了他们这次旅程的终点。然而当时正是冬天。如果你熟悉我们这里气候的话，就会知道冬天是多么的冷，而且经常有很大的风。但是不仅没有亲友去迎接他们，也没有他们足以遮风避寒的屋舍。在这种季节里，即使是前往熟悉的地方也十分不易，更别提在完全陌生的海岸上定居了。在他们的四周是一片蛮荒之地，猛兽和野蛮人遍布其中，他们对野蛮人到底有多么凶残和到底有多少人一无所知。眼前冰冻的土地上长满了树木和灌木丛，全部都是未经开发的荒蛮景观。转过身，也只有无边的大西洋将他们与文明世界隔断。他们只有仰望苍天，来获取唯一的安慰和希望。"[1]

清教徒并不只是在嘴上说说自己的虔诚，而并不清楚尘世的规则。与我之前所说的一样，清教的教义不仅是宗教理论，也是政治理论。所以，创建自己的社会，成为移民们在踏上纳撒尼尔·莫尔顿所描绘的荒芜海岸后所做的第一件事。他们立即通过了一项公约[2]，宣布："为了增加上帝的荣誉，将基督教信仰和我们祖国的荣誉发扬光大，我们，也就是下面所有签名的人，开始在这片刚发现的海滩上创建第一个殖民地。我们在上帝的注视下，在在场的妇女面前，彼此庄严地同意，为了管理我们自身，并帮助我们实现自己的愿望，现在，我们协议将全体组成一个政治社会。我们将根据这项约定，制定法律、法规和命令，并根据需求来任命我们应当听从的行政官员。"

1620年，这件事情开始了。自此之后，移民从来没有间断。在查理一世执政期间，每年都有一批批的各个教派的信徒被那些震动大不列颠帝国的宗教和政治狂热所驱逐，前往美洲海岸。大多数的移民是清教徒，而英国的清教徒大多数都是中产阶级。新英格兰的人口数量增长速度很快，但殖民地的社会各部分并没有像其祖国一样，用等级制度把人民分成不同的阶级，而是显现出越来越平等化的新状况。这种民主在旧时代难以想象，但它却已经从陈旧的封建社会中强大而有力地杀出重围。

因为大量的移民可以将动乱的种子与新出现的革命者带走，所以英国政府看到这种情况之后，感到十分满意。虽然它对于那些为了逃脱祖国的法律制裁，而到达美洲大陆的人的命运并不关心，但它竭力鼓励这种移民。可以这样认为，新英格兰就是一个交由人们去实现梦想的地方，这个地方也能够让创新的人去大胆实践。

---

1 《新英格兰回忆录》第35页。——原注

2 1638年创建罗得岛州的移民，1637年创建纽黑文的移民，1639年创建康涅狄格的移民，1640年创建普罗维登斯的移民，都经全体人员同意，以书面形式先后达成社会契约。参考皮特金著作第42页及47页。——原注

英国的繁荣主要得益于他们的殖民地。这些殖民地所获得的政治自由和独立，通常也比其他国家的殖民地大得多。但是，新英格兰的各州所享受的自由，没有一个地方可以比它更完整。

当时的大多数人都觉得，哪个欧洲国家首先发现了新大陆的哪块土地，那么这块土地就属于那个国家。所以到16世纪末，英国将北美几乎所有的海岸都占据了。在新领土的不同的地区，英国政府采取的统治方式也并不相同。在一些时候，国王会任命总督来管理新大陆的一部分，总督直接听命于他[1]。这种殖民制度，被其余全部的欧洲国家所采用。还有些时候，国王授权一个人或一个公司来享有一些土地的所有权[2]。这时候，单个人或少数几个人将所有民事和政治的管理权都集中起来，在王权的监督和控制下出售土地并管理人民。在最后，还有第三种制度，它给予一定数量的移民以自治权利，允许他们在宗主国的监督之下，自己创建政治机构，在不违反宗主国法律的前提下进行自治。只有新英格兰曾经施行过对自由十分有利的第三种制度[3]。查理一世在1628年[4]就授予了前往马萨诸塞创建殖民地移民们一份这样的特别许可。

不过，新英格兰的殖民地获得特别许可，大多都是他们在当地存在许久以后的事情了。许多地区都是在没有获得任何宗主国资助，宗主国甚至不知情的情况下创建的，普利茅斯、普罗维登斯、纽黑文、康涅狄格州和罗得岛州都是如此[5]。虽然新移民们并没有拒绝承认宗主国的最高权威，但他们却自己建立了政权，而且也没有试图从宗主国获取权力。国王的特别许可，也不过三四十年之后的查理二世执政时期，让这些殖民地成为了合法的存在而已。

也正因此，想从新英格兰的初创史和立法中，找到移民与宗主国之间的联系是十分困难的。这些移民自行任命政府官员，自行决定战斗与和解，自行制定安全法规，自行定立法律。他们在任何一分钟都独立自主地使用自己的权力，似乎他们所臣属的

---

1 例如纽约州。——原注

2 例如马里兰州、南卡罗来纳州、北卡罗来纳州、宾夕法尼亚州及新泽西州。参考皮特金著作第11页至31页。——原注

3 参考《历史文献汇编》，费城，1792年。各殖民地早期大量珍贵可信的文件都被收入这部汇编之中，其中包含有英国国王颁发给各殖民地的特许令，还有各殖民地早期政府颁布的法令。

另外参考担任美国最高法院法官的斯托利先生在他的著作《美国宪法释义》前言中，对这些特许令做出的评论。

从这些文件中，我们可以得知，在这些殖民地建立初期，就已经确立了代议制的政府原则及政治自由的具体形式。在之后的时间中，也无论是北方还是南方，这些原则都取得了重大发展，并在全国流行。——原注

4 参考皮特金著作第1卷第35页；哈切森著作第1卷第9页。——原注

5 参见哈切森著作第42页及第47页。——原注

只是上帝[1]。

这一时期的法律可以说是最特别也最有教育意义的法律了。从它的身上，我们可以找到当今美国所展现的主要的社会问题的答案。

康涅狄格州面积并不大，但它在1650年所颁布的法典[2]却是这一时期最有特点的法令集。康涅狄格的立法者[3]首先制定的是刑法。他们在制定刑法时，产生了一个奇怪的想法：要从《圣经》中找到一些法规。所以，我们看到这部刑法的开篇部分写到："任何人信仰上帝之外的神，以死刑论处。"然后，又从《申命记》、《出埃及记》以及《利未记》中一字一句地抄录了十到十二条同性质的法规。亵渎神明、施行巫术、通奸[4]以及强奸，都会被判处死刑。儿子虐待父母也是如此。在一个风俗文明而又朴素的社会之中，竟然施行了这样一部野蛮而又不文明的民族的法律，导致法律之中出现了如此之多的死刑，并且死刑适用于如此轻微的罪行。

在制定这种刑法时，立法者大多关注于维持社会的道德和优良风俗。所以他们将道德问题看得十分严重，几乎所有不当行为都被纳入惩治范围。对于这种法律对通奸和强奸的惩处，读者都会感觉出实在是过于严苛。甚至两个未婚男女的私自结合也会被严惩。法官有权在这时，对罪犯处以罚款、鞭笞和强制结婚三种惩罚的任意一种[5]。如果纽黑文过去的法庭记录没有问题的话，那就说明这种案件并不在少数。我们看到了一个对1660年5月1日案件的判决，一位年轻女子被指控言语不当以及被他人亲吻了一下[6]，她因此而被处以罚款及斥责。

1650年的法典中包含了大量预防性的惩罚措施，其中规定严惩懒惰和酗酒[7]。小酒

---

1 在制定刑法、民法及法律机关组织法时，马萨诸塞州的居民们并未沿用英国习惯。例如，在1650年，英国国王的名字还没有出现在判决书等法律文件的开始部分。参考哈切森著作第452页。——原注

2 参考《1650年法典》第28页。——原注

3 参考哈切森著作第1卷第435页至456页。作者在此处对马萨诸塞殖民地1648年颁布的刑法进行了分析，这部法典与康涅狄格州刑法典所使用的原则是相同的。——原注

4 按照马萨诸塞州的法律，通奸也要被处以死刑。哈切森在其著作的第1卷第441页也提到，确实有许多人因为犯有这一罪行而被处决。他还讲述了一件1663年发生的奇闻。当时一位结过婚的妇女与一位年轻男子恋爱了。当时这位妇女已经是一位寡妇，他们俩不久之后结婚，并共同生活了好几年。但后来有人怀疑他们在没有结婚之前就发生了性关系，所以就对他们进行指控，并最终将他们送进了监牢，甚至二人差点都被处决。——原注

5 《1650年法典》第48页。有时候，法官可以将这几种惩罚合并，同时执行。在《纽黑文往事》第114页曾记载过这样一个案例。1643年，玛格丽特·贝德福德因数项罪名而被起诉，最终她同时被判处笞刑及与从犯尼古拉斯·杰明斯结婚。——原注

6 《新英格兰回忆录》第104页。此外，在汉钦森著作第1卷的第435页，还有数个案例比这个更为奇特。——原注

7 《1650年法典》第50页及第57页。——原注

馆经营者不得出售超过一定数量的酒给任何一个顾客。而且只要说出任何一句有害的谎言，都会招来罚款或鞭笞的惩处[1]。

在其他方面，立法者也将自己在欧洲所追求的宗教自由的伟大原则抛在脑后。他们采取罚款的手段来强迫人们参与宗教活动[2]，甚至对反对者采取酷刑[3]。对那些喜欢采用与之不同方式拜祭上帝的基督徒，他们通常会判处死刑[4]。

最后，有时候，有很多并不该立法者管理的事务也会被其激情所覆盖。例如，禁止吸烟的条款就同样存在于这一部法典之中[5]。不过需要大家记住的是，没有任何人将这些奇怪或者蛮横的法律强加至人民的身上。所有这些法律都是全体居民自由投票决定的，并且居民生活习俗的严格程度和清教色彩要远超于法律。在1649年，人们竟然在波士顿成立了一个严肃协会，来劝阻人们停止留长这一虚浮行为[6]。

对人类的理性而言，这种不公正无疑是一种侮辱。它证明了我们天生的劣等，证明我们的自然本性无法将真理与正义掌控，而更多的是站在了真理与正义的对立面。不仅是狭隘的教派精神在这部刑法留下了深深的印记，那些因为受到了迫害而变得猛烈，在那个时间依然在人们胸中奔腾的宗教激情也留下了自己的印记。

不过除了这种刑法，那里还存在着一系列与之相联系的政治性的法律。虽然这一系列的法律制定于两百年以前，但我们现在的自由精神似乎都比它差得多。新英格兰的法律已经将现代宪法基础的那些普遍原则全部接受，并在法律条目之中做出具体规定。要知道在17世纪，这些原则不被大多数的欧洲人所理解，即使在当时的英国，它也没有被完全接受。这些原则包括：公民参与公共事务，赋税由自由投票表决，为政府官员限定职责，人身自由，陪审团参与审判。虽然并没有经过协商，但这些全都在事实上被确立了。

即使是现在，也没有任何一个欧洲国家敢于尝试这些原则，但新英格兰却早就将其采用并深入发展了。

在康涅狄格，当时所有的早期居民都有着差不多相同的财产，以及相似的知识水

1 《1650年法典》第64页。——原注

2 《1650年法典》第44页。——原注

3 在康涅狄格，这种现象很普遍。参考《历史文献汇编》第1卷第538页中，马萨诸塞于1644年9月13日颁布的驱逐浸信会信徒的法令；另外可参考《历史文献汇编》第1卷第630页中，1656年颁布的反对教友会信徒的法令。它写道：“由于现在出现了一个叫做教友会的可恶异教派别……”随后列出了具体条目当地运送教友会信徒的船长处以大量罚款，对偷渡而来的教友会信徒施以笞刑和劳教，对他们意见的反对者处以罚款，其后改为收押和驱逐。——原注

4 马萨诸塞刑法规定，发现任何天主教神甫进入本殖民地，立即处以死刑。——原注

5 《1650年法典》第96页。——原注

6 《新英格兰回忆录》第316页。——原注

平[1]。而全体公民组成选民团是从开始时就施行的，人们也立即明白了这种制度的含义[2]。康涅狄格州这一时期的所有政府官员，甚至包括总督，全都是由选举产生的[3]。武装自己是任何年满16周岁公民的义务。他们组建了本州的国民警卫队，自行任命军官，做好了随时赶赴战场的准备[4]。

在这种地方自治的产生和发展，在康涅狄格州和其他所有的新英格兰的法律中都可以找到。直到现在，这种自治依然是美国的自由和原则与生命。在大多数欧洲国家，社会上层是政治的发端，随后再逐渐并且是部分地向下扩展。而美国的情况则完全相反，那里的乡镇在县之前成立，而县又在州之前成立，而州又在联邦之前成立。

在1650年，新英格兰的乡镇政府就已经彻底建立了。人们根据乡镇自治的原则组织自己，并为了自己的利益、感情、权利和义务而奋斗。真正、积极、彻底民主与共和的政治，在乡镇内部得以实施。虽然宗主国的最高权威依然被各殖民地承认，君主政体也依然被各州的法律所接受，但乡镇上已经完全确立了共和政体。

任命所有的行政官员，制定自己的赋税规则，分配及征收自己的税款，全都是由各个乡镇自行处理[5]。代议制的法律也没有被新英格兰的乡镇所采纳。这里与古雅典一样，任何牵涉全体人民利益的事务，都必须在公共场合召开公民大会进行讨论，再进行决定。

我们在对美国共和政体早期的这些法律进行认真研究后，不得不对立法者的管理才能和先进理念感到惊讶。十分明显的是，相比于欧洲当时的立法者，他们所拥有的社会应该对成员负责的观点要更加高尚与完整。而且直到现在，其他国家还依然忽视他们为社会所制定的义务。从新英格兰各州刚建立开始，为了保证穷人的生活就进行了立法[6]，并采取了十分严格的措施来保护道路，并指定官员对措施执行进行检查[7]。为了记录公民大会的讨论结果，登记公民的婚丧嫁娶，每个乡镇都准备了各种公务记录册[8]，并设置了专门的文员对记录册进行管理[9]。这里还设置了官员负责管理无人继承的财产，检查继承

1 在1641年，罗得岛州居民大会共同宣布：州政府为民主政府，政权的基础是所有自由的公民，他们是唯一拥有立法权并对其执行进行监督的人。参考《1650年法典》第70页。——原注

2 《1638年法典》*第17页。——原注

*应为《1650年法典》，系作者笔误，下同。——译者注

3 参考皮特金著作第47页。——原注

4 《1638年法典》第12页。——原注

5 《1650年法典》第80页。——原注

6 《1650年法典》第78页。——原注

7 《1650年法典》第49页。——原注

8 参考哈切森著作第1卷第455页。——原注

9 《1650年法典》第86页。——原注

了的土地的地界，同时也设置了官员来维持乡镇的公共秩序[1]。

为了照顾和满足社会的众多需求，法律制定了诸多精细的条文。即使是现在的法国，在这方面也完全无法与其相媲美。不过最能将美国文明的突出特征展示出来的，从根源上说，却是它关于国民教育的规定。

曾有这样一道法令，它写道："因为人类的敌人撒旦最有力的武器就是人类的无知，因为我们不应当再浪费祖先的智慧天赋，因为儿童的教育本来就是本州最关心的事务之一，所以我们依靠着上帝的援助[2]……"随后，它罗列了许多条目，要求乡镇必须创办学校，而居民必须为教育出资，并对拒不出资者施以巨额罚款。按照同样的方式，在人口较多的县城中，需要创办高一个等级的学校。城市的政府有义务去要求家长将孩子送入学校，并有权对反抗者进行罚款。如果家长继续违反，社会就要剥夺家长那本是上天赋予却被用做不良目的的权利，承担起家长的责任，强行对孩子进行收留和教育[3]。从这道法令的序言中，读者注定会发现，在美国唤醒人们智慧的，是宗教。而将人们带向自由的，同样是宗教。

如果你在看完了1650年的美国社会之后，再观察一下欧洲，尤其是欧洲大陆的社会的话，肯定会大吃一惊。中世纪的寡头政治自由与封建主义自由衰败之后，君主专制制度席卷了17世纪的欧洲大陆。虽然欧洲的这一地区在这一时期取得了辉煌，艺术十分繁荣，但却也是人们最忽视权利的一个时期，是人们最少参加政治的一个时期，是自由思想最被人们所遗忘的一个时期。不过仍然是在这个时期，那些欧洲人未曾想到或者为他们所不屑的原则，已经在新大陆的荒原中被颁布了，已经变成了一个伟大民族未来的箴言。这个不受人重视的社会连所有的政治家都不屑于生活其中。但它却将人类理性最狂妄的设想变成了现实，也让人类拥有创新精神的想象力幻想出了一种从未有过的立法制度。这个毫无名气的社会中，还不曾诞生过一位将军或者哲学家和作家，但却出现了这样一个人。他敢于面对自由的人群起身，在众人的喝彩声中，为自由制定了一个下面这样精准的定义：

"因为独立，我们得到了许多。但我们不能满足于此。事实上，有两种自由存在。一种自由是堕落的，肆意妄为是它的本性，人和动物也都可以拥有这种自由。这种自由无法在任何制度下生存，它与所有的权威为敌，也与真理和平为敌。如果这种自由得以实施，那么我们就会走向堕落。上帝也认为反对这种自由是十分应该的。不过，还有一种自由是属于公民或道德的。这种自由因团结而获得了力量，保护它也正是政府的职

1 《1650年法典》第40页。——原注

2 《1650年法典》第90页。——原注

3 《1650年法典》第83页及第90页。——原注

责。这种自由无畏地支持着任何公平与善良的事物，可以说这种自由是神圣的。它值得我们冒险去保护，在必要的情况下，我们甚至应该为它而献身。”[1]

英裔美国人文明事实上的特征，在我的叙述中已经很清楚了。两种完全不同的元素结合，然后产生了这种文明。虽然在其他地方，这两种元素一直是互相排斥的，但在美国，它们却结合起来，而且结合得很好。我所说的那两种元素，就是宗教精神与自由精神，我们应当将其在心中铭记。

创建新英格兰的人们，不仅是自己教派热忱的卫士，也是勇敢的改革家。虽然他们对一些宗教确实拥有偏见，但在政治上，他们却并不存在任何偏见。所以，不管是人民的意愿上，还是法律上，都出现了两种并不相同，但也不对立的趋势。这种情况十分普遍。

我们应该完全相信，人们为了追求精神的安慰，而付出了惨痛的代价。为了宗教，他们离开了自己的朋友、家人和祖国。然而，我们也看到，他们在追逐物质财富和精神享受时，也伴随着类似的狂热。他们觉得天堂是在另一个世界，而幸福和自由却在这一个。他们还认为，人类可以创造政治准则、法律和各种设施，并且可以将其按照自身的想法改动和组合。

那些从社会内部产生，限制了社会进步的阻碍已经臣服于他们，那些数个世纪以来一直支配着世界的旧观念也已经不再起作用，世界展示给人们的是一条无尽的坦途和无边的原野。在这片原野上，人类的理性得以自由的发展，并开始全面进入人们的头脑之中。然而，理性却在政治社会达到极限时自行停止了。它浑身战栗，没有勇气施展其惊人的力量，甚至开始对自身产生了怀疑，而将改革的要求全部抛弃。他们不让自己去掀开神殿的帷幕，没有经过论证就接受了那些真理，并虔诚地匍匐在它们的面前。

可以说，精神世界中，所有事情都提前被知晓，并被提前决定，然后按照既定程序合理地进行。但政治世界中，所有的事情都不停地改变着，它们相互冲突，没有一刻保持平静。人们在第一世界消极又自愿地顺从，却在后面的世界中保持着独立，对所有的经验和权威保持蔑视。

这两种趋势看起来并不相互包容，但也没有相互破坏，而是表现出了互相帮助的意愿，共同进步。宗教认为自由是人权的高级形式，而政治也不过是上帝为了人类智慧创造的运动场而已。要想让宗教的国度更加完美，就需要宗教依靠自身的能力进行统治，

---

1 《基督教在美洲的传播史》第2卷第13页，马瑟著。这段话为温斯洛普的演讲。在他任职州长期间，曾因专横罪而被起诉，但在发表了我所引述的这篇演讲之后，受到听众的热烈欢迎，使其最终免于处罚。而且自此之后，他多次连任州长。可参考马歇尔所著的《华盛顿生平》第116页。——原注

而不是靠压迫人们的思想。宗教知道这一点，它在自身的领域中足够自由与强大，并对自己未来的地位感到满意。而自由不仅认为宗教是自己的盟友和胜利伙伴，还将它当做自己婴儿时期的摇篮和神赐给自己后来那些权利的依据。宗教被自由看做人们意愿的卫士，而人民的意愿则被认为是法律和自由的保障。

## 英裔美国人的法律和习惯的某些特点的产生原因

希望看完之前我所说的所有事情后，读者不会总结出太过普遍及绝对的结论。虽然早期的移民的社会状况、宗教和意愿，都对他们创建新的国家产生了重大作用，但这些东西也并不是新社会得以建立的原因。社会本身才是社会的唯一发源。不管一个人愿不愿意，他都无法与过去完全脱离关系，注定会把来自教育或者祖国的传统观念或风俗带入自己的观念和风俗之中。

可以说，将来源于清教和来源于英国的事物认真区分出来，是了解和评价现在的英裔美国人前必须做的。

有一些法律和习惯在美国并不适应周围的环境，这种情况十分常见。一些法律的立意似乎与美国的立法精神相违背，而一些社会民意也与社会现实完全不符。如果是在远古时期建立的这些英国殖民地，或者没有办法探究它们的起源的话，解决这些问题就是不可能完成的任务了。

用一个例子就可以将我的观点表述清楚。比如，美国的民事及刑事诉讼的程序中，拘留与保释是对被告人仅有的两种处置方式。在诉讼开始前，被告人被要求缴纳保释金，否则他将被拘留。之后再对被指控的事实是否属实及罪行的轻重进行裁决。

很明显，穷人在这种法律中受到歧视，而富人却因此得益。因为即使是在民事诉讼中，穷人也并不见得就总是有足够的钱去缴纳保释金。而如果他只能在监狱中等待公平的判决，那倒霉事很快就会从拘留中产生。恰恰相反的是，民事诉讼中的富人基本不会被拘留。而且因为他们缴纳了保释金之后可以逃走，所以他们甚至在犯罪之后，也可以很容易地躲避应有的惩罚。所以可以认为，对富人而言，法律所规定的惩罚只是罚款罢了[1]。

再也没有比这种法律更像是贵族法律的了吧？但却是穷人在美国制定出的这种法律，而他们在立法时，永远是把社会的最大利益放在首位。对于这种现象，除了英国之外没有国家可以对此进行解释了。实际上，我之前所提到的法律就是英国原有的[2]。美国人完全照抄这些法律，尽管它违背了美国法律的立意及美国人的根本观念。

---

1 富人如果不缴纳保释金的话，当然也会被惩处。不过这种情况十分罕见。——原注

2 参考布莱克·斯通与特罗姆的著作第1卷第10章。——原注

除了习俗之外，民法就是一个民族最难被改变的东西了。除了专门的法律人士之外，没有人对民法足够了解。也就是说，了解民法的人，通常是那些专门学过法律、能够找到区分法律好坏的理由和靠维护法律谋生的人。一个民族中的绝大多数人对其中的深意缺乏了解，对法律作用的了解只建立在个案之中。而且他们基本都无法对它的倾向有明确的认识，只是盲目地顺从。

我有无数的例子可以证明这些，这只是其中的一个而已。

我可以说，虽然美国社会的表象展示出，它披了一层民主的外衣。但如果我们揭开这层外衣，就会发现，贵族制度的遗迹无所不在。

# 第三章　英裔美国人的社会状况

一般情况下，社会状况是现实造成的。在一些时候，也是法律造成的。不过最多的时候，则是由二者共同造成的。不过，只要社会状况得以确定，它又变成了影响人民的大多数法律、习俗、观念的第一元素。它会改变任何不因它而产生的事物。

所以，研究一个民族的社会状况，是了解一个民族立法和人民意愿的首要方向。

### 本质上的民主是英裔美国人社会最鲜明的特征

对英裔美国人社会状况的重要观点有很多，不过有一种比其他都要重要。那就是美国人的社会状况是十分民主的。

这一特征在各个殖民地建立初期就存在，但现在却有着更加清晰的表现。

在前一章，我已经告诉大家，新英格兰海岸居住的移民们有着十分平等的关系。美国的这一地区丝毫没有引入贵族制度。在这一地区能够产生影响的只有知识。人们认为几个姓氏代表了知识和德行，所以才习惯对他们表示尊敬。由于自身的名望，一些平民获得了权力。如果他的权力确实被他的儿子继承的话，那么也可以叫做贵族权力。

这都是哈德森河东边的情况，在这条河的西南方，到佛罗里达为止，情况都与此不同。英国来的大地产主在大多数哈德森河西南的州里都存在，他们将贵族制度的要求与英国的继承法也带了过来。

我曾经对美国为什么没有建立贵族政权的原因，进行过一些解答。虽然那些理由在哈德森河东边不是很起作用，但是在它的西南方却一直有效。南方的人可以利用奴隶来耕作大量土地，所以这里也出现了许多富裕的大地产主。然而他们并没有特权，奴隶为他们耕作也没有让他们变成封建社会的收租地主，所以他们也没有保护奴隶的义务，也因此，他们造成了与欧洲贵族地主完全不同的影响。

但哈德逊河南边的大地产主也变成了一个有着自身的想法与风气的高等阶级。而且当地政治活动的核心人物一般都出自这个阶级。虽然这个阶级经常关注百姓的情感和利益，没有激发人们的爱恨，可以说是一种几乎与百姓没有差别的贵族。但从整体上看，这个阶级依然羸弱，缺乏生命力。不过领导了起义，为美国革命输送了大量人才的依然是这个南方的阶级。

社会在这一时期一直不停地发生动荡。人民在经历了以自己名义进行的斗争之后，力量越发地强大，并且有了随自己想法实践的意图。自发的民主力量也越来越活跃。为了摆脱宗主国的束缚，人们努力追求所有形式的独立，这样导致个人逐渐失去了自己的影响力。习俗和法律也开始有了共同的走向。

而使平等迈出决定性那一步的，却是继承法[1]。无论是古代还是现在的法学家，都没有让继承法对世界的发展产生过重大影响，这一点无疑让我感到诧异。的确，继承法属于民法，但它对国家的社会状况有着十分重要的影响，而政治方面的法律也只是社会状态的具体表现而已，所以也可以说它是重要的政治措施。另外，继承法对社会起作用的方式是十分确定并永恒不变的，而且它对尚未出生的子孙也保持着影响。人们可以依靠继承法获得一种特别的权力，这种权力足以影响人类的未来命运，就像是上天赐予的一样。继承法实施之后，法学家几乎就没有事情做了，所以将公民的继承法制定完，他们也就可以去休息了。与机器一样，这项法律可以自己启动，自己导航，朝着预设的目的地进发。

财产被这种按照某种方式制定的法律累积、集中起来，并被某一个人所独揽，不久之后权力也是如此。或者说，它使得贵族重新出现了。不过当它按照其他的方式制定和发展的时候，也就是对财产和权力进行切割和分解时，它发挥作用的速度会变得更快。有些时候，人们会感到无法限制它，这时人们甚至会为它设置阻碍来遏制它令人惊诧的发展速度。

那些人们企图用来消弭它作用的各种对立措施，全都被证明是毫无作用的。所有前进中的阻碍，都被它击成碎片或碾成尘土。它飞快上升，又急速落下，民主的微尘随之飘荡。

继承法以充足的理由指定或裁定一个人的子女平均分配其财产之后，可能会出现两种影响。虽然它们有着相同的目的，但将其认真区别开也是十分必要的。

继承法的实施，使得任何资产所有人的死亡都成为一场资产上的革命。资产的主人改变了，甚至资产的性质也改变了。资产就这样被不断进行分割，变得越来越小。

这就是继承法造成的直接影响，或者说是它的外在影响。所以私人财产，尤其是土地不断缩小的趋势，注定会出现在法律要求遗产平分的国家。不过在拥有不超过两个孩

---

1 凡是能够决定财产在其所有者死后归属的法律，都是我所说的继承法的范围。

这其中包括限嗣继承法。虽然限嗣继承法不仅限制了财产所有者对财产的处置，也使财产所有者在生前就担负了为继承人保管好财产的义务，但决定财产在其所有者死后的归属，依然是限嗣继承法的主要目的。剩下的规定不过是它具体的执行方式而已。

子的家庭中，例如在像法国这种平均每个家庭不足三个孩子的国家中，父母的遗产被孩子们平分了之后，他们独立的生活看起来不会比父母差多少。所以如果这种法律是自己发展的话，要到很久之后才能显现出它的法律影响。不过并不是只有财产的所有权受到平分遗产的法律影响，资产所有人的思想也同样受其影响。他们的热情也被它所激发，对这种法律表示出支持。

大型资产，尤其是大型地产，被这些问题的影响以飞快的速度破坏了。地产在那些以长子继承权为继承法基础的国家中，虽然世代传承，却从不进行分割。家庭的荣誉也几乎全部靠土地实现。家庭就代表了土地，而土地也代表着家庭。土地成为了家庭姓氏、根源、荣誉、势力、道德恒久保持的依靠。土地不仅成为家庭历史的鲜活证明，也成为家庭未来的存在保障。

家庭荣誉和土地完整之间的紧密联系，在以平均分配为继承法基础时被摧毁了。因为土地在经过一两代之后注定会被分割，而且肯定会越分割越小，直到没办法再分，所以土地不再代表家庭了。如果大地产主的孩子不多，或者由于运气原因，使得自己的财产不比祖辈要少，那也并不是拥有了与父亲一样的财产，而是因为他们占据了父亲遗产之外的其他财产。

不过可以确定的是，如果占有土地不能够使大地产主获得情感、回忆、荣誉、抱负上的巨大收益的话，他们早晚会将土地卖掉。要知道，他们能从土地出售中获得巨大的资金收益，而相对于其他的资本来说，流动的资金能够产生更大的收益，而且也使他们现实中的欲望更容易得到满足。

小地产主的土地收益率比大地产主要高[1]，所以小地产主土地的出售价格也比大地产主要高。因此，富人将大量土地按照低价出售之后，注定不会为了复原自己的大型地产而按照高价去买回来。这样就使得大型地产分割之后，就再也没有重新合并的机会了。

通常，人们口中的家庭荣誉都是建立在个人私心的追求之上。我们可以认为，任何人都希望自己能够光耀千古，被后世永久纪念。个人的私心会在所有家庭荣誉失效的地方将其取代。如果一个家庭不能再代表着荣誉，而只是一种朦胧又含糊又难以确定的存在的时候，任何人都不会考虑其他的事情，只会追逐眼前的快乐，希望让自己这一时期变得舒服而已。所以，也就不会有人想让自己的家庭光耀千古，起码不会想用土地而是选择其他方式去完成这一目的。这样，继承法非但使得家庭保存完整的财产变得困难，也将家庭这样做的企图都夺走了。我们甚至可以认为，它为了消灭自身而强迫家庭与自己进行合作。

平均分配遗产的法律，由从财产到人，和从人到财产两种方式来执行。这两种办

1 我并没有认为小户的自耕农是最好的。不过他们对于耕种更加有激情，用自己的勤劳抵消了技术上的缺失。——原注

法，使得将土地所有制彻底改造，让家庭及财产迅速失去效用的目标最终完成了[1]。

当然，法国现在尚未达到这种程度。虽然19世纪的法国人每天都能看到继承法对政治和社会造成的影响，但他们依然对这个法律的效果保持怀疑。现在，我们一直都在自己将自家宅院的围墙推倒，将自家田地的篱笆拆毁，将这个法律在我国境内的施行情况看清楚。在我国，由于我们的回忆、思想和习俗，继承法受到了层层阻碍，虽然它已经发挥出了巨大作用，但依然有许多工作等它去完成。

但是，它的摧毁任务在美国已经差不多完成了。也正是这个原因，我们才能对它的主要影响进行研究。

英国的继承法，在独立战争时期就差不多都被美国各州废除了。限嗣继承法已经被修改，对财产的自由流动表示了默认。

土地的分割从第一代人去世后开始。土地的分割速度，随着时间的流逝而不断加快。到现在不过六十年出头的时间，社会的情况就已经面目全非，几乎所有的大地产主家族都成为普通人的一员。纽约州原本是大地产主人数最多的，但现在只剩下两户尚能在将要把它淹死的漩涡上苟延残喘。商人、律师或者医生，就是这些富人的子孙们的主要职业，他们中的绝大多数毫无名气。继承法将平均作用在所有领域发挥，世袭等级和特权的最后印记也彻底消亡了。

这并不意味着美国的富人比其他地区要少。要知道，美国人是我见到的各国人中，对金钱最为狂热的，美国人也是各国人中，最蔑视财产平均理论的。但金钱在美国以一种无法置信的速度急速流转着，并且有经验证明，父子两代都很富裕的家庭极少出现。

过去西部和西南部新建各州的情况，目前尚不能被我创作的这幅着墨不多的画作完全展示出来。上个世纪末，密西西比河流域开始有不少勇敢的探险家进入，基本相当于美洲再次被发现。没过多久，这里就出现了大批的移民，这片荒原之中也出现了许多未曾听闻的小镇。刚刚出现的许多州甚至连名字都还没起好，就希望加入美国联邦。我们可以发现，西部的民主达到了最高点。这些顺应时机而出现的州中，人民昨天才刚刚踏上他们现在居住的土地，彼此之间并不熟悉，即使是最亲近邻居的历史，他们也一无所知。

所以，不仅大家族和大地产主没有影响到美洲大陆这一地区的居民，那些因知识和操守而受到人们贵族般尊重的人也没能影响他们。那里的任何人都没能因为一直在大家面前做好事，而获得令人尊重的权力。可以说，虽然西部刚刚建立的各州有了居民，但社会尚未形成。

---

1 由于土地是财产中最为稳妥的，所以富人有时也会为了购买土地而忍痛割爱，为了保留自己的土地而主动放弃一些重要收入。不过这种现象并不普遍。通常情况下，最喜欢固定资产的还是穷人。小地产主的知识、理想和野心都比不上大地产主，他们一般也没有总是追求增加土地的想法，也往往对于能够继承父辈财产，娶上媳妇，做点小生意，从而过上小康生活的日子十分满意。

当时除了分割地产的倾向外，还有一种倾向是集中地产的。这种倾向能够抵制地产被无限分割的倾向，但它却没有形成大地产的强大力量，也没能让少数的几个家族将所有土地控制住。——原注在美国，平等的并不只是财产，他们自身的知识在很多程度上，也同样是平等的。

我觉得，其他像美国这样有学识之人不多，而人口又与之相差无几的国家是不存在的。

在美国，所有人都接受了初级的教育，但却极少有人能接受高等的教育。

很容易看出，我们之前所说的一切，注定会造成这样的结果。

美国家庭差不多都是小康家庭，所以想要获取人最基础的知识并不困难。美国的富人很少，基本上所有美国人都要从事某个职业。但学徒期是任何一个职业的必经阶段，所以美国人的一生之中，只有在少年时期接受平常的教育，到达15岁之后，就开始步入职业中了。在法国人刚开始接受学校教育的时候，美国人的学校教育就已经结束了。就算他们以后还会进入学校学习，也肯定是为了赚钱或特殊的目的。他们用学习工艺一样的方式研究科学。只有有立竿见影的效果才会受到他们的重视。

大多数美国富人在早前都是穷人，现在绝大多数的闲人在年轻时也都十分繁忙。所以，他们有读书的兴趣时，却没有认真读书的时间。而当他们有认真读书的时间时，却已经失去了认真读书的兴趣了。

所以，有着随世袭的财产和闲适一代代地传递的追求知识的爱好，并进而以从事脑力劳动为荣的阶级，在美国并不存在。

可以看出，不管是专注于脑力劳动的意愿，还是专注于脑力劳动的毅力，美国人都不具备。

所有美国人的知识都处于中等水平，虽然有的人高一些，有的人低一些，但都十分靠近。也因此，在宗教、历史、科学、政治经济学、法律、行政领域，拥有相似知识水平的人数量很多。

虽然上帝决定了人们智商的不平等，人们没有办法去阻止这种不平等的出现，但我们依然可以做出这样的结论：上帝决定让人类的智商不平等，但他们发展的条件却是相等的。

从这里，我们也能够发现，贵族因素在美国一直十分微弱，现在就算是没有被彻底摧毁，也注定毫无能力，对事物的发展很难产生任何影响了。

与此相对立的是，民主因素在时间、经历、法律的帮助下，成为了统治性元素，并且是唯一的元素。不管是家族还是社会团体，它们在美国都没有任何影响力，也很难看到任何略微持久一点的个人影响了。

所以，一种十分特殊的现象在美国的社会中展现出来了。这里的人们看上去比任何有记录的历史上、任何地方的人在财产和知识上都更平等。或者说是，在力量上更平等。

### 英裔美国人社会状况的政治影响

不难推测出这种社会状况会造成怎样的政治影响。

平等并不是在进入政治领域或其他领域之后就失去了效力。要知道人们早晚会将平等扩展到所有方面，而永远不会满足于除了一个领域之外所有领域都不平等的境遇。

但是，我只知道把权利交给所有公民和不给任何公民任何权利这两种方式，能够在政治领域建立平等。所以，在英裔美国人这种社会状况之下，找到一种所有人有权和个人专权之间的中间方案是极其困难的。

坦白地说，前面所说的那两种方式，都很容易从我们所描绘的社会状况中产生。其实，这里存在着一种壮烈而合法的激情在要求着平等，它激励人们接受所有人都强大且受人尊重。虽然这种激情的追求是让普通人可以获得大人物的地位，但在人们的心中，却有另外一种对于平等的变态狂热存在。它试图让弱者把强者拖到自己的水平段，使人们喜欢在拘束中感受平等，而不喜欢在自由中感受不平等。他们的主要期望和既定目标并非自由，平等才是他们永恒的爱侣。他们奔向平等的速度非凡、精力罕见，达不到目的的话，就会黯然神伤。不过只有平等可以使他们感到满足，如果让他们在失去平等和死之间选择，他们会宁愿去死。

不过换个角度说的话，所有公民全部平等也会使得他们在面对政府侵犯他们独立时，变得难以团结。他们中已经没有任何一个人拥有可以凭个人取胜的强大力量，要想守护住他们的平等，只能团结所有人的力量。不过并不是总能够将他们团结起来。

所以，从相同的社会状况出发，不同的民族可能会收获两种完全不同，但却有着相同发源的政治影响。

在我们提到的二选一的恐怖选择面前，幸运地将专制统治躲避掉的第一个民族，就是英裔美国人。使他们创建并守护住人民主权的，是他们的环境、起源、智慧，更是他们的民情。

# 第四章　美国的人民主权原则

人民主权理论，注定是探讨美国政治制度的第一步。

几乎所有的人类社会制度的深层中，都多少包含了人民主权的原则，但它在通常情况下隐藏了起来，很难被发现。即使它有时会偶尔出现一下，人们也会马上将它带回神殿的昏暗角落之中。人们虽然顺从于它，却又不承认它的存在。

在所有时代的阴谋家和暴君，都将民族意志当做他们最常使用的口号之一。在一些有权势人物进行贿选时，在一些人为了个人利益和出于恐惧而帮别人拉票的时候，我们都听到过这一口号。有一些人认为人民的沉默就是正式承认了这一口号，而对现实的屈服就是对他们占有权力的默认。不过，与一些国家中，人民主权原则的躲藏和无效不同，在美国，社会状况和法律都承认了人民主权原则，它的传播十分自由，完成其目标不会受到任何阻碍。如果这个世界上能够让人自由而公正地评判人民主权原则，研究其在社会事务上的应用，指出其好处及害处的只有一个国家，那它只可能是美国。我已经在前面提到了，美洲的大部分英国殖民地的基本原则从一开始就是人民主权原则。不过当时人民主权原则对社会制度还没有造成如今这样巨大的影响。当时有两个障碍使其快速发展被减缓了，一个是外部的，另一个则是内部的。因为当时的殖民地必须服从于宗主国，所以人民主权原则并不能在法律上光明正大地看到。所以，它只能够在各地区的人民大会，特别是乡镇的政府中，隐秘地发挥其作用，并悄悄地在这些地方发展壮大。

那时，美国社会尚未做好准备，去接受人民主权原则的全部成果。与我前一章所说的一样，新英格兰的知识水平和哈德森河南部地区的富裕生活，使得当地出现了长时间的贵族性质的影响。它让少数人掌握了管理社会的权力，并不是所有的公务人员都是选举而来的，也并不是所有的公民都是选民。想要获得选举权必须具有选举资格，而北部对这种资格要求很低，但南部相当高，但在各地选举权都受到了一些限制。

美国独立战争爆发后，人们主权原则开始从乡镇出发，将各个州政府占据。出于自身利益的考量，所有的阶级都加入了这场战争。人们以人民主权原则的名义进行战斗，并获得了胜利，人民主权原则也因此成为法律的法律。与此同时，社会内部的变化也同样迅速地发生了。将地方势力摧毁的重要任务已经被继承法完成。

当法律和革命的这一成果开始被人们发现的时候，民主已经郑重宣布彻底胜利。实际上，权力已经被民主掌控，并再也不允许抵制民主。所以，上层阶级只能默默地承受日后难以避免的痛苦，而不敢轻易表达自己的言行。因为上层阶级的成员都拥有私心，所以他们注定要失去权力。因为不能从人民手中再次把权力夺回去，又不能对如此多人冒犯自己感到厌恶，所以他们只能不顾一切地去巴结人民。也正是这个原因，那些最民主的法律反而是这些利益被其打击最严重的人所投票通过的。上层阶级就这样自己帮助新秩序得以成功，而没有让民众发怒，攻击他们。多么奇怪的发展方式啊！贵族元素最深重的州竟然变成了民主制度发展最迅猛的州！第一个采用普选，第一个在所有的政府机关中采用民主管理模式的，却是由大地产主创建的马里兰州[1]。如果一个国家开始对选举资格进行限制的话，那么可以预料到它或早或晚，但注定会在某一天将已经做出的规定全部废除。有一些永恒的规律控制着社会的发展，而这就是其中之一。因为民主的力量在每一次获得新妥协之后就有所增长，而伴随力量的增长，民主的要求也不断提升，所以选举权的范围越扩大，人们想把它扩大的想法就越强烈。没有选举资格的人为了获得选举资格不断奋斗，他们奋斗的活力和有选举资格的人数多少成正比。最终，特例成为了普遍，也就是连续的妥协，一直到普选得以实行才结束。现在，人民主权原则已经将人们可以想象的所有实际成果全部在美国实现。在美国，它根据实际需要以不同的形式出现，而不是像在其他国家一样，被吹嘘得很高，却只是空谈。一些时候，他们像雅典一样，由所有公民制定法律。还有些时候，他们普选出议员来代表公民，在人们几乎是直接的监督下进行工作。有一些国家的政权，可以认为是外力强行加之于社会的。社会不但要依照它的命令行动，还被强制要求按照固定的方式前进。还有另外一些国家，它们分开权力，让它时而属于社会，时而不属于。但美国社会是由自己进行管理的，而管理的目的也是为自己，并不存在这种现象。社会占据了所有的权力，基本没人胆敢产生四处获取权力的意图，更别提将这种意图表现出来了。人民参加立法事务是依据选举立法者的手段，而参与执法事务则是依靠选择行政人员。可以说，人民是自己管理自己的，只留给了政府十分微弱、不堪一击的丁点权力。另外，政府还需要被人民监督，顺从创建政府的公民的权威。就像是上帝支配这个世界一样，公民支配了美国政府。一切事物的因果都是人民，一切事物的起源也都是人民，并且最终会作用于人民。

---

1　马里兰州1801年的宪法和1809年的宪法都针对普选进行过修正。——原注

# 第五章　探究各州的历史是论述联邦政府必要的前期工作

美国政府是依照人民主权原则创建的，本章将对其形式、执政措施、阻碍、优点及其危机进行考察。

美国宪法的高度复杂是我们首先遇到的难题。在美国，有两个不同的社会互相结合，或者说是互相交叉。美国还拥有两个完全不同也基本完全独立的政府。其中一个是负责处理日常社会事务的普通政府，另一个则是只负责全国重大事务的特殊专门政府。简单说就是，美国存在着24个小的主权国家，联邦的整体正是由它们组成。

如果要在探究各州之前对联邦进行论述，那么注定会让我们的前进充满困难。美国联邦政府只是共和国的变异，是对早在它之前就流行于社会之中，但并不依靠它而存在的政治原则的归纳，这个联邦政府的形式也是最晚出现的。并且如我刚才所述，联邦政府是特殊政府，各州政府才是普通政府。如果一个作者试图在尚未将这画面的细节展示出来之前，就要求人们去了解它的整体，那么注定会有诸多难以解释和重复的部分出现。

当今那些支配了美国社会的伟大政治原则是首先于各州起源与发展的，这是确定无疑的。所以，了解各州能够成为获取解决所有问题的钥匙。

现在构成联邦的各州，在制度的表层上有着相同的外观。各州的政治和管理事务，全部集中于三个活动中心。这三个活动中心可以被当做是指挥人体活动的神经枢纽，它们依次是乡镇、县、州。

## 美国的乡镇机构

我并不是随便作出决定去首先探究乡镇的。

要知道在这个世界中，只要人群进行汇聚就可以组织自身的联合体中，乡镇是唯一的。也因为此，不管一个国家的习俗和法律怎样，乡镇存在于所有的国家之中。人类创造了君主政体和共和政体，但似乎是上帝创造了乡镇。不过虽然乡镇有着悠久的历史，但乡镇自由却很罕见，即便是存在的时候，也十分的微弱。由于国家通常拥有诸多可以在一定程度上处理公务的有学识公民，所以国家可以经常性地举行大型政治会议。但乡镇却是由一群通常根本不明白立法意义的粗人组成的。随着民族文明、公民知识水平的提升，乡镇自主的困难非但没有减少，反而增加了。一个十分文明的社会对乡镇自由的实验最多不过是容忍，并且它是抵制乡镇那些与历史相悖的做法的。所以，在实验还未完成之时，它就感觉不会取得成功了。

乡镇自由是各种自由中实现起来最为困难的，也是最容易受到国家政权侵犯的。乡镇机构完全依靠自己，是不可能战胜中央政府这种庞然大物的。所以为了组织有效的防御，拼命发展自身，使得全国人民的思想和习惯都接受乡镇自由，成为乡镇机构必须要做的事情。可以说，当乡镇自由还没有成为人民的意愿，摧毁它就十分容易，但只要把它长时间写入法律之中，它自然会成为人民意愿的一部分。

所以，可以说乡镇自由并非人类的力量所创造的，因为人类的力量创造它过于困难，所以也可以说它是自行出现的。在半野蛮的社会中，它默默地发展了自身。法律、民意、环境，尤其是时间的不断影响，使得它得到了巩固。

了解乡镇自由的欧洲大陆国家，是一个都不存在的。但乡镇却是自由公民的力量汇聚之地。乡镇机构与自由的关系，就像是小学与课程的关系。乡镇机构带给人民自由，并教人们享受自由，让自由为他们服务。一个国家如果没有乡镇机构的话，依然可以创建出一个自由的政府，但它肯定不会有自由的精神。独立的外观可以被短时间的激情和利益或者偶然的机会创造出，但早晚有一天，藏在社会内部的专制会再次出现在表面。

我觉得选举一个州作为代表，先对这个州的历史进行研究，随后再对其他州进行简述，可以让读者对美国乡镇和县的政治机构创建的普遍原则有更清晰的认识。所以，我选择了一个新英格兰的州作为例子。

虽然在联邦的各州之中，乡镇和县创建的方式并不相同，但显而易见的是，它们创建所根据的原则却是几乎相同的。不过我觉得，在新英格兰这些原则比在其他地区推行得要更远，取得的成功也更大。所以，也可以说，在新英格兰，它们的表现最为优异，他人观察起来也最容易。

在新英格兰，乡镇机构是创建最早的完整而又有秩序的整体。它受到了人民的支持，变得强盛，对整个社会影响巨大。也正是因为这些，我们必须关注它。

### 乡镇的规模

新英格兰的乡镇是相当于法国的区与乡之间的一级，一般有两三千人的人口[1]。所以，乡镇的人口足够让人们从邻里中选出优秀的行政管理者，同时，其面积也没有过

1 1830年，马萨诸塞州共有305个乡镇，610 014名居民。所以，平均下来，每个乡镇大约人口数为2000人。——原注

大，而使得所有人没有办法实现他们的共同利益。

## 新英格兰的乡镇政府

乡镇权力的来源，与其他行政单位一样，都是人民。不过这里权力实行的直接程度远超其他任何的行政单位。在美国，各级政府都必须拼命巴结的主人就是人民。

新英格兰的公民参与州中的公共事务依靠的是代表，因为没有办法直接参与，所以只能如此。但由于乡镇中的立法与行政工作的执行都是在被统治者眼皮子底下进行的，所以代议制在这里并未被采纳，也不存在乡镇议会。选举团在任命政府官员之后，依旧在任何方面上都领导着他们，相比于州法律的执行，选举团领导的方式十分简单易行[1]。

这种制度不仅不符合我们的想法，也不符合我们的习惯，为了让人们能够彻底明白它，举出一些例子作为证据是必要的。

在此之后，我们将要讲到的是，虽然乡镇有着极其繁杂而又细琐的公务，但几个每年选举一次的所谓"行政委员"掌握了大部分的行政权[2]。

各州的法律对行政委员的职责进行了规定。例如，州的法律要求他们上报本乡镇选民的名单，否则他们就犯有渎职罪。不过他们在执行那些职责时，可以不经过本镇的人们的批准。比如玩忽职守，只由他们自己处理。不过，就像法国的市镇[3]长是市镇议会决定的执行者一样，行政委员也是人民意愿的执行者，负责所有交给乡镇政权处置的事务。一般情况下，他们只是按照本乡镇的公民们之前通过的原则进行工作，但处理公务时却是完全自主负责的。不过，他们必须向他们权力的赋予者申请，才能变更已经确定的事务，或者筹办一项新的工程。例如，他们打算建立一所学校。他们就需要召集所有的选民，在某个时间某个指定地点举办会议。在会上，他们需要将自己的要求表述清楚，向大家说清楚怎样才能满足这种要求，需要多少经费，打算建在何处。大会将讨论所有这些问题，然后商定出原则，选择好位置，确定筹集经费的方法。最后，由行政委员将大会的决定落实。

虽然有权召开乡镇公民大会的，只有行政委员，但其他人也可以要求他们召开。如果十名选民联合提出一项新计划，并希望乡镇能够支持，那么他们就可以要求行政委

---

1 一些较大的乡镇并不采用这种方式。它们通常会设置一名镇长和一个由两个科室组成的乡镇公署。不过这种情况是特例情况，必须经过法律允许。参考《马萨诸塞法令汇编》第2卷第588页中，1822年2月22日关于对波士顿市政权的调整法令。这是用于大城市的法令，不过小城市通常也会设立自己的行政管理机构。据《威廉氏纽约1832年大事记》记载，1832年的纽约州拥有这种行政管理机构的乡镇有104个。——原注

2 在最小的乡镇选出3名，在最大的乡镇选出9名。参考《乡镇官员》第186页及马萨诸塞州与行政委员相关的主要法令：第1卷219页的1786年2月20日法令，第1卷448页的1796年2月24日法令，第2卷第45页的1801年3月7日法令，第1卷第475页的1795年6月6日法令，第2卷第186页的1808年3月12日法令，第1卷第302页的1787年2月28日法令，第1卷第539页的1797年6月22日法令。——原注

3 市镇是法国基层行政单位，相当于一个村或一个镇。由于地域不同，人口往往差别很大。——译者注

员召开乡镇公民大会。行政委员在这个时候，只能接受他们的要求，并有主持会议的权力[1]。

相比于法国而言，这种政治风俗和社会习惯绝对是要好很多。不过，我并没有想在这儿对此进行评论，也没有打算找出它们起源和发展的内部根源，而只是讲出这个事实而已。

每年的四月或者五月，行政委员进行换届选举。与此同时，乡镇居民大会还将选举出一些人员来担任乡镇其他重要职务的官员[2]，其中包括几名负责评估居民财产的财产评估员，几名负责按照评估的财产征税的收税员，一名负责维护治安、巡逻街道和执行法律的治安员，一名掌管会议纪要和户籍的乡镇文书，一名负责管理乡镇财务的出纳员。除此之外，还有一名有着繁重的任务的救济工作视察员，他负责落实救济法，还有几名负责各种道路管理事务的路政管理员。上面这些名单包含了管理乡镇的主要官员，不过并不仅仅只有这些职务。乡镇官员[3]的名单中，还有几名负责掌管宗教事务费用的教区管理员，以及从事不同工作的视察员。这些视察员之中，有的是负责组织民众救火，有的组织民众保护庄稼，有的帮助民众解决建筑房屋的难题，有的负责丈量森林，还有的负责联查各种丈量的工具。

一个乡镇总共包括19名主要的官员。所有居民都有接受不同职务的义务，对于不接受者会进行罚款。不过为了让贫困的公民付出时间而不因此受到损失，这些职务基本都是有偿的。不过，应当说明的是，美国的制度中并没有指定官员的固定薪资。但通常在各项职务的委任状上都会注明单位工作量的薪资，而薪资的多少就取决于官员工作量的完成情况。

## 乡镇生活

我在之前已经提到了，整个英裔美国人的政治制度都由人民主权原则控制着。而读者将会在这本书的任何一页中都可以看到，这一理论的某些新应用方法。

在应用人民主权原则的国家的所有人，都拥有着相同的权力，能够平等地进行国家管理。所以，大家也同样认为所有人的文化水平、道德素质和个人能力，也是互相一致的。那他们服从的社会的原因是什么呢？这种服从的天然分界又是什么？

一个人比管理社会的人要劣等，或者他管理自己的能力赶不上别人，都不是个人服从社会的原因。一个人知道了与伙伴进行联合对自己更为有利，并了解到这种联合的现实必须有一种具有制约作用的权力，这才是个人服从社会的原因。所以，他必须服从于

---

1 参考《马萨诸塞法令汇编》第1卷第150页中，1786年3月25日法令。——原注

2 参考《马萨诸塞法令汇编》第1卷第150页中，1786年3月25日法令。——原注

3 指乡镇长期官员。

想了解这些乡镇官员的具体职务，可以参考古德温所著《乡镇官员》与1823年，波士顿出版的三卷本《马萨诸塞法令汇编》。——原注

公民应当负担的义务，而他对于只和他自己有关的事则是自主的。也就是意味着，他的行为只对上帝负责，他是自由的。也因此诞生了“个人是自身利益最好和唯一的裁决者”这样的名言警句。

除非个人行为侵犯了社会，或者社会必须接受个人的帮助，否则社会无权对个人行为进行干涉。这是一个在美国被广泛接受的学说。关于它对日常生活中行为所产生的影响，我打算以后再加以探究，而现在，我们只对它对乡镇产生的影响进行考察。

乡镇与中央政府的关系，也与其他行政区与中央政府相同，都类似单独的个人使用自己的权利。在乡镇和其他行政区，我刚才说的原理同样适用。

所以说，人民主权学说就是美国乡镇自由的起源。这种乡镇自由多少都在美国各州被接受了，而新英格兰的各州，更有着十分有利于这一学说发展的环境。

乡镇是联邦这一地区政治生活的发端。甚至可以认为，在最开始的时候，每个乡镇都是一个独立的国家。即使后来英国的国王们连续命令行使他们的主权之时，也不过是要求了州一级的权力，而乡镇则毫发无伤。

新英格兰的乡镇现在是处于从属地位的。不过最初的它们却绝对不是这样，或者基本不是这样。它们的权力从来没有从他处获取，恰恰相反的是，州的权力似乎是来源于它们的一部分独立。这是一个读者必须牢记的重大不同。

只有在我称为公益的利益，也就是各个乡镇所共同享有的利益之上，乡镇才会听从州。在那些只与乡镇本身有关的所有事务之上，乡镇依然保持了独立。同时，我也觉得州可以干涉纯属于乡镇的利益这一观点，不会有任何的新英格兰的居民会接受。所以，州政府从来没有干涉，甚至不曾想干涉过新英格兰的乡镇中买卖货物、诉讼、调整预算等事务[1]。

不过它们必须承担全州性质的公务义务。例如，如果州需要资金，乡镇没有自由去接受或拒绝[2]。如果州计划修建一条道路，乡镇也没有权力要求道路绕过它们境内。乡镇也必须遵守州制定的安全条例。如果州试图在辖区范围内实行一致的教育制度，那么乡镇就必须创建政策所要求的学校[3]。

我会在论述美国的政治机构时，对之前这些情况，州是如何使乡镇服从的进行讨论。现在我只是想告诉大家，这里存在着这种义务。

虽然乡镇必须承担这种义务，不过州政府通常只是做出一个指导性原则来限定它，所以乡镇在执行义务的过程中，再次恢复了它所有的个体独立权。例如，州议会决议赋税制度，但由乡镇计算和征收税款。州政府命令创建学校，但乡镇负责投资创

---

1 参考《马萨诸塞法令汇编》第1卷第250页中，1789年3月23日法令。——原注

2 参考《马萨诸塞法令汇编》第1卷第217页中，1786年2月20日法令。——原注

3 参考《马萨诸塞法令汇编》第1卷第367页中，1789年6月25日法令；及第3卷第176页中，1827年3月8日法令。——原注

建和管理学校。

在法国，村镇的税款是由国家的税务员征收的，而在美国，州的税款是由乡镇的税务员去征收的。换句话说，在法国，村镇是借用了中央政府的官员，而在美国，变成了州政府借用乡镇的官员。这两个社会有多大的差别，从这里就足以显示出来了。

### 新英格兰的乡镇精神

美国不仅有自己的乡镇制度，还有乡镇精神去支撑和激励这种制度。

在新英格兰，独立与有权是随处可见的优点，它们激励着人们不断进步。虽然乡镇的活动确实被限定在了固定的范围内，但在其中，乡镇的活动是十分自由的。当一个乡镇因为人口和土地尚不足获得独立的时候，这种独立性以行动自由的方式，使得乡镇获得了实质上的重要地位。

我们必须承认，一般来说，人们喜欢向强者献媚，而且在被征服的国家之中，爱国心难以保持长久。新英格兰的居民们喜欢乡镇的原因，是因为他们感觉乡镇是一个自由且强大的集体，而他们是乡镇的一员，乡镇值得他们用心去管理，而不仅仅是他们在那里出生。

在欧洲，因为大多数统治者只是将乡镇精神看做是一个能够维持稳定社会秩序的重要因素而已，而对于如何培养这种精神完全不清楚，所以这些统治者本人都经常缺乏乡镇精神。他们害怕乡镇强大和独立之后，就会争夺中央政府的权力，从而使无政府状态笼罩这个国家。但是，如果你不让乡镇强大和独立的话，你绝不会从那里获得公民，只能获得些顺民罢了。

还有一个重要的事实，也就是新英格兰的乡镇管理出色，不仅可以获得各种居民的青睐，还能不唤起他们的贪婪。

虽然县里的官员并非选举产生，但他们所拥有的权力也很小。即使是州也只拥有次一级的权力，甚至可以说，州是否存在也并不重要。所以，极少有人为了到州中做官，而离开自己的事业中心，将自己的生活节奏打乱。

联邦政府的管理人员虽然被赋予了权力和声望，但却极少有人因此发达。要想获得总统这一最高职位，必须达到足够的年龄方才可能。联邦政府的其他高官，一般在上任之前就已经在其他方面取得了一定成就。由于这个职位是暂时的，所以如果是出于成就事业的野心，没人会将目标定为终生担任官职。

人们追求名利的想法和需要、获得权力和争取名望的爱好，最终都指向了日常生活的中心，也就是乡镇。当家庭的炉火边，也就是家庭的内部也出现这种困扰了社会的情绪时，它们的性质就会出现变化。

所以，美国乡镇的居民们，为了能够让公共事务被尽量多的人参与，则希望可以把权力按照十分精妙的方式予以击碎（如果可以这么说的话）。所以，各种各样的职位，也就是不同的官位在自己的权力范围之中，代表了拥有巨大权力的乡镇自治机关，并以它的名义而行动，可以说它们是独立于选民的，但是，选民们却经常召集会议，对乡镇的管理办法进行评审。所以，不劳乡镇政府费神，人民完全可以做好自己的工作，并且自觉地表现出对乡镇政权的关心。

美国的制度将乡镇政府的权力分配给了如此多的居民，而且对乡镇权力的扩大没有感到任何恐惧。所以，我们有理由相信，经历过实践的培育，美国的爱国心变成了一种对故土的热爱。

所以，人们在任何时间都认为自己与乡镇生活联系紧密，而且也在每天权利与义务的行使与承担中完成乡镇生活。社会也由这样的乡镇生活，而开始了一种稳定的运动，它一路向前，却从不会扰乱社会的秩序。

为什么美国人会对乡镇十分热爱，原因与山里人喜欢他们的山水是差不多的。在故乡，他们感受到了一种明显不同的特征，在其他地方不能见到的特征。

通常来说，新英格兰有着十分幸福的乡镇生活。乡镇依据公民的喜好而挑选了合适的管理方式。美国生活安宁，物产充盈，所以乡镇很少爆发动乱，管理地方事务也十分简单。另外，这里的人们长期接受政治教育，甚至可以说是从他们踏上这片土地开始就接受了。所以，等级区别在新英格兰并没有出现。那种一些人压迫另一些人的情况也没有在乡镇中出现，最多不过是处罚单独的个人，还会在所有居民同意的情况下，将处罚撤销。

由于被统治者实际上是管理的依据，而为了表明他们当家作主的自豪感，无论管理的水平如何，他们都表示满意，所以即使乡镇的管理有问题，人们也并不在意。实际上，要想找到这种缺点并不困难。那种自豪感是无可比拟的。

虽然所有殖民地以前都由英国进行统治，但乡镇的事务却一直都由殖民地居民自主管理。所以，乡镇的人民主权不仅是历史悠久，还可以说是与生俱来的。

因为乡镇的强大与独立，新英格兰的居民热爱着他们的乡镇。因为他们参与管理了乡镇，所以他们关心他们的乡镇。因为他们必须重视自己的命运，所以他们热爱他们的乡镇。他们让乡镇承载了自己所有的野心和未来，也让自己与乡镇上的任何事情相联系。在自己的能力范围之内，他们努力去管理社会，让自己去习惯那些组织形式。这些组织形式是自由必须依靠的，否则，实现自由只能依靠革命。对于这种组织形式的优点，他们深有体会，所以他们有了遵守秩序的想法，也明白了权力协调的优点，并且他们针对自身的义务性质和权力范围，最终形成了确切与实际的认知。

### 新英格兰的县

美国的县与法国的县十分相似。不管是哪一个，它们的划分都是十分随意的。县之中的各个部分之间不仅没有必然联系，也没有共同感情、传统与生活，但他们却成为一个整体。实际上，行政原因是县这一级建制出现的根本原因。

因为乡镇的面积太小，不能创建系统的司法体系，所以司法体系的第一中心就变成了县。所有的县都有一个法院[1]、一名法官以及一座监禁囚犯的监狱。一个县中的任何乡镇可能都需要一些设施，所以创建一个县级政权，来对各个乡镇同一类型的事务进行管理也是顺理成章的事情。

在马萨诸塞州，州长根据州长咨议会[2]的提议而任命了少数几个官员[3]，而这级政权的权力就都被他们所掌控。

县中政府官员的权力十分的有限且不够正规，并只能在极少数事先预备的事务中使用。而州和乡镇负责处理日常性的事务。县中的政府官员只是对本县的预算进行安排，然后交由立法机关将其预算通过[4]。任何直接或间接代表本县的议会都不在县里存在。

所以，县里并不存在严格意义上的政治生活。

双重倾向在美国大多数州的宪法中都有体现。他们一面试图让立法者将行政权分散，另一面又试图让立法者将立法权集中。新英格兰乡镇的生活原则是不可变更的，然而它们又需要在县的行动中虚构出乡镇的生活，这就导致乡镇在县中没有产生任何能够被人所感受到的作用。整个州中，只有全州的权力中心——州政府才是可以代表所有的乡镇的唯一机构。在乡镇活动与州活动之外，剩下的只有个人活动了。

### 新英格兰的行政

美国并不存在我们平常所说的政府和官署，这是最令那些前往美国旅游的欧洲人感到惊讶的地方。美国的人们每天都在执行的是他们成文的法律。虽然你找不到领导者，但你周围的一切却都有条不紊。那只控制着社会机器的手却是隐形的。

为了表达思想，人类必须依靠语法。与此类似的是，为了谋求生存，社会也只能屈从于某种权力。社会一旦丧失这种权力，就会立即陷入无政府状态。虽然这种权力的表现形式可能各异，但它的存在是必然的。

一个国家用来削减这种权力的方式，一般有两种。

第一种方式是，为了把政府的权力从根本上削减，则将政府一些时候的自卫权利或自卫能力进行剥夺。欧洲建立自由，通常会采用这种削弱权力的方式。

第二种方式是将权力的影响力缩小。它并没有将政府的某些权力剥夺，也没有让政府的权力陷入无效，而是增加职位，将社会权力分散到许多人手中，让每一个职位的权力限定在其职务范围内。虽然某些国家在使用这种方式来分散政府权力的时候，会最终陷入无政府状态，但这并不是无政府主义的方式。权力经过这种方式之后确实被分散了，权力的不可抗拒性和危险性都下降了。但它并没有破坏权力本身。

---

1 参考《马萨诸塞法令汇编》第1卷第551页中，1821年2月14日法令。——原注

2 州长咨议会成员也是由选举担任的。——原注

3 参考《马萨诸塞法令汇编》第2卷第494页中，1819年2月20日法令。——原注

4 参考《马萨诸塞法令汇编》第1卷第61页中，1791年11月2日法令。——原注

是对自由真心的热爱推动了美国革命的发展，而并不是独立那盲目而无节制的欲求。起义的激情并没有支持这一革命，恰恰相反的是，它的发展完全处于热爱秩序与法治的口号之下。

所以，认为人们在美国这个自由国家中，拥有为所欲为的权利是完全错误的。与此相对的是，这里人们承担的社会义务要远多于其他地方。人们并没有考虑将政府的权力从根本上削弱，或者使其无效，只是让更多的人来参与权力的使用。他们试图靠这种方式将权力增加，而将官员削弱，这样，就能让社会永远保持良好的秩序与自由。

美国的法律是世界上最公正的法律，美国的地方权力也是世界上被分散最广的。

美国的行政权有着既非中央集权，也非逐级分权的结构形式。虽然有着行政权，但谁代表着行政权却无人知晓。这就是它没有被任何人感觉到它行使权力的原因。

前面我已经提到过，新英格兰的乡镇不受任何上级机构的监督，是完全独立的。所以他们处理自己乡镇的事务是自主进行的。全州的法律也基本由乡镇的行政委员们监督执行或亲自执行[1]。

州不仅会制定全州性的法律，有时也会制定一些全州性的治安法规。不过正常情况下，规定当地社会生活的具体规则，颁布与公共卫生、社会秩序、公民道德有关的准则，全都是乡镇政府或者是乡镇政府官员与治安法官一起，根据当地的实际需要所做的[2]。对乡镇中时常发生却又难以预料的紧急事务，乡镇的行政委员可以自己进行处理，而并不需要接受外部命令[3]。

通过之前的描述我们可以得知，马萨诸塞州的乡镇差不多[4]控制了所有的行政权，不过由许多人分散掌握着这些权力。

法国的乡镇只有乡长或镇长一人是严格意义上的政府官员。但新英格兰的乡镇最少也有19种政府官员。这19种官员在通常情况下是不存在从属关系的。每个官员的职能范围都由法律进行了限定，他们在这个职能范围之中，只承认乡镇的权力，以及是自己工

---

1 参考《乡镇官员》，尤其是其中所说的行政委员、财产评估员、收税员、文书、路政管理员等职。比如，在数量如此庞大的官员之中，如果没有特殊理由上报给州的话，有一部分是不能够在星期天外出的。他们就是专门负责监督执法情况的乡镇十户长。

参考《马萨诸塞法令汇编》第1卷第410页中，1792年3月8日法令。

制作参与州长选举的选民名册，并向州选举办公室递交选举结果的工作由行政委员担任。参考《马萨诸塞法令汇编》第1卷第488页中，1796年2月24日法令。——原注

2 举例来说，行政委员有权命令修筑排水沟渠。制定垃圾堆放地点，为防止邻镇侵犯本镇的利益而制定贸易场所。参考《马萨诸塞法令汇编》第1卷第193页中，1785年6月7日法令。——原注

3 举例来说，如果发生瘟疫，行政委员也必须管理公共卫生问题，并帮助治安法官施行必要的防治手段。参考《马萨诸塞法令汇编》第1卷第539页中，1797年6月22日法令。——原注

4 由于治安法官自己或与县里的官员一同处理县里的各种事务，所以我只能说“差不多”。比如，颁发各种许可与执照的发放工作，就是有治安法官完成的。参考《马萨诸塞法令汇编》第1卷第297页中，1789年2月28日法令。——原注

作的最高领导者。

想要找寻行政等级的印记，在乡镇的上级也并不容易。虽然县里的官员有时候会对乡镇或行政委员的决议进行修正[1]，但县里的官员只有在某些影响到全县的事务上才能领导乡镇官员，而总体上说，他们并没有权力指挥乡镇官员的行为[2]。

在为数不多的预定事务上，乡镇及县的政府官员需要向州政府官员同时汇报其处置结果[3]。不过，派遣专员去拟定全州性的治安法规，颁布执法命令，接触县与乡镇政府官员并视察其政绩，领导其行动并对其错误进行批评等行为，州政府都没有做过。所以，事实上，行政权并不是出于从一个圆心辐射出半径的范围内。

然而，如何去按照一个基本统一的规划去领导社会，又如何让县、乡镇及从属于他们的官员服从这一规划呢？

立法权所涉及的范围在新英格兰各州要远比在法国更大，甚至政府机关的内部也都被立法者所掌控。一部法律之中，不仅制定了原则，还制定了原则的使用方式，可以说法律将事务的细节都进行了规定。一个本是上级机关的法律，甚至会增添诸多严格而琐碎的义务给下级机关及其官员。所以，如果所有的政府官员和下级机关都能够按照法律处理事务，那么社会各部分也注定会整齐地行动。

不过这时候，如何让下级机关及其官员依照法律行动成为一个新的问题。

基本上可以认为，社会强迫官员遵守法律的方法只有两种。一种是将自行决定的罢免权赋予这些官员之中的一员，使其可以在其他官员不服从时予以罢免。另一种则是将惩处违法官员的责任交给法院。

他们不能轻易使用这两种方法中的任何一个。

在一个官员玩忽职守时，有权将其撤职，而在其勤奋工作时，有权将其提拔，这是能够领导一个官员权力的前提条件。不过，由选举产生的全部官员都不能在他们任期结束前撤换，所以，政府对一个人民选出的行政委员既没有撤职的权力，也没有提拔的权力。而当实际上所有的政府职务都由选举产生的时候，选民是行政委员唯一依赖且畏惧的。由于并没有人同时掌握命令权和镇压反抗的权力，也没有人同时掌握指挥权与奖惩权，所以，此时在官员中间，并没有实际意义上的等级差异。

---

1 以乡镇行政委员为人颁发证明其优良品行的证书为例。如果行政委员拒不颁发这种证书，那么当事人可以去县法院的治安法院处进行诉讼。经法院裁决后，即可颁发证书。参考《马萨诸塞法令汇编》第2卷第186页中，1808年3月12日法令。

乡镇有权制定具体条款，并监督具体条款的落实情况。例如，监督是否按照规定的金额进行罚款。不过需要县里批准才能实行这种具体条款。参考《马萨诸塞法令汇编》第1卷第254页中，1789年3月23日法令。——原注

2 在马萨诸塞州，评判乡镇行政委员的政绩也常常会请县政府官员参加。他们的评判带有法院判决的效果，而不是行政手段。这一点我们以后会说到。——原注

3 举例来说，乡镇的教育委员会每年都要向州办公室主任上报学校的管理现状。参考《马萨诸塞法令汇编》第3卷第183页中，1827年3月10日法令。——原注

也正是这个原因，如果一个国家的政府下层官员都是选举产生的话，那么使用司法作为惩罚手段是必然的结果。

不过要看明白这种情况并不容易。实行普选制度被统治者们当做第一次妥协，而允许法官惩处选举出来的政府官员被当做是第二次妥协。事实上，他们害怕这两种方法中的任何一种，不过如果无法避免的话，相对而言，他们还是喜欢前者。所以，他们接受了选举产生官员，并让选举出来的官员从法官中独立出来。不过，很明显的是，如果选举权不受司法监督的话，那么它早晚会失去控制或被撤销。为了使它们相互制约，保持均势，两种方式必须同时采纳。

这样，只有法院可以在中央政权与选举出来的政治机构中间担任调解人。也只有法院可以强迫人们选出的官员服从自己，保证选民的权利不被他们所侵犯。

所以，司法权向行政领域的扩张，应当适应被选举权的扩张。因为国家在二者没能共同进步的情况下，最终不是陷入无政府状态，就是陷入一些人压迫另一些人的状态。

几个世纪以来，人们一直认为，引导公民行使行政权，是司法长期所欠缺的。

英国人是美国人的祖先，美国人也正是从他们那学会了一种制度，这种制度与欧洲大陆实行的制度完全不同。我所说的制度，就是指设立治安法官。

不管是平民、乡镇政府官员，还是政府机关、法院，治安法官在处理他们之间的矛盾时，需要一直保持公平的态度。因为他的工作是维护社会的安定，这一工作对良知和正义的需求远超过法律知识。所以治安法官本人没有必要熟谙法律，但应当是一名颇有见识的公民。这样，治安法官在参与国家的管理工作时，就可以将按规程办事和凡事向民众公布的行为方式带入管理工作之中。要知道，防止专横最强大的武器就是这种行为方式了。不过，由于对法律的盲从会导致政府对行政管理的废弛，所以他们也不应当变成盲从于法律的奴隶。

虽然英国人的治安法官制度也被美国人所接纳，但让这一制度在英国出名的贵族特性却被取消掉了。

马萨诸塞州的每个县都会由州长[1]任命一些治安法官[2]，这些法官的任期为7年。此外，地方法院也是由州长从每个县的治安法官中挑选3位组成的。

个别的治安法官也会参与普通的行政事务。有时他们会被任命某些政府官职，负责配合人民选举的官员的工作[3]。为了受理政府官员对拒绝履行职责的公民的指控，或者是公民对政府官员违法事实的举报，他们有时也会组建临时法庭。但治安法官履行其主要

---

1 关于州长的职权范围，我们以后再进行讨论。我将要说的是州长在全州的行政权。——原注

2 参考《马萨诸塞州宪法》第2章第1节第9款及第3章第3款。——原注

3 这种情况并不少见，举例来说，如果在一个乡镇的瘟疫流行区中，一个外乡人患病了。那么两名治安法官再加上行政委员的命令，可以要求县司法官员将病人运走，带往其他地区进行救治。参考《马萨诸塞法令汇编》第1卷第540页中，1797年6月22日法令。

基本上，治安法官可以参与任何重要的行政管理事务，并使得这些事务都带有司法性质。——原注

职能的地方依然是地方法院。

在每年的县城中，地方法院会开两次庭。地方法院在马萨诸塞州，有强迫大部分[1]人民选举的官员服从[2]的权力。我必须说明的是，马萨诸塞州的地方法院，不仅完全是行政机构，也是政治法院。

我们早就提到过，县只是一级行政区划而已[3]，只有极少数与大多数乡镇或所有乡镇都有关的，不能被任何单独乡镇处理的事务才由地方法院管理。而地方法院在处理涉及全县的事务时，其工作性质是纯行政性的。

地方法院履行司法程序来开展工作的原因，不过是为了工作的方便[4]，以及使被审理的官员了解审理的法律依据。不过，地方法院极少以行政机构的身份对乡镇的政府官员进行审判，而基本全都是作为司法机关在处理事务。

因为乡镇基本是独立的政权，所以让其如何服从州的普遍法律成为这一方面的第一个难题。

之前我们已经提到，为了计算并征收赋税，乡镇每年会任命一些财产评估员。不过，为了逃避缴纳税赋的义务，乡镇也可能会不任命任何的财产评估员。这时候，地方法院就可以对这种乡镇判处大量罚款作为惩罚[5]。全体居民都会依照法院的裁决享受到这笔罚款。

法律的执行者由县里的司法官担任，他会对判决的结果进行执行。所以，美国的政府机关似乎愿意给行政命令披上司法审判的外衣，然后躲在暗处进行观察。由于这种权力几乎无法抗拒，又被人们看做是合法的，所以拥有这种权力的政府的权力范围越来越大。

这种做法实行起来难度较小，并易于被人们接受。基本上，任何要求乡镇做的事情，都是被明确的条文清楚规定的。这种条文通常很简单，绝不会很复杂，只是列出原

---

1 我说“大部分”的原因，是由于实际上，普通法院也可以处理行政委员的某些违法行为。举例来说，如果一个乡镇拒绝创办学校管理基金，或者组建教育委员会的话，就可以对其处以巨额罚款。而被称为最高法院或高等法院的普通法院，是这种判决的审理机构。参考《马萨诸塞法令汇编》第3卷第190页中，1827年3月10日法令。

如果一个乡镇超期不交粮饷时，也要对其处以巨额罚款。参考《马萨诸塞法令汇编》第2卷第570页中，1822年2月21日法令。——原注

2 根据自身能力，治安法官可以参与乡镇及县的政府工作。基本上，所有乡镇重要事务的处理都要由一名治安法官参与。——原注

3 由地方法院负责的县事务包括如下几种：第一，设置监狱与法庭；第二，制定全县预算，并交由州立法机关通过；第三，税收经州立法机关决议后，由它进行征收；第四，颁发执照和证书；第五，铺设与维护全县道路。——原注

4 举例来说，地方法院会在铺设与维护道路时，要求陪审团来帮助它，以解决这一过程中遇到的全部难题。——原注

5 参考《马萨诸塞法令汇编》第1卷第217页中，1786年2月20日法令。——原注

则，而不会标明细节[1]。然而，困难并不只是出现在试图使乡镇服从时，在试图使乡镇官员服从时也出现了。

公职人员可能会做出下面几种应当受到批评的行为：他在执行其法定义务时缺乏热情与积极性；他没有履行其法定义务；他做出了违法的行为。

如果有确切的事实作为审判的证据的话，也只有官员的后两种失职行为会受到法庭的追究。

如果乡镇的行政文员无视法律程序，进行乡镇选举的话，他也十分有可能被处以罚款[2]。不过，如果一个官员完成职能不够纯熟，或者执法不够热心与积极的话，却不会受到任何法律的惩处。

虽然这些地方法院获得了行政权，但它此时没有办法强迫这些官员彻底服从于它。想要阻止那些轻微的罪行，只有使其拥有恐惧自己被罢免的心理才行，但地方法院不能罢免并非自己委任的官员，所以它并不拥有使乡镇政权恐惧的办法。同时，对下属官员进行长期监督，是查处玩忽职守和敷衍了事官员的必要办法。然而地方法院每年只开庭两次，并没有监督的义务，只对被举报的应当受到批评的违法行为进行裁决。能保证他们真正并积极服从的，只有采取迅速将官员进行罢免这一方式，但普通的司法手段却无法采取这一方式。这一方式在法国的行政制度中与美国的选举制度中都可以找到。

现在，我简单地总结一下之前所述的观点：普通法院可以在任何时间传唤因执行公务而犯罪的新英格兰官员。只有纯行政性的法院有权处置他们的行政过失，当情节恶劣或严重时，法官应对其行为作出合适的处置[3]。最后，在同一位官员难以被断定犯下了哪些罪行时，而之前所说的法院又无法裁定他是否犯罪的情况下，可以在当年将他交给一个不能上诉的法院进行审判。这个法庭有权将他的权力立即剥夺，并将他的委任书收回，将其职位罢免。

不过必须说明的是，虽然这一制度确实存在诸多优点，但实际执行的难度也很大。

我之前提到，那些被他们称之为地方法院的行政性法院，是没有权力去监督乡镇的政府官员的。他们若要拥有这种权力，只能等到案件受理之后。这也正是这一制度的缺陷。

---

1 还有一种间接的办法可以让乡镇服从。举例来说，法律要求乡镇必须保持道路通畅，但有时候因为疏忽，会忘记申请必要的经费。这时候，负责路政管理的乡镇政府官员就拥有征集必要费用的权力。他有权调查道路损毁的具体原因，并向地方法院起诉，所以他能够对乡镇使用法律赋予他的特权也是理所应当的。因此，地方法院通过惩处渎职的官员，而让乡镇不得不顺从。参考《马萨诸塞法令汇编》第1卷第305页中，1787年3月5日。——原注

2 参考《马萨诸塞法令汇编》第2卷第45页。——原注

3 举例来说，如果一个乡镇拒绝委任财产评估员的话，那么地方法院可以自行委任。但是选举所产生的乡镇政府官员依然保有一切民选官员所拥有的权力。参考上一引文中1786年2月20日法令。——原注

新英格兰的美国人并没有在地方法院设置检察官[1]。实际上我们也应当了解，对他们来说，只设置一名检察官的话是颇为为难的。因为如果在乡镇不设置检察官的助理，而只在现场单独设置一名检察官的话，他怎么会比地方法院的官员更了解整个县的状况呢？可是如果在每个乡镇都设置了他的助理的话，他自己又会掌握所有的行政和司法权力。此外，法律是沿着惯例产生的，但是英国却从没有出现过这种法规。

所以，与分解其他的政府职能一样，美国人分解了侦查权与公诉权。

本县的嫌疑犯应当由大陪审团成员向其所服务的法院上报[2]。而相对应的高级检察机关应当对一些重要的渎职罪提起公诉[3]。财务官员通常会去执行对违法者的处罚，也就是负责接收罚金。所以，如果乡镇的出纳发现了违法行为之后，他们自己可以直接就大部分的案件进行起诉。

不过，对个人权利的保护是美国立法相当重视的一点[4]，也是美国法律的主要原则。我们在研究过程中可以经常发现这一现象。

美国的立法者觉得，对于人的忠诚是不应该太过依赖的，而对于人的理智则是可以相信的。所以，他们一直保持对个人权利的重视，这样就保证了法律的顺利执行。

不过，如果既定的法律条文对个人没有好处，那不管它对社会多有好处，也不会有人愿意去当原告的。这样，大家心照不宣，法律就难以真正实行。

美国人的制度使得它们最终采取了极端的方式。美国人只能鼓励举报，并根据某些情况让举报者获得部分罚金[5]。这种保障法律执行的方式以破坏社会的道德作为其代价，无疑是有害的。

---

1 我之所以说“在地方法院设置检察官”，是由于普通法院都设置有一名检察官。——原注

2 举例来说，大陪审团成员应当向地方法院上报道路路况。参考《马萨诸塞法令汇编》第1卷第308页。——原注

3 举例来说，县出纳员没有上报财务报告。参考《马萨诸塞法令汇编》第1卷第406页。——原注

4 有诸多例子可以证明这一点，现特举一例：如果一个人的车辆或身体，因为道路缺乏养护而受到伤害，那么这个人就有权利向地方法院起诉应当养护这段公路的乡镇或县，要求它们对其进行赔偿。参考《马萨诸塞法令汇编》第1卷第309页。——原注

5 如果有敌军入侵或者发生了骚乱，而乡镇官员不履行职责，不向民兵提供必需的军备物资的话，可以处罚乡镇200至500美金，也就是1000到2700法郎的罚金。

很明显，如果只是做出这样的规定，没有人会对此有兴趣，更不会去当原告。所以又进行了补充规定：“所有公民都有起诉这类罪行的权力，罚款半数将奖励举报者。”参考《马萨诸塞法令汇编》第1卷第236页中，1810年3月6日法令。这种补充规定在马萨诸塞州的法律中并不少见。

在有些时候，这种方法并不是被法律用来鼓励个人举报公务员，而是用来鼓励公务员去惩罚反抗的个人。举例来说，如果一个居民在接到参与铺设道路的命令之后，拒绝服从，那么路政管理员就有权力举报此人。而这个人一旦被罚款，其中的一半就奖励给道路管理员。参考《马萨诸塞法令汇编》第1卷第380页。——原注

县级以上的行政官员只被保留了统治权，而没有行政权了。

## 美国行政简介

之前我已经提到，在对新英格兰的乡镇与县里的机构进行认真研究之后，就会对联邦剩下的部分进行整体性的介绍。

虽然所有州都有乡镇存在，并且全都实行乡镇自治，但并不是所有州的乡镇都和新英格兰的乡镇完全相同。

乡镇越靠近南方，其自治水平越低，官员的权利和义务越少。那里的居民也没有其他地区居民那样对乡镇事务的直接影响，召开乡镇居民大会的次数也更少，并且大会讨论的事务范围也越来越狭窄。所以，人民选出的官员拥有比较大的权力，而选民们拥有的权力比较小，自治精神在乡镇中十分虚弱，谈不上强大[1]。

从纽约州开始，这种差别逐渐产生，而到宾夕法尼亚州就已经相当明显了。不过如果你还没有去过西北地区的话，就不会对这种差别感觉到诧异。西北各州大多是由新英格兰的移民创建的，故乡的行政传统也被他们带到了第二个故乡。所以，俄亥俄州的乡镇与马萨诸塞州相似程度非常高。

我们曾经提到，在马萨诸塞州，乡镇掌握了公共行政权，乡镇也是人们利益与热爱的汇合点。不过乡镇在越往南的州中，就越不是这种汇合点了。那些州中，由于缺乏普及的教育，所以难以培育出足够多的人才，较少有人能够胜任行政工作。所以，离新英格兰越远，县里掌握的行政工作就越多，县成为了州政府与普通民众中间的权力机构，变成主要的行政中心。

我也曾说过，马萨诸塞州中，地方法院负责县的事务。由州长与州长咨议会任命数名官员，他们组成了地方法院。县的预算由州立法机构投票决定，自己并不设立议会。

不过，在纽约州这种大州，还有俄亥俄州和宾夕法尼亚州中，每个县的居民会选举出一些代表，而他们组成的会议就是具有代议制性质的县议会[2]。

在一定范围内，县议会有权向居民征收赋税，这点它与真正的立法机构十分相似。

---

1 具体请查阅《纽约州法令集（增补版）》第4编第11章《乡镇的权限、职责和特权》第1卷第336页至364页，阿尔巴尼著，1829年版。参考《宾夕法尼亚州法条选编》中的“财产评估员”、“征税员”、“治安员”、“救济工作视察员”、“路政管理员”等条目，还有《俄亥俄州一般性法令集》第412页中1834年2月25日有关乡镇的法令。它对乡镇的各种官职，诸如乡镇文书、孤儿财产保管员、救济工作视察员、青苗守护员、财产评估员、乡镇出纳、治安员、路政管理员等职位，都作出了具体规定。——原注

2 参考《纽约州法令集（增补版）》第1卷第11章第304页及第12章第366页；《俄亥俄州一般性法令集》第263页中，1822年2月25日有关县政府官员的法令；参考《宾夕法尼亚州法条选编》第170页中“县税”与“征用”条目。

在纽约州的所有乡镇，都会有一名代表，不管是县里还是乡镇的行政工作，都参与其中。——原注

与此同时，县的行政权也由它行使。县镇的大多数行政工作都由它进行指挥，它将乡镇的权力范围限制住了，远比马萨诸塞州要小得多。

联邦各州在县与乡镇的机构上所展示的主要区别就是如此。如果我继续对执行方式的细节进行研究的话，肯定还会有不少区别被我发现。不过，讲述美国的行政权并非我的真正意图。

我认为我之前论述的内容，已经完全可以将美国行政工作所依据的原则说清。虽然各地应用这些原则的方式不同，取得的成果也不尽相同，但在各地，他们的基本精神是一致的。法律的内容变化了，法律的形态变化了，但向法律提供力量的精神却未曾改变。

虽然并不是所有的乡镇和县都是按照相同的方式创建的，但我们依然可以说，美国的乡镇和县的机构的基础都是相同的思想。这个思想就是，认定任何个人都只对与自身利益相关的事情有良好的判断力，任何个人也都能够自食其力地满足自身需求。所以，乡镇和县只是负责处理人们的公共利益，而州只是领导，而不进行具体的行政工作。虽然也有例外情况，这种原则并不总是适用，但这也并不能反对这一原则。

这一原则造成的第一个影响，就是乡镇和县的所有行政官员全部由居民自行选择，或者说至少这些掌握权力的官员是从他们这些人当中选出来。

各地的行政官员全都是选举产生的，或者起码是不能轻易免职的。这样等级制度就难以在各地出现。行政权被分解到许多人的手中，可以说职位和独立的官员数量是基本一致的。

由于行政等级制度在各地区均不存在，所有行政官员都由选举产生，并不得在任期结束前免职，所以建立一种对行政官员惩治的制度是十分必要的。为了把下属机关和其官员纳入法律的约束范围，罚款制度就应运而生了。

无论美国的东西南北，全都接受了这一制度。不过在所有的州中，都不是只由一位法官同时掌握惩治行政犯罪的权力与实行紧急行政措施的权力。

英裔美国人吸收了同一起源的治安法官制度。虽然每个州都实行这种制度，但他们应用的目的却不尽相同。

各个地方的乡镇与县的行政工作都有治安法官的参与[1]。有时候，他们会自行处理行政工作，还有时候会裁决行政犯罪。不过，重大的行政犯罪案件在大多数州中，依然由普通法院进行审判。

所以可以看出，美国从缅因州到佛罗里达州所实行的行政制度的主要特点就是，实行选举产生行政官员，并在任期尚未结束前不得免职的制度，同时不存在行政等级制度，对下属行政机构采用司法措施。

不过，在某些州中，行政权开始集中的讯号已经开始出现。在这条道路上走得最

1 在那些县法院受理行政犯罪案件的南部诸州中，这种现象依然存在。参考《田纳西州法令集》中“司法制度”与“税收”等条目。——原注

远的是纽约州。在纽约州，州政府在一些时候，可以说就是通过监督和控制的方式，实现了对所辖各县及乡镇的管理[1]。还有一些时候，州政府官员甚至可以成立一种上诉法院[2]，专门审理上诉的案件。相比于其他州，纽约州使用司法惩处作为行政手段的情况要少，但是少数人[3]掌握了对行政犯罪的起诉权。

其他的州也是最近才出现这种趋势[4]，不过从整体上说，美国公共行政的显著特征依然是极端的地方分权。

## 关于州

关于乡镇及乡镇的行政，我都已经讲完了，我们现在讨论一下州与州政府。

由于我所说的所有内容，在每个州所有人都能看懂的成文宪法中都已经写明[5]，所以我可以十分简短地介绍关于州的内容，也不会担心人们难以理解。并且，这些宪法也都是以一个简单又合理的理论作为基础。它的大多数条目已经被所有的宪政国家所接纳，我们也很熟悉。

所以，在这儿，我只是简单地讲一下。以后，我会再仔细论述我所讲的东西。

## 州的立法权

州的立法权属于两个机构。

第一个一般被叫做参议院。通常参议院是一个立法机构，但有时也会作为行政与司

---

1 举例来说，州政府已经掌握了人民教育的领导权。立法机关任命大学的评议员，而州长和副州长理所当然地成为评议会的成员。参考《田纳西州法令集》第1卷第456页。

大学的评议员每年对学校进行检查，并提交年度报告给立法机关。对于学校来说，评议员的监督并不是徒有虚名，尤其是在下面这种特殊情况下，即为了让自己能够买卖、处置资产，高等院校必须取得法人资格，而法人资格需要许可，立法机关却只根据评议会的申请颁发这种许可。专设的奖学基金利息每年都由州支付，而这项基金就是评议员们提供的。参考《纽约州法令集（增补版）》第455页。

公立学校的负责人需要每年都向州教育部门递交学校工作报告。参考《纽约州法令集（增补版）》第631页。——原注

2 如果一个人认为身为乡镇官员的学校管理委员会所颁布的文件侵犯了他自己，那他可以向学校学监起诉。学监的判决即为终审判决，不得上诉。参考《纽约州法令集（增补版）》第487页。

在纽约州的法律之中，有些规定与我刚刚所举的例子十分类似，这种现象十分普遍。不过从整体上说，这种集权倾向并不强烈，其影响也不够显著。因为在将监督与指挥下属官员的权力赋予州的领导者时，并没有将奖励和惩罚下属官员的权力赋予他们。一个人同时具有发布命令的权力，又具有处置违抗的权力一般是不被允许的。所以，他只有命令的权力，而并没有处罚的权力。

一位学监在其1830年上报给立法机关的年度报告中，批评学校管理委员会没有按照他的想法传达他下发的总结。随后他写道：“如果这种错误再次出现的话，我将依法向所属法院起诉他们。”——原注

3 举例来说，任何地区的检察官都有追讨50美金以上罚款的权力，其他官员却都没有被法律赋予这一权力。参考《纽约州法令集（增补版）》第1卷第383页。

4 行政权集中的一些现象同样也出现在马萨诸塞州。比如，地方的学校管理委员会需要向州办公室主任递交报告。参考《马萨诸塞法令汇编》第1卷第367页。——原注

5 参考《纽约州宪法》。——原注

法机构出现。参议院按照各州宪法的规定，以不同的方式参与行政工作[1]。不过它进入行政权范围，基本都是在官员竞选的时候。它在对某些政治案件进行裁决时，或者在一些时候对某些民事案件进行裁决时[2]，也会分享司法权。通常，参议院并不会有太多的参议员。

另外一个立法机构一般被称为众议院。众议院在向参议院起诉公务人员时，享有司法权，但没有任何行政权。

几乎在所有州，两院议员的当选条件都是相同的。他们全部按照相同的方式，被相同的公民选举任命。参议员的任期通常比众议员要长，成为了二者之间唯一的差别。一般来说，众议员的任期极少超过一年，但参议员则通常有两年到三年的任期。

为了能够在立法机构中，使得熟悉公务并对新任参议员有积极影响的关键人物得以存留，是法律将更长的任期和连任的特权授予参议员的主要原因。

当美国人将立法机构分成了两个机关时，将其中的一个变成世袭的，另一个变成选举的，是他们从没有考虑过的。让其中的一个成为贵族的机关，另一个变成民主的代表，同样是他们未曾想过的。让第一个去支持政权，让第二个去支持人民的意见和利益，这样远非他们的目的。

美国现在实行的两院制唯一可以带来的优点，就是将立法权分开，这样限制了议会的行动，并创建了可以裁决法律的上诉法院。

这种带来优点的立法权分割，在时间和经验的考验下，让美国人发现是其迫切需要的。全 美国中，只有宾夕法尼亚州最早曾企图建立单独的议会。在人民主权原则的要求之下，富兰克林本人接受了这种方案。然而，没过多久，宾夕法尼亚州又只能将法律改变，成立了两个议会。于是，人们再次接受了立法权分散的原则。所以，必须将立法权分摊给多个立法机构，这是之后的人们都可以接受的真理，它已经被证实了。这一真理几乎没有被任何的古代共和国所知晓，并在刚刚诞生之时，与许多伟大的真理一样，被许多现代国家所误解，但今天，它最终被当做是政治科学的定理而被广为传扬。

## 州的行政权

州长是州的行政权的代表。

我并不是因为随便而使用的“代表”一词。因为实际上，州长确实是行政权的代表，只不过他只是行使其权力的一部分。

州长是最高官员，他不仅是立法机关的领导者，也是它的意见提供者。他拥有搁置否决权，可以以此为武器随意将司法机构的活动停止或推迟。他向立法机关表明本州的需求，提出他认为能够满足这些需求的有效建议。对于立法机关对全州所有的活动作出

1 不过在马萨诸塞州，参议院不参与任何行政事务。——原注

2 比如在纽约州时。——原注

的决定，他是合理的执行者[1]。而在立法机关闭会期间，他需要采取各种合理措施，来防止动乱和意外的发生。

全州的军事权力也由州长掌控。他不仅是国民警卫队的司令，还是军事力量的首领。当有人抵制人们依法接受的州权威时，州长就可以率领州军事力量对其反抗进行镇压，并将当地的秩序恢复正常。

最后，州长并不参与乡镇和县的行政工作，但除了任命治安法官[2]这种非常间接的方式。而且他一旦任命了治安法官，他也就没有权力将其撤职了。

州长是人民选举产生的官员，通常只有一年到两年的任期。这样，选举他的大多数选民就可以经常对他进行密切地监督了。

## 美国的行政分权的政治影响

当今的人们经常会使用“集权”一词，不过通常来说，并没有人为它制定过一个严格的定义。

事实上，集权有两种性质完全不同的形式，我们必须要分清楚。

有一些事务对全国都会造成影响，比如，制定全国性的法律和本国与他国的关系处理问题。

还有一些事务是只对国内某特定地区有影响，比如，地方的工程建设。

集中第一类事务的领导权于一个机关或一个人的手中，我将这种做法叫做政府集权。而以同样方式集中第二类事务领导权的做法叫做行政集权。

虽然这两种集权的界限在有些部分并不明朗，但从整体上看，对两者所掌控的范围进行观察的话，将它们区别开也并不困难。

很明显的是，政府集权一旦与行政集权相结合，那么它就拥有了无尽的权力。使人们长时间不敢表达自己的想法变成习惯，不仅是在一个问题或者短时间屈服，而是在所有问题所有时间内屈服。这些都在它的压迫下成为习惯。这样，它就不仅仅是用自己的权力控制了人民，还可以利用人们的习惯来控制人民。人民先被它相互孤立起来，然后被它一个个打败，使得他们最终都成为它的驯服的属民。

虽然这两种集权既互相帮助，又互相吸引，但我也并不认为二者无法单独存在。

在路易十四时期的法国，最为强大的政府集权出现了，强大到人们甚至认为只有他自己能制定国家法律并对其有解释权，在与外国交流时代表法国，并可以做任何他想做的事情。他说“我就是国家”，而且正义似乎还总站在他那边。

不过在路易十四执政时期，行政集权却和现在差得很远。

当今，英国政府也拥有巨大的权力，政府集权也许就处于它的最高点：国家的行动

---

1 事实上，有时候州长也会拒绝执行立法机关做出的决议。立法机关通常会在决议通过时，指定专人去执行这项决议。——原注

2 在许多州中，治安法官也并非州长委任。——原注

就像一个单独的个人，它可以轻易地煽动民众，聚集自己的所有权力并将它放到任何自己想放的位置。

英国在五十年间完成了这样伟大的任务，但它也并没有实行行政集权。

就我个人来说，我无法想象，如果一个国家没有强大的政府集权怎样生存，特别是怎样实现强盛。

不过我也认为，由于行政集权不断将人民的公民精神打磨掉，所以它也只会让被它所统治的人民越发失去活力。在特定的时间和地区，行政集权确实有可能会把一个国家所有的力量集合起来，但它也会对这些力量的再次发展造成损害。也许它会帮助战争获胜，但它也将使政权的寿命变短。所以说，对一个人暂时的伟大来说，它可能是很有帮助的，但对于一个民族的长久强盛来说，它却于事无补。

大家应该注意到，人们说一个国家因为没有实行集权而毫无成就时，他们所说的都是政府集权，虽然他们从没有真正理解它。曾有人多次指出，德意志帝国的力量本可以产生诸多好处，但它却从没能获得这些好处。对于这一观点，我十分赞同。但究竟为什么会这样呢？

这是因为，全国的力量从没有集中过；是因为，全国适用的法律从没有被全国的人民所服从过；是因为，即使在关系全体公民利益时，这一整体的几个单独运作的部分依然有权力或机会拒绝与全国最高政府的代表进行合作。换一种说法就是，它没有实行政府集权。

中世纪也完全适用这句话。所以，中世纪的封建社会中，各种各样的苦难都发生了。不管是行政权还是统治权，都被分割成众多部分，被众多的人所掌握。由于政府集权丝毫没有实行，所以最终对当时欧洲各国精力充沛地达成同一目标造成了不良影响。

我曾经提到过，行政集权在美国并不存在，等级制度的印记也难以发现。我觉得，对于任何一个欧洲国家来说，美国的地方分权已经不仅是让它们感到不舒服，而是感到无法忍受的程度了。实际上，这种分权在美国内部，也已经产生了一些不良影响。

但美国的政府集权，却达到了一个很高的水平。若要证明美国的政府集权超过历史上所有的欧洲君主国家，都并不困难。每个州中，只有一个立法机关，还只有一个行政机关可以创造本州的政治生活。同时，为了防止各县的议会越权干涉政府事务，基本上多个县议会的联合行动都是不被允许的。在美国，能够对抗每个州的立法机构的力量是不存在的。因为它代表着多数人，而且多数人又自认为是唯一代表着理性的人，所以无论是特权。还是地方豁免权、个人影响，还是理性的权威，没有任何东西能够阻止它的前进。所以，除了它自己的想法，没有任何东西可以对它的行动造成限制，它可以做任何自己想做的事情。而负责用暴力强迫抗议者屈服的行政权代表，也受它指挥，和它站在同一方向。

它的弱点只存在于政府事务的某一些细节而已。

在美国的各个共和州中，并没有常备军队来镇压少数派。不过直到现在，少数派还尚未发展到能够发动战争，并让州认为有必要建立军队的程度。

州一般是使用乡镇或县的官员与公民进行交流。比如，在新英格兰，乡镇的财产评估员负责计算税收金额，而乡镇的收税员负责征收计划的税款，乡镇的出纳将征收到的税款上交到州财政，并且由普通法院受理税务纠纷案件。这种征税方式十分缓慢，而且并不方便，对于需要大量资金的政府事务经常造成不良影响。

通常人们认为，任何对政府生存有重大影响的事务，其任职官员应该由政府自行委任，并随时可以进行撤换，且必须善于处理事务。不过，如果一个中央政府是按照美国的方式建立的，那么根据需求来采取强力而有效的行动通常是很容易做到的。

所以，人们常说的由于美国没有实行中央集权，新大陆的各个共和州注定会自己消亡完全是无稽之谈。美国的各个共和州政府并不是不够集权，而是太过集权了。我以后会再证明这点。与法国的国民公会一样，各级的立法会议也在时时刻刻从政府手中夺取各种权力，希望自己能够获取所有权力，不过由于这种权力是人们权力的从属，所以以这种方式集中的权力经常变换主人。由于它可以做任何想做的事情，所以它经常表现得缺乏理性与预见性，这也正是它的危险所在。如果有一天它最终消亡，那么导致这一结果的，一定不会是由于它的软弱，而只能是它自身的力量。

在美国，行政分权造成了几种并不相同的影响。

美国人差不多把行政完全从政府中独立了出来。我觉得，全国即使在不那么重要的事务上，也依然要有一个统一的制度[1]，但他们在这个问题上，似乎超过了正常的轨道，违背了常识。

因为州并没有向所辖范围内的各级行政区划，委任固定职务的行政官员，所以也就没办法奖励统一的惩处制度，所以也就几乎没人想到去制定一部全州统一的治安法规。然而很明显的是，颁布这种法规是十分必要的。但在美国，欧洲人基本看不到这条法规。在最开始，这种表层的混乱外貌使得欧洲人认为，美国社会完全处于无政府状态。但在他们对事物的本质进行了深入地了解之后，他们认识到自己的观点是错误的。

虽然有些事务对全州都有影响，但是因为并不存在管理它们的全州性的行政机关，所以没有办法协调他们统一行动。但是如果把这些事务交由乡镇或县，让选举出来、有固定任期的官员去处理的话，毫无作为和虎头蛇尾就是它的结局。

欧洲的集权主义鼓吹者坚称，中央政府对地方行政的管理，要强于不善管理地方行政的地方政府。当中央政府是智慧的，而地方政府是盲目的时候；当前者是积极的，而后者是消极的时候；当前者是勤政的，而后者是习惯屈从的时候，这种说法也许是对的。我们甚至可以认为，伴随着中央集权的不断加强，这种趋向两级的倾向也会加速发展，也就是说，一边的权力会越来越大，而另一边的权力则走向消亡。

---

1 我觉得，即使代表州的政府不能够亲自对行政进行管理，也不应当将监督地方行政的权力放弃。举例来说，设置一名州官，将其安排在县中担任固定职务，赋予其审理该县及所辖乡镇犯罪案件的司法权。不过，如何才能在不侵犯地方独立的情况下，建立统一的制度呢？美国的各个县中，都没有委任驻州官员。也没任何的司法机构是县法院的上级，但这些法院只有接到应该被惩处的行政犯罪时，才会临时开庭审理。——原注

不过，我也认为，如果人民能够与美国人民一样，充满智慧并关心自身利益，习惯于考虑自身利益的时候，这种情况就不会出现。

恰恰相反的是，我坚信在这种情况下，公民的集体力量所创造的社会福利总是会比政府权力所创造的更多。

我知道，在一些情况下，找到一个办法将一个熟睡的民族唤醒，让他们获得自身不具备的激情和知识并不简单。我也知道，说服人们去为自己的工作努力也并不容易。相对于维修平民的住所，他们对学习宫廷礼数的细节要感兴趣得多。

不过，我同样认为，如果中央的行政部门执意将下级机关的自由竞争取代的话，即使它没有伤害自己，也伤害了别人。

不管一个中央政府有多么的能干，它也不能了解所有的细节，不能靠自己将一个庞大国家的所有细节全部弄清。人类的能力是不能完成这样的任务的，所以它注定无法做到这一点。当它自己创造了如此多的发条，并企图将它们全部拧动的时候，通常结果即使不是很糟，也只是白白浪费了自身的精力而已。

中央集权确实很容易让人们能够在表面上，保持行动一定范围内的统一。虽然这种统一是从对中央集权的热爱中而来，但就像是信仰上帝而膜拜神像，却忘记了神像所代表的是什么神一样，人们也并不了解这种集权的目的究竟是什么。所以，中央集权可以毫不费力地将秩序良好的表面赋予国家的日常事务，将全国的治安法规细则详细地制定出来，将小型暴乱及时地进行镇压，将轻微的罪行施以惩处，让社会得以维持没有真正的进步和落后的状态，让社会一直处于那个被官员们称为秩序良好和社会安定，实际上却令人乏味的陈旧状态中[1]。一言以蔽之，中央集权善于守成，而不善创新。一旦它使得社会发生了巨大的变动，或者加速了社会的发展速度时，它就会丧失控制力。只要它的措施需要获得人民的帮助，那么这台巨大机器马上就会将其弱点暴露出来，迅速变成一种无力的状态。

在迫不得已的情况下，中央集权的政府也会尝试向人民请求帮助。然而，他们对人民说的却是："你们必须按照我的意志行动，我想让你们做多少你们就要做多少，不允许有丝毫的偏差。你们只负责处理细枝末节，不要幻想指挥整体。你们要老老实实地工作，对于我的行为，要根据未来的结果进行评价。"人们怎么可能会愿意在这种条件下帮助它呢？人民需要自由的行动，愿意为自己的行为负责。所以，人们宁肯待在原地不动，也不愿意轻率地前往一无所知的远方。

那种每天指挥着我们所有法国人生活的统一制度，在美国是匮乏的。我并不否认我为此感到了遗憾。

有时候，我也会碰到一些真实的案例，足以证明社会对人的冷漠和缺乏关切。有时

1 我认为，用最集权的行政来为其统治人民提供社会福利的最佳代表就是中国。有些旅行家曾告诉我：中国人虽有安定却没有幸福，虽然有各种行业却没有进步，虽然十分稳重却没有开拓精神，虽然有严格的制度却没有社会的公德。虽然，中国的社会也每天都取得了进步，但进步得却并不够好。我觉得，假如中国对欧洲人开放的话，欧洲人就会在那里找到当今世界上的最佳行政集权的代表。——原注

候，我也会看到一些污点，似乎与身边的文明完全是对立的。有时候，一些需要不断被关注和严谨执行的公益事业却未能完成。这些事情发生的原因，不过是因为美国的人民也与其他国家一样，其行动有时只是由于短暂的兴致和突然的冲动而已。

对欧洲人来说，采用美国那种复杂的乡镇行政制度过于困难了，因为他们已经习惯在遇到突然事件时，去寻找一位基本可以管理所有事务的官员。通常，美国忽略了那些能够让人民生活安定幸福的治安条款，但却与其他国家一样，拥有社会对人民的各种主要保障。相比于欧洲，美国各州所拥有的权力远不够有条理和有教育意义，但却要大得多。

在这个世界上，没有任何一个国家能够让它的人民对社会福利做出这样大的贡献。我也记得，没有任何一个民族的学校有这么多并有这么良好的效果，他们修建的教堂能这么适合人民的需求，他们铺设的乡镇公路能维护得这样良好。所以，我们没有必要去美国的外观上寻找相似处和持久性，在细节上找寻详细的安排和行政流程的完善规章[1]。在那里，我们将会看到一个权力机关，它虽然确实有些粗野，但却具有强大的力量；可以看到一幅画面，虽然状况频发，但却充满了能量与开拓精神。

虽然美国的中央政权一直被美国的乡镇和县当做陌路人，但如果非要我表达观点的话，我却觉得它会比当地选举出的官员管理的更有效率。如果非要我做出判断的话，我也相信一个人将美国所有的行政权集中的话，美国会被管理得更加安全，其社会资源也会利用得更加合适与合理。虽然从地方分权制度之中，美国人获得了很多政治利益，但我所主张使用的制度却是完全相反。

如果有这样一个长期存在的权威政府，它经常关心我，使我的享受不受到干扰，它还替我将发展道路上的所有危险清除掉，使我不必为此分神，将我生活中的所有丁点困难都顾及到，但也正是这个政府，他变成了我的自由与生命的独裁主人，将所有社会活动与生活安排完，甚至如果它睡觉的话，所有的一切也必须睡觉，它灭亡的时候，所有的一切也需要灭亡。对我来说，这样有什么好处呢?

一些欧洲国家的居民，觉得自己是他乡而来的移民，所以对当地的命运没有丝毫的关注。他们从没参与国内发生的大事，甚至也不知道这些大事怎么发生的，只是感觉到，或者偶然听别人说到了而已。更夸张的是，他们甚至对自己村落的经历、街道的安全、教堂教士的境遇都毫不关心。

---

1 在对比了法国和美国的财政之后，曾有一位杰出的作家表示，智慧永远无法替代具体技能，我们有充足的理由去批评美国乡镇预算中的混乱。在叙述完一个法国省份的预算案例之后，他说道："因为中央集权这一伟人值得称颂的创造，王国各个地方的预算，不管是小的乡镇还是大的城市，才有可能变得有规范可以遵守，并显得足够明晰。"我的确也对这一成就表示敬佩，但却也看到，虽然法国的乡镇拥有完美的会计制度，但它们大多数都对自身的真正利益毫不知情，处在一种难以接受的麻木之中，以至于人们会感觉到这并不是在生活，而只是在等死一样。同时，我还认为，虽然美国的乡镇预算没有按照统一的流程和固定的格式制定，但他们的居民是十分聪明、积极并有开拓精神的。我认为社会在那里是进步的。我认为一个好政府的目的应当是为人民谋求福利，而不是为了建立秩序而不顾民间疾苦，所以这种情景让我感到诧异。因此我也开始思考，是不是美国乡镇繁荣而财政混乱，法国乡镇痛苦而预算完善的原因都是因为我所说的这个原因呢？总之，我觉得好中所包含的坏越少越好，而坏中包含的好越多越好。——原注

他们觉得，这些事务应该被叫做“政府”的强大第三方进行管理，与他们没有任何关系。他们觉得自己只不过拥有收益权，可以享受自己的财产，但他们对这些财产不仅没有占有的想法，甚至没有半点提高的想法。甚至在他们自己和他们的孩子遇到危难之时，他们也没能摆脱这种对自己的漠视态度，他们不仅不会去解除危险，反而会干坐着，等待国家的救援。并且，这种人虽然对牺牲自己的自由思想并不反对，但也不会比别人更愿意服从。他们的确会服从任何一个小军官的摆布，但一旦军队撤退，他们就会像打了胜仗一样，敢于违反任何法律。

所以，他们只能永久地在屈从与放纵中摇摆。

如果一个国家已经到达这种程度，那将自己的法律和社会状况改造就是必须要做的事情，否则将难以逃脱死亡的命运。因为这时，社会道德的泉水已然枯竭，虽然它还有人民，却已经没有了公民。

我觉得，这种国家不过是在恭候外国的侵略。如果它尚未从世界舞台上消失，那也只是因为周边国家的情形与它类似，或者还比不上它。它还依然保有一种难以名状的爱国本能，一种对往昔荣誉的盲目骄傲，一种对昨日荣誉的含糊记忆，不过实际上，这些东西都并不起作用，只不过能让它在受到镇压的时候出现保护自我的冲动。

有些民族尽管仍被看做是外来人，但当他们所居住的国家发生危难时，也会倾尽全力地去保卫它。如果就此认为他们是爱国的，那也是不对的。因为经过仔细地调查你会发现，当时他们的主要动力都来源于宗教。

对他们而言，神圣的教义之中包含了国家的存在、光荣与富强，所以当他们保卫祖国的时候，与他们保卫公民的圣城是一样的。

虽然土耳其人从来不参与管理社会事务，但只要他们还觉得苏丹们的战胜就是伊斯兰教的胜利，那他们就会去做一些十分艰难的任务。如今，这个宗教也走向了没落，只有专制制度依然在那里生长着，但它自身也开始走向衰败。

孟德斯鸠觉得专制制度拥有特殊的能力，并说这是它自己所产生的荣誉，但我却认为它完全没有资格去获得这个荣誉。专制制度所有的一切都只依赖自己，这样绝不会长久。其实只要你稍微认真思考一下，就能够发现，宗教才是让专制政府长期繁荣的原因，而并不是它的暴力。

除了人类意志自由地联合之外，不管你如何寻觅，你都不可能在人间找到真正强大的力量了。并且，在这个世界上，能让全体公民长期向着一个目标前进的动力，只有爱国主义和宗教。

法律虽然并不能将已经熄灭的信仰再次点燃，但它却能够让人民对自己的国家有足够的关心。人民心中那些模糊的爱国本性经过了法律的呼唤与指挥之后，与思想、激情和习惯进行了结合，就成了一种自发又持久的感情。因为国家的衰败并不会像人类那样迅速，所以呼唤这种本性并不算太晚。当一个国家又出生了一代新人的时候，作为将来要掌控立法事务的新人也就是其出现的理由。

美国最让我敬佩的地方，并不是它地方分权所造成的行政影响，而是这种分权造成的政治影响。祖国的存在可以在美国的任何地方让人感受到。不管是从村庄还是整个国家，每个人都对祖国充满关心，人们就像关心自己的利益一样，关心着国家的各种利益。他们因为国家的荣誉而骄傲，称赞国家所取得的成就。对于国家的成就，他们坚信自己做出了贡献，认为随着国家的富足自己也会富足，并为自己能够因国家的富足而获益感到快乐。他们对国家有着与家庭类似的感情，而在一种自私心理的推动下，他们也开始关心州。

公务人员在欧洲被看做是政权的代表，但公务人员的工作在美国则被当做是公民权利的行使。所以可以断定，在美国人们服从的并不是人，而是正义或者法律。

他们对自己的看法常常略带夸张，但却基本都是有益的。他们完全相信凭借自己的力量，可以应对世间的一切。如果一个人想有所成就，而他所从事的行业与社会公益直接相关，他也不会直接找到政府去寻求帮助。为了方便自己的执行，他会公布自己的计划，或者会请其他人来帮助他，将所有的艰难险阻攻克。

很显然，有州政府帮忙时通常会有更好的结果。但从长远来看，所有个人事业的总和却超过政府可能取得的成果很多。

政府只负责民事，所以人们既没有羡慕它，也没有讨厌它。不过它所拥有的措施过于有限，以至于所有人都认为承办各种事业并不能全靠它。

所以，行政机构没有选择像欧洲那样，全部依赖自己来行使职权。由于民众的代表会采取行动，所以他们也不用担心民众会不履行自己的义务。恰恰相反的是，行政机构受到了所有人的支持、帮助和支援。

即使是最集权、最强大的政府也有不能完成的任务，但是当个人努力与社会力量结合起来时，它通常就能被完成。

证明这一事实的例证很多，但我更愿意只用一个例子，也就是用一个我最熟悉的事例来做出证明。

美国的政府只有极少的办法来发现犯罪与缉捕罪犯。

美国并没有行政勤务警察，也没有护照。美国的司法警察也没办法与法国相比。美国检察官的数量太少，对罪犯的起诉通常并不是他们主动提起的。对罪犯的审讯速度很快，通常只是询问。不过我却感觉，美国的罪犯比任何国家都要难以逃脱制裁。

原因就是，所有人都认为提供犯罪的证据和捕获罪犯，关系到自己的切身利益。

我在美国游历期间，曾经亲眼看到，一个县中发生了重要案件。这个县的居民自行成立了一个委员会，目的就是缉捕罪犯，并将他押送法院进行惩罚。

在欧洲，如果罪犯在逃跑时被官员抓获了，那只能算他自己运气差。在这场斗争中，民众不过是旁观者而已。而在美国，罪犯被当做是所有人的敌人，人们团结一心去抓捕他。

我认为，对一切国家而言，地方分权制度都是有好处的。对一个民主社会而言，这种需求就更为紧迫了。

在贵族政体中，要保证永久的自由，必须对一定的秩序加以维护。而暴乱对统治阶级造成的损失最为严重，所以他们也尤其关心秩序。

可以认为，在贵族政体中，是由于人们拥有有组织的力量，能够在任何时间与暴君进行斗争，所以人们才能够免除专制对他们的过度压迫。

而那些没有地方分权的民主政体，则没有任何保障可以使其反抗这种灾难。

民众在小事上尚未学会民主的使用，怎么可能会在大事上使用民主呢？

如果一个国家之中，所有人都软弱无力，也从没有因任何的利益而团结起来，那他们怎么能够对抗暴政呢？

所以，不论是恐惧人民起义的人，还是担忧政府专横的人，都应该希望地方自由可以渐渐地发展起来。

我也坚信，社会民主的国家，比任何国家面临的行政集权束缚的威胁都更大。

虽然是由于诸多原因导致了这一结果的最终发生，但其中最主要的却是：政权的所有权力都向直接代表着人民的权力机关集中，这成为这个国家长期的趋势。因为人民之外再也不存在任何东西了，而人民也只是由众多完全平等的个人组成的。

然而，如果这个权力机关具备了所有的政府属性时，想让它不去干涉具体的行政工作就很难。在漫长的时间中，它不可能找不到机会去做这些。在法国，我们已经亲眼看见了这种情况。

法国大革命之中，有两个倾向不应当被混淆，它们的朝向完全对立，一个倾向自由，另一个则倾向专制。

古代的君主政治中，法律只由国王制定。但即使是在君主专制时期，依然可以发现许多残损的地方分权制度的残余。

由于缺乏统一和不够完善，地方分权制度本来就经常显得荒谬。但身处贵族政体之中，这种制度有时候竟然变成了镇压的工具。

法国大革命宣布，它同时反对君主政体和地方分权制度。它不明原因地对过去的一切产生了仇恨。不仅仇恨专制权力，也仇恨可以对抗这种暴政的方法。所以，这场革命既有共和性质，也带有中央集权性质。

专制的朋友最喜欢引用的事实，莫过于法国大革命的这种双重性了。当他们在为行政集权保驾护航时，如果你指责他们的努力是为了专制制度，他们则会以自己是在保卫大革命的主要成果之一来辩护。于是乎，不管是光明正大的追求自由的人民，还是隐秘地为暴政服务的敌人，都成了人民权利的受益者。

人民和敌人，也就是公开的自由爱好者与隐秘的暴政仆从，都可以享受到人民的权利了。

我参观过的国家中有两个的自由制度十分发达，我听取了这两个国家中竞争统治权的那些政党的观点。

我发现，美国有人企图将本国的民主制度悄悄破坏掉，英国也有人高呼要反对贵族制度。但在这两个国家中，我没发现任何人认为，地方自由不是一件好事。

我看到，人们在这两个国家中，认为许多事情都是造成这些弊病的原因，但地方自由并不在其中。

我也听到，人们在这两个国家中，认为许多原因都是造成国家强大与昌盛的原因，而地方自由总是被排在第一位的。

虽然他们在宗教教义与政治理念上有着明显的区别，但却在唯一一件由于每天看到而做出正确判断的事实上，达成了相同的意见。我没有说错吧？

不承认这种制度带来好处的，只有那些地方自治程度很低或者完全没有实行这种制度的国家。也就是说，批评这一制度的人，只有不了解这一制度的人。

# 第六章　美国的司法权及其对政治社会的影响

根据我的写作计划，探讨美国的司法权会用单独的一章。由于司法权在美国的政治影响十分巨大，所以我认为必须进行强调，避免由于论述过于简单而被读者所忽视。

联邦机构并非只有美国存在，其他一些国家也有。共和政体也并不只在新大陆的海岸存在，世界其他地方也能见到。欧洲也有不少国家采用了代议制。不过我依然认为，到现在为止，美国司法权的建立过程，是世界上独一无二的。

美国的司法组织是外乡人最无法理解的了。在他眼中，几乎所有政治事务都是由法官的权力所决定的。所以，他很自然就会得出结论，认为法官是美国一股相当强大的政治力量。随后，当他对法院的组织进行考察之时，他没费吹灰之力就弄清了司法的特点与流程。他发现，法官对公共事务的干涉似乎只是出于偶然，但这种偶然却每天都在发生。

如果巴黎的最高法院将政府的法规驳回，或拒绝为政府法规备案，或传唤某个被指控渎职的官员，人们在这时往往会认为，这就是司法权在发挥政治作用。不过，美国并没有这种事情发生。

所有司法权广为人知的特点，在美国依旧得以保留。美国人将司法权严格地限制在了一个固定的范围之中。

司法权表现出来的第一个特点，就是所有的国家都审判案件。拥有诉讼案件是法院发挥作用的必要条件。拥有受理的诉讼案件也是法官审判的必要条件。可以说，如果没有依法请求诉讼的案件，那么司法权完全没有任何作用。虽然司法权就在那里，但却没有被使用的可能。在审理一个案件之前，法国要对于该案件有关的法律作出一定的判断，这样当他在审理这一案件，并对相关法律进行批评时，他只是将自己的权力范围扩大了而已，并没有超出自己的权力范围。不过，如果法官在案件尚未开始审理之前，就开始批评相关法律的话，那他肯定就侵犯了立法权，是越权行为。

司法权表现出的第二个特点，就是只审判个人案件，而不能审判全国的普遍原则。在审判个人案件时，如果法官认为某个普遍原则的所有衍生结论都是错误的，因而它也是无效的，并对其进行破坏的话，这也并没有超越自己的权力范围。不过，如果法官直接批评普遍原则，或没有等待审判的个人案件，就将普遍原则破坏的话，他就已经超出了所有国家接受的限制法官的权力范围。因为他偷偷获取了比普通官员更重要也有可能是更有利的权力，那他也就不再是司法权的代表了。

司法权的第三个特点，就是只有在有人请求它，它才会行动。或者可以用法律术语表述为，只有当它审理案件时，它才会行动。虽然这一特点并没有另外两个更普遍，但除了个别特殊情况，这一特点依然是它最重要的特点之一。司法权从性质上说，并非主动的。如果你想要它行动，就必须催促它。你向它举报一个犯罪案件，它就惩罚罪犯。你要它纠正一个违法行为，它就会对其纠正。你让它检查一项法规，它就会对此做出解答。然而，它自己不会主动去缉捕罪犯、侦查犯罪和纠正现实。如果它将自己当做法律的检查者，并主动行动，那么它就有越权的嫌疑了。

司法权的这三个明显的特点在美国都得以保存。美国的法官只有在接到起诉之后，才能审理案件，并且只受理个人案件，从没有出现过特例，另外，它采取行动也都是接到诉状之后的事情。所以，美国的法官与其他国家的司法官员并没有什么不同，但他们被赋予了巨大的政治权力。

这又是怎么回事呢？既然在权力范围和行动措施上，他们与其他国家的法官是一样的，他们又怎么会拥有其他国家法官并不拥有的权力呢？

这是因为，美国人觉得，法官是根据宪法，而不是法律，才有权力对公民进行审判的。也就是说，美国人允许法官不使用他认为违反宪法的法律。

据我所知，曾经也有其他国家的法院要求过类似的权力，然后它们从来没有获得这种权力。但是在美国，法官的这项权力被所有人所认可，对此，没有任何一个政党，甚至任何个人，曾表示抗议。

从美国宪法所规定的原则中，我们可以找到对这种现象的解释。

在法国，宪法是不能修改的，这是取得社会公认的。没有人能逾越宪法，修改宪法，它被认为是不可以修改的。无论是拥有何等权威，都不能对宪法做丝毫地修改。

在英国，国会拥有修改宪法的权力。国会不仅是立法机关，还是立宪机关。所以，英国的宪法不断被修改，甚至可以说，英国实际上就不存在宪法。

在美国，政治理论就相对简单与合理得多。

美国的宪法，并没有和法国一样，被认为是不能修改的，也没有和英国一样，随意被社会承认的权力所修改。它是一部代表全体公民意志，立法者与普通民众都需要遵守的特殊法典。但在特定的条件下，按照规定的程序和人民的意志，宪法可以被修改。所以，美国的宪法是可以变化的。不过只要它仍然在世界上存在，所有的单位和个人都必须照样服从。它享有绝无仅有的权力。

显而易见，我提到的这三个国家的司法机关的地位与权力，都会受到这些差异的影响。

如果以法律违反宪法为理由，法国的法院可以就此不服从法律，那么由于只有他们有权力解释任何人无法修改的宪法，所以实际上，法院就掌握了法国的立宪权。所以，它们在司法权固有弱点的推动下，就会代理国家，并对社会进行统治。但我们知道，法国的法官并没有权力宣布法律违反宪法，又因为没有合法的途径来阻止立法机关修改法律，所以立法机关间接地掌握了法国宪法的修改权。不过我也认为，相比于将人民宪法修改权授予除了自己谁也不代表的人，还是将其授予部分代表了人民意志的人更好一些。

如果将对抗立法机关意志的权力赋予英国法官，那事情就更加不合理。因为议会既制定法律也制定宪法，所以违反宪法的情况，不可能出现在任何由国王、上议院、下议院颁布的法律之中。

但美国并不适用这两个推论。

在美国，立法者与普通民众一样，也受到宪法的约束。所以，美国的宪法是万法之首，其他所有的法律都不能修改它。可以看出，法院在服从法律时，首先必须服从宪法。这样才是正确的。这也正是对司法权宗旨的坚持，法官天生的权力就是，在选择合法的行动措施时，选择最符合宪法的措施。

在法国，宪法同样是万法之首，法官有权根据它进行判决。但是在这一权利的行使过程中，他们有时会对比这一权利还要神圣的其他权利造成侵犯，也就是说，可能会对他们所代表的国家权利造成侵犯。这时，普通理由必须对国家理由妥协。

在美国，通过修改宪法的方式，国家可以让法官永远服从，所以他们不必担心这种危险。政治与逻辑在这里是统一的，人民和法官的特权都得以保存。

所以，如果美国的法院被要求使用一项法官认为违反宪法的法律，那么法官可以拒绝使用。虽然这项权利是美国法官所独有的，但其产生的政治影响十分巨大。

事实上，由于法律基本都牵涉私人利益，而在涉及自身利益时，诉讼当事人有权也必然会向法院提出抗议，所以几乎没有法律能够长时间不被法官审查分析。

所以，从法官在案件审理过程中开始拒绝使用某项法律那一刻开始，这项法律的约束力就随即失去了一些。这样，为了不履行这项法律所要求的义务，利益受损的一方就会想尽办法。这也导致了这类案件不断增加，而这项法律的效力也越来越小。最终，除了宪法被人民所修改，就是这项法律被立法机关所废除，结果肯定是这两者之一。

可以看到，虽然法院被美国人授予了无尽的政治权力，但如果法院强迫他们屈服的话，他们也可以通过司法手段来进行反抗，这样就可以将这种权力的弊端大大缩小。

如果法官可以从理论上或用普通方式来抵制法律，可以自主行动，将立法者弹劾，那么很明显，他就步入了政治舞台，成为某一政府的拥护者或反对者，促使全国民众不断加入战斗之中。不过，如果法官只是在一些不太重要的政治纠纷，以及个人案件中抵制法律的话，民众可能就不会注意到这一抵制的重要意义。因为这时，只有个人的利益受到判决的影响，而法律也不过是受到了偶然性的损害而已。

而且，这项受到损害的法律并没有被废止，只是它的约束力下降了，但它的实际效力并未终止。这项法律的最终废止，还需要经历一步步的抵制与无数判决的反复论证才能实现。

很明显，允许个人指控法律，使得对法律的审查与对人的审判紧密结合，可以让法制不会轻易遭到攻击。这种措施采取之后，政党也就不会每天侵扰法制建设了。在对立法者的错误进行指控之时，必须服从实际需要，也就是说必须实事求是与有理有据，这些都是案件审理的根据。

我十分清楚，美国法院的这一做法不仅对公共秩序有利，对于自由也同样有利。

如果法官只能正面攻击立法者，那他难免有时候会害怕这样做，但是党派精神却又每天催促他这样去做。最终，当立法机关虚弱无力时，法律就会受到攻击。而立法机关强大时，民众就默不作声，恭恭敬敬地遵守法律。换句话说就是，法律最常受到攻击的时候，往往是人们感受到尊重法律对自己有利时，而法律受到尊重，却是在法律常常以自己的名义进行镇压之时。

不过，美国的法官踏上政治舞台并不是自主决定的。他们审查法律的原因，是因为有案件需要审理，他们不能够拒绝。需要他们进行裁决的政治纠纷，都关系当事人的利益，只要他们承认正义，就不能够拒绝审理。履行法官这一职务的庄严职责，就是履行他们的公民义务。因为有些法律不可能引起被称为“诉讼”的对立纠纷的，有时候即使会出现那种纠纷，也没有人愿意让法院去解决这一问题。所以在这种制度之下，法院对立法机关进行的司法弹劾，也的确不可能会完全一致地蔓延到所有法律中。

对于这种做法，美国人也常常感到麻烦，但他们只想对它做一些维护，而不是彻底地改变。他们生怕改变会让各种案件产生危险后果。授予美国法院的这种权力虽然范围有限，但可以宣布法律违反宪法，至今为止，人类为对抗议会政治的专横修筑了许多强大的城堡，而它就是其中之一。

### 美国法官被授予的其他权力

在一个像美国这样的自由国家之中，关于所有公民都有向普通法院的法官起诉公务人员，而所有的法官也都有权判决公务员这一事实，我不知道是否有讨论的必要。因为大家都以为这在自由国家是天生的。

要求法院惩罚违法的政府官员，并不是授予法院特权，只不过是法院在行使它制止违法的自然权力而已。

我认为，美国要求所有公务员对法院负责，并没有削弱政府的权力。我反而觉得，美国人的这种做法，增加了政府应该受到的尊重，而政府为了避免受到批评，也对工作更加认真了。

像美国这样拥有如此少量政治诉讼案件的国家，我不曾见到过，而个中原因也不难解释。不管是何种性质的案件，诉讼都是一件困难又耗费金钱的事情。在报纸和杂志上，可以轻易地批评一个普通人，但要想在法庭上审判他，就必须有重要原因才行。所以，必须有正当的起诉原因，才能依法对一个官员进行起诉。如果官员们害怕这种控告，那他们就不应该给人们留下这种把柄。

并不是美国人采用的共和制度导致了这一结果，因为在英国，这种情况也每天都在发生。

这两个国家的民众都不曾认为，如果法院能够监督国家的主要官员，就能够保证他们的独立自主。他们认为，相比于依靠他们从未请求过或者太晚才能提请的大诉讼程序，依靠普通民众每时每刻都能提请的小诉讼程序，更能保证自由。

在中世纪，逃跑的罪犯很难被捕获，一旦法官将几名罪犯逮捕之后，这些被捕之人往往会被施以酷刑。然而犯罪案件并没有因此而减少。后来，人们发现，越是正确而适度的判罚，其效果就越好。

美国人与英国人都认为，虐待与专横都应当被看做是与盗窃一样的罪行，所以他们将审讯的程序简化，对刑罚也进行了缩减。

法兰西共和国在其第八年颁布了一部宪法，其中的第七十五条写道："因职务关系，部长以下政府官员违法时，必须由行政法院同意方可逮捕，并向普通法院起诉。"

第八年宪法后来被废止了，然而直到现在，这一条款却依然得以保留，并没有被废止。但它无时不受到公民的正义抵制。

为了让美国人与英国人能够明白第七十五条条款的意义，我曾很多次向他们解释，但想要完成这项任务太难了。

他们原本认为，法国的行政法院是王国中央所设置的长期大法院。同时还觉得，将所有的检举人都首先聚集到这里，更是一种暴行。

然而，我多次解释，行政法院与通常的司法机关并不相同，它只是一个直接隶属于国王的行政机关。当国王任命的一个叫做省长的仆从违法之后，国王就任命一个叫做行政法院法官的仆从去避免省长受到惩罚。而我向他们解释，如果一个公民因为国王的命令而利益受损的话，他只能向君主本人请求赔偿的时候，他们都认为我无知愚昧并信口开河，完全不相信世界上存在这样荒唐的事情。

在法国大革命之前的君主政体时期，逮捕违法公务员往往需要最高法院颁布命令，而国王有时候也会对其进行干预，让诉讼毫无意义。这样，专制政体的本来面目就展现出来了，但人们在重压之下，只能表示屈从。

现在的法国中，在司法权的遮挡下，依靠暴力而强迫他人的事情得到了合法的名义，所以可以说，我们又倒退到了我们祖辈所在的状态。

# 第七章　美国的政治审判

我认为，政治机关被暂时授予了审判权，由它作出的判罚就是政治审判。

在君主专制政权统治下，国王是法院和整个国家的主人，他觉得除了自己所拥有的权力之外，没有其他保障存在的必要。并且他认为，人民要求坚持司法制度的表面程序并主张按照程序行事，实际上对他的权威造成了损害。而且，由于起诉者指控对方是依据国王的名义，所以为审判制定特殊程序不会起任何作用。

在大多数自由国家中，相比于国王的决断对法院的影响，多数人表决结果的影响要小得多。而司法权也通常是由社会的代表在任期中行使的。一些人觉得，相比于破坏国家必要的共同原则，将这些权力暂时聚集到一起也没什么不好。

在英国、法国和美国的法律中，全都规定了政治审判。研究这三个国家使用政治审判的不同方法，还算是一件很有趣的事情。

在法国和英国，国家最高刑事法庭由贵族院（上院）负责组织[1]。虽然一般情况下，这个法庭并不审理政治罪犯，但它有权这样做。还有一个与贵族院并列的政治机构拥有起诉权，它就是庶民院（下院）。

在这方面，两个国家唯一的不同就是：英国的下院可以向上院指控所有它想指控的人，而法国的庶民院只能向贵族院指控国王的大臣。

另外，两个国家的贵族院都可以依据刑法，按本国的规定去打击罪犯。

与欧洲的情况一样，美国也有两个司法机构，一个拥有上诉权，另一个拥有审判权。也就是众议院指控罪犯，而参议院审判罪犯。

不过，参议院只能将众议院控诉的财产查封，而众议院也只能向参议院指控公务员。所以，相比法国的贵族院，美国参议院的权力要小，但相比法国的庶民院，美国众

1　英国的贵族院也组织最高上诉法院，负责受理某些民事案件。参考布莱克·斯通著作第3卷第4章。——原注

议院的权力则更大。

然而，美国和欧洲之间最大的不同点是：欧洲的政治法院可以使用刑法的所有条目，但美国的政治法院只要将罪犯原来的职位解除，以及宣布他不得在未来担任任何政府职务，那它的任务就算完成了。之后的惩处工作全都属于普通法院的工作范畴。

如果美国总统犯了叛国罪。

那么首先，就由众议院弹劾总统，随后，由参议员宣布免除其职务。然后，他们到达陪审团那里接受审判，只有陪审团才有权力将他的自由或生命剥夺。

我们所讨论的问题的真实情况就是如此。

欧洲人依照法律开始政治审判，都是审理重要的刑事案件，并不考虑罪犯的出身、阶级、职务。为了维持这种审判，临时组建一个大型政治审判团，并将法院的所有特权都授予它就十分必要。

这时，执法的法官通常由立法机关成员担任。他们可以定罪，可以选择引用的法律条文，并惩处罪犯。当他们担任法官一职时，法律也要求他们履行所有限定的义务，并要求他们遵守所有的司法程序。

如果一个法国或英国的政府法院要对一个违法官员进行审判并惩处的话，会根据法律将他的职务罢免，甚至可以宣布未来他都不能再担任任何公共职务。这时，政治上的罢免与停职都只是惩处的附加条款，并不是对职务犯罪的判罚。

所以可以说，欧洲的政治审判更像是司法行动，而不是行政手段。

但，美国的情况与这里并不一样。很明显，美国的政治审判更像是行政手段，而不是司法行为。

由于众议院履行司法程序并遵守诉讼的程序，参议院才能做出判决，所以从形式上说，参议院的判决确实是司法性的。而由于参议院通常的判罚依据是普通法所规定的犯罪，所以从判决的原因上看，参议院的判决同样是司法性的。然而，如果从判决的惩处的结果来看的话，参议院的判决却是行政性的。

如果将司法权作为一个政治机关的武器是美国立法机关实际上的主要目的的话，那这个政治机关就不可能仅仅用自己的行为对抗公务员，因为这个国家最危险的敌人可能并不是任何公务员。由于在共和制国家中，获得权力是政党最大利益所在，而且拥有越强力量的政党就越容易用非法的手段夺取权力，所以在共和制国家，之前所说的情况尤其严重。

为了防止犯罪的发生，美国的立法者让社会获得了法官的身份，并拥有惩罚重大犯罪的权力，所以刑法的所有规定也就成了政治法院判罚的依据。然而，由于行政撤职对于那些打算将法律推翻的人来说，并没有太大影响，所以可以说，政治法院只获得了一个并不完善的武器，而且这一武器还不能对最危险的罪行进行打击。

所以，将滥用职权的官员的权力撤销，以及不再允许他获得这种权力，才是美国政治审判的主要意图。与人们所看到的一样，这是一种有着司法审判形式的行政手段。

可以说，美国人在这儿创造出了一种混合的制度。他们的政治审判只能给予行政撤职，而没有进行更严厉惩罚的权力。

在政治审判制度的所有阶段，都体现着这一原则。这样我们就会明白，美国及其所属各州的宪法中，为什么规定参议院的司法权管理所有的文职官员，却不包含有可能犯下大罪的军人。文职官员中，由于其中一部分是终身的，而另外一些在被选出后的任期之中不能被罢免，所以美国基本没有可以被免职的官员。如果你想将他们的权力废除，那就必须交由法院审判。军人直接归国家元首领导，但国家元首本人却也是文职官员。如果判处国家元首有罪，那就相当于抨击了所有职务的官员[1]。

对比一下美国与欧洲的制度，就会发现它们产生的效果有着十分明显的不同。

在法国和英国，政治审判被人们当做一种特殊武器，只有在社会遭到严重灾难时才会使用。

毫无疑问，这种在欧洲实行的政治审判违背了分权的保护原则，对民众的自由与安全造成了威胁。

而在美国，政治审判只是间接地对分权原则造成了侵犯，并且肯定不会对民众的安全造成威胁。因为它只打击那些因为渎职罪而被惩罚的人，所以不会像在欧洲那样，在所有人的头顶停留。

它没有让人感到恐惧，也没有取得太明显的效果。

所以，美国的立法机关只是将它当做政府普通的管理措施，而从来没有将它当做是治理社会问题的灵丹妙药。

从这点来说，相比在欧洲，或许它在美国对社会更有实际影响。当然，美国立法机关在政治审判上的柔和表现也不应该迷惑住我们。首先要说明的是，美国负责政治审判的法庭与负责刑事审判的法庭有着相同的成员，并受着相同的影响。这为政党之间的相互报复提供了难以抗拒的力量。虽然美国的政治法官并不能像欧洲的政治法官一样，判处罪犯严厉的刑罚，但是他们也极少判处无罪。虽然他们的判罚并不可怕，但却都符合现实。

欧洲人组织政治法庭的主要目的是对罪犯施以刑罚，而美国人组织政治法庭的主要目的则是剥夺罪犯的权力。美国的政治审判基本上算是一种预防措施，所以，政治法院法官没有必要被刑法条目的准确含义束缚。

令人惊讶的是，美国法律为符合本意的政治罪定义时，显得十分含糊。《美利坚合众国宪法》第二条第四款写道："总统、副总统及所有合众国文职官员，因受到叛国罪、受贿罪或其他罪行的弹劾，并被宣判罪行成立时，应当免除职务。"而大多数州的宪法，关于政治罪则写得更加含糊。《马萨诸塞州宪法》中写道："州参议员为全权法院，受理并判决众议院对本州个别或一些玩忽职守及执政过失官员的指控。"[2]《弗吉尼亚州宪法》中写道："州众议院应当弹劾任何因执政失当、贪污、渎职等罪行而致使本

---

1 不能将任何一名官员撤职，但是可以将其发布命令的权力撤销。——原注

2 第1章第2条第8款。——原注

州蒙受损失的官员。”而还有一些州的宪法之中，并没有列举任何的罪名，这样公务人员的责任就变得没有尽头[1]。

不过，我却可以确定，正是美国法律的温顺才导致了它在这方面的可怕。

我曾经讲到过，一个欧洲官员被免职与被剥夺政治权利，是他受到刑罚所导致的结果。而在美国，这种处分就是刑罚本身。所以，下面这种情况就出现了：虽然欧洲的政治法院拥有着令人敬畏的权力，但很多时候它并不知道该如何使用这个权力，而且由于担心惩罚太重，它甚至根本不惩罚。然而在美国，人们并不反对那些不会造成人身折磨的惩罚，但他们认为将政敌判处死刑来剥夺他的权力这一做法，无异于一种恐怖的谋杀。只有将政敌掌握的权力剥夺，但同时却保证了他的自由和生命安全，这样才是美国人认为的公平斗争结果。

不过，对大多数被判决者来说，这种过于容易做出的判决也让人十分痛苦。可能一些地位很高的犯人并不在意，完全不把判决当回事，但对于普通的犯人来说，判决无疑使他们丧失了地位和荣誉，这种判决意味着判处他们去过生不如死而又无所作为的耻辱生活。

所以，虽然表面看上去美国政治审判并没有对社会生活造成太严重的影响，但实际上却影响巨大。政治审判虽然并不直接对被统治者使用，但它也变成了执政者获取多数选票的重要手段。它并不将危难时方可行使的无限权力授予立法机关，但立法机关却被授予了可以一直行使的适当普通权力。不够大的权力虽然行使方便，但滥用也更加容易。

所以我认为，相比于为了防止立法暴政自身的出现，美国人不允许政治法院进行刑事判决的原因，更像是为了防止立法暴政产生最为恐怖的影响。总之，或许我可以说，到现在为止，大多数人掌握的最强大武器非美国的政治审判制度莫属了。

一旦美国的共和政体开始没落，人们只要留意一下政治审判的数量有没有增长，我的观点就很容易被验证了。

1 参考伊利诺伊州、缅因州、康涅狄格州及佐治亚州宪法。——原注

# 第八章　联邦宪法

在前面，我描述了各个作为独立个体的州，解释了各州所采用的不同机构及其拥有的行动措施。不过，在一些情况下，那些被当做独立个体所研究的州必须听从最高的政权领导。现在，我将对联邦政府的一些主权进行研究，并简单考察一下联邦的宪法[1]。

## 联邦宪法的历史

正像我之前所说的，上个世纪末那13个殖民地同时摆脱了英国的束缚。它们有着同样的宗教、同样的语言、同样的社会状况、几乎同样的法律，并且与同样的敌人进行着斗争。所以它们团结起来组成一个统一的独立国家十分有理由。

不过，因为它们从最初就是单独存在的，政府也是独立管理的，各自独有的利益与习惯也已经形成了，所以它们厌恶那些让各自的重要性在群体的重要性中消失的坚实彻底的联合。也因此，两个互相对立的倾向出现了。其中一个是想联合英裔美国人，而另一个则是想分裂他们。

如果与宗主国的战争持续下去的话，联合的倾向注定会在现实的必要性推动下取得胜利。虽然最开始创建这种联合的法律存在缺陷，但一致的利益使其无视这种缺陷，得以继续存在[2]。

然而，达成和平协议之后，最开始立法的缺陷也就立刻显示出来了，这个国家也似乎瞬间瓦解了。每一个殖民地都变成一个独立的共和国，都要求完整的主权。由于宪法的原因，由于再也没有共同的危机感作为支撑，由于当时没有足够对抗印第安人的力

---

1 参考《美利坚合众国宪法》。——原注

2 参考1778年制定的第一部联邦宪法相关条目。这部宪法直到1781年才被整个美国接受。再参考《联邦党人文集》对这部宪法第15条至第22条的分析，以及斯托利先生在其著作《美国宪法释义》第85页至115页中的分析，该书出版于1883年的波士顿。——原注

量，没有办法支付独立战争时期的债务利息，邦联政府[1]十分虚弱，对于欧洲大国随意欺辱船舶上悬挂的国旗一事，没有任何办法。当邦联政府即将灭亡之时，它发出声明，宣布了自己的无力，并开始向立宪权求助[2]。

在美国，居民们向我们展示其想象力的荣誉极点的时期，也即是说国家权力将统治权主动放弃的最热烈时期。

为了争取独立，一个民族进行顽强战斗的伟大情景可以在任何时代被发现，而且美国人为了摆脱英国束缚的斗争被夸张了太多。美国距离敌人足有1300里约，远隔重洋，还有强大盟友的帮助。美国获得胜利的原因中，最主要的是它的地理位置，之后才是它军队的斗志和公民的爱国心。

美国独立战争怎么可能与法国大革命相提并论呢？或者说，美国人自己的努力怎么可能与法国抵抗整个欧洲的攻击相提并论呢？当法国抵抗整个欧洲的攻击时，它没有资金，也没有人借给它，它没有盟友，将全国二十分之一的人口派去抵御敌人。它一边要扑灭国内燃烧的烈火，一边还要在国外舞动火把。然而，在立法者宣布政府的车轮已经无法转动之后，这个伟大的民族依然能够稳妥又平和地反省自身，探寻故障的原因，并用了整整两年的时间去寻找解决之道。在找到解决办法之后，又必须忍住伤悲和痛苦，甘心情愿地服从它。看到这一切，会更让人觉得这是人类历史中的一件新鲜事。

当第一部宪法的缺陷被他们发现之时，那些曾经激励他们参加革命的政治激情尚未完全退去，而且所有起草宪法的大人物也都依然健在。对于美国来说，这两件都是很幸运的事情。虽然负责制定第二部宪法的制宪会议人数不多[3]，却将当时新大陆最智慧、最高尚的人才都拉拢过去了，其中的主席就是乔治·华盛顿。

经过长时间的思考，国会最终建议人们接受这部宪法，而这部基本大法至今依然统治着美国。所有的州都陆续承认了这部宪法[4]。新的联邦政府在两年的空白期之后，也就是1789年开始运行。所以可以说，美国革命结束的那一刹那，也正是法国大革命开始的那一瞬间。

## 联邦宪法概述

将主权分割既让联邦各州能够继续管理各自与本州兴旺有关的事务，还能让代表联邦的全国政府依然保持整体并满足整个国家的需求，这是摆在美国人面前的首要难题。这一问题确实十分复杂，又难以解决。

并不存在一个全面精确的办法，能够将分享主权的两个政府的权力提前分割好。

怎么可能有人能将一个国家的所有具体生活预知呢？

---

1 美国在独立战争刚刚结束时期，实际上并不是一个联邦国家，而是一个邦联。之前作者所提到的1778年制定的联邦宪法实际上是一部邦联条例。——译者注

2 国会在1787年2月21日发表了这篇声明。参考斯托利所著《美国宪法释义》第107页。——原注

3 制宪会议只有55名成员，其中包括华盛顿、麦迪逊、汉密尔顿和两个莫里斯。——原注

4 并不是各州的立法机关承认了这部宪法。为了这一事情，当时人们专门选出了代表。各州召开代表会议，专门对新宪法进行全面研讨。——原注

由于联邦政府组建的目的就是为了解决一些全国性质的重要需求，所以联邦政府的义务和权利界定起来十分简单又轻松。但由于各个州政府的工作涉及了社会生活的所有细节，所以各州政府的权利和义务也十分的繁杂。

所以，当时明确的规定出了联邦政府的职能范围，并宣布州政府的职权包括所有规定中未包含的事务。所以最后，制定普通法成为州政府的日常行为，却是联邦政府的特殊行为[1]。

不过，当时人们就已经设想到，现实中可能存在一些问题，它们有可能并不在联邦政府明确规定的职能范围之中，但是如果将它们交给各州自己的普通法院的话，可能会导致危险的产生，所以，人们又设置了一个联邦最高法院[2]。

这是一个独一无二的法院，它的权力之一，就是在那两种互相竞争的政府之间，保护宪法所规定的分权[3]。

## 联邦政府的职权

在民众之中，任何公民都只是单独的个人。而为了方便对抗外部势力，一个国家就十分需要一个统一的政府。所以，联邦政府获得了和谈、宣战、缔约、征兵及组建海军等专属权力[4]。

然而在社会内部事务方面，并没有需要全国政府紧急领导的需要。不过，有些问题涉及全国的利益，只有一个总政府可以将其有效解决。

所以，所有与金钱有关事务的决定权都落到了联邦政府的手中，它管理着全国的邮

---

1 参考联邦宪法修正案；《联邦党人文集》第32篇；斯托利著《美国宪法释义》第711页；肯特著《美国法释义》第1卷第364页。

另外，联邦宪法在任何情况下均未将某些问题的决定权授予国会，但在国会认为恰当的时候，各州却可以拥有此项权利。举例来说，虽然国会有制定有关破产的普通法的权力，但每个州也都可以制定自己的破产法，不过要制定的话，需在提交法院备案前进行研讨。这是一套法律流程。——原注

2 与我们将要说的一样，这一法院不直接参与案件审理。——原注

3 关于联邦政府与各州之间的主权分割问题，《联邦党人文集》第45篇解释道："宪法授予联邦的权力划分明确，但数量不多。而授予各州的权力划分含糊，但数量很多。前者的权力主要用于对外，诸如宣战、和谈、谈判、贸易。而后者的权力则扩散到所有普通法院管理的事务，诸如州中生活、自由、开发。"

在本书中，我还将多次引用《联邦党人文集》。在刚刚提出那部后来成为联邦宪法的法案，并被人民承认之后，有三位当时已经成名，但后来更加闻名的著名人物，也就是约翰·杰伊、汉密尔顿、麦迪逊，他们为了向全国人民宣传那部被承认的法案的优点而团结在了一起。他们为了达成自己的目标，在报纸上连续发表了一系列文章，并在后来，将这些文章整理成书。由于他们使用"联邦党人"作为这些文章的署名，所以这本书沿用了这个名字。

虽然《联邦党人文集》是一部专门为美国而写的书，但它仍然是一本优秀的书，是全世界的政治家都应当读的。——原注

4 参考联邦宪法第8款；《联邦党人文集》第41篇及第42篇；肯特著《美国法释义》第1卷第207页及随后几页；斯托利著《美国宪法释义》第358页至382页，第409页至429页。——原注

政，拥有修建联系全国各地主要道路的权力[1]。

各州政府在本州境内，通常都是独立自主的。不过它也有滥用这种自主的可能，并可能会因为施政不当，危及联邦的安全。事先已经针对这种少数状况制定了明确的条文，允许联邦政府在这时干涉州内事务[2]。所以，虽然加入联邦的各州有修改和重订法律的权力，但制定法律去追究过去是不被允许的，也不可以在本州内组建贵族集团[3]。

最后，联邦政府获得了无限征税权[4]，以使其得以偿还负债。

如果我们对联邦宪法规定的分权制度进行认真研究的话，或者说是同时研究各州获得的那部分主权和联邦所拥有的那部分主权的话，就能够轻易看出，联邦的立法者对我之前所说的政府集权理解得十分清晰有序。

美国不仅是一个共和国，它还是一个联邦。但是在一些方面，美国国家权力的集中程度甚至超过了一些欧洲的君主专制国家。我只举两个例子就足以说明这些。

法国拥有十三个最高法院，其中的绝大多数都拥有法律解释权，并不允许上诉。此外，有一些省份被称为“国中国”，当它们代表国家最高政权制定税法之时，可以拒绝同最高政权进行合作。

而美国，只有一个立法机关可以制定法律，与此类似的是，也只有一个法院可以解释法律。所以从这两个主要的方面上看，美国的集权程度要超过旧的法兰西王国。然而美国只不过是将几个共和国或共和州融合了起来。

西班牙的一些省份也有制定本省税法的权力，从根本上说，这本应是属于国家的权力。而在美国，能够调整各州贸易的只有国会。所以，从这方面看，联邦政府的集权程度也超过了西班牙王国。

不过没错，在法国与西班牙，在必要的时候，王权可以凭借暴力做任何事情，即使宪法中它并没有权力这样做。虽然就其结果而言并没有什么不同，不过我所在这里探讨的是理论。

### 联邦权

在明确了联邦政府的职权范围之后，我们将要考察它又是如何运行的。

### 立法权

各州宪法之前所定立的制度在联邦政府组建的诸多方面都得以继承。

---

1 联邦政府还在这方面拥有其他一些权力，例如制定通行的破产法，颁发专利证书等。显而易见，这些领域都需要进行整个联邦的管理。——原注

2 不过其干涉在这时依然是间接的。例如，我将在以后讲到，这种干预是通过联邦政府的法院进行的。——原注

3 参考联邦宪法第1条第10款。——原注

4 参考联邦宪法第1条第8、9、10款；《联邦党人文集》第30篇至36篇，第41篇至44篇；肯特著《美国法释义》第1卷第207页及381页；斯托利著《美国宪法释义》第329页及第514页。——原注

参议院与众议院组成了联邦政府的立法机关。两个议院根据相同的调解精神，不同的原则组建而成。

我在制定联邦宪法时就曾说过，当时存在两种对立的利益。而这两种利益也就产生了两种意图。

一些人试图将联邦变成一个各州仍然保持独立的联盟，或者变成一个大会，各州代表可以在这里共同讨论与公共利益有关的事务。

另外的一些人则试图将美洲所有殖民地人民联合起来，组成一个统一的国家，并为他们建立一个政府。虽然这个政府的权力范围并不大，但在其范围之内却依然是这个国家唯一的代表。

这两种理论将会造成不同的实际影响。

举例来说，如果最终建立的是一个联盟，而不是一个全国政府，那么由于各州无论大小，均以平等的独立政权身份参加联邦，所以最终决定法律制定的，就是州的多数票，而不是联邦公民的多数票。

但如果全美国的人民建立的是一个统一的国家，那肯定只能是由公民的多数票来决定法律的制定了。

很明显，如果那些规模较小的州接受了这种意见的话，那么它们必须在遇到涉及联邦主权的问题时，将自身的独立完全放弃，从一个与联邦有着同等地位的政权变成一个大型国家卑微的一部分。第一种办法会让它们归于一个不正当的政权，但后一种办法却又会使它们被吞噬掉。

这两种情况下，也就是利益与理论发生冲突的时候，理论总是服从于现实。最终，立法者采用了一种妥协的方法，将理论上原本不可能妥协的制度强行调和了。

在创建参议院时，州的独立原则获胜了。但在创建众议院时，国家主权理论则获得了优势。参议员由每个州向国会派遣两位，而众议员则由各州的人口比例决定派遣人数[1]。

按照这种规定，纽约州现在拥有众议员四十名，但参议员只有两名。而特拉华州也有参议员两名，但众议员只有一名。所以，在参议院中，特拉华州与纽约州是平等的。但在众议院中，纽约州有着特拉华州40倍的影响力。所以，如果能够将参议院的多数选票控制，就能够迫使众议院的多数票服从的话，这无疑是违反制定宪法的政权的精神的。

这些事情清楚地表明，要想合理有序地将各个立法环节在参议院与众议院之间安排妥当，是十分复杂又艰难的事情。

随着时光流逝，同一个国家之中，不同的利益与权利不断涌现。这些利益与权利，

---

1 每隔10年，国会会重新确定各种应派遣的众议员人数。1789年，众议院共有69名众议员，而1833年，已经增加到了240名。参考《美国大事记》第194页，1834年版。

宪法要求每30000人必须选出一名众议员，但对最低人数并没有做出要求。国会认为，众议员的人数不应当随着人口的增加而增加，并于1792年4月14日，颁布了第一部有关于此的限制法令。参考斯托利著《美国法律》第1卷第235页。它规定，每33000人选出一名众议员。而1832年颁布了最近一部有关于此的法令，规定每48000人选出一名众议员。所有的自由人与五分之三的黑人为具有选举代表权力的人口。——原注

在宪法的制定过程之中，变成了几乎所有政治原则生效的天然阻碍。法律只有在社会刚刚诞生之时，才完全符合逻辑。所以，当你发现一个国家有这样的优点时，不要急着说它是智慧的，你应当注意到，它还是个新兴国家。

在联邦宪法制定完成之后很长一段时间，各州单独的利益与整个联邦的利益依然作为两种对立的利益而存在于英裔美国人之中。这两种利益必须被调和。

不过不得不承认的是，至今为止，联邦宪法的这一部分不曾出现过人们曾忧虑的不良结果。

各州都很年轻，有着相同的社会状况、思想和需求，相互之间的关系十分紧密。虽然它们大小强弱并不相同，但也没有出现让他们的利益变得过于悬殊的差距。所以，几个小州联合起来，在参议院反对大州提案的情况未曾出现过。而且，代表全民意志的法律是不能更改的，所以参议院在面对众议院的多数票时，也没有办法抵制。

同时需要记住的是，美国的立法机关只是代表人民制定法律，并没有将人民组成一个统一国家的任务。联邦宪法最早的企图，也并不是将各州的独立废除，只不过是缩小独立的范围。所以，当立法机关将一项不能被再次收回的实际权力下放给下一级政权时，就已经提前将强迫它们屈从于多数票的习惯方式放弃了。联邦政府机关之中渗入各州的影响，在这项规定出现之后也就显得十分正常。这不过是对现实的承认，也就说，只能扶植已经获得承认的权力，而不能镇压它。

## 参议院与众议院的其他不同

参议院不仅在代表制度的组建原则上与众议院不同，在选举方式、议员任期和职能等方面也同样存在差异。

众议员由民众提名并选出，而参议员由各州立法机关提名并选出[1]。一个是直接选举产生的，另一个则经过两次选举产生。众议员只有两年的任期，而参议员有六年的任期。众议院只拥有立法权，它的司法权只限对公务人员进行弹劾。而参议院不仅帮助立法，还负责审理由众议院起诉的政治犯罪。同时，参议院还是全国的最高执行机关，只有经它批准，总统所缔结的协议才能生效，也只有经它批准，总统所提出的法案和提名的任职人选才能通过执行[2]。

## 行政权[3]

当时，美国的立法者所面对的任务似乎难以完成，他们要创造出一种行政权，它以

1 在进步改革者的推动下，美国于1913年通过了宪法第17修正案，参议员改为直接选举产生。——译者注

2 参考《联邦党人文集》第52篇至第56篇；斯托利著《美国法律》第199页至314页；宪法第一条第二款及第三款。——原注

3 参考《联邦党人文集》第67篇至77篇；宪法第二条；斯托利著《美国法律》第315页，第518页及580页；肯特著《美国法释义》第255页。——原注

多数人为基础，又拥有足够的力量使其在自身职责范围内可以自由行动。

为了保护共和制度，那些试图获取行政权的代表们，必须顺应全国民众的意愿。

选举产生的最高行政官员就是总统。他的声望、他的资产、他的自由、他的生命，一直要求他正确地运用自己的权力，以报答民众。并且他并非完全独立地运用这些权力，参议院不仅监督他与外国的关系，也监督他的人员任用。所以，他不仅不能自己堕落，而且不能被他人带至堕落。

联邦的立法者们认识到，如果行政权所拥有的稳定性与力量比不上各州所能达到的稳定性与力量的话，政权想要严肃有效地完成本职任务是不可能的。

总统的任期为四年，再次选举时可以连任。为了未来可以再次担任这一职位，他会为了公众的福利热情地工作，并想尽办法将它实现。

宪法将总统定为联邦行政权的唯一代表，并防止他的思想屈从于任何一个委员会的意愿。因为这种做法十分危险，不仅会让政府的行动减弱，还会减轻统治者的责任。参议院虽然有使总统的某些法案无效的权力，但并不能强迫总统行动，也不能与总统一起享有行政权。

有时，立法机关会对行政权采取直接行动。不过正如我们之前所说，美国人总是试图拒绝如此。有些时候，也会采取间接行动。

举例来说，两院可以取消公务人员的薪水，以此来限制他们的部分自由。而且，两院是主要的立法者，因此，即使是总统依宪法授予公务人员的权利，也有被两院夺走的危险。为此，这些公务人员经常忧心忡忡。

共和制本身所存在的缺陷中，行政权的受限就是其中之一。虽然美国人从未能改变立法机关操纵政府的倾向，但他们却让这种趋势得到了缓和。

从总统就任起，他的薪水就已经被确定，而且整个任期之内不能改动。另外，总统还拥有一项武器，即搁置否决权。他可以运用搁置否决权，拒绝那些可能会损害宪法所赋予他的独立的法律被通过。不过，由于立法机关如果打算坚持它的提案，那么总是可以击败总统的反抗，因为总统与立法机关之间的斗争并不平等。不过，搁置否决权最少可以强迫立法机关对其提案进行重新的思考，并且在对议案的再次审议过程中，必须有三分之二的多数票同意才能通过。

除此之外，搁置否决权同样是对于人民的一种请求。行政权失去这项保障的话，很可能会被悄悄地压制，但这样它就可以为自己辩护，让人民知道自己的理由。但是，立法机关如果始终坚持它的提案，那它一直都能制服反抗吗？对此，我认为不管一个国家的宪法究竟是什么性质，都要求立法者必须遵循公民优良的道德与品行。在共和国，这容易实行并被人们所发现，但在君主制国家，就难以实行并总是被隐藏起来。不过，它注定在某个方面存在着。任何一个国家的法律都无法预先限定一切，也没有任何一个国家的制度能够代替理性和社会的现状。

### 在地位上，美国的总统与法国立宪制的国王有哪些不同

行政权对一个国家的命运起着相当大的作用，所以，我不得不在这里对其在美国的

地位进行认真论述。为了更清晰地描述美国总统的地位，将其与欧洲的一个君主立宪国家的国王进行地位上的对比，就再好不过了。

由于权力的外在标志很容易改变研究者的注意力，但对研究者却极少起到引导作用，所以在进行这种对比研究时，我不太重视这种外在标志。

当一个君主制国家逐渐变成一个立宪制国家时，实际上王权早就消失了，但行政权却依然使国王的称号、荣誉、甚至财富得以保留。虽然英国人砍了一个国王的脑袋，又把另一位国王从王位上赶了下去，但却依然习惯跪着与这些国王的继任者讲话。

另一边，当一个独裁者控制了一个共和国时，这个独裁者却还能保持朴素的生活和谦虚的态度，不崇尚虚荣，似乎自己并没有比众人更高贵一样。当掌握了权力的皇帝们蛮横地统治其同胞的财产与生命之时，人们依然在谈话中把他们叫做恺撒，并且，他们本人也能够降低身份，到朋友的家中去做客。

所以，我们应当掀开那层纱巾，到内部去了解。

在美国，联邦与各州共享主权。而在法国，主权是一个不能分割的整体。我认为，这就是美国总统与法国国王最大也是最主要的差异的由来。

美国的行政权，如同它所代表的国家主权，都是有限且特别的。但法国的行政权，却也如同它所代表的国家主权，遍及所有事务。美国人拥有一个联邦政府，而法国人拥有一个全国政府。

因此，自然就导致了美国总统的地位比不上法国国王。这是第一个原因，但不是唯一的一个。二者所代表的主权的含义不同是第二个重要原因。准确说来，可以认定主权就是制定法律的权力范围。

由于国王不批准，法律就不能施行，所以法国国王是事实上主权的化身。同时，他还是法律的执行者。

虽然美国总统也是法律的执行者，但由于他同意与否并不妨碍法律的存在，所以他实际上并没有参与立法事务。因此，他只不过是主权的代表，而肯定不会是主权的化身。

法国国王不仅是主权的化身，还进入立法机关，并从中获取了部分权力。他参与一个国会议院的议员提名工作，并能根据自己的意愿，将另外一个议院的议员任期终止。而美国的总统不仅不能参与立法机关的组建，也不能解散立法机关。

法律的提案权被国王与国会分享，但总统并没有这种提案权。

在国会两院之中，国王均有一些代表，他们在国会中阐述国王的意见，并支持国王的想法，让国王的执政理念得以通过。

但总统不能担任国会议员，国会也同样将他的手下排除在外。他若想让自己的影响与观点进入国会之中，只能采取间接的方式。

所以在地位上，法国国王与立法机关是平等的。立法机关没有国王无法行动，而国王没有立法机关也无法行动。但总统则类似一个被设置在立法机关之外的下级附属权力。

在行政权上，总统似乎有着与法国国王相近的地位。但即便是在这项权力的行使过程中，由于地位较低等重要原因，总统也会受到羞辱。

首先在任期上，法国国王的权力就比美国总统的权力要大很多。我们要明白，任期是权力非常重要的一项因素。只有对那些长久存在的事物，人们才会表达自己的爱意和敬畏。而美国总统只是一个任职四年的行政官员，但法国的国王却是一个终身的君主。

在行政权的行使过程中，美国总统一直受到一种嫉妒似的监督。他可以签订条约，却没有办法批准条约。他可以提名官员，却没有办法直接任命官员[1]。但法国国王在行政权上是绝对的主人。

美国总统需要为自己的行动负责，而法国国王却已经被法律规定，其人身不受侵犯。

不过，美国总统与法国国王都被一种具有指示力的舆论所影响。在法国，虽然这一力量没有在美国显著，也没有受到所有人的认可，也没有被法律正式接纳，但它的确在法国发挥了作用。在美国，举行选举与法院进行判决时，这种力量发挥了作用；在法国，通过革命，这种力量也发挥了作用。虽然两个国家的宪法彼此不同，但两个国家在舆论具有实际统治力这一方面却是相同的。所以，尽管这两个国家法律的初始动力的发展有着自由过度与自由不足的区别，而且发展的结果也并不一致，但归根结底，两个国家法律的初始动力是相同的。这一初始动力的实质，从天性而言，是共和主义的。所以我觉得，有国王的法国与共和国的近似性，要超过有总统的美国与君主国家的近似性。

我只在之前的论述中点明了主要的区别，如果就具体情况而言，还会有更让人吃惊的对比结果。不过，我本打算简短论述一下，现在已经讲得过多了。

我已经讲明，美国总统只能在他所拥有的部分主权范围内行使自身权力，但法国国王却可以在全部主权范围内行使自身权力。

虽然法国国王已经拥有了令人惊异的广阔统治权，并利用各种途径对私人利益进行管理，但我依然可以证明，他超过了自然极限来行使这一权力。

我除去点明国王统治权的这一影响，还可以指出大量任用公务人员带来的影响。几乎所有的公务员，都是用来代替国王行使行政权的。当今，法国公务员总数高达138000人[2]，超过历史上任何一个时期，而这其中的每一个人都应当被当做是权力的一份子。但美国总统却没有特权可以任用公务员，并且其任用人数从未超过12000人[3]。

### 能够导致行政权影响力加强的偶然因素

行政权在美国没有在法国强大，与其认为原因在法律，倒不如说是在环境。

---

1 总统在对联邦官员进行任用与免职时，必须向参议院征求意见，但宪法在此规定上的措辞却十分模糊。虽然《联邦党人文集》第77篇好像已经呼吁建立审批制度，但在1789年，国会却带着充足的理由宣布，既然总统对自己负责，那强迫他任用不受其信任的人就不够合理。参考肯特著《美国法释义》第1卷，第289页。——原注

2 为了给这些不同类型的公务员支付薪水，全国每年需要支出两亿法郎。——原注

3 每年，美国会将公务员的人数在一本名为《美国年度大事记》的年鉴上公布出来。而这一数字就是从这一年鉴的1833年版上摘录。（第11卷，华盛顿）

根据上面的内容，我们可以知道，法国国王雇佣的人员足有美国总统所雇佣人员的11倍之多，但法国的人口实际上只是美国的150%。——原注

一个国家与外国进行交流时，是其行使行政权技巧与力量的主要机会。

如果美国的生存一直处于危机之中，它的重要利益一直与其他大国的利益产生纠葛，那么随着人们对行政权的期望和它自身行动的展开，行政权的声望将不断增强。

在美国，总统不仅可以统帅军队，还拥有指挥舰队的权力，只不过他统帅的军队只有6000名士兵，而他指挥的舰队，也不过几艘而已。另外，管理联邦的涉外事务，也属于总统的职权范围，可惜，美国没有邻国。它与世界其余几个大洲远隔重洋，但又没有强烈的欲望成为这一片汪洋的霸主。偶尔地，它会跟其他国家因为利益产生冲突，除此之外，严格来说，美国没有敌人。

虽然美国总统掌握了接近王权的权力，他却没有机会使用它。直到现在，他也只能在十分有限的范围内行使其权力。虽然法律让他强势，但环境却让他虚弱。

但法国却有着完全不同的状况，法国王权的强大力量大多来自于环境，而非法律。

法国的行政权与巨大的阻碍一直进行着斗争，并拥有有力的措施去战胜这些阻碍。它不必对宪法进行修改，就可以利用它所管理事务的广泛性及重要性，而将自己的力量增强。

即使法律也让它如同在美国一样的软弱与束缚，由于环境的原因，它的影响也同样会在不久之后大大增强。

### 为什么美国总统在管理国家事务时可以不需要在两院获得多数

在欧洲，如果身为立法机关的两院反对一个立宪的君主的决策，那么他就无法进行统治，这已经是公认的事实。

但大家却都知道，美国有诸多总统在立法机关失去多数支持的情况下，而未曾被迫放弃权力，同时也没有给社会带来严重的灾祸。

我听说，有些人引用这一事实来作为美国行政权独立且有力的证明。然而，只要认真思索片刻，我们就会发现现实并非如此，这一事实可以证明的，只是美国行政权的虚弱而已。

任何一位欧洲的国王，要想实现宪法所赋予的无限权力，都必须获得立法机关的支持。欧洲的立宪君主并不仅仅是法律的执行者，为了让法律的执行完全符合自身意愿，他们费尽心机。如果法律与他们的意愿相抵触，那么他们就可以让法律失去效力。国王需要国会来制定法律，而国会则需要国王来执行法律。他们是两个不可或缺的权力机关，离开对方将无法生存。如果双方出现矛盾，那么政府的车轮就将停止转动。

在美国，总统没有阻止制定法律的权力，也无法逃避执行法律的责任。虽然对开展政府工作而言，他的真诚合作确实是有益的，但却并不是必要的。立法机关直接或间接地控制了他所有的重要事务，而一旦完全摆脱了立法机关的控制，那他基本不可能做成任何事情。所以，是他的虚弱让他与立法机关相对立，而不是他的强力。

由于欧洲的国王与国会的冲突有可能造成严重的后果，所以国王与国会的和谐是必需的。但由于美国没有发生斗争的可能，所以这种和谐并不是不可或缺的。

## 总统的选举

对于大国采取选举行政权领袖制度的危险性，历史及历史学家早就给予了充分的证明。所以，对照美国，我试图论述一下这种危险。

由于行政权在其国家中具有的地位与重要性不同，以及选举方式与国家当时的状况不同，人们所担忧的选举制度产生的危险也有所不同。

人们往往认为国家领袖的选举制度十分吸引野心家，并强烈促使野心家去争夺权力，而他们的需求最终难以通过合法手段获得满足，一旦他们将要失去权力，那么他们就将动用武力。这就是人们常常毫无缘由地对这一制度进行攻击的依据。

很明显，越大的行政权有着越大的诱惑力。而且，由于二流野心家们希望能够在他们的候选人获胜后分享权力，所以一个人对权位有着越强烈的野心，就能获得越多二流野心家的支持。

所以，伴随着行政权对国家事务的影响力不断增强，选举制度的危险也按照同样的比例增加了。

并不仅仅是由于普遍的选举制度才导致了波兰的数次革命，也更是由于当选的官员成为了一个大君主国的领袖。

我认为，希望国家的代表可以拥有强大的权力，同时又希望这个代表由选举产生，这是相互矛盾的愿望。所以显而易见，有一个问题必须在对选举制度的绝对益处进行讨论前解决，那就是对试图采取选举制度的国家的地理位置、法律、习俗、国情与民意进行调查，看他们是否允许这个国家建立一个虚弱又受到束缚的行政权。我只知道一个可行的办法，可以将世袭的王权过渡为民选政体，即先对王权的活动范围进行限制，再将他的特权逐步取消，然后人们就可以逐渐适应没有王权帮助下的生活。然而，这种想法从没有出现在欧洲的共和主义者脑中。他们大多数人憎恶暴政的原因，仅仅是由于暴政曾经欺侮他们。他们未曾因行政权的扩大而遭受损失，所以他们只对暴政的起因进行攻击，却对将这两个联系起来的牢固关系没有丝毫意识。

由于总统的职位是暂时的，并受到限制与约束，所以至今尚未出现一个人为了争取担任美国总统，而宁愿承受荣誉和生命上的危险。要想让绝望的赌徒拼死一搏，赌场上必须有丰厚的赌注。直到现在，也没有一个能够唤醒人民的强烈同情与过度热情去支持自己的候选人出现。道理十分简单：因为即使他担任了政府首脑，他的朋友们能分享到的权力、财富与荣誉也只有一丁点，并且在他任职时，他在国内的影响不足以掌控同盟者事业的成败。

君主世袭政体有一个十分显著的好处：有一个家族的单独利益与国家利益永远紧密联系，所以它在任何时候都不会不顾及国家的利益。关于这种君主制国家的事务管理是否优于共和国的问题，我并不想进行讨论，因为无论优劣，一定会有人在竭力管理。

在选举产生领袖的国家，在选举临近时，甚至选举之前一段时间内，政府的车轮似乎已经自己停止了转动。确实可以制定出恰当的法律，来加快选举的进行及迅速结束，也就是不让行政权的职位出现间歇。不过即便采取了这样的预防措施，人们也依然无法理解立法者的用心，仍然认定行政权会出现间歇。

每当选举临近之时，行政权的领袖就开始思考即将开始的战斗。他不会继续前进，不会提出任何新的计划，只对那些或许将由其他人完成的工作进行些懒散地处理。1809年1月21日，也就是选举前6个星期，杰斐逊总统写道："现在，我已经接近了我的卸任日期，以至于我现在可以只提出自己的建议，而不再参与实际工作。我认为，让我的继任者主动采取他将施行并负责的措施，是十分适当的。"而这个国家中，所有人的目光都汇聚于一点，也就是对即将到来的分娩的痛苦袖手旁观。

行政权所管理的国家事务的范围越大，其长期活动越频繁且越必要，那么因此也会产生更加严重的危险。选举注定会在那些习惯被行政权支配，或者换个好听的说法，在受行政权管理的国家中，引起一次强烈的震荡。

在美国，由于行政权本身的虚弱而受限，所以在行使过程中往往可以随意拖延而不受到指责。

如果一个国家是由选举产生的政府首脑，那么在这个国家的内政外交方面，几乎都会出现一阵动荡时期。这也是这种制度的主要缺陷之一。并且，赋予获选领袖的权力越大，这一缺陷的严重程度也就越高。

在古罗马，由于元老院掌握了指导权，而且它是世袭的，所以，虽然每年都会换届执政官，但政府的工作原则却得以一直维持稳定。在欧洲大多数的君主国家，如果国王是由选举产生的，那么整个王国的形态都将在每次新的选举之后转变。

对于国家事务，美国总统虽然有着巨大的影响力，但却并不主导国家事务。代表全国民众的议员才掌握着超越一切的权力。所以，总统个人并不能改变政治原则，而全国人民可以。最终，在美国，选举产生行政领袖的制度并未对政府的稳定性产生过于恶劣的影响。

但稳定性的缺失依旧是选举制度的天然缺陷。即使在总统本已经过于狭窄的行动范围之内，这一缺陷依旧十分醒目。

美国的观点十分正确，行政权的领袖为了完成职责并承担全部责任，就应当对自行筛选下属并自由任免他们拥有绝对的自由，同时，立法机关对总统应当主要进行监督，而并不是指挥。不过这也产生了一个影响，那就是，一旦新的选举开始，似乎所有联邦官员的命运都难以预料。

对小行政机关职员的命运被大臣的命运所决定这一点，欧洲的立宪君主国的人们常常对此进行抱怨。但在选举产生政府领袖的国家之中，这一现象更为严重。道理其实十分简单：在立宪君主国，继任的大臣很快就可以接任职位，行政权的主要代表也并未改变，而改革也会在一定范围内进行。所以，这种国家只能在细节方面出现行政权的变化，而不会在原则方面出现。这里不会突然出现一种制度去替换另一种制度，所以不会因此而引发革命。但在美国，这样的革命每隔四年会依法产生。

有人认为这种法律制度必定会造成个人的不幸，但我们也必须承认，在美国，并未由于官员命运的不确定而出现其他地方那样的灾难。因为在美国，找到一份能够维持生计的工作就像失去官位一样容易。所以，有时虽然会由于失去官位而过上不够舒适的生活，但却肯定不会因此而无法维持生计。

在这一节的开始部分，我曾经说过，由于国家所处的环境不同，所以实行以选举产生行政权领袖的危险也大小不一。

虽然行政权的范围受到制约，在法律上也没有足够的地位，但由于谈判在不是由一个人处置的情况下，无法顺利地开始和进行，所以它依然对国家的外交政策产生了巨大的影响力。

一个国家，越是有着动荡和艰难的局势，越是需要一项始终如一的固定外交政策。这对于用选举产生国家领袖的制度而言，也无疑更加危险。

美国对世界的政策十分的简单，基本可以认为，别人不需要他们，而他们也不需要别人。从没有什么威胁到他们的独立。

所以，在那里，总统可以经常改变他的想法，但国家也并不会因此而受到灾祸和毁灭，因为行政权的职能不仅受到法律的制约，同时也受环境的限制。

不论行政权领袖的选举方式是什么样子，在选举之前和选举之中，全国总是处于突然变化时期。

一个国家有着越多的内部问题，它也就有着越多的对外问题，而对于这个国家而言，这一时间的危机也就愈加危险。每当欧洲国家产生了新的领袖之时，不担心被他人所占领或陷入无政府状态的情况极少出现。

但在美国，社会已经被组织得不需要外力的帮助，就可以完成独立。美国也从来没有对外危机存在。所以，其总统选举是鼓动人心的大事，而不是导致灭亡的行为。

### 选举方式

除去本有的危险，选举方式还带来了许多危险，但只要立法者多加注意就可以对其进行预防。

在选举领袖之时，全国的民众都携带武器共赴公共场合。所以，在选举制度本有的危险之外，这种选举方式所带来的内战危险也特殊地存在。

当一个独裁者可以否决国王选举这一情况被波兰的法律所允许时，那么这项法律就相当于在教唆人们杀死这个独裁者，或者说是事先已经将无政府状态规划出来了。

随着对美国制度及这一国家政治、经济状况研究的深入与仔细考察，我们发现，那里的人们获得成功与其拥有的能力是对应的。美国是一个刚刚创立的国家，但是它的人民却在很久之前就习惯了自由。这两点是其内部秩序能够保持的主要原因。同时，美国并不用担心有人会来占领它。

受益于这些有利条件，在创造一个虚弱而又有依附性的行政权时，采用选举制度，又不会带来危险就变得没有那么困难。

他们接下来要做的，不过是从各种选举制度之中，挑选出危险度最低的那一个，使其在这方面的准则与本国的自然环境和政治制度所提供的保障相吻合。

找到一种选举方式，不仅能够让人民的真正意愿得以充分表达，又不至于将人民的情感过度激发，同时让人们尽可能减少政权职位的空置感，这是他们首先要解决的问题。所以，他们采用了以简单多数来通过法律的办法。不过由于人民为了获得多数并不惧怕拖延时间，但立法者却竭力避免拖延时间，所以这也并不算一件很容易的事情。

实际上，在大型国家的选举中，极少有人可以在第一轮投票中就获得多数。而在地方势力庞大并且由诸多州联合组成的共和国中，其难度就变得更大了。

将全国人民的选举权委托给一个能够代表全国人民的机构，是为了将第二个障碍所排除而提出的措施。

由于选举的人越少，达成一致意见也就越容易，所以这种选举方式为形成多数增加了机会。同时，这种措施也为人们做出优秀的抉择提供了便利。

但是，将选举权委托给代表全国民众的立法机关是否合适呢？亦或是需要创建一个选举团，将总统选举作为其唯一目标呢？

后面那种方法成为美国人的选择。他们认为，让那些人已经受选举去制定普通法了，再去负责选举全国的最高行政官的话，无法全面地代表人民的意愿。同时，他们的议员任期已经超过一年了，这时候，他们所代表的选民可能已经改变了自己的想法。

美国人认为，如果将选举行政权领袖的责任委托给立法机关，那么议员们在选举前相当长时间内会收受贿赂或参加阴谋。但那些特别选举人却可以像大陪审团的成员一样，在人群中隐藏起来，不被外界所知晓。他们只会在应当行动时才出现，不过是花费几分钟的时间去投票罢了。

因此，最终决定每个州委任出一定数量的特别选举人[1]，由他们负责选举总统。不过也正如之前所说的，一个团体在实行选举制度的国家负责选举政府领袖的话，那它成为争论和阴谋的中心也就无法避免。有时，它会将本来并不属于它的权力窃取。有时，它无法作出的决断和所伴随的争论，将整个国家都逼到了崩溃的边缘。所以，美国人决定，要求所有选举人在同一天投票，却并不让他们聚集到一起开会[2]。

这种分两个阶段的选举方式对产生多数有所帮助，但正如委托选举人的民众意见会出现分歧一样，这些选举人的意见也有出现分歧的可能，所以想要保证一定会出现多数是不可能的。

在这种情况下，需要从下面三种方法中随便选择一种：重新委任选举人；原选举人重新协商；将选举权交给另一个权力机关。

前两种方法不仅不够稳妥，还会拖延时间，注定会带来无尽的争论。所以，他们选择了第三种方法。他们规定，选票应密封好递交参议院议长，并在指定的一天，在参议员与众议员的面前，将其启封，统计票数。如果任何一名候选人获得多数，则由众议院

---

1 人数按照该州在国会中议员的人数委任。1833年，有288名参加投票的选举人。参考《美国年度大事记》。——原注

2 同一州的选举人在一起进行投票，但当地并不通报获得多数票的结果，而是直接将被选举者的票数名单上交中央政府所在地。——原注

直接选举总统。不过，他们也为众议员限定了权力范围，众议员只能从原本得票最多的三名候选人中选举一人为总统[1]。

与大家所看到的一样，选举总统的责任只有在极少数和难以预料的情况下，才会由众议员去承担，并且他们也只能从那些特别选举人绝大多数选定的人中，去选择其中一位担任总统。这无疑是一种良好的妥协方式，不仅使得人民的意愿得到了尊重，同时也将选举的迅速进行与国家利益不受损失结合起来。另外，由于众议院是否能够出现多数仍不确定，而且宪法也并未对此作出补救预案，所以让众议员分享权力来解决问题，也并不见得就能将所有的难题解决。不过，由于对候选人必需的资格进行了规定，限定候选人为3人，并交由一个远离了偏见的机构去执行，所以这种方法克服了所有的阻碍[2]。要知道，它原本只存在克服这些阻碍的可能而已。至于其他的那些阻碍，不过是选举制度本身天然所有的。

美国宪法生效44年来，美国已经进行过12次总统选举。其中由各州的特别选举人在本州投票后选出的，有10次。而众议员行使它可以分享的这一特别权力只有两次。第一次是1801年选举杰斐逊先生，第二次则是在1825年选举昆西·亚当斯先生。

## 选举时是紧急时期

关于何种有利环境对美国采取选举领袖制度有促进，为消除这种制度的危险，立法机关采取了何种预防办法，我都已经论述过。

对于各式各样的选举，美国人都已经习惯。在经验的帮助下，他们已经知道在什么程度允许或阻止狂热的发展。由于广阔的土地和稀少的人民，美国政党间的斗争并没有像其他国家那样明显并具破坏性。直到现在，全国在选举时所产生的政治状况，也未曾引发过任何实质危险。

但是，美国总统选举时期，依然可以被当做是全国的紧急时期。

无疑，总统只对选举过程有着十分细微和间接的影响，但这一影响却足以扩散到整个国家。对于一个公民来说，总统的选举可能对他没有什么意义，但对于所有公民来说，这却十分重要。因为不管一项利益多么渺小，但只要它成为公众利益，那它就会取得非凡的重要性。

毫无疑问，相比于一位欧洲的君王，美国总统没有什么培育个人团体的办法。但他却有着如此多由他进行任免的职位，以至于无数的选民对总统选举的成败有着直接或间接的关切。

---

1 实际上，这时候总统并不是根据众议院的多数票当选，而是根据各州的多数票当选。所以，就对选举总统的影响而言，纽约州的投票就比不上罗得岛州。可以看出，最开始时，是把全联邦的公民当成一个整体，从全国范围内进行选举。但当公民们无法达成一致后，再将权力下放到各州，让各州的代表分别投票。

这是联邦宪法中一个非常奇特的现象，或许只能用对立利益的冲突来进行解释了。——原注

2 不过，1801年，杰斐逊历经36次投票才得以当选。——原注

除此以外，与在其他国家一样，美国的政党也认为需要在一个人的身边团结，可以更容易被民众所接受。所以，通常他们都会以总统候选人的名字作为代表来为自己服务，让这个人来将本党的理论具体实施。让选举对自身有利是他们的重要利益所在，不过并不是依靠获选总统来使得自己的理论取胜，而是通常总统的获选，足以证明自身理论获得了多数的支持。

选举在预定的选举日之前很长一段时间内，都是最重要的，甚至可以说是整个国家唯一关心的大事。所以，在这个幸福安宁的国家中，所有党派重新开始活跃，任何可以想象的政党激情都被激发出来了。

而想尽办法来保护自己的地位，成为在任总统所专注的焦点。他不再为了这个国家的利益而管理事务，而只为了能够再次当选而行动。为了获得多数，他向选民献媚。对于自己的激情，他不仅没有按照自己的职责要求去加以控制，反而时常听任其爆发。

随着时间越来越接近选举日，各种阴谋行动也越来越多，选举的热情也不断高涨和蔓延。民众们组成了一些相互对立的派别，每一个派别都以自己的候选人作为旗帜。整个国家在这时都处于一种狂热的兴奋之中，不管是报纸头条，还是私人的交流话题，还是所有行动的目标、所有意愿的主题和现在的唯一嗜好，就只有选举。

当选举结果公布之后，这种热情也确实就立即消散了，一切恢复平静，那些看上去即将决堤的洪水平稳地回到了河流中流淌，然而，谁看到这场本以为能够变得剧烈的风暴，不会感到震惊呢？

## 总统的连选连任

对美国立法者来说，最开始允许总统连选连任[1]，究竟是对是错呢？

不允许行政权领袖连选连任，从表面上看好像并不合理。所有人都知道一个人的能力与品德会对一个国家的命运造成何种影响，尤其是当这个国家处于紧急与危难之时。如果法律禁止公民连选连任最高行政官，那么也就让公民失去了帮助国家实现富强并拯救国家的最佳方式。并且，这也极有可能造成一种奇怪的现象，也就是当一个人已经证明他拥有优秀的管理才华时，他却被政府抛弃了。

毫无疑问，这些观点十分有力。然而，就没有更加有力的反驳观点吗？

民选政府有着阴谋与腐败的天然缺陷。如果一个国家可以连选连任政府领袖的话，将会无限放大这种缺陷，并最终对这个国家的生存造成危险。假如一个普通的候选人为了完成目标，试图采用阴谋诡计的话，那他的阴谋也只能在一个十分有限的范围中采用。但如果国家的领袖成为了候选人之一，那他为了完成自己的目标，就可以依靠政府的力量。

在前面那种情况，那个候选人掌握的手段是虚弱的，而在后面那种情况，就是国家

1 美国的立法者最初并未对总统连选连任做出限制，但由于开国总统华盛顿只担任两届便主动辞职，所以在此之后，总统最多担任两届，即连任一届成为不成文规定。直到二战时期，富兰克林·罗斯福打破传统，连续担任四届总统。1947年，美国国会批准宪法修正案第二十二条，正式规定总统任期不得超过两届。修正案于1951年，被超过四分之三的联邦州通过，正式生效。——译者注

自己使用强力手段去进行阴谋并走向腐败。一个普通公民利用应当受到批评的阴谋去获取权力的话，只能间接地对国家的富强造成损害。但如果行政权的代表者自己去参与竞争的话，就会让政府的主要精力转移到次要的工作上，而把选举当成那时的主要任务。对于外交谈判与法律，它都不再注意，而把全部心思放到了选举上。

虽然政府官员照常领着薪水，但他们却已经不再为国家服务了，而只是为他们的领导服务。而且，即使政府的行为没有违背国家的利益，它也至少不再为国家服务。但，对于政府来说，它的一切活动都应当只为国家服务。

总统的大脑被连选连任的渴望所控制，他所有的执政计划和行动都朝向了这一目标。在选举临近的紧急时刻，他甚至想将自己的利益替换整个国家的利益。如果你对此毫不知情，那你就不能对美国总统通常对国家事务的处理有足够地认识。

由于连选连任原则的实行，民选政府的腐败产生了相当危险且广泛的影响。它破坏了民众的政治道德，依靠阴谋诡计来假装热爱国家。

这一原则，还直接对美国国家生存的根基进行了攻击。

似乎任何政府都带有一种与生俱来的天然缺陷，而天才的立法者应该对这一缺陷有清醒地认识。由于废除了大量劣法，一个国家可能因此得以继续存在，但人们也常常将劣法的影响进行夸大。任何法律如果能够产生破坏性危险，那人们即使不能立即发现它的危害，这些法律的危险也终将爆发出来。

王权的毫无限制并无度的扩张，是专制君主国家灭亡的原因所在。所以，即便采取办法，将宪法中能够扩大王权的砝码带走，在这些办法长时间不起作用后，它们也会变得非常有害。

与此相同的是，一些国家中民主开始获得统治地位，而且人民将所有事务都管理起来了，但那些使得人民的活动愈发活跃且愈发难以控制的法律，也直接对政府的生存造成了威胁。

美国的立法者们清晰地发现了这一真理，并鼓足勇气采取行动，这可以说是他们最大的成就。

他们感觉，一定数量的执行权力机关是人民权力之外必需的。虽然这些机关并非完全独立于民众，但在自己的职能范围之内，它们拥有一定限度的自由。也因此，它们既必须接受民众多数的共同决议，也可以对多数的不合理要求和危险要求进行拒绝。

美国的立法者为了达成这一目标，让一个人集中了全国的行政权，让总统享有了诸多特权，为了对抗立法机关的侵犯，还用搁置否决权对总统进行了武装。

不过，由于实行总统可以连选连任的原则，立法者在一定程度上又将自己的工作破坏了。他们让总统获得了巨大的权力，但又对总统使用那巨大权力的意愿进行抑制。

如果不允许总统连选连任，那么由于他不会因竞选而停止对民众负责，那么他也就不会远离民众。对他而言，想要获得人民的欢心并不一定要对人民的意愿百依百顺。

美国总统可以连选连任，他也成了多数人手中的听话工具。在今天，由于政治道德缺失和伟大人物的缺乏，这种情况尤其严重。对于多数的喜爱，他也要同样表示喜爱，对于多数的厌恶，他也必须表示厌恶。他还要为多数的希望和抱怨充当马前卒。他必须在多数任何一些微小的期许面前低头。本来，立法者希望他能够领导多数，但最终，他却对多数言听计从。

所以，虽然立法者本试图不让国家将人才埋没，结果却导致这些人差不多成为废人。立法者本试图为这种特殊情况找到应对办法，结果却使得全国处于一种经常性的危险中。

## 联邦系统法院[1]

关于美国的立法权和行政权，我已经进行了论述，剩下还有司法权有待研究。

我在这儿向读者们坦言，我担心读者可能会对我的讲述感到厌倦。

司法制度在定义上的政治制度中占据了十分重要的地位，对英裔美国人的命运产生了巨大影响。由此可以认为，它十分值得我们对其重视。

不过，如果对美国法院的组织系统及审判程序的技术细节缺乏了解，那怎么可能会对美国法院的政治作用有足够了解呢？又怎么可能让读者在面对这些原本就乏味的论题时，能够不对接收这些细节感到厌倦呢？最后，又怎么可能论述得简洁明了并流利顺畅呢？

不逃避这些复杂的难题，是我的骄傲。普通读者会认为我论述的过长，但法学家们却会觉得我论述的太少。不过，这里，尤其是我现在论述的这一部分，也正是我在全书的论述中难以两面兼顾的部分。

明白联邦政府如何组织并不是困难的最大所在，最大的困难在于了解美国如何使人们服从联邦法律。

各国政府制度被统治者抵抗的手段通常只有两种，即政府自身所掌握的物质力量，与法院审判所赋予的道德力量。

如果一个政府只依靠武力让人们屈服，那么它注定会迅速灭亡。

这时，它一般肯定会属于下面两种情况中的一种：如果政府是软弱而又克制的，只有在极端必要时才使用武力，而并不理会部分不断地反抗，那国家就会逐渐走向无政府状态；而如果政府是强大而又莽撞的，使用武力过于频繁，那国家就会迅速变成一个彻底的军事专制国家。对被统治者而言，政府的消极与积极，会带来同样致命的危害。

用权利观念来代替暴力观念，以此在国家的统治与物质力量的运用中间创建屏障，这是司法工作的最大目标。

对于给予法院的干预力量，人们都认为其是一种怪胎。即使法院消失，这一力量依然在司法程序上强势地存留着，让人感觉法院似乎依然存在于无形之中。

法院所拥有的道德力量可以让国家极少动用物质力量，并且在大多数情况下，可以代替物质力量。即使最终只能动用武力，武力也会由于与道德力量的结合而变得强大无比。

---

1 参考第六章《美国的司法权及其对政治社会的影响》第一节。本章主要对美国司法事务的基本原则进行论述。再请参考联邦宪法第三条。

参考《联邦党人文集》第78至83篇；萨金特著《宪法是美国各级法院工作和办案的依据》，波士顿，1930年；斯托利著《美国法律》第134页至162页、第489页至511页、第581页、第688页；以及斯托利著《美国法律》第1卷第53页记载的1785年9月24日组织法。——原注由于联邦政府天生的虚弱无力，它十分容易受到诸多抵制[1]，所以相比其他形式的政府，它更想获得司法机关的支持。如果它频繁使用武力，或者直接动用武力，那它不可能完成自己的职责。

所以，法院是联邦相当需要的，它可以让公民服从其法律，并保护公民，使其不受侵犯。

然而，设置何种法院更合适呢？各个州都早就拥有自己的司法机关，它还需要向这些法院寻求帮助吗？它需要设立直属于中央的司法机关吗？显然，要求各州早先设立的司法机关适应联邦的需要，是它难以完成的任务。

对任何州的安全与自由而言，让司法权与其他权力分开，在各州中无疑都是十分必要的。不过各州的各种权力应该有共同的起源，遵守相同的原则，并在相同的范围中行使。简单来说，各种权力应该彼此联系并有着相同的性质。对于一个国家的生存来说，这也同样是必不可少的。我猜想，为了得到公正的审判，也不存在任何一个人要求将在法国的犯罪转交外国法院进行裁决。

从与联邦政府的关系上看，美国是一个统一的民族。然而这个民族却允许政治组织只在个别方面服从中央政府，却在剩余的所有方面独立于中央政府。这些政治组织有着不同的来源和各异的原则，行为方式也很特别。将联邦法律的执行事务交由这些政治组织设立的法院执行，基本与将国家交给外国法官裁决是一样的。

更为严重的是，由于联邦的权力都是被各州夺走而丧失，所以每个州对整个联邦来说，不仅仅像外国一样，甚至一直与联邦保持冲突对立。所以可以说，允许各州法院执行联邦法律，不仅相当于让外国法官裁决这个国家，还相当于是让一个有成见的法官去裁决的。

同时，州法院不能为国家的意志服务也是由州法院的性质决定的，而州法院拥有如此多的数量，就愈发让它们这样了。

美国在联邦宪法制定之时，就已经有13个法院在宣判之后不能向联邦法院上诉。现在这一数字已经增加到了24个。一个国家既要维持存在，又要其主要法律作出24种解释和执行，这怎么可能？这无疑是一种不仅不合逻辑，也违背了经验的制度。

所以，为了执行联邦法律，审判已经提前作出详细规定的涉及全国利益的案件，美国的立法者决定设立一个联邦司法机关。因此，一个叫做“美国最高法院”的法院掌握了联邦所有的司法权。这一法院为了方便审理，又下设了一些下属法院，使它们可以对一些不太重要的案件作出终审判决，或者对一些十分重要的案件作出初审判决。总统在取得参议院同意后，直接任命最高法院法官，而不是由公民或立法机关选举产生。为了让最高法院的法官不受其他权力机关影响而保持独立地位，最终决定最高法院法官实行

1 最需要法院的就是联邦的法律，但直到现在却都很少使用法院。原因不过如此：在加入联邦之前，大多数联邦州都已经拥有独立政府，它们并没有真正服从中央政府的意愿。所以，当中央政府将发令权授予它们以后，它们就都竭力保护自己不屈服于中央政府的权力。——原注

终身制，并规定他们的工资确定后，司法机关不得盘查[1]。

对联邦司法制度的原则简述一下十分简单，不过若想对它的职责权力进行深入论述，那就会变得十分困难。

### 限定联邦系统法院管辖权的办法

两种不同的主权同时存在是被美国宪法所认可的，但这两种主权在司法制度方面，以两种不同系统的法院作为自己的代表，因而，无论多么认真，在对两个系统法院各自的审理权进行限定时，也难以避免两者之间频繁地发生冲突，所以，首先就面临这样一个问题，在这种情况下，应当由谁来决定法院管辖权的归属呢？

在社会政治统一且同质的国家中，一旦两个法院产生了权限纠纷，通常是交由另一个法院裁决。由于司法权限与国家主权在这种国家之中不存在相互牵涉，所以解决这一问题十分简单。然而在美国，在州最高法院和联邦最高法院上，设立一个不从属于二者任何一个的仲裁法院是不可以的。

所以，在这两个法院之中，必须让其中一个拥有自主审理案件的权力以及受理与拒绝受理案件的权力。各州法院绝不能被授予这项特权。由于州法院如果获得宪法的解释权的话，那么以往被宪法条款所剥夺的部分独立权就会被迅速恢复。这样，在法律上授予各州法院这种特权，就等于破坏了联邦主权。

预防各州法院自行决定关系全国利益的问题，并创建一个统一解释联邦法律的司法仲裁机关，是联邦最高法院开庭审理这些问题的目的所在。因为如果各州把本归自己审理的案件推脱给联邦，或者把本该归联邦审理的案件强拉给自己，那么最终就无法完成这一目的了。

所以，处理所有与法院管辖权问题相关事务的权力就被授予了联邦最高法院[2]。

---

1 首先，联邦设立了一些下级审判区，并在每个审判区派驻一名联邦法官。而由这位法官所主管的法院就是联邦地方法院。

其次，每年中，任何一位最高法院的法官都要到全国的一些地区进行巡视，并审理当地重要案件。而由这位法官所主管的法院就是巡回法院。

最后，重要案件一经最高法院受理，无论是直接受理，还是上诉受理，都需全国巡回法官在每年最高法院所在地正式开庭一次进行审理。

联邦法院同样适用陪审团制度，其适用办法及案件与州法院相同。

之前我们就已经提到，在美国的最高法院和法国的最高法院之间，几乎没有任何共同点。美国的最高法院可以初审，但法国的最高法院却只能二审或三审。但事实上，在对法律进行统一解释这点上，美国的最高法院和法国的最高法院又是相同的。不过，美国的最高法院不仅受理案件还裁决权力，并且自行宣判结果，并不转交案件到其他法院。但法国的最高法院却完全不能如此。

参考1789年9月24日组织法；斯托利著《美国法律》第1卷第53页。——原注

2 为了减少与管辖权相关的争论，也因为联邦法院负责的案件过多，因此决定州法院拥有代替联邦法院审理案件的权力。但只有可以向联邦最高法院上诉的案件，它们才能受理。由于认为联邦最高法院无权接受自己所判决案件的上诉并再次审判，弗吉尼亚州最高法院曾向联邦最高法院表示过抗议。参考肯特著《美国法释义》第1卷第300页、第370页及以后；斯托利著《美国宪法释义》第646页；斯托利著《美国法律》第1卷第53页所载的1789年组织法。——原注

对于州的主权来说，这是最沉重的打击。州的主权在这种情况下，不仅要受法律的制约，还要受司法解释的制约，不仅受已知领域的制约，还要受未知领域的制约，不仅受有明确条文规定的制约，还要受没有明确条文规定的制约。

关于联邦的主权，宪法的确勾画出了明确的界限，但却也规定：如果联邦与州发生主权冲突，那么应由联邦法院来判决案件。这种诉讼可能会威胁州的主权，但即便如此，它实际上的危险性并不如表面上看起来那么高。

以后我们还会继续讨论到，美国各州实际上拥有远大于联邦政府的权力。联邦法院的法官们经常感到以自身名义行使的权力过于渺小。如果他们在面对依法有权受理的案件时，被附加了一些针对他们的不合理要求，他们就会放弃审判权而不受理案件。

## 联邦系统法院所审理的各类案件

美国的立法者在为联邦系统法院权限找到了限定办法之后，又对哪些案件应由联邦系统法院审理作出了规定。

他们对只能由联邦系统法院对其审理的诉讼人范围进行了限定，而不考虑诉讼的目的。随即，他们还对只能由联邦系统法院判决的诉讼案件范围进行了限定，而不考虑诉讼人。

所以，诉讼人与案件是联邦系统法院审判的两个必要因素。

外国大使是联邦兄弟国家的代表，所以与他们相关的案件，也都是关系整个联邦的案件。大使成为诉讼其中一方的话，诉讼也就肯定是关系到国家利益的案件，其审判也就自然由联邦法院进行。

联邦自己也可能会牵涉到诉讼之中。这种情况下，如果它在向代表联邦自身主权的法院起诉之后，又向其他法院起诉，那么不仅不符合常理，也不符合国家的惯例。所以只有联邦法院才能审理并判决这类案件。

如果诉讼的双方分别属于两个州，那么由任何一个的法院受理此案件都不合适。找一个不会引起双方怀疑的法院，无疑是最为可行的办法，而这个法院自然就是联邦系统法院。

有时候除了之前所说的公正原因，还需要额外考虑一项政治原因。那就是当不是由个人，而是由州来担任诉讼双方的时候。这种情况下的诉讼，因两州的属性而造成了全国影响。对整个国家的和平而言，两州之间任何微小的矛盾都会造成影响[1]。

管辖权的划分通常可以从诉讼本身的性质看出。例如，联邦法院应当受理任何与海上贸易有关的案件[2]。

显而易见，几乎所有这类案件都要运用国家法来评估，这是这样做的原因。由此可

1 宪法也规定。如果一个州的政府与另一个州的公民之间产生诉讼，那么也由联邦系统法院受理。随后不久，另一个问题出现了，难道宪法无论谁担任原告，只要是一个州政府与另一个州的公民产生诉讼，就全都由联邦系统法院受理？对此，最高法院表示了肯定。各州都对这一裁决表示出了担忧，它们害怕联邦系统法院可以在没有预先告知的情况下，就对他们进行随时传唤。所以，宪法又对此作出了修正。据此，联邦的司法权不涉及外国人对联邦任何一州的起诉。参考斯托利著《美国宪法释义》第624页。——原注

2 比如所有的海盗案件。——原注

见，所有这类案件都关系到整个联邦与外国的关系。而且，海上也没有办法像陆地一样划分司法管辖区，所以有一个能够审理海洋诉讼的联邦法院是必需的。

几乎所有在性质上属于联邦系统法院受理的诉讼，都被联邦宪法规定在一个条款之中。虽然它在这点上的规定十分简略，但从中，人们依然可以发现立法者的全部设想与列举的情况。

美国宪法写道，凡是可以从联邦法律中找到根据的诉讼，联邦宪法都可以进行审理。

立法者的目的，可以通过两个例子了解。

举例来说，对于各州制定与货币流通相关的法律，宪法是禁止的。但如果有一个州无视禁令，依然制定了这类法律，那么有关部门就能以其违宪的理由拒绝执行。而由于对这种行为的惩治手段都在联邦法律范围内，所以也理应由联邦法院进行处理。

再举一个例子，国会要求征收一项进口税，但是却征收困难。由于诉讼的理由是对联邦法律的解释存在异议，所以这一案件也应当由联邦系统法院受理。

这一规定是十分符合联邦宪法的基本原则的。

的确，联邦按照1789年宪法所创建，并且只拥有有限的主权，但是宪法却还想这样组建一个单一制的统一国家[1]，也就是说，希望它在这一范围之内，是一个主权国家。如果宪法承认合众国是一个拥有主权的国家，那它就必须给予它一个国家所应当拥有的权力，这一点如果被提出并获得认可，那所有问题就都会得到顺利解决。

然而，人们从国家诞生的那一天，就全都认为任何国家都拥有在本国法院受理本国法律事务的权力。不过有人表示反对，他认为在这一方面，联邦就处于一个十分特殊的情况：从特定角度看，它是一个国家，但从其他所有角度看，它又都无法算是一个国家。这将会造成什么影响呢？影响就是，它只有在与特定角度相关的法律范围之内，才有资格算做一个拥有完整主权的国家。

将这个特定角度确定才是实际的难题所在。只要确定是否由联邦系统法院受理一件诉讼，或者说依据宪法规定是否属于联邦主权时，联邦系统法院自然应当受理这些诉讼。也因此，实际上只要解决了这一问题，就不存在任何的问题了。关于这一问题的解决办法，我们在之前论述审判权管辖时已经说明了。

所以，一旦联邦法律被侵犯，或者需要保护这些法律而采取措施时，起诉就应当去找联邦系统法院。

可以发现，随着联邦主权的扩大或缩小，联邦系统法院的审判权也随之扩大或缩小。

之前我们已经提到，立法者们在1789年的主要意图，就是将主权分成两个不同的部分，一个负责管理联邦所有的共同利益，另一个管理各州所有的单独利益。

将联邦政府用足够的权力武装起来，使其能够在自身权责范围之内承受住各州的侵扰，这才是立法者们在当时最为关心的。

---

1 事实上，后来又对这项原则进行了一些限制。例如，依据宪法，在参议院，各州都是作为独立的政府而存在的，但在众议院，又可以独立选举总统，然而这种情况并不多见。由此可以看出，最终取得胜利的，其实是反对的意见。——原注

立法者们对诸州，则采用了各州在本州范围内拥有自由的普遍原则。中央不仅无权指导各州活动，甚至不能检查它们的活动。

在之前论述权力划分的那节，我已经提到，对这一原则的尊重未能始终如一。虽然看起来有些法律只与一个州的利益有关，但这个州却并没有制定这项法律的权力。

一旦某个公民，因联邦的某个州执行这项法律而受到损害，那他就可以向联邦系统法院提起诉讼。

所以，联邦系统法院的审判权就只是包括所有因联邦法律而提出的诉讼，还包括了各州因违反宪法制定法律而引发的诉讼。

刑法上，各州均不允许颁布法律追溯既往。任何人被这种法律判处刑罚的话，均可向联邦系统法院上诉。

任何可以使合同的既得利益受损或变更的法律，即破坏合同义务的法律，并不被宪法限制，各州均不得颁布[1]。

由于本州法律的执行，一个公民确定自己的合同权益被损害的话，可以拒绝执行该法律，并向联邦系统法院提起诉讼[2]。

对于各州主权而言，这一规定所给予的打击远超任何其他规定。

出于明显的全国利益而授予联邦政府的权力，十分清晰，也容易理解。但我刚才所引述的那条宪法所间接给予联邦政府的权力，却是很难理解的，同时它也并没有一个确定的适用范围。

事实上，影响合同的生效，并因此而侵犯了联邦主权的政治性法律依然很多。

### 联邦系统法院的诉讼程序

关于联邦系统法院拥有何种权力，我已经进行了论述。现在，我们来对它们如何行使自己所拥有的权力进行讨论。

一个国家如果其主权没有被分成两部分，国家的法院拥有不可抵抗的司法权。它代

1 斯托利先生著作的第503页所表达的是完全正确的。任何法律只要可以使合同条文中所要求的签约双方的原有意图有所增减或改变的话，都将改变或破坏这一合同。在同一页中，这位作者还针对联邦司法机关可能会遇到的合同与法律冲突的案件进行了举例说明。他举了大量的例证。例如，一个州曾出租给一个人一块土地，并与这个人订立了合同，但根据之后颁布的一项法律，这个人无法使用这块土地；一个州办给某个公司的特许状原本只是一个合同，但对于这个公司而言，它同样也是法律。我们所谈论的这条宪法条款，只能为大多数既得利益提供保护，但无法保护所有。例如，要将一笔财产合法地归于我自己的话，我完全可以不必订立合同。对我而言，拥有这笔财产是我的既得利益，但这项权益却不受联邦宪法的保护。——原注

2 之前所说的斯托利著作在第508页引用了下面这个著名案例。根据英王在美国革命前授予几位个人的特许状，新罕布什尔州的达特茅斯学院得以创建。根据这个特许状，该学院的几位管理者成立了一个自治团体，也就是美国人所说的“社团法人”。新罕布什尔州的立法机关试图颁布命令，对最初的特许状做出修改，同时将该学院的全部权利、特权与特许状所授予的豁免权都转交给新的管理人员。对此，之前的管理者表示了反对，并向联邦系统法院提出诉讼。联邦系统法院认为，最初的特许状是州与特许状拥有者之间事实上的合同，现行的法律无权改变这一特许状的条目，不得侵犯这一特许状所提供的既得利益，这是违背美国宪法第一条第十款规定的做法，因此，联邦系统法院宣判原告胜诉。——原注

表了整个国家对违反法律的人进行处罚。权力观念与支持权力的观念在这里是统一的。

然而，情况在主权被分成两部分的国家，却不见得总是这样。

这些国家中，与司法机关的接触最为频繁的并不是单独的个人，而是这个国家中的各政党。最终，司法机关的道德力量与物质力量都被严重削弱了。

所以，联邦国家司法机关的力量减少了，被告的力量反而变得强大了。

联邦制国家的立法者，就应当为了法院获得与主权没有分成两部分的国家类型的地位而努力。也可以换一种说法，即立法者应当为了让司法机关代表国家，被告代表自身利益而努力。

不管政府是何种性质，都要对其被统治者进行统治，强迫他们履行义务。同时，它还要保护自身，避免被统治者的攻击。

依据美国宪法，应由联邦系统法院作出政府强制被统治者服从法律的直接行动，也就是要求联邦系统法院只能以个人当做执法时的被告主体。这也是美国宪法的一大创新。既然宣布拥有宪法规定的那些主权的单一制统一国家，就是联邦本身，那根据这部宪法所创建和行动的政府也就自然拥有全国政府所拥有的全部权力。而其中最重要的权力，就是直接对公民的发号施令权。所以，当政府颁布征税的法律时，并非向各州征税，而是依据既定税率，向所有应当缴税的美国公民征税。

联邦司法机关负责这项法律可以被顺利实施，它也并不能惩处拒绝缴税的州，而只能对违反法律的个人进行惩处。联邦的司法机关与其他国家一样，只能对个人进行惩处。

需要表明的是，在这一方面，对手是联邦自己挑选的。它挑选的都是虚弱的对手，服输的当然总是对手。

然而，一旦联邦不是去进攻，而是防守时，困难就立即加大了。

宪法宣布各州有制定法律的权力，但这些法律有侵犯联邦的权力的可能。这样，主权冲突在联邦与制定法律的那个州之间就不可避免了。为了将冲突解决，只能采用危险性最小的处置措施。在我之前讲过的总原则[1],已经对这种处置措施做出了提前设定。

如果出现我刚才所说的那种案件，人们通常会认为，联邦肯定会向联邦系统法院起诉侵权的州，而该州所颁布的法律也会被联邦系统法院裁定为无效。这也是最符合道理的处置。然而，这必然导致联邦系统法院与该州的对立，而联邦系统法院则希望可以努力避免这种情况的发生。

美国人认为，几乎不可能做到履行一部新法律，而不对任何私人利益造成损害。联邦宪法的制定者觉得，这种私人利益可以抵制各州损害联邦权力的立法。所以，在立法时，他们对这种私人利益进行了保护。

假设一个州将一块土地卖给了一个公司，但一年以后，它又颁布一部新的法律，将这块土地用做其他的用途。那么宪法中关于禁止变更依据合同而获得利益的条款就被其违反了。一旦有人根据新的法律而要求拥有土地，那么根据旧的法律而拥有土地者就可

1 即第六章有关美国司法权部分。——原注

以向联邦系统法院提起诉讼，请求联邦系统法院判处新的占有要求无效[1]。所以，实际上，这就肯定会强迫联邦司法机关对州主权造成侵犯。不过，联邦司法机关只不过是对州进行间接攻击，并且只是引用该州制定法律的具体条目。它并未对法律的原则进行攻击，不过是对法律的影响进行了攻击而已。它也不会宣布撤销那部法律，而只是将其力量进行削弱。

在最后，我再假设一个案例。

美国各州都是独立存在自治团体，拥有公民权，所以它们不仅能去法院起诉别人，也可以在法院被别人起诉。举例来说，一个州可以向法院起诉另一个州。

这种情况下，只不过是诉讼双方都是州罢了，而与联邦干涉地方颁布的法律并没有关系。与其他案件相比，这种案件除了诉讼双方的性质有所不同之外，没有任何区别。这种开头所说的危险在这里依然存在，并且难以避免。这危险是联邦制天生的，甚至导致国家内部出现了巨大的阻力，使得司法机关在处理时十分艰难。

### 各州的权力之中，最高法院处于最高地位

在对最高法院的组织进行了认真研究之后，再对其拥有的权力进行分析，这样很容易发现，这样强大的司法权从来没有在任何国家出现过。

无论是从权力的性质而言，还是从受理的被告范围来看，美国的最高法院比任何已知的法院都要宽广很多。

在任何欧洲的文明国家中，对司法机关审理与其本身利益相关的案件，政府都一直保持着极大的抵触。越是专制政府，就拥有越大的抵触情绪。与之相对的是，随着自由的不断扩大，法院的权力范围也不断扩大。然而直到现在，依然不曾有一个欧洲国家考虑过，不管因何而起，任何诉讼纠纷都可以由普通法的法官进行裁决。

然而，这个理论在美国得以实施。美国全国唯一的最高法庭即为最高法院。

对法律与条约作出解释的是它，管理与海上贸易、国际法有关问题的也是它。虽然它的组织是完全司法性的，但甚至也可以说，它的权力几乎是完全政治性的。它唯一的目的就是执行联邦的法律，而联邦政府的目的则是调整政府与被统治者的关系，以及本国与外国的关系。而各州的主管机关负责处理民众之间的关系。

除去之前所说的原因，还有另外一个更重要的原因，使得美国最高法院的职责如此重要。欧洲各国的法院，只能对私人案件进行裁决。而美国最高法院，可以对州的主权进行裁决。当法院的执行官走进法院大厅，轻松地宣布“纽约州起诉俄亥俄州”时，人们就会认识到，这个大厅并非普通的法庭。当你意识到诉讼双方一边代表着100万人，另一方代表着200万人，有如此多同胞会由于七位法官的判决而悲喜时，你注定会感到这七位法官任务的艰巨。

这七位联邦法官掌握着联邦的和平、繁荣与生存。宪法如果没有他们，不过是一

---

1 参考肯特著《美国法释义》第1卷第387页。——原注

张白纸。依靠他们，行政权去抵制立法机关；也依靠他们，立法机关去抵御行政权的侵扰；依靠他们，联邦让各州得以服从；也依靠他们，各州抵制联邦的过分要求；依靠他们，公共利益抵制个人利益；也依靠他们，个人利益抵制公共利益；依靠他们，保守派抵制民主派的放纵；也依靠他们，民主派抵制保守派的顽固。

他们拥有着巨大的权力，不过这一权力是受到舆论支持的。如果民众愿意遵守法律，那他们就会拥有无尽的力量。但如果民众无视法律，那他们就束手无策。由于舆论的边界难以界定，并且边界之内的危险也并不比边界之外的危险要小，所以直到现在，舆论的力量依旧是所有力量中最难以控制的。

所以，担任联邦法官不仅仅需要是行为端正、道德高尚、见识广博、具有所有行政官员所必需品质的公民，还必须是国务活动家。他们要善于对自己身处时代的精神有所认识，清除那些可以通过努力排除的阻碍，将可能将他们本人与联邦主权及法律尊严一起带走的危机战胜。

由于总统的权力有限，所以总统的错误有可能并不会对州造成损害。由于通过改选议员的方式，拥有比国会权力更大的选举团可以改变国会的样子，所以国会的失误有可能并不会对联邦造成破坏性影响。

然而，如果最高法院是由鲁莽或腐败之人组成，那联邦就会跌入无政府状态，或产生内战的危险。

不过，请一定要弄清楚，并不是法院的组织是这种危险的来源，联邦政府的性质才是。要知道，由于其他体制国家中的个人在与国家权力进行斗争之时，无法占据较强或较好的位置去抵抗政府动用暴力，所以联邦制国家创建的这种强力的司法权，并不被他们所需要。

但是，如果要加强一个政权，这个政权就必须更加扩大和独立。但是它越是扩大和独立，就越是需要滥用权力，也就越能够产生危险。所以，产生缺陷的根本原因是创建这个政权的国家体制，而并不是这个政权的组织。

## 与各州宪法相比，联邦宪法在哪些方面更优秀

在追求的目的上，联邦宪法与各州宪法有着根本区别。但在实现这一目的的办法上，联邦宪法与各州宪法又十分相似。虽然联邦政府与州政府的任务并不相同，但它们却有着相同的组织形式。从这一特殊现象比较联邦宪法与各州宪法，可能会有些益处。

我认为，有好几个原因导致了联邦宪法在整体上比各州宪法更优秀。

现在施行的联邦宪法比大多数州宪法的制定时间更晚，所以它能吸收经验教训，并从中获益。

然而，我们也会想到，有十一个州是在联邦宪法制定以后加入的联邦，而且这些新加入的州几乎都把自己对先前各州宪法缺陷做出的补救进行夸大，所以必须承认，对联邦宪法的优越性而言，制定时间较晚只是一个起了次要作用的原因。

立法者们的品德是联邦宪法更加优秀的主要原因。

联邦宪法的制定之时，将各州联合在一起似乎是十分艰难的，甚至可以说，所有人都知道其危险性。民众在这一危急关头，坚定地选择了最值得他们相信的人，而不是他们最喜欢的人去制定宪法。

之前我已经提到，几乎所有的联邦立法者都不仅以他们的才华闻名，而更因他们的爱国精神著称。

他们都成长在社会的危机时期。在那时，自由精神同一个强大又蛮横的强权机关做出了不断地斗争。虽然这场斗争在后来结束了，但人们却依然保持着在斗争中所唤起的激情，同已经不再存在的危险进行斗争。这时，立法者们呼吁人们保持冷静。他们以冷静而敏锐的目光对国家的形势做出了观察，认定已经完成了那场具有决定性的革命，而自由的滥用才可能造成今后危害国家的灾难。由于他们的心底包含着对自由真诚而热烈的爱，所以他们敢于将自己的这一想法表达出来。由于他们真心不希望自由破灭，所以他们敢于要求人们对自由进行限制[1]。

绝大多数州宪法都将众议员的任期规定为一年，而把参议员的任期规定为两年。所以，即使是选民最渺小的愿望也可以对两院的议员进行频繁和最为严格的限制。

然而，由于这种依赖使得人民不仅掌握了权力的基础，也掌握了政府，联邦的立法者们都认为，代议制的主要成果被立法机构的这种过度依赖改变了性质。

为了让议员在行使自身权力时拥有更广泛的自由，他们增长了联邦议员的任期。

与各州宪法一样，联邦宪法也将立法机关分成了两院。

不过在各州之中，以相同方式选举，并有着相同候选资格的获选议员组成了立法机关的这两个部分。所以，无论在两院中的哪一院，多数的情感与意愿都能得到容易地表达，也能在其中迅速找到代言人与工具。对于制定法律这一工作来说，这无疑带来了简单与粗暴。

联邦宪法同样规定，由人民对联邦两院进行选举，不过对候选资格与选举方式进

---

1 这一时期，著名的亚历山大·汉密尔顿，联邦宪法的主要起草者之一，就无所畏惧。他在《联邦党人文集》第71篇写道：

“我知道，有人觉得行政权低三下四地对人民与立法者的要求表示屈服，是它的优点。但我认为，这种人是在希望政府的统治对象与创造社会繁荣的工具的，是相当粗野的人民。

“只有在合理并且成熟的时候，人民的意见才能对接受任务的人们的行为进行指导。不过，无所不为和煽动不法行为，都并非共和主义的原则，但如果包藏祸心的阴险小人利用了大量民众之后，就可能会出现这种情况。

“人民的确都是希望社会幸福的，但却也经常在追求社会幸福的过程中犯下错误。但如果有人奉劝他们对自己追求社会幸福的道路进行仔细选择时，他们的阅历让他们对这种善意表示了轻蔑。因为他们从经验中获知，那些劝告他们的人有时也会被欺骗。不过，在他们身后，即使有一群吸血鬼和告密者不断使用阴谋，有一堆充满野心、见钱眼开或者无路可走的人不断释放陷阱，有一帮不值得信赖或者自我吹嘘的人不断对他们吹嘘标榜，但令人吃惊的是，他们却极少上当。

“如果人民的意愿并不与人民的利益相符合时，为了让人们获得冷静思考的时间，任何负责保护这一利益的人，都应当战胜暂时的失误。在一些时候，人们会被这一办法从他们犯下的错误之中拯救出来。从失望中被拯救出来的人民，也会因勇气和胸怀而得到慰藉。”——原注

行了变更。而要求立法机关其中的一个，能够像其他国家一样，即使并非代表不同的利益，却也起码代表着杰出的才能，这就是变更的目的所在。

要当选参议员，达到法定年龄是必需的。首先会开一个人数较少的会议，选举参议员的工作，在随后由这个会议负责[1]。

立法机关集中社会的所有力量，这是民主制定的天然趋势。由于立法机关的权力是直接从民众中获得的，所以人民所拥有的任何权力，它都可以分享。

所以，立法机关一直有一种占有一切权力的趋势。

这种权力集中不仅对优秀政策的施行有害，也为多数的专制打下了基础。

对于这种民主的骄纵，州立法者们经常表示屈服，但联邦立法者们却总是进行抵制。

各州拥有行政权的行政长官，也就是州长。从外表上看，他似乎有着与立法机关相同的地位，但实际上，他不过是立法机关盲目的代理人与被动的工具罢了。他从何处获取力量呢？从任期上吗？他一般只拥有一年的任期。从他的特权上吗？他根本没有特权。通过让自己内部的专门委员会处理自己制定法律的执行工作，立法机关可以这样将行政长官变成虚职。立法机关甚至可以按照自己意愿停发薪水，让行政长官基本属于免职状态。

联邦宪法规定，总统一人集中了所有行政权权力及责任。宪法也规定，总统拥有四年的任期，任期内不得被扣发薪资，须有一批人员保卫其安全，同时他还享有搁置否决权。简单来说就是，宪法在对执行权的范围进行严格限定之后，又在这个范围之内，尽量让他拥有强大的独立地位。

在各个州的宪法之中，所有权力之中最不受立法权约束的就是司法权了。

然而，确定法官薪资的权力却被所有州的立法机关保留了下来，这也注定会导致立法机关可能对法官造成直接影响。

某些州中，法官只是被临时委任，这也将法官的大多数权力与自由剥夺了。

另一些州中，立法权却和司法权彻底交织在一起。举例来说，纽约州的参议院也是该州最高法院，可以对某些案件进行裁决。

但联邦宪法完全不同，它彻底将司法权与其他权力隔离开。同时，它宣布，法官拥有固定的薪资，其职权不得被变更。这样，法官就获得了独立的身份。

不用花费任何精力就可以看到这些差别的实际影响。认真的观察者会立刻看出，相比于任何一个州，联邦在政务处理上都要好得多。

相比于各州，联邦政府的政策更为公平与稳健。它的观点也更加智慧，计划更持久与合理，而措施的执行也更加灵活有序。

这一章可以用简单的几句话进行概括。有两个巨大的危险对民主制度的生存造成着威胁：一个是立法权对选举团的意志完全屈服，另一个是立法权集中政府的所有其他权力。

州的立法者们增强了这两大危险，而联邦的立法者们却竭力削弱它们。

1 1913年4月8日，美国宪法第17修正案获得批准，规定代表各州的参议员必须由人民直接选举产生。——译者注

## 与任何其他联邦制国家的宪法相比，美国宪法有何区别

美国并非联邦制度的第一和唯一的案例。

即便不算古代，现在欧洲依然有过好几个联邦。瑞士、德意志帝国、尼德兰共和国，都曾经是联邦国家，或者现在依然是联邦国家。

在对不同的联邦宪法进行研究时，我们惊奇地发现，它们授予自身联邦政府的权力与美国宪法授予美国政府的权力，是完全一样的，这些国家的宪法也与美国的宪法一样，授予了中央政府求和权、宣战权、征兵权、征税权、危机应对权及获取全国共同利益的权力。

然而，这些国家的联邦政府基本全是虚弱无力的，只有美国的联邦政府可以迅捷有力地处理事务。

事实上，也正是由于政府过于虚弱，导致美国最初创建的第一个邦联没能继续存活。但在过去，这个那样虚弱的政府却拥有着与现在美国政府同样大的权力，在某些方面甚至可以说，它拥有着更大的特权。

所以，美国现行的宪法作出了一项新的原则。在最开始，人们并未对这些原则进行关注，但这些原则在后来却产生了相当深远的影响。

表面看上去，这部宪法与之前几部并没有多大区别，但实际上，它却是由一个崭新的理论所产生的。这个理论，应当被我们当做是现今政治学的重要发现。

所有在1789年美国出现之前所创建的联邦中，虽然那些出于相同目标而团结起来的人民同意去遵守同一个政府的法律，但自己调整和执行联邦法律的权力却得以保留。

但所有在1789年联合组建美国的各州，不仅同意联邦政府拥有颁布法律的权力，还同意联邦政府自己执行其法律。

权力在这两种情况下完全相同，不同的只是权力的执行。然而，天壤之别就由此产生。

为了满足自身需求，美国之前创建的所有联邦政府都还要向各个加盟政府寻求帮助。如果某一个加盟政府反对它实施的政策，那么这一加盟政府也总是能够找到办法避免实施。如果联邦政府拥有足够强大的力量，那么它就会使用武力。而如果联邦政府力量薄弱，那么它只能接受现实，放任它的抵制，让形势自由发展。

这时候，联邦政权往往被联邦中最强盛的加盟政府所篡夺，并用联邦的名义命令其他加盟政府[1]。或者联邦政府就将自身权力放弃，让联邦处于无政府状态，同时，联邦也就失去了行动能力[2]。这两种情况肯定会出现其中一种。

然而，美国联邦所统治的并非各州政府，而是各州的人民。如果联邦需要征税，它并不向州（例如马萨诸塞州）政府征税，而是向州中的居民征税。之前联邦政府直接对加盟政府进行统治，但美国的联邦政府却直接对人民自身进行统治。它并非从某处借来

1 菲利普统治时期的希腊就是这种情况。这位亲王封自己为附近同盟决议的执行者。这种情况也同样出现在尼德兰，其中的荷兰省一直自行制定法律。而现在的德意志联邦也是一样。其中的奥地利与普鲁士总是标榜自己为国会的代理人，并以国会的名义命令整个联邦。——原注

2 瑞士联邦一直保持这种情况。如果瑞士的邻国没有互相制约的话，它早在几个世纪以前就消失了。——原注

力量，而是自己创造力量。它拥有自己的行政人员、法院、司法人员及军队。

很明显，民族意愿、集体感情以及各州的地方成见，都对这种方式组成的联邦的权力有着有效的限制，并创造出了一些反对抵制联邦意愿的中心。距离能够自由行使自身拥有的全部权力这一程度，主权有限的联邦还差很多。不过，这也就是联邦制度的天然缺陷之一。

谋反的想法和行动极少在美国各州出现。如果一个州要谋反的话，也只有公开以抵制联邦法律、破坏正常司法程序与起义暴动的形式出现。简单说就是，虽然在采取这些行动之前，人们往往犹豫不决，但对它来说立即果断的行动是必需的。

由于各种权力会使得联邦政府增加自己的要求，但联邦政府却没有实现这些要求的办法，所以之前的联邦国家更多是由于战争的原因，而不是治理国家的原因才将各种权力授予联邦政府的。也因此，随着联邦政府的各种权力 越来越多，这些联邦政府的真正弱点也不断增加。

然而，美国却并非如此。美国的联邦政府像是大多数的普通政府，能够将任何它有权的事情做到。

对于人的大脑来说，创造新的事物比创造新的词语要简单，所以我只能运用一些不够准确的词语和不够系统的措辞。

一些国家创建了永久的联盟，并建立了一个最高机关。虽然这一机关无权对公民进行与全国政府一样的直接管理，但却有权对任何的加盟政府采取直接措施。这个与其他政府有着本质区别的政府，最后被命名为联邦政府。

后来，又有一种社会的组织形式出现了。在那种社会中，几个政府只在一些共同利益上团结成一个整体，但在其他方面依然维持独立地位，只保留着彼此之间的同盟关系。与所有的全国政府一样，这里的中央政府也直接管理被统治者、行政人员与司法人员。但其行动范围十分有限。显而易见，这个政府并非联邦政府，而是不完善的全国政府。准确来说，它不是全国政府，也并非联邦政府。所以，又一种政府出现了。不过，由于现在并没有合理表达这一新鲜事物的新鲜词语，所以我们只说到这儿。

由于对这种新型的联邦并不知情，所以所有之前的联邦除了爆发内战和压迫，就是堕入死气沉沉之中。而加盟的政府除了没有制定解决缺陷对策的能力，就是缺乏采用这种对策的勇气。

由于这种缺陷，美国的第一个邦联也最终瓦解。

不过，在独立以前，美国的联邦各州曾经长期从属于同一个国家。所以他们尚未产生完全自治的习惯，各民族之间也没有太深的成见。相比于世界其他地方，他们要文明开化，而且他们相互之间的文明程度也十分接近。扩大联邦权力的强烈呼吁也极少在其人民中出现，即使出现，也被他们的几位伟大人才所抑制了。而且，一旦发现缺陷，美国人就坚决地采取措施进行克服。他们成功修改了法律，使自己的国家得到了解救。

## 联邦制的通常优点及其在美国的特殊作用

在小型国家中，社会会对全国的每个角落都保持注意力，改革的精神也可以进入最渺小的事物之中。而由于不够强势，人民的野心会被迅速压制，人民的才能与努力不会浪费在追求声望上，而差不多都可以用在国内的福利事业之中。又因为小型国家中，大家的能力通常都十分有限，所以他们也就没有太大的欲望。他们有着朴素而温和的性格，过着小康的生活，也拥有着几乎相同的地位。所以，虽然道德与文化水平不同，但相比大国，小国在总体上要更加易于生存与生活。

由于小范围的暴政会遍及其范围内的一切，所以一旦小国出现暴政，那它将会比其他地区更加残暴。它没有实现野心的能力，只能凭借暴力和侵犯，对大量的小事进行干涉。它的统治，也被自己从政治界带进了私人生活中。它先是控制了人民的行动，随后又限制人们的爱好。它先是控制了国家，随后又试图控制家庭。不过，毕竟小国天生以自由见长，所以这种情况并不多见。对于民众中的野心家而言，小国政府所能提供的诱惑太少，而又由于民众的个人才能有限，所以极易发生一个人独揽国家大权的事情。但即使出现这种情况，民众团结一心，合作将暴君与暴政打倒也并不算困难。

所以，小国向来孕育着政治自由。不过，由于自身的强大，大多数小国也会随之丧失这种自由。这一事实清晰表明，并非国家本身导致了政治自由，而是因为国家的贫弱。

一个长期实行共和制度大国的案例还从未在世界历史中出现[1]。这表明这是一个不可能出现的事情。如果始终逃避现实，对身边的事情表示惊讶，却竭尽全力去限定和预测未来的话，我认为这实在过于荒谬。不过有一点是肯定的，相比于小共和国，大共和国要更容易惹出事端。

随着领土的扩张，所有热爱共和制度的激情都不断增加，但支持这种激情的品行，却并未随之增加。

随着国家实力的增强，个人的野心也不断膨胀。随着所追求目标的重要性的增加，政党的力量也不断增强。然而，在大共和国中，能抵御这种破坏性的激情或力量的爱国心，远不如在小共和国强烈。而在大共和国中，爱国心不仅不容易发展，作用也更小这一事实也很容易证明。由于国家的大型化，产生了大量诸如贫富过大、城市膨胀、道德败坏、自私自利、利益冲突等恶劣影响。对于君主国的生存而言，这其中的大多数并没有什么坏处，甚至少数几个还能将其寿命延长。此外，君主国的政府拥有一种特别的力量，它可以利用人民，却并不依赖人民，君主的力量随着人口的增加而不断增强。但是，共和制政府要想战胜这些危险，就必须依靠多数的支持。同时，这一力量在土地广阔的共和国中并没有比土地狭小的共和国成比例增加。所以，虽然对其进行攻击的手段不断增加，攻击力量不断增强，但抵抗力量却没有改变，甚至由于人口越多，人们的想法就越复杂，越难以形成固定的多数而被削弱了。

1 我想说的是一个统一的大型共和国，而并非几个小型共和国所组成的联邦。——原注我也同样能够证明，不仅只有目的的高尚可以促使人们激情澎湃，受激情影响的人数多也同样可以促进。任何人都会觉得，与意愿相同的人在一起时，会比独处时的激情更高。所以在大共和国中，并非只由于目标的宏大导致了政治激情的不可逆转，也因为这种激情用同样的办法，将成千上万人同时鼓动起来有关。

所以，基本可以说，大帝国是最反对人民的幸福与自由的。

不过，大国所具备的特殊优点也应当予以承认。

由于个别人在民众的叫好声中会找到自己将投身的目标，而且在一定程度上，这个目标还能激励他们发愤图强，所以在大国，与人们的权力比在其他地区更强烈一样，个别人的荣誉感也比在其他地区强烈。

在大国中，思想可以在任何方面得到迅速而有力的回应，意见也能够传播的较为自由。而大国的大城市，无疑是人类理性最为光辉与汇聚的大型知识中心。这些事实为我们表明了，为何大国比小国文明的更快，文明进步的普及速度更快。

还有一点需要补充，也就是重要的发明都需要强大的国家实力支持。但小国政府往往国力衰微，大国政府却基本都拥有比较远大的理想，陈规与地方主义也会被全面的削弱，同时，天才的思想家与勇敢的事业家也会较多地出现。

小国通常都可以保持和平状态，而且国内有着较为完整与普遍的福利事业。但小国一旦陷入战争之中，就将受到比大国更严重的伤害。由于幅员辽阔，所以即便大国发生战争，民众受到的灾难也相对较少。对于民众而言，认为战争是导致灾难的原因，倒不如说它是毁灭这个国家的原因。

还存在一个问题，与其他地区一样，研究事物的必然性在这里也应当是最重要的。

如果这个世界上只有小国而没有大国，那毫无疑问，人类会变得更加自由，也更加幸福。但大国也是必不可少的。

大国在这个世界上的存在，为国家富强提供了“力量”这一新要素。一个国家，如果长期被掠夺或侵略，那即使拥有富裕又自由的外表又能怎样？一个国家，如果被外国控制了海洋，并为其制定各种贸易法令，那本国的工商业有什么用处呢？小国并非是由于它太小，才常陷入贫困，而是由于它太弱才如此。而大国也并非因为太大，才能够繁华，而是由于它很强。所以，力量一直都是国家幸福与生存的主要条件之一。所以，除特殊情况之外，小国总是通过自行联合，或者被强迫联合而成为大国的一个成员。在我看来，没什么比一个国家既不能自保，又不能自给的情境更惨了。

为了将大国带来的好处与小国带来的好处综合起来，联邦制度得以创立了。

美国由于采用这种制度而获得的全部好处，只要对美国稍加研究，很容易就可以看出。

中央集权大国的立法者，不能使法律带有地方或风俗的差异，而另求一致。立法者只依据正常情况立法，而并不考虑特殊情况。由于立法无法对人民的需要与风俗进行妥协，所以，人民只能对立法的需要表示屈服。这也是导致国家动荡多灾的重要原因之一。

但在联邦制国家，由于国会只制定全国性的主要法律，而由地方立法机关制定法律细则，所以这种缺陷就不复存在了。

对任何联邦成员来说，这种主权划分都有着难以想象的好处。这些成员的小社会之中，人们没有为自保或扩张伤神的必要，内部的改良成为所有公共机构与个人的精力所在。

是由于每个成员国的政府都代表本国人民的利益，所以它们能够长期熟悉社会的需求。每年它们都提出新计划，将其提交本国议会或立法机关研讨，并随后，在报纸上公布探讨的结论，以此来唤起公民的关注与兴趣。

例如，这种要求改良的精神，已经激励着美国各州，但也从未引发骚乱。热爱福利事业的精神代替了追求权力的野心，激情也更加澎湃，但却极少带来危险。在大多数美国人看来，联邦制度的存在与长期坚持，是新大陆共和制度得以存在与坚持的依靠。而南美国家总是试图创建出强大的共和国，而不实行分享主权的政策，所以南美的新兴国家才会长时间衰败。

人们都知道，美国是从乡镇与地方议会内部开始试验与实际应用共和制度的。举例来说，对一个康涅狄格这样的小州来说，开凿运河与修筑道路就算是大型政治事务了。它既不保持军队，也不与人打仗。它不支付过高的薪资给首脑，也不授予荣誉的称号给他们。

这里的人们，认定共和制度是最为自然与合理的制度。所以这种共和精神也就这样在各州产生并发展，并在随后流行全国，成为一个自由民族的风俗习惯。可以说，在一定意义上，联邦的公正思想不过是地方爱国主义的综合。但也可以说，所有的美国公民，都把自己对小共和国的爱转变为对共同祖国的爱了。他们保卫联邦，就相当于保卫自己州县的繁荣，就相当于保卫参与国家事务的权利，相当于保卫自己希望联邦可以制定出让他们富有的措施的愿望。相比于国家的共同利益和国家的荣誉，这些更能对人造成触动。

另一方面，如果说人民的精神与风俗是一个大国实现繁荣最为依赖的，那么联邦制度则将这一任务的困难降到了最低。大多数群体常见的缺陷并未在美国各州的共和制度上出现过。联邦就领土而言，是一个大共和国。但就管理的事务而言，它又和一个小共和国没什么区别。它处理的事务都十分重要，但数量却很少。由于联邦主权是有限和缺失的，所以对自由而言，这一主权的行使造成危险，那种对大共和国有致命危险的争权夺利的念头，也不会被唤起。由于不存在一个大家共同向往的中心，所以没有巨型的城市，没有过大的贫富差距，没有突然爆发的革命。政治激情反对各州的自私与成见是逐步扩散的，而并非熊熊大火一样迅速在全国传遍。

不过，与一个单一制的国家相同，美国的工作与思想也是自由的，进取心不曾受到任何阻挡。天才与知识受到其政府的尊重。与帝王统治的国家内部一样，联邦之中也一派祥和发展的状况。它在国外与地球上的各个强国平起平坐。它拥有800多里约对外开放的海岸。由于通向新大陆的钥匙被它所掌握，所以即使是在大洋彼岸，它的国旗也同样受到尊重。

联邦像一个小国一样，自由又幸福，也像一个大国一样，富强而又光荣。

### 为什么联邦制未能扩展到所有国家及英裔美国人为何会采用它

有些时候，一个立法者需要经过巨大的努力，才能给本国的命运产生一点点间接的影响，但他的才能却迅速得到表彰。实际上，只有他没有办法改变的本国的地理位置、先他而存在的本国社会状况、他无法追溯根源的本国民情与思想以及他已经无法详细说出的本国起源，才可以对社会发展产生不可抗拒的影响。反抗对于这种不可抗拒的影响毫无用处，他自己在最后都难免陷入其中。

立法者的行为就像是人在海中航行。虽然他可以驾驭自己的船只，却无法改变船只的结构。他不仅无法改变天气，也无法让脚下的大洋保持平静。

关于美国人从其联邦制中获得的好处，我已经论述过了。

由于这一制度并未使所有国家受益，所以我接下来就要指出，究竟是什么使它们最终采用了这种制度。

在联邦制中，立法者可以清除那些来自法律的偶然缺陷。但还有一些缺陷却是制度天生的，使用这一制度的人民无法清除这些缺陷。所以，对于采取这种制度的人民来说，可以承受这种制度统治缺陷的必要能力是必须具备的。

实施方法的复杂，是各种联邦制天然缺陷中最为突出的一个。这种制度注定允许两种主权同时存在。虽然立法者能够让这两种主权以尽量简单平等的方式行动，并将其限定在各自被明确规定的范围之内，但这二者的相互影响与在某些方面的冲突，他们也无法阻止。

所以，不管处理何种事务，联邦制都拥有一系列复杂的理论。由于这些理论的应用，被统治者每天都必须应用他们对这些理论的了解。

人民通常必须了解几个简单的观念。相比于一个含义正确但表达模糊烦琐的观念，一个含义错误但表达清晰的观念通常更能被民众接受。所以，一些政党就像是大国中的小邦一样，总是千方百计地使用那些并非完全代表他们的目标或手段的名义或教条来当做自己的口号。如果失去了这个口号，那他们不仅不能行动，甚至不能生存。如果一个政府其创建的原则或理论十分简单明了，那他即使不是最好的政府，也肯定会是最强大和最长久的政府。

然而，当我们对这个世界上为人所知的最完美联邦宪法，也就是美国宪法进行研究时，所有人都惊讶于这一宪法条目的繁杂及其对被统治者认知能力的要求。联邦政府几乎是在法律的假想之上创建的。可以说，联邦只是一个只存在于人心中的理想国家，它的领地和范围只能依靠想象。

理解理论的整体十分容易，但实际应用上的困难却等待人们去解释。由于联邦主权与各州主权频繁交织，想要一下将其界限分出来是不可能的，所以困难的数量也数不胜数。在这种政府统治下，任何事务都要历经反复的协议与复杂的许可。若要应用这种方法，其民族必须长期习惯于自治，而且其社会下层也已经被普及了足够的政治知识。在解决因联邦宪法而起的无数难题时，美国人表现出了高水平的知识与技巧，对此我无比钦佩。我所见到的美国人，任何一个都可以将国会法律对其要求的义务与本州法律对其要求的义务轻松地进行区分，也都可以将属于联邦的普通法院审理的案件与属于本地司法机关审理的案件进行区分，并在其后，将联邦法院管辖权的起点与州法院管辖权的终点指出来。

美国的联邦宪法就像一件由天才的工匠创造的美丽艺术品，它只能让创造者名利双收，而其他人获得它之后却毫无益处。

对于这一问题，墨西哥现在的状况就是证明。

墨西哥人同样希望实行联邦制，所以，他们将邻居英裔美国人的联邦宪法当做蓝图，几乎将所有完全抄袭过去[1]。然而，他们抄袭来的，只有宪法的条文，却没有带来为宪法提供生命的精神。所以他们的两个政府车轮经常停止运转。不管是各州主权还是联邦主权，都经常越过宪法所设定的权限，所以双方冲突不断。直到现在，墨西哥依然处于从无政府状态到军事独裁，再从军事独裁回到无政府状态的循环中。

在所有缺陷中，我认为联邦政府的相对软弱，是同样来自于联邦制度本身的第二个致命缺陷。

将主权分成两部分，是所有联邦制国家所共同使用的原则。立法者们并未将其清晰地做出划分，但表达上的含糊只能在一段时间起作用，无法长久保持下去。同时，相比于完整的主权，被划分之后的主权肯定会被减弱。

关于美国人怎样天才地不仅将联邦权力约束在了联邦政府狭小的权力范围内，还使得联邦政府拥有了全国中央政府的形态，甚至还在一些方面拥有了全国中央政府的权力这一问题，我们在论述美国宪法时都已经了解。

同样，联邦的立法者们也天才地将联邦制度的天然危机缩减了，然而，却没能将其彻底清除。

相传美国政府并不与各州进行直接交流，而是将自己的法令直接传达给民众，然后强制要求单独的公民屈从与国家的要求。

不过，如果联邦法律对一个州的利益与习惯造成了侵犯的话，难道就不害怕该州的所有民众都认为，对拒绝接受该法律的人进行处罚与侵犯他们的利益是一样的吗？该州的所有民众都会觉得，联邦政府的处罚同时也同样地对他们造成了侵犯。假如联邦政府试图瓦解他们，然后再征服他们的话，也不会有任何收获。因为他们会本能地想到必须团结进行抵抗，并认为他们所在州所分享的主权将会维护他们的利益。这种情况下，法律上的假想就必须屈服于现实，而忍受一个有组织的国内权力机关对抗中央管理机关。

我觉得，联邦司法权的状况与此相同。如果联邦法院在对私人案件进行审理时，对某个州的一部重要法律造成了侵犯，那么另一场诉讼就会出现了。虽然表面看上去这场诉讼并未发生在一个受到侵犯的州与联邦之间，但实际上确实如此。不同的是，前者的代表是一个单独的公民，但后者的代表是法院而已[2]。

一些人觉得，只要将满足人们激情的方法授予人民，那他们就可以在法律假想的帮

1 参考1824年墨西哥宪法。——原注

2 举例来说，宪法规定，联邦有出售荒地，并将其售出资金作为联邦收入的权力。我们假设，如果俄亥俄州认为宪法所说的土地是指从未被任何州进行管辖的土地，并以此为由，要求自己对自己境内的被联邦出售的荒地拥有所有权，并自己将这块荒地进行出售。但事实上，诉讼并不会发生在联邦与俄亥俄州之间，而是发生在从联邦那里购买那块土地的人与从州那里购买那块土地的人之间。不过，假如联邦法院裁决从联邦购买那块土地的人胜诉，但俄亥俄州法院却认定那位竞争者应当享有所有权，那这个假设的法律案例究竟如何是好呢？——原注

助下，运用认识法和使用法，将激情掌控住。如果有人这么想，那只能证明他缺乏这个世界的阅历。

虽然美国的立法者努力将两种主权的冲突降到最低，但依然没有将冲突产生的原因清除。危言耸听一些的话，甚至可以说，一旦两种主权发生冲突，他们连联邦主权取胜都无法保证。

虽然他们让联邦保有金钱与军队，但各州也可以保护人民的爱好和习惯。联邦主权的存在是抽象的，只有个别对外事务会与其相关。但在任何时间，人们都可以看到各州主权的行动，它是一个容易理解，能够被人民感受到的存在。联邦是新鲜事物，但各州主权却与人民同时产生。

联邦的主权是人为创造出来的，但各州的主权却是本来存在的，它的创建犹如父权，并不需要耗费什么精力。

联邦的主权代表着一个地域广阔的国家，代表着一种晦涩难明的感情。只有在面临一些重大事务时，联邦主权才会与个人利益有关。但各州主权承担着保护公民生命财产与自由的责任，每分钟都对每个公民的安全起着作用。它似乎每天都环绕着所有的公民，也每天都在用心管理着所有的公民。人民的传统与习惯，地方的成见，地区与家族的自私心理才是各州主权的依靠。或者简单说就是，能够让对故乡热爱这一天性深深植根于人心中的所有事物。对于它的优点，有什么可怀疑的呢？

立法者既然没有避免联邦制度中共存的两种主权发生冲突的办法，那他只能努力让各个团结的群体成员采取趋向和平的态度，而不要采取战争。

所以，除非大量能够让联邦和谐共处的团结因素出现在联邦的组成者之中，否则联邦的公约就会被迅速撕毁。

同样，良好的法律以及有利的环境，都是联邦获得成功所必要的。

在之前，所有组成联邦的成员国家都拥有一些共同利益，它们团结的精神纽带也正是这些利益。

不过，人并非只有物质利益，还有思想感情。必要的同质文明对一个联邦长久生存的重要性，并不比各成员的结盟需要还低。瑞士的沃州与乌里州的文明差距足有19世纪相比15世纪那样大，所以瑞士从来没有过严格意义上的联邦政府。

只有地图上才有那几个州组成的瑞士联邦。中央政府想要对整个瑞士通行同样法律的话，我所说的话马上就会被证明。

有一个事实为美国创建联邦政府提供了令人羡慕的方便。即各州不仅有着差不多的利益、同样的起源与语言，其所处的文明程度也是相同的。这让它们的联合变得十分容易。我甚至没想到有任何一个欧洲小国是像有着大半个欧洲面积[1]的美国这样，不同地区间拥有如此高的同质性。

缅因州到佐治亚州拥有大约400里约的距离，但这两者间的文明差距却远比诺曼底和

---

1 当时美国尚未有现今的全部领土，今天的美国，其领土已经接近整个欧洲。——译者注

布列塔尼[1]之间的这种差距要小。

所以相比于只是隔着一江水的诺曼底与布列塔尼，位于一个广阔地域两端的缅因州和佐治亚州[2]，反而更容易组成联邦。

居民的风俗习惯为美国的立法者提供了便利，而国家所处地理位置的优越又增加了这种便利。所以联邦制得以建立和保持的功劳，就在于国家地理环境。

战争是所有能够影响国家生活的事件中最为重要的。一个国家的人民在战争中，要像一个人一样团结，为了保护国家的生存，联合起来对敌人战斗。

如果只有维护国内安定与推动国家繁荣这些事情的话，那政府只要辛勤处理事务，被统治者只要明白事理，人民只要经常抱有自然的爱国心也就可以了。但如果一个国家正在进行一场战争，公民就必须付出大量的牺牲，承受大量的苦难。如果有人觉得大部分人心甘情愿地接受这种社会需求，那只能说明他对人性完全缺乏了解。

所以，几乎所有赢得战争的国家，都会不由自主地增加政府的力量。而在战争中失败的国家，就此便被征服了。一个国家在一场长期的战争之后，不是因为失败而导致灭亡，就是由于胜利而导致专制。最终的结果总是这两种悲剧结局中的一个。

所以，通常在战争中，政府就暴露出了最为显著和危险的弱点。同时，之前早就说过，过于软弱正是联邦制国家政府天然缺陷的来源。

由于联邦制并不存在中央行政集权或类似的东西，甚至中央政府集权本身也并非完整的中央集权，所以，当这种国家在与实现完整中央集权国家进行战争时，常常表现的得于软弱。

虽然从美国宪法上看，合众国政府比任何联邦制政府拥有更多的实际权力，但这种弊端仍然十分明显。

读者通过一个例子，可以很容易发现这种情况。

美国宪法宣布，为了镇压内部叛乱或抵抗外部侵略，国会有向各州征兵的权力。同时还有一款宣布，总统为美国陆海军总司令。

战争在1812年爆发[3]后，总统曾命令北方民兵前往前线，但康涅狄格州与马萨诸塞州由于担心利益受损却拒绝遵命。

这两个州认为，宪法宣布只有在发生内部叛乱或外部侵略时，联邦政府才有征召民兵的权力，然而现在却并没有内部叛乱与外部侵略。同时，他们还补充说，同一部宪法既授予了联邦政府召集民兵的权力，也为各州保留了委任军官的权力。所以按照他们对宪法的理解，即使是战争进行中，也不能有任何除总统外的联邦军官享有指挥民兵的权力。但是一个军队怎么可能只由一个人指挥呢？

---

1 诺曼底与布列塔尼均为法国地区。——译者注

2 缅因州为美国最东北的州，当时佐治亚州为美国最东南的州。但随着美国领土扩张，现在佐治亚州已经并非位于美国最南方的州。——译者注

3 指美国第二次独立战争，发生在1812年至1815年。由于与英国主权冲突不断，美国希望趁英军大多在欧洲战场与拿破仑作战之际，吞并加拿大，于是发动战争。最终双方达成《根特和约》，维持了战前领土划分。——译者注

并非只有这两个州的政府与立法机关同意这种荒唐又有害的言论，两个州的法院也同样同意。所以，联邦政府为了召集所需要的军队，只能去往他处[1]。

既然美利坚合众国只是依靠相对完善的法制进行保护，那它为什么没有在一场大战中被消灭呢？原因是它从未遭遇过于恐怖的战争。

美国位于一个广阔大陆的中央，可以使人无尽地发展产业，而两边的大洋又几乎将它与整个世界隔离。

加拿大只有100万人，并由两个敌视的民族组成。寒冷的气候也对其领土扩张造成了限制，它的港口也因此有6个月无法通航。在加拿大与墨西哥湾之间，还有面对6000名士兵而处于半灭绝状态的几个野蛮部落。

美国与墨西哥帝国在南部相邻。也许，这里将来会爆发一场大战。但由于墨西哥处于不文明的状态，道德衰败，而且国家贫困，它想要成为世界上的一个大国仍需较长时日。

欧洲的强国倒是可以和美国一较高下，但是因为双方远隔重洋，倒也没有什么可怕的。

所以，处在一个不会发生使它感到恐慌战争的地理位置，才是美国最大的幸运，而不是拥有了一部可以抵御大型战争的联邦宪法。

我认为，对于联邦制度的优点，没有人比我更加欣赏。联邦制度无疑是对人类繁荣与自由最为有利的组织形式之一。我对采用这一制度国家的命运表示羡慕。但我也始终不能相信，在力量相同的条件下，实行联邦制的国家能够在战争中与一个中央集权的强国进行长期抗衡。我认为，在面对欧洲几个军事强大的君主国时，而胆敢将主权分成两部分的国家，基本和放弃自己的政权，或者放弃自己的生存，让国家的名字消失没有什么区别。

人们可以自己努力争取利益，并且只要你勇于追求，就肯定能够收获幸福与自由。这才是新大陆让人渴望的原因。

---

1　参考肯特著《美国法释义》第1卷第244页。需要注意的是，现行的美国宪法实施之后才发生了我上面所说的例子。如果回顾第一个联邦时期，我还能说出更多有说服力的事情。当时，由一位最符合众人期望的伟人担任革命的代表，全国处在一种幸福的狂热之中。然而，国会却在这时一无所有，一直缺乏资金与人员。国会提出的优秀规划总是无法实施，联邦也一直处在崩溃的边缘，只是因为它的对手过于弱小，才幸免于难。——原注

# 第二部分

截止到今天，我已经对美国的各种制度进行了考察，并对其组织方法进行了论述，对其现今政治社会的机构进行了描述。

然而，除去这些制度和机构之外，还存在着一个最高的权力，也就是人民的权力。它能够根据自身意志，将这些制度与机构变更或废止。

在第二部分，我将要对这项比法律更高的权力如何行使的，它的本质与激情是什么，什么秘密动力使它加速前进或放缓脚步（也就是什么秘密动力指挥它无法停止地前进），它的无限的权力造成了什么影响和它未来有着什么样的命运，进行解释说明。

## 第一章　为什么美国从严格意义上说，是由人民进行统治的

在美国，由人民任命立法者与执法者，而且惩治犯罪的陪审团也由人民组成。不仅各种制度的原则是民主的，其发挥的作用也同样是民主的。所以，人民直接委任自己的代表，同时为了让人民可以完全控制代表，通常还要每年改选一次。可以看出，虽然形式上，政府实行代议制，但人民的意愿、喜好、利益、乃至激情，在对社会的长期影响中，并不会受到太强的阻碍，人民才是真正的统治力量。

与由人民进行统治的所有国家一样，美国的多数进行统治也打着人民的旗号。

温和的公民组成了这个多数的主要部分。由于喜爱或者利益，他们真诚地希望国家能够富强。而希望他们加入或获得他们支持的政党，也始终在他们身边进行鼓动。

# 第二章　美国的政党

我首先要划分一下政党。

有些国家有着广阔的领土和复杂的民族，虽然同一个主权将所有人民联系在了一起，但相互对立的利益依然存在于其人民之中，人民也因此一直保持对立的形势。所以，同一个国家中的不同集团只能形成不同的国家，而并不能形成符合政党意义的真正政党。

如果内战真的爆发的话，认为这是两个敌对国家的斗争远比认为这是两个不同集团的博弈要更合适。

不过，在一些全国性的问题上，例如在政府总的执政原则上，公民们的意见产生分歧的话，我所说的真正政党，也就会应运而生。

对于自由政府而言，政党是天然的不幸。任何时间，它们都不曾保持过相同的特点与秉性。

如果一个国家无法忍受它巨大的灾难的话，有时就会设想将其政治结构进行彻底改变。而灾难在一些时候会更加惨烈，甚至会拖累社会状况。发生大革命与产生大型政党的时候也就到了。

在混乱与苦难的时代之中存在的，貌似是社会得到休养与人类得到短暂休息的时代。但实际上，这不过是平静的外表而已。对国家和个人来说，时间永远不会停止，他们每天都走上未知的未来。但由于我们没有感知到国家和个人的运动，就像跑步的人觉得走路的人似乎没有前进一样，所以我们也觉得国家和个人停止了前进。

时间虽然不断流逝，但有时却由于国家政治结构与社会状况之间的变化太慢，以至于无法感觉到，人们就认为自己已经身处最好的情况之中了。人类的理性也在这时认为自己拥有了一定程度上坚实的基础，所以不再关注现在视野之外的事物。

这个时代十分有利于政治阴谋和小型政党的活动。

那些关注原则超过关注影响，重视普遍超过重视个别，信任思想超过信任人民的政党，才能被我称为大型政党。与其他政党相比，它们通常有着比较正直的行为，更加注重感情，较为现实理念，以及更加爽朗和勇敢的表现。私人利益在政治激情中常常可以产生极为强大的影响，但却在这儿被公共利益的外表所巧妙地掩盖了，甚至有些时候，因它们而被激发才开始行动的人也会被其蒙骗双眼。

与此相反的是，小型政党一般没有什么政治理念。由于它们不觉得自己崇高，也不存在崇高的目标，所以自私明显地在它们的所有行动上显露出来，也为它们的性格留下了印记。它们始终伪装得十分热情。它们经常会有激烈的言语，但却只有犹豫的行动。与它们追求的目标一样，它们所使用的办法也都乏善可陈。所以，每当暴力革命之后出现平静，这一时期的伟大人物似乎就立即消失了，而聪明才智也都藏匿了自己。

大型政党鼓舞了社会，小型政党却扰乱了社会。前一个让社会分裂，后一个却让社会堕落。前一个偶尔会将社会秩序颠覆，却由此拯救社会，后一个一直让社会秩序混乱，却不会对社会有任何帮助。

有好几个大型政党在美国存在过，不过现在都已经消失了。美国的命运因此受益，但它的道德却并未如此。

独立战争结束后，将要创建新政府的时候，由于两种意见，全国被分成了两个集团。这两种意见有着与这个世界一样悠久的历史，只是在不同的社会以不同的形态出现，并被指定了不同的名字。其中一种意见希望对人民的权力进行约束，另外一种意见则希望可以将人民的权力无限扩大。

在美国人之中，这两种意见的冲突并未带来在其他国家常见的暴力。在一些重要议题上，美国的这两个集团有着相同的观点，所以没有必要为了取得胜利，而将旧的秩序毁坏并将整个社会秩序颠覆。所以，将多数人民的个人存在与本集团原则的胜利进行联系的事情，并未在任何一个集团中出现。然而，对于平等和独立的喜好等重要事情，两个集团都保持了相当的关注。要想造成狂热的激情，单单这一点就足够了。

由于希望能够约束人们权力的那个集团十分希望联邦宪法可以采用自己的理论，所以被称为联邦党。而另一个集团由于标榜个体、独立、自由，被称为了共和党。

由于美国是一个民主国家，所以联邦党人处于少数。然而几乎所有独立战争中的伟大人物，都出自他们之中。同时，他们还有着广泛的道德影响力，环境也对他们有利。人们对于第一次联合的垮台感到恐惧，担心会进入无政府状态。而从人们的这种观望趋势中，联邦党人得到收益。他们在10年或者12年长的时间里，主管了国家事务，并将他们的原则进行了应用。然而，他们并没有应用所有的原则，只是应用了其中一部分。由于反对的思想日渐流行，他们最终无力抗拒。

共和党在1801年终于获得了政权。托马斯 · 杰斐逊依靠自身的极高知名度、强大的能力与优异的人际关系获得了民众的支持，当选为总统。

靠着一些并不保险的手段，以及草率做出的政策的帮助，联邦党人勉强保持住了他们的地位。依靠着他们领袖的品德与才能，以及对其有利的环境，他们才得以执掌政权。在其地位被共和党替代之后，作为反对党的他们，便彻底失败了。

绝对的多数对他们表示反对之后，他们立刻认为自己已经成为毫无重要性的少数，并开始悲观绝望。从此，共和党或者民主党，也就开始不断取得胜利，并最终统治了整个国家。

认为自己被战胜的联邦党人毫无办法，他们在国内被孤立起来，于是分裂成两个部分：其中一部分加入了胜利者的行列，而另一部分则扔掉原来的旗号，换掉了名字。很多年以来，他们已经完全不能再被称为政党了。

我认为，联邦党执掌政权，不过是一个由于美国成立而随之出现的最幸运的偶然事件罢了。他们对其所处的时代和所处国家的一些难以抵制的癖好进行了抵制。即使不考虑他们理论的优劣，他们的理论也并不适用他们想要统治的社会。这也是他们的理论在整体上始终存在的一大缺陷，所以杰斐逊早晚要统治这个社会。不过，联邦党政府起码提供了时间，使得新共和国实现了自我稳定，并在之后，对反对其的理论的快速发展表示了大度的支持。并且，它的对手最终接纳了它的大多数原则，并将其变成自己的政治纲领。美国现在依然实行的联邦宪法，就是他们爱国热情与智慧的永恒成就。

所以，大型政党在现在的美国已经不复存在了。依然有许多党派对美国的未来造成了威胁，但却没有一个党派对现在的政府形式与社会发展的整体方向表示过反对。这些党派并非因为其原则，而只是出于物质利益，才对美国未来的利益造成了威胁。这种利益在这样广阔的国家之中，相比于说其在利益不同地区形成政党，说其在这种地区形成敌对国家更为合适。

例如，最近北方希望实行贸易禁运政策，但南方为了保护贸易自由，而不惜动用武力。造成这一冲突的原因，不过是因为北方是工业区，而南方是农业区，而禁运有利于一方的同时，却损害了另一方。

美国虽然没有大型政党，但却有着许多随着舆论意见而对一些细节问题有不同观点，并形成了不同政治观点的小型政党。对于创建一个政党来说，那时没有任何阻碍，但现在却并不容易。由于所有宗教都受到尊重，也没有一个占据统治地位的教派，所以美国并不存在宗教仇恨。由于人民就是一切，没有任何人敢反对人民，所以美国也没有阶级仇恨。最后，由于国家的物质情况为勤劳开辟了宽广的道路，只要肯于劳动，就可以创造神奇，所以美国的民众也不会受到剥削。

不过，由于野心家们都明白，只凭自己想执政的意愿是无法把执政者赶下去，所以试图建立政党的野心家也依然存在。因此，创建政党成为政治家的全部手段。

一个美国的政治家首先要做的，是将自己的利益搞清楚，去发现可以被聚拢到自己身边的相似利益。然后，为了让新组织获得自主行动与自由发展的权力，他还需要努力找到一种适合的理论或原则，将其套在自己的新组织身上。由于偶然因素，这种理论或原则有可能现在也未曾问世。这就像是过去在出版书籍时需要将国王的出版许可印刷在扉页一样，这个被强塞进来的许可与这本书的内容却没有任何联系。

新的政党将这一切做完之后，就步入了政坛。

在一个外国人粗略看来，几乎所有的美国国内冲突都是难以理解与无足轻重的。他甚至不知道自己是应当对这个民族将这种琐碎的小事太看重表示怜悯，还是应当对其为国家的命运奔波而羡慕。

不过，如果他对控制美国各党派的秘密原因进行认真调查的话，很容易就可以发现，这些党派都与这个自由社会创建时就把人们分成两个集团的那两大政党有着或多或少的关联。它们或接近这个党，或靠近那个党。对这个党派的内心了解越深，就越能够发现：它们一个是努力约束人民的权力，而另一个却是在努力扩张人民的权力。

让贵族政治或民主政治在国内获得优势是美国政党公开或私密的目的，并不是我想说的。我只是想说，在所有政党的心底里都可以发现贵族政治或民主政治的激情。虽然人们并未注意到这种激情，但它依旧是美国政党的敏感部位和精髓。

举一个近期的例子来说，美国总统对银行进行攻击，一时全国哗然而没有统一的意见，通常上流社会都支持银行，而人民则拥护总统。那样简单而又阅历丰富的人都认为这一问题解决起来非常困难，你难道会认为人民可以从中找到理由，来证明自己的观点是对的吗？他们不可能找到。银行是一个单独存在的巨型机构。人民能够创建或废除一切权力，但却对它无能为力，这显然使人惊讶。这个稳固的据点在社会的永不停歇的运动中开始挑战人民，它试图知道，自己有没有可能像其他事物一样继续保持前进。

## 贵族党的美国残余

在众多纷纭的国家中，党派之间的平衡关系有时会被破坏，其中的一个政党可能就此获得压倒性优势。这种情况下，它会将所有的阻碍摧毁，压迫它的政敌，并利用全社会为自身利益服务。而被压迫的政党在对成功绝望之后，就会选择暂时回避，沉默寡言。整个国家毫无生气，一片死寂。似乎一个统一的思想占据了整个国家。获胜的政党骄傲地宣称："这个国家的和平，是我们带来的，你们应当赞美我们的功绩。"

然而，深刻的分歧与实际的对抗却仍然在统一的表象之下掩盖着。

美国正是这种情况。在占优势时，民主党单独掌握了处理国家事务的权力。之后，它还依据自己的意志，不断改变国家法律与民情。

实际上，美国现在社会的富有阶层基本不参与任何政治活动。他们在政界失去力量的真正原因，以及他们参与政治的阻碍，实际上是由于他们无法从政治活动中获得权力的财富。

所以，为了避免与最贫困的公民展开基本是不平等的竞争，富人们宁愿选择远离政治。而由于他们在公共生活中无法获得他们在私人生活中所具有的地位，所以他们就放弃了前者，而专心谋取后者。

在美国中，一个具有自身喜好与志趣的特别社会，就由他们组成了。

对于这种情况，富人们将它当做是无可救药的灾难而选择承受，同时尽量避免表现出对这种情况给他们带来损失的抱怨。

所以，人们经常看到的，是他们常常在公共场合对共和党政府的温顺及民主制度的优异表示赞美。然而在这个世界上，憎恶敌人却向敌人献媚这种事情难道还不够常见吗？

不知道大家可曾见到这样的富人。不是传说中世纪曾有一位总是担心别人侵占他的财产的犹太人吗？他的衣服十分俭朴，他的举止十分谦恭，但他的住宅内部却相当奢华。不过除了几个被他标榜为知音的朋友外，任何人也不能进入这座宫殿。在享受上，他比所有的欧洲贵族都技高一筹，他也妒忌任何因特权而产生的好处。然而，当他走出家门，来到城市中心那布满尘埃的小破房子，开始做生意的时候，所有人都可以与他自由地谈话。在路上，如果他遇见了自己的鞋店经理，他们还会停下来闲聊一会。他们谈论的话题会是什么？这两位公民是在谈论国家事务，并且不握手也不告别。

从这种虚伪的感情背后，从这种对掌权者的谄媚背后，很容易就可以看出富人十分厌恶他们国家的民主制度。人们的力量使他们害怕，但也被他们轻视。如果有一天，民主的不良措施导致了政治危机，或者有一天，美国实行了君主制度，那人们就会立刻明白，我之前所说的完全正确。

兴办报纸与组织社团，是政党为了获得胜利而使用的两大主要武器。

# 第三章　美国的出版自由

并非只有政治思想受到出版自由的影响，民众的通常认识也同样受其影响。不仅国家的法律会因此改变，社会的风气也同样随之变化。努力评估出版自由对美国市民社会的影响力，找出它为美国人思想所指明的方向，以及找出它使得美国人精神与思想所形成的习惯等工作，我会在这本书的另外一部分进行论述。而我在这里，只想对出版自由对政治领域产生的影响进行研究。

老实说，那种由于事物自身的美好而出现的坚定的热爱，并没有在我面对出版自由时出现。我热爱出版自由的原因，最主要的是它可以预防弊端，之后才是由于它自身的美好。

在思想的完全自由与只能接受灌输之间，如果有人可以找到一个令人信服的中间地带，我也许就会选择那个地带。但有人可以找到那个中间地带吗？如果现在要求你进行工作要依据出版许可，行动也服从命令，那你又会怎么做呢？

你首先要做的，可能是将作家交给陪审团，但陪审员们裁定他无罪。一个人的意见就这样变成了全国人的意见。所以，你有太多的事情要做，但能做成的却很少，但也只能继续做。

这次，你被要求将作者送到常设法院，但法官必须听取被告的辩解才能宣判。这样，原本并不敢公开写进书中的事物就要在辩护词中出现，并且不够成犯罪，而原来在文章中十分隐晦的话语也要多次在诸多文章或文件中重复。我认为，言语或写作不过是思想的表现形式，这种表现形式只是思想的外壳，并非思想本身。所以，你的法庭只对思想的外壳进行了惩罚，而被告的灵魂却得以逃脱，并依旧在其身上发生微妙地影响。所以，你有太多的事情要做，但能做成的却很少，但也只能继续做。

最终，你为作家创办了出版审查制度。太棒了！我们赞成这一举措。但是这样，政治法院不会过于繁忙吗？所以，你依然毫无成就可言。即使我并没有预料正确，你也只会增添痛苦。

你曾突然间认为思想是宣传者越多就越强大的物质力量之一，不是吗？你认为作家就应当像军队中的战士，不是吗？但思想的威力却与所有强大的物质力量截然相反，它经常会由于想表达想法的人数少而得到增强。相比于1000个演说家的慷慨激昂，一位有才华的人在安静的群众集会上所做的真诚对话要更有力量。即使自由演说只能在一个公共场所进行，它也起码会拥有像在村庄面对民众讲话一样的影响力。所以，你要破坏演讲自由的话，就要采取破坏写作自由的方式。这次，你达到了自己的目的，所有人都沉默了。然而，什么才是你最初的目的呢？你本来考虑的是限制自由的泛滥，但我却把你带到了暴君的面前。

从自由的极限到屈服的极限中，有着相当漫长的道路，但你甚至不曾遇到一个可以让你停下脚步歇息的地方。

除了我刚刚指出的普遍原因之外，一些国家还因为一些特殊原因只能实行出版自由。

在某些号称自由的国家中，由于宪法并未授予被统治者向法院起诉官员的权力，所以每个政府公务员都有违法却不受惩罚的可能。这种国家的出版自由，不能说是公民自由和安全的保障之一，准确地说是仅有的一个保障。

所以，如果这种国家的领导人要废除出版自由的话，民众可以回答他："如果我们可以到普通法院去起诉你们的犯罪，或者我们会答应不去舆论的法院曝光你们的犯罪。"

如果一个国家是完全按照人民主权理论制定政策的话，那创建出版审查制度，不仅十分危险，也过于荒唐。

如果所有公民都被赋予了管理国家的权力，那也就要承认，公民有对同时代人的各种观点进行选择的权力，也能够甄别那些了解之后对其行为有指导作用的各种事实。

所以，出版自由与人民主权是两件密切相关的事情，而出版审查和普选却是无法在同一个国家政治制度中长期共存的两件对立事情。美国境内生活着1200万人，却至今没人敢提出限制出版自由的主张。

有一篇文章是我从到美国后看的第一份报纸上刊登的。现在我在下面对它们进行忠实地翻译："杰克逊（总统）在整个事件中，一直使用一种冷酷、醉心于保护自身权力的暴君言语。他犯下了贪婪的罪行，并会为此受到惩罚。他爱好阴谋，但阴谋也会将他的计划扰乱，将他的权力夺走。在政治上，他腐败堕落，他所做的理应受到谴责的行为将会完全破坏他的声望，让他为人唾弃。就像是一个毫无羞耻的不法赌徒进入赌场一样，他进了政界。虽然他赌赢了但时间也接近了他被审判的时间。他必须将赢到的东西物归原主，并将他的假赌具丢掉，在退休后直接死去。退休后，由于感到自由，他可能会对自己过去的疯狂进行抱怨，但对品行的提升而言，忏悔毫无益处。"（《文森斯报》）

法国的很多人都觉得，是社会的不稳定状况、我们的政治激情及伴随的普遍忧虑，才造成了我们国家的报刊暴力。所以，人们始终在等待社会回归平稳，好使得报刊不再冲突。虽然我也希望将上面所说的这些条目当做报刊对我们产生巨大影响的原因，但我实际上却并不认为这些因素真的对报刊语言产生过太大影响。我认为，不管在何种情况之下，报刊都应当保持其特点与激情。美国当今的情况，无疑证实了我的观点。

世界上最难以让革命萌芽生长的国家大概就是现在的美国了。不过，报刊在美国与在法国一样，有着对破坏的喜好。虽然美国报刊有着与法国一样的暴力，但却有不同的原因激怒人民。

报刊在美国与在法国一样，它拥有一种神奇的力量，将善与恶交杂。自由不能脱离它而存在，秩序也因有了它而得以维系。

值得注意的是，美国报刊并没有法国报刊那样强大的力量。然而，美国的司法机关惩处报刊的事情却极少发生。这是由一个十分简单的原因造成的：在接受人民主权理论之后，美国人立即进行了仔细地应用。

他们从未曾想到，不朽的制度会被每天变化的因素创造出来。所以，只要并非暴力犯法，即使对现行法律进行攻击也并不算犯罪。

此外，他们还坚信，法院没有限制报刊的办法。由于人类语言的微妙，他们总能让司法机关找不到证据，所以尽管有人企图抓住他们，但这种性质的犯罪几乎都被逃脱了。所以他们又觉得，必须有一个不仅为维护现有制度努力，而且还能排除舆论干扰的法庭，这样才能有效地对抗报刊。这个法庭必须不公开审理，不陈述处罚原因就宣判，将企图当做惩罚的主要对象，而不是言语。由于这个法庭就是社会的专制主人，它可以将作家及其著作一并消灭，所以对任何有权创建和主持这种法庭的人来说，对出版自由进行追诉注定是多余的。因此可以说，对出版而言，并不存在一个屈从与许可之间的中间地带。如果想获得出版自由带来的重大好处，就必须对它注定造成的痛苦进行忍耐。一个国家病入膏肓时经常会胡思乱想，其中的一个就是既想得到好处，又想逃避痛苦。国家因为斗争已经十分疲惫，心力交瘁，希望找到一个办法，可以让矛盾的意见与对立的原则在一片土地上共处。

美国报刊的影响力小是由诸多原因造成的。下面我列举一些主要原因。

与其他自由一样，写作自由在刚被提出来的时候最让国家感到恐惧。这些人民之前从未听到别人在自己面前商讨国家事务，他们对于第一个出现的法院给予了全部信任。从殖民地建立的那天开始，英裔美国人就享有了写作自由。虽然报刊能够无限扩大人的激情，但它却无法全靠自己去创造激情。我们知道，美国的政治世界一直躁动多变，甚至是动荡的，然而狂乱的激情却极少对其造成破坏。在美国，不要说物质利益可以很容易获得满足，即便是物质利益产生矛盾并无法妥协时，狂乱的激情也极少被唤起。只要翻阅一下两国的报刊，英裔美国人与我们法国人在这个问题上的区别就一目了然了。法国的报刊上只有十分有限的版面刊登商业广告，甚至连商业新闻也很少。报纸的大多数版面都在讨论政治问题。但你翻开美国的一份大报就会立即发现，广告占据了四分之三的版面，而政治新闻或者简短的奇闻轶事构成了剩下的部分。而法国报刊每天热烈讨论的话题，只有在将这种报纸翻了数遍之后，才能在某个无人注意的角落里发现，而且字数很少。

任何一种力量，想要获得最大效果，就必须将力量集中到一个方向。这一普遍规律已经通过实验向其观察者证明了。凭借着他们比实验更可靠的本能，一些无足挂齿的暴君也始终感觉到了这个规律在运转。

法国的报刊同时具有两种不同的集中。

第一，报刊的所有力量都被集中在了一个地方。第二，由于它的机构很少，所以可以说是被集中在了少数几个人手中。

如果权力是建立在一个所有人都充满怀疑的国家，那它也就自然拥有几乎无限的影响力。它成为政府的敌人，虽然政府可以和它达成长短不一的停火协议，但依然很难长期和平共处。

然而，美国不存在我刚才所说的两种集中的任何一种。

美国不存在大城市。那里的人与物都散布在辽阔的土地之中，人类智慧的光芒并非从一个相同的焦点向外扩散，而是在各地互相交汇。在任何方面，美国人都没有对思想的和工作的总策略进行规定。

是不以人的意志为转移的地方环境造就了这一切，不过在这方面，法律也发挥了一定作用。

美国没有为出版业发放许可，也不要求报刊进行登记，更没有人知道什么是保证金。

所以创办报刊十分简单易行。只要有少量的客户预订，就足够支撑报刊的消耗，这也导致美国的定期期刊和半定期期刊拥有非常多的种类。一些有文化的美国人，认为是出版力量的过度分散导致了报刊的影响力小。所以，美国的政治学中有一项定理：增加报刊种类，是减弱报刊影响的唯一手段。我实在难以理解，为什么如此明显的真理却未在我们法国推行呢？所以，我就很容易理解那些希望凭借报刊而进行革命的人，为何要将其变得只剩下几个强大的机构。不过，我也实在搞不懂，为什么官方现存秩序的维护者与现行法律的天然支持者认为集中报刊可以削弱报刊影响力。在我看来，欧洲各国政府对抗报刊所采用的办法，就像是中世纪的骑士对抗敌人所采用的办法。它们总结经验，明白集中是强大的武器。然而它们将这一武器献给自己的敌人，只能是为了在抵抗敌人时，获得更大的荣誉了。

几乎没有一个美国小镇拥有自己的报刊。在如此多斗士之中，要想创造出秩序及统一行动也是不可能的。所以，所有人都竭尽所能，摇旗呐喊。美国从未出现过所有报纸共同支持或反对政府的情况，而且它们也是使用的不同方式，对政府进行攻击或辩护的。所以，美国的报纸没有办法聚集成洪流，将牢固的堤坝冲破或冲垮。

这种分散的报刊力量也导致了另外一些明显的影响。办报过于容易，使得所有人都能办报。同时，由于竞争关系，所有的报纸都没有获得巨额收益的可能，这也导致这一行业没有精明能干的人才涉足。此外，即使可以通过创办报纸赚钱，但因为有着太多种类的报刊，所以杰出的作者想要发家致富十分困难。所以，美国大多数的报业人员地位不够高，文化水平也不够高，思路转变也不够快。我们知道，多数在一切事务上都有决定权，多数为所有人制定应当遵守的行为规范。这些相同的行为规范加在一起，就是宗旨。所以就有了律师业的宗旨、法院的宗旨等等。用激烈又高尚，且时常是雄辩的方式，对国家事务进行讨论，是法国报业的宗旨。在一些时候，它没能长久地坚持，但也只是说明什么规律都有例外的时候。而用粗暴、质朴、直接的方式对他们敌人的感情进行刺激，不讲道理，甚至对他人的私生活进行攻击，公布他人的缺陷和问题，就是美国报人的宗旨。

对于这种将思想自由进行滥用的做法，我只能表示遗憾。我现在的议题是只谈论政治领域，以后有机会的话，我再就报纸对美国人民的爱好与道德发生了何种影响进行论述，所以现在只能顺便说两句这种影响。必须承认的是，对出版界的放任所产生的政治效果，对公共安全的维持曾有间接的帮助。所以，为了避免失去为自身利益而煽动民众激情的最强武器[1]，那些已经在同胞的思想中取得地位的人都不敢在报刊上发表自己的文章。可以看出，在读者的心中，报纸上所发表的个人意见常常是无关痛痒的。读者想从报纸上看到事实真相的报道。但写作者只有在报道改变或者歪曲事实的时候，才能产生某些影响。

即便这就是报纸能做到的全部，但它依然是美国一个拥有强大影响的权力。政治生活就依靠它而传遍了这个广阔国家的每一个角落。

它始终张开双眼对政治的秘密动力进行观察，将政治运动的发起者轮番推上舆论的法院。它也使得人们关注某种主义或理论，也为政党树立了旗帜。它还让那些未曾见面但彼此交流的政党能够听见对方的声音，并因此而保持接触。如果大量的报纸始终走在同一道路上，那它也会逐渐取得无法抗拒的影响，而本来一直被他人控制的舆论，也最终会臣服在它的攻击之下。

虽然美国的每家报纸都拥有一些权力，不过相比报纸，期刊的权力要大很多，只比最有权力的人民小一些。

## 相比于其他受检查制度影响地区的认识，<br>在美国出版自由的环境下的认识要更稳固

由于美国的民主制度始终在让国家事务由新人进行管理，所以政府想要保持统一有步骤的政策实施十分困难。不过，相比其他大多数国家，他们国家政府的总体方向十分稳定，对社会有支配地位的舆论也更加持久。不管一个思想是不是合理，只要它占据了人们的大脑，那想要再将它赶走就太难了。

欧洲的英国也同样发生过这样的事情。在之前的一百多年中，这个国家遭遇了比任何国家都更广泛的思想自由，以及更难以磨灭的思想偏见。

---

1 只有在向人们进行呼吁或表达自己看法的极少数情况下，例如在回答恶意诽谤及讲述事实真相时，他们才会在报纸上发表文章。——原注

我认为，表面看起来应当阻止这一现象产生的事实其实正是造成这一现象的原因，也就是说是由出版自由造成的。在实行这种自由的国家中，骄傲与自信有着对认识完全相同的影响。因为他们认为某种认识是正确并由他们自己选择的，所以他们喜欢这种认识。因为它是真实并属于自己，所以他们支持这种认识。

造成这一现象的还有其他几个原因。

曾有一位伟人说过：无知位于知的两端。或者更为正确的说法是，相信位于两端，而怀疑位于中间。事实上，可以将人类的智力发展划分为三个相连的不同阶段。

由于没有进行仔细了解就接受了某事，所以一个人往往会对它十分相信。但一旦有人提出了不同意见，他就会开始怀疑。不过最终，他基本能够战胜所有怀疑，再次相信。不过，这一次他并非轻易和糊涂地相信真理，而是对真理进行了实际地研究，并追随这真理的光辉而前进。

出版自由认识到人们的智力尚处于第一个发展阶段，在相当长的一段时间内，它只能放任他们那些未经思考就坚信的习惯，所以它只能将他们那些轻易相信的对象逐渐改变。所以，人类的理性在整个智力发展过程中，只能一步步往前走，而其经过的那一点也不断在变化。这一时期正适合爆发革命。所以最早突然间接受了出版自由的那批人，注定要承担些磨难。

随后不久，又有新的思想传来。人们开始老练，在怀疑与普遍的缺乏信任感中探索。

可以确定的是，绝大多数人都位于下面这两个阶段中的一个：不知为何的相信，或者不知道该相信什么。

自信来自于真理与消除怀疑影响后的思考。然而极少有人拥有这种自信以及对这种自信的支配。

不过有人也提到这一事实：人们在宗教狂热的时代里，有时反而会将自己的信仰改变；而在怀疑遍布的时代里，却能坚守自己的信念。出版自由遍布时的政治也是同样的情况。所有的社会理论都在相互怀疑，并不断斗争。如果人们接受了其中的一个并对其进行保护，这也并不意味着人们就坚信它是好的，而只是代表人们认为没有比它更好的罢了。

我们这个时代的人，很少有轻易为自己的看法而牺牲的人，但也很少有随意改变自己看法的人。与此同时，同样也极少有殉道者和叛徒。

如果这个理由不够充分，我可以补充一个更为有力的理由：相比于看法，天性和物质利益更容易为人所发现、感受，持续时间也更长，所以人们一旦产生对某种看法的怀疑，最终肯定要将其与自己的天性与物质利益进行联系。

很难回答出民主制度与贵族制度中，谁的统治会更好。但民主制度会让一些人感觉不适，而贵族制度会让一些人受到欺凌，这点却是可以肯定的。一个天然而无须讨论的真理摆在眼前——你变得富裕，而我随之贫穷。

# 第四章　美国的政治社团

这个世界的所有国家之中，组建政治社团最为方便、可以为了诸多目的而使用这一强力手段的，就是美国。

即使不算那些以乡、镇、市、县的名义创建的日常社团，依据个人自愿原则而创建并取得发展的社团也不在少数。

对美国的民众来说，只能依靠自己来战胜生活中的痛苦是小孩都懂的道理。他们用不信任及怀疑的眼神看待主管政府，也只有在完全没有办法时，才向政府求助。这种习惯从他们上小学时，就已经开始培养了。在学校做游戏时，孩子们要对自己制定的规则表示服从，而对触犯自己制定的规则的行为进行惩处。而所有社会生活中的行为，也正是这种行为的再现。当公路上发生事故，交通发生阻塞时，附近的人就会自行组织起来商讨对策。这些临时聚集的人会选出一个执行机关，它可以在人们尚未将事故汇报给相关部门时，就着手解决事故。而当进行庆典活动时，为了增添节日气氛并维持活动秩序，也会自行组织活动小组。同时，还有许多社团专门反对各类失德行为。例如，组织大家来抵制酗酒。美国还有许多社团是为了推动治安、商业、工业和宗教而建。通过私人社团的强大的集体自由活动，人们的愿望得以实现。

对于社会对公民生活所产生的影响这一话题，我会在以后有机会时再讨论。只对政治领域进行讨论，才是我现在的任务。

由于所有人都认可结社权，所以人们行使这一权利的方式也可以多种多样。

对同一理论或提案达成共识的一些人可以组成一个社团，然后采取某种手段去帮助这一理论或提案获得胜利。所以与写作自由相比，结社权并没有什么区别。然而相比于出版界，早期创建社团所拥有的权力要大得多。如果一种看法要由一个社团来代表的话，那它的形式必须是简单且确定的。社团必须获得支持者，并让支持者为了该社团的活动而奉献自己。随着支持者们不断结识，他们的热情也随着人数的增加而不断增加。

多数人的意志被社团联系在了一起，也帮助他们为了实现自己所说的唯一目标而斗志昂扬。

行使集会权是行使结社权的第二阶段。显然，如果一个政治团体将某个国内重要地方当做其活动的中心的话，它的活动会更加强大，而它的影响也会扩散更远。在那个地方，人们会面会十分容易，各种执行措施也可以结合使用，也可以用文字永远无法掌握的力量与激情对外传播思想。

最后，支持同一看法的人们可以组成选举团，选出代表来代表该社团参与中央立法机构。这也就是结社权在政治领域的第三阶段。这也正是在政党中应用代议制。

所以，首先，纯理论的联系在支持同一看法的人中是必须确立的。其次，他们要组成的小团体只能代表该党派的一个派系。再次，他们要创建一个国中国，一个政府的政府。

表面上看，他们的代表似乎代表了多数，但实际上，却只代表了他们支持者的集体。从表面上看，他们的支持者也给人以代表了国家与由此而来的所有道德力量的感觉。虽然这些支持者确实无权像他们那样制定法律，但支持者们却可以对现行法律进行抨击，并为他们制定法律提供帮助。

如果有一个民族从没有完全使用自由的习惯，或者其政治激情十分容易被煽动至狂热，而其立法者多数旁边的少数只负责评议与监督执行的话，我肯定会认为其公共秩序已陷入严重的危机。

在证明一项法律优于另一项法律与证明这项法律应当代替另一项法律之间，显然是存在很大区别的。不过，一旦聪明人发现了新的重要区别，他就不再关心民众的想象。在某些时候，一个国家可能分裂成均势的两派，但每一派都希望能代表多数。如果在领导权的身边，再创建一个几乎与他有着同样道德权威的权力，那领导权怎么有可能长期保持高谈阔论却毫无建树呢?

组建社团的目的是对舆论进行引导，而不是压迫，是对法律进行评论，而不是创建。这种看法是形而上学的。面对这种看法，人们会停下脚步吗?

随着我对出版自由主要成就的研究深入，我也愈发认为它就是现代社会中自由的主要部分，或者可以说它是组成自由根基的部分。

所以，如果一个国家决定保卫自由，那它就有要求人们尽力尊重自由的权力。然而，与出版自由相比，政治结社的无限自由还是有所区别的。结社自由并没有出版自由必要，但却远比出版自由危险。国家可以对结社自由进行限制，将其永远纳入国家控制中。而为了保持结社自由的生存，国家在一些时候也会采取些对策。

以政治为目的的结社自由，在美国是毫无限制的。

对于这一权力被允许的范围之大超出我们的想象，下面一个例子可以清楚地证明这一点。

回忆一下过去，由于关税制度对舆论和物质利益的影响巨大，所以关税问题与贸易自由问题曾在美国掀起轩然大波。关税制度被北方当做是其繁荣的原因之一，但却被南方当做是其所有灾难的根源。可以说，关税制度在相当长的时间里，扮演了制造者的角色，出产唯一使得当时美国感到慌乱的政治感情。

1831年时，争论达到了白热化。一个默默无闻的马萨诸塞州公民想出了一个办法，也就是通过报纸向反对当今税制的人提出建议，请他们派遣代表前往费城，以便共同研究办法，恢复贸易自由。由于报刊转载，几天的时间里，从缅因州到新奥尔良，人们都知道了这项建议。反对当今税制的人们兴奋地接受了这项建议，所以他们四处开会，选举代表。获选代表全都是著名人士，其中一些甚至相当出名。为了这一问题，南卡罗来纳州甚至动用了武力，它一个州就派遣了63名代表。

1831年10月1日，一个有两百多人参加的大会在费城召开了。这个大会按照美国人的习惯，被命名为全国代表大会。从开幕的当天起，大会就带有了立法性质。大会还进行了公开辩论，对国会的职权范围、自由贸易学说、税收制度问题进行了讨论。第十天，草拟了一封写给美国人的信后，大会闭幕了。这封信宣布：（1）国会并不具有制定关税税制的权力，当今税制违宪。（2）对任何国家而言，禁止自由贸易都毫无益处，美国尤甚。

有一点必须承认，直到现在，美国也并未由于政治结社的无限自由而产生在其他地区可能会出现的致命影响。美国的结社权是从英国吸取而来，并一直得以延续。如今的美国人，已经习惯了行使这一权力，并将其当做风尚。

结社自由在我们所处的时代中，已经变成了一项反对多数专权的必要保障。美国的某个党派一旦获得了统治地位，那它也就掌握了所有的国家权力，其成员也可以获得各种官职，并将全部有组织的力量掌控在手中。即使是反对党中最著名的人士也无力将把他们排除在政权外的围栏打碎。反对党只能远离官职，鼓动少数人激发自己的所有道德力量，去反对镇压他们的强大物质力量。这无疑是一种以毒攻毒的做法。

我认为对美国的共和制度而言，多数的无限权威会造成十分巨大的危害，这也使我觉得采取限制它的那个危险手段要好一点。

我要在这里提出一个观点，读者可以根据它而回忆起我在本书第一部分讨论乡镇自由时的言论。这一观点是，最需要使用结社自由来防范政党专权与强人专权的，就是社会民主的国家。在贵族制国家中，贵族社团就是一种天然社团，可以阻止权力的滥用。而如果一个国家没有这种社团，人们也不能随时创造出类似社团的话，我不知道还有什么可以作为阻挡暴政的堤坝。同时在这个国家中，少数流氓或者一个独裁者也会残酷镇压那个伟大的民族。

有各种人参加的大型政治集会很有可能会变成一种必要措施。即便在美国，它也常被认为是重要事件，让许多国内的善良人士感到震惊。

1831年大会过程中，这种情况表现的最为明显。让发言变得温和，将目标变得可控，成为所有参加大会的杰出人士的共同追求。对不满政府政策的人来说，1831的大会应该产生了重要影响，使得1832年，他们开始公开反对联邦商业法。

在所有自由中，最后获得人民支持的自由就是政治上结社的无限自由。这一点是毋庸置疑的。虽然人民没有因为这种自由而陷入无政府状态，它也一直在让人民走向这种状态。

然而，这一这样危险的自由却也提供了一种保障，也就是秘密结社不会出现在结社自由的国家中。所以，美国只有政党成员，却没有谋逆乱党。

## 欧洲与美国对结社权的不同认知及其对结社权的不同使用

只比自己独立自由活动这一最自然的自由次一点的自由，就是人们将自己的力量与和自己有着共同追求人的力量联合并共同行动的自由了。所以我觉得，从性质上说，结社权与个人自由相同，都是不能转让的。如果一个立法者想要破坏结社权的话，他就必须破坏社会自身。然而，在一些国家之中，结社自由可以帮助并加快社会发展，但在另一些国家中，却由于滥用并曲解结社自由，而导致它由积极因素变成了破坏因素。我认为，将正确理解自由国家的社团所经常采用的方法，与滥用自由国家的社团所经常采用的方法进行对比的话，对政府与政党而言，都十分有帮助。

直到现在，大部分欧洲人还依然认为社团就是一种武器，可以在战争中急忙进行组织，并马上进行战斗。

讲明目标应当是在社团创建时就做到的，但创建者的思想却被行动的急迫束缚住了。一个社团与一支部队是相同的。为了检查部队的状况并鼓舞士气，让他们攻击敌人，所以才会对士兵喊话。但创建社团的人却认为，成功的办法中可能包括合法的办法，但却绝不是唯一的办法。

美国人对结社权的理解却与此不同。占少数的美国人结社的原因，首先，是为了展示自身力量，同时削弱多数的道德力量。其次，是因为他们希望可以把多数拉进自己的队伍，再依靠多数的名义去获得权力，所以他们试图找到最适合感动多数的证据，然后团结他们参与竞争。

所以，美国的政治社团有着柔和的目标，运用着合法的手段。并且由于他们只希望能够依靠法律获得胜利，所以他们通常说的都是事实。

诸多原因造成了美国人与欧洲人在这点上的差异。

欧洲的一些政党，他们与多数相隔甚远，可以说他们没有获得多数支持的可能。然而他们却又十分自信，认为自己拥有能够与多数对抗的强大力量。这种政党从创立开始，就没有打算展开游说，而是希望进行战斗。

在美国，由于其他所有人都想笼络多数，所以与多数观点对立的人，绝没有战胜多数权力的可能。

所以，大型政党成为多数的可能性越小，行使结社权的危险性也就越低。如果一个国家政党间的差距像美国这样小的话，就证明结社权可以永远保持下去了。

由于我们对自由缺乏经验，所以导致我们只是把结社自由当做是攻击政府的权力。与人一样，政党在它明白自身的强大之后，第一时间就会试图靠武力让他人屈服。由于说服别人需要经验，所以只有在很长时间以后，才会有这种想法出现。

由于英国人已经拥有行使这一权力的经验很长时间了，所以他们即使因为意见严重冲突而产生了诸多派系，但却很少有人滥用结社权。

但是法国的人们却都被煽动起了一股强烈的好战心理，导致人们疯狂地参与所有与国家安全有关的事情，并认定为国战死十分光荣。

不过，美国的普选权或许是最能够促使政治结社的暴力走向缓和的重要因素了。由于所有政党都没法冒充没有选举自己的选民代表，所以大多实行普选制的国家都很容易辨认。因此，那种党并不代表多数这一事实，也被所有社团和所有人民所知晓。如果他们能够代表多数的话，他们就可以自己修改法律了，而没有希望改变法律的必要了，所以这也是由他们自身的存在而决定的。这肯定会增强受他们攻击的政府的道德力量，而大幅削弱自己的这一力量。

差不多所有的欧洲社团，都冒充或自信自己代表的是多数的意志。而他们的力量也由于这种冒充或自信而以一种惊人地速度扩张，并且难以置信地将自己的手段合法化了。相比于用暴力压迫权利，还有什么事情更值得原谅吗?

在人类复杂又繁多的行动准则中，也正是因此才会出现，在一些时候，极端自由反而矫正了滥用自由，极端民主反而预防了民主的危机。

欧洲的社团几乎始终认为自己是人民的立法机关与执法机关，无法表达人们自己的意见，而其行动与命令也都是凭借这一想法。而美国的所有人都认为社团只代表人民中的少数，游说和请求是社团必须倚靠的手段。

在欧洲，各国社团使用的方法与其目标是统一的。

由于社团的主要目的是行动和战斗，而并非是讨论与说服，所以他们所创建的社团也注定毫无和平氛围，其内部有着军队生活的习惯与标准。他们对手下尽可能进行集中管理，并让少数几位领导者掌握所有权力。

对这些社团成员而言，服从命令需要像战场上的士兵一样。他们对盲从的学说表示了信服，或者说得更准确一点，他们在团结起来后，就将自己的认知及自由的思想立即抛弃了。所以，相比较他们攻击的政府对社会所采取的专制统治而言，他们在社团内部采取的统治更加让人无法忍受。

这对他们的道德力量而言，无疑造成了巨大的削弱。那种被压迫者反抗压迫者斗争所具备的神圣光环，也随之消失了。如果一个人在一定的场合之下，甘心下贱地对几位同伙表示屈从，完全将自己的意志交给他人，甚至允许他人随意控制自己的意志，那我们怎么能妄想他会渴望自由呢?

在自己的社团之中，美国人也同样创建了统治机构。然而，如果让我说的话，那都是和平的统治机构。社团中的每个人与在社会中一样，承认个人的独立，并朝着同一目标努力，但却没有强制要求遵循同一路线。没有人将自己的意志与理想抛弃，共同目标的达成反而需要运用大家自己的意志与理性。

# 第五章　美国的民主政府

我知道，注定会有一些难题在我的论述中出现。这章的任何一句话，都会再刺痛使我们国家分裂的各政党的某一方面。但我依然要将我所有的观点说出来。

由于欧洲存在两个相互冲突的主义，而且一直进行斗争，所以我们难以精确地判断出哪些争论是由主义本身引起的，哪些争论又是由争论产生的激情所引起的。因此在欧洲，想要判断民主的真理性与不变性也十分困难。

美国的情况与此完全不同。那里的人们统治国家并未受到任何阻碍。他们不仅没有值得担忧的危险，也没有需要报复的伤害。

所以，美国完全放纵民主根据自己的喜好而行动。它完全按照天性行动，没有任何东西限制它的任何行动。对民主的正确判断，只能在美国得出。由于我国始终在一种无法抗拒的运动的驱使下胡乱行走，所以对我国而言，这项研究比对其他国家更有好处。我们究竟走向何方？也许是朝着专制，也许是朝着共和，但民主却是社会的必然走向。

## 普选权

关于美国各地都承认普选权这点，我在之前已经提到过。无论人们社会地位的高低，所有人都拥有这一权利。我在许多不同的地区看到过普选权的施行效果，不管是在由于语言、宗教和风俗差异而感觉对方是异族的一些种族之间，还是在路易斯安那与新英格兰，还是在佐治亚与加拿大。我也曾提到过，人们希望普选权在欧洲产生的任何好坏结果都未曾在美国产生过，在美国所产生的实施效果通常也不同于人们的猜想。

## 人民的选择与美国民主在其中的本能

欧洲有很多这样的人，他们要么是嘴上不说但心里相信，要么是心里不信但嘴上却说："能够邀请民众最信任的人担任政府职位，就是普选权的最大好处之一。"他们还认为，人民虽然无法自行管理自身事务，但他们希望国家繁盛的心却很真诚。对于选举与他们抱有同样意愿并最为胜任的人来说，人民的爱好不会对此造成任何阻碍。

不过对我来说，我必须承认，我在美国的见闻使我没办法认为他们也是这样。在美国，我惊讶地发现，被统治者之中人才辈出，但统治者之中却少有贤良。在美国，如今已经很少有人才去从政，这已经是一个十分普遍的现象了。不可否认的是，这一结果也是由于民主超过了原来的界限而产生的。半个世纪以来，美国的政治家家族明显大幅减少了。

有许多原因造成了这一现象。

尽管工作做了不少，但人民的文化水平依然没能达到必要的高度。将民众的学习内容简化，对教育方式进行改善，让学习采取正确的途径，这全都是容易做成的事情。但由于没有充足的学习时间，所以人们仍然无法获得知识与使用知识。

所以，人们获得知识的必要时间，是由人们无须劳动而可以生活的空闲时间而定的。这一时间在一些国家很宽松，但在另一些国家却很紧俏。如果这一时间完全不存在，那说明人民只能完全为生活所需的物质条件而拼命，也就是说无法像真正的人一样生活。与此相同的是，一个社会中不可能所有人都学富五车，一个国家中也不可能所有人都有万贯家私，这两种不可能是有着必然联系的。对于广大民众都真诚希望国家繁盛这点，我很高兴地表示认可。我也愿意接着承认，而且也曾经说过，相比于社会上层阶级，下层阶级在其中包含的私欲通常要更少。然而，对于完成他们真诚希望的目的而采取的手段，他们却一直缺乏足够判断好坏的能力。只有经过长期的观察与诸多的分析，才能对一个人的性格有深入地了解。在这方面，即使是一些伟大的天才也常常会失误，普通人能够做到吗？人民没有充足的时间与手段去完成这项工作。他们经常只是看到了事物的表象，就急忙做出自己的判断。所以，由于骗子能够使用诡计来骗取人民的信任，但人民最忠实的朋友却无法让人民相信自己。

除此之外，通过民主的方式，人民也未必就能选择出值得自己信赖的人。有些时候他们不希望这样做，也不想这样做。

必须承认的是，由于民主制度，人们培养出了最强的妒忌心。相比于认为这是由于民主制度为所有人提供了使自己获得同等地位的办法的话，倒不如认为这是由于人们总是感觉这些办法使用得过于别扭。那种永远无法得到彻底满足的渴望平等的激情，被民主制度唤醒并煽动起来了。人们总认为自己获得了这种彻底的平等，但就在那一瞬间，它就从他们的手中逃脱并消失得无影无踪。也就是帕斯卡所说的永远消失了。对于那些近得触手可得而又远得难以接近的重要利益，人们通常十分喜好去追逐。随着成功可能性的高低，人们或喜或悲。不管是开心，还是灰心，还是恼怒，都会在一些时候表现在他们身上。他们将所有在某方面比他们强的东西，都当做是阻止他们愿望实现的阻碍。所以，无论他们的领导如何本分，他们都毫不关心。

很多人觉得，只有我们法国才会出现这种秘密的本能，召唤下层阶级把领导从他的领导职位上拖下水来。然而这种认识是错误的。

这是民主所特有的本能之一，而不是法国人天生就有的。虽然独特的政治环境使人这种本能带着苛刻，然而它却没有创造出这种本能的能力。

美国的人民虽然并不欢迎社会的上层阶级，尽量不让他们获得权力，但人们对他们也并没有仇恨。对于民众中的天才，人民没有任何忧虑，但对他们也缺乏足够的重视。通常来说，人民不会赞赏任何没有杰出才能却获得成功的人。

不仅是天然本能促使人们对杰出人才掌握权力表示厌恶，同时也由于他们难以在政界的搏杀中保护自己并免于堕落，这种不比本能小的力量也促使他们远离政治。衡平法院首席法官肯特，曾经十分真诚地表达过这种观点。我所说的这位著名作家在对联邦宪法授予总统提名法官的条款表示赞美之后，说道："为了不在普选中获选，或许最能胜任的人反而采取了十分消极的行动，保持着过于阴沉的神气。"这些观点发表于1830年的美国，当时没有任何人表示反对。

认为普选权能够保证人们做出最佳选择，完全是那些人的幻想，这也是我这些话试图证明的道理。虽然普选权的优点很多，但却不是这个。

### 能够对民主的这种本能产生修正作用的因素

一旦一个国家面临巨大的危机，人们通常就能将拯救国家的最佳公民成功地选出来。

众所周知，在面临危险时，一个人极少能够保持平时的样子。他不是在平时之上，就是在平时之下。国家的情况与此完全一致。过度的危机不仅不会使一个国家奋进，反而会在很多时候将它吓坏。虽然这种危机唤起来人民的激情，但却没有引导激情。虽然这种危机接触了人民的头脑，但却没有将其唤醒。在烽火不断的神殿废墟上，犹太人曾经在此互相残杀。

不过一些国家和个人在危机面前，反而极其冷静，采取了伟大的行动而克服了危机，这反而是最常见的。这时候，许多伟大的人物出现了，好比一场大火突然将黑暗中矗立的高楼显示出来。天才抛弃了踌躇，为了大家的利益而甘当风险。而承受苦难的人民，也暂时将他们的妒忌心丢在了一边。这种情况下，就经常可以见到选票箱中出现伟大人物的名字。

之前我已经提到过，美国如今的政治家远比不上50年前的掌权者，究其原因，不仅包含法律，也涉及环境。当美国的战斗是为了独立这项正义事业的时候，它只是一个希望能够摆脱其他国家奴役的国家。但当它获得了进入世界的新国家身份时，其人民的精神水平已然达到了他们所追求的目标。整个国家陷入一片欢庆之中，伟人们来到民众身前，而民众也对他们表示欢迎，并使得自己能够监督他们。不过，还是很少看到这种事情的出现，所以必须从另一个角度去分析事物。

民主的激情有时会受到突发事件的限制，但对民主的激情的发展趋势来说，人们的知识水平，尤其是社会状况，会对其产生强大且持久的影响。这种情况在美国十分常见。

新英格兰的教育与自由完全是道德与宗教的附属，创建已久的社会在长期生存的过程中，已经形成了一系列道德规范与习惯。这也导致人们虽然对财富和身份通常在人群中造成的优越表示出了蔑视，但却同时对知识与道德的优越表示了习惯性尊重，并服从得毫无怨言。所以，在新英格兰，民主可以比在其他地区做出更合适的选择。

然而，一旦你走向南方，情况就变得不一样了。在南方的各州中，很晚才形成了社会的纽带，而且也不够稳定，同时尚未普及教育，道德、宗教和自由原则也没有结合到令人满意的程度。所以，极少见到道德高尚、才华出众或二者兼具的人出现在这些州的政府之中。

而如果你走进前不久才刚刚创建社会组织的西南方各州的话，冒险家与投机者的庄园就是你能看到的全部。对于少数人就控制了这里统治社会的权力，我感到惊讶，并开始思考：除去立法机关与个人独立，能够实现国家富强与社会繁荣的力量还有什么？

有些法律之中包含着民主的性质，但对于民主危险的本能，它们也进行了部分修正。

如果你走进华盛顿的众议院大厅，你肯定会惊讶于大厅中的粗鲁言行。即使你找遍全部大厅，也不会发现任何一个著名人物。几乎所有众议员都是默默无闻，不曾有任何一个的名字给我留下一点印象。乡村律师和商人构成了他们中的大多数，甚至还有些人属于社会最底层的阶级。虽然这个国家几乎普及了教育，但相传，并非所有的人民代表都可以准确地写字。

参议院大厅的门离这里只有几步之遥。但大多数的美国名人，却都集中在这个不算大的会议厅中。在这里，你所见到的每个人都会让你想起他最近获得的荣誉。雄辩的律师、著名的将军、杰出的行政官员以及有名的政治家都在其中出现。这个会议厅中的所有言论，都能够媲美欧洲各国国会中最出色的论辩。

怎么会形成如此特殊的场面对比呢？为什么只有参议院中会有全国的精华，而众议院却没有呢？为何粗俗之人占据了众议院，但天才和名人却垄断了参议院呢？然而，这两个议院都由人民普选而产生，并且，直到现在也未曾听闻有美国人抨击参议院仇视人民利益。

然而，这样惊人的差别产生的原因何在呢？我认为要想知道这一原因，必须明白一个事实：人民直接选举产生了众议院，但经过两级选举才产生了参议院。每个州的立法机关由该州所有公民选举产生，而联邦宪法规定，各州立法机关作为选举参议院的选举团。

由于并非由贵族团体或其他拥有选举权的特权团体，来选举各州的立法机关，所以它本质上是听命于各州的所有公民的。而且通常每两年或一年，各州立法机关就会改选一次。通过改选立法机关并将其成员更新，就能够实现对参议员选举的控制，所以，虽然是间接地，但参议员也可以代表普选的结果。

然而，通过这个选举团之后，人民的意志可能会发生一些变化，让自己的形式看起来更加庄严肃穆。所以，有选举团选出的参议院，通常也能够代表多数对国家进行实际管理。不过，只有在国内流行的高尚思想与引领国家前进的国家精神是由他们代表的，而那些常造成国家骚乱的地区激情和让国家颜面无光的阴谋却与其无关。

在未来的一天，我们肯定会看到，由于在选举中实行两级选举，美国的各共和州会因此而强盛。否则，它们就很有可能坠入民主的陷阱而遭受苦难。

我一直对这一点毫不怀疑。我认为，各阶层人民都要获得政治自由的唯一方法就是实行两级选举。如果一个人希望将这个办法变成政党的专属武器，或者对这一办法表示恐惧，我都认为这是错误的。

## 美国民主对选举法所产生的影响

如果选举的间隔周期过长的话，那国家会因为每次选举都陷入动乱的危机之中。

所有政党在这一时间都会拼尽全力，想方设法得到这个难得的好机会。选举失败对候选人意味着无药可救的伤害，所以他们有可能会恼羞成怒，做出任何事情。不过，假如没过多久，就可以再次进行这种合法斗争的话，那失败的政党就能够忍受住。

如果选举一个接着一个，那社会会因频繁的选举而陷入动荡，其政策也会一直保持连续的变动状态。

所以，一个是让国家小病不断的危机，而另一个则是让国家患上大病，也就是发生革命的可能。第一种制度破坏了政府的良好形象，而第二种制度则影响了政府的生存。

但美国宁愿承受第二种制度的缺陷，也不希望忍受第一种制度的弊端。由于民主已将他们对变化的爱好培育成了激情，所以理性极少在这里支配他们的行动，主要是本能在发挥作用。这也导致美国的立法格外善变。

在大多数美国人看来，法律的善变是一种整体有效的制度所导致的必然结果。但我也可以肯定，任何美国人都不会非要说这种善变没有问题，或者觉得它根本就不是缺陷。

在对一项可能预防或推迟不良法律颁布的权力进行讨论之后，汉密尔顿补充说："也许会有人说，预防不良法律颁布的权力也同样拥有着预防优良法律颁布的权力。不过，如果一个人能够正确看待法律的不稳定及善变所带来的弊端的话，那么这一反对意见对它并不重要。我国政府在性质和宗旨上的最大污点就是法律的不稳定[1]。"

麦迪逊在《联邦党人文集》第62篇中说："我国政府最严重的疾病，就是立法的便捷与随意。"

杰斐逊可以说是至今为止美国民主制度下出现的最伟大的民主主义者，但他也曾指出过这种危险。他说："我国法律的不稳定确实已经成为一大问题。我认为我们应当消除这一问题，也就是作出规定，要求提出一项法案之后，准许其在一年之内批准实施。应当对法案进行论证，直到没有更改意见之后，再进行表决。如遇紧急情况需快速批准此法案，则两院必须均以三分之二多数方可通过，而不能采用简单多数原则[2]。"

## 美国民主制度下的公务员

与普通民众相比，美国的公务人员并没有什么不同，不仅没有宫殿和守卫，连制服都不穿。美国人的品德以及美国社会的基本原则，最终形成了统治者这种简约的作风。

如果从民主的角度去观察的话，创建政府非但不是好事，反而是一个必然的灾难。由于官员没有权力将毫无用处，所以必须授予官员一定权力。但制度作为权力的外表，

1 参考《联邦党人文集》第73篇。在原文中，托克维尔对最后一句进行了特别标注。——译者注

2 参考孔塞伊先生翻译的《1787年12月20日致麦迪逊的信》。——原注

却并非工作不可或缺的，而且民众并不喜欢看到它。

公务人员的行为不得超越常人，是他们获得向别人发布命令权力的条件。他们对此都相当清楚。

我不知道有哪一个国家的官员能够像美国的公务员那样，作风简约，易于接近，问答和蔼可亲。

对于民主政府的这种自然作风，我十分赞赏。在这些内务官员看来，责任比职位更重要，品行比权力更重要，这也正是我所欣赏的绅士作风。

我觉得一百多年以来，我们把制度的影响过分夸大了。在美国，我不曾见过公务员由于在执行公务时的穿着不合适而被轻视或侮辱的事情。

同时，由于我无法相信一个人会因为衣服而不是品行而受人尊敬，所以我对公务员穿上制服就能受到人们格外的尊重一事，表示相当怀疑。

我国的官员经常待人粗鲁，讽刺别人，表示反对只是耸一下肩膀，下达命令还洋洋得意地笑。每当我看到这些场景，我真想扒掉他们的制服，直到他们现出一个公民的原形来，来让他们明白人类是否理应被人尊重。

虽然，美国的公务人员都不穿制服，但却全都领取薪水。

相比之前所说的，这一点当然更是由民主制度而来。民主制度也允许官员讲究气质，使用丝绸和金银来装扮自己，只是不允许直接破坏民主原则。不过这些特权只是暂时归职位所有，并不属于任何个人。然而，如果公务人员不领取薪水的话，一个富裕而独立的公务员阶级将肯定就此产生了，而且还会出现一个贵族核心。人们即便仍然拥有选举权，它的行使也注定会被限制。

当一个民主共和国公务人员从俸禄制变成无偿制时，那我几乎可以肯定，这个国家要变成君主政体。而当一个君主国家的公务人员开始实行俸禄制时，这个国家肯定是要变成专制政体或共和政体。

所以我觉得，公务员从无偿制换成俸禄制这一事件，就已经是一场真正意义的革命了。

在我看来，民主在这一国家占有绝对统治作用最为明显的标志中，美国不存在无薪水职位这件事就是其中之一。不管什么性质的工作，只要为公众服务，就要有薪水可得。所以，不仅是所有人都有为公共服务的权力，而且在服务时也可以保证生活。

虽然每个民主国家的公民都有担任政府职位的权力，但也并不是所有人都有担任的希望。导致这一情况出现的原因并非由于候选人没有参选资格，而是由于选举时，肯定会对候选人的人数和条件进行限制。

严格上说，如果一个国家在所有方面都实行选举制的话，那他就不存在终身职位。大多数人只是偶然担任了某个政府职位，谁都没办法永远担任这个职务。选举如果每年进行一次，这种情况就更加明显。所以在安宁时期，政府职位对野心没有什么吸引力。只有缺乏追求的人，才在美国的政坛游荡。具有杰出才能与远大理想的人，通常都去追逐金钱，而远离政治。反倒是有不少人认为自己无法经营好自家产业，而选择去管理国家事务。

由于这些原因以及民主的错误选择，最终导致许多庸人担任了政府职位。当然，即便美国的杰出的人才希望当选，人们会不会选择他也难以确认。不过我可以确认的是，他们肯定不会参与竞选。

## 美国民主制度下的行政官专权[1]

给予行政官诸多专权的政府有两种。一种是只由一个人进行统治的政府，另一种是民主政府。

几乎相同的理由，导致了这一相同的结果。

专制国家不仅无法保障人民的命运，甚至也不能保障官员的命运。所有被君主雇佣的生命，有时还包括荣誉，都被君主抓在手中。由于君主确定他们不会利用自由来反对自己，所以他并不惧怕官员们，还给予他们很大行动自由。

专制国家的国王十分热爱自己的政权，甚至会担心自己的规定会为这个政权制造问题。对于子民们的轻微违法行为，他更愿意将其当做偶然事件，觉得这并不是对他意志的蓄意反抗。

而民主国家的多数，每年都可以将权力从他们之前的代表们手中收回来，所以他们也并不担心权力会被那些人滥用。在任何时候，执政者都会清楚地知道多数的看法，所以多数也乐于让执政者发挥自身才能。由于刻板的规定对执政者与他们自己来说，都会造成限制，所以他们也并不愿意采用刻板的规定来限制执政者。

不过，研究稍一深入，就可以看出，相比专制国家，民主制度下的行政官专权更甚。

专制国家的君主可以对他发现的任何罪行当场进行惩处，然而对于自己能否适时发现应当被惩处的所有罪行一事，他没有办法确定。但民主制度下的执政者不仅拥有巨大的权力，还无所不在。举例来说，众所周知，在法律规定的范围内，美国公务人员拥有的行动自由要远超任何欧洲官员。

通常只要告诉他们有什么任务需要完成，然后由他们自己决定方法。

举例来说，在新英格兰，按照规定，陪审员名单应由各乡镇行政委员提议。不过需要说明的是，陪审员必须从享有选举权且拥有良好名声的公民中选出[2]。

如果一个法国的公务员拥有这样恐怖的权力，那无论他怎么做，所有人都一定会认为民众的生命与自由陷入了危险。

在新英格兰，乡镇行政委员还可以将酗酒者名单贴在酒馆中，禁止出售酒品给他们。如果违反，将被处以罚款[3]。

---

1 这里的“行政官”是广义的行政官，包含所有负责执行政府法令的官员。——原注

2 参考《马萨诸塞法令汇编》第2卷第331页中的1813年2月27日法令。需要补充说明，需要抽签的方式才能决定最终的陪审员名单。——原注

3 参考《马萨诸塞法令汇编》第1卷第302页中1787年2月28日法令。法令规定：各乡镇行政委员有权命令相关部门在本乡镇的酒馆、旅店、小商店等室内及工坊内张贴一张名单，将长期酗酒、醉酒闹事、赌博以及在这些场所中散布谣言者的姓名注明。在获得通知后，上述店铺所有者一旦准许这些人士再次进入店内饮酒或赌博，或再次向其出售酒品，则罚款60先令。

即使在最专制的君主国中，这样的禁止权力也会遭到民主的抵制。但在新英格兰，人们轻易地对此表示了服从。

由于这种专权毫不可怕，所以任何一个地区的法律也没有像民主共和国那样，让行政官拥有这样大的专权。而且，随着选举权逐渐扩散到底层，行政官任期的日益缩短，甚至可以断定，行政官会更加自由。所以，试图将一个民主共和国转变成君主国是相当困难的。一旦行政官不再由人们选举产生，而他们依然保有民选行政官的权力与习惯，那必然会造成专制。

法律在划定官员的行动范围时，还对官员的所有行动问题进行思考，只会发生在立宪君主国。解释这一情况造成的原因十分简单。

立宪君主国的权力，是由国王与人民共享的，他们都希望能够维持行政官的职位稳定。

由于担心行政官出卖国王的利益，所以国王并不希望人民掌握行政官的命运。而人民也担心行政官彻底依附国王而限制自由。所以，行政官既不能依附国王，也不能依附人民。

国王和人民允许官员保持独立的原因，避免了官员滥用这种独立对国王的利益或人民的自由造成损害。所以，双方都认为，提前为官员划定行动范围是必要的，为官员制定一部禁止违反的规定也是有用的。

## 美国行政的不稳定性

在美国，由于获得权力的人任期很短，没过多久就要回归那些面貌日新月异的民众之中，所以相比他们在家庭活动的印记，他们在社会活动的印记却轻很多。几乎美国所有的公共行政管理都是依靠口述和习俗进行的，而没有成文的法规。即便以前曾有过一些规定，也如同古时候女巫写在棕榈树叶上的预言，只需一阵微风，便被吹得毫无踪影。

报纸是美国唯一的历史文献。一旦报纸少了一期，时间的链条也就断了，现在就无法与过往联结起来。如果50年后想要对有关当今美国社会情况的具体文件进行收集的话，我认为会比搜寻法国中世纪行政管理的文件更加艰难。如果有一天，美国被野蛮部落入侵了，那只有依靠其他国家的历史资料才能对今天住在这里的居民事务有所了解了。

人民的习惯中也已经被行政管理的不稳定性渗透进来了。甚至可以说，现在所有的美国人都认为这样更加合适。对他之前的事情，没有任何人表示关心。也没有人去研究管理措施，总结经验教训。虽然收集文献原本很简单，但依然没有人去收集。文件即使偶然到了某人手中，也很少会被保存下去。某些政府部门为了应对我的请求，专门询问了一些官员，才提供给了我现在所掌握的这几份原始资料。美国社会的生活如同一支战斗中的部队。但行政管理却肯定是一门科学。为了不断取得进步，任何科学都必须对上一代人的经验教训进行总结。在短暂的人生中，有人重视行动，有人着重学说。前者创造了方法，后者开创了理论。就这样，人类在发展的同时，不断搜集前人的各种经验果实，并最终建立了各个科学名目。而行政管理者互相之间，完全不学习对方。这已经成为美国最大的问题。并且他们只凭自己的经验管理社会事务，而完全没有管理这一事务应当具备的科学知识。所以，民主扩张到行政管理事务之后，反而对管理者的技术进步起到了阻碍作用。从这一方面看，相对于缺乏行政管理经验的国家而言，民主对已经完成了行政管理教育的国家更为合适。

并且，并非只有行政科学领域才适用这一推论。不过，假如一个民主政府是依据这一单纯而自然的想法创建的话，其社会就应当是十分开化与文明的[1]。开始的时候，人们还认为这种政府只存在于遥远的古代。但随着研究的深入，人们却发现，只有社会的最终发展阶段才会出现这种政府。

## 美国民主制度下的公共支出

民主政府是否节约呢？我们在对这一问题进行解答之前，必须先制定一个标准，以便进行比较。

如果对比双方是一个民主共和国和一个专制君主国，那很容易就会获得答案。我们将在这时发现，在公共支出上，前者远大于后者。并且，所有自由国家在对比不自由国家时，都有着相同的情况。专制制度的确让人民陷入贫困，但其主要原因是阻碍了人民发展生产，而不是将人民的生产成功夺走。虽然它使得收入的来源枯竭，但对已经得到的财产却一直保持重视。而自由却有着恰恰相反的情况。它所创造的财富比它所消耗的多千百倍。一个国家如果明白自由的益处，它的收入来源就永远比税收的增长要快。

对比各种自由国家，并分析民主对各国财政的影响，是我现在将要论述的主题。

与生物一样，社会在组织上必须遵守它一刻也不能远离的严格规定。正是一些存在于任何时间任何地点的一定成分，才组成了社会。

通常，科学把一个民族划分成三个阶级。

富人组成了第一个阶级。虽然不是富人，但生活也很舒适的人算是第二个阶级的成员。而拥有极少资产，或者完全没有任何资产，只能为前两个阶级服务来维持生计的人，属于第三阶级。

由于社会状况不同，这三类人的数量可能有所变化，但每个社会都有这三类人却是你无法否认的事实。

很明显，对于国家财政的管理，每个阶级都有独立的要求。

如果只由第一个阶级来制定国家法律的话，那么，由于对大笔资产的征税不过是九牛一毛，无关痛痒，所以他们应该很少会考虑应当节约国库开支。

而如果只由中间阶级来制定国家法律的话，那么，由于对小额资产征过高税赋可说是最大的灾难，所以他们一定不会打算浪费国家的税收。

我认为，中间阶级政府会是自由政府，但它不能算是自由政府中最有知识与最慷慨的，但一定是最节约的。

而如果完全控制制定法律权力的是第三个阶级的话，我觉得这反而更会造成公共开支的增加，而不是减少。有以下两个原因：

1 在这里，我所说的民主政府，是指一个民族创建的民主政府，而不是一个小部落创建的民主政府。对此，不作过多论述。——原注首先，制定法律者中，绝大多数没有财产会被征税，他们似乎只会从国家的公共支出中获得好处，而肯定不会受到侵害。其次，稍有资产的人肯定会找到将税赋负担转移给富人的办法，从而只对穷人有利。富人执政的话，绝不会出现这样情况。所以，不要希望国家被穷人[1]独自掌握立法权后，会明显地节约公共支出。由于立法征税的人可能不会被征税，或者他们不会让自己被征税，所以这通常会是一笔很大的支出。简单说来，唯一可以使立法征税者逃脱纳税义务的政府，就是民主政府。

无论如何反对，引导人民保护富人财产才符合人民的真正利益。否则，自找麻烦的痛楚很快就会被人民所了解。

并且，难道国王的利益就包括人民的幸福了吗？难道贵族的利益就不再向人民始终开放了吗？假如长期利益能够控制眼前的激情与苛求，那暴君统治和蛮横的贵族制度就永远都不会出现。

或许会有人向我发问：有些人不是主张应当让穷人完全掌握立法权吗？

这些人是谁呢？他们就是创建了普选制度的人。是多数还是少数制定了法律？答案肯定是多数。如果说穷人始终是多数的话，那是不是也可以说这样的一句话呢？——“穷人会在实行普选制的国家中独揽立法权。”

必须承认，今天世界上的所有国家中，没有资产与只有极少资产维持不劳动时生活的人，依然是占绝大多数。所以，普选制度实际上使得穷人管理了社会。

对国家财政而言，人民权力可能会产生灾难。这种情况在一些古代民主共和国十分常见。为了救助贫民，或者为人民提供娱乐设施，这些共和国几乎消耗了所有财政。

坦率地讲，古代几乎没人知道代议制。但现在，公共事务方面已经很少会表现出人民的激情了。不过可以推测的是，随着时间的推移，代表们早晚会依据选民的要求行动，保护他们的利益与喜好。

同时，人们逐渐富裕，民主所造成浪费的恐怖程度也会随之降低。导致这一现象的原因是，人们富裕之后，不仅不再需要富人花钱帮助，而且自己也会在增税时遭受损失。由于英国的少数人几乎掌握了所有应当缴纳的税收，所以从这方面看，普选制度在法国遇到的危险要比在英国少。而美国的大多数人都拥有财产，也拥有比法国更为有利的社会地位。

或许还有其他一些原因会导致国家公共支出的增加。

在国家由贵族统治的时候，由于自身地位，执掌政权的人肯定不会有所短缺。他们自认为天生富贵，始终向社会要求权力和荣誉。他们身处万人之上，却无视民众的幸福安宁对他拥有荣华富贵的促进作用。对于穷人的痛苦，他们也确实并非毫无怜悯，但他们却肯定没有穷人那样对痛苦的真切感受。除了保住自己的统治地位，他们再无所求，所以只要人民能够安于现状，他们也就心满意足。贵族政体对于保持现状的关心，远远超过对改革现状的关心。

与此相对的是，由于人们承受过痛苦，所以一旦人民掌握统治国家的权力，执政者

1 很显然，这里的与本章其他位置的“穷人”一词，只是相对的，而并非绝对的。相比欧洲的穷人，美国的穷人要富裕很多。但相比他们更加富裕的同胞，他们就可以被称为穷人了。——原注

就会在各地推行良政，消除劣法。

改革的精神会在这时扩散到所有行业，深入到任何角落。那些需要花钱的事业会发挥的更为显著，因为改善穷人无法自行改善的生活正是这种事业的目标。

同时，一种没有明确目标的进取精神与各种不断追求改革且总是需要花钱的热情，也一直存在于民主社会之中。

在君主政体和贵族政体下，为了迎合执政者天然的虚荣心理，野心家们常常怂恿执政者去做一些浪费人民血汗钱的工程。

对社会福利有推动作用的事业基本都是需要花钱的，但在穷人执政的民主国家中，执政者只有在这种事业上，才会显示慷慨。

此外，人民一旦开始对自身所处的环境进行思考的话，注定会产生许多原本并未想到的需要。而只有依靠国家的帮助，这些需要才有可能被满足。所以，公共支出通常是随着文明的进步而提高，税收也会随着教育的普及而增加。

最后，还有一个使得民主政府经常比其他政府更值得赞赏的原因，那就是民主政府有时会试图节约开支，但由于没有节约的办法，所以它无法做到。

由于国民政府经常将自己的目标和人员进行变更，所以它的事业常常首尾不一或半途而废。如果是前一种情况，国家在花钱之后，不会达到原本想要的目的。而如果是后一种情况，国家在花钱之后，不会得到任何好处。

### 在规定公务员薪水上，美国民主所表现的本性

通常让民主制度调节公务员薪水的会是一个重要原因。

在民主制度下，很多人参与规定薪水制度，但几乎没人有从中获得利益的机会。

与此相对的是，在贵族制度下，参与规定高薪制度的人差不多总有模糊的希望可以使其从中得益。这是他们为自己创造的财产，或者，起码算是为后代留下的收入来源。

不得不说的是，民主国家对他们的主要公务人员太过小气。

虽然美国的低级公务员薪水要比其他国家高，但高级公务员的薪水却与其他国家相差甚远。

同一个原因造成了这两个对立的现象。无论这两种情况的哪一种，公务员薪水都是人们根据自身需要，再比较低级与高级公务员的贡献而做出规定的。人们自己拥有舒适的生活，所以他们认为公务人员也应当享有这种舒适的生活，这是完全符合情理的[1]。但这个想法却在对高级公务员薪水进行规定时失效了，它们完全是随意做出的规定。

对于社会上层阶级的生活需要，穷人完全没有明确的认识。由于穷人常常认为只要可以满足日常需求就足够了，所以很多穷人认为相当不少的资产，却不过是富人眼中不值一提的酬劳。穷人觉得，一个年收入达到两千埃居（也就是6000法郎）的州长，就绝

1 还有一个原因导致了美国低级公务员生活的富足。这是一个与民主的共性无关的原因，那就是在美国，相比担任政府职务，各种私人生意就能获得更多报酬，所以国家如果不为低级公务员规定较高薪水的话，没有人会愿意担任低级公务员。即使商业活动会要求人准确地计算，要面临惨烈的竞争，但他们依然会乐于做这种工作。——原注

对是幸福且令人羡慕的人了[1]。

如果你试图说服他们，对他们说，一个伟大国家的代表人物应当显示给外国人一些气派，他们或许在开始会同意你的看法。但他们一旦想到自己破旧的房屋与辛勤劳动才换来的微薄收入后，发现他可以干出事业的财产在你看来竟然是无足轻重之后，他不仅会对这笔财产感到惊讶，甚至会感到恐惧。

除此之外，如果低级公务员与人民几乎拥有相同的生活水平，但另一些人却超过这一水平的话，他们对前者还能表示同情，但对后者只能表示妒忌。

在公务人员薪水随权力增加而减少的美国，这种情况表现的十分清晰[2]。

但贵族统治的帝国却有着完全相反的情况。高级公务员的薪水相当高，但低级公务员的薪水却仅能维持生计。从我们之前所讲的类似原因中，不难发现这一情况的原因。

如果可以说民主制度不会接受富人应当享受而穷人只应羡慕富人的话，那也可以说贵族制度完全不会理解穷人的痛苦，或者说它完全不知道什么是贫穷更为合适。准确说来，穷人与富人绝不是同一种人。所以，贵族制度极少对其下级官员的命运有所关心，除非由于薪水实在太低而导致下级官员拒绝工作时，它才会将他们的薪水稍微提升一点。

虽然民主制度并不爱好节约，但面对高级公务人员，它却选择了节约，甚至让人觉得它对他们有所亏待且过于小气了。虽然民主制度也确实让执政者生活的还算可以，但它为了满足人民的需要，方便人民的生活时，却可以耗资甚巨[3]。不过，这些来自税收的支出，并没有被浪费。

通常情况下，民主制度在统治者身上的花费较少，但在被统治者身上的花费较多。而贵族制度则恰恰相反，国家的收入主要都被其花费在统治阶级身上了。

### 推动美国政府严格节约的原因难以分辨

任何一个寻找法律对人类命运发生真正影响的事实的人，都曾有过重大的失误，因

---

1 俄亥俄州人口达到100万，但其州长每年的薪水只有1200美元。1200美元也就是6504法郎。——原注

2 显然，这一事实是存在的。只要对联邦政府部分官员的薪水稍加调查，就足以证明了。为了便于读者理解，我觉得应当对比一下法国的同类官员。

美国的财政部官员中：传达员，3734法郎；低级科员，5420法郎；高级科员，8672法郎；科长，10840法郎；部长（国务卿），32520法郎；政府首脑（总统），13500法郎。

法国的财政部官员中：大臣的传达员，1500法郎；低级科员，1000—1800法郎；高级科员，3200—3600法郎；科长，20000法郎；大臣，80000法郎；政府首脑（国王），12000000法郎。

或许将法国作为比较的出发点并不妥当，在法国，民主的本能已经逐渐深入政府之中，国会要求提高过低薪水与降低过高薪水的强硬态势已经出现。所以，法国财政大臣的年薪，在第一帝国时期为16万法郎，但在1834年已经降至6万法郎，而财政部各个司长的年薪，也由原本的5万法郎降至2万法郎。——原注

3 对美国的预算进行研究，就可以知道美国究竟花了多少钱，来救助贫民及进行免费教育。

1831年，为维持贫民生活，纽约州共支出120万法郎，为国民教育，则支出至少542万法郎。参考威廉姆斯所著《纽约年报》第205页及243页，1832年出版。

1830年，纽约州共有190万人口，大致相当于两个法国诺尔省的人口。——原注

为分辨这种事实是最困难的事情。

有的民族原本就活泼和热情，而有的民族则喜欢思考和算计。这是由他们的身体机能或我们尚不知晓的古老原因而来的特点。有的民族喜欢气派、热闹和兴致，为了短暂的快乐，即使耗费巨大也绝无悔意。而有的民族却喜欢独来独往，以露富为耻。有的国家对建筑的美陷入沉迷，但有的国家却对艺术毫不重视，对所有无功利的事物都十分蔑视。最后，有的国家喜好荣誉，而有的国家热爱金钱。刨除法律，对各自国家的财政而言，这些表现全都有着十分巨大的影响力。并不只是因为人民投票决定美国的税收，美国人才不在公共庆典上花费国家的钱财，也还因为美国人并不喜欢隆重的庆祝。也并不只是因为美国人是热爱民主的民族，他们才不追求建筑的装饰，不重视外面的华美，也因为他们是看重商业的民族。

公共生活也会接纳私人的生活习惯。不过我们也应当正确地区分美国制度造成的节约和人们的习惯与社会风俗造成的节约。

### 能否对比美国与法国的公共支出

人们最近进行了大量对比美国与法国公共支出的研究，但没有人的结果是令人满意的。至于他们为何未能达到目的，我认为几句话就可以将其说清了。

要想查清一个国家的公共支出数字，必须做两件必不可少的调查。第一，必须知道这个国家拥有多少财富。第二，必须知道其中多少财富被它用于公共支出。由于我们并不只是想知道支出，而是还想知道支出与收入的关系，所以如果只对税收总额进行调查，却不对税收的来源进行调查的话，这项工作就毫无意义。

一笔税款对富人来说，可能十分轻松。但对穷人来说，这笔税款就能让他破产。

人民的资产是由许多成分组成的，其中不动产是最主要的，动产则次之。

要想准确地计算出一个国家的耕地面积与其自然价值及增益价值，是十分困难的。而想要计算出人民拥有的动产价值，那就更加困难了。由于财产种类五花八门且数量繁多，导致你即便算出了总数，也基本没办法进行正确的分析。

所以，我们会看到，直到现在，一些欧洲的文明古国，甚至包括行政集权国家，也没能精确地算出自己的财富总额。

而美国的人们，甚至从来没有考虑过要去计算财富总额。这个新兴国家的社会尚未安定，全国政府也未能像我国一样，拥有大量可以随意支配的下属，由于无人整理或无时间研究，统治资料也残缺不全。你认为这样会计算出正确的结果吗？

所以，我们没办法得到计算必需的资料，我们也就没办法对比法国与美国的财富。法国的财富现在仍没有被精确地计算出来，而美国的财富就根本没有办法计算。

不过，我更希望先不去管“对比”这个必须的词汇，先不对税收与税源的关系进行研究，而只是计算出税收的实际数额。

虽然我的研究范围有所缩小，但读者们也会发现，我却并未因此而减轻任务。

在法国的中央集权行政管理制度中，即使大量官员努力地工作，我也依然认定，他们无法将公民的直接税与间接税总额准确得出。而且，这一工作并非一人能够承担，法国政府自己也没有完成这一工作，或者最少是没有将结果公布出来。虽然我们现在可以知道中央的支出总额与各省的支出总额，但依然不知道乡镇的支出状况，所以依然不能认为我们已经了解了法国整体的公共支出情况。

如果我们转过身，现在开始对美国的公共收支进行研究的话，就会发现更多的困难，而且更加难以克服。我知道美国中央政府确切的支出总额，也可以看到其24个州[1]的预算，但是我怎么才能知道，美国公民为他们的县与乡镇提供了多少行政支出呢[2]？

联邦政府没有办法强迫各州政府为我提供这些资料，并且即便各州政府全都乐于帮我，我也对他们能否满足我持怀疑态度。即使不考虑这项工作的天然困难，国家的政治结构也对各州政府获取成功的努力造成了阻碍。乡镇与县的行政委员并非州长委任，不受州长节制。所以可以说，即便各州政府愿意提供我所需要的资料，也难免遭遇重大阻碍，即那些下级公务员本应该为州政府服务，但也有糊弄我的可能[3]。

---

1　当时美国只有24个州，现在美国共有50个州外加一个联邦直辖特区。——译者注

2　众所周知，美国有四种预算：联邦有联邦预算，各州、县及乡镇也都有自身预算。为了解几个主要州的乡镇及县的公共支出总额，我在美国停留期间进行了大量调查。我获得几个大乡镇的预算资料十分轻松，但却未能找到小乡镇的支出资料。所以，我无法对乡镇支出做出确切地判断。而我也搜集到了一些有关县支出的资料。虽然这些资料不够完整，但它依旧可以引起读者的兴趣。原费城市长理查德先生向我提供了宾夕法尼亚州13个县在1830年的年度预算，对此我表示感谢。这13个县包括：莱巴农、森德尔、富兰克林、费耶特、蒙哥马利、鲁泽恩、道芬、巴特勒、阿勒根、哥伦比亚、诺森伯兰、北安普敦、费拉德尔菲亚*。至1830年，宾夕法尼亚州共有495207名居民。只要对宾夕法尼亚州地图稍加观察，就会发现这13个县散步在各个方向，并且都服从全州总计划的指导。所以，并不能因此认为，它们无法使我们产生对宾夕法尼亚州各县财政的确切判断。在1830年，这13个县共支出1800221法郎，平均每人承担3法郎64生丁**。通过计算，我得知在1830年，这些居民平均每人向联邦政府缴纳12法郎70生丁的税款，向宾夕法尼亚州缴纳3法郎80生丁的税款。这样，在1830年，不算乡镇支出，这些县的公民就已经需要平均每人向社会缴纳20法郎14生丁了。虽然这项计算只局限于一个年度的一部分支出，并不全面，但其数据是值得信赖的。——原注

*费拉德尔菲亚，即费城。——译者注

**100生丁为1法郎。——译者注

3　有一些试图对比美国和法国预算支出的人认为，不能对比法国的公共支出总额与美国的公开支出总额。然而，他们却试图对比两个公共支出各组成项目的总额。相比于第一种方法，不难看出第二种方法的缺陷也并不会少。

举例来说，将我们的国家预算对比什么呢？对比美国的联邦预算吗？但相比我们的中央政府，美国联邦政府的预算项目要少很多，所以其支出总额也自然少很多。那对比我们的各省预算与美国的各州预算呢？但相比于我们各省，美国各州的事业支出要重要，项目也更多，所以美国各州的支出也要大很多。而在财政制度上，各县与我们完全不同。难道还要回到各州或者各乡镇的预算中，去对比其中列出的支出吗？虽然两个国家都存在乡镇，但二者之间差别很大。美国基本由自己承担乡镇支出，而法国基本由省或国家承担乡镇支出。那为什么不对美国的乡镇支出进行研究呢？要知道在美国各州，乡镇的组织是不同的。我们怎么能在研究新英格兰、佐治亚州、伊利诺伊州的乡镇时，使用相同的标准呢？

虽然不难在两个国家的某些预算项目中找到相似之处，但预算的项目却多少并不相同，所以在整个预算间，无法十分精确地进行对比。——原注

由于美国一定直到现在也没有做任何这方面的工作，所以询问他们能否提供这方面的资料也毫无意义。

所以，无论你是在今天的美国还是欧洲，没有人能告诉我们，一个美国公民需要每年为社会承担多少费用[1]。

总而言之，不管是对比美国和法国的社会支出，还是对比两国的财富，都很难得到结果。同时我还要再说一句，妄想这样做也有着同样的危险。如果统计资料的基础并非依据可靠的计算的话，那不仅不能对工作产生指导作用，反而会让人偏离轨道。那些看上去正确但实际上却并不准确的事物，很容易迷惑人们的思维，导致他们坚信那些打着数学真理幌子的谬误。

所以，我们放弃数学，换一种证明方式吧!

想要在缺乏足够可信资料的情况下，验证人们的公共支出与他们的财富是不是相匹配的话，只能进行观察。看这个国家的物质是否繁华，看缴税之后的穷人是否可以维持生计，富人是否更加富裕，双方是否满意自身命运，双方是否一直在改善自己的生活，并由此看资本是否缺乏投资项目，而需要投资的项目又是否需要资本。

如果一个人按照这些标准进行了观察，那肯定会认为就收入中上缴国家的部分进行比较的话，美国人民要比法国人民低许多。

然而，二者的区别该如何确定呢?

法国的债务中，有一部分是两次被侵略造成的结果。但美国不用担心他国的入侵。由于我们自身的地理位置，我们必须保持一支强大的军队。但美国独自处在大西洋的对岸，所以6000名士兵已经足够了。我们拥有300艘军舰，但美国只有52艘[2]。所以，美国的居民负担，怎么可能会比法国多呢?

这也能看出，无法对比两个如此地不同国家之间的财政。

因为考察了美国的实际情况，我们才认为美国的民主制度是真正节约的制度，而不

---

1 即便我们能够确切地知道法国或美国的每个公民向国库缴纳的税额，我们也依然只了解了部分事实而已。

政府不仅要纳税人缴纳金钱，还要求公民提供本可变成金钱的徭役。国家会征召军队，而创建军队之后，全国的民众就要供养他们，并且，根据服役时间的长短，士兵本身也付出了一定时间。我认为，民兵执勤也属于同一种情况。一个人只要参加了民兵，就要随时付出珍贵的时间服务社会。实际上，这只是没有收入地向国家支出而已。虽然这种例子我曾经举过，但我还可以再举几个。对于这种自然由公民承担的义务劳动，美国政府与法国政府都进行了规定。但有人能够准确地算出，这两个国家征集了多少这种劳动吗?

在对比美国与法国的公共支出时，这还算不上使你无法比较的最终困难。法国有些义务是美国没有的，而美国也有些义务是法国没有的。法国政府向神职人员支付薪水，但美国政府要求信徒自行打理教会。美国由政府负责救助贫民，但法国由社会慈善社团救助贫民。法国对所有官员都只支付固定薪水，但美国却准许公务员享受一切利益。法国只要求公民对少数道路提供义务劳动，但美国却要求公民对几乎所有道路提供义务劳动。法国的道路对所有能够使用道路的人免费开放，但美国所有的道路都设卡收费。

公民们有时不承担任何费用，或者在国家尚未正式要求公民承担时，只承担极小部分。正是由于纳税人在社会义务的承担上有着如此差别，我们要对比两个国家就太过困难了。——原注

2 参考法国海军部的详细预算，而美国的数字则参考《1833年美国大事记》第228页。——原注

是基于美国与法国的对比才有此结论。

在对联邦各州进行考察时，我发现各州政府经常没有长期一致的计划，也很少监督其雇员。所以，我自然就认为：它们注定会浪费纳税人的金钱，或者注定会在一些事业中消耗不必要的金钱。

不过我也看到，这个对选民忠诚的政府，为了满足社会下层阶级的需要而付出了巨大努力，为他们打开了政府监督的大门，为他们普及了幸福和知识。它让穷人得以吃饱穿暖，它花费巨资创办学校，它付给任何服务以薪水，它善待了小人物。虽然我认为这是十分合乎情理的治国方式，但我也必须承认它耗资巨大。

我发现，管理公共事务与掌控国家财源的是穷人，同时我也认为这里的国家支出是对穷人有利的，所以国家才会经常出现新的支出。

所以，尽管我没有依靠那些不完整的统计数字，也不打算做那些不确定的对比，但我仍然断定，美国的民主政府并非像人们有时所想的那样吝啬。我也敢预言，一旦遭遇严重危机，美国的税收就会提升到大多数欧洲贵族国家或君主国家的高度。

### 民主国家统治者的贪污腐败行为及其对社会道德的影响

不管是贵族政体还是民主政体，它们都批评对方容易贪污腐败。我们要对此进行分析。

贵族政府的工作人员都是富人，他们只贪图权力。而民主政府的工作人员都是穷人，他们希望升官发财。

所以，贵族国家的统治者对金钱没有太大欲望，很少有贪污行为。但民主国家的情况却恰恰相反。

在贵族制度下，希望当领导的人都十分富裕，而由于职位稀缺，最终很少有人能够当上领导。所以，可以认为政府是贩卖职位的政府。与此相对的是，在民主制度下，希望当领导的人一穷二白，而竞争者十分多，所以民主制度中的卖家很多，但很难找到买主。并且，若要达成目的，必须一次收买大量人。

近四十年来，许多在法国的掌权者被认为为了发财而曾牺牲本国与盟国的利益，因此受到谴责。但旧君主制度的官员就极少有人受到这种谴责。法国几乎没有贿选的案例，但这种事情在英国却十分普遍。

虽然我从来没听说过哪个美国人是花钱买来了某个职位，但我却始终怀疑公务人员的廉洁。更糟糕的是，我经常听到传闻，说他们是依靠无耻的阴谋和无赖的手段而当选的。

所以，假如贵族政体的执政者只是偶然尝试堕落的话，那么民主政府的领袖却是自己主动堕落的。第一种情况发生时，堕落的官员会直接打击民众的道德。第二种情况发生时，堕落的官员将会对人民的道德产生更加恐怖的影响。

民主国家的领袖几乎始终要受到令人厌恶的怀疑，为了让政府对他被指控的罪行进行保护，他会使用一些特别的伎俩。这就导致他为正义提供了一个危险的榜样，尽管正义还在与邪恶进行斗争，但他却为被掩盖的邪恶套上了华丽的外衣。

有些人认为，王位基本是与生俱来的，每个阶级都会有邪恶的感情出现，贵族国家与民主国家的国家元首都难免会被令人唾弃之人担当。不过，这种解释没有意义。

偶然掌权之人的腐败行为会传染给民众一种粗鄙低俗的东西，而大财主的一些贵族的高贵气质和翩翩风度倒是让他们的腐败生活不对外传播。所以，我十分不满意这种解释。

对于宫中争斗的秘密，民众永远都不会知道，而那些卑鄙的行为被优雅的举止、高雅的喜好与雅致的词汇装饰起来后，民众通常也难以发现。然而，即使是最底层的小人物也能发现盗窃国库和出卖国家利益的行为，而且他们自己有可能也存在这种想法。

除此之外，无赖变成大人物远比大人物的无赖更值得恐惧。在民主制度下，如果一个普通公民没用几年就从一个小人物变成一个有权势的人，那他当年的同伴注定会感到惊讶和嫉妒，并开始思考为什么一个昨天还和他们一样的人，在今天就有权力统治他们了呢。如果说这个人是因为他的才能与品德的话，那就相当于承认自己不如他有才能和品德，这会让人很不舒服。所以他们就从这个人的不良品行中去寻找主要原因，而且通常认为自己这样很正确。这就导致令人遗憾的概念混乱出现在了无耻和权力之间，也出现在了下流和成功之间，还出现在了羞耻和利益之间。

## 民主能够做出何种努力

需要你们注意的是，我所说的政府是真正依据人们意愿的那些政府，而并非那些只是以人民的名义下达命令的政府。

由于以人民名义下达命令的政府可以利用多数人意愿所具备的道德力，来坚决、迅速、执著地去完成独裁者的意愿，所以没有什么比它更难以预防了。

在国家的危难之时，一个民主政府能够做出多大的努力实在很难说清。

强盛的民主共和国至今未曾出现。如果将1793年统治法国的寡头政体也称为“共和”的话，那无疑是在侮辱共和政体。只有美国才是共和政体卓越的新代表。

到现在，联邦政府已经诞生了五十多年，但只有独立战争那一次曾对它的生存造成过危险。这种战争初期，人们曾经用罕见的激情为祖国奋斗[1]。但随着战争的长期持续，以往的自私心理再次出现。人们拒绝向国库缴税，拒绝应征入伍。虽然人民依然希望能够独立，但却不愿使用争取独立的手段。

在《联邦党人文集》第12篇，汉密尔顿写道：“我们增加许多新的赋税，我们尝试了许多新的征税方法，但都是徒劳。民众的希望已经全都变成了失望，国库空无一文。我们民主政府性质所天然带来的民主行政制度，正处于硬通货匮乏的状态。这种状况使得我们的商业委靡不振。虽然民主政府至今仍在努力增加税收，但毫无效果。现在各种

---

1 我觉得，国家决定暂停喝茶是一件很伟大的事情。所有将喝茶当成生活中不可缺少的一部分的人，都肯定会惊讶于全体美国人所为此付出的难以忍受的重大牺牲。——原注

的立法机关也都知道这种做法多么愚蠢了。”

在这之后，美国再也没有参加过一次需要战斗到最后的危险战争。

所以，想要了解民主制度能够承受多少牺牲，就必须等到有一天，美国人也要像英国人一样，让政府拿走他们一半的收入，或者等他们像法国人一样，将全国二十分之一的人口派往前线打仗。

美国人不认可征兵制。要想我去参军，就必须付给我薪水。美国人的思想无法接受强制征兵，美国人的习惯也不接受强制征兵，我甚至觉得没有人敢在法律中将它写进去。但法国的征兵制，却肯定是我国人民最重的负担。然而，如果没有征兵制的话，我们如何能够支撑大陆上的一场战争呢?

对英国那种强迫海员参军的政策，美国人同样不认可。他们也并不实行我们法国海军那样的征兵制。在美国，不管是海军，还是商船的海员，都是依据自愿原则招募的。

不过，如果一个国家不实行上面两种办法中的任何一种的话，就很难想象它如何能支撑一场大型海战。所以，虽然美国曾在海上进行过伟大的战斗，也为它为数不多的军舰耗资不少，但它从未拥有过一支大规模海军。

如果美国不采取强迫海员服役制度或者海军征兵制，那它海上的地位就很难维持。对此，我曾听到美国的政治家们对此表示认可。然而，很难让行使国家主权的人民去接受这种制度。

在危难时刻，相比于非自由国家，自由国家通常都会展示出更强大的毅力，这一点无须证明。但我也更相信，如果一个自由国家中贵族比例较大，那这种情况就更真实。我觉得，相比于用民主制度去长期抵御威胁国家政治的重大危机，让它去管理安定的社会，或者在需要的时候，让它去当振奋士气的突击力量要更为合适。原因很简单，虽然热情可以让人不惧艰难，但沉稳地思考更能让人战胜长期的困难。相比于不经大脑的行动，无意识的勇敢本能都显得更加慎重。虽然通常只要有激情，就可以拥有最初的努力，但必须长期坚持最初的努力，才能获得最终的结果。为了拯救其他的部分，人们才敢拿一部分珍贵的东西去冒险。

然而，这种因知识和经验才具备的对未来的明确认知，正是民主时常欠缺的。人们太过感性，而缺乏理性。虽然目前并没有太大的苦痛，算不上恐怖，但如果对无法承受苦难而造成的更大苦难不加考虑的话，那就十分恐怖了。

导致民主政府的努力比不上贵族政府的坚持的，还有其他一种原因。

对未来局势的了解，人民比不上上层阶级，但要承受的苦难，人们却远超上层阶级。贵族虽然让自己的生命处于险境，但面对承受损失和取得荣誉，他们却有着相同的机会。

将大部分收入交给国家，对贵族来说，不过是让他们暂时无法享受某些奢侈。但对穷人来说，死亡的荣誉毫无魅力，那些富人也厌恶的赋税，对他们的生活来源都造成了长期威胁。

或许民主共和国在危难时的这种弱点，就是欧洲创建这种共和国的最大阻碍，如果欧洲的一个国家能够创建这种民主共和国并存活，那其他国家也必须在同时都建立这种制度。

我认为，随着时代的发展，民主政府肯定可以增加社会的力量，但像贵族政府或专制君主国那样，在某一个时间和某一个方面迅速集中所有的力量，是它无法做到的。我认为，一个国家如果被民主共和政府统治一个世纪的话，在世纪末时，与紧邻的专制国家相比，它的人民一定更加富裕，它的人口一定更加繁盛，它的商业一定更加兴旺。不过，在这一个世纪之中，它也注定会多次面临被这些专制国家侵略的危机。

## 美国民主平时所显示出的自制力

在美国的一些小事上面，为了将来的利益，民主在暂时抑制激情与控制需求时，表现出了一些困难。

喜欢被别人拍马屁的人，自制力都很差。如果有人希望他们帮忙或解决问题时，就算是出于他们也觉得应当的目的，他们往往会拒绝。美国人遵守法律，因此也公平地得到了人们的称赞。但需要额外补充的是，美国的法律由人民制定，并为人民服务的。所以对那些到处想逃避法律的人而言，美国的法律是有利的。因此我们可以知道，如果一项法律被大多数人认为对自己没有效力并十分反感，那肯定很难获得通过，即使通过也没人会遵守。

美国没有法律对谎称破产进行处罚。难道这是因为美国没有破产者？情况恰恰相反，反倒是因为有太多的破产者。相比于别人破产牵连自己，大多数人对自己被指控为破产者更加担忧。同时，对私人举报的罪行，民众总是怀有一种错误的宽恕心理。

在新创立的西南各州，公民几乎掌握了所有的司法权，但谋杀案十分频繁。这种情况的发生，是由于那片戈壁的人民有着过于粗鲁与无知的风格，他们觉得决斗比使用法律更合适。

在费城，有一天一个人对我说："酗酒差不多是美国所有犯罪的起因。由于酒很便宜，即使是底层百姓也可以随便喝。"我问："那你们怎么不对酒征税呢？"他回答道："我们的立法确实经常想这样干，但由于担心民众反对，所以很难做成。并且如果一个议员投票赞成这一法律的话，他下次绝对不会当选了。"我又说："这么说，你们国家大多数人都是爱好喝酒的人，民众并不喜欢在你们国家禁酒。"

如果你问美国的政治家这一问题，他就只会对你说："时间会解决一切问题。痛苦的经历会让民众清醒，让他们明白真正需要些什么。"现实常是这样。虽然相比于一个国王或一群贵族，民主制度发生失误的机会要更多，但由于民主制度本身通常并不存在与多数人及理性相反的利益，所以只要它发现了自己的失误，也会有更多的机会回归正确的途径。然而，只有通过实践，民主制度才能被人当做真理，但很可能在尚未看到失误造成的后果时，很多国家就灭亡了。

所以，造成了美国如今的巨大优越的，并非只是因为美国人比其他民族更聪明，更是因为他们知错能改。

需要补充的是，民主制度应当预先将人民提高到一定的文化和教育水平，这样再从以往的经历中获得教训才更容易。

有些国家的基础教育极差，人民的性格混合着狂热、无知和对所有事物的错误认知。这也导致他们无法找到自己痛苦的根源，被他们毫不了解的灾难所征服。

我曾从几处辽阔的地域路过，那里曾是强壮的印第安人的故土，但现今看不到他们的踪影。我曾在印第安部落中居住几日，他们看着自己人丁日益稀少，勇武的光芒散尽，到如今已是挣扎度日。我曾听这些印第安人说，他们民族的末日马上就要降临。当时，所有的欧洲人都认为应当保护这些可怜的人，不让他们消失。但他们自己却无动于衷。虽然他们感觉到了正一年年遭受灾难，但却不愿意被帮助，哪怕他们只剩下一个人。要想使他们生存下去，将来只能采取强制措施。

人们一定会惊讶于南美的那些新兴国家，它们25年来一直处在革命的战乱之中。人们一直都在等待这些国家早点返回自然状态。但谁又敢肯定，现在南美西班牙人最自然的状态就不是革命状态呢？这地区的社会就在一个深渊的谷底挣扎，但要想让它走出这个深渊，只依靠社会自己的努力还不够。

这些人民占据了西半球美丽土地的一半，他们看上去专心于互相残杀，绝没有改变想法的意思。没有力气时，他们会暂时停战，而休息一阵之后，他们会再次疯狂。他们不是在承受苦难，就是在犯下罪行。当我看到这些场景时，我只能认为，对他们来说，专制或许是一种恩惠。

然而，在我的大脑里，我还是无法把专制与恩惠两个字联系起来。

## 美国的民主制度在处理国家对外事务时所采取的方法

我们知道。联邦宪法给予总统与参议院以平时处理对外事务的责任[1]，而一定程度上，总统和参议院都能使对外总政策摆脱人民的直接监督和日常监督。所以，决不能认为美国是通过民主的方式管理对外事务的。

对美国的对外政策的管理至今依然有影响的有两个人，一个是华盛顿，另一个是杰斐逊。

有一封值得称道的信是华盛顿写给其同胞们的，我们可以认为它就是这位伟人的政治遗嘱。在这封信中，他写道：

“我们在对外政策上的主要行为原则是：增加我们与外国的贸易交流，而努力减少与它们的政治发生关系。我们应当尽量遵守我们所签订的条约，但这也就足够了。

“欧洲各国之间有一系列利益相互纠缠，但对我们而言，这些利益要么毫无关系，要么关系相当遥远。所以，他们将来注定会经常处于不断的冲突之中，但从根本上说，

1 联邦宪法第二条第二款中说：“经参议院提议及通过……总统有权缔结条约。”读者们应该记住，参议员由各州立法机关选举产生，有六年任期，每两年改选其中三分之一。——原注

纠纷与我们毫无关系。所以，如果今后有人想将我们与欧洲的日常政治变更进行人为的捆绑，或者将我们与欧洲各国的时敌时友进行人为的捆绑的话，这是很不理智的。

“由于我们的地理位置远离其他国家，独处一个角落，这要求并允许我们能够实行不一样的方针。如果我们作为一个民族，可以在一个有效率的政府统治下存活的话，那么用不了多久，我们就不会由于外国侵略而蒙受物质损失，能够在任何时候保持中立，并受人尊重。也就可以做到让交战各国都没有办法从我们身上得益，所以他们也就都不敢轻易挑衅我们，我们也就可以根据自身利益和正义的标准来选择是否参战。

“我们为何要放弃特殊地理位置所带来的优势呢？我们为何要远离自己的基地而去往外国的基地呢？我们为何要捆绑自己与欧洲某一部分的命运，来让我们的和平与富强交织着欧洲人的野心、对立、利益、骄横或者鲁莽呢？

“避免与任何外国永远结盟，就是我们真正的政策。当然，我是想说，我们的行动要一直像现在这样不受束缚，而不要以为我的意思是我希望不遵守现存的条约。诚实一直都是最好的办法。我在政务上对这一格言的遵守并不比在私事上差。所以，我重复一遍，我们要依照条约的真正含义来遵守条约。不过我觉得，补充原有条约或重订新约都没什么必要，也并不明智。

“为了让自己能够保持受人重视的防御姿态，要一直施行恰当的方法。一旦发生意外，也可以恰当地利用暂时的联盟。”

华盛顿在这句话之前，还讲过一句令人称赞的格言：“如果一个国家对另一个国家总是习惯去爱或恨，那么它也就与一个奴隶一样了，一个自己的爱与恨的奴隶。”

这些格言也成为华盛顿政治活动的长期路标。世界上所有的其他国家都被战争所席卷，华盛顿却让自己的国家维持了和平。他认为，绝不参与欧洲的内部纷争才符合美国人的根本利益，这也是他的行动原则。

而杰斐逊更进一步。在对外政策上，他的格言则是：“为了使自己免于被迫出让特权给外国，美国人应绝不向外国索要特权。”

这是两项具有鲜明公正性，容易为民众所理解的原则。美国的对外政策也因此大为精简。

由于美国不存在足以与自己相抗衡的强大邻国，所以不参与欧洲事务的美国政府，也并不存在严格意义上的需要争夺的对外利益。美国的地理位置与它自身的意志，使得旧大陆那种骚乱没有发生在它的身上。它不偏袒也不支持骚乱。新大陆的骚乱还依旧在未来中潜伏。

旧规矩并不能束缚联邦政府。所以，它不仅从一些欧洲旧国家的经验中获益，又不必与它们一样，只能利用历史，并使历史适应当下。它也就不必像它们那样，被强制接受祖先所留下的诸多遗产。这些遗产不仅有光荣，也有痛苦，不仅有国家间的友好，也有国家间的仇恨。美国的对外政策是一种执行出众的观望政策。它的要求是无为，而非有为。

所以，现在人们难以预测，国家在处理对外事务时，美国的民主会有怎样成熟的表现。不管是它的朋友，还是敌人，暂时都只能对这点保持怀疑。

就我个人而言，我坚定地认为：相比其他政府，民主政府在国家对外关系指导方面差距明显。然而，民主制度获得了许多日常实际知识和被称做常识的生活小窍门，它们差不多都由经验、习惯、教育长期提供。常识就足够对人们的日常行动进行指导了。如果一个国家教育事业发展完善，那相比于失误而引发的灾难，在国内事务中应用民主的自由通常要更好。不过，这却并不适用处理国家间的事务。

对外政策并不需要任何民主的天然素养，甚至完全相反的是，它需要的却是民主完全没有的那些素养。在增加国内资源，促进人民生活富足，发展公益精神，推动社会各阶级遵守法律方面，民主都是有益的，这些也都可以对一个国家的对外关系产生间接影响。但在调整一项宏大事业的细节方面，民主却难以做到。它只能制定出计划，再消除阻碍去监督实施。秘密制定政策并耐心等待其结果，是民主很少可以做到的，但单个人或单个贵族却拥有这种素养。

不过，经过长期管理的一个国家，也可以养成这种个人的素养。

与此相对的是，当你对贵族制度的固有弊端进行研究时，你会发现，这些弊端所引发的后果差不多不会对国家指导对外事务产生任何明显影响。只为自己服务，而不服务大众，才是贵族制度为人所抨击的主要缺陷。贵族极少在对外政策上将自己的利益与人民的利益进行区分，他们认为自己代表了人民。

美国也曾出现过法国大革命时期所出现的倾向，这种倾向让民主在政治上服从感性而非理性，为暂时的冲动而抛弃长远的成熟规划。与现在一样，当时也只有那些明白人去说服美国人，不参与正在屠戮欧洲的战争，使美国免受一切损失才符合他们的利益。

然而，民众有着极其强烈支持法国的愿望。如果不是有一个拥有决不妥协的执著性格且为民众所拥戴的华盛顿的话，恐怕美国向英国宣战是无法阻止的。这位伟人以缜密的思维抵制了同胞们那激昂而草率的感情所进行的努力，甚至差点就失去了他唯一希望能够拥有的回报，也就是这个国家对他的拥戴。当时有许多人对他的政策进行抨击，但现在全国人民都对这一政策表示支持[1]。

---

1 参考马歇尔所著《华盛顿生平》。他在这本书的第314页说：“一个政府如果是按照美国这样创建的，那即使它拥有一个十分执著而自信的首席行政官，他也无法长期抗拒人民舆论的洪水。”当时人民的舆论似乎十分主张参战。而实际上，人们也多次发现，华盛顿在这时的国会会议中多次在众议院失去多数。

同时，攻击他的措辞也十分激烈。举例来说，在一次政治会议中，竟然有人把他形容为卖国贼阿诺德*（第265页）。在第355页，马歇尔又写道：“支持反对派的人们认定：政府的拥护者们已经成为一个贵族集团，他们受到英国的支持，希望创建君主政体，并与法国相敌对。大量拥有银行股份的富人是这个集团的成员，他们害怕所有对他们资产造成损害的措施，所以他们丝毫不在意与国家的荣誉和利益所对立的耻辱。”——原注

*指本尼迪克特·阿诺德，美国独立战争时期大陆军将军，后因贪图富贵而叛变，率领英军对美军开战。华盛顿曾十分欣赏阿诺德。——译者注

如果当时华盛顿没有被宪法授予管理国家对外事务的职责，人们也不支持他的话，那当时的美国注定会实行它现在所抨击的政策。

从最初的罗马人到现在的英国人，几乎所有对世界造成重要影响，并制定过、遵守过、实施过伟大计划的民族，都是采取贵族制度进行统治的。对这一事实，我们有什么需要惊讶的吗？

事实上，这些国家认为，贵族制度是世界上最为稳定的制度。由于无知或者冲动，民众可能会被蛊惑，由于缺乏坚定意志，国王可能会在执行计划时犹豫，而且他也不可能永远不死。但由于人数众多，贵族集体却因此不会误入歧途，同时又因为他们杰出的能力，贵族集体也不易被草率的激情所控制。一个贵族集体就如同一个长生不老而又执著睿智的个人一样。

# 第六章　民主政府给美国所带来的好处

首先，在进入正文之前，我想提醒一下读者，最好回忆一下我之前阐述的观点。

在我看来，民主国家可以采取很多政府形式，而美国的政治结构，只是它们当中的一个。它既不是最好的，也不是唯一的。因此，我并不认为，所有的民主国家都应当极力效仿它。

民主政府可以给美国带来诸多好处。这些好处到底是什么，当我阐述这一问题时，决不会轻易下判断，也不能保证为了获取类似的好处，只能求助于同样的法律。

## 美国民主政治下的法制走向及其享用者的本能

我们不难发现，民主政府有这样或者那样的缺陷。不但如此，我们还可以找到一些明显的事实加以证明。然而，说到民主政府好的一面，我们却只能通过一些不太明显，甚至是十分隐蔽的形式看出。由此可见，毛病可以随时被人发现，而好处却需要很长时间的观察。

在美国，民主法制并不是完美无瑕的。有时候，人们的既得权益会遭到法律的侵犯；有时候，损害合法权益的危险行为，会得到法律的认可。美国的法律条文，频频改动，这也是它的一个缺点，尽管这些条文都是好的。这些事实，只要稍加留意，很容易就能看出来。

那么，美国的共和制度现在还存在着，并且十分繁荣，这又是怎么一回事呢?

我们研究法律，首先要做的是，区分法律相对的善和绝对的善，区分其所采取的手段和所要达成的目的。

现在，我们先约定一个假设，即制定法律的目的，是不惜牺牲多数人的利益，来确保少数人的利益。并且，为了实现这个目的，又明确了采取的手段，它们既节省时间，又节省力气。如此，虽然法律很完善，但是目的并不是很好。更为重要的是，如果效力越大，所产生的危害也越大。

如果法律来自于公民之中的大多数，那么它就是民主的法制。在这种法制下，大多数人的利益是受到保护的。公民之中的大多数，没有与自己相对立的利益，尽管他们当中的很多人可能会犯下错误。

一个国家，只有少数人才是贵族。因此，与民主法制不同，贵族的法律是为了保护少数人的利益，确保他们不断地积累财富，掌握权力。

可以说，与贵族的立法相比，民主立法的目的，对人类更加有利。然而，民主的立法，不仅仅只是这一个好处。

对于如何立法，民主制度不是很擅长，而贵族制度却很拿手。做起事情来，贵族制度有板有眼，知道怎样把法律的力量集中到一点。它还具有高超的自我控制能力，能够抵制一时的冲动。此外，它还会制定长远的计划，并能在适当的时机实现它们。

相比较而言，民主制度就没有办法做到以上几点。它所制定的法律，要么跟不上时代的发展，要么不是很完善。

因此，与贵族制度的手段相比，民主制度的一点儿也不完备。而且，它在做事的时候，对于手段不是很重视。有的时候，它所使用的手段甚至会违背自己。不过，有一点它是好的，那就是它的目的有利于人民。

想象一下，有这样一个社会：不好的法律，在它所拥有的政治体制和自然条件之下，暂且得以存留。当这种法律行将结束的时候，这个社会继续存在，而它的民主政府仍然不失为最好的政府，尽管其存在很多弊病。

上述的情景，正好发生在美国。在这里，前面说过的话，我再说一遍：美国人允许错误的发生，但是他们事后往往能及时纠正，这是他们最大的优点。在我看来，选择公务人员的时候，这种优点可以作为评判标准。

经常遇到这样的情况，在选择公务人员的时候，美国的民主总是出现差错。但是，这些被误选的人在执政期间，美国继续保持繁荣。对此缘由，我们想要解释就很难了。

首先，有一点值得我们关注，那就是，在民主国家里，虽然统治者不是很能干或者不够敬业，但是他下面有一群很聪明且很认真的被统治者。

在这样的国家里，人民非常关心自己的事业，也很重视自己的权利。他们为自己的代表制定了一条总路线。对于这条代表他们利益的路线，人民完全有能力防止代表偏离。

其次，与其他国家相比，对于滥用权力的行政官员，民主国家的人民很快会将他们驱逐下台。关于这一点，我们也可以看到。

但是，与这一理由相比，还有一个更具说服力和普遍性的理由。

毋庸置疑，一个国家的繁荣强大，与它的统治者的德行、才干密切相关。但是，统治者与被统治者之间没有利害冲突，显得尤为重要。这是因为，一旦他们之间有了利益冲突后，统治者的才干被用来干坏事，而德行更是不会发挥任何作用。

在我看来，与所有被统治者的利益一致，在统治者那里并不重要。因为到现在，我还没有发现有那样的利益存在；相反，我倒是认为，没有与大部分被统治者有相反或者不同的利益，在统治者那里十分重要。

到目前为止，还没有一个政体，会平等地对待各个社会阶级，好让它们共同繁荣昌盛。

在一个国家里，有几个社会阶级，就好像有几个不同的国家。如果由一个阶级去掌管其他阶级的命运，是有很大危险性的。这就好比允许国家中的某一个民族，独裁统治着其他民族。一个国家，纯粹由富人统治的时候，穷人是不会有好处的；而如果穷人掌控着法律，那么富人也是会遭殃的。

那么，民主到底有哪些好处呢？民主的好处在于，它只是确保大多数人的利益，而并不是人们所认为的那样，促进所有社会阶级的发展。

与贵族国家的统治者相比，美国的执政者并不是德才兼备的人。但是，他们与国家大多数人的利益是一致的，相同的。因此，与大多数人的利益相悖的方针政策，他们是没有办法实施的，也不能把政府变得高高在上，擅自专断，尽管他们有可能出现失职或者犯错误的情况。

而且，腐败和无能，在民主制度下，从来不是来自于将人们时常紧密联系在一起的共同利益。这种利益。在任期内，一个行政长官的政绩不是很好，也无关紧要，因为他只是在短时期内产生影响。

一个腐败或者无能的官员，拉拢其他官员和他一样，腐败无能下去，并延续到他们的后代，这几乎是不可能的事情。相反，这样的一个官员，在野心和阴谋的敦促下，会去揭发另外一个官员。

在民主制度下，行政官员的腐败和无能，所产生的影响及后果，由他们个人完全负责。但是，在贵族国家，阶级利益完全操控着政府的官员。这种利益的存在，就像是一条纽带，集中所有官员的力量，朝着一个目标前进——不让大多数人获得幸福。统治者在它的召唤下，相互勾结，甚至有一部分被统治者也加入其中。这是因为，很多没有任何职务的公民，也是贵族的一份子。在这种情势下，官员的阶级利益与大多数人的利益是相悖的，只有在极少数情况下才是相互一致的。

因此，社会也好，政府也罢，都很坚决地支持贵族政体的行政官员。

贵族政体的目的在于，先把同时代的一部分人的利益，与行政官员的利益结合起来。之后，再把这种利益与他们的后世子孙联系起来，甚至是服从于后世子孙的利益。可以说，官员的工作，既着眼于现在，也照应着未来。因此，自己的激情，被统治者的激情，甚至于他们后代的激情，驱使着贵族政体的行政官员，让他们朝着同一个目标奋进。

像这样的情况，我们不必大惊小怪。不难发现，行政官员在贵族政体的阶级属性的指引下，想方设法地免于腐败，以便做好充分的准备，把整个社会移交给他们的后代。当他们这样做的时候，社会逐渐变得适应他们的习惯。

在英国，贵族政体曾经是那样的自由，源源不断地给政府提供人才。这些人才都是很贤明和高尚的。在我看来，不知道有哪一个国家可以与之媲美。

不过，事情的另一方面，我们也要看到。那就是，英国的立法，经常以牺牲穷人福利为代价，从而达到为富人增添福利的目的。并且，很多权力掌握在少数几个人手中。

这样一来，我们不难发现，今天的英国贫富差距悬殊，穷人的境况与其国力和荣誉，形成强烈的反差。

在美国，一般说来，政府的日常工作是有利于人民的，尽管统治者当中不乏有无能之人，甚至有时候品行低劣。没有阶级利益，使得公务人员觉得自己高高在上。

因此，民主制度的好处在于，其中存在一种力量，牵引着人们走向共同的繁荣。在此过程中，错误和缺点被人们不断纠正。而在贵族制度中，却存在另外一种隐秘的趋势，它引诱官员滥用才干，给同胞们制造灾难。由此可见，在民主政府中，公务人员做了好事，不一定是有意为之；而在贵族政体中，官员做了错事，也可能是不自觉的。

## 美国的公共精神

人们在某一地出生，自然而然地会把自己的心和那个地方联系起来，从而产生一种情感。这种情感是自觉的，无私的，并且难以描述，它就是爱国心。这种爱国心，可以说是人的一种本能，其中夹杂着对古老习惯的爱好，对先祖的尊敬以及对过去的依恋。身怀爱国之情的人，爱护自己的国土，就像爱护祖传的房产一样。这样的人，珍爱祖国带给他们的安宁，恪守在祖国形成的习惯，沉迷于过往的回忆。甚至于他们觉得，服从于祖国，是人生莫大的乐事。

爱国心，如果能配以虔诚的宗教信仰，会显得更加强烈。往往在这个时候，许多奇迹为人们所创造。这种爱国心，只凭借信仰和情感做事，从不做任何推理。实际上，它本身就是一种宗教。

在一些民族看来，君主就是国家的化身。通过某种方式，他们把国家人格化了。由此，他们把对于国家的热爱之情中的一部分自然而然地转化成对君主的忠诚。君主的胜利和强大，成为他们感到骄傲与自豪的源泉。在法国，有一段时期曾经为旧贵族所统治。那时候，人们为此感到自豪。对于国王的专横跋扈，人民不会感到有任何不妥。他们使用一种骄傲的口吻说道：“我们的国王，是世界上最为强大的。我们就生活在他的统治之下。”

这样的一种爱国心，可以激发人们强大的干劲，但是却不会长久，这与那些轻浮的激情所产生的效果一样。虽然国家在它的拯救下获得新生，但是之后便会在安宁中趋于衰落，由于它的不管不问。

这种爱国心，建立于本能之上，并且盛行于以下情况：当整个社会的旧秩序，还没有被完全打破，人们没有怀疑它们的合法性时；当民族的宗教信仰一如既往地坚定，风俗习惯比较单纯之时。

相对来说，还有一种比较理智的爱国心。它不但异常坚定，而且异常久远，尽管它的热情和豪爽可能不足。真正的理解，促使它产生。之后，在法律的帮助下，它又迅速成长。权力的运用，带动着它的发展。一旦牵涉到个人利益的时候，它就会自动消亡。一个人，一定要理解和明白，法律要求他为国家的福利作出贡献，而国家的福利反过来也会影响到个人的福利。国家繁荣，首先对个人有利，其次也有他的一份功劳。鉴于此，个人应该关心本国的发展。

但是，人民的生活并非一帆风顺，有时候也会出现异样。这时候，政治权利没有得到保障或者受到限制，知识储备不足，旧有的荣耀不再，宗教信仰遗失，社会风气恶化，原有的风俗习惯被改变。在这种情况下，国家在人们眼中不过是一个虚幻的影子。人们害怕和鄙视立法机关，便不再从立法机关去看国家；人们不再制定法律，便不再从法律去看国家；人们开始怀疑宗教，便不再从宗教去看国家；人们把某些旧的习惯当成一种负担，便不再从旧习去看国家；人们认为国家的土地已经荒废，成为不毛之地，便不再从国土去看国家。

于是，人们只相信自己是对的，除此之外的一切，没有一个是正确的。这样，他们就变得自私自利，既狭隘，又封闭。理性是他们漠视的对象，而原先的偏见，也被他们弃而远之。君主国的本能爱国主义和共和国的理智爱国主义，在他们身上，浑然找不到一点儿影子。在这两种爱国主义之间，他们不断彷徨，既苦恼，又羞愧。

遇到这样的境况，一个国家或民族会怎样呢？只会日渐衰亡。就像一个人没有能力重现童年时代的稚气一样，一个民族也无法找回原有的青春般的蓬勃生机。按理，这种情况使人扼腕叹息。但是，没有人能够重新回到青春和年少时期。那种毫无私心的爱国主义，已经消失得无影无踪。在人民面前，需要迅速地将国家利益与个人利益统一起来，继续向前进发。

但是，即便如此，我也决不主张，每一个人都要行使自己的政治权利，以便获取上述的结果。不过，有一点可以肯定，那就是，政府的管理工作需要人人参与。通过这种方式，我们可以使得每一个人关心国家的兴衰。甚至可以说，这也是唯一的一种方式。在我们所处的时代，行使政治权利，必须配备公民精神。而在若干年以后的欧洲，政治权利的扩大与收缩，与公民人数的多与少成正比例关系。

在不久之前的美国，移民们刚刚来到那里，大家第一次见面，互不相识。人们既没有共同的难以忘怀的记忆，也没有必须遵守的习惯。一句话，在这里几乎不可能产生本能的爱国心。那么，每个人关心所在的乡村、郡县和州府的事业，就像是关心自己的事业那般。这又是为什么呢？原因是，通过积极的活动，每个人都能参与到社会管理中来。

在美国，社会的普遍繁荣，对于每一个人自身的幸福，有着至关重要的作用。关于这一点，人人都清楚地知道。这种说法几乎没有人公开表述过，尽管它十分简单。再有，社会的繁荣在美国人民那里，已经成为一种劳动的成果。因此他们认为，理应拥有财富中的一份。并且，为了获取更多的繁荣，他们愿意努力奋斗。他们之所以会这样，在我看来，除了成就感和责任感之外，更多的是对于财富的贪婪。

我们只要观察一下美国的民情，就可以证实这一说法，而不用专门去研究美国的历史和制度。国家所举办的一切事业，美国人民自然十分关心。同时，对于那些毫无缘由就遭到非难的事情，美国人民也异常留意。在他们看来，这些被指责的事情，不仅关系到国家，更牵涉到他们自身。因此，当维护国家的荣誉时，他们会想尽一切办法，甚至在虚荣心的驱使下使用一些伎俩。

在平常的交往过程中，美国人的爱国主义，经常使人感到不适。与之相比，再也找寻不到更令人难堪的爱国主义。美国的许多事情，在外国人那里，是极为愿意称赞的。但是，就某件事情，美国人被问及能否进行批判的时候，那他们一定表示拒绝。

可见，在美国，外国人既不能自由地谈论私营事业，也不能自由地谈论公营事业；既不能自由地谈论被统治者，也不能自由地谈论统治者；既不能自由地谈论国家大事，也不能谈论个人私事。这样做，外国人可以保证美国人的愉快，尽管美国是一个极为自由的国度。

总而言之，在美国，并不是什么都可以自由谈论的，当然除了气候、土地等话题。再有，即便是谈论天气或者土地，他们也会时不时地辩解几句，好像那两者是出自于他们之手似的。

现在，全体人民的爱国主义，会产生出巨大的社会力量和高涨的社会积极性；少数人的政府，则能保证社会稳定、安宁。然而，这两者所带来的积极效应，我们没有办法完全结合。为此，我们必须在它们之间作出抉择。

## 美国的权利观念

只有一般的道德观念，在我看来，可以与权利观念等量齐观，甚至可以说，两者原本就是一个统一体。除此之外，再没有什么观念能够与之相提并论。道德观念在政治领域内的应用，便演化为权利观念。

人们只要运用权利观念，就可以分辨出什么是暴政，什么是专横。独立表达自己的意志，而不显露傲慢的神态，正直地表示服从，而不阿谀奉承，这是权利观念明确的人的做法。在暴力面前低头的人，往往显得自卑，而又自取其辱。不过，当他遇到一个与他地位相仿的人，想要服从那人的指挥，几乎是不能的，因为他往往表现得比较高调和强势。伟大的民族，都是尊重权利的；伟大的人物，也都是有德行的。这是因为一个集合体，只要它是理智的，并且富有良知，那么它决不是依靠强制力结合在一起的。

我曾经一再地思考，我们这个时代的人们，如果要养成权利观念的话，应该使用什么方法。并且，这种方法一经采用，人们还不会忘记。最后我发现，这种方法只能是让所有的人行使一定的权利。

众所周知，不管是能力也好，经验也罢，对于孩子来说，他们都是通过后天慢慢获得的。婴儿依靠移动自己的身体，慢慢地触摸到周围的东西。一旦他们抓住，就不会轻易地松开。这时候，对于这是谁的财产，孩子们没有概念。至于什么是财产，孩子们也不晓得。但是，物品的价值，随着孩子的长大，逐渐在他的心中确立起来。如果他的物品被别人抢走了，他会变得格外谨慎。他慢慢地学会尊重他人，他明白，只有这样才能得到他人的尊重。

小时候，孩子们总是喜欢找好玩的东西。长大以后，这种寻求好玩东西的心态，逐步演化到想要获取财物的心理。美国是一个民主的国家，而且非常民主。在这里，你不会听到那种遍布欧洲的叹息之声——由于没有财产，人们整天唉声叹气。是什么原因，还用说吗？很明显，美国到处都是资产者。这里，人人都有自己的财产。为了保护财产，大家都不约而同地承认财产权。

在政治领域里也是这样。在美国，成年人都享有政治权利，故此他们将政治权利摆放在很高的地位。对于别人的政治权利，他们从不随意攻击，这是因为他们不想让自己的权利受损。因此，在美国，哪怕是权力微小的行政官员，人们对他也是极为服从的。而在欧洲，国家主权，从来没有被拥有政治权力的人放在眼里。

在日常生活中，人们最为细枝末节的行为，也印证了这一真理。在法国，专门为社会高层阶级设置的享乐场所，寥寥无几。一般来说，富人可以去的地方，穷人也都可以去。所以，对于所参与的一切娱乐，人们的态度都极为慎重。在英国，享乐和权力，全都被富人所占有和垄断。因此，有很多人经常抱怨。那些穷人经常溜进富人的娱乐场所，搞一些恶作剧。这样一来，娱乐的氛围大为折损。不过，这并不让人感到惊奇。穷人们知道，这样做对他们并没有什么损失。

成年人通过财产的分配，逐渐获得了财产权的观念。在民主政府的管辖下，每一个公民都获取了政治权利观念。在我看来，这也是民主政府的优点之一。

然而，我的意思并不是说，让所有的人行使政治权利，是一件轻松的事情。我意在表明，如果可以实现这种完美的状态，那么成效是非常显著的。

我再说一句，作为补充，那就是，我们这个时代，恰恰有这种想法。难道你没有看见，诡计和狡辩，已经代替了所有的情感和信仰？难道你没有看见，正义的权利观念已经没落，良好的社会风气逐渐堕落？难道你没有看见，天赋权利和宗教信仰已经岌岌可危？

在这场重大的变革中，如果你想要治理社会，必须把权利观念与人民心中早已存在的私人权利结合起来。除此之外，你没有其他的办法。

所以，假定有人在我跟前说：德行没有发挥的余地，人心已经不再安定，受统治的人寻衅滋事，法律软弱无力，因而民主权利不应该进一步扩大。对此，我将会回答：民主权利理应得到扩张，正是因为有上述的事实。并且我坚信，由于社会始终存在，而政府终将消失，因此政府关心民主权利的程度，要远甚于社会。然而，对于发生在美国的事例，我并不想过多引用。

在美国，人民享有政治权利，可以追溯到公民人数很少，且社会处于困难时期。那时候，社会风气质朴，对于政治权利的行使，人们还不是很擅长。后来，随着公民数量的增加，美国的民主权力并没有发生改变，只是民主的范围扩大了。

毋庸置疑，发生剧变的时刻，正是给予一个民族政治权利的时候。在此之前，这个民族从来没有享受过政治权利。这样的时刻，往往十分危险，尽管这种剧变很有必要。

在不知道生命价值的时候，孩子可能会杀人。同样，在不明白自己的财物会被人抢走之前，他可能会抢走别人的财物。与孩子懵懂时期对于自然的态度相同，成年人对于刚刚授予的政治权利，也处于模糊的意识状态。而这一时期，成年人正值身强体壮之时。同样，在美国的情况也是如此。政治权利被公民行使得最好的州，往往是最先享有政治权利的那些地方。

虽然保持自由的才能，堪称是收获最多的。但是，如何运用自由，学习起来却比其他任何事情，都要艰苦得多。与之相反，专制制度并不是那样。

专制政体总是把自己粉饰得很好，它帮助人民脱离苦难，保护受压迫的人，修正过去遗留的弊端，整治社会秩序，支持正当权益。专制政体可以制造出一种表面的繁荣景象，人民受到蒙蔽，沉睡于其中。一觉醒来之后，他们会感到十分痛苦。

与专制不同，自由通常是在剧烈的动荡时刻产生，并在动乱之中艰难成长。人们一时半会儿看不到它的好处，除非它发展得十分成熟。

## 美国对法律的尊重

不管是直接号召人民制定法律，还是间接号召，并非总是一蹴而就。不过，不得不承认，当可以这样做的时候，法律的权威已经非同小可了。这种情况，往往可以增强立法者的力量，虽然对于他们的才干多少有些减损。

在全体民众的意志中，蕴藏着一股力量，异常强大，几乎无可匹敌。这股力量一旦爆发，势不可当，任何与之相悖的人，都会消失得无影无踪。

关于此种情况的真实性，各个党派的人是特别清楚的。因此，只要有机会，各个党派都会尽最大努力，争取大多数的民众支持他们。已经开始投票的人，如果还没有形成大多数时，各个党派就会去拉拢弃权投票的人，以帮助自己形成大多数。而如果加上这些人，还不能形成大多数时，他们又会去拉拢没有投票权的人。

在美国，几乎人人都有选举权，除了奴隶、仆人和穷人。这些穷人通常依靠国家的救济过活。具有选举权的人，可以对立法产生间接的影响。因此，如果有人想要攻讦法律，那么他必须采取以下两种方式——扭转人民的意志，或者改变全国的舆论动向。

除了上述理由外，我还可以找出一个更直接，也更加具有说服力的理由。这就是：不管是谁，他的利益与服从法律的状况紧密相关。今天，有些人可能不属于大多数人，但是以后未必就不是。而现在有些人宣称，要尊重立法者的意志，很难确保以后他不会要求别人，去服从他的意志。

一项法律，不管让人感觉多么懊恼，但是它可以使得民众服从。原因很简单，它不仅是大多数人的作品，更有他本人意志的体现。这项立法，在美国人民看来，就是一份契约。在这份契约上，每一个人都有签名。

所以，在美国，大部分人不会把法律作为仇视的对象，不会对法律感到恐怖和怀疑，更不会聚众闹事，反对法律。你会发现，对于国家的现行法律，所有的社会阶级都毫无疑虑。他们会像对待父母那样，以关爱的态度面对法律。

不过，我好像不应该说所有的社会阶级。在美国，与欧洲的权力地位不同，越是富裕的人，反而与欧洲的穷人地位相近。因此，那些反对法律的人，往往是美国的富人。在这一章开始的时候，我曾经说过，民主政府的好处在于，它只维护大多数人的利益，而并不像有些人说得那样，将所有人的利益都保护起来。在美国，处于统治地位的总是穷人；而富人则十分担心自己的利益遭到穷人的损害。

对此，富人的内心，可能会产生不满。但是，整个社会还是比较安定的。这是因为，富人不相信立法者是有缘由的。很快，这一缘由又阻止他们拒绝履行立法者的号令。他们是富人，所以他们不能立法；为了继续拥有自己的财产，他们又不能违反法律。要知道，在一个高度文明的国家，造反的人往往是那些一无所有的人。可见，民主法律总是受到人民的尊重，尽管它并不值得人民在任何时候尊重。

通常，一个人想要违法，对于他所亲手制定的，且有利于他的法律，是不得不遵守的。而其他公民，即便通过违法可以获得利益，也不得不服从立法者的任何一项决议。这是因为自己的人格和社会地位，对他来说更为重要。

还有一点，美国人民遵守法律，是因为当他们的利益遭受法律侵害时，就可以修订法律。对他们而言，自己不仅仅是法律的制定者。换句话说，法律首先是被他们加于自己身上的。他们将其视为一种灾难而接受，不过，他们又可以随时解除这场灾难。

## 在政治领域内，美国各党派的活动及其影响

在一个自由的国家，你从那里出发，来到另外一个国家。在这里，没有任何自由。面对这种剧变，你一定会大吃一惊。

在第一个国家，人们忙忙碌碌，热情似火；在第二个国家，到处一片安静，人们做起事来循规蹈矩，但一切又不是那么顺畅。在前者，人们交谈的话题是改革与进步；而在后者，社会的财富仍是旧有的，人们不去创造新的财富，只会啃老本。

有些国家总是鼓励人们进行创新。这样的国家与满足自身命运的国家相比，更加繁荣和富强。当把这两个国家放在一起比较的时候，人们不禁有一个困惑——为什么后者对新事物不感兴趣，而前者迫不及待地每天都要创新呢？

如果说创新的方法，可以适用于两种类型的自由国家——君主政体和贵族政体，那么它更加适用于民主共和国。在民主共和国，一种极为关注的方式被所有的人民利用，借以改善社会现状，而不是一部分人承担这一任务。这个时候，所有阶级都可以享用由此带来的生活必需品和安逸，而不仅仅是为一个阶级服务。

对于美国人的平等地位，人们早已有所耳闻。尽力想象一下美国人所拥有的广泛自由，并不是一件难事。但是，当论及美国的政治煽动遍及全国这一情况时，人们恐怕就很难理解了，除非他们亲眼见到。

只要一踏上美国的国土，喧闹之势就会席卷而来，而你也会立刻淹没其中。喊叫，呼声，一时之间，纷扰繁杂的声音，接踵而至，使劲冲击你的耳膜。在这里，一种声音，就是一种诉求。你放眼望去，四周的人们都在忙碌着：远处，选区的代表们正在赶

赴乡镇，因为地方的某些改革事项，正等着他们去研究；近一点的地方，议员的选举活动，正进行得如火如荼；更近一点的地方，为了建立一座教堂，人们正积极地讨论修建方法。在另外一个地方，有一群乡下人在讨论着修建公路或学校的计划。他们放下手中的活计，刚从田间地头走到这里。

在美国，为了公布某一官员成为本地之父，或是为了宣布他们反对政府的某项措施，公民们聚集在一起开会。在有的人看来，酗酒也是危害国家的祸根之一，于是他们集合起来，郑重地宣布戒酒，以便为他人作出表率。

波澜壮阔的政治运动，由立法机关发起。这一运动，是外界唯一可以观察到的。它起源于人民的最低阶层，接着又蔓延至社会的所有阶层。尽管如此，它只是全国运动的一个小插曲或者延续。在追求幸福的道路上，这项运动对人民来说是最为费劲的。

关于美国成年人的政治生活，你说不清哪些职位是他所关心的。美国人所知道的唯一乐事，也是他们最为重要的事情，便是参与社会的管理，以及讨论怎样管理。在这里，他们生活中的所有细节，你可以一览无余。为了消除家务所带来的烦恼，连家庭妇女也主动参与集会，以便听取政治辩论。在一定程度上可以说，辩论集会已经成为她们的娱乐场所。一个美国人，他时常能说中要点，尽管他拙于言辞；他善于辩论，尽管并不怎么喜欢与人交谈。就像在大会上发言一样，他总是这样对你说话，当他说的津津有味的时候，还会时不时地给谈话的对象加上一句——先生们。

在一些国家，对于法律授予的政治权利，居民们总是不怀好意。在他们看来，参加活动只是为了公共利益，那简直是在浪费自己宝贵的时间。于是，他们总是把自己限制在狭小的空间里，并在四周建起高墙，挖出深沟。对于他们来说，外面的世界被彻底隔离。

与之相较，美国人完全相反。他们生活的乐趣，有一大半是来源于公共的活动。如果让他们沉溺于自己的私事，那么他们就会感到生活枯燥乏味，时间一长，就会痛苦不堪。

我相信，在将来的某一天，如果美国建成了专制制度，那么人们的自由习惯将会遭到摧残。当然，人们对于自由本身的爱好，也将会受到压制。但是，前者所遇到的困难，远比后者大得多。

整个市民社会，在民主政府所引进的狂热鼓动之下，很快会变得此起彼伏。这是不是民主政府的最大优点，我不置可否。但是，我对民主政府还是抱有美好的期待，希望它未来的成就，要远远好于现在。

毋庸置疑，公共事务由于人民的参与，很有可能变得更加恶化。但是，如果人民没有办法摆脱旧习陈规，思想境界得不到提升，那么他们永远不能参与公共事务。接受任命并参与社会管理的人，往往对于自己的社会地位，有着较为清晰的认识。在这种情况下，那些有见识有能力的人，就会向他求救。而他通过手中的权力，使得他们为己所用。这些人当中不乏有欺世盗名之徒，尽管他可能会受到蒙蔽，但同时也吸取了教训。

在政治方面，对于所从事的活动，他有强烈的爱好，尽管这原本不是他的专业。关于增加公共财产的建议，人们每天都会向他提出来。很快，对于增进自己的私人财产，他也有了打算。与他的前任相比，他未必是人心所向，并且过着幸福的生活，但是他却更加博闻强识。

民主制度与物质条件相结合，是推动美国巨大实业活动的间接动力。关于这一点，我从来没有怀疑过，尽管它并不是人们所说的那样，是实业活动的直接动力。通过立法，人民学会了创办实业活动。但是，它决不是法律所创造的。

有一种呼声来自于民主的反对者们。那就是，由许多人管理的政府，要比一个人单独承担某项工作差得远了。对于此种说法，我觉得有一定道理。如果双方的才干能力不相上下，那么一个人管理的政府，要比多个人主持的政府要好得多，这体现在政策的一致性、固定性，思想的统一性，工作的细致性，官员选举的准确性。如果有人拒绝承认这一点，那么他一定是在拿极少数的例证说话，而实际上他从来没有见过民主共和国。如果民主制度能得到当时地方环境和人民爱好的准许，那么它也不能立即拿出一套行之有效的工作方案。这些方案事关行政管理和政府体制。关于这一点，确实如此。

开明的专制，可以把每一项事业办得尽善尽美。与之相比，自由的民主却做不到。当一项事业即将取得成果的时候，自由的民主可能会中途放弃。甚至于为了举办某项事业，它不惜去冒风险。但是，它举办的事业，在数量上会远远超过专制。随着时间的推移，就可以证实这一点。

不在好，而在多，这是自由的民主举办事业的特点。在民主制度下，很多宏大的事业，并不是由国家完成的，而是由私人的力量创造。人民从民主那里，不要妄想得到富有智慧且又能干的政府。不过，人民可以看到这样一种景象：在民主的召唤下，积极性和活力充溢着整个社会；人民身上的精力无穷无尽，即使环境恶劣，也能创造出奇迹。如果没有这种精力，社会也将不会存在。诸如此类的东西，那些最为智慧和能干的政府，未必能够创造出。可见，民主的真正好处就在于此。

今天，世界范围内的基督教命运，还没有一个定数；民主还有待进一步发展。这时候，有些人把民主当成一种新神，对其顶礼膜拜；而另外一些人则对民主横加指责，说民主是一种怀有敌意的力量。然而，不管膜拜也好，仇恨也罢，这两种人对民主都欠缺充分的认识。在黑暗中，他们相互追逐打击，偶尔可以戳中对方一下。

社会和政府，你想要它们做些什么呢？对于这一问题，很有必要加以说明。

你愿意举办一项伟大的事业，对其成败不予理会，让它为后世的人所铭记吗？你想号召一个民族联合起来，对另外一个民族采取强有力的行动吗？

你喜欢诗歌、音乐和荣誉吗？你想要高雅的风尚，文明的举止以及璀璨的艺术撩人心弦吗？你要形成并维系一种坚定而又强大的信念吗？

对于物质财富，你想要人们对其鄙视吗？对于这个世界上的诸多事物，你想要人们的头脑不断提升，用一种雍容大度的眼神去审视吗？

如果你认为人生确实应该如此，那么你最好抛弃民主政府。这是因为，民主政府是不会帮你实现这些目标的。

但是，如果你认为政府的主要目的在于，使每一个人享有更多的福利和免遭厄运，而不是让整个国家获取更大的力量或者更高的荣誉；如果你不以生活在金碧辉煌的社会为荣耀，而以生活在一个繁荣的社会为满足；如果没有重大的犯罪发生，你情愿少看到一些高尚行为，同时希望社会缺陷少造成一些不好影响；如果你旨在建立温和良好的习惯，而不是创造勇敢的美德；如果你认为天才没有理性的判断对人们更为有利；最后，如果你认为人的智力和道德活动，被用以创造幸福以及满足物质生活的需要，是极为有好处的；那么，你最好让人们的地位日益平等，并建立一个民主政府。

有一个高高在上的权力，没有经过你的同意，就把你置于这两种政府中的任何一个。并且，这时候，你已经没有选择的机会。那么，你所能做的就是，在其中发现并利用它所能提供的好处，并在认清它的善恶之处后，尽最大限度地扬善抑恶。

# 第七章　大多数在美国的无限权威及其后果

在民主制度下，大多数的意志，彼此互不相悖。因此，民主政府的本质在于，政府是由大多数控制的，且占绝对优势。在美国，很多州的宪法还人为地赋予大多数更多的权力。

大多数的意志，渗透于所有的政权机构。其中，立法机构受其影响最深。在美国，人民直接任命立法机构的成员。这些成员的任期都非常短。他们不仅要服从选民的临时决议，还要服从选民的长远观点。在同样的一些阶级中，他们被选举出来。接着，采用同样的方式，他们又被选为两院的议员。因此，两院构成的立法机构和单一的立法机构，其行动的迅速程度是相同的，其意志都是不可违背的。

通过这样的方式建立立法机构之后，政府的所有权力尽数掌握在立法者手中了。对于那些比较强势的权力当局，立法者又赋予他们更多的力量；而对于那些比较弱势的权力当局，立法者又消减他们的一些力量。行政权的代表们，在立法者那里，既不能获得稳定性，也不能获得独立性。对于立法机构的任性，行政权的代表们无可奈何，只能服从。非但如此，连民主政府准许他们行使的少数权力，也被立法者剥夺了。

在一些州，司法权的通过，也被立法者改变了，它由大多数表决。而所有的州，在立法者的操控下，立法机构紧紧地控制着司法人员的生活。这是因为每年规定法官薪水的权限，被立法机构交给了它的代表。

与成文法相比，习惯法走得更为遥远。

在美国，有一种习惯日益盛行，那就是代议制政府的种种保证，必须被完全推翻，社会才能风平浪静。比如说，这样的事情经常发生：一名议员要想得到选民们的支持，除了接受行动计划外，还不得不放弃必须履行的义务。它们都是选民们为他制定的。像这样的大多数表决，与市场上的小商贩差不多——一边喊着叫卖，一边与顾客讨价还价。

在美国，大多数的力量，在一些特殊的环境条件下，变得傲视一切，甚至于其他力量无法与之对抗。

许多人联合起来，总是高于一个人的才能。因此，与选举相比，立法的人数更多。这已经成为大多数代表道义的思想源泉。这种做法，其实是将平等理论运用到人的智能上。平等理论明确反对不可一世的个人，并且十分彻底。因此，少数没有办法接受这一理论。不过，时间一长，少数对其变得司空见惯。所以，像其他权利一样，大多数的权利要想获得合法性的地位，也必须经过很长的一段时间。也许，大多数的权利比其他任何权利更应该如此。

在大多数的法制下生活过的人们，慢慢地对其流露出尊重的态度。而在刚开始的时候，大多数的权利确认需要依靠强制力的支持。最初来到美国的移民，带来了一种新的观念，这就是：大多数理应有权管理整个社会。这一观念凭借本身，就足以创造出一个自由的国家。今天，在社会以及日常生活的每一个细节，都可以看到它的存在。

在君主政体统治时期，法国人坚定地相信，国王是不可或缺的。当他们遭遇到的灾难，是由国王造成的时候，他们又将其罪过归咎于国王的顾问大臣。因此，这种想法有利于国家的统治。对于立法的人，人们继续对其保持尊重和爱戴，而对于法律，人们则免不了要进行一番指责。对于大多数，美国人也是持相同的看法。

少数人的利益应该服从多数人的利益，这是大多数代表道义的另一个思想源泉。所以，我们很容易明白，随着政党情况的不断变化，对于大多数人的权利尊重，也是不断增加或者减少的。大多数的特权，在某一个时期是不会得到重视的，那就是，一个国家恰逢有好几个利益集团相互对立，且它们之间的矛盾不可协调之时。之所以会出现这种情况，原因在于人们没有办法容忍对这种特权的服从。

如果在美国有这样一个公民阶级：他们人数较少，且具有特权。对于他们长期占有特权的现状，立法者想要予以改变。立法者希望他们与大众平等，不再高高在上。可想而知，这部分少数人是不会轻易屈从立法者的。

但是，地位几乎完全平等的人，建立和开发了美国。生活在其中的居民，没有自然而然的利益对立。

在有些国家，由于体制的原因，多数派永远被排斥在少数派之外。这是因为少数派不这样做的话，就必须放弃反对多数人的斗争目标。比如说贵族体制，在保证贵族享有特权的前提下，它本身不能使贵族变成多数。一旦贵族不再拥有特权，那么贵族体制也就名存实亡了。

在美国，以一种最为一般和极为绝对的方式提出政治问题，是不可能的事情。所以，每一个党派都自认为站在大多数的一边。如果有一天他们能控制大多数的权利，那么他们就能为自己谋取利益。

因此，在美国，大多数拥有强大的实力，能够影响舆论走向，还拥有实权，可以管理整个国家。某一项动议一旦由大多数提出来，几乎不会有什么障碍。这种障碍不仅包括阻止通过动议，甚至包括推迟表决动议，以及留出时间，以便反对者在表决过程中提出不同的意见。

这样一种处理问题的方式，显而易见，对于未来的影响是有害并且危险的。

## 大多数在美国的无限权威是怎样促进民主的固有立法和行政的不稳定性的

关于民主政府与生俱来的缺点，我在前面已经讲过了。随着权力的增加，每一个缺点不断扩大。其中，有些缺点极为明显，我先讲一下。

民主政府不可避免的一个弊病是，它的立法从来不会稳定。这是因为，不断地改由新人执政，这是民主制度本身所要求的。然而，随着立法者获得的权限变大或者变小，以及所采取的行动手段变多或者变少，这一弊病也跟着发生变化，要么增加，要么减少。

在美国，立法当局每年都要增加新的议员，并且毫无约束地迅速提出自己的动议。可以说，它享有最高的权力。在一些重大问题上，议员经常提出一些反复无常的意见。然而，面对立法当局所采取的强迫手段，民主政府不得不接受这些意见。此外，立法当局还拥有促进民主不稳定性的各种措施。

这样一来，世界上法律寿命最为短暂的国家，就数美国了。三十多年来，美国各州的宪法，没有一个不被修改的。这一期间，各个州的立法原则，没有一个不是被修改过的。关于法律本身，美国的立法者从来没有停止过相关的立法活动，他们要么颁布新法，要么修改法律，只要你看看美国各州的档案即见分晓。这意味着，美国的民主拥有了一种手段，通过它就可以将其所爱好的不稳定性带进立法[1]。然而这并不是说，与其他国家相比，美国的民主在本质上并不稳定。

在美国，大多数的权威很大。对于它所表达的意志，旁人是不允许违背的。这样一来，不仅法律处于不稳定的状态，就连国家的行政活动和法律的执行，也受到了同样的影响。

大多数所具有的权威，促使人们不自觉要去依附它。所以，大多数一有提议的工作，人们都纷纷参加。当大多数的工作重心不在原来的事情上时，人们对此也就不再付出努力。在欧洲的一些自由国家，当立法机构把工作重心放到另外一项事业上时，行政机构仍然可以继续执行立法机构原来作出的决议。这是因为在这些国家，行政权具有较高的独立性，并且受到保护。

在美国，对于一些改革事业，人们所表现出的热情和积极性，要远远高于其他国家。在欧洲，虽然人们的力量不是很大，但可以将改革事业长久地进行下去。

---

1 仅仅马萨诸塞一个州，从1780年开始到现在，所公布的立法文件就已经超过了三大卷。此外，这些立法文件当中已经删除了很多旧有的或者已经失去效用的条令。这些条令在1823年经过修订，最后汇编成一部立法文件。要知道，在全美国，马萨诸塞州的法律是变动最少的了。它的居民数量还不及法国的一个省多，可是，它却投入了大量的人力，进行相关的立法工作。

一些具有虔诚信仰的宗教人士，为了改善监狱的条件，已经进行了很长时间的努力。他们的宣传工作，一直都做得非常好，感动了很多公众。因此，帮助犯人获得了新生，一时之间成为比较热门的事业。

在这种情况下，一批新的监狱建成了。在监狱里，第一次出现了较为奇怪的现象。这就是，对于罪犯的改造和惩戒。同时，它也成为人们关注的焦点。

由于公民的一致努力，加之热心公众的积极参与，使得这项监狱事业的改革来势凶猛，谁也不能阻挡。然而，这件值得庆幸的事情，并没有轻而易举地办成。

旧有的监狱，仍然存在着，并且里面关押着大量的犯人。而此时，新的以感化为主的监狱正在建设，大多数的意愿也正集中在这项事业的建设上。随着新工程的逐渐完备，人们越来越感到旧监狱的腐败以及对人体健康的害处。于是，这项新事业得到很多人的理解和支持。

然而，当锐意进取的大多数，把所有精力放在新事业上的时候，那些旧监狱却被人们忘却了。人们的眼光不再关注旧监狱，并停止了对它的监督。接着，许多有益的管教制度，慢慢地变得松弛，甚至遭到了破坏。因此，在一些监狱中，虽然建有宏伟的建筑物，足以展现当代的艺术和文明，但是有些让人一看，不禁联想起中世纪的牢房。那里，曾经是最为野蛮的地方。

## 大多数的暴政

有句格言，是这样说的："在管理国家方面，人民的大多数有权决定一切。"我认为这句话相当讨厌，并且亵渎了神明。然而我却承认，是大多数的意志，决定了一切权力的起源。

当我表述完自己的观点时，是不是前后有些矛盾呢?

一项法律，如果想要在一个国家得以实行，必须经由大多数制定。之后，再由他们通过。而这项法律想要在全世界实行，那么必须经由全人类的大多数制定，之后再由他们通过。只有这样的法律，才是最为公正的法律。

因此，一个国家权利的划定，通常以公正作为标准。

一个国家，就好比一个人数众多的陪审团。它被授予权力，代表着整个社会，并主持公正。而公正在这里，就是指国家的法律。这个大陪审团，代表着整个社会，它的权力与承载它的社会本身的权力相比，是不是应该大于后者呢?

有一项不公正的法律，适用到我身上的时候，我拒绝服从。这时候，我只是从依靠人民的主权，转而依靠人类的主权，并不是在否认大多数的发号施令权。

曾经有人贸然宣称，人民绝对不应该超越公正和理性的界限，尤其是当涉及到自身问题的时候。至于代表他们的大多数，人民授予他们以全部的权力，也不必感到担忧。不过，这些话奴性十足。

大多数如果不团结，就无法像一个人那样去行动。如果遇到另外一个像一个人那样去行动的少数，那么不管是观点，还是利益，大多数都是没有办法与之对抗的。这时候，所谓的大多数又怎么能称为大多数呢？但是，一个拥有无限权威的人，为了压制对手而滥用手中的权力，对此你承认他应该这么做，那么大多数这样做，你又有什么理由不予认可呢？

许多人在一起，团结一心，难道他们就能改变自己的性格吗？当遇到艰难险阻的时候，难道他们就能因为自身力量强大而变得强大吗[1]？关于这一点，我可不相信。可以决定一切的权力，在我并不想给予某几位同胞，也不会给予任何一位同胞。我反对任何一个人拥有这样的权力。

在同一个政府中，混杂着几个不同的原则。这样一来，它们之间一定是相互对立的。如果说这样做，仅仅是为了维护自由，那么我一点儿也不敢苟同。

建立混合政府的想法，简直是白日做梦。这是我向来持有的看法。说实话，混合政府从来没有出现过。这是因为，不管是在哪一种社会，支配其他一切行动原则的基本行动原则，最终只能是一个。

18世纪的英国，可以说是这种政府的最佳例证，且被人们经常引用。那时候的英国，按照贵族的要求建立法制和习惯。这些法制和习惯，随着时间的推移，逐渐占据统治地位。并且，贵族按照自己的意志，引导公共事务的处理。因此，尽管英国当时具有一些重要的民主因素，但它实际上是一个贵族国家。

一个社会，真的建立起了混合政府，换句话说，对于一些相互对立的原则，它能以平等的态度对待，那么它要么濒于崩溃的边缘，要么正在酝酿一场革命。人们把18世纪的英国当做混合政府，这完全是个错误。引用这一例证的人们，他们确实仔细观察了贵族礼仪和人民利益之间的斗争。但是，他们忽视了斗争的结果，唯独看到了斗争本身。要知道，问题的关键，是斗争的结果。

因此，在我看来，一个高于其他一切权力的社会权力，必然始终存在。我还坚定地认为，没有任何限制能够妨碍它前进，或者使其延缓前进。如果这种情况发生的话，那么自由的维系也就走到了尽头。

就我个人而言，无限权威并不是一件好而安全的东西。我认为，无限权威在任何人那里，都是没有办法行使的。在我看来，只有上帝可以拥有无限权威。这是因为，上帝所拥有的权力，始终与它的智慧和公正等量齐观。一个权威，就自身而言，有着令人尊重的地方，或者拥有不可侵犯的权利。仅凭这一点，就想让我承认，它可以毫无约束地随便行动，或者不受限制地发号施令。很显然在这个世界上，它是不存在的。

任何一个权威，只要它拥有了决定一切的权利和能力，不管它在共和国还是在君主国实行，或者它被人们称为国王还是人民，抑或被称为贵族政府还是民主政府，我都会认为，暴政从此开始萌芽。并且，我愿意设法离开那里，到其他的地方生活。

---

1 一个民族，不能使用它本身的武力，去侵犯另外一个民族。这是任何人都承认的主张。但是，人们却允许一个国家内部存在一个大的政党，就好比一个大的国家内部另有一个小的国家。一个国家对另一个国家，可以实行残暴的统治。如果我们承认这一点，那么，一个政党就可以侵犯另一个政党。关于这一点，是不能否认的。

大多数欧洲人经常对美国的民主政府提出指责，说它软弱无力。与他们不同，我认为，民主政府该受挑剔的地方，恰恰是它拥有无与伦比的力量。美国反对暴政的措施，寥寥无几，这是我最为担心的地方。而极端的民主，在美国得到大力推行，倒在其次。

在美国，对于一个人，或者一个政党来说，当不公正的待遇席卷而来时，他或者它该向谁求助呢？陪审团吗？它可是拥有宣判权的大多数，并且在一些州，法官由大多数选任。公安机关吗？那里的警察，可是大多数掌控的军队。行政当局吗？别忘了，行政首长由大多数选举而来，并且对于大多数的要求，无不顺从。立法机构吗？立法机构是大多数的代表，并且毫无主见地服从大多数的意志。舆论吗？要知道，大多数决定着舆论。所以，不管你揭发的事情，多么得荒谬，多么得有失公允，最后你还是得屈从[1]。

相反，立法机构虽然由大多数组建，却不受其激情的摆布。这样一来，行政权就可以自行处理自己的事务，而司法当局也不受立法权和行政权的干扰。如果真是这样的话，民主政府就会建立起来，全然不会看到暴政的影子。

在这里我要表明，美国没有防范暴政的措施。如果我们想要找到美国政府宽宏大度的原因，最好从它的地理位置和民情里寻找，而不是从它的法律中追根溯源。当然，这并不是想说明，暴政的手段被今天的美国人民随意使用。

---

1 1812年，那时候正值战争时期。巴尔的摩发生了一起暴力事件。这次事件由大多数专制所造成。这一时期，对于战争，巴尔的摩人十分支持。当地有一家报纸，每天都要出版。对于人民支持战争的态度，报纸持有相反的观点。于是，人民集合起来，不但毁坏了报社，还攻击了报社人员的住宅。甚至有人还想找民兵帮忙，但是民兵没有采取任何行动。为了保护那些无辜者，不再受到愤怒公众的伤害，只好把他们当做犯人，关进监狱里。然而，这种措施并没有取得预想的效果。到了晚上，人民主动集合起来，将监狱包围。当地的行政长官闻讯后，立即召集民兵，进行遣散。然而，公众非但没有离去，还砸开了监狱的大门。有一名记者，当场就被公众打死。其他的报社人员，公众要求全部处死。但是，经过陪审团审理后，这些人员无罪释放。

有一天，我遇到一位宾尼法尼亚的居民。我对他说道："在这样一个州，由教友会教徒建立，并因其宽容而闻名，已经被解放的黑人，还不能享有公民权。请问，这是为什么呢？那些黑人按照规定，依法纳税，那么，让他们参加选举活动，是很公正的一件事。为什么你们觉得不是呢？"

那位居民回答说："你这样说，真是在侮辱我们。请你仔细看一看，我们的立法者，制定出来的法令，多么的宽容与公平。"

"照你这么说，在你们这里，黑人享有选举权了？"

"那是很自然的事情。"

"那就很奇怪了，今天早上在选民会议上，我连一个黑人也没有看到。这是为什么呢？"

这位美国人理直气壮地说道："黑人确实有权参加选举，只是他们不愿意参加而已。可见，这并不是法律的错误。"

"那他们也太谦虚了。"

"啊，不是他们谦虚，是他们心里害怕。一旦去参加选举，他们就有可能遭到围攻。要知道，在我们这里，法律有时候是会失效的，因为黑人得不到大多数的支持。对于黑人，大多数往往抱有偏见，就连行政官员也没有办法。对于法律赋予黑人的选举权利，各级行政官员也没有办法帮助他们实现。"

"怎么回事？对于不遵守法律的特权，享有立法权的大多数，难道也要享有吗？"

## 美国公务人员的专断权所受到的大多数无限权威的影响

专断权与暴政，这两者并不是一回事儿，我们必须将它们分开。与专断权不同，暴政可以依据法律实施。而专断权，则是依据被统治者的利益来行使的。所以，暴政和专断权决不是一个东西。

通常说来，暴政的实施会依靠专断权。但是必要的时候，它可以不依靠专断权。

在美国立法者的合法专制里，大多数的无限权威发挥着重要作用。此外，它还增强了行政官员的专断权。在大多数看来，公务人员就是他们乖乖听话的下属。一有什么计划，大多数就会让这些公务人员去执行。这是因为，大多数拥有无限的权威，向来控制着统治者和被统治者，指挥着立法和司法监督工作。对于公务人员的工作细节，大多数从来不过问。而对于公务人员的具体权利，大多数也不会费心地详细规定。大多数对待公务人员，就像主人对待仆人一样。由于大多数始终监督着公务人员，所以对于公务人员的行动，大多数可以随时纠正或者指导。

通常说来，美国公务人员从法律中获得的自由权限，要远远大于法国的公务人员。有时候，公务人员甚至可以获得大多数的准许，超越他们既有的权限。公务人员人数众多，依靠舆论的保护，他们有胆量做一些事情。这些事情，连向来习惯于专断权的欧洲人见到后，也不禁惊诧万分。就这样，在自由中逐渐形成一些习惯。这些习惯在今后的某一天，终将给自由带来致命的一击。

## 大多数对美国思想的影响

在美国，只要考察大多数是怎样控制人们思想的，我们马上就会看到一幅清晰的画面。从中可以看出，在欧洲为人熟知的一切权威，在美国的大多数面前所产生的影响力是多么得相形见绌。

思想，是这样一种力量：它既看不到，又摸不着。但是，对于一切暴政，它敢于轻视。在今天的欧洲，权威的思想仍然在专制国家内部，甚至是皇宫内廷中秘密传播。对此，那些专制君主一点儿办法也没有。而在美国，几乎看不到这种现象。在美国，如果统一的意见在大多数那里还没有形成，那么整个讨论仍旧要继续下去。但是，一个不可逆转的决定由大多数做出来后，所有的人都沉默不语了。不管是这一决定的反对者还是拥护者，所有的人都表示支持决定。之所以出现这种情况，原因很简单，那就是，没有一个君王，可以与大多数相提并论——大多数既有权立法，又有权执法，控制一切社会的权力，并且从不畏惧任何反对者。

此外，君王只拥有一项物质权力。它无法触及人民的灵魂，仅仅影响人民的行动。与之不同，大多数既拥有物质权力，又拥有精神权力。这两种权力结合在一起，人民的行动和灵魂，全在它们的掌控之下。这样一来，任何已经发生或者预谋策划的动乱，都可以得到有效控制。

在我看来，就思想的独立性以及真正自由的讨论而言，没有一个国家可以与美国相媲美。

在欧洲，没有一个国家的人民，在单独权威的统治下，会失去说真话的支持，以致他们的独立得不到有效维护。因此，欧洲的立宪国家可以尽情地宣传宗教和政治理论，还能向国外传播。一个敢于说真话的人，如果他在民主国家，那么他将会得到贵族阶层的支持；如果他在自由国家，那么他还可以用王权作为后盾；如果他在专制国家，那么人民将会和他站在一起；如果他在其他国家，那么就会有民主的力量支持他。但是，像美国那样的民主制度，只有一个支持的力量和权威，此外再没有其他的了。

在美国，思想的周围，由大多数建筑起一座高墙。在高墙之内，作家可以自由地写作。如果不超越这个高墙还好，否则，倒霉的就是他了——他将成为众人侮辱和厌恶的对象。当然，这并不是说他将会受到宗教的审判甚而被火烧死。对于他，人们什么也不会给，甚至连空头的名义，也没有他的一份儿。他通往政界的大门，也被关上了。只因为他得罪了唯一能让他通过大门的权威。在声明自己的观点之前，他满以为会得到很多人的支持。结果，当他把自己暴露在公众面前时，发现竟然没有一个人支持他。这时候，责骂他的声音，席卷而来。那些与他的想法类似的人，这会儿也不敢吭声了，一个一个都失去了勇气，找个地方躲起来。最后，他没有办法，只好妥协屈服。他不再言语，一副后悔的样子，好像不该说真话似的。

刽子手和镣铐，这些工具是暴政曾经使用过的。而在今天，专制虽然觉得自己一无是处，但是在文明的引导下，也取得了不少进步。

过去，君王手中只有物质权力一张牌可打；今天，民主共和国则拥有精神权力这张牌。对于人们的意志，精神权力这张牌气势汹汹，一直想要压服它。在一个人统治的专制国家里，灵魂的压制，是通过打击身体的粗暴方式完成的。但是不管怎样，专制打向灵魂的拳头，总能被灵魂躲过。

在民主共和国，暴政不能使用这种方法。这是因为在这里，身体是自由的。然而，暴政却可以直接压制灵魂。这时候，国家首脑不会说："我的思想，你必须跟上。否则，你就会丢失性命。"而是这样说道："我的思想，你完全没必要跟上。你是一个自由的人，你的生活、财产，乃至一切，都是你个人的。但是，从今以后，你不再是我们当中的一份子。你在社会上的特权，你可以保留。但是，对你来说，它们没有什么用处。这是因为，如果你想让周围的人选举你，那么你是得不到他们的支持的；如果你想让他们尊重你，那么他们对你也只是逢场作戏而已。当你接近周围的人的时候，他们会主动地远离你，就像逃避垃圾一样。即便那些认为你很干净的人也是如此，因为他们害怕遭受你现在的这种境况。你失去了做人的权利，虽然你继续在我们中间存活。就让你这样安静地活下去吧，但是你会发现，这样的一种活法，简直比死还要难受。"

在君主专制统治之下，人们早就对专制极为鄙视。对于民主共和国，我们要时刻保持警惕，不能让它恢复专制，不能让它把专制搞得被大多数人所接受，而只成为很少一部分人的重担。

在旧大陆的一些国家里，有些人自命不凡，发表作品，公开谴责时政弊端，嘲讽那一时代人们的愚蠢。比如说，拉布吕耶尔，居住在路易十四内宫的时候，写成了巨著《论伟大》中的一章；莫里哀，在给大臣们表演戏剧的时候，对于宫廷的弊端，进行了批判。然而，居于统治地位的美国权威，任何人都不能横加指责。权威很容易冒火，即便指责显得微不足道。随便一句嘲讽的话，权威听了就会怒气冲天。对于大多数的一言一行，人们都必须予以称赞。

一个作家，不管他是谁，也不管他多有名气，对于自己的同胞，必须恭维一番。因此，在自我喝彩的声音中，大多数总是沉溺其中。对于国内的真实情况，美国人无法知晓，只能依靠外国人的反馈，或者在实际的经验中发现。直到现在，如果美国还没有伟大的作家出世，那么只能从这一方面来追究原因了。精神的自由，是文学天才成长的土壤。而在美国，恰好就缺少这种土壤。

在西班牙，大量的反宗教书籍一直在流行。对此，宗教裁判所曾经试图阻止，但都没有成功。而在美国，居于统治地位的大多数所采取的措施，明显地比西班牙要技高一筹。在美国，打算出版某种书籍的想法，一旦被大多数发现，很快就会被取消。虽然随处可见没有宗教信仰的人，但是没有一样书刊，是专属于他们的。

那些黄色书刊的作者，曾经受到某些政府的强烈指责。通过这种方式，那些政府来维持良好的社会风气。在美国，很少有人去创作黄色书刊，尽管写作这种书的人，很少遭到谴责。不过这并不表示，美国的每一位公民都具有不可挑剔的品质，而是说大多数公民在面对这一问题的时候，态度是十分严肃的。

在这一方面，仅就权力本身而言，能够行使权力，无疑是一件好事。这种权力，每时每刻都存在着，具有一种势不可当的力量。然而，正确地行使这种权力，却不是一件容易的事情。

### 大多数的暴政对美国国民性的影响及巴结思想在美国的表现

上文指出的那种趋势，已经对美国的国民性产生了不可小觑的消极影响，尽管它在政界显露得还不算十分清晰。正因为大多数的专制力量日益增强，所以在我看来，活跃于美国政治舞台上的人物里，卓越出众的寥寥无几。

当美国爆发独立战争的时候，有很多杰出的人物涌现出来。人们深受他们的鼓舞，个个斗志昂扬。那时候，人民的斗志，一点儿也没有遭到压制。在自由参加人民群众的精神活动中，那些久负盛名的人，纷纷表现出他们特有的品质性格。在他们光辉性格的指引下，全国人民奋力前行。在此过程中，他们没有凭借全国的力量，来增加自身的光辉。

在专制政府中，对于主人的任何要求，那些阿谀奉承的高官贵族，只是一味地进行附和。与王权的实力相比，这些权贵们与之不相上下。然而，与他们不同，全国的人民并不愿意那样。他们之所以奴性十足，要么因为自己本身比较软弱，要么因为无知或者习惯使然。甚至有时候，他们也是出于对王权或国王的忠诚。有这样一些民族，它们为了获取快慰和骄傲，专门以牺牲自己的意志为代价，来满足君王的意志。但是，在服从的过程中，他们仍旧保持着一种精神上的独立。可见，这种民族并不自甘堕落，尽管它们已经十分不幸。并且，一个人做自己不欣赏的事情，与做自己假装欣赏的事情，是两种完全不同的境况。前者，是由于当事人的无能与软弱；而后者则是由于当事人奴性十足。

在自由的国度，对于国家的事务，每个人多少都可以发表一点意见；在民主共和国里，主权希望人民尽量发表意见，这样一来，就能引起人民的注意，因而社会的诸多方面可与主权堪比，私人生活也时常渗透进公共生活中。因此，与专制国家相较而言，有两种人可以混迹在自由民主国家里，他们要么利用主权的弱点，要么讨好主权而生活。当然，这并不是说，与别的地方相比，这些国家的人民天生就比较坏，而是说这里与其他地方相比，有更多的诱惑，使得很多人趋之若鹜。这样一来，人们的心灵，逐渐腐化堕落，并成为一种长久的趋势。

在民主共和国，对于大多数，很多人都想巴结附和。只要一个人有了这种想法，很快就会传染到各个社会阶层。这是民主共和国遭到人民谴责的地方之一。

像美国这样的民主共和国，遭遇上述的谴责，是经常发生的事情。在美国，一个人必须放弃他本身的一些公民权利，甚至抛弃做人的本分，如果他想要脱离大多数规定的路线。要知道，大多数在美国，是不容抗拒和极端专制的。

在今天的美国，很多人想要挤进政界。在这些人身上，既没有豪爽的性格，也没有刚正不阿的精神。这两种品质，在美国人看来，曾经是那么值得炫耀与夸赞。并且，作为伟大人物所具备的特点，美国人认为，无论何时何地，都应当拥有它们。初看时，美国人的思维好像都是一个模式，以致他们在同样道路上前进的时候，丝毫不会出现任何差错。

确实，有一些美国人，不合章法，众叛亲离，外国人经常遇到他们。还有一些美国人，对于国家法律的弊病，民主的任意变化，表达出愤慨和叹息之情。在谈及到引发国民劣根性的问题时，这些人往往能够指出改善的方法。但是，这些包含了隐秘思想的话，他们是不会对本国人说，只会跟作为外国人或者过客的你说。虽然这些真心话，他们十分愿意向你倾诉，但是这对于你来说，基本上没有什么作用。而当他们到了公开场合，却是另一番口气了。

上述的这些话，是我转述过来的。如果有一天，美国人读到了这些话，我想他们一定会有两种表现：第一，估计有很多人会大声谴责我；第二，也有一部分人从内心里原谅了我。

在美国，我经常看到真正的爱国主义行为，也时常听到人民谈论国家。但是，当我试图从国家领导人的身上寻找普通民众的这种特质时，失望地发现他们身上什么也没有。专制主义对于执政者和被统治者都会产生消极的作用，而对后者的败坏作用尤为明显。关于这一点，只要用类推的方法就可以解释。

不错，选民是美国当选官员的主人。但是，那些执政者从不将选民称为“大人”或者“陛下”。这种情况与君主国的大臣好像有很大不同。在美国官员看来，选民具有一切美德，即使现在没有，将来也一定会有。因此，他们只管对选民大加赞叹，却从来不问选民到底有什么美德，更不会为此与人争论。在主人面前，他们从不把自己的爱妻和女儿贡献出来，以便主人恩宠施爱。不过，他们总是说一些违心话，以便更好地出卖自己。

在美国，不管是道德家，还是哲学家，他们鼓起勇气诉说一个不为常人所道的真理时，总是要事前声明一段话，尽管他们很少用寓言来掩盖自己的真实观点。他们通常这样说道："大家都知道，我们讲话所面临的人民，都是人品相当高的，也不会有什么有失主人身份的缺点。我们眼前的这些听众，与其他人相比，品德和学识更胜一筹。因此，他们更有资格享有自由。要不然，我们是不会在他们面前说这一番话的。"

试想，即便是在路易十四的面前，阿谀逢迎的人所说的话，大概也就如此吧！

就个人而言，我坚决认为，不管是在什么样的政府统治下，低贱和喜欢讨好卖乖的人，一定愿意攀附权势。而且我还认为，只要不给予任何人无限权威，换句话说，人人都没有那种诱使他人腐化堕落的最高权力，就可以防止人们自取其辱。而这，也是唯一的办法。

### 美国共和政体的最大危险来自于大多数的无限权威

一个政府的垮台，无外乎两种原因：一是暴政，二是无能。在第一种情况下，政府的权力被人夺走；在第二种情况下，由于政府的不作为，使得权力自行从手中滑落。

当无政府状态笼罩民主国家的时候，很多人看到后就以为，软弱无能是这些国家与生俱来的。然而事实上，政府根本无法掌控局面，只要这些国家内部的政党开始混战。在我看来，人力和物力，民主国家是从来不缺少的。进一步地，我还认为，正是由于民主国家滥用人力和物力，总是导致民主政府的垮台。暴政或者管理不当，而决非政府的无能，才造成了无政府状态。

一件事情，在我们看来，不可混淆其伟大性和持久性，更不要把稳定与力量等同。在民主共和国，引导社会的权力[1]，经常发生改变，或者转为他手，所以它显得极不稳定。尽管如此，当它转为他手，或者发生改变时，力量也是极为强大的，令人不可违抗。

我认为，与欧洲专制君主国政府一样，美国的共和制也是相当集权的，甚至程度更为激烈。美国的政府会因为软弱无能而陷于崩溃，在我，几乎是不可能的事情[2]。

如果有一天在美国，发生了这样的事情——自由遭到毁灭，可想而知，始作俑者一定是大多数的无限权威。这是因为，少数在大多数的威逼下，毫无办法的时候，只能借助于武力。这时候，无政府状态出现了。但是，造成这种状态的罪魁祸首却是专制。

关于这种看法，麦迪逊总统曾经发表过自己的意见。他说："防止社会不受统治者的压迫，更为重要的是，防止社会上的一部分人不公平地对待另外一部分人，这是共和

---

1 权力可能集中在一个人的手中，这时候，它可能不是很强大，但是却很稳定；权力也可能集中在一个议会手中，这时候，它可能不是很稳定，但是却很强大。

2 在这里，与本章的其他各处，说到大多数的专制时，我不仅指的是联邦政府，还有各州的政府。相信各位读者一定注意到了，不需要我的再三提醒。

政体最为重要的事情。政府和公民社会的目的，就是确保公正。为了追求公正，人们不懈地进行努力，并将永远追求下去，直到实现这一目标。当然，在追求中，由于丧失自由，人们也会被迫停止的。

“在一个社会中，如果比较强势的一方，可以随时联合起来，压迫比较弱势的一方，毫无疑问，这样的社会极为容易陷入无政府的状态。一旦这样，在暴力的个人面前，软弱的个人丝毫没有与之相抵抗的保障。在这种情势之下，一个政府如果既能保护弱者，又能使较强的人受到保护，那么这样的人就很愿意服从它。这是因为这个较强的人，这会儿也看不惯社会的动荡局势。这样的想法一旦出现之后，便促使较强的势力和较弱的势力联合起来。他们这样做，是为了保护强势和弱势的政府。可以确信的是，罗得岛州如果获得独立，脱离联邦政府的统治，那么在它极为有限的土地上，一定会以人民的名义进行统治。然而，这种统治的权力是极不稳固的。显而易见，需要暴政的大多数，迫不及待地向人们证明，这种统治权力所面临的危险情况，正是由于它脱离人民造成的。”

杰斐逊也曾经说过：“我所担心的问题，不只是政府的行政权，或者可以说，我最为担忧的问题不是它。立法机构的暴政，才是我真正担心的问题。而且，在以后的多年时间内，我还会继续担心下去。至于行政权的暴政，虽然可能会出现，但那要经过很长的一段时间。”

关于这一问题，杰斐逊的话，是我最为欣赏且最愿意引用的。这是因为，与其他人相比，杰斐逊是目前最为虔诚的民主宣教者。

# 第八章　美国怎样限制大多数的暴政

在本卷的第一部分，对于两种集权，我曾经作出过区分。其中，一种集权，我称之为行政集权；而另一种集权，我称之为政府集权。在美国，只存在政府集权，而不存在行政集权。

政府集权和行政集权，是管理国家的两种手段。美国的社会权力如果全部拥有两种手段，并具有处理一切事务的能力和习惯，甚至掌握着发号施令的大权；如果国家的重大利益被规定之后，它还能主动低头去询问私人的利益；如果管理国家的一般原则落实之后，它还能兼顾到具体过程的每一个细节，那么在新大陆上，自由早就荡然无存了。

虽然大多数在美国还不具备实行暴政的手段，但是它或多或少地已经流露出暴君的性情和癖好。

对于美国的任何一个州来说，中央政府的管理权是非常有限的，仅仅涉及很少的一部分事务。这些事务在它看来，显得十分重要。至于社会上不太重要的事务，它是不参与管理的。甚至于，它从来没有过这样的想法。大多数将权力紧紧地攥在手中，尽管它变得越来越专制，但是从来没有把手中特权分给过中央政府。可以说，在某一个点上，专制确实大为增强了，但是它还没有波及整个面上。就整个国家而言，也许大多数激情不减，且所做的宣传鼓动人心，但是，它想要在各个地方，以同样一种方法，同时让所有公民都听从它的意志，这显然是不可能的。

中央政府是大多数的代表，当它发号施令的时候，不可避免地会要求一些官员执行命令。然而，这些官员并不都是由中央政府管辖，因而有时候它的命令就得不到立即执行。就像一座座碉堡一样，乡镇和县城的行政机构要么错误地执行了人民意志的命令，要么拖延执行了它们。在法令的实施过程中，自由总会找到它的庇护所，尽管法令是强制实施的。况且，对于很多事情的细节部分，大多数也无能为力。我敢说，连行政当局的草率行事，大多数也是毫无办法的。任何事情都能管理到，这是不可能的。关于这一点，其实大多数也清楚地认识到了。这是因为，关于自己的权力，大多数还没有完全认识。大多数已经充分了解到自身的自然力量，但是对于怎样扩大这种力量的范围，大多数还没有掌握方法。

关于这一点，是值得我们关注的。有一天，在某个国家，如果设立了像美国这样的民主共和制，并且该国之前由一个专制统治者控制，依据习惯法和成文法实行集体行政权，那么这个新建立的共和国将由无与伦比的专横权力来统治，其程度将远远超越欧洲任何一个君主国家。如果想要发现与此类似的国家，只能到亚洲那里去寻找。

### 美国的法学家精神及其怎样成为平衡民主的力量

在美国，我走访了一些美国人，并且研究了美国的法律。在这之后我发现，防止民主走上歪路的方法，在今天的美国，就是赋予法学家更多的权威，以及让他们对政府施加影响。我认为，有一个比较普遍的原因蕴含其中。在别的地方，这一原因可能还会出现，所以我们有必要好好地研究研究它。

在欧洲，法学家热衷于参加各种政治运动，已经有500多年的历史了。在他们身上，经常有两种情况交替出现——要么他们作为政权的工具，要么政权成为他们的工具。中世纪的时候，随着王权的逐渐扩大，他们为其作出了很大贡献。不过，在此之后，他们却走上了一条相反的道路，即想方设法地限制王权。

在法国，他们与贵族为敌，并成为最有危险性的势力。而在英国，他们又与贵族一起，结成关系密切的集合体。照此说来，法学家的行动，是不是被一种毫无缘由的冲动所支配呢？抑或由于环境的影响，天性和不断重复的本性促使他们这样做呢？在即将形成的民主政治社会，法学家也许发挥着不可替代的重要作用。关于这些问题，我一直想要搞清楚。

研究过法律的人，天生喜欢观念间有规律的联系。他们对于规范性的东西，常常爱不释手，并且在工作的过程中，养成了一种井井有条的好习惯。这些行为做派，无形当中促使他们与民主所蕴含的鲁莽激情以及革命精神势不两立。

在研究法律的过程中，法学家们获得了专门的知识。拥有这些知识，他们在知识界就形成了一个特权阶层，而在社会上，他们以此为生，进而创建了一个新的行业。在公民的生活中，他们充当仲裁人的角色。作为大师，他们向民众传播着一门尚未被全部人熟知的学问。这门学问在现实生活中，是必不可少的。因此，当他们进行自己事业的时候，总是觉得自己高人一等。当遇到诉讼人的激情出现偏差时，他们会及时纠正。慢慢地，这种做法形成一种习惯，促使他们对于民众产生一种蔑视的态度。此外，他们自发地组建成一个团体。当然这只是说，相同的专业和方法，在他们的思想上，产生了共鸣，就像他们遇到有利之处，自然而然地联合起来那样，并不是说在共同目标的感召下，他们已经彼此熟知，相互合作。

因此，贵族身上的部分兴趣和特性，在法学家的心灵深处，可以找到踪迹。与贵族一样，对于民主政府，他们也心怀疑虑；对于群众的行为，他们也相当厌恶。与之类似的，他们还像贵族那样，循序渐进地做事，遵守着严密的规范。

这里，我的意思并不是说，法学家身上所特有的品质如此深刻，已经严重束缚了他们。个人的利益，尤其是眼前的利益，支配着法学家的行动。关于这一点，在平常人也是如此。

有一种社会，在民间，法律界人士可以获得极高的地位，而在政界，他们却一无所获。处于这样的一种社会体制里，毫无疑问，对于革命活动，法学家定会一马当先。但是，这里有一个问题值得我们研究，那就是，他们进行破坏或者改革，是因为他们的本性，还是事出偶然。可以肯定，法国的君主政体在1789年被推翻的时候，法学家功不可没。但是，之所以这样，是因为他们没有参加过当时法律的制定，还是他们已经仔细地研究过法律。这一疑问，需要我们好好研究一番。

英国贵族，在过去的500年间，曾经多次领导人民，并代表他们进行宣言。但是在今天，他们却为维系和巩固王权而斗争。不过，他们身上仍然透露着天性和偏好。

因此，我们应该注意一点，那就是，团体的个人成员，千万不能被当做团体本身。假如那样的话，我们就犯了以偏概全的毛病。

一切自由政府中，不管有多少政党，也不管形式怎样，法学家总是处于显要的地位。对于贵族政体来说，这种看法同样适用。民主运动，几乎毫无例外地，都是由贵族激发而形成的。

一个团体内，如果到处都是精英分子，那么对于每一个成员的欲望来说，团体是没有办法满足的。这样一来，团体内的成员，总是感到他们没有用武之地。这是因为，他们的才能和激情，没有很好地得到利用。因此，他们中的很多人，由于不能及时享有团体所拥有的特权，便开始攻击这些特权了。他们之所以这样做，就是想新建一个团体，或者融入到更高层次的团体中。

因此，法学家想要掌控未来的局面，在我看来，几乎是不可能的。不管是什么时候，法学家中的大部分，能够以秩序的好友和改革的敌人的双重身份行事，这也是不太可能的事情。

我的看法是，法学家在一个社会位居高位，如果他们没有任何反对者的话，那么他们一定是极为反对民主的，而且他们的思想异常封闭、守旧。

一旦贵族政体下的法学家，在仕途的道路上，屡次遭受阻碍，他们就会对这种政体抱以极大的敌意。这时候，在财力和权力上，他们虽然比不上贵族，但是在活动上，他们不受贵族的控制。更为重要的一点是，就智力水平而言，他们自认为与贵族在伯仲之间。

换一种情况，也就是说，如果法学家可以从贵族那里获得些许的特权，那么这两个阶级就能走到一起，甚而成为和睦的一家人。而我也一直倾向于以下观点：想要法学家变成统治者最为有力的工具，只要国王稍微使用一些手段即可。

经常看到，法学家与民众联合起来，组成统一战线，攻击行政权。但事实上，法学家与民众的亲和力，远远不及法学家与行政权的亲和力。同样的道理，贵族阶级与国王的亲和力，要远远大于贵族与民众之间的亲和力，尽管贵族阶级与社会其他阶级联合起来，反对王权的情况时有发生。

对于法学家来说，与其他一切事物相比，秩序是他们的最爱。能给予他们的最爱以最大限度的保护，就是权威了。此外，还有一点我们不能忽视，那就是，自由往往被他们置于法治之下。与暴政相比，他们更加害怕专断。而且，如果自由被立法机构用法律的形式剥夺，同时公开承认这一做法，法学家们也不会表示有任何异议。

基于此，我认为，面对民主的呼声，一个君主，想要消减和限制司法权，以及法学家的影响，那将会成为一项重大失误。这是因为，他所得到的，只是一个空洞的外表，而失去的却是真实的权威。

对于国王来说，如果法学家能够参与政府，那将是一件有益的事情。对此，我一点儿也不怀疑。建立在暴力基础上的政府专制，当由法学家接管政府以后，专制就会发生变化。这时候，公正和依法办事，将会成为专制体制的一抹亮色。

对于法学家来说，想要增强自身的政治权力，民主政府是不可或缺的。在政府里，法学家将会掌控一切权力，如果将君王和达官贵人赶出政府的话。这是因为，那个时候，人民所能找到的最为聪明的人，也就是法学家这类人了。

对于法学家来说，出于其利益考虑，他们会主动靠拢人民。但是，由于本身的天性，他们又偏好君王和贵族。因此，民主的嗜好和民主的缺点，在法学家身上是寻摸不到的，尽管他们对民主政府颇有好感。这样一来，法学家不但可以凭借民主，还能够超越民主，最终使得自己的力量日益强大。

在民主政体下，为了人民的利益，法学家做了努力。人民知道这一点，他们对法学家很是信任。在人民看来，法学家不会有什么歪点子，因而对他们的话，人民从不感到气恼。实际上，遵循一种非民主的固有倾向，使用非民主的手段领导政府，一直是法学家所期望实现的结果。对于民主所创立的政府，法学家根本不愿意推翻它。就习惯和爱好而言，法学家是贵族；就利益和出身而言，法学家是人民。在人民与贵族之间，法学家就是一个天然的锁链，紧紧地将二者联系起来。

与民主的自然因素相结合，法学家这一行业，可谓具有天然的优势。不但如此，只要两者结合后，就会以利于自身发展的方式存在下去，成为新型的贵族因素。法学家精神具有内在的缺憾，这是毫无疑问的。但是，如果民主精神没有法学家精神与之为伴，那么，民主能否长久地治理社会，却是一个大大的疑问了。还有一点，对于公共事务的影响，随着人民权力的增加，法学家的数量如果不增加，那么我想，这个时代的共和国维系自身的存在，显然有些力不从心。

这一贵族特点，在法学家精神中有明显体现。与其他国家相比，美国和英国的贵族特点更为突出。这是因为，一方面，美国和英国的立法工作，有很多法学家的参与；另一方面，在这两个国家，立法工作和法律解释者被摆放在显著的地位。

就法律观点和立法原则而言，英国人和美国人根据祖先的法学观点和法律定则来建立它们。可以说，他们基本上沿用了与先祖类似的一套立法方法。

不管是英国的法学家，还是美国的法学家，对于正规合法东西的喜好，总是与对古老东西的敬爱结合在一起的。这一点，对于后来的社会动向，以及法学家的精神面貌，产生了另外一些影响。

对于既定的事实，英国和美国的法学家都是相当重视的。而法国的法学家不同，他们更看重为什么会有这一事实。换句话说，判决的文本是英美法学家所看重的，而判决的理由是法国法学家的着眼点。

当你遇到英美法学家的时候，他们很少发表自己的观点，而是不断地引述他人的见解。对此，你一定会感到惊讶。然而，在法国，却是另外一种情况。

在处理一桩小案件的时候，法国的律师除了一般的陈述之外，还必须论证他所阐述的一整套法学思想。法律的立法原则，在他那里得到淋漓尽致地言说。通过这种方式，他希望法庭能够灵活变通，最后达成妥协。

对于这种做法，英美的法学家在思想上给予了激烈的反驳。这是因为，这一做法严重违背了他们的先祖意愿。在英国和美国，法学家盲目地跟从先祖的法学思想，不敢越雷池一步，其后果自然是产生了比法国更为严重的惰性。

在法国，人人可以讨论成文法，尽管它们通常难以理解。与之相反，那些以先祖的思想为基础的法律，对于普通人来说，则更加晦涩，无法理解。英美国家的法学家，由于对先祖思想的完全崇尚和敬重，导致他们与现在的人民，日益脱节。最终，在人民当中，他们逐步变成了一个另类阶级。在法国，法学家就是一名学者。而在英美，与埃及的祭祀一样，法学家充当着玄学解释者的角色。

在英美，对于旧有的习惯和法学思想，法学界的人士对其产生的影响甚微。这种情况的出现，与他们所处的社会地位紧密相关。在英国，贵族阶级总是想方设法地拉拢一些东西。这些东西在本性上，与他们极为类似。对于法学家，贵族阶级极为推崇。基于此，他们给予法学家很大的权力。在英国社会里，对于所处的社会等级，法学家是相当满意的，尽管他们未曾位列于最高社会等级。在英国贵族中，法学家算是年轻有为的一代人。对于贵族，他们又是爱戴，又是尊重，就像是自己的老大哥一样。他们从来没有与贵族产生权力纠纷。这样一来，职业圈内的贵族利益，与社交圈内的贵族思想和情趣，被法学家有效地结合起来。

在英国，就我所描述的这种法学家形象，显得尤为突出。由于法律的古老，而不是法律的良好，英国法学家尤为尊重法律。有时候，为了适应社会发展的趋势，他们需要对法律做出一些修订。但是，即便是这种时刻，他们对于先祖的遗产，也是小修小补，不敢大力改革。一句话，万变不离其宗。发展先祖的思想，完善先祖的业绩，是他们修改的结果。对于他们的这些做法，有人批判他们无比荒谬。对此，他们欣然接受。这是因为，对于先祖的遗训。他们是万万不敢亵渎的，否则就要承担大罪。因此，指望他们成为改革者，几乎是不可能的事情。这就是英国人面对法律时的态度。法律的条文，是这种态度最为关心的重点。至于事物的实质，它是漠然置之的。如果法律条文有不理性的地方，或者违背人情，它也是不会修改的。

在英国，供养一棵古树，是立法工作的真实写照。在这棵古树上，立法者嫁接了各种各样的枝条。他们通过这种手段，希冀树干周围枝繁叶茂，或者能够结出各种果实。

在美国，旧贵族和文士是不存在的。至于富人阶层，人们向来持怀疑态度。在社会上，法学家是最有知识的一部分人。理所当然地，他们成为一个高等级的政治阶级。这样一来，他们爱好秩序的天性外表，又多了一层保守。改革，对于他们来说，也就无从谈起了。

如果有人问我，美国的贵族在哪里，我会毫不犹豫地回答说，他们在律师的职业圈内，以及法庭的法官席位上。富人阶层与他们没有天然的联系纽带，所以贵族不在富人当中。

对于美国发生的一切，我们越是仔细考虑，越是确认一点，那就是，在美国，平衡民主的最大力量，也是唯一的力量，就是法学界。

在美国，我们很容易发现，平民政府所固有的缺陷，在法学家精神的影响下，变得有些完善。这种法学家的精神，不管是优点也好，缺点也罢，总能产生些许作用。

在美国，法学家总能对人民产生一种约束作用，尤其是他们在激情和理想的感召下得意忘形之时。这时候，法学家能让他们镇定下来。法学家手里掌握着一些神秘的工具。他们遇事沉着冷静的习惯，可以抵制民主的急功近利；他们对规范的嗜好，可以抵挡民主对制度的蔑视；他们对古老事物的崇敬，可以消磨民主对新事物的痴爱；他们的贵族天性，可以应对民主的本能。

应对民主最为得力的工具，在法学界，非法院莫属。每一个法官，都是一名法学家。他们因为终身在职，对于安宁，有着强烈的嗜好；他们因为喜爱，在研究法律的过程中，通晓各种制度和秩序。他们凭借政治权力，可以轻而易举地登上高位。从中，特权阶级的习性，在他们身上也逐渐显露。他们凭借法学知识，比其他人更能在社会竞争中胜出。

在美国，法律是否违宪，由司法官员宣布。此外，他们还管理着日常的司法事务。对于立法工作，他们不能强迫人民参与。但是，一旦新法被他们制定出来，他们完全有权力强迫人民恪守，促使他们一言一行都合乎法规。

在美国，促使人民削弱司法权的趋势，始终潜在地存在着。关于这一点，我早有耳闻。很多州的宪法明确规定，只要两院提出请求，州政府可以撤换法官。在另外一些州，宪法规定，选举产生法庭的成员。这些成员还可以多次参加选举，多次任职。请允许我做一次大胆的预言，像这样的改革，后果是十分恶劣的。迟早有一天，司法官员的独立性会被破坏殆尽。到了那个时候，司法权和民主制度本身，都将受到重大打击。此外，在美国，只有法学院才有法学家精神。这一看法，是有失偏颇的。要知道，法学家精神超越于法院，早在其他领域里就存在了。

人民赖以信任的唯一知识阶级，就是法学家。因此，他们占据了大多数的公职。立法机构和司法机构，都由他们主持。对于法律的制定和实施，他们具有非同小可的影响力。但是，社会舆论时刻牵制着他们。对此，他们必须服从。就算没有什么牵绊，只要人民发现他们有什么不良的动机，他们的行动立刻就会受到约束。美国人虽然在政治改革上大做文章，但是当他们面对民法改革时，却显得畏首畏尾，只做出了些许的改变。就连这点改变，也是他们费尽周折才换来的。他们总是摆出一副不以为意的样子对待民法，尽管那其中已经有很多地方与美国的现实社会相脱节。之所以会这样，原因在于，法学家受托解决公民权利上的问题，但是从来只做自认为对的事情的法学家，很少动真格地进行改革。

在美国，法学家的懒惰以及喜好维持现状的本性，经常使得人民怨声载道。如果这种情况被一个法国人看到了，他一定会大吃一惊。

就我所指出的范围而言，法学家精神的影响力早就超越其外了。在美国，随着时间的推移，差不多所有的政治问题，都可以变为司法问题。所以，司法概念和语言，在党派论争中经常出现。在正式参加公务活动之前，大部分公务人员曾经都是法学家。所以，法学家固有的习惯以及思想方法，时刻渗透在公务活动中。而司法概念和语言，陪审制度要把它们推广到一切阶级。这样一来，它们差不多替代了普通的语言；全体人民都沾染了一种司法官的习性和癖好，这是因为，囿于学校和法院的法学家精神，超越学校和法院的高墙，蔓延至整个社会，并渗透到最为底层的阶级。

在美国，法学家形成了一个权力。这一权力并没有什么危险性，但是常人却难以察觉。它没有自己鲜明固定的主张。它可以很灵活地满足时代的需求，适应社会上的诸多运动，而没有任何抵触。逐渐地，它蔓延到整个社会，深入到每一个阶级。它利用手中的权力，推动社会，影响社会。最后，整个社会按照它的意愿进行发展。

### 陪审团在美国的功能

我所论述的题目，势必与美国的司法制度相关，因此，我不得不谈谈陪审制度。

陪审制度有两种作用。在论述它之前，我们首先要分清楚这两种作用。第一，作为政治制度，它所发挥的作用；第二，作为司法制度，它所发挥的作用。

对于司法行政，陪审制度究竟能在哪一方面促进其发展，尤其是民事法律，陪审制度能不能完善它，这些问题涉及到陪审制度的功能。我承认，只要谈及它们，必然会引起争论。

在社会发展刚刚起步的时候，陪审制度就已经产生。那时候，经由法院审理的，尽是些简单的诉讼。随着社会的不断发展，人与人之间的关系，变得越来越复杂，并且形式多样。想要判断这些关系的性质，必须使用理智或者一门科学[1]。可见，陪审制度想要适应社会发展的需要，是一件相当不易的事情。

---

1 我们将陪审制度当做一种司法制度来研究。我们将会探讨它在美国产生怎样的影响，考察美国的政党是怎样被它牵制约束的。关于这些问题的研究，一定不乏益处，且颇具趣味。你只要找出一本专门研究这些问题的著作，以及一本专门描写法国人的著作，就可以考察它们了。对于美国的陪审制度，其中哪些地方可适用于法国，并为我们所用。这都是可以从著作中考察到的。在美国，路易斯安那州，是我们了解这些问题最为有利的地方。这里，居住着英国人和法国人的后代。这个州，有两个法制。这一点，已经导致他们形成了两个民族。这两个民族之间，相互对立。不过，随着时代变迁，他们正逐步融合。在这里，我向读者推荐两本好书：一是，《路易斯安那州法令汇编》，两卷本的；一是，《论民事诉讼程序》，由布依松先生在奥尔良出版，用英语和法语两种语言写成，主要论述了民事诉讼的程序。与上一本书相比，这本书要好一些。后一本由于有英法对照的术语表，所以比较适合法国人阅读。关于这些术语，此书还做了准确而又权威的解释。法律用语在不同的国家，就有不同的含义。尤其是英国，它的法律用语，与其他国家相比，其含义完全不同。

现在，我要探讨的是陪审制度的政治性，而其他话题的谈论，都不免有些偏题。作为司法的一种手段，有关陪审制度的问题，我将会谈的比较少一些。当英国人还处于半文明半野蛮的状态时，他们便开始采用了陪审制度。后来，作为世界上最为文明的民族之一，英国人对陪审制度的热爱，随着文明步伐的迈进，与日俱增。慢慢地，他们越出国门，踏向世界各地。结果，独立国家在某些地方成立了；而殖民地则占据了另外一些地区。英国国王在一些国家，仍然被视为它们的君主。在很多殖民地，成立了一个又一个共和政体，且十分强大。不管是独立国家，还是殖民地，陪审制度都得到了极大的提倡[1]。陪审制度要么立刻得到了回复，要么被迅速建立。这种司法制度，经过英国人的传播，逐渐存留下来，一直到今天。在文明发展的各个阶段，陪审制度得到各地区和各种政府的采纳。与此同时，在司法界，它几乎没有遇到什么障碍[2]。但是，关于这一点，在这里我们不予讨论。

既然陪审制度不但对诉讼结局有不可小觑的影响，还关系着诉讼当事人的命运，那么仅仅把它看做一种司法制度，很显然是不合乎常理的。因此，首要的来说，陪审制度是一种政治制度。我们应该一贯地站在这个角度上来评价它。所谓陪审制度，就是在法庭之外，随便请来几位公民，让他们组成一个陪审团。这些陪审团的成员在法庭上，暂时获得一种参与审判的权利。

---

1 关于这一点，不管是英国还是美国的法学家，他们的观点是相同的。斯托利先生，是现任联邦最高法院的法官。他在《美国宪法释义》中多次强调，陪审制度的实行，对于民事案件的审判，是有很大好处的。他说："刑事案件的审理，允许陪审团参加。现在，民事案件的审理，陪审团也可以参与，两种权力等量齐观。这真是一项来之不易的特权，这是因为，政治自由和公民自由的权利，从此人人都可以拥有了。"

2 作为司法制度的一种，陪审制度具有诸多好处。想要说明这一点，我们可以找到其他例证，如下：

审判工作，一旦有陪审员参加，法官的人数就可以大大减少。更为重要的一点是，工作还会照常进行。这是陪审制度的一个优点。法院采取晋升制度，当法官人数众多的时候，如果他想要晋升，只能等待在职的法官死去。这样一来，希望他人早点死去，成为司法人员的普遍心理。这种心理产生以后，又促使他们向大多数靠拢，或者攀附有权指定空缺人选的人。像这样的一种晋升方法，就像军队里军衔的提升一样。与完善的司法行政和立法机构的意向相比，这种办法显得难以相容。有些人主张，为了保持法官的独立性，法官任命实行终身制。只要法官不想辞职，任何人都没有权力罢黜他。这种方法，算得一种好的了。

法官人数众多，还有一个弊端，那就是，有些人混在其中，不务正业。因此，对于那些肩负重大责任的法官，万万不能让普通人担任。如果一个法庭，是由庸庸碌碌的人组成，那么，在法院所有的组织中，它将成为最坏的一个环节。

在我，一件案子，与其把它交给一伙法官审理，他们当中大多数人对于法学和法律的了解模棱两可，还不如把它交给一个精明法官领导下的陪审团审理，即便陪审团成员对于法律一知半解。

我认为，完善的共和制度，将会被政府建立起来，只要在处治犯罪行为方面，政府采取陪审制度。我之所以会有这样的看法，基于以下理由：

陪审制度，它既可能是民主性质的，又可能是贵族性质的。它的性质，由陪审员所处的阶级决定。但是，只要实际的领导权，还在陪审团手中，也就是说，在被统治者或者一部分被统治者手中，那么它的性质就是共和的。

强制，作为成功的一个因素，向来只是昙花一现。那些被强制过的人民，强制一旦过去，很快就会有权利的观念。一个政府，如果它只能在战场上将敌人推翻，那么它的存在是不会长久的。因此，防止出现这种情况，就必须加强政治工作。而在政治方面，要将法律处罚落到实处，必须在刑法里找到依据。如果没有处罚措施，法律的强制作用早晚有一天会失去。照此说来，社会的真正主人，是主持刑事审判的人。陪审制度的实施，可以说把人民，或者是一部分公民，提升到与法官相同的社会地位。实际上，通过陪审制度，人民或者一部分公民，手中就掌握了领导社会的权力[1]。

在英国，贵族的成员担任陪审团。这样一来，不但立法权掌握在贵族手中，连执法权和惩治违法行为的权力，也尽数落在贵族手中。在英国，社会的一切事务，必须经由贵族的同意。可以说，英国就是一个贵族共和国。

在美国，全体人民享有一切权力。选举权，被选举权，以及入选陪审团，是每一个美国公民的权利。我认为，就像普选权一样，陪审制度在美国的实行，同样得益于人民主权学说。这一学说，直接导致陪审制度的产生，甚至可以说，最终导致了它的产生。普选权和陪审制度，这两种势均力敌的力量，在美国可以使大多数进行有效的统治。

陪审制度，曾经遭到过破坏或者削弱。这种破坏的始作俑者，通常是一些统治者。这些统治者曾经妄图通过个人的力量来领导社会。比如，拿破仑曾经下令，让自己的心腹去挑选陪审员；对于那些不愿意做有罪判决的陪审员，都铎王朝便把他们抓进大牢。

对于这些前人的真理，虽然十分明显，但并不是所有的人都为之动容。况且，在我们法国，关于陪审制度的看法，人们往往持有不同的观点。只要把陪审制度当做一种司法制度，对于参与其中的陪审员需要什么知识和能力直接进行讨论，就可以知道什么样的人可以当选陪审员。

在我看来，作为人民主权的一种形式，陪审制度首先是一种政治制度，所以讨论什么样的人担任陪审员，是个无关紧要的问题。当人民主权安然无恙时，陪审制度就要与当时的法律协调一致；当人民主权荡然无存时，陪审制度也必须弃之一旁。在整个国家内部，陪审团是专门负责执法的机构。这种情况，与议会是国家的立法机构类似。陪审团的名单，必须随着选民名单的缩减而缩减，随着选民名单的扩大而扩大。这一点，在

---

1 在这里，还应该有所补充解释。

不错，监督公民的权利，在陪审制度的实施中，落到了人民手中。但是，这一制度并没有确保，在任何场所，人民都拥有监督权利。而且，监督权的实施，它也没有允许人民以暴力的手段落实。

一个犯人的处罚，如果由专制君王随意指派代表作出决定，那么，他的命运可想而知了。但是，无辜的罪犯，如果遇到人民审判，那么，陪审团的决议一定会给他挽回很多希望。

我看来，十分重要，立法机构一定要格外留意。至于其他的，则无关紧要了。

我相信，作为一种政治制度，这种属性对于陪审制度来说，是最为重要的。因此，当民事诉讼也采纳陪审制度时，我还是使用那种观点来看待它。

法律想要处于稳定状态，必须以民情为基础。民情是一种唯一的力量。依靠它，这个民族就可以长久地存在下去。

刑事案件的审理，如果有陪审团的参与，其作用会被人们逐渐发现。当然，这种发现仅限于个别案件。陪审制度，在人民的日常生活中，并没有成为一种例行的习惯。在他们眼中，陪审制度是获得公道的一般手段，但并不是唯一手段[1]。

相反，民事案件的审理，如果有陪审团的参与，其作用立刻会被人民察觉。这时候，所有人的利益都与陪审团相关，几乎每一个人都会向它求助。这样一来，在一定程度上，陪审团与公道具有了同样的地位；人们生活中的所有习惯，都有它的影子。逐渐地，人们的思维也适应了它的工作方法。

因此，刑事案件当中的陪审制度，永远摆脱不了困境；而民事案件中的陪审制度，一经运用，就经受得住反对者的驳斥和时间的冲击。英国的陪审制度，在都铎王朝的时候，就会荡然无存，如果它的统治者在英国的民众中排除陪审制度，就像从法律中清除陪审制度那样。可以说，民事上的陪审制度，真正地拯救了英国的自由。

不管怎样，对于国民性，陪审制度始终有着不可估量的影响力。而且，随着民事案件进一步采用陪审制度，这种影响力不可避免地会更加强大。

法官的思维习惯，或者至少一部分思维习惯，会随着陪审制度的使用，尤其是在民事案件领域内的应用，影响到全体公民的思维。这样一来，为了自己的自由，人民逐渐养成了这种思维习惯。

形成权利观念，尊重事实，这是陪审制度对社会所有阶级提出的要求。陪审制度的这两种要求，如果人们没有落实到位的话，那么对于自由的憧憬，只能是一种激情而已，并且这种激情将具有很大的破坏性。

做事公道，是陪审制度的题中之义。每一个人，当他陪审别人的时候，总是想到有一天，别人也会来陪审他。对于民事陪审员来说，这种情况的存在，显得尤为真切。每个人都怀有一种恐怕，深怕自己有一天，遭到刑事诉讼的审讯。要知道，人人都有可能牵涉到诉讼。

对于自己的行为，每一个人都要承担责任。这是陪审制度对人们的教导，也是每一个男人所应有的气概。一切政治道德，如果没有这种气概的话，将没有办法谈及。

通过陪审制度，每一个公民都获得了一种主持政务的地位。这样一来，人人都认为自己参与了政府，并要为社会负责。为了消除社会长期存在的弊端——个人的自私自利行为，陪审制度经常督促人们做一些事情。这些事情，往往与每个人的利益没有多大关系。

判决的形成，人的知识的提升，对于这些，陪审制度有极为重要的促进作用。在我

1 当仅是某些刑事案件适用陪审制度时，这一观点尤为准确。

看来，陪审制度的最大好处，便在于此。人们应当把陪审团看成是一座学校。在这座常设的免费学校里，陪审员学习怎样运用法律。其实现方式是，通过使用自己的权利，与那些位高的有教养和知识的人相互来往。此外，法庭上，对于陪审员，律师会经常帮助，法官也会时不时地予以指点，再加上当事人双方的责问，他们很快就能精通法律。因此，我认为，民事陪审制度在美国长期的实行，使得美国人获得了大量的政治常识和实践知识。

对于涉及到的诉讼当事人，我不知道陪审团对他们是不是有利。但是，有一点我很明确，那就是，对于主审的法官来说，陪审团发挥着相当积极的作用。在社会上，用以教育人民的有效手段有很多种。在我看来，陪审团为其中之一。

上文所述，是针对一切国家而说的，而下文所述，主要是针对美国和一般的民主国家而说的。

在前文中，我已经说过，民主政体下，唯一能够缓解人民运动的组织，是由法学家和司法人员构成的贵族团体。对于人们的精神，这部分贵族会产生保守性的影响。至于物质力量方面，他们则没有什么作用。不过，他们的权威，主要来源于民事陪审制度。

刑事诉讼，是一种斗争。这种斗争双方，一边是社会，一边是某人。在参与刑事诉讼的过程中，陪审团总有一种倾向，即他们把法官视为社会权威的对立面。因此，陪审团对于法官的意见，持有相当的怀疑态度。但是，一种用常识就能辨认的单纯的事实，要成为刑事诉讼的基本依据。在这一点上，不管是法官，还是陪审员，他们都是平等的。

与之不同，民事诉讼则是另外一种情况。在诉讼当事人中间，法官充当仲裁人的角色。他不会偏好任何一方，以公正的心态听取双方的辩论。对于法官，陪审员是十分信任的，而对于法官的仲裁，他们也会认真听取。这是因为，与陪审员相比，法官的法律知识丰富渊博多了。在陪审团的面前，法官力陈各种法律依据，而这些依据往往为陪审员所忘记。民事诉讼的程序，多而复杂，法官每次引导陪审员顺利通过这些程序。当陪审团有疑问的时候，法官不仅陈述事实的要点，还指明应该怎样回答有关法律的问题。可以说，法官给予陪审团的影响，几乎无处不在。

在民事案件中，对于引证法律依据，陪审员经常陷于无助的境地。对此事实，我坦然地揭示出来，人们肯定要问我，为什么要这样做呢？理由很明确，对于那些不牵涉事实问题的民事诉讼，陪审团只是象征性地参与审理，其实他们几乎没有任何发言权。对于法官的判决，陪审员会做出宣告。通常而言，陪审员以社会权威的姿态，用理性和法律的权威来衡量法官的判决。

在英国和美国，对于刑事诉讼的判决结果，法官有着至关重要的影响。这一点对于法国的法官来说，是从来没有听说过的。像这样的情况，其产生的原因，是很清晰的：在民事诉讼中，英国和美国的法官，首先确立自己的权威。随后，他们又把这种权威转移到另一种事务的处理中。在这种事务处理中，他们没有一点儿权威。

在美国，对于某些案件，甚至是重大案件，法官可以独立自主地进行审判[1]。这时

1 对于那些直接触及联邦政府的问题，联邦的法官也是独自处理并解决它们。

候，他们身上所体现出的道义力量，要比法国的法官大很多，尽管他们的地位与法国的法官几乎是一模一样的。这是因为，他们继续从陪审团的影响中获益，以致他们与陪审团所代表的社会具有同样响亮的声音。

在美国的私人娱乐，政治活动，公共场合，以及立法机构内部，总有一部分人向法官致敬。这些人倾向于认为，他们所拥有的智慧，总有些地方赶不上法官。一件件案子被法官处理完毕后，参与处理的所有人的思维习惯，甚至于内心世界，继续受到法官权力的影响。因此，在美国，与法院相比，法官的影响要远远超过它。

因此，表面上看起来，法官的存在，好像与司法权的陪审制度有悖。但事实上，法官极大增强了司法权的力量。还有，在美国，法官的权力可以与人民共同分享。像这样国家的法官，强大有力，其他的任何一个国家的法官，都是无法相比的。在美国，凭借民事陪审制度的诸多好处，司法人员将我所说的司法精神，渗透到社会的各个方面，包括社会的最底层。所以，作为实施统治的有效手段，陪审制度是人民的得力助手。同样，人民如果想学习统治，陪审制度也不失为最为得力的助手。

# 第九章　有助于美国维护民主共和制的主要原因

民主共和制，这是美国向来实行的政体。为什么美国要实行这一制度呢，这是本书论述的一个主要问题。

在所探讨的原因当中，有几个原因被我故意略去不提。这是出于连续阐述一个问题的需要，我不得已才这样做的。还有些时候，在论述问题的过程中，有些原因被我一笔带过。总之，有一部分原因，我并没有完全论述清楚。另外一些被我提及到的原因，由于冗繁的叙述过程，被淹没在诸多细节之中。

在此，我认为，在评论和阐述美国未来之前，有必要集中作一个交代，说明美国为什么会有如此的现状。为了让读者回忆我以往讲过的东西，在集中讨论这些原因之前，我将会做一个简单明了的概括。至于那些还没有讲过的东西，我也只是挑选其中的主要部分加以论说。

在我看来，美国民主共和制存在的原因，主要有以下三项：

第一，美国人所拥有的环境，独特而又幸运；

第二，法律制度；

第三，民族风情和生活习惯。

## 美国民主共和制度得以维系的偶然原因

美国之所以能够实行民主共和制，其自身拥有很多环境条件。这些条件是客观存在的，不以人的意志为转移。它们当中，有一些是众所周知的，另有一些人们并不知晓。不管怎样，我只想挑选其中最为主要的几个说说。

美国人从来不用担心战争、金融危机以及侵略者。他们没有数额巨大的税收，众多的军队和带兵的将军。而与这些灾难相比，军事的荣誉对共和制度则更为有害。然而，美国人还是不会受到牵累。这是因为，在美国人的周围，并没有强大的邻国。

不可否认，对于人民的精神，军事上的荣誉还是会产生不可低估的影响。杰克逊将军，曾经被美国人两次选为国家领袖。他本人性格粗犷，资质平平。在他的任期内，没有做出一项成就。在人们看来，他是没有资格统治这个自由民族的。因此，在联邦的知识界，他招致了很多的反对。

然而，有一个疑问便很自然地显现出来：登上总统的宝座，并得以连任，那么，到底是谁在背后支持他呢？难道是20年前，他在新奥尔良城打胜了那次战斗，之后的人民一直铭记于心吗？不过，就那次战役来说，只不过是军事上一次小小胜利。人们之所以能记住它，很大程度上是因为美国是一个战事稀少的国家。况且，沉迷于虚荣心的民族，往往是世界上最为残酷绝情的民族。这样的民族，通常也是最锱铢必较和不善于军事的民族。如果允许我发表一下个人的看法，那么我认为，这样的民族也是最为平庸的民族。

美国没有这样一个首都，通过它可以散布自己的影响力，将全国各地直接或者间接地统摄在内[1]。在我看来，这是美国维持民主共和制度的主要原因之一。城市就好像是一个人民大会，每一个市民都是其中的会员。不管是人们集会商讨，还是聚众闹事，都是没有办法预防的。对于司法和行政官员来说，城市的人民无时无刻不在影响着他们。甚至不需要经过官员的允许，人民就可以擅自采取行动。

因此，如果首都的意志可以控制地方的话，那么就等于一部分人掌握了全国的命运，而且这些人大多数自以为是。这不但是一件不公正的事情，更是一件危险的事情。这样一来，代议制将面临严重的威胁。它来自于首都的绝对优势。这种优势的存在，致使现代的共和国，走上了一条与古代共和国相同的道路。关于这一点，古代的共和国那时候并不知晓，所以它们很快走上了灭亡的道路。

在这里，对于美国建立民主共和制度有过帮助，而今又继续维系这一制度的原因，我可以轻易地举出几个。但是，在这些诸多有利的环境原因中，有两个在我看来是主要的。现在，我们就谈一谈这两个原因。

在本书的第一部分第二章里，我曾经说过，美国目前的繁荣，完全依赖于美国人的起源，或者在我称之为的美国人的出发点。美国人是天生的幸运儿，并且有良好的生

---

1　美国已经拥有一些很大的城市，尽管它没有规模宏大的首都。1830年，居住在费城的人，应有161000人，而居住在纽约的人，已经有202000人。在这些大城市里，最为底层的民众，与那些欧洲的贱民相比，还要具有危险性。这些底层民众主要有解放的黑人组成。在法律和舆论看来，他们就是一些身份卑微，并且永远没有办法脱贫的居民。当然，这其中还有一些新来的欧洲人。他们要么运气不好，或者行为违法，而被遣送到美国这块新大陆。这样一来，他们在欧洲的一些坏习惯，也随之被带到了美国。这些人来到美国后，对于身上的坏习惯，并不打算放弃。来到美国后，他们没有固定的公民资格，因此，为了得到好处，他们想要干什么，就干什么。这样一来，我们就不难发现，在某个时期内，费城和纽约经常发生暴乱，性质极为恶劣。然而，像这样的暴乱，在其他地方比较少见，对此，全国并没有表现出不安的情状。那时候，对于乡村的居民来说，城市的居民丝毫不会影响到他们。

但是，我认为，真正威胁未来美国民主共和制度的因素在于，美国某些城市的奢华，尤其是这些城市的居民性格。而且，我敢说，一旦想要保护这些城市居民的自由，就必须拥有镇压暴乱的武装力量。因此，这就需要政府建立一支军事队伍，以便随时支援全国的大多数意志。然而，这样一来，在某些地方，民主共和制也就走到了尽头。

存之地。历史上，他们所居住的大陆上，祖先倡导人人身份平等，没有什么高低贵贱之分。在这样的有利环境下，民主与共和制度很自然地就产生了。当然，这并不是全部的情况。他们的祖先还给后世子孙留下了很多习惯、思想和民情。这些因素直接促成了共和制度的成立。这一根本事实，造就了今日美国的民主共和制度。当我思考它时，与我们从人类的第一个先祖身上看到人类后来的整个命运一样，我好像也从第一个登上美国海岸的清教徒身上看到美国后来的整个命运。

在帮助美国建立民主共和制度，且至今还维系其存在的诸多有利环境因素中，美国人选择定居的土地，是最为重要的一个。他们继承了先祖传下来的爱自由、爱平等的风尚。然而，在这片广袤无边的土地上，却是上帝安排他们留在此地，并且给予他们一种手段，好让他们长时期地保持平等和自由。

一切政府的稳定，必须以社会的普遍富裕作为基础。尤其是民主政府的安定，情况更是如此。这是因为，最大多数尤其是最为贫困阶层的情绪，决定着民主政府的安定。当人民治理国家的时候，只要没有人搞破坏，人民的生活一定是幸福的。那些野心勃勃，一心想当帝王的人，才迫切希望社会动荡，局势混乱。这样看来，在美国，除了法制的原因外，保障普遍富裕的物质因素，要比历史上其他任何时期和世界上其他任何国家都要强大。

在美国，立法的过程，是极为民主的。就连大自然本身，也帮助人民。请仔细回想一下，我们在北美所看到的一切，历史上什么时候出现过类似的情况呢？

在古代，很多威震四方的国家，无一不是在战胜周围的其他国家，巩固自己的地位之后才建立起来的。在南美，一些地区存在大量的土地。但是，它们已经被一些民族所占领并耕种。这些民族尚未完全开化，进入文明社会。当一些现代的民族看到这一情况后，为了建立自己的新国家，一定会残杀或者征服那里的土著居民。他们获取的卑劣胜利，俨然亵渎了他们所拥有的文明。

但是，在北美，只存在着一些部落。他们四处漂泊，游离不定。对于土壤的天然能力，他们从没想过要去开发。从这一点来说，北美是一个人烟稀少，有待人们开发居住的荒野大陆。在这种情况下，美国人的社会情况和法制，便与其他国家有很大不同了。与其他国家更为不同的一点是，美国人所拥有的土地。

当上帝给人类大地的时候，大地上的物产富饶，而人类稀少。一切资源，对于人们来说，开发使用永无止境。不过那时候，人们的知识和能力极为有限，大地并没有得到真正的开发。当人们逐渐拥有开发能力，并从大地上获得好处时，人的存在已经遍布整个大地了。没过多久，为了争夺一个地方而居住和繁衍，人们之间开始厮杀抢夺。

就在这个时候，人们发现了北美大陆。这块大陆直到今天才从洪水中浮出水面，之前它好像被上帝完好地收藏着。

当人们第一次来到北美大陆的时候，它的面貌与创世纪的时候一模一样。在这里，一条条河流，汩汩而出；一块块原野，郁郁葱葱；一片片土地，未被开垦，一望无垠。北美大陆正是以这种面貌出现在世人的眼前。这时候，人们不再是往昔的野蛮人，而是已经从5000年的历史长河中吸取教训的人。对于大自然的奥秘，他们已经不再陌生；而对于身边的同胞，他们也能够团结起来，一起奋斗。

当我写作本书的时候，在这片和平而又富饶的大地上，已经有超过1300多万的文明欧洲人。对于这片土地，不管是资源也好，面积也罢，他们都没有太具体准确的数字。在他们的前面，有一些当地的土著居民。这些土著人没有固定的居所，被三四千士兵所驱逐。在这批武装力量的后面，跟着的是开荒者。这些远道而来的人，不畏艰险，在大森林里开路，与野兽抗争。遇到河流，他们就将其开辟为内河航道。总之，为文明向荒野地区的迈进，他们做出了不可小觑的贡献。

在写作本书的时候，我时常提到一点，那就是，美国人拥有丰厚的物质基础。在我看来，这种丰厚的物质基础，是他们的法制得以建设成功的重要因素。关于这一点的详细解释，在我之前，已经有很多作者论述过了。这些解释很容易为欧洲人所理解，在我们也是比较认可的。既然这些解释早已耳闻能详，我在这里不想再多做论述，只是补充几个重要的事实。

一般来说，人们都认为，美国的居民依旧留在已经开拓的土地上。这些土地，是祖先开发后留给他们的。而每年来到美洲的欧洲移民，则正在奋力开拓美洲的荒野地带。这些新来的欧洲人，经历海上的大风大浪才到达美洲。在这里，他们举目无亲，身无分文。为了生存，他们给人打工。对于他们当中的很多人来说，离开大洋沿岸的大工业地带，奔赴内地开发荒野，几乎是不可能的事情。这是因为，一方面，他们手中没有一分钱，更不能去贷款；另一方面，要到大森林里去冒险，需要强壮的身体，只有这样，才能适应那里的恶劣气候。由此可见，正是美国人自己，才有能力离开自己的出生地，到偏远的荒凉地带创建事业。

刚开始的时候，欧洲人来到大洋沿岸建立自己的家庭，并且定居在那里；到了现在，在同一岸边的美国人，日渐深入到美国中部的荒野，在那里开荒定居。这两次移民运动，从开始到现在，一直没有停止过。刚开始的时候，移民运动从欧洲的基地开始，慢慢地，延伸至大洋的沿岸。再接着，移民运动从大洋的沿岸，向着中部荒原进发。这时候，成千上万的人，陆续朝着同一个目标前进。这些人的语言、宗教、习俗，各不相同。但是，他们却有相同的目标。曾经有人对他们说过，只要到西部，就可以拥有大量财富。他们听了这句话，就急忙向西部进发。

这一次大迁徙，算得上人类历史上的一次壮举。也许，只有罗马帝国行将覆灭时的那次大迁移，可以与之媲美。那时候，正如今天的状况，成千上万的人，不断地朝着同一个目的地出发。在同一个地方，他们相遇了，彼此之间，熙熙攘攘，乱作一团。然而，到了今天，这种情况已不复存在。那时候，每一个人初来乍到之后，等待他的，不是毁灭，就是死亡。然而，到了今天，每一个新人的到来，无疑孕育了繁华和生命的萌芽。

西部大迁移，对于美国人来说，不知道在未来会有什么后果。同样，对于我们来说，这也是一个有待解决的谜团。不过，在人们面前，西部大迁移的直接结果，已经显露出来：一部分久居于此的人们，纷纷离开他们的出生地。他们所出生的地方，尽管有人居住了很长时间，但是人口的增长，却是停滞不前。康涅狄格州就是一个例子。它每一平方英里的居民，平均而言，只有49人。就整个州而言，40年来，总人口只增加了四分之一。而在同一时期的英国，人口的增加已达到原有人数的三分之一。因此，不断有来自欧洲的移民，涌入到美国。因为这里人口不多，而且工业也缺少劳动力。后来，他们逐渐变成富有的工人，而他们的下一代，则去偏远的地区，寻找新的致富途径。最后，这一代人又成了大的财主。父辈们积累了原始的资本，而后辈们使用这些资本去开拓新的天地。可见，不管是外来的移民，还是本地出生的人，他们都会变得富有。

在美国，财产不会过分地分散。这是因为有法制作为保障。不过，有一个比法制更为强大的因素，可以有效阻拦财产进一步分散[1]。这种情况，在那些后继发展起来的州里更为明显。作为美国开发较早的地区之一，马萨诸塞州每平方英里的居民，数量只有80人。与法国相比，这一人口密度小多了。要知道，法国每平方英里的居民，数量为162人。

在马萨诸塞州，土地不断分割的现象为数不多。这是因为，在这里，父亲的家业由年长的子女继承。而其他的子女，只能到偏远的荒野地带去求生。年长子女所拥有的这项特权，虽然在法律上已经被废除，但是，它旋即又被上帝恢复。更为重要的一点是，对于特权的重现，没有一个人抱怨，也没有觉得不公平。

在新英格兰，有很多人离开当地，奔赴荒野地带创业。从一个简单的事实，就可以证明这一点：1830年，在国会议员中，有36人是在康涅狄格州出生的。从康涅狄格州出生的议员人数，占据议员总人数的八分之一，虽然它的人口数量仅仅是全美人口数量的四十三分之一。

但是，这36人当中，只有5人进入国会代表行列，其余的31人虽然也进入国会，但是却代表西部新建的几个州。试想，这31人继续居住在康涅狄格州，那么，他们一定还是普通的庄稼汉，人微言轻，被排斥于政界之外，而不会成为现在的大财主。至于当选大权在握的立法人员，更是无稽之谈。不过，他们成为危险的暴乱分子，倒是可能性很大。

与我们一样，美国人也持有这样的看法。

衡平法院的前任大法官肯特，在他的著作《美国法释义》中，这样说道："如果有一天，过于分散的土地，无法继续分割，而每一个家庭的生计，再也没有办法依靠土地时，一场重大的灾难就要来临了。也许，很多年之后，会有这样的事情发生。但是，像这样的惨剧，目前在美国没有上演。我们的土地广袤，人口稀少，那些还没有被开发的土地，大片大片地分布着。在大西洋沿岸，一直到内地，人口的迁移持续进行。这种情况的存在，不仅在现在，更在久远的将来，会避免出现土地过于分散的现象。"

美国人天然拥有各种猎物，当他们扑向它们的时候，该是怎样的一种贪欲。想要描述这种情况，几乎是不可能的事情。在追逐猎物的过程中，猛兽没能阻拦他们的脚步，森林的幽静没使他们屈服。至于印第安人的毒箭和荒野上的疾病，他们更是没有放在眼里。总之，一种激情给他们鼓劲。这种激情，比对生命的热爱，还要强烈百倍。在他们

1 在新英格兰，农户到手的土地，是一小块，一小块的。想要继续分割土地，几乎是不可能的事情。

的面前，一片辽阔的大地，慢慢地显现出来。他们说，那里的土地很有可能被完全占据。因此，他们每一个人都十分焦急，匆忙地赶向那里，生怕错过了良好机遇。旧州的居民向外迁移的情况，大致就是如此。

那么，对于新州的居民来说，他们又是怎样向外迁移的呢？俄亥俄州自成立以来，还不到50年的时间，本地的大部分居民已不是出生在该州。俄亥俄州的首府，成立不到30年；该州的境内，还有大片未被开发的土地。可是，在这种情势之下，该州仍有大批居民向西部迁移。这部分移民中，绝大多数人去往伊利诺伊州。那里，有肥沃的草原。对于这些人来说，第一次背井离乡，是为了追寻幸福；而后来的第二次离乡，则是为了追求更大的幸福。虽然到处都有幸福的影子，但并不是每一个人都有能力追到手。每一个追逐幸福的人，他们的内心都有一种渴望和激情。这种强烈的情感，随着目标的实现，而得到进一步增强。在他们的出生地，曾经有一根纽带紧紧系着他们。然而，当他们切断那根纽带，来到新的地方后，也没有形成新的纽带。过去，向外迁移对他们来说，就是一场追逐幸福的旅程；而现在，向外迁移对他们来说，更像是一种任意榨取利益的赌博。

有时候，他们的身后，又出现了一片新的荒野。这是因为，他们前行得过于迅速。在他们刀下丧生的森林，等他们一走，又重新郁郁葱葱地长了出来。在西部的一些新州，你经常看到这样一种景象：在树林里，残留着一些住房；在荒野，裸露着一些断瓦残垣。看到这些，对于开荒者的行动，你会感到茫然不解——在他们身上，可以看到人的能力，但同时又显示出，人的变化无常。遗弃的田野，刚刚出现的废墟，在这些土地之上，森林又重新生长出来，而野兽也在这里安家。就这样，人的足迹，又被大自然用鲜花和绿叶，和善地装扮起来。很快，那些压在路上的车痕，便被湮没了。

我清楚地记得，经过纽约州一个林区时的情景。那里，曾经森林葱郁。我走到一个湖泊跟前。它的四周，分布着原始森林。在湖心的中央，立着一个小岛。小岛上面，树木繁茂，几乎把整个岛屿都给遮盖住了。小岛的四周，也掩映在翠绿之中。在湖滨周围，你找不到一样东西，可以证明这里有人住过。在远处的天边，飘来一缕轻烟，在树梢边际盘旋，慢慢地又升向空中。远远望去，它好像是从天而降的，而不是从地上袅袅升起。

在沙滩上，系着一只印第安人的独木舟。于是，我决心乘坐它，到水中心的小岛上查看一番。那个小岛，从一开始见到它，始终吸引着我的注意力。很快，我上了小岛。岛上，景色怡人，四处一片幽静。这种幽静的散布，使得身临其境的每一个人，都情不自禁地羡慕起野人的生活来。草木，郁郁葱葱，笼盖四野，足以说明此处的土地十分肥沃。与北美的荒原一样，除了咕咕的野鸽叫声，或者哒哒的啄木鸟啄木声，这里也是一片岑寂。在这里，大自然原始的生态面貌，一览无遗。因此，像这样的地方，我从来没有想过会有人居住。

不过，这种想法，当我走到小岛中心的时候，在头脑中随即消逝。我敢肯定，正是过往人们的活动，才留下了眼前的一切。于是，对于四周的遗物，我仔细地查看一番，更加确定，这里曾经有一个欧洲人住过。不过，他曾经待过的地方，现在已经发生了重大变化。过去，他将圆木砍倒，用来架设木屋。现在，那些圆木又长出了新枝。在小屋的四周，排列着曾经的篱笆，而如今却也已长成了树墙。这样一来，那间小屋完全掩映在树丛之间。在这些茂密的灌木丛中，偶尔还能看到一两块石头。那石头被火烧过，全黑色的。在石头的旁边，还能看到灰烬，一小堆，一小堆的。不用说，他的炉灶，一定是设在这里的。那烟筒，早已倒塌。破碎的土块，将炉灶埋在下面。

我站在那里，静静地看了一会儿。对于大自然的本领，以及人力的渺小，我又一次深情地体会到。最后，当我要离开那里的时候，一股悲天悯人的情绪，袭上我的心头：唉，转眼之间，这里将要成为废墟！

在欧洲，人心的不平，对于财富的热望，以及对自由的沉迷，被人们看做是社会的一大危险。然而，美国的共和制度，之所以能长治久安，全在于这一切。人口会集中到某些地点，如果人们不喜好流动的话。更为重要的是，与我们欧洲一样，人们也会变得难以满足。虽然这里的人们有恶习，但是与人的德行一样，它们也有利于整个社会。这就是美国这块新大陆最为幸运的地方。

东西两个半球，人们的行为各不相同。对于如何评价，上文的论述，具有重要的意义。在我们，向来把清心寡欲放在首要的位置，而美国人却将其视为胆小怕事；在我们所认为的唯利是图，而在美国人那里却被津津乐道和敬佩。

在法国，国家安定与人民幸福的根本保证在于，人们拥有单纯的趣味，朴素的习惯、厚重的家庭情感以及安贫乐土的情愫。然而，这些因素在美国人那里，不值一哂，甚至于在他们看来，这些美德对社会的危害性最大。在加拿大，居住在这里的法国人越来越感到，如果一味地坚持自己古老的传统，那么他们在当地难以维持生计。像这样的一小部分人，已经形成了一个个小集团。在古老民族旧疾的侵染下，他们很快会成为牺牲品。

在加拿大，有一部人正在唤醒人民不要满足现状。这部分人，最有知识，最有爱国心，也最有人道主义的精神。他们不断地做出努力，希望人民不要沉溺于自以为不错的生活状态。对于致富的好处，他们赞口不绝。如果他们有机会到达法国，那么他们一定会为那些曾经平庸无奇，但现在发财致富的人拍手叫好。为了刺激人们的大脑，他们付出了极大的精力。当然，为了促使人们冷静下来，他们也付出过极大的努力。不过，前者的能量，要远远大于后者。他们认为，为了追求幸福，宁可放弃活着和死去的人，而到外面的世界闯荡；不守护旧有的农场田园，抛弃现有一切到异地干一番事业；不沉溺于故国家园，到他乡寻求致富的路子，并以此为乐，才是人生最为值得赞扬的事情。

今天的美国，人们同样面对幅员辽阔的土地。如果你肯出力，那么土地就任由你开发利用。

在美国，所有的知识，对于有知识和没知识的人来说，都是有用的，都可以为其带来好处。因此在这里，知识完全找到了可资利用的空间。新的需求一旦出现，立刻就能得到满足。过于强烈的激情，也没有令人畏惧之处。这是因为，它们总能找到适当的途径得以发泄。自由的滥用，在美国是绝对不允许的。因此，这里不会让人感觉过度自由。

今天美国所建立的共和社会，就像是一个大批发公司。这个公司的建立，是为了共同开发新的大陆，以及经营欣欣向荣的商业活动。

在美国，商业激情，而非政治激情，是最能振奋人心的。换句话说，政界里到处都有商人的习惯。井然有序，是他们追求的目标。这是因为事业的发展，严重依赖于良好的秩序。信誉也是他们比较看重的一个因素。要知道，没有信誉，商业是没有办法兴盛起来的。对于财富的创造和占有，他们通常利用常识，逐渐地实现其目标，而不是凭借自身的天赋去冒险。对于那些不合实际的想法，他们很少去做。与理论相比，他们更青睐于实践。按常规办事，已经成为他们头脑中根深蒂固的观念，并督促他们时刻保持清醒。

因此，对于政治行动和社会舆论来说，物质福利在什么力量的督促下对其产生影响，是每一个初到美国的外国人应当搞清楚的。从欧洲来到美国的移民，不外乎三个缘由——摆脱故乡的贫困，改变不利的状态，以及向往更多的自由。

我在美国偶尔会碰到一些欧洲人。他们是被迫来到美国的，起因是政治见解的分歧。我对他们的谈话，感到相当的惊讶。其中，有一位最让我难以忘怀。在宾夕法尼亚，路过一个极为偏僻荒凉的地区时，由于已是晚上，我决定找个人家投宿。有一户富有的种植园主，我敲响了他家的大门。主人是一位法裔美国人。我被请进屋内，在壁炉旁边坐下来。我们两个人相互交谈起来，谁也没有感到拘束，就像是在距离故土2000里外的异乡，两个亲人在森林里相见一样。后来，我了解到，这位好客的主人，大约在40年前，曾是法国政界的一位人物，既是激进的舆论家，又是平等的实践家。而且他的名字，也已进入法国的历史。

因此，当他像一位经济学家那样，描述土地所有权的时候，坐在一旁的我，听得目瞪口呆。你简直就是个大地主，我差一点儿要喊出来。他说了很多内容，有对已制定好的法律的服从，有友善的民情如何受到共和制度的影响，有秩序和自由对于宗教观点的依赖，以及财富是通过怎样的步骤建立起来的。为了给自己的政治见解寻找更为充足的理由，他甚至采用了《圣经》上的某些说法。

他说着，我听着。霎时间，我觉得人类的理智是那么地脆弱。我们试图从变迁的学说和不同的经验教训中，获得一些有益的教诲，从而去判断眼前的是与非，这怎么可能呢？他对我说的那些话，使我更加确定：原本贫穷的我，现在很富有；只要我的行动受益于富有的生活，那么我的判断就由我来做主。实际上，我的观点是不断变化的，并且依据财富的多少而变化。对于我有利的所有事件中，以前那些至关重要的论据，这时候我才真正发现。

与其他国家的人相比，富有的生活，对于美国人的影响范围更为广泛。在美国人看来，社会的繁荣与良好的秩序，天然不可分离。一旦分离，那简直是不可想象的事情。因此，他们与欧洲人不同，在小学里学到的东西，一般都会铭记在心，并在适当的时候运用它们。

## 法制对于美国维护民主共和制度的影响

让读者了解美国的法制，这是本书的主要目的。如果本书的目的已经实现，那么毫无疑问，对于维护民主共和制度来说，哪些法律是有利的，哪些法律是有害的，读者自有分晓。在这本书的前几章里，如果这一目的还没有实现，那么我敢说，在本章里，这一目的同样无法实现。

对于前面已经论述过的问题，我不想重新详细说明，只在这里做一简要的概述。

在我看来，美国想要维护民主共和制度，有三件事情必须做好。与其他事情相比，这三件事情显得尤为重要。

第一，司法权的结构形式。对于民主的失误，法院是怎样进行纠正的。而民主所发起的各种运动，法院又是怎样进行约束和引导而不至于将其禁止的。这些问题在前文，我已经交代了。

第二，乡镇制度。人们喜好自由，并能艺术地使用自由，这全归功于乡镇制度。此外，这一制度对于大多数的专制，起着限制的作用。

第三，联邦形式。大共和国的强大与小共和国的安全，美国人所采取的联邦形式，将这两者有效地结合起来。

### 民情对美国维护民主共和制度的影响

在前文，我曾经说过，美国民主共和制度得以维系，民情是其中的一个重要因素。

这里，我所使用的民情一词，与拉丁文mores的含义一样。除了有人们通常认为的心理习惯方面的内容外，民情还包括人们彼此不同的意见和社会上的舆论，以及用以指导人们生活的那些思想。

因此，民情，在我理解，是一个民族的道德精神风貌。我的意图不在于描述美国所有的民情，而在于强调其中的几项。因为它们对于维护美国的民主共和制度很有帮助。

### 作为一种政治设施的宗教及其如何有力地帮助美国人维护民主共和制度

每一种宗教，都有一种政治见解与之附和。两者由于意见的统一而紧密地结合起来。

如果人类的理性为所欲为，那么将会出现一种情况，即政治社会和宗教领域都将遭到统一的管辖。我甚至敢断言，宗教和尘世生活，将会在理性的统治下，变得和谐一致。

有那么一群人，他们最早开发并建设了英属美洲的大部分地区。最开始的时候，他们反对教皇的权威。后来，他们又蔑视宗教的至高无上的地位。有一种基督教，我将其称为民主的、共和的宗教。他们这群人带给新大陆的宗教，我找不出更加合适的词语予以描绘。关于这一点，自然对新大陆在政治活动中所建立的民主共和制度大有益处。这是因为，从一开始，政治与宗教就天然地结合在一起，而且自此之后，它们从来没有中断过。

大约50年前，美国开始出现了大量的爱尔兰教徒。他们归属于天主教。这样一来，美国天主教徒的数量，陡然间增加了不少。现在，美国的基督教徒中，信奉罗马教会的人已经超过了100万。

对于宗教仪式和宗教教义，这些天主教徒严格恪守并虔诚信奉着。然而，正是这一群人，打造了美国最民主、最共和的社会阶级。对此，只要我们仔细思考，就能探究出其中的缘由，尽管这种情况初看起来让人倍感吃惊。

天主教与民主，天然是一对仇敌。这样的一种说法，在我看来是不成立的。我认为，在基督教众多的派系中，主张身份平等的教派，非天主教莫属。神职人员和普通教徒，是天主教宗教社会仅有的两种成分。神职人员与普通教徒相互平等，尽管在教义上，神职人员要高于普通教徒。

就教义而言，天主教主张，所有的社会阶级，应该混杂在一起，共同做弥撒，这就好比将所有的人引领到神的面前；天主教对于每一个人都平等对待，决不姑息任何坏事；在天主教看来，所有的人具有相同的天赋，因此不管是才高八斗，还是资质平庸，所有的人都必须遵守教规。这样一来，同样的宗教仪式，得以在富人和穷人之间推行；苦修的生活，在强者和弱者那里，都成为一种习惯。

天主教主张，每一个信徒之间都是平等的，尽管它要求信徒必须服从它。然而，与之不同，新教却不是这样。通常而言，新教教导人们独立自主，寻求自由，而不是使得人与人之间相互平等。

天主教的体系结构，与专制君主国几乎一模一样。在这个帝国内部，除去君王，人们在这个君主国里身份平等，其程度远甚于他们在共和国。

天主教的神职人员，为了进入社会政界，经常辞掉教内的职务，主动承担一些社会上的公职。有时候，他们也参与创建政治秩序。为了确保长治久安，他们会利用自己的宗教影响。因此，我们不难看到，经常有天主教徒，依据自身的宗教立场，维护贵族政体的统治。

但是，这样一种情况——神职人员离开或者退出政府，如果发生在美国，那么再也没有一个人像天主教徒所能做的那样，凭借自身的信仰，将平等的身份观念，灌入到政治领域内。

可以说，美国的天主教徒天性就不反对民主和共和，尽管他们可能由于自身的信仰而不得不接受它们。此外，他们的人数以及所处的社会地位，促使他们想方设法地利用法律维护民主共和。

天主教的信徒们，绝大部分都是穷人。为了获得参与政事的机会，他们强烈要求全体公民都要参与政治。他们人数不多，通过主张尊重一切权利，来确保自己自由地行使权利。如果他们是富人，且有一定的势力，那么他们肯定不会提倡目前的主张。然而，正是由于那两个原因的存在，他们才会不自觉地这样做。

对于这种政治倾向，美国的天主教神职人员，非但没有表示拒绝，反而积极地证明其存在的合理性。在美国，一切知识被天主教徒们分为两部分。一部分是政治真理，在他们看来，这正是神所允许人们自由探索的；另一部分是天主教教义，这是不容置疑所必须接受的神的启示。因此，美国的天主教徒既是最为独立的公民，又是极为忠诚的教徒。

在美国，对于民主共和制度来说，没有任何敌对的宗教学说。在这里，神职人员之间，不但存在着共同的语言，而且对于各种事情的见解，基本上与法律和谐一致。可见，只有一种思想引领着人们的灵魂。

在美国某个大城市，我曾经逗留过数日。期间我接受邀请，参加了一个公共集会。这次集会是为了给波兰人提供武器和资金，支持他们。在一个大厅里，有两三千人聚集在一起。这个大厅，通常是为开会而准备的。没过多久，在演讲台的前边，出现了一位神甫。只见他穿着一身教袍，站在那里，对着人们讲话。底下的听众们，悄无声息，手中拿着脱下的帽子，认真地听着。

他这样说道："万能的主啊，众军的领袖！为了维护民族独立，当我们的祖先采取行动的时候，是您，给予了他们信心和指导。那可恶的压迫者，被我们打败；自由与和平，最终落入我们手中。这些，都是您所赐予我们的。啊，主啊！另外一个半球，请您也关注一下吧！用您那慈爱的眼光，看一看那里的民族吧！与过去我们的先祖一样，他们也为了捍卫自己的权利而奋起斗争！主啊，整个人类，都是您用同样一种方式建立起来的，那么您所缔造的一切，不要让暴政给毁掉。

"全能的主啊，波兰人的命运，请您也关照一下，让他们获得自由，享受自由！他们的筹谋，他们的行动，希望能获得您的启示和支持！50多年来，这种背信弃义的行为，一直在持续发展。您，一定要阻止这种情况的发生。让那些与他们为敌的人，让那些试图瓜分他们土地的人，要么内心感到无比的恐惧，要么彼此之间相互分离。就像掌握世俗之人的心一样，您这双强大的手，也控制着各个民族的心。多少年来，法兰西民族一直沉溺于先祖所创造的清静无为的状态之中。为了正义而又神圣的事业，愿您及早召唤同盟者。这样一来，法兰西民族才有机会作为领袖，为全世界的自由而再一次斗争。

"啊，主啊！请您务必允诺我们，使我们成为世界上最虔诚、最自由的民族，请您不要背对着我们。万能的主啊！拯救波兰人吧，请您今天满足我们的请求。我们以耶稣基督的名义，即那个为了拯救全人类而死在十字架上的您的儿子，向您提出这一请求。阿门！"

全场的信徒高声齐呼：阿门！

### 宗教信仰对美国政治社会的间接影响

前文所述，是宗教信仰对美国政治社会的直接影响。接下来，我要论述间接影响。我认为，宗教信仰对美国政治社会的间接影响会更强大。虽然宗教很少谈论自由，但是在它的教导下，美国人学会了怎样行使各种自由。

在美国，教派林立。各种教派，关于人与人之间所应承担的义务，具有相同的意见，尽管他们在创世纪时所崇敬的礼拜仪式有所不同。对于上帝的崇敬，每一个教派都有自己的表达方式。但是，当他们这样做的时候，内容无一不是使用上帝的名义，宣讲同一个道德。一个教派，可能对于一个人来说，显得尤为重要，但是对于一个社会来说，却并不是那么一回事儿。对于来生，社会既不抱有希望，也没有任何恐惧。全体公民信奉宗教，对社会来说，是最为重要的事情。而他们到底信奉什么宗教，对社会来说并不重要。更何况，在美国，基督教统领所有的教派，它的道德规范，不管在哪一个教派那里，在本质上都是相同的。

可以这么说，是习惯而非信仰，促使一些美国人采用某种礼拜的形式，对上帝进行膜拜。此外，伪装信仰宗教的情况，在美国也比较普遍。这是因为，执政的人必须信奉宗教。时至今日，作为世界上最文明和最自由的国家，美国是基督教影响力最为强大的国度。在这里，人民的灵魂受到宗教的极大感召，甚至可以说，没有一样东西比宗教更合乎于人的本性。

我曾经说过，美国不管是神职人员，还是那些不信教的自由人，都一致主张实行公民自由。然而，对于任何一个确定的政治系统，他们从不表示支持。对于政治以及政党之间的纷争，他们漠不关心。因此可以说，宗教在美国确实发挥着引导民情的作用。通过对家庭的约束，宗教进而对国家产生约束作用。而在法律和政治见解方面，宗教却不会产生什么影响。

我从来不怀疑，宗教信仰是导致美国民情走上极端的首要因素。在美国，面对命运安排的各种机遇，人们往往抵挡不住诱惑。对此，宗教也显得无能为力。对于人们发财致富的激情，宗教并不排斥。然而，对于妇女思想的控制，宗教却是极为严格的。而妇女恰恰是民情的主要缔造者。在美国，人们对夫妻的幸福，往往抱有正确而又高尚的看法与见解，而婚姻关系也被人们摆放在至关重要的地位。

在欧洲，家庭生活问题，而非婚姻问题，是社会上一切混乱现象的根源。欧洲的男人，内心始终无法平静，他们喜欢混乱，总是希望周遭发生变化。他们的行为中，往往包含着一种轻视，不仅是对家庭的自然结合，也是对合法的乐趣而言。因此，欧洲人的家庭生活，往往受到变化不定的激情的影响和扰乱。在这种情况下，对于国家的立法权，欧洲人是很难服从的。

然而，美国人却不是这样。从勾心斗角的政治纷争脱身后，美国男人一回到家中，就会体验到一种感觉——秩序的安定和生活的宁静。在家里，他的兴趣很简单，也很淳朴。他不会有什么复杂的享乐活动。这样一来，好像是由于生活的有序，他才获得了幸福。不但如此，对于自己的看法和喜好，他也总是习惯于不断调整。

在欧洲人那里，化解家庭忧伤的方式，是通过扰乱社会秩序的办法实现的。而在美国，人们对家庭秩序尤为钟爱，并将其影响带到工作和人际关系当中。

在美国，民情以及个人的天赋，都会受到宗教的影响。这里，人们可以分为两大类：英裔美国人和非英裔美国人。在前者，人们由于对教义怀有极度的忠诚，所以他们信奉基督教教义；而在后者，由于担心被人扣上没有宗教信仰的帽子，他们才信奉基督教教义。因此，几乎所有的人都认可基督教，而它也可以自由地发挥其支配作用。这样一来，就像我在前面所说的那样，在政治领域方面，人们可以讨论和研究一切，而在精神领域方面，所有的一切，都是事先确定好的。

因此，人们的精神虽然勇敢，但是它通常面临着一道障碍。这一障碍不可逾越，使得人们的精神望而却步。可见，在基督教面前，对于人们的精神来说，是没有自由活动空间的。不管人们的精神怎样创新，对于那些早已确定的原则，它必须完全接受。这样一来，人们最为大胆的设想，只好服从于某些清规戒律。它们阻止或者推迟人们将设想付诸实践。

美国人的想象力，左顾右盼，小心翼翼，尽管它时常飞得很高。这样一来，它的目标往往没有办法实现，而行动也不断拖延。这种小心求证的习惯，也见诸于政治社会，对于国家的安定和制度的维系，确实起到了积极的作用。美国的居民，在大自然的熏陶下，一个个大胆果断。如果看到他们追求幸福，使用各种方法实现目标时，你一定会确信，他们果真是那样的人。世界上最为大胆的革新者和最富有逻辑思维的理论家，会迅速从他们当中涌现出来，只要他们头脑中的精神世界，不再受到任何羁绊。

但是，尊重基督教的道德和公理，这是美国革命家所必须持有的公开态度。当他们接受委托，开始执行法律的时候，虽然有自己的想法和意志，但是面对基督教的道德和公理的要求，他们只好屈从现行的法律。有时候，他们敢于突破自己的良心谴责，做出出格的事情来。但是紧接着，他们还是会停止手头的做法，因为他们经受不住来自同党人的谴责。

根据社会的利益，安排一切事务，这一箴言严重亵渎了宗教。因此在美国，从来没有一个人敢于明确提出它。不过，好像在某一个时代，为了给将来的暴政奠定舆论基础，曾经有人提出过这样的言论。

因此，美国人面对法律，可以坦然地自行其是，但是当他们面对宗教的时候，却是另外一番情况：他们不能胡思乱想，也不能为所欲为。

在美国，宗教使得人们能够轻而易举地享受自由，尽管它没有明确向人们提出要爱好自由。正因为如此，虽然社会管理过程中没有宗教的身影，但是它却被人们视为最为重要的政治设施之一。

正是从这个角度上，美国的居民这样看待自己的宗教信仰。没有人能够彻底钻入他们的心扉，因此对于他们的宗教，我也不清楚他们是不是真的信奉。但是，有一点我很确定，那就是，在他们内心深处，都一致同意维护共和政体。这种看法，是整个民族的共识，而不是一个居民阶级或者一个政党所独有。也就是说，所有的社会阶层都有这种看法。

在美国，一个政治家所在的政党，不能因为他攻击某一个教派，便不再支持他。但是，如果他与全国的所有教派为敌，那么他便得不到任何人的支持。

我在美国的时候曾经了解到一件事情。在纽约州的切斯特县，有一个人被法庭传唤，现场作证。来到法庭后，这个人宣称自己不相信上帝存在，也不相信灵魂永恒不死。见此情景，庭长当庭宣布，拒绝这个人在法庭上作证。原因是，在让他出庭作证之前，他的言论已经使得法庭对他失去了信任[1]。随后，这件事被登上了报纸，但却没有任何评论。

在美国人的思想里，自由和基督教是无法分割的统一体。如果让他们怀有一种心思，而舍弃另外一种想法，这几乎是不可能的。有些信仰，从过往到现在，好像快要消失，但又扎根于人们的灵魂深处。这是一种信仰缺失的表现。然而在美国人身上，却不存在这种情况。

在密苏里河的两岸，或者伊利诺伊州的草原上，我曾经遇到过一些居民。他们是背井离乡的新英格兰人。在这些地方，他们为基督教和自由事业建造根基。在美国新建的西部各州，我曾经看到过很多神职人员。他们是美国人专门派遣来的，为的是防止宗教和自由在这些地区消失。他们来到这里之后，便开始建立学校和教堂。此外，他们还组建了各种不同的团体。

在美国爱国主义的温室里，宗教的情怀就是这样被培养起来的。在你看来，他们之所以这样，是因为他们过于看重来世。其实，你的想法错了，来世只是他们所关心的众多事情中的一个。作为基督教文明的传播者，当你与他们侃侃而谈的时候，你会惊讶地发现，他们与你谈论今生今世的诸多好处，他们与你谈论政治的各种看法。这时候，尽管他们是以教士的身份出现，但却俨然一副政治家的面孔。你会听到他们这样说道："在美国，各个州之间，彼此依赖，不可分割。如果西部的一些州，受控于专政，或者处于无政府的混乱状态，那么共和制度就会遭到严重破坏，尽管它向来在大西洋沿岸十分兴隆。为了一如既往地维护自由，因此我们希望新建的西部各州，都能虔诚地信奉宗教。"

这，就是美国人的真实看法。然而，对于我所观察到的东西，有些太过书生气的人认为是不正确的。他们引经据典地向我说明，我所津津乐道的宗教精神，在美国那里是不存在的。除此之外，美国的一切都是完美的。对此，我向他们指出，在大洋那边的人们，对于自由和幸福的看法，只是与斯宾诺莎和科巴内斯不同。斯宾诺莎相信，世界是永恒不变的；而科巴内斯则认为，大脑可以产生思想。对于那些人的看法，事实上，我根本不用作出回应。因为抱有那种观点的人，一定没有亲身去过美国，他们也不会看到那样一种民族——既享受自由，又信奉宗教。因此，我的做法是，等他们去过美国之后，再与他们谈论。

在法国，共和制度成为某些人标榜自己伟大的权宜之策。他们贫穷不堪，与有权势的贵族，隔着一条深深的鸿沟。稍微审视这条鸿沟后，他们立即冒出了一个想法，即使用废墟上的残砖破瓦填满鸿沟。就像中世纪的自由佣兵拥护国王的统治一样，他们坚决主张实行自由。但愿共和制度能够将他们从低迷的状态中解救出来，这是他们参加战斗

1 这一事件，在1831年8月23日《纽约旁观者报》上做了详细的报道："在纽约州的切斯特县的民事法庭上，有一位证人，在几天之前被法庭当场驳回。事情的起因是，这位证人声称，自己从来不相信上帝的存在。法庭的庭长当众指出：上帝不存在，证人在没有作出证言之前，居然口出此言，这简直是对法庭上一切证言的最大亵渎。要知道，在我们这个县，人人信奉基督教。对于那些不相信上帝存在的人，法庭是不会允许他们的出庭作证的。"

的最真实想法，不管他们身穿什么样颜色的服装。

对于自由的憧憬，不是这批人，而是另外一种人。在这种人看来，共和制度是一种政体，可以让社会长治久安；是现代社会必须实现的目标，由理想和民情导致。这种人急切地希望，每一个人都能成为自由的人。出于激情，而非自己的利益，他们抨击宗教。宗教信仰，在专制国家里可以销声匿迹，但是在自由国家里，却是不可或缺的。他们赞扬共和制度而抨击君主制度。宗教在前者，比在后者更为需要。不过，在民主共和制度下，宗教是最为需要的。一个社会，当它的政治纽带松懈，而道德纽带还没有蹙紧时，那么它距离毁灭之日也就不远了。一个民族，如果它独来独往，目无上帝，那么到底能做出些什么事业来呢？

## 宗教在美国产生巨大影响的原因

宗教信仰的式微，在18世纪的哲学家那里，已经有了解释，尽管所使用的方法极为简单。他们认为，人们对于宗教的热情，随着知识的增加和自由意识的觉醒，慢慢地衰退。这是一种必然的趋势。令人难过的是，他们的这种解释并不属实。

在欧洲，有些人愚昧无知，因而他们从不信奉宗教；而在美国，人们履行宗教义务的时候，辅以极大的热情。要知道，美国人最自由，也最有教养。

美国在宗教的指引下所发生的一切，是我第一次来到美国最为注意的地方。这一点，在我看来，是少有的政治现象。我在美国停留的时间越长，越能清晰地感受到，这种政治现象的影响是很强大的。

在法国，自由的精神与宗教的精神，总是相互掣肘的。而在美国，这两者在我看来，是和谐一致，紧密联系在一起的。在美国，为什么会产生这种现象？随着时间的推移，我急切地想要知道答案。

为了回答这一问题，我曾经走访了很多教士团体，与其信徒进行交谈。这些教士团体分属于不同的教派，并且准备将生命的全部精力投入到宗教事业中。我本人信奉天主教，因此十分愿意与天主教的神职人员交流。一碰到合适的机会，我从不轻易地放过，总是与他们热情地攀谈。在他们面前，我一再示意自己的疑问和惊讶。最终我发现，政教分离是美国和谐统治的最重要因素。这是他们所能给出我的最后答案，只是在细微之处持有不同的看法而已。我敢说，停留在美国的这段时期，在所遇到的人当中，没有一个抱有不同的观点，不管他们是神职人员，还是世俗之人。

这样一来，美国神职人员过去所处的社会地位，引发了我更加专注深入地思考。我慢慢发觉，他们当中居然没有一个人担任过公共职务[1]。神职人员担任行政职务的情况，我一次也没有遇到过。而且在美国的参众两院，也没有发现有神职人员的代表。

1 在这里，不包括他们在学校担任的职务。在美国，学校通常由宗教所建，因此，神职人员在校内担任一些职务。

在许多州，就法律而言，是不允许神职人员从政的[1]；几乎在所有的州，社会舆论都不支持他们进入政界。后来，我有幸就这一问题，询问神职人员的看法。我意外地发现，对于从政，他们绝大多数人并不是很看重，而且，他们情愿把从政的机会让给其他人。

政治野心和邪恶信仰，不管它们使用什么样的政治观点作为幌子，我总能听到神职人员对此类东西大加斥责的声音。与盖错一座楼房，或者犁错一块土地一样，政府管理方面的失误，并不是很严重；就一种政治观点而言，只要它是真实的，那么持有它的人，就不会遭到上帝的惩罚。这是斥责声中的弦外之音，我无意间也听到了。

对于一切党派，神职人员都谨小慎微地不予直面。他们怀有深深的担忧，以为一旦与党派正面交锋，自己的利益就会遭受损失。因此，他们竭力避免出现这种情况。

上述的事实，促使我相信，出自于他们之口的话，都是真实的。于是，我下定决心，一定要找出这些事实背后的原因：有一种力量，在表面上削减了宗教的影响力，但是实际上，却增加了它的影响力。这种力量到底是什么呢？我相信，这种力量我是一定能找得到的。

对于一个美国人来说，60年其实是很短暂的，不能使他们尽情发挥自己的想象力。美国人对生活要求很高。如果不是尽善尽美的生活，他们一般是不会满意的。在地球上的一切生灵中，只有人，天生有无限的欲望，总是试图将生命的旅程无限延长。对于人来说，他既害怕死亡，又不重视生命。人身上的这些情愫，只能使人不断地翘首来世。至于人们怎样到达来世，则需要借助宗教了。

因此，宗教就是人的一种希望，只不过形式比较特殊而已。对于人来说，希望是合乎人心的。与希望相同，宗教也是合乎人心的。人，一旦有了宗教信仰，是不会轻易舍弃的，除非他的精神混乱或者丧失理智，已经扰乱了他的天性。但是，有一种力量始终存在，强大无比，总是让人维系着宗教信仰。对于人类来说，没有信仰只是暂时的状态，大多数的时候，人们还是有信仰的。

如果单纯从人的角度，我们来考察宗教，那么人本身可以提供给宗教一种力量。这种力量，取之不尽，用之不竭。原因很简单，人性当中最为重要的一部分，便是这种力量因素。

---

1 参见《纽约州宪法》第七条第四项。

参见《北卡罗来纳州宪法》第三十一条。

参见《弗吉尼亚州宪法》。

参见《南卡罗来纳州宪法》第一条第二十三项。

参加《肯塔基州宪法》第二条第二十六项。

参见《田纳西州宪法》第八条第一项。

参见《路易斯安那州宪法》第二条第二十二项。

其中，《纽约州宪法》的相关条文如下：

“神职人员以服务上帝和拯救人的灵魂为己之重大责任，不得有丝毫懈怠。鉴于此，一切神职人员或者教士，不得在州里担任行政职务或者军职。”

我知道，在过去的某个历史时期，人为制定的法律，以及现世政权的支持，都是宗教的帮手。此外，宗教本身也有这方面的影响。那时候，人们的灵魂，被宗教在恐怖和信仰两方面加以控制。世俗政府和宗教紧密地结合在一起。为了现在的利益，宗教以牺牲未来为代价；为了获得不应有的权力，宗教又舍弃了自身的合法权力。就这样，它与世俗政府结盟。在我看来，它的这种做法，就像是一个人在犯错误一样。

宗教可以获得永久的普遍性，只要它的体系是建立在一定基础之上。这种基础一般说来，便是人们期盼永生的愿望。但是，宗教会制定出专门适用于某些人的准则，一旦它与政府结合起来。因此，政府与宗教的结合，对宗教来说，有利有弊。对某些人来说，宗教增加了自身的权力；而对一切人来说，宗教则没有希望去控制他们。

人，都是需要得到心灵的慰藉的。宗教正是利用这一点，才将人类的心灵统一吸引到自身上来。对于某些盟友，宗教会被迫帮助他们，当它与人生的苦难情感混杂在一起的时候。而且，与盟友为敌但还继续深爱它的人，宗教会毫不犹豫地将其当做敌人。因此，统治者的物质权力，只要还没有施与宗教，那么经统治者挑逗起来的仇恨，一旦酿成恶果，只能由他一个人承担。

表面上来看，一个政权纵使建立得异常巩固，也无法掌握自己的存在期限。与一代人的观点或者一个时代的利益相比，它可能要短促得多；甚至于，一个人的生命跨度，也要比它长久得多。对于这些外面看起来十分牢固的社会情况，法制一般可以改变。更进一步地，在改变这些情况的同时，法制也改变着其他一切。

就像人活在世上，转眼之间，生命就消逝得无影无踪一样，人们在社会上建立的政权也是如此。人生的变化多端，正是权力不断更替的真实写照。直到今天，没有一个政府，始终依赖恒久不变的利益；也没有一个政府，会受到人们一心一意地支持。

有史以来，人们的情感、喜好以及激情，总是遵循着一定的规律，反复出现。在一定的时期内，只要这些情愫支持某种宗教，那么该种宗教就能快速发展，或者说，它不会被它的对手所排挤。但是，一种宗教一旦沾染世俗的权力，那么它就会变得软弱无力，正如一切权力的命运那样。世界上，只有宗教才有希望永恒存在。但是，如果它与短命的世俗政权结合在一起，其生命就会葬送在世俗权力手里。而它生命丧失之际，恰好就是它当初用以支持这种政权的激情消逝之时。

因此，各种政治权力，一旦与宗教为伍，只会给其带来负担。在政治权力缺席的情况下，宗教可以完好无损地存在；而当两者互相扶持的时候，宗教就走到了生命的尽头。上文所说的危险，在任何时候，都是存在的，尽管并不是时刻都表现得那么明显。

在某些时代，与人的生命相比，社会的依存好像更有危险；而在另外一些时代，政府可以永恒地存在下去。在某些政体之下，公民保持着积极向上的兴奋状态；而在另外一些政体之下，公民处于昏昏欲睡的低迷状态。

对于政治和宗教的结合所产生的危险，人民毫无察觉，这时候政府显得十分强势，而法制也貌似极为稳固。这种危险在政府软弱，法制紊乱时期，会在人民面前明显地显露出来。但是这时候，想要躲避它，却是来不及了。因此，人民必须学会，从很早的时候，就能预料到这种危险的来临。

一个国家，社会的整体情况，会变得越来越民主，而政体也会朝着共和的方向走去。在这一进程中，国家权力、政治理论、人事和法律制度，将会陷入一种跌宕起伏，变化不定的状态，并且这种状态会持续很长一段时间。因此，政治和宗教结合所产生的危险性，会变得越来越强烈。民主共和制度的本性，是爱动和喜欢变化。与之相反，专制君主制度的特点，则是停滞与昏昏欲睡。

在美国，每隔一年，改选一次地方官员；每隔两年，改选一批立法者；每隔四年，改换一次政府首脑。在政治领域，新手层出不穷，而宗教始终袖手旁观，不能插手。既然这样，那么，在这种不断变换的大环境中，宗教到底能依靠什么呢？在党派之争中，它应当享有的尊重，该到哪里去寻找呢？在周围一切行将毁灭的情况下，它还能永恒不灭吗？

政治权力和宗教影响力不可兼得，如果想要前者，必须放弃后者。关于这种情况，先于他人一步，美国的神职人员早就察看清楚了。据此，他们采取了相应的行动。结果，他们选择了分享国家的兴衰苦乐，而舍弃了政权的支持。

在美国，宗教的影响力是持续不断的，尽管它已经不像从前那样，在某些时期或某些国家异常强大。宗教的力量，从来都是来源于自身。而且，这种力量任谁也无法夺走。宗教的活动领域仅仅只有一个。但是，在这仅有的领域内，宗教游刃有余且来去自由地控制着一切。

在欧洲，很多人都在抱怨宗教信仰的缺失。在他们看来，当务之急，就是要恢复宗教的某些权威。我认为，首先应该搞清一个问题，即在当前的时代，关于人们的宗教信仰，应该是个什么样子。只有我们知道了，什么是应当避免的，什么是应当向往的，我们的目标才能清晰而又明确。对于宗教的维系来说，主要有两个危险因素，即世俗之人对宗教的冷漠态度以及各教派之间的争斗。

在宗教大行其道的时代，对于一种宗教，人们有时候会放弃它；但是很快，人们又找到了另外一种可信奉的宗教。虽然目标变了，但是信仰本身依旧存在。这时候，人们会对原先的宗教嗤之以鼻。然而，在有些人脱离它的同时，又有另外一些人信奉它。换句话说，宗教信仰始终存在，只是信仰的对象不同罢了。

但是，一种被我称之为否定的学说，开始与宗教信仰为敌的时候，情形却大为不同了。这是因为，否定的学说并没有论证另外一种宗教的真实性，当它苦心积虑地否定一种宗教的时候。

于是，人们的思想领域，发生了一场重大变革。这种变革的发生，没有激情的辅助，甚至可以说，是在毫无征兆的情况下发生的。对于人们来说，他们曾经最为深爱的目标，这时候在大脑中已经荡然无存。面对袭来的冷漠浪潮，人们没有一点儿勇气进行阻挡。相反，人们已经向其表示屈服。这样一来，心中的信仰，就完全被他们抛弃。随之而来的，是怀疑，一种将他们引向绝望的普遍情绪。

刚才所描述的那种时代，人们是出于冷漠而非厌恶，才放弃了自己的信仰。事实上，是信仰摆脱了人，而不是人主动放弃了信仰。对于不再信仰宗教的人来说，虽然宗教不是真实的，但依旧是有用处的。站在人生的角度来看，他们认为，对于民情的教化和法制的改变，宗教信仰发挥着重大影响和作用。此外，人的平和生活以及安然死亡，也是宗教信仰帮助人做到的两个重要方面。失去信仰，他们会倍感痛惜。他们明白，失去的部分是一大笔财富，因此，他们怀有深深的担忧，生怕他人将自己手中剩余的财富夺走。

此外，那些继续信仰宗教的人，对于自己的信仰，他们不会隐瞒；对于与他们信仰不同的人，他们只当做是可怜的人，更不会与之为敌。为了得到这些人的尊重，他们清楚地知道，决不能盲目地跟从其中的任何一个。他们所在的社会，在他们看来，并不是宗教信仰进行生杀予夺的战场。因此，同时代的人，既是他们谴责的对象，又是他们爱护的个体。同时，对于同时代人的错误，他们总是扼腕叹息。

不信教的人，并不一定真的没有信仰。信教的人，总是在公开场合，表达其虔诚的信仰。因此，对于宗教来说，社会舆论始终是有利于它的。对于宗教，社会舆论可以引导人们去热爱，去支持，去赞扬。此外，社会舆论还能触及人们的心灵深处，找出灵魂当中受伤的地方。

有一部分人民群众，他们始终怀有浓厚的宗教情感。如果有人试图将情感与信仰分离，几乎是不可能的事情。人们向往来世的愿望，总是牵引着他们走向教堂，接受洗礼。当他们这样做的时候，心灵便可以得到安慰和告诫。然而，这样的描述，却并不适用于我们。这是为什么呢?

在法国，我看到这样一种情况：有些人不再信仰基督教。然而，他们放弃这种信仰之后，并没有去寻找另外一种信仰。还有另外一些人，他们疑惑重重，徘徊不前，有的也声称，自己不再信仰宗教。更有一些人，明明自己信仰基督教，但是从来不敢公开表明自己的信仰。

最后，我还发现少数的信徒，为了捍卫自己的信仰，披荆斩棘，冲破障碍，甚至不惜牺牲自己的生命。这样的人，既不是温和的教友，也不是激烈的反对者。他们蔑视社会舆论，采用暴力的手段对付人性的弱点。在这种冲动之下，他们已经迷失了方向，不知道应该在哪里收住脚步。

然而，有一点他们却十分清楚，那就是，攻击宗教是他们祖国的人们，用来获取独立地位的首要方法。所以，他们异常担忧，生怕同时代的人寻衅滋事。对于同时代人所追求的自由，在他们恐惧的内心深处，是相当排斥的。在他们看来，宗教信仰的缺失，是一件新鲜事儿。对所有的新生事物，他们都报以仇恨的敌意。他们到处树敌，不仅与同时代，还与他们的国家处于敌对状态。在他们看来，人们所提出的每一个见解，都与信仰水火不容。

今天，人们在宗教方面所表现出来的状态，全然不应该是上述那种样子。人们的精神，向来按照自身的天性，自由地进行发展。但是，在我们中间，这一发展受到阻碍，并且超越了原本应有的界限。出现此种情况，根源在于一种既特别又偶然的原因。我确定，这种原因就是政治和宗教的紧密结合。

在欧洲，不信教的人，并没有把基督徒当做宗教敌人，而是当做政治敌人来对待的。宗教信仰，在他们，并非错的信仰，而是政党的一个棋子。这是他们敌视宗教信仰的原因。作为上帝的代表，教士的这一身份并没有引起他们的敌意，倒是作为政府的朋友，教士却遭到了他们的仇视。

在欧洲，曾经有一段时期，在基督教的允许下，人们将宗教信仰与政治权力紧密结合起来。今天，那些政治权力已经没落，而基督教本身，也随着它们的覆灭被埋在了废墟底下。尽管基督教还活着，但却被死死地压在底下。基督教会重新站立起来的，只要将它上面的断壁残垣清理干净。

关于欧洲的基督教，我不知道有什么方法可以使其恢复原有的活力。对此，尽管上帝可以轻易地做到，但是对于人们来说，首先要有一种信念，即不管在什么情况之下，它仍然保留着有用的力量。

### 美国人的教育、习惯和实践经验是怎样帮助民主制度逐渐完善的

在这本书里，我不只一次向读者说过，美国人的政治制度，在一定程度上，得益于他们所受的教育和自身养成的习惯。在这里，我想继续补充几个简单而又新颖的事实。

直到今天，美国只涌现出很少的几位成名作家。历史学家、诗人，在这个国度里几乎没有出现过。对于真正的文学，美国人用一种不是很欣赏的眼光看待。一年到头，美国24个州加起来所出版的文学作品，都赶不上欧洲一个三流城市出版的文学作品的数量。

在美国人那里，从来不试图在理论上有所发现或创造。就连政治本身和实业，也没有办法激起他们进行理论上的研究。尽管新的法律不断被制定出来，但是几乎没有一个大学者专门研究法律的一般原理。

法律顾问和评论家，是美国人身边常有的专业人士。但是，至于政治家，他们却没有。在政治领域，美国人向世界所能提供的，不是经验教训，而是一种规范性的例子。在技术领域，基本上也是这种情况。

对于欧洲的发明和创造，美国人利用得非常好。这些东西进入美国以后，不但在原有的基础之上有所完善，而且被运用到了最为合适的地方。美国的实业家，一般来说，并没有接受过多少科学的训练。尽管这里不乏优秀的技术工人，但是很少有发明家崭露头角。比较知名的富尔顿，也是在国外停留过很长时间以后，才回到自己的国家服务。

对于英裔美国人的智力水平，想要做一番认真考察的人，最好从两个方面入手。如果你考察的对象，包括一般的普通人，那么你很快就会发现，在世界上，美国人的知识水平确实首屈一指；但是，如果你仅仅考察美国的学者，那么你会惊讶地看到，这方面的人才，在美国简直少之又少。

在这本书里，我在另外一种场合论述过，就知识水平而言，美国人既不是最高的，也不是最低的，而是处于两者之间。

在新英格兰，初等教育是每一个公民的必修课。在教育过程中，宗教方面的知识和论据，潜移默化地成为他们知识中的一部分。本国的历史和宪法要点，对他们来说，一点儿也不陌生。对于这些东西，如果有谁不清楚的话，那么他一定被人们视作怪物。在康涅狄格州和马萨诸塞州，几乎没有人不知道这些事情的。

当我将美国的共和制度与希腊罗马的共和制度，以及前者的诸多报刊和有知识的人与后者的手抄本珍贵图书和无知群众作一番比较，接着再回顾一下我们所付出的努力——为了实现用2000多年以前的经验来推断未来的发展状况以及古为今用的目标时，我对于自己眼前的书忍无可忍。为了考察这种全新的社会，我必须抛弃旧有的理论，而采用全新的观点。

但是，这种情况仅仅限于新英格兰，它们并不适用于整个美国。向西，或者向南，人们的知识水平，是逐渐降低的。就像我们欧洲一样，在与墨西哥交界的地方，初等教育对于一些人来说，也是可望而不可即的。但是，仅凭这一点，你就想要找到一个地区——那里的人们全是无知的民众，这几乎是不可能的事情。原因很简单：从最为原始和无知的状态中，欧洲开始了自己的文明和开化进程。在这个过程中，每个国家的进程速度是不一样的，有的国家在途中停下来休息了一会儿，有的国家则耽误了行进的时间，还有的国家走得稍微快一些。然而在美国，却不是这种情况。

在来到新大陆之前，英裔美国人就已经开化。在新大陆安家之后，他们养育子孙。对于他们的子孙来说，只要不忘记原来的东西即可，用不着从头开始学起。但是，随着时间的推移，他们不断地往内地迁移。随着他们居住地的确定，他们原有的知识也被带了过来。更为重要的一点是，他们继续保持原有的传统，尊重知识。知识的效用，在教育的作用下，已经使他们深切地感受到。因而，原有的知识，在他们那里，又将被传递给子孙。应该说，美国社会一旦建立，就已经步入成年时期，并没有所谓的摇篮时期。

农民一词，在美国，是不常见的。对于这个词的含义，美国人并不是很了解，因而他们一般不使用这个词。对于文明开始起步时，人们所拥有的德行、粗俗、野蛮以及坏习惯，他们一点儿也不知道。初民时期的无知，旷野的枯燥以及乡村的粗陋，在他们那里，是没有任何印象的。

一些大胆的冒险家，在美国人口密集区与荒郊野外交接的地带，或者联邦的偏远地区安家落户。为了摆脱家乡的穷困和饥饿，他们不畏艰险，深入美国的荒野地区。在这里，他们重新建设自己的家园。开荒的人，只要找到可以容身的地方，就立刻砍倒树木，在丛林中建新房。这些新房为数不多，零散地分布着。在人们看来，再也没有比这更加凄凉的场景了。夜晚来临以后，过往的行者路过这里，定能看到房屋中闪烁的灯光。等他们走进屋里，却看见壁炉的火苗，正在激烈燃烧。住到这样的房子里，深夜中通常会听到枝叶的声响。这是夜晚的大风，吹拂着森林，使得树林不断摇晃。在路人来看，这座简陋的小屋，是粗俗之人的居所。

然而，与栖身之处相比，开荒者的精神面貌大为不同。就开荒者本人而言，他是

19世纪劳动和经验的集合体，尽管在他的四周，一切都显得那么原始与粗犷。他知道过去，直面现在，向往未来；他讲着城市里的语言，穿着城市里的衣服。对于森林里的生活，经过一段时间后，他便适应了。要知道，在此之前，他可是城市里的一个文明人。他随身只带了一些报纸、一把斧头和一本《圣经》，就走进了广阔无垠的荒野地带。之后，在荒野地带，思想得以迅速传播，其速度是惊人的[1]。在法国，文明最先进、人口最稠密的地区，也没有如此规模的知识传播活动[2]。关于这一点，我深信不疑。

毫无疑问，在美国，对于维护民主制度，国民教育发挥着极为重要的作用。而且，我敢断言，这种作用在某些地方会更加明显。通常说来，在这些地方，开发智力与道德教育紧密结合。

然而，对于这一优势，我并不想过分夸大。况且，与大多数欧洲人不同，我从来不认为，人们可以成为合格的公民，只要他们学会读书写字。经验，是真实知识的来源。如果美国人没有学会自己治理自己，而是仅仅依靠书本知识，恐怕他们今天也不会取得这么大的成就。

在与美国人长久相处的时间里，对于他们的丰富经验和广泛常识，我是非常敬佩的。但是，有关欧洲的话题，千万不要让美国人插嘴。他们一旦说起欧洲，一定会变得相当自负。在他们眼里，欧洲根本不值一提。这时候，他们所发表的言论，无非是所有国家惯用的伎俩——通过华而不实的论调蒙蔽无知之人。

但是，当话题转移到美国自身上时，他们的头脑又立刻变得清醒。这时候，不管是说话，还是思维，都变得异常得准确而又明晰。有什么的权利，怎样行使这些权利，他们会一股脑儿告诉你。不管是行政制度，还是法律机制，你会发现，他们都十分在行。

在美国，很少有人专门从书本中获取实用的知识和思想。实际的知识和实用的思想，在他们看来，不能从书本中直接获得。书本仅仅是帮助他们具有一种能力，以便接受这些东西。

通过参加管理工作，美国人了解了政府的组织形式；通过参与立法活动，他们又掌握了本国的法律。每一天，他们都监督着社会上的主要工作。甚至可以说，他们着手处理每一项工作。

在欧洲，处理个人生活的能力，是教育的主要目的。对于公务活动，欧洲人几乎不

---

1 在美国的偏远地区，我曾经乘坐一辆没有车篷的两轮邮车到过那里。在望不到边际的林海里，有一条被开辟出来的道路，蔓延至天边。马车在这条道路上，奔驰了一天一夜。晚上，周围一片漆黑。于是，同行的向导燃起一把松枝。这样，在火光的照耀下，我们继续前行。我们又走了很长一段路程，才有一座木房显露在我们眼前。这是一座驿站旅店，位于大森林的最深处，显得极为孤零。邮车里有一大包一大包的信件，邮差把它们放在这座木房的门口。接着，我们继续前行。我们知道，住在附近的居民，很快就能得到他们向往已久的东西。

2 1832年，就每个居民所支付的平均邮费来说，佛罗里达州为1法郎5生丁，密歇根州为1法郎22生丁。而这一年的法国，诺尔省为1法郎4生丁。还有一点，我们必须知道，这一时期的这三个地方，人口密度是极为不同的。佛罗里达州的人口密度为每平方公里5人，密歇根州为7人，而诺尔省为3 400人。在美国，前两个州的教育和实业，算是最差的了；而在法国，诺尔省跻身于工业和文化较为发达的省份之列。

会安排事先学习的活动。而在美国，处理政治事务，是人们开展一切教育活动的目的。这两者的不同，只要你看一眼这两种不同的社会就会发现。

美国的私人生活领域，处处可见公共生活的习惯。在他们那里，学生的游戏当中，蕴含着陪审制度的思想；组织一场宴会，他们会采取代议制的方法。

而我们欧洲人却与之相反。我们的公共生活领域内，经常会看到私人生活的某些观点和习惯。因此，一旦我们越出自己的家庭圈子，去管理国家事务时，我们商讨国事的口气，就像我们在家里与亲朋好友聊天那样。

### 法制更为有助于民主共和制度的维系，但民情的贡献要大于法制

地理环境、法律制度和民情，是美国民主制度得以维系的三大要素。这是我早已说过的论点。然而，对于大部分欧洲人来说，他们只知道地理环境因素。并且，他们过高地估计了环境因素的作用。

确实，身份平等的观念，被英裔美国人带到了新大陆。在这里，贫民和贵族，是不存在的。行业以及出身的偏见，也是从来没有的。可见，新大陆的社会情况，是多么的民主。在这种条件下，民主制度得以最终确立，并不是一件令人感到奇怪的事情。但是，像这样的情况，不仅仅发生在美国。

要知道，相互平等的人，或者迁来后变得身份平等的人，是他们建立了美洲所有的殖民地。在这些地方，欧洲人曾经试图建立过贵族政体，但全都失败了。然而，民主制度却得到了极大的发展。就像是大洋中的一个孤立无援的小岛，美国在北美的荒野之上建立。在它的周围，没有与之为敌的国家。

处于南美的西班牙人，同样受益于大自然提供的地理环境，几乎与外面的世界彼此隔绝。然而，常备军在他们当中，还是建立了起来。在没有遭遇他人入侵的时候，他们之间彼此混战。直到今天，使用和平方式自主地建立起民主制度的，唯有英裔美国人。

美国的土地，是一处宽广的园地，人们可以在其中大有作为。这里，还有无穷尽的资源，人们可以尽情地使用。在美国，党派之间的争斗，被社会的繁荣所替代；对于权力的贪欲，也被发财致富的愿望所克制。

在地球上，与南美的肥沃平原相比，与南美的广阔河流相比，与南美的无数资源相比，恐怕再没有什么地方可以与之媲美。但是在南美，民主制度从来没有真正建立过。如果人们在地球上占据一方土地，并在其中任意开荒扩展，就能获得幸福生活的话，那么生活在南美的西班牙人，早就不该对生活有所抱怨了。他们的生活，虽然无法与美国人相比，但起码要比欧洲人过得好。然而事实上，南美的国家，恐怕是世界上最为悲惨的国家了。

由此可见，同样的地理环境，给北美带来的成果，未必就能在南美实现。甚至于，比南美的地理环境更差一些的欧洲，在某些方面也是远好于它的。因此，与人们想象的情况相比，对于一个国家的命运来说，自然环境所起的作用，并不是十分显著。

在新英格兰，我曾经看到过一些人，他们去荒野开创事业，尽管他们的家园，可

以提供给他们幸福的生活。加拿大的某一地区，我看到另外一些人，他们不愿意出外拓荒，而是拥挤在一个狭小不堪的地方。要知道，这里距离新英格兰并不算太遥远。

在美国，外来的移民，在较短的时间内，就能在荒野里购买大量的田产；而在加拿大，那些法国移民情愿在人口密集的地区购买地产。与法国本土相比，这里的地产价格高多了。可见，当欧洲人面对新大陆天然的荒野时，从始至终没有好好加以利用。

在我看来，与英裔美国人发财致富的自然条件相比，美洲其他国家不相上下。但是，与英裔美国人的法制和民情相比，他们明显地稍逊一筹。这些国家直到今天，依然贫穷落后。因此，真正促使英裔美国人强大的因素，是法制和民情。而这两者，正是我所要认真探讨的。

美国的法律制度已经尽善尽美，这并不是我所想要表达的观点。当然，对于一切民主国家来说，我认为，美国的法制也不一定全都适用。在我看来，有些法律在美国法制中，存有一定的危险性。然而，不容置疑的是，大体而言，美国的人民和国家性质，是与美国的立法和谐一致的。

因此，法制在美国是健全的。这一点，在很大程度上，促进了美国民主制度的长足发展。但是，美国的法制，在我看来，并不是它获得成功的首要因素。对于美国人的幸福生活来说，美国的法制所起的作用，确实远大于地理环境。但是另一方面，民情所产生的影响要大于法制。关于这一点，我有充足的理由相信。

在美国，最重要的立法部分，自然是全联邦级别的法律。与美国所处的地理环境相比，墨西哥的丝毫不比它差。而且，与美国一样，墨西哥也拥有同样的法律。但是，墨西哥却没有美国那样的民情。要知道，这种民情直接促进了民主政府的建立。

可见，除了前文所说的地理环境和法制因素外，还有另外一种原因，在美国民主制度的建立过程中，发挥着至关重要的作用。但是，这一原因尚不明确，需要我们进一步探究。在全美境内，几乎所有的人，都拥有同样的先祖。语言和膜拜上帝的仪式，在他们那里，都是相同的。社会物质条件和法律的约束，对他们而言，也是没有差别的。

那么，对于他们之间的差别，如果我们要细究的话，该从什么地方下手呢？在美国的东部，处于共和政府管理之下的各州，社会稳定，经济实力强，一切显得井然有序。这是为什么呢？在这里，政府的一切活动，是那么得具有远见性和长久性，这又是为什么呢？

与之相反，在美国的西部，社会管理工作，显得杂乱无章，一切毫无头绪，这是为什么呢？在西部，各种行业的活动，要么冲动，要么发狂，一点儿也没有长远的规划和安排。这又是为什么呢？

将英裔美国人与其他国家的人加以比照的方法，我不会继续使用。现在，我要在英裔美国人之间相互对比。通过这种方式，我希望能找到他们不同的原因。这时候，地理环境和法律制度，对我已经没有一点儿用处了。我必须寻找另外一种原因。而这种原因，不是民情，又是什么呢？

民主管理制度以及实施它所需的经验习惯，在西部的英裔美国人那里，得到了很好的总结。而且，他们还发现了使用何种思想，有利于维护民主制度。在这里，人们的生活风俗、思想内容以及生活方式，无一不渗透着民主制度。甚至于，社会生活的一切环节以及法制，也深切地反映了民主制度。还是在这里，宗教信仰是自由的，书本教育和实践训练在人民身上得到了完美结合。这些习惯、思想和习俗的总体，正是我所说的民情。如果不是，那它们又是什么呢？

然而，对于西部来说，这些优势还没有完全在这里出现。在西部，美国人大部分住在森林地带。虽然父兄的文明，随着他们一起来到新的居住地，但已经被掺进了粗野的生活习惯和思想。他们的思想不是很坚定，宗教道德意识浅薄，且处世容易冲动。在这里，人们刚认识不久，各行其是，谁也不干涉谁。因此，人们过着粗野的生活，并没有多少生活的经验。在某些方面，他们就像是原始部落一般。在东部，刚刚凑到一起的旧社会人，组成了整个社会。

因此，民主制度得以维系，其独特原因在于，美国人特有的民情。在美国各州，人们所建立的民主制度，在细节和发展程度上，是各不相同的，其原因也在于，各地的民情不同。

毫无疑问，民主制度的维系，一定程度上受到地理环境的影响。但是，欧洲人把这一点当做了重点。另外，对于法制的重要性，欧洲人也给予了过高的评价。至于民情，他们却很轻视。毋庸置疑，对于调整和指导美国的民主制度，这三种原因都起到了作用。如果按照作用的大小给它们排序，我认为，民情是最为重要的，法制其次，地理环境再次。

我敢保证，如果没有民情的支持，再好的自然环境和完善的法制，也没有办法维系一个政体。然而，对于恶劣的自然环境和漏洞百出的法制，良好的民情是可以起到缓解作用的。可见，民情是多么重要的因素。它是一项普遍的真理。我们通过经验和研究，就可以注意到它。在我看来，民情是我观察的重点，不但如此，它也将成为我研究的终点。

最后，关于这个问题，我想做一点补充：在这本书的论述中，关于美国人的实践经验、习惯和见解，如果经过我的阐述，读者还不明其中的要义，即民情在法制维系中所发挥的重要作用，那么，我写作本书的目的就没有实现。

### 与别处相比，法制和民情是不是更能促进民主制度

我已经说过，与美国的地理环境相比，它自身的法制和民情，更有利于民主制度的建立。基于此，如果把民情这一要素，放在其他地方，是不是也是这回事呢？很明显，对于法制和民情的作用，地理环境是没有办法替代的。那么，就地理环境所起的作用而言，法制和民情能不能替代呢？

不用说，我们不能立刻作出肯定的回答。理由是，我们没有确凿的证据。确实，在美国，除了英裔美国人外，还有其他各个民族。与英裔美国人一样，这些民族也拥有与他们差不多的物质条件。因此，我们可以尝试对照一下二者。

世界上，除了美国人之外，几乎没有人所拥有的法制和民情与英裔美国人一模一样，而自身又不具备英裔美国人那样的地理环境。因此，我找不出用来同美国进行比较的对象。这里，我只好随意谈谈自己的看法。

首先，我觉得，一般的民主制度，与美国的民主制度，一定要严格区分。

只要我们看一下欧洲的情况便会发现，那里有一些较大的国家，很多人口拥挤的城市，一支支规模庞大的军队以及变化多端的政治局势。假定英裔美国人返回欧洲，并带上了他们现有的思想、宗教和民情。如果他们在欧洲继续实行现有的法制，而不发生任何改变，在我看来，几乎是不可能的事情。不过，我们可以设想，除了美国那种方式之外，一个民主国家还可以另辟蹊径。

一个政府，按照大多数的真正意愿建立起来。大多数主张，在政治上实行人人平等。为了保持国家的安定，他们将行政权统一赋予给一个家族或者一个个人。这样一来，他们却违背了自己的政治要求。那么，我们能不能设想存在这样一个政府呢？

一个民主社会，其国家权力比美国的更为集中，生活在其中的人民，可以运用手中的权利参与国家管理，尽管他们对于国家事务的影响，不一定那么直接有效。那么，我们是不是也可以设想这样一个社会呢？

通过英裔美国人，我看到并且确信一点：将上文所设想的民主制度，小心翼翼地移植到一个社会。在这个社会中，人民的生活习惯和思想，逐渐地融入到民主制度里。如果这种情况可以实现，那么在美国之外的其他地方，像这样的民主制度，也是可以建立起来的。

人们所能设计出来的唯一民主法制，所能遇到的最完善的法制，如果是美国法制的话，那么关于这一点，我想作一个结论，那就是：美国的法制证明了，在地理环境较为差劲的地方，一般的民主法制可以建立起来。但是，除此之外，它什么也证明不了。

如果在我看来，有很多不足之处存在于美国法制之中，且其他良好的法制暂时没有被我想到，那么也不能依据美国独有的地理环境就得出结论说，在法制健全而地理环境不够完美的国家，民主制度可以获得长久的发展。

如果在美国与其他国家，人们有两种不同的表现；占据同样的社会地位，人们在美国和其他地方，所形成的喜好和观点也完全不同，那么民主制度在美国与其他地方，自然也会产生不同的成果。

如果与美国人一样，其他国家也拥有同样的爱好，且这些爱好被这些国家的立法者，依据国家的地理环境优势，限制在一个合理正当的范围之内，那么对于效仿美国，而又没有它那样的自然条件的国家来说，美国从地理环境因素中所取得的繁荣，还是有一些启发作用的。

但是，对于上文所说的这些假设，目前没有事实可以证明其中的任何一个。

在美国与欧洲，我看到了人们身上，所表现出来的相同激情。它们当中，一部分来自于社会的民主制度，另一部分来自于人的天性。

比如，在美国，我看到人们流露出焦急的情绪。当人们的身份彼此平等，相差不远的时候，谁也想要积极进取，这时候自然会有焦虑产生。此外，还有各式各样的对民主的嫉妒情绪。我在前面提过，在工作过程中，美国人比较自负，或者遇到不懂的地方装懂。据此，我得出结论认为，与法国人一样，痛苦的遭遇和失败的经历，在美国人身上也频频上演。

但是，对于美国的社会制度，当我做过仔细研究之后发现，对于人心的缺点以及民主固有的劣势，美国人曾经做出了不懈的努力以克服它们。

我认为，美国公民所拥有的无限欲望，被各不相同的地方性法律，限制在一个狭小的范围之内。此外，还有一些有可能破坏国家民主制度的激情，也被这些法律转化成对地方有利的激情。在美国，立法者在促使人们用为人处世的习惯，抵制自身急切的欲望方面，在人们的理论无知上，使用他们的经验加以弥补方面，在政治领域不断变动的地方，使用始终如一的宗教道德予以对抗方面，在人们的嫉妒心理上，利用权利观予以限制方面，还是取得了一定的成效。

因此，美国人的制度和法制所具有的危险因素，并不是仅仅依靠国家的地理环境优势就能克服的。直到今天，只有他们制定出了一套拯救措施。这些方法，可以有效应对一切民主国家所共有的缺陷。他们采用这些方法后取得了成功，尽管他们是世界上首个使用这些方法的民族。

对于民主制度，美国人从来没有放弃使用法制和民情予以调整。而且，这两样东西，不仅仅适用于民主国家。美国人创造了这一普遍而又独特的思想。其他国家，为了避免本国出现危险的专制和无政府状态，想要借用美国的这些思想，但又不愿意使用美国人的那套方法，而是采用自己的方法。

它们自己的这种方法，是这些国家依据同时代的社会情况而制定出来的。既然这些国家可以这么做，那么对于他们的努力，我们有什么理由不相信呢？

组织和建立民主制度，对于基督教世界来说，是一个莫大的政治问题。毋庸置疑，对于这个问题，美国人并没有彻底予以解决。但是，对于那些试图解决这一问题的人来说，美国人的经验却是值得借鉴的。

### 已经发生的事情对欧洲的重要性

我花费了这么长的时间，对上述问题做了专门而细致的讨论。关于这一点，读者一眼就可以发现。我所讨论的这个问题，不仅涉及到一个国家，而且与整个人类有关；不仅涉及到美国，而且与全世界有关。

一些国家具有民主社会的情况，如果为了维护自由，而必须居于偏远的荒凉地带，那么我们不再对人类的命运抱有任何希望。理由很简单，随着民主进程的日益推进和普及，人类终究要完全占据那些荒凉的地区。民主制度的维系，确实不能依靠法制和民情，那么各个国家除了选择个人的专制统治外，还有什么可以选择的余地吗？

我清楚地看到，直到今天，这种人类对于未来的恐怖，依旧没有吓到那些善良的人们。然而，自由对他们来说，已经是一个极端讨厌的事物。因此，他们往往选择躲避自由，而在一处偏远的地方留居。

不过，对于所向往的避风港，这些人的认识并不彻底。绝对权威的过去表现，始终左右着他们，使得他们安于过去的成见，而不能按照现今绝对权威的表现给予评价。

在欧洲的民主国家，如果绝对权威可以重新建立起来，那么它一定会采取一种新的表现形式。同时，它还会呈现出一种与过往历史所不同的特点。对此，我一点儿也不表示怀疑。

至于那些限制国王滥用权力的力量，比如说，地方的优惠权、行会的权利、最高法院的强制执行权以及贵族的特权，我是不会讨论它们的。这些权力的存在，一方面，促使人民保持反抗的精神；另一方面，对于当局的压力，确实起到了缓解的作用。这些政治制度的维系，使得人们继续保持对自由的渴望，并在此基础上，促进自由权利的行使，尽管它们或多或少地阻碍了个别人或者个别集体的自由。除此之外，在王权的周围，还有一道高墙。它是由社会舆论和民情共同组建的，虽然不是很显眼，但是作用却十分强大。

在王权的周围，被习惯和舆论、地方的本位主义、家庭的情感、荣誉感、君主的慈悲、臣民的忠诚以及宗教所包围。就是在这样一个不被人发现，但却真实存在的圈子里，国王的权威受到了种种限制。

当时，国家的民情是自由的，尽管制度是专制的。对于权力，君主没有办法行使其全部。当然，他也不愿意行使全部权力。那么，曾经限制暴政的种种措施，而今又体现在哪里呢?

对于人们的心灵，宗教所具有的控制作用，逐渐变得弱化。是非善恶的评判标准，全部变得与以前相反。这样一来，仅从道德世界观察，一切事物都变得不可信任。这时候，君主和臣民，都是为所欲为地做事情。他们当中没有一个人知道，放纵的界限与专制的极致，到底位于何处。

人们对于国家元首的尊重，由于连续不断的战火，而彻底冲淡。君王一旦没有公众尊重他所带来的压力，他就可以滥用手中的权力，为所欲为。

当民众的心，全都归属于国王的时候，他会觉得自己是最为强大的，因而待人处世，处处体现出宽容大度。民众对他的忠心，是国王王位的重要支柱，因而他十分珍惜民众对他的这份情感。这时候，君王和民众，就像是自家人一样，和谐相处，亲密无间。有时，对于国王的某些做法，臣民会抱怨几声。但是，等他们发现君主心情不高兴的时候，又会感到懊悔不已。而君王也像父亲对待子女那样，只是伸出手来，轻轻拍打几下而已。

然而，在革命的纷争中，一旦国王的权威丧失殆尽，或者继承王权的国王，一代不如一代，并且在人民看来，他们的行为日益残暴，权力不断减弱，那么这时候，君王在人民心中，再也不是那个国父的形象，而仅仅是一个头目分子。如果他强大，人们就憎恶他；如果他软弱，人们就鄙视他。而他一个人，会变得怒气冲冲且身怀恐惧。在整个国家内部，他就像一个来自国外的陌生人一样。对于全体臣民，他只把他们当做要征服的敌对目标。

一个国家，一旦各个省份或者城市，演变成一系列的不同小国时，它们便各自拥有了独立的意志。与原先共同隶属的中央意志相比，这些意志与之完全相反。这些分裂的小国，如果抛弃各自的独立、习惯和成见，甚至是主权和名称，那么在统一的法律管辖之下，将它们结合在一起，统治起来并不比原先没有分裂时困难。

贵族自由行使他们权力的那一段时期，以及后来他们丧失权力后的很长一段时期内，对于个人的抵抗行动，贵族制度通常会为其提供意想不到的支持力量。因此，有些人依然敢于凭借高尚的人格，独自一人与国家权力相对抗，尽管当时他可能已经没有任何权力。

但是现在，君主制度的名声，已经彻底败坏，并且没有德行给予补救，人们都是肆无忌惮地堕落；所有的阶级开始融合，成为一个团体。并且有才能的个人，淹没在茫茫人海之中，没有办法显露头角。这时候，对于弱者的服从和强者的要求，没有人知道，哪里是它们的底线。

敢于反对暴政的人，身边始终会有追随者、好友和亲戚，只要家庭情感一直存在。即使家庭情感不复存在，他们也不会感到孤立无援。这是因为，在他看来，先祖无时无刻不在督促着他，而他的子孙，也一定能继承他的未竟事业。但是，当种族之间的差别即将消失，先祖的产业没有办法凝聚时，这种家庭情感的溯源，究竟去什么地方寻找呢？

一个国家，正在改变面貌，或者已经改变面貌。在其内部，人们毫无畏惧地去做想象出来的任何新奇事情，没有人对古老事物的消亡感到痛惜，违法行为成为人们的家常便饭，并且一切暴力的行为都有章可循。那么，到了这个程度，这个国家的习惯法，还有什么权威可言呢？像这样，民情遭受到任意的践踏，它又有什么能力进行抵御呢？

当社会舆论没有被一个人、一个家庭、一个阶级以及一个自由结社所支持和鼓动的时候，当没有一个共同纽带将很多人连接在一起的时候，社会舆论究竟能发挥多大作用呢？当每一个公民，都一样无能、贫困以及没有任何支援的时候，当政府有组织的暴力活动，只能由软弱无力的个人对抗的时候，这个社会舆论又能发挥什么作用呢？

在这些方面，我们国家会不会出现类似情况，作为这一代人，我们谁也不能预料。或许，我们应该返回远古时代，重新见证一下古罗马实施暴政的时期。那个时候，君王不再对臣民宽容大度，而是强迫民众接受自己的意志；人性被玩弄于君王手掌之中；公民没有任何外在的保障，且没有自我保护能力；法律将自由彻底毁灭；人民的意志不坚定，传统被破坏；社会日益腐化，人民自甘堕落。

有些人，要求恢复亨利四世或者路易十四那样的统治。在我看来，他们已经完全丧失了理智。许多欧洲国家的发展情况，我已经看到了；还有一些国家，他们的走势，我也能预见到。当我这样做的时候，总是不自觉地联想到，他们很快就要做出选择——要么走向专制者的暴政，要么走向民主所享有的自由。

对于这些，人们应当引起深思。未来的世界，人们要么遭受全部被奴役的境况，要么享受全部的自由；要么权利全部被剥夺，要么享受一律平等的权利。如果面对这种抉择的时候，统治者要么促使民众的素质降低到正常人之下，要么将其提高到他们的水平。到了这种时候，只要我们呼吁每一个人做出牺牲，并让他们坚定信念，克服心中的疑虑，一切问题就都解决了。

因此，逐步发展民主制度和民情，并将它们最终确立起来，是我们维系自由的最好方法，也是唯一的方法。如果民主政府得不到人们的青睐，那么拯救社会目前存在的缺陷，作为最合适和最有效的方法而被人们利用的，决不是民主政府。

参加政府的管理工作，对于人民来说，是一件不容易的事情。然而，要让他们积累起管理的经验，产生管理好国家的意识，更是难上加难。

我不得不说，民主政府的法制，不是很健全；它的执行者，不算雷厉风行；它的意志，总是经常变动。但是，在民主政府与一人专制统治之间，再没有一条中间的道路，可供我们选择，那么与其不抱希望地屈从于后者，还不如诚恳地主动接受前者。而且，在民主政府的统治下，我们会变得完全平等。我们出现这种情况，完全是自由造成的结果。与暴君采用极端手段，使我们趋于平等相比，民主政府比它好多了。

看完这本书，如果读者贸然断定，我的目的是要呼吁，具有民主社会情况的国家，毫无例外地效仿英裔美国人的做法，那么他的推断是完全错误的。像这样的读者，他认识不到我的思想的内在实质，而仅仅看到了我的思想的外壳。

事实上，我的目的是，通过美国向人们说明：一个民主国家，想要保持自由，必须依赖于法制，尤其是民情。但是，我从来不认为，我们应当完全效仿美国，照搬它的一切，尤其是它为达到预期目标而采用的各种方法和手段。这是因为，我清楚地知道，一个国家政治制度的发展，在很大程度上，也受制于它的地理环境和过往历史。而且，以同样的一些特点，自由出现在世界各个国家或地区，在我看来，那却是人类的另外一种不幸了。

但是，我认为，如果民主制度不被人们逐渐采用并建立起来；先理解自由再享受自由，这些思想和情感，如果还没有及时向全体民众灌输，那么暴政终将统治所有的人。到了那个时候，谁也没有独立自主的权利，不管他是穷人还是富人，不管他是有产者还是无产者。再有一点，我还可以预见到，那就是，大多数的和平统治，如果没有被我们及时建立起来的话，那么我们终究会有一天，为一人专制的统治所慑服。

# 第十章　关于美国境内三个种族的现状及其可能的未来

关于本书的目的，我已经实现。对于美国的民主法制，我已经倾我所能地进行了阐述。此外，我还介绍了美国的民情。原本写到这里，我就可以停笔了。然而，对于读者来说，我还没有完全满足他们的愿望。

在美国，还有一些东西，值得我们去探讨研究，而不仅仅限于民主制度。比如说，从另外一个角度出发，我们可以研究美国大陆上的各种居民。

在我论述的时候，有些话题不免要谈及到印第安人和黑人。但是直到现在，我还没有向读者交代，这两个种族在美国处于何种地位。在美国，英裔美国人是怎样组建全联邦的，我已经说明得很清楚。而对于全联邦所遭遇到的危险因素，我只是略微提了一下，并没有完全交代清楚。除了法制和民情外，对于美国的长治久安，我没有做全面的分析研究。在论述民主制度的时候，对它能否在新大陆长期存在，我没有随意地进行猜测。而且，对于时常聊起的商业活动话题，我也没有预测作为一个商业民族，美国人该何去何从。

所有这些问题，细究起来，与我的论述的主题都有些关系。但是对于它们，我并没有做仔细的研究。这是因为，美国的民主是我研究的主要对象，而它们与民主的话题没有关系，尽管它们与美国人紧密相关。刚开始的时候，这些问题都被我一一悬置起来。现在，这本书就要结束了，就这些问题，是时候谈一谈了。

现在，美国所宣称的，或者所占有的领土，西起大西洋沿岸，向东到太平洋沿岸。因此，不论是东边还是西边，美国的边界就是大陆本身的边界。向北，它的边界到达北部的冰原；向南，它的边界延伸至热带地区。

在这片广袤的陆地上，与欧洲人不同，美国人没有形成统一的民族。稍微留心，你就可以看到，美国内部有三个种族。他们之间，体型面貌完全不同，并且彼此怀有深深的敌意。他们之间有一道道不可跨越的鸿沟，比如，教育、法律、血统，甚至是外貌特征。在命运的安排下，他们共同生活在一块大陆上。但是，他们彼此之间，并没有混合在一起，形成一个统一的整体。他们各自的条件，互不相同，并依此各自发展自己。

在这群差异巨大的人群里，首先吸引我们注意的，是来自欧洲的白人。不管是知识，还是生活享受，他们都占据第一位，并且拥有强大的力量。作为最杰出的人，他们之下，依次分别是黑人和印第安人。

黑人和印第安人，这两种不同的种族，除了遭遇不幸的命运外，在起源、外貌、语言和民情上，几乎找不到一点儿共同的地方。在所居住的地方，他们的地位十分卑微。而且，在暴政的统治下，他们的处境极为悲惨。给他们带来痛苦的，是同样的一批人，尽管他们各自的遭遇有所不同。

从世界范围来看，欧洲人就像对待动物那样，对待其他种族的人。当面对他们的欺压，其他种族的人不愿屈从时，他们就奋起镇压，甚至是消灭。

对于非洲后裔的人类特权，欧洲人从压迫他们的那一天起，就将其残酷地剥夺了。对于原来的祖国，美国的黑人几乎没有什么概念。他们先祖的语言、宗教以及民情，在他们身上已经找不到任何踪影。他们从来没有享受到与欧洲人那般的生活权利，尽管他们很早就离开了非洲。

黑人通常被一个人卖掉之后，接着再被另一个人转卖出去。在其他两个种族的夹缝之间，他们过着不同于两者的生活。在这个世界上，他们的住所全凭主人的安排，他们关于故乡的模糊记忆，也只能从主人那里得知一二。

对于黑人来说，家庭是不存在的。对于男人来说，女人只是他们暂时的伴侣。而且，他们与女人也只是寻欢作乐而已。与他们一样，他们的孩子，从出生的那一天起，就处于极为卑微的地位。

对于这种极为悲惨的状况，有些人不但冷眼相看，甚至采取一种容忍的心态。在我看来，不知道这是上帝对人类的斥责呢，还是上帝对人类的怜悯?

在这种灾难的深渊里，黑人对其处境，只是刚刚有所察觉。面对暴政，他们沦落为奴隶。慢慢地，他们供人驱使，在内心深处，心甘情愿地当奴隶。主人施加给他们的残暴，他们虽然深恶痛绝，但更多的是羡慕。他们极力想要模仿压迫者，并以此为荣，尽管当他们这么做的时候，极为卑贱低微。

他们的智力水平急剧下降，与心灵水平相比，甚至已经是同一个层次。黑人一出生，就是奴隶。在娘胎里的时候，他们就已经被人卖出了。在出生之前，黑人就已经变成奴隶。对此，我还能再说什么呢?

需要和享受，在他们身上，是得不到满足的。当然，这些对他们来说，是没有用处的。从出生后懂事时开始，他们就明白，自己是主人的财产。并且，为了主人的利益，他们应当付出一生的努力。在他们看来，从来不用操心自己的生活。甚至于，他们觉得，用大脑思考问题，是上帝给他们的一种多余的能力。对于自己的卑微地位，他们没有任何怨言，觉得就应该是这样。

当获得解放以后，他们通常把自由看做是一种负担，一种比奴役还要沉痛的负担。

这是因为，纵观他们的一生，尽管服从已经成为他们的本性，但是唯独理性他们还没有学会。面对理性呼声的指引时，他们根本不予理会。由于没有必要的知识和能力，当很多新的要求向他们提出来的时候，他们一点儿抵御的办法也没有。这些要求，来自于他们的主人。原本，他们应该反对主人的。可是，他们却无条件地服从主人。因此，在苦难的深渊里，他们的理性在奴役中逐渐丧失。最终，在放纵的自由驱使下，他们走向了毁灭。

对于印第安人来说，压迫也给他们带来了不可小觑的影响。但是，他们所承受的后果是不相同的。居住在北美的人，在白人来到这里之前，一直居住在林野之中。未开化人的习惯和德行，还原封不动地停留在他们的身上。他们过着一种野人的生活，饱经风霜沧桑。当欧洲人来到北美以后，就开始驱逐印第安各个部落的民众。他们被迫迁居到深山老林里，从此过上了一种飘忽不定的痛苦生活。民情和社会舆论，这是支配野蛮民族的两个主要因素。

在欧洲人的残暴对待下，北美的印第安人与从前相比，变得更加混乱不堪和安于野蛮。他们无法与家庭团聚，他们忘记了传统的东西，改变了生活中的一切习惯。对于故土的观念，他们慢慢地忘却了，甚至于记忆的链条也断裂了。在这种情势之下，印第安人变得越来越贫困。印第安各个部落所遭受的苦难越来越多，而他们本身却变得越来越野蛮。可以说，他们的身心状况，是不断趋向恶化的。欧洲人曾经试图改变他们的习性。然而，欧洲人甚至使用国家权力予以强烈镇压，印第安人也从来没有被真正征服过。

在美国，黑人被彻底地奴役，而印第安人则是被彻底地自由流放。与黑人所遭受的奴役相比，印第安人所遭受的自由流放，其后果更加悲惨。对于黑人来说，他们没有属于自己的财产，甚至于连自己的身体，也是不属于自己的。如果他们出卖自己的身体，毫无疑问，他们正在侵犯别人的私有财产。

但是，只要能行动，对于野蛮人来说，他们就是自己的主人。家长权对于他们来说，没有任何概念。族长的意志，对于他们来说，也是没有任何权威而言的。自主地服从与可耻地服从，在他们那里，是含糊不清的。甚至于连法律，对他们而言，也是比较陌生的。在他们看来，摆脱一切社会的羁绊，不受任何事物的限制，就是自由。宁愿毁掉自己，也要死守自己这种从未开化的独立。对于这种独立，他们从没有想过要放弃，并且对其感到非常满足。对于这样的人，恐怕文明对其不会产生多少效果。

美国社会对于黑人，一直处于排斥的状态。为了进入这个社会，黑人做了许多努力。不过，这些努力没有什么效果。对于压迫者的爱好和意见，他们只是一味地屈从和接受。他们天真地以为，只要模仿压迫者的一言一行，就能够与压迫者融合在一起。在很小的时候，他们就从别人那里得知，黑人是比不上白人的，天生如此。对于这样的一种说法，由于他们自叹不如白人，因而也从没想着要去推翻它。奴隶的行径，在他们身上越来越明显，连他们自己也认识到了这一点。然而，他们没有办法抛弃这一切，尽管他们极度渴望这样做。

与黑人不同，印第安人认为自己的出身十分高贵，尽管这种观念出于自己的想象。这种幻想，涵盖了他们的生与死。对于欧洲人的民情，他们从来没有想过，要让自己的民情与之符合。对于文明，他们是拒绝接受的。并且，他们拒绝的原因，不在于他们对文明的仇恨，而在于他们不想与欧洲人变得一模一样[1]。就这样，野蛮的生活，成为他们种族的独特标志，而他们对此也表示由衷的热爱。

面对我们的精良武器，印第安人只有原始的弓箭。至于我们的战术，他们则全凭野蛮进行抵御。他们想要使用自己的野蛮本能，来应对我们的精深谋略。于是，在这场实力悬殊的战斗中，他们被我们连连挫败。

与欧洲人融合为一体的奢望，在黑人那里，永远没有办法实现。然而，对于印第安人来说，在某种程度上，他们可以做到这一点。然而，对于这种打算，印第安人从来没有瞧在眼里。一个是奴性，使得自己摆脱不了终身为奴的命运；另一个却是自负，使得自己注定走向毁灭之路。

至今我还清楚地记得，在亚拉巴马州，遇到了一所木房子。与那时候一样，现在那里依旧是茂密的丛林。那是一座美国开荒者的房子。对于美国人的住宅，我通常是不愿意入内的。在这座房子不远处的一个水池边，我坐了下来，准备独自一人休息会儿。很快，一位印第安女人过来了。

她手里牵着一个小女孩儿。小姑娘看上去，只有五六岁的样子。看来，她是开荒者的女儿。在她们两个人的身后，跟着一位黑人女人，只见她穿着一身欧式的服装，显得破烂不堪。而那个印第安女人，鼻孔和耳垂上挂着铜环，头发上点缀着玻璃珠，散落在肩膀上。这一身装扮，可以说，将野蛮人的所有亮丽装饰都揽于一身了。很明显，她还没有结婚。这是因为，按照风俗习惯，如果她已经结婚，应该把贝壳项链放在他们的新床上，然而现在，这些东西她还带在身上。

她们三个人走到水池边，相继坐了下来。那个小女孩，被那个年轻的印第安女人抱起来。那亲密的样子，真像是一对母女。而那个黑人女人，坐在她们身旁，为了逗乐小女孩儿，不断地变换手势方法。作为那个小混血儿的同伴，黑人女人的撩逗动作，显得不慌不忙。然而，就在这年龄的巨大差异中，小女孩自然而然地流露出一种优越感，好

---

1　关于北美土著人的观点以及他们细致入微的生活习惯，印第安人都用一种谨小慎微的态度传承并保留着。两百多年以来，白人的思想和习惯，并没有被这些飘忽不定的部落民众所接受，尽管北美的这些土著人经常与白人接触。然而，对于这些野蛮人，欧洲人还是多少显示了其自身的影响作用。那就是，印第安人在他们的作用下，虽然没有被欧洲化，但却变得异常困顿衰败。

1831年夏，我曾经去过一个叫绿湾的地方。它位于美国的密歇根湖畔，是美国最北边西北部印第安人居住的界线。在这里，一位美国H上校，与我相识。有一天，关于印第安人的坚定性格，他跟我聊了很长一段时间。之后，他又向我讲述了这样一个故事："很久之前，我认识一个印第安人青年。他在新英格兰的一所学院毕业。他的学业成绩很好，为人处世也与文明人没有什么两样。1810年，我们和英国人打仗。作战期间，我又一次碰到了那个青年。当时，他负责指挥自己所在的部落战士，为我们的军队服务。那时候，印第安人参加美国的军队作战，必须答应美国人一个条件，那就是，不要使用残忍的办法，活剥战俘的头皮。有天晚上，一场战斗结束后，这位印第安人青年来到我们的军营。他和我一起坐在营火旁边。我问他，白天的战斗情况怎样。对着我，他说了一些白天战斗的经过。关于自己的战绩，他越说越来劲。最后，他解开自己的军装纽扣，偷偷地对我说：'给你看一样东西，你可别出卖我啊！'接着，H上校说：'在他的衬衣里面，贴着他的肚皮，有一块英国人的头皮，藏在那里。那头皮，还在不停地滴着鲜血。'"

像她是委屈了自己，才肯接受黑人女同伴的逗乐。

那个印第安女人，也对小女孩极尽温柔。同时，在这份温柔里，她还保持着一种神气——自由自在，有些自傲，甚至是愤世嫉俗。而那个蹲在小女孩身边的黑人妇女，好像既给予一份母爱，又怀有一种奴性的恐惧，生怕惹怒了小主人。

她们就在那里，我静静地看着这个场景，慢慢地走了过去。那个印第安女人，很明显察觉到了我的注视。她很快站起身来，用一种粗暴无礼的方式，将孩子甩在一边。接着，她狠狠地瞪了我一眼，然后便走进小树林里，不见了。

在北美，这三大种族的人们，经常聚集在一起。像这样的场景，我见过不少。白人所表现出来的天生优越感，被我不只一次地观察到。但是，就在上文我所描述的场景中，我发现了另外一种吸引人的情况：压迫者和被压迫者，在情感的纽带上，紧密地连接在一起。然而，两者之间的隔阂，并没有因为彼此间的亲近而消逝，反而由于法制和偏见的存在，变得更为严重。

## 居住在联邦境内的印第安部落及其可能的未来

在新英格兰境内，印第安各部族世世代代都在这里定居。在人们的记忆中，似乎还留存着纳拉干部、莫希干部和佩科特部的印象，然而也就仅限如此。因为现在，它们早就从这片土地上消失不见了。150多年前，有个勒纳普部，在特拉华湾迎接佩恩。如今，那个部族也不存在了。有时候，我能碰到几个易洛魁人。他们是现今为数不多的几个，四处游荡，以乞讨为生。就刚才提到的这些部族，过去曾经遍布北美各地。甚至于在沿海，也有他们活动的影子。

现在，要想看到印第安人，你必须深入到内陆大约100多里约的地方。这些野蛮的人种，不断地向内陆地区逃亡。同时，人数也变得越来越少，大有灭绝的趋势[1]。印第安人不断迁移和死亡，他们从前居留的地区，便被不断而来的开荒者占据。纵观人类的历史，没有哪一个民族，能像印第安人这样，以惊人的速度发展，又以飞快的速度消亡。

关于这种消失，它是怎样的一种进展过程，并不是一件难以解释的事情。在后来被驱除出境的那片荒野上，印第安人起初是那里的唯一居民。那时候，他们使用兽皮做衣服，以野兽的肉作为食物。他们所使用的武器，也是他们自己制造的。河水，是他们生活中的唯一饮料。对于他们来说，欲望和欲求，是极为有限的。

后来，欧洲人来了。火器、铁器和酒水，涌入到印第安人中间。在欧洲人的教导下，印第安人不再穿原先野蛮人的服装，而改换成了纺织品制成的服装。原先的服装，很简单，只能满足最为原始的需求。然而，这些新的喜好，在印第安人那里泛滥成灾后，他们并没有掌握实现这些喜好的技术和方法。因此，他们不得不严重依赖白人的工业。

在丛林中，野蛮人只有野兽的皮毛。为了换取自己无法制造的工业品，他们再也拿不出什么更好的东西。这样一来，狩猎对于印第安人来说，不仅意味着满足基本生活所

---

1 在最初的13个州里，印第安人的数量现在只有6 373名。

需，还要满足欧洲人所赐予的奢望。从此，印第安人不再为了食物而打猎，而是为了换取欧洲人的工业品而打猎[1]。

印第安人的需要，随着时间的推移逐渐增加。然而，他们所拥有的资源，却是极为有限且不断减少的。在印第安人居住的地方，许多欧洲人陆续来到附近地区安家落户。从那以后，这里的野兽和鸟类动物，全都躲进了森林[2]。要知道，这些在森林里流窜的野兽，对于在此处漂泊且没有定所的印第安人，一点儿也不感到害怕。但是，当某个地方出现了欧洲人，那里很快就会传来劳动的声音。这样一来，这些动物们全都吓走了。它们逃亡到西部地区。这是因为，遵从本能的指引，它们可以在那里找到新的栖息地。那是一片一望无际的荒野。

科斯先生和克拉克先生，在1829年2月4日所写的报告中，这样描写道："就在几年之前，阿勒根山地区，还有成群的野牛出现。后来，这些动物持续向后方撤退。又过了若干年，在落基山与荒野连接的地方，连一个野牛的影子也看不到了。"有人使用一种极为肯定的口气向我挑明，在他们居住地方的200里约以外，可以明显地感受到白人来到这里之后所产生的影响。对于白人来说，有些部落的名称才刚刚获知。但是即便如此，他们早就对这些部落产生了影响。而在认识苦难的制造者之前，这些部落也早早地尝到了他们所带来的苦头[3]。

---

1 克拉克先生和科斯先生，在1829年2月4日，向国会提交了一份报告。在这份报告的第23页中，这样写道：

"在这之前的很久一段时间，没有文明人的工业品，印第安人不缺吃，不缺穿。通过打猎，他们就可以满足基本生活所需。在密西西比河的西岸，在某些地方，栖息着成群成群的野牛。居住在这一带的印第安人，便以捕获这些野牛为生。野牛跑到哪里，他们就跟着迁移到哪里。我们有幸认识了几个印第安人。他们心思精密，能够使用祖传的方法，将捕获到的野牛圈养起来。现在，野牛的数量越来越少。对于熊、黄鹿、河狸和麝鼠之类的小动物，不再允许使用火枪、陷阱或者夹子之类的工具了。尤其是那些直接影响印第安人基本生活所需的小动物，像这样的捕猎方法，是决不允许使用的。

"在西北地区，印第安人不得不依靠辛勤的劳动来获取基本生活所需。像这样的地区，更加不允许使用上述捕猎方法。这是因为，对于捕猎的印第安人来说，徘徊数日，往往一点儿收获也没有。于是，这这几天内，他们全家只能拿树皮或者树根作为食物，甚至是活活饿死。因此，每年一到冬天，就有很多人被饿死。"

对于欧洲人的生活方式，印第安人是不愿意那样过活的。但是现在，他们既不能按照先祖的生活方式过活，又不能彻底离开欧洲人。关于这个问题，举一个很简单的例子就可以说明。在官方的一份文件里，我知道了这一例子它是这样的：在苏比利尔湖岸边，生活着一个印第安人部落。一天，部落中有个人，将一个欧洲人杀死。于是，为了让部落交出杀人凶手，联邦政府下了一道命令，要求禁止任何人与这个部落进行贸易往来。什么时候杀人犯被抓到了，什么时候才能恢复贸易。

2 瓦尔内在他的著述《美国气候与土壤概述》第370页这样写道："在5年之前，从文森斯到卡斯卡斯基亚，也就是现在的伊利诺伊州境内，到处都是印第安人。只要是草地，就有四五百成群结队的野牛。但是现在，这种景象没有了。由于猎人的捕获，再加上美国人牲畜的铃声所带来的巨大干扰，野牛差不多全都越过河水，逃往密西西比河对岸去了。"

3 读者可以尽管放心，在这里，我所讲述的关于印第安人各个部落的情况，基本上是真实的。可以想象，尽管与美国中部的印第安人各个部落相距甚远，欧洲人还是可以影响到印第安人，而这些部落也会慢慢地走向消亡。

在印第安人的居住地区，很早就出现了一些大胆冒险家的身影。越过白人居住区的边界，他们往内陆深入15或者20里约，在野蛮人居住的区域内部，他们建立起文明人的住所。当他们深入内陆的时候，并没有遇到什么困难。要知道，印第安各部族之间的领地界限是模糊不清的。还有一点，这些领地不是个人的财产，而是属于全民族的，因此，领地的任何部分与个人利益，都没有一点儿关系。

在印第安人的居住区，有些欧洲人举家迁移到那里。接着，他们又修建了很多据点。慢慢地，这些据点又连接在一起。在这些据点之间活动的野兽，被欧洲人全都吓跑了。原来，印第安人在这些地区的生活，过得衣食无忧。现在，这种情况一去不复返了，他们连基本的生活所需也无法满足。而要与欧洲人换取所需要的东西，对于他们来说，更是难上加难了。印第安人的猎物，被欧洲人赶走了，这种情况的后果，就相当于我们农民的耕地上，没有一点儿作物一样。很快，对他们来说，谋生手段就不复存在了。这些不幸的人，四处流浪漂泊，就像荒野丛林中的成群结队的野狼。在一个地方住久了，他们一般不会轻易迁移。因此，对于故土，他们是十分留恋的[1]。

但是，如果他们一直停留在那里，毫无疑问，只能承受更多的痛苦，甚至是饿死。于是，他们不得不离开那里，跟随着大角鹿、野牛和河狸逃跑的路线行进。野兽们逃亡到哪里，他们就在哪里重新修建家园。因此，有些人持有这样一种说法：是饥荒而非欧洲人，把美国的印第安人驱逐走的。这种观点，是现代的有学之士创设的。而在过去，博学的人是没有沾染过这种想法的。

印第安人不断地迁移，随之也遭遇到意想不到的苦难。他们离开旧有的家园之后，变得疲惫不堪。而他们所达到的新地区，注定有其他早就先来的部落在这里扎根。很明显，对于他们的到来，那些部落是怀有深深的敌意的。在他们的身后，是刚刚摆脱掉的饥荒；然而，在他们眼前，却又出现了新的战争。这真是让他们叫苦不迭啊！敌人的数量远远超过他们，为了躲避敌人，他们只好分散开来，单独寻找谋生的出路。就像文明社会里的流浪汉一样，他们在漫无边际的荒野上到处漂泊。

他们中间，原本存在着极其微弱的社会纽带，但到这时，却已经破碎了。对于他们而言，故土已经不复存在，连原先的部落群，也将失散各处。共同的族名，相同的语言，共患难的家庭，在他们那里，逐渐消失，就连他们来去的踪影，也慢慢不为人所知。在美洲考古学家或者欧洲的某些学者的记忆里，他们的族名或许还留有印象。除此之外，作为一个民族，他们真的已经不存在了。

对于我所描述的一切，我想，读者一定会深有感触的。那些悲惨的局面，那些无法超越的苦难，只要我看到了，我都要一一描述出来。

---

1 克拉克先生和科斯先生，在他们给国会的报告书的第15页上指明，对于曾经居住过的地方，印第安人是不愿意离开的。他们的这种情感，与我们对家乡的留恋是一样的。另外，他们当中还流行着一种思想，即先祖世代居住的土地，后世的人是不能轻易出让的。这种思想深深地影响到了一部分人。这部分人从来没有向欧洲人出让过土地，或者只是向其出让了很小一部分土地。当欧洲人向他们购买土地的时候，他们开始的第一话，总是这么说道："我们的先祖埋葬在这里，所以，这片土地，我们是不会卖出的。"

1831年底，我来到密西西比河左岸的一个地方。那地方被欧洲人称作孟菲斯。

在这里，我居住了一段时间。期间，有一群恰克陶部人，来到了这里。他们在路易斯安那州的法裔美国人那里，又被称为夏克塔部。这些野蛮人一心以为，在密西西比河的右岸，一定有美国政府允许他们栖身的地方。所以，他们离开自己的故土，准备往那里迁徙。那个时候，正是冬天，气候要比往年寒冷很多。地面上，雪花凝结成厚厚的一层外壳。河面上，巨大的冰块，不断地漂移着。就这样，印第安人带领他们的家属，在赶往西岸的途中，路过这里。

只见那些家属的后面，跟着一群人。这群人当中，既有快要去世的老人，也有刚刚出生的小孩儿。帐篷和车辆，这些东西他们都没有。唯一拥有的，在他们，只是些许的口粮和简单的武器。他们上船，准备渡过这条大河。那场景，极为严肃，让我终身无法忘怀。在拥挤的人群里，没有一个人发出声音，既没有人抽泣，也没有人哭喊。苦难对他们来说，是与生俱来的。而且，他们自己也明白，想要摆脱苦难，几乎是不可能的事情。那条大船，已经将所有的人载上。而在岸边，还留有他们的狗。当发现主人即将永远离开这里的时候，那些狗先是狂叫了一阵，接着跳进布满冰块的河里，跟随着主人的船只，游向对岸。

今天，一种正规的，或者说是合法的形式，正在对印第安人进行掠夺。在那些荒凉的地区，经常被野蛮部落民族所占领。当欧洲人决定向那里进发的时候，美国政府总是先派遣一名官方特使，到那个部落进行沟通。接着，那些印第安人被白人召集到一起。在一块空地上，白人和他们大吃大喝。

然后，白人对他们说："在你们先祖留下的这块土地上，你们究竟能干出什么名堂？用不了多长时间，为了维持生计，你们先祖的骨头，也要被你们挖出来。与别处的土地相比，你们所拥有的这块土地，有什么好呢？除了你们这块地方，别的地方也有森林、沼泽和草原。除了你们这块地方，天下之大，一定能找到更好的住所。就在你们土地的最西边，有一个大湖。在大湖的对岸，也就是你们所看到的天边的大山的后面，有一片辽阔的土地。那里，成群的野兽在奔跑着。你们完全可以到那里去生活，请把你们的土地卖给我们吧！"

说完这些话后，在印第安人的面前，他们开始摆放一些耳环、镜子、金属手镯、玻璃项链、成桶的酒、呢绒服装和火枪[1]。看到这些宝贝后，如果印第安人的想法还没有动摇，那么他们就会采取下一步措施。他们会说服印第安人，对于他们的请求，最好不要拒绝。同时，他们还暗示印第安人，即使手中拥有权利，就算是政府，也无法保证他们能够顺利行使。最后，结果会是什么样呢？

在半是说服，半是威逼之下，印第安人离开了他们的土地。在新的荒凉地带，他们重新建立家园。然而，这种情况持续十年左右的时间，白人就会再一次出现，将他们驱逐出去。就是通过这样一种方式，美国人买下了大片的土地。如果是在欧洲，同样大小的土地，连最为富有的君王也负担不起。然而，美国人却用最为低廉的价格将其买下[2]。

印第安人所遭受的苦难，是无比沉重的。但在这里，我还是要补充一句：在我看来，这些苦难，是没有办法摆脱的。我确认，在美国，印第安人终究是会灭绝的。在太平洋沿岸，欧洲人一旦扎根建业，生活在那里的印第安人，就会没有立足之地。关于这

---

1 国会第117号文件，曾经描述过这种交易，读者可以自行参考。另外，克拉克先生和科斯先生，在1829年2月4日向国会提交的报告中，也有相关的一段细致描述。

克拉克先生和科斯先生这样写道："可怜的印第安人，身上几乎没有穿戴什么。他们就这种样子，来到签约地点。在这里，美国商人带来了一些物品。这些物品，在他们看来，是十分珍贵的。接着，他们又尝试着使用这些物品。有些妇女和儿童，为了满足自己的需要，马上就要求亲人为自己买这买那。同时，这些妇女和儿童，不断地向对土地具有决定权的人施加各种影响。印第安人没有一点儿远见，他们总是出现这种状况，并且一旦他们做出了决定，没有人能够说服他们改变。对于野蛮人来说，妇女和儿童的愿望和需要，是他们最为急切要解决的。至于等待时日，未来会有更多的好处，于他们而言，几乎是看不到这一点的。对于过去，他们从来没有放在心上。至于未来，他们更是没有放在心上。对于他们的要求，如果你不能立刻予以满足，纵然你使出浑身解数，他们也是不会把土地卖给你的。关于他们所处的艰难困境，你可能会向他们公正地表明。这时候，他们的痛苦会得到某种程度的缓解，继而露出热情的表情。然而对此，你是从来不会感到惊讶的。"

2 1830年5月9日，爱德华·艾弗瑞特向众议院提交了一份报告。这份报告中记录，根据相关的协约，在密西西比河的东边和西边，美国人已经获取了23 000万英亩的土地。

1808年，奥赛治部落出让4 800万英亩土地，其售价为1 000美元。

1818年，夸保部出让2 000万英亩土地，其售价为4 000美元。为了狩猎，他们还保留了大约100万英亩的土地。而且，他们庄严宣告，一定要保留剩下的这块土地。但是，没过多长时间，这块土地也被掠夺走了。

1830年2月24日，贝尔先生，印第安人事务委员会报告人，递交给国会一份报告。其中，他这样说道："在印第安各部落的手里，有些土地上的猎物已经灭绝，或者已经没有什么猎物可供捕获。为了能够有效地利用所有的荒地，我们从他们手中购买这些土地。这种做法有极大的好处，不仅没有违背法律所要求的规范，而且还能避免使用武力。尤其是后一点，彰显了人道主义。

"在新大陆上，向印第安人购买土地所有权，不再像过去那样使用暴力，而是使用人道和权宜之策。与暴力相比，这种做法的效果也是一样的。一块土地，只要我们宣布，这是我们所发现的，那么，这种做法就可以使我们成为那块土地的主人。此外，这种做法还能保证我们，在印第安人居住的地方，找到合适的土地建立新的家园。

"到现在，还有很多交易，是故意将印第安人的土地价格压低，当着他们的面达成协议的。以后，像这样的交易方式，也会使得他们把自己的土地，出让给我们。因此，从印第安人手中购买土地的做法，一点儿也没有拖延美国发展的快速进程。"

一点，我一再地说服自己不要那么去想，但是我始终无法办到[1]。

在美国，印第安人有两条道路可以选择。一条是，自己主动接受文明；另一条是，与白人交战。换句话说，他们要么变成与欧洲人一样的人，要么将欧洲人全部消灭。

当初，白人来到北美大陆的时候，印第安人可以联合起来，将他们全部驱逐出境的。那时候，作为外来人种，欧洲人为数不多，在大陆的海岸边上，刚刚登陆[2]。印第安人不只一次地与欧洲人作战，并且差不多快要取得成功。

今天，双方的力量，差距显著。这样，印第安人连抗争的这种想法都不可能有了。不过，在他们当中，存在一些有远见的人士。对于印第安人的未来，这些人早已预料到。因此，这些人士尝试将所有的部落联合起来，一致对付欧洲人。然而，他们的这种努力，是不会有任何成效的。与白人的距离比较接近的部落，没有办法起来反抗，因为他们自身比较衰弱。

至于其他一些部落，则遵照野蛮人向来的做法，听天由命，坐等最后命运的来临，且不采取任何措施。其中，有些部落从来没有想过要采取措施，而有的部落则由于能力不足，没有办法采取措施。实际上，就算印第安人想要接受文明，但是，这时候开始的话，对于他们而言，也已经很晚了。

在同一个地方，人们长期劳动，并不断积累，最后形成了所谓的文明。它一旦产生，就世世代代传递下去。后来的每一代人，都从上一代人那里获得好处。狩猎民族，是最难建立文明的民族。在迁徙的过程中，游牧民族总是按照一定的路线行进，最后他们又返回到原来的地方，尽管他们经常变换居住地。而狩猎民族不同，他们往往跟随着自己的猎物迁徙。哪里有猎物的踪影，哪里就是他们安身的地方。

在印第安人居住的地区，曾经有人只身前往，在那里传播知识。那些印第安人在接受文明教化的同时，还继续保持漂泊的状态。在新英格兰，清教徒曾经这样做过[3]；在加拿大，耶稣会教士曾经这样做过。但是，不管是清教徒，还是耶稣会教士，他们都没有将这项工作持续下去。在狩猎人的木屋里，文明的花朵，刚刚开始绽放；但是，一到了森林，这些花朵转而又枯死了。

在印第安人中间，这些人不畏艰险地传播文明。然而，他们却没有意识到，自己犯下了一个错误，那就是，一个狩猎民族，想要他们接受文明，必须让其安居下来；而要让他们安居下来，又必须教他们耕田种地。所以，问题的关键应该是，先教印第安人学会耕种。

---

1 在我看来，几乎所有的美国国务活动家，都会与我的观点一致。

科斯先生在向国会提交的报告里，这样说道："依据过去的历史，来推断一下未来，很明显，印第安人的数量将会大幅减少，甚至整个民族都会灭亡。这样的局面，是我们不愿看到的。为此，边疆地区，我们要停止开发，以便让那些野蛮人居住在那里。或者，我们可以改善与他们相处的关系。当然，在他们看来，我们与他们的关系，永远都是那么不公平。"

2 其中，瓦帕诺部与白人的战争；1622年，英国人在弗吉尼亚遇险的战争；1675年，为反对新英格兰殖民者，几个部落在美塔科姆的领导下，所发起的战争，是三次值得一提的反抗战役。

3 参照新英格兰的各种历史学著作；参照沙尔瓦的《新法兰西的历史》和《布道通讯》。

对于印第安人来说，学会耕种，是他们接受的文明的前提。而在他们那里，这一前提不仅缺少，而且让他们落实这一前提，基本上是不可能的事情。

要知道，对于狩猎的游荡生活，人们一旦沉浸其中，就会对农耕生活产生厌烦。这是因为，农耕需要一整套固定的规律，并遵照这一规律进行长时段的劳动。可是，狩猎民族偏偏天生就憎恶这种生活方式。这种情况，在我们文明社会里，也时有发生。在狩猎民族中，狩猎已经成为整个民族的一种习惯，因而对农耕的厌恶感更加强烈。

除此之外，还有一个原因也很重要。不过，这一原因只发生在印第安部落中。在前面，关于这一原因，我已经提及过。但是我觉得，在这里有必要再说一遍。

在北美的印第安人看来，劳动不是一件好事，而且不是一件光荣的事情。对于文明，他们傲慢地对待。这种情结，在他们内心，十分顽固。而他们对于劳动的厌恶，其程度也是如此[1]。

居住在使用树皮建造起来的房屋里，印第安人从来没有觉得，这是一件有失个人尊严的事情，更不会感到悲伤。在他们看来，辛苦地进行劳动，是最为低贱的活动。他们还把耕作的人，看做是田地里的牛，而把文明社会的每一种技艺，看做是奴隶的工作。对于白人的智慧和能力，他们十分钦佩。但是，当他们称赞白人的时候，对于白人所使用的方法却嗤之以鼻。他们一方面承认白人确实很高明，但另一方面，他们骨子里认为，他们比白人更为高明。狩猎和打仗，是人生唯一要做的事情。关于这一点，他们十分肯定[2]。在荒野上的森林里，印第安人过着凄惨的生活。与中世纪生活在古堡里的贵族相同，印第安人也抱有同样的思想和观点。实际上，他们与中世纪的贵族不同，就差在他们还不是征服者这一点上。看起来，这真是一件奇怪的事情。在欧洲人居住的新大陆沿岸，并不存在古老欧洲所固有的偏见。而恰恰在印第安人居住的荒野地区，这种偏见却根深蒂固。

在这本书中，为了让读者更加明白我的意思，我不只一次地重复我的观点：我认为，法制和民情，在很大程度上，受制于社会情况。关于这一点，请允许我再说几句。

---

1 在其著作《美国气候与土壤概述》第423页，瓦尔内这样写道："在印第安各部落里，有人使用犁耕地，如果被年老的战士看到的话，就会被认为，这是在破坏部落由来已久的传统。在这些年老战士看来，只要恢复由来已久的古老传统，就能振兴他们的荣誉和能力。而他们一旦使用诸如犁这样的工具，就会陷入堕落的深渊。"

2 下面的这一段描述，摘自某官方文件：

"一个青年男子，如果他没有参加过战争，没有用某些战功来显示自己的能力和荣耀，那么，他将不会被人们所尊重与认可。甚至于，他在人们看来，简直就是一个女人。

"他们经常使用舞蹈，来表演战争。跳舞的时候，场地上插有一根杆子，所有的战士都必须敲打它。同时，他们还要不停地喊叫，算是一种挑战并在之后讲述自己的战功。这时候，作为听众，他们的亲友和战友，围坐在场地的四周。关于战士们的讲话，听众都非常仔细地听着。讲话结束后，听众还会不断地欢呼与鼓掌。这种情况表明，听众对战士的讲话，印象十分深刻。在这种场合下，哪一个青年男子没有讲述过自己的战功，就会被人们视为毫无用处的人。不过，更多的青年男子会异常兴奋激动。他们会离开现场，到另外一个地方，取回自己的战利品或者证物。这些东西，可以显示他们的战功，或者让他们感到无比自豪。"

在政治制度方面，我们的祖先日耳曼人和北美的狩猎民族，有很多相同的地方。有时候，我所看到的印第安人的生活习惯，与塔西佗当年所描写的日耳曼人的生活习惯，有很多相同的地方。

当我发觉这些相同之处时，情不自禁地想到：在两个半球，既然相同的原因造成了相同的结果，那么想要找出其中的关键因素，并不是一件不太可能的事情。要知道，尽管人类的活动纷繁复杂，但促使其他事实产生的主要事实，却屈指可数。因此，我认为，我们一定可以找到野蛮人的观点和他们的习惯。它们分别在我们所说的封建思想和日耳曼人的政治制度中。

北美印第安人迫于恶习和偏见的束缚，很少从事农耕和接受先进文明。然而有时候，面对现实的危急情况，他们不得不从事农耕，不得不尝试接受文明。

在南部，欧洲人已经包围了几个相当大的部落，尤其是切罗基部和克里克部[1]。这些欧洲人，有的顺着俄亥俄河，顺流而下，有的沿着密西西比河，逆流而上，有的则来自大西洋沿岸，他们蜂拥而至，将这些部落团团围住。与北部的部落不同，这些部落没有被欧洲人驱逐到另外一个地方。他们继续停留在原来的地方，但是他们的土地，却被欧洲人围得越来越少。最后，他们只剩下一块很少的土地。就像一只被猎人困住的野兽，他们只有待擒的份儿。

就这样，在文明与死亡之间，印第安人挣扎着。为了生存，他们不得不像白人那样，开始劳动。于是，他们不得不做出应有的牺牲，开始耕田劳作。但是，他们并没有完全放弃他们旧有的习惯和民情。

与其他部落相比，切罗基部要明显进步许多。他们不仅有自己的文字，还成立了管理组织。这种管理组织，在当地来说，是十分稳定的。同时，面对新大陆日新月异的变化，他们还自己创办了一份报纸[2]。要知道那时候，他们全体民众还过着衣不遮体的生活。

欧洲人的生活习惯，自混血儿出现以后，迅速地在印第安人之间流传[3]。尽管在混血儿父亲那边学了不少的文明知识，但是母亲这一边的野蛮习惯，对于混血儿的影响是较为深刻的。于是，在文明与野蛮之间，他们自然而然地成了关联纽带。哪里的混血儿人

---

1 这两个部落，现在分布在佐治亚州、田纳西州、亚拉巴马州和密西西比州。

从前，在南部，主要有这四个部落：恰克陶部、契卡索部、克里克部和切罗基部。其中，有些部落至今还有残余。

1830年，这四个部落大约有75 000人。现在，在英裔美国人居住和购买的土地上，大约有30万印第安人。根据向国会提交的官方资料，其准确的数字为313 130人。

2 这是一家绝无仅有的报纸。看到它后，我还特意买了几份，带回到法国。

3 参见印第安人事务委员会致第二十一届国会第227号报告第23页。该报告指出，在切罗基部，混血儿人数比之前增加了许多。这种情况的出现，可以追溯到独立战争时期。在独立战争期间，站在英国方面的佐治亚英裔美国人，出于无奈，在印第安人居住区躲避灾难。也就是在那时候，他们同印第安人开始通婚。

数众多，哪里的社会情况和民情就会发生改变[1]。

因此，印第安人是有能力接受文明的，这一点从切罗基部取得的成就可以看出。但是尽管如此，他们也不能保证就一定能够成功。在接受文明方面，印第安人是很难彻底做到的。这是因为，有一个普遍性的原因，始终存在于他们当中。

认真地阅读一下历史，你就会发现，任何一个野蛮民族，都是通过自身的努力，逐渐接受文明的。面对外来民族的文化，当野蛮民族主动接受并消化的时候，他们在那个外来民族跟前，就处于一种积极的主动状态。这样一来，野蛮民族就成为征服者的角色，而不是所谓的被征服者。

而如果进行征服的民族是半开化的，而被征服的民族是开化的，比如说，蒙古人入侵中国时，或者北方民族入侵罗马帝国时，野蛮人从战斗中获取的胜利，会促使他们变得文明开化。并且，他们的文明水准与开化的民族相差无几。这种情况会持续下去，直到文明民族变得与他们势均力敌。一个凭借智力，一个依靠武力。对于征服者的权势，前者是相当羡慕的。而对于被征服者的学识和技术，后者也是极为佩服的。最后，开化人的学校，允许野蛮人进入学习，而野蛮人也将文明人请进了自己的宫殿。不过，当智力的优势，逐渐被拥有物质力量的一方掌握时，被征服的一方，是很难达到完全开化的状态。通常，他们要么消亡，要么倒退。

一句话，凭借自己的天赋，去接受已有的知识，对于野蛮人来说是徒然的。而他们获取知识的方法，大多是依靠武力。在美洲大陆的中部，现在还有一些印第安人部落。当初，印第安人是有可能完全开化的，只要他们下定决心，凭借自己的力量，接受文明成果。那时候，与周边的部落相比，印第安人具有相当的优势。只要他们坚持，一定可以壮大自己的实力，并获取丰富的经验。

后来，在他们居住的边界地区，欧洲人来了。即便在欧洲人的威势下，他们丧失了独立的地位，但是如果他们勇于抵制，他们的土地所有权，终究会得到欧洲人的承认。

---

1 令人遗憾的是，混血儿的人数并不是很多。并且，他们在其他地方所产生的影响，要远远大于北美。

在欧洲，有两大民族，分别是法国人和英国人。这两大民族的移民，来到美洲大陆，将这片荒野开发起来。

其实，在很早的时候，法国人就已经与当地的土著人通婚。但是，不幸的是，不管是对印第安人，还是对法国人，丈夫总是对自己的婚姻关系，只字不提。文明人的生活喜好和习惯，没有被他们传递给野蛮人。相反，对于野蛮人的生活，他们倒是青睐有加。这样一来，在荒野地区，他们是最为可悲的外来人。这是因为，为了获取印第安人的友谊，他们一味地奉承印第安人。野蛮人的习惯或者德行，被他们大加称赞。

1685年，加拿大总督塞隆威尔，在向路易十四上奏的文章中，这样说道："长久以来，我们总是抱有这样的期望，认为只要我们与野蛮人接近，我们就能使得他们法国化。但实际上，我们的这种想法是错误的。我们非但没有将野蛮人法国化，反倒是野蛮人将我们变成了与他们一样，尤其是身居野蛮人中间的法国人。"

与他们相比，英国人却不是这样子。对于祖先的观点，以及一切风俗习惯，英国人向来是很谨慎地遵守的。你会发现，在美洲的荒凉地带，英国人过着一种平静的生活，就像在欧洲城市里那样。在他们看来，印第安人是野蛮人，根本不能与之通婚。因此，英国人想尽一切办法，不与他们瞧不起的野蛮人结婚。

结果，对于印第安人来说，法国人没有带给他们丝毫的影响，更不要促进他们文明开化了。而在印第安人看来，英国人始终是外来者，一直没有与他们融合。

并且，他们也会与欧洲人融合在一起。但是，印第安人的不幸恰恰在于，他们还处于半开化的状态，当他们与最为开化的欧洲人打交道的时候。顺便补充一句，在这个世界上，欧洲人还是最为贪婪的民族。换句话说，印第安人的不幸遭遇在于，他们接受文明的同时，也在遭受压迫；他们的老师在教育他们的同时，也竭力充当着他们的主人。

生活在北美森林里的印第安人，虽然生活很自由，但是所拥有的物质条件极为匮乏。不过，不管是在什么人面前，他们从来没有感到丝毫的不安和自卑。在一个新的社会里，到处充斥着财产和知识，而他们既没有财产，也没有知识。因此，当他们试图融入这一社会时，总是感到自己位于最底层。

曾经，他们过着一种流离失所，且处处充满危险的生活。但是，他们却觉得很高兴，也很自豪。当这种生活消失以后，他们又堕落在浑然不觉的混沌中，了此一生。在他们看来，很高兴，也很自豪[1]。

当这种生活消失以后，他们又堕落在浑然不觉的混沌中，了此一生。在他们看来，向来得到人们称赞的文明社会，所带给他们的只能是屈辱。

这是因为，他们要在白人的极端蔑视下，用艰险的劳作，换取糊口的面包。而且，就算是这样，对于他们来说，这种维系生计的方式，也并不是总能有效实现的。

---

1 狩猎民族向来过着一种危险的生活。在这种生活中，有一种诱惑力，让人无法抗拒。因此，人们做事时，往往没有太多的理性与经验，十分盲目。关于这一点，我是有深切体会的。有一本名叫《坦纳回忆录》的书，只要读过它，你就会发现这一真理。

坦纳是一个欧洲人。在6岁的那一年，他被印第安人抓走了。在之后的30年间，他在丛林中，与印第安人一起生活。由此，他看到了一些悲惨的景象，并将其记录下来。可以说，再也没有比这更真实的记录了。其中，他向我们描述了一些部族、家族、个人以及强大的部落。这些部族失去了首领，家族与部族失去了联系，而个人也到处漂泊，没有固定的住所。即便是那些强大的部族，也是夹杂有大量的老弱病残。就是这批人，他们不知道将往哪里去，整天在加拿大的冰天雪地和荒原上流窜。他们吃不饱，穿不暖，仿佛每天都在和死亡打交道。在他们身上，民情的作用与传统的力量，是找不到任何痕迹的。在这种情况下，人们越发变得粗俗与野蛮。身处其间的坦纳，自然也遭受到了同样不幸的命运。后来，坦纳了解到，自己原来是个欧洲人，便开始与白人相互往来。每一年，他都要去白人的家里做客，与他们谈生意。慢慢地，白人的舒适生活，全被他看在眼里。坦纳清楚地明白，只要他回归到文明社会中，自然也会拥有这样的生活。然而，在丛林生活了30年之后，当他想要回归文明社会的时候，坦纳还是承认，有一种不可言传的神秘魅力，蕴藏在那种悲惨的生活中，始终吸引着他。当他告别这种生活，远离那些不幸的野蛮人之后，他又开始感到无比的懊悔。于是，他经常回到从前居住过的地方。最后，当他在白人中间定居的时候，他的舒适生活，又遭到白人儿童的骚扰。这些孩子，不想让他过得好。

在苏比利尔湖的入口处，我曾经有幸遇见了坦纳。在我的第一印象中，他身上所富有的野蛮人气息，远比文明人的气质，要多得多。

在坦纳的这本书里，关于印第安人的生活嗜好和习俗制度，他没有谈及到。但是，在他的笔下，我们可以清晰地看到印第安人的偏见、冲动和恶习。其中，印第安人惨不忍睹的生活现状，更是让每一位读者无法忘怀。

有一部书，专门描述英国殖民地流亡犯罪者的情况。这本书的作者，欧纳斯特·德·普勒斯韦尔子爵先生，将坦纳的著作翻译成了法文。在他的译本后面，他还添加了一些注释。这些注释非常有意思。通过这些注释，读者可以了解到坦纳所看到的一切事实。当然，在之前和现在，也有很多关于印第安人的著作。这些著作是由大量观察家所写。读者可以将它们与坦纳的著作放在一起，加以比较。

对于印第安人的现状以及他们的未来，凡是感兴趣的读者，不妨读一读普勒斯韦尔的译著。

欧洲人种田的场景，被印第安人看到后，他们便开始极力效仿。不过，他们立即遭受到激烈的竞争，并由此带给他们不可低估的损害。农业技术，对于白人来说，很容易就可以掌握；而对于印第安人来说，他们则处于刚刚起步学习的阶段。在白人的田地里，稍微用点功夫，就可以取得大丰收。而在印第安人的土地上，要想长出庄稼来，必须下一番苦功夫。

在欧洲人居住的地方，人们的生活需要，彼此相同。并且，对于这种需要，人们相互间也是熟知的。而印第安人却很孤独。他们处在白人中间，倍受敌视。对于白人的习俗、语言和法律，印第安人全然不懂。但实际上，白人对于他们来说，是不可或缺的。为了获取生活上所必需的东西，他们必须与白人交换劳动产品。这是因为，奢求从他们的同族那里得到帮助，已经是不太可能的事情，尽管这种帮助是偶尔才需要的。

因此，与白人农户不同，印第安人并不总能找到合适的买主，当他们打算卖出自己的劳动果实时。况且，那种被白人出售的低价产品，如果让他们生产的话，需要付出极高的代价。

这样一来，野蛮民族的苦难生活，刚刚远离了印第安人，但是向着开化的民族发展，却又让他们备受折磨。尽管我们的生活环境比较富裕，但是生活在其中的印第安人却不这么认为。在他们看来，他们所面临的困难，与在丛林中面对的，几乎不相上下。

传统的力量，依旧在他们身上发挥着效用。狩猎，一如既往地是他们的爱好。漂泊，作为一种生活习惯，还在他们那里保留着。在他们模糊的记忆中，往日在丛林中的欢乐，还留有一丝痕迹。在他们看来，从前森林里所遇到的危险，现在不再是什么危险了；而从前的贫困，也显得微不足道。从前，他们彼此平等，每个人都是独立的个体。但是现今在文明社会里，他们沦落到奴隶的地步，与之前的光景，形成了鲜明的对比。

另外一方面，他们曾经生活过的丛林和荒野，就在他们身边，只要他们愿意，走上几小时，就能重返故地。如果那块他们赖以生存的半开垦土地，能从白人那里换取一笔财富，并且依靠这笔财富，他们可以摆脱白人的纠缠，过上一种自在安宁的幸福生活，那么他们会毫无犹豫地放下犁头，拿起武器，奋起反抗，最终返回丛林[1]。

关于克里克部和切罗基部的情况，我在前面已经提到。它们完全可以证明印第安人的这种悲惨景象。

在大事上，欧洲人表现出非凡的才干。与他们相比，印第安人在少数的事情上，也表现出同样的能力。不过一个人，不管他的智力和能力多么突出和优越，遇到学习的事情，也是需要花费时间的。这种情况，换做一个民族，也是如此。

当印第安人忙着学习文明的时候，欧洲人继续包围着他们。很快，他们的活动范围越来越小，最后成为一个小的包围圈。现在，这两个不同的种族，终于面对面地碰到了。尽管这时候，与他们的先祖相比，印第安人已经取得了巨大的进步，但是与他们的白人邻居相比，仍是远远不及。

凭借知识和物力，欧洲人轻而易举地夺得了印第安人占有土地所该享有的大部分成果。在土著人居住的地区，欧洲人使用武力，强占他们的土地。此外，欧洲人还会采用一种卑劣的竞争手段，迫使他们以较低的价格出卖土地，从而使其陷于破产的境地。在自己的土地上，印第安人被另外一个民族所包围。这个民族，人数众多，并且一来到这

---

1 对于还未完全开化的民族而言，已经开化的民族会对其产生这种影响。关于这一点，欧洲人大概知晓了一些。

大约在一百多年以前，在沃巴什河畔，法国人建立了文森斯镇。从此，他们在那里过着舒适的生活，直到美国的移民陆续来到这里。很快，美国的移民采用竞争的手段，不断排挤老住户。最后，那些老住户不得不以低廉的价格，将自己的土地卖给美国移民。瓦尔内先生曾经向我详细介绍过这种情况。后来，等他再一次路过那里的时候，法国人只剩下一百多人。而在这一百多人中，大部分正在谋划往路易斯安那和加拿大迁移。生活在这里的法国人，忠厚老实，但是却没有多少知识和技术。在他们身上，可以看到野蛮人的一些生活习惯。他们在道德方面，或许比不上美国人。但是，在智力方面，却远远超过了他们。美国人手头有些钱，接受过一定的教育，又有一技之长。更为重要的是，美国人善于管理自己的事务。

在加拿大，我亲自做了一次考察。在那里，就文化水平而言，法国人和美国人的差距小很多。在加拿大的土地上，美国人建成了自己的工商业，并不断促进其发展。在这种情况下，法国人赖以生存的土地空间，越来越小，最后沦落到只有几块很少的土地。

在路易斯安那，情况与加拿大大致相同。在那里，英裔美国人几乎掌控了所有的工商业。在德克萨斯，情况更让人吃惊。众所周知，德克萨斯原本是墨西哥的一个州，与美国的领土毗邻。数年之前，在这片荒无人烟的地段，英裔美国人开始频繁出现。他们购买土地，建立工厂，很快赢得了较大的声势。不难想象，只要这种运动继续发展，而墨西哥政府不予理睬的话，那么，加以时日，墨西哥一定会失去德克萨斯的。

在文化上，欧洲人之间的差距不是很大。即便如此，也导致了上面描述的结果。这样说来，当野蛮未开化的印第安人与文明完善的欧洲文化接触后，自然而然会产生怎样的结果，就很容易想象了。

里，就占据了统治地位。很快，这片土地又被这一民族当做自己的殖民地[1]。

在一篇提交给国会的咨文中，华盛顿这样说道："与印第安各部落相比，我们是文明的，也是强大的。为了维系我们的这一殊荣，我们有必要对他们采取宽容和善的态度。"

这一政策虽然高尚且合乎道德的要求，但是它却没有被人们所执行。

来到美国的移民，使用各种手段，夺取原本属于土著人的东西。当他们这样做的时候，往往与政府的暴力相互结合。在欧洲人还未到来之前，切罗基部和克里克部已经在这片土地上定居。早期的美国人来到这里后，把他们当做独立的外来民族。

但是后来，在各个地方州，他们却始终得不到人们的承认。在美国人看来，他们并不是一个独立的民族。非但如此，美国人还强迫他们服从州政府的行政管理、风俗习惯以及法律[2]。曾经，这些土著人由于无法忍受贫困，便开始学习文明；但是现在，他们又被迫回到未开化的状态。他们当中的很多人，重新过起野蛮人的生活，放弃了半开垦的土地。

在美国各州，把印第安人尽数驱赶走，曾是美国人的共同目标。关于这一点，只要留心一下南部各州立法机关所采取的残暴措施，以及各州政府的行为和法院的宣判，就可以轻易看出。印第安人现在所占据的土地，仍被这一地区的美国人虎视眈眈地注视

---

1 白人曾经采用了各种手段，用以侵吞印第安人的土地。关于这一点，可以参考第二十一届国会第89号立法文件。有时候，英裔美国人会掠夺印第安人的牲畜，破坏房屋，抢收庄稼，甚至殴打土著人，之后，他们就乘机占据土地；有时候，英裔美国人会请求国会，让其派遣部队，将那里的印第安人驱除出去，而他们给出的请求理由是，其他地方没有空闲的土地。等印第安人被赶走后，他们就在那里定居。

上述这些事实证明，白人时常采用残暴的手段，不平等地对待土著人。在印第安人居住的地区，联邦政府通常会派驻代表。在我所引用的文件中，谈及到切罗基部与派驻代表的关系时，已经明确地指出，土著人总是得到派驻代表的庇护。在这一文件的第12页上，派驻代表这样说道："在切罗基部居住的地方，白人的到来，使得这里的土著人濒于破产。这些土著人平日里老实忠厚，却过着清贫的生活。"在这一页的往后几页，政府代表又说，佐治亚州已经划定了切罗基部居住区的界限。这位政府代表还认为，这条界限是白人单方面划定的，并没有与土著人商量，因此并没有法律效力。

2 1829年，在克里克部居住的地区，亚拉巴马州政府设立了县。这样一来，欧裔美国人就将那里的印第安人置于自己的行政管理之下。

1830年，恰克陶部和契克索部的印第安人，被密西西比州宣布实行同化政策。同时，该州还声称，如果有人奋起反对，将被处以1 000美元的罚金和为期一年的有期徒刑。当这一政策被运用于夏克塔部的印第安人时，这些土著人召开了一次紧急会议，商讨应对的方法。在会议上，部落的首领向人们一针见血地指出了白人的阴谋。他号召人们，反对白人制定的法律。这是因为，这一法律要求土著人无条件地屈从。同时，野蛮人还声称，对于从前的荒野丛林，他们是十分愿意回去的。

着[1]。在他们看来，这些印第安人还没有完全开化。因此，他们在完全接受文明之前，是不会安心定居下来的。美国人正是看透了这一点，便想办法逼迫他们破产。到了最后，土著人只好自动离开。

当克里克部和切罗基部在所在州遭到不公平对待时，他们便去中央政府那里告状。对于他们的遭遇，中央政府并没有等闲视之。自由占有土地，曾经是中央政府赋予土著人的一项权利。这时候，中央政府又明确提出要保护这一权利，并且希望通过这种方式，借以保护走投无路的土著人。但是，当中央政府竭力推行这项权利的时候，却遭到那几个州的强烈反对。为了避免全美陷于崩溃的危机，中央政府只好作罢，将心一横，眼看着那些土著人自生自灭。而这时候，这些未开化的野蛮人，已经是处于半死半活的状态。

面对遭难的印第安人，联邦政府没有办法保护他们。所幸的是，后来联邦政府还是采取了一些措施，借以消减印第安人的苦难。为了实现这一目标，联邦政府决定，将这些印第安人迁到另外的地方，并承诺所需要的费用由政府承担。

有一片名叫阿肯色的广阔区域，位于北纬33度和37度之间，有一条大河从中穿过。因此，它便沿用了这条大河的名字。这一区域的一头，濒临密西西比河，另一边与墨西哥毗邻。在这片区域内，有很多河流，错综复杂地交织在一起。这里，土地肥沃，温度适宜，只有少数几个流浪的部族。因此，联邦政府决定，将南部各州的部族，全都迁移到这里来。因为这一地区与墨西哥接壤，距离美国白人居住的地区很远。

等到了1831年底的时候，在阿肯色河流的两岸，据说已经有一万多印第安人了。并且，每一天，都会有新的印第安人陆续迁移到这里。尽管印第安人将自己的命运尽数交给了美国国会，但是它所做出的相关决定，前后并不一致。结果，那些已经开化的印第安人，不愿意舍弃他们的房屋和正在成长的庄稼；与之相反，另外一部分印第安人，却为能摆脱白人的压迫而感到沾沾自喜。在前者看来，文明已经开始在他们身上生根发芽，一旦将其舍弃，就会前功尽弃。他们心中怀有深深的恐惧，认为在仍旧是野蛮人居住的地区，对于务农人的生活，还没有做好任何准备，因此刚刚形成的定居习惯会很快消失，并且难以恢复。他们清楚地知道，另外一些敌对的部落，会在新的荒凉地区出现。但是这时候，他们既没有文明人的智慧，又失去了野蛮人的体力，面对新的敌对势力，他们恐怕难以应对。

此外，连印第安人自己也发现，他们所做出的一切安排，在新的地区是临时的，并不具有长远性。在新的地区，他们能否平安无事地长久生活下去，谁也没有办法保证。他们到了那里，美国政府曾经做出过保证，一定会保护他们的安危的。但是，美国政府

---

1 在佐治亚州，对于印第安人，白人是相当鄙视和厌恶的。这样一来，这一地区的人口非常稀少，每一平方英里仅有7个人。如果换做法国的话，像这样的地区，每一平方英里至少应该有162人。

不是也在他们现在居住的地区，做过同样的保证吗[1]？

是的，对于他们的土地，美国政府是没有直接抢占，但是它却允许其他人任意侵占。不用说，用不了几年时间，在阿肯色荒野间，也会出现他们遇到的这伙白人。那时候，他们会又一次遭到欺压。同样的苦难，再一次光临到他们的身上。而且，这一次，已经没有任何挽救的办法。他们手中的土地，早晚会被白人全部夺走，而他们除了静静地等待死亡，什么也做不了。

对印第安人所采取的各种措施，联邦政府远比各州政府宽松得多。各州对于印第安人，采取了各种比较残暴而又贪婪的措施。不过，有一点在两者是相同的，那就是，对待印第安人的时候，都是不讲信用的。

当这些州颁布法令的时候，他们就已经料到，对于这些条条框框，印第安人是不会接受的，而宁愿离开，往别处迁移。而联邦政府在西部安置这些可怜的流浪人群时，也清楚地知道，自己并没有办法保证，让他们永久地留居在那里[2]。

因此，几乎毫无例外地，这些州都是采取暴力的手段，将印第安人驱赶走的。而联邦政府所做的，无非是利用手中的财力和许下的诺言助纣为孽。两者虽然采取的措施互不相同，但是最终的目的却是相同的[3]。

在向国会递交的请愿书里，切罗基部这样说道："遵照我们先祖的在天之灵，美洲大陆的白色人种，变得越来越强大和出名，而红色人种却越来越弱小，且不被人所知。

"在我们的海岸边上，当你们的先辈们最先光临时，红色人种还是很强大的。那时候，尽管红色人种是那么无知，那么野蛮，但是却用一种谦和的态度，收容了他们，并给出土地，让他们在那里休息。那时候，你们的先辈和我们的祖先，和睦相处，共享欢乐。

"那时候，白人是乞讨者，印第安人是施主。只要是白人提出的要求，印第安人没有一个不是允诺的。而今，一切都改变了——红色人种已变得势单力薄。红色人种的权

---

1 1790年，美国政府同克里克部签定了一项条约，其中有这样一条约定："凡是克里克部在联邦境内所拥有的土地，都是属于该部落的。关于这一点，联邦政府郑重地予以保证。"

1791年7月，美国政府又与切罗基部签定条约，其中也有类似内容的条款："凡是切罗基部所保留的土地，都是属于该部落的。关于这一点，联邦政府是承认的。如果联邦的公民，或者其他部落的印第安人，迁移到切罗基部，那么，对于该公民，联邦政府将不再予以保护，并将其转交给切罗基部，让其按照自己的意愿进行处置。"

2 这一点，并不妨碍联邦政府做出信誓旦旦的保证。请参看，1829年3月23日，总统写给克里克部的一封信。在这封信中，总统这样写道："在密西西比河的那边，有大片的土地，等待你们去开发并在那里定居，而这些都是你们先祖有意安排的。在那里，你们的土地是安全的，而你们的生活，也不会受到白人的扰乱。在那里，你们和你们的子女，会过上舒适的生活，就像长青的草木和永不停息的河流那样。那里的一切东西，都是属于你们的。"

3 关于联邦政府和各州怎样对待印第安人，可以查阅相关的法律条文和资料。这里，首先要查阅的是，各州所制定的关于印第安人的法律；其次查阅的是，联邦政府所制定的关于印第安人的法律，尤其是在1802年3月30日颁布实施的法令（第2卷第838页以后的内容）；最后查阅的是，在1823年11月29日，美国陆军部长科斯先生所做的报告。该报告，对于了解联邦与印第安各部落的关系，具有重要的作用。

力，随着白人邻居的增加，不断地减少。过去，在你们所谓的合众国的土地上，遍布着强大的部落，而今，幸免于苦难的部落，已所剩无几了。过去，在我们中间，北方各部落以强大著称，但现在它们几乎灭绝了。这就是美洲红色人种，到现在为止所遭受的苦难。现在，还有我们这样一些苟延残喘的红色人种，难道也必须走向灭亡吗？

“从无法计算的久远年代起，我们现在所占据的土地，就已经由我们天上的祖先，转交给了我们的先人。接着，这些土地又被当做遗产，从先人的手中传给了我们。在这些土地里，埋葬着我们先人的尸骨。因此，我们怀着崇敬的心情，谨慎地保管着这些土地。那么，出让或者放弃这些土地的做法，在我们是什么时候开始的呢？请允许我们冒昧地问你们一句：一个民族拥有一片国土，除了凭借继承权和最先占有权外，还有什么更为充足的权利吗？我们明白，关于这项权利，合众国总统与佐治亚州非要说我们已经丧失。但是，我们认为，这种说法太武断，没有一点儿依据。

“是在什么时候，我们丧失了这项权利？我们做错了什么，以至于丧失了它？难道你们是在指责我们，在独立战争时期，我们受英国人的驱使，与你们为敌吗？如果你们认为，我们的这种做法错了，那么独立战争结束后，在你们签订的第一个条约中，却没有指明我们已经丧失了对于自己土地的所有权。这，又是为什么呢？

“当时，你们为什么没有将‘从今以后，切罗基部的身份从土地的所有者变成土地的佃户，当与切罗基部毗邻的州，要求切罗基部离开那片土地的时候，他们必须服从这样的安排。合众国之所以这样做，是为了惩戒切罗基部参与独立战争，尽管双方已经达成妥协，准备议和’诸如此类的内容加进条约中呢？那时候，你们原本可以这样做的。但是，你们当中，没有一个人想到这一点。况且，像这样的条约，意在促使我们的祖先丧失神圣的权力和土地，他们无论如何是不会答应的。”

这是印第安人所说的话，当然，这些也是真实的情况。当初，他们所料想的事情，在今天看来，是不可避免地出现了。

关于北美土著人的命运，不管是从哪一个角度探究，都是没有办法挽救他们的苦难的：如果他们想办法定居下来，迟早是要灭亡的；如果他们继续漂泊，从一块荒野辗转到另一块荒野，也是会灭亡的；如果他们主动接受文明，那么在与比他们开化得多的人交往时，不免又要遭到压迫和欺凌；如果他们保持原来的野蛮风气，那么白人还是会不遗余力地驱赶他们。对他们而言，想要开化，唯一可以依靠的就是欧洲人了。但是，欧洲人的到来，却使得他们的境况更为糟糕——他们被欧洲人重新赶回原始的生活状态中。这样一来，只要他们继续停留在荒野上，他们的民情就不会发生改变。当他们受到外部的压迫，想要改变自己的民情时，却发现为时已晚。

当年，印第安人被西班牙人用猎犬驱逐，那场景简直与追逐野兽，没有什么两样。新大陆，被那帮人洗劫一空，就像彻底地毁灭一座城市那样。当他们那样做的时候，是非不分，一点儿同情心也没有。但是，印第安人还是留有残余，并没有被他们赶尽杀绝。况且，在他们身上，疯狂也是有限度的。那次大屠杀过后，剩余的印第安人与侵略者们，慢慢地融合在一起。后来，侵略者们的宗教和生活方式，也逐步为印第安人所接受[1]。

与西班牙人不同，在与印第安人相处的过程中，美国人多少还提一些法制和道德观念。美国人会以独立民族的眼光看待他们，且不干扰他们。当然，这样的前提是，印第安人继续保持野蛮的生活状态。对于印第安人的土地，在按照规定的条约购买之前，美国人是不允许其他人轻举妄动的。当某一个印第安人部落，遭遇到不幸的灾难，而没有办法留在原地生活时，美国人还会伸出援助之手，将他们迁移到另外一个地方。那个地方，距离印第安人的故土十分遥远。等他们到了那里，就全凭自己的造化了。

西班牙人不顾舆论的谴责，对印第安人做尽了伤天害理之事，并导致自己的名誉受损。尽管如此，印第安人没有完全灭绝，并在最后与西班牙人，一起分享他们的权利。与之不同，美国人对印第安人却采取另外一套方法。他们没有采取暴力的手段，而是通过合法的手续，怀着一颗仁慈善良的心，与印第安人打交道。在外界看来，美国人遵守着伟大的道德原则[2]。最后，美国人得到了双重的收获。尊重人的法律，却被美国人用来消灭人，这不能不说是美国人的一大绝技。

### 黑色人种在美国的处境[3]及其给白人所带来的危险

在一种孤立无援的状态中，印第安人异常艰难地生活着。在这种情况下，他们迟早会走向灭亡。但是，与他们相比，黑人却大为不同。黑人的命运与白人的命运，几乎总是错综复杂地交织在一起。虽然黑人和白人之间存在联系，但是他们从来没有融合为一体。因此，他们既没有办法完全分离，也没有办法彻底结合。

对于美国的未来，有许多威胁的因素存在。在所有这些危险的灾难中，黑人在这个国土的出现，无疑是最为恐怖的一个。在考察是什么带给美国当前的困境，以及它未来所面临的危险时，观察家们总是将其归结为黑人的出现这一事实，尽管他们得出这一结

---

1 其实，这种结果的出现，其荣誉并不应该落在西班牙人身上。如果在欧洲人到来之前，南美的印第安人没有安居下来，从事耕作，那么，他们最终的命运，恐怕要与北美的印第安人一样走向灭亡了。

2 1830年2月24日，以印第安人事务委员会的名义，贝尔先生写了一份报告。在这份报告中，可以看到上述的观点。在第5页，贝尔先生用合乎逻辑的理由，并列举了很多事例，证明道："由于祖先的占有而享受产权和主权，印第安人从来没有拥有过这样的权利。关于这一点，不管是公开场合，还是非公开场合，我们向来是十分坚持的。"当我们读到这样一份报告时，不禁要为这位高明理论家的言论而倍感吃惊。这是因为，他向来坚持的抽象理论原则，即自然权利和理性，却没有成为他的理论依据。其次，在我看来，野蛮人与文明人之间，所固有的差别在于，前者对于后者权利的侵犯，任意为之；而后者对于前者权利的正义性，总是发出疑问。当我这么下结论的时候，仅仅从是否合乎正义的立场而言的。

3 在正式论述这个问题之前，我提醒读者回顾一下，在本书的绪论部分，我所提到的一本书。这本书的作者是古斯塔夫·德·博蒙先生。写作这本书，他是为了让法国人了解，生活在美国白人中间的黑人，到底处于什么样的地位。在这本即将出版的书里，德·博蒙先生深刻而又详细地论述了这一问题。而这一问题，在我，只是简单地予以说明。

在德·博蒙先生的书里，有大量的立法文件和历史文献。这些资料都是极为珍贵且从来没有正式发表过的。在这本书里，还附加了许多色彩鲜明而又真实的图片。一旦违反自然和人道，暴政将会一步一步地加剧对民众的压迫。对此，如果读者想要了解其具体的过程，那么，德·博蒙先生的书，无疑是最好的选择了。

论的出发点各不相同。

通常来说，长期的灾难，起源于人们的过度欲望和急功近利。但是，在这个世界上，有一种灾难，却是悄无声息地降临的。刚开始的时候，它混杂于一种权力的滥用之中。这时，它的形式比较隐晦，人们只能稍微有所察觉。它的萌芽，发端于历史上的一个无名之卒。后来，它经过自身的繁衍，不断地向周围扩散蔓延，就像是一种令人恐惧的病菌，在大地的某个角落扎根以后，就肆无忌惮地繁殖起来。随着所在社会的不断发展，它也不断壮大。这个灾难，就是我们常说的蓄奴制。

最初，奴役被基督教废除了。但是到了16世纪，奴役制度又被基督教徒重新恢复。这种奴役制度，被实施于一个种族，而不是作为某种个例见诸于社会的。这样，人类遭到这一时代基督徒的重创。虽然这次重创的范围有限，但是想要治好它，却是一件极为困难的事情。

对于蓄奴制本身以及蓄奴制所带来的后果，我们要区别地对待。从古至今，蓄奴制本身所造成的直接灾难，几乎是相同的。然而灾难过后，给社会所造成的影响，古代与现代却大为不同了。

在古代，奴隶与其主人，是属于同一个种族的。并且，主人的教育和知识水平，往往要比奴隶稍逊一筹[1]。奴隶与主人之间，最大的差别在于，前者没有自由，而后者享有自由。奴隶一旦获得人身自由之后，他们很快就能与主人融合为一体。因此，在古代，消除蓄奴制，是一件十分容易的事情。只要给予奴隶以人身自由，并且将这种方法推广到整个社会，就能取得显著的成效。不过在古代，蓄奴制消亡以后，在很长的一段时期内，奴役的残痕还将会存在。

有一种由来已久的偏见，即与比自己地位低的人相处，总是容易看不起对方。当那些身份卑微的人，获得了平等的地位以后，在很长一段时期内，他们还会看不起对方。财富或者法律，总会在人们之间制造一种不平等。然而，一种发源于民情的想象，也是造成不平的一个重要来源。在古代，经过奴役的人，获得自由以后，自我想象所产生的不平等，是极为有限的。只要奴隶拥有了人身自由，他就会与生来自由的人一样。所以，想要区分他与那些自由的人，是一件很困难的事情。

在古代，改革法制，是人们最难办的一件事；而在现代，改变民情，成为人们最难办的一件事。其实，古代人所面临的困难，与我们现代人所面临的困难，是有一定的联系的。其原因在于，蓄奴制的存在，在现代人看来，会产生一种无形的和短期的压迫；而种族之间的差异，他们则又认为，会产生有形的和长期的压迫。最终，这两种影响，被他们结合在一起，产生了一种十分不良的影响。因此某些种族，只要一听到有人提及蓄奴制，他们马上就会产生一种羞耻感。接着，这些种族的人，便回忆起过往的种种事情。

在新大陆的海岸边，没有一个非洲人是自愿来到这里的。因此，今天我们在新大陆

1 在古代，一些著名的作家，就是奴隶，或者有过当奴隶的经历。比如说，古希腊的伊索，罗马的特伦迪乌斯，他们就是这种情况。那时候，为了奴役文明人，蛮族经常发动战争。因此，奴役是不会被抓去当俘虏的。

看到的黑人，要么仍旧是奴隶，要么是已经获得解放的奴隶。于是，这种带有耻辱性的外在标志，从黑人出生的那一天起，就深深地烙在他们的身上，并世代相传。对于奴役的情况，法律可以轻易地消除。然而，对于奴役的痕迹，恐怕只有上帝才有办法消除吧。

除了自由方面，现代奴隶在族源方面，也与奴隶主不同。你可以让黑人获得自由。但是，想要欧洲人把黑人当做自己人看待，你是没有任何办法的。事实还不仅仅如此。黑人一出生，就是以奴隶的身份出现在我们面前。在这个社会里，他们处处低人一等。对于我们来说，他们就是一群异类。只是在很小程度上，我们才承认他们具有人类的某些特点。在我们看来，他们愚蠢透顶，形貌狰狞，兴趣爱好低俗粗野。甚至于，我们把他们当做人与野兽之间的一种动物[1]。

因此，奴隶主的偏见，种族的偏见以及肤色的偏见，是现代人清除蓄奴制以后，还要必须面对的三个难以逾越的障碍。

我们一出生，就处于大自然的怀抱，它使得我们每个人都一样。而我们所处社会的法制，又使得我们的地位相互平等。尽管处于这样的情况之中，我们十分幸运，但是这也给我们带来了意想不到的困难。这里，我所说的困难是指，隔在美国黑人与欧洲人之间的那条鸿沟，被这种情况无情地加大了，并且让我们无法理解。然而，通过使用类比的方法，我们就可以得到一种大概的看法，且它不会偏离真实的情况太多。

在我们的国家，社会上曾经存在过一些较大的不平等。它们主要是由立法造成的。实际上，法律所规定的贵贱高低，是一种最大的虚伪。要知道，在我们彼此相同的人类之间，树立各种各样的差别，这是对人性的最大亵渎。然而，几个世纪过去了，这种差别始终存在。现在的很多地方，仍有这种差别。这种差别的存在，使得只有时间，才能抹去其在人们想象中所留下的痕迹。这种完全由法律造成的不平等，拥有不可撼动的基础，一时之间难以清除。那么，我们应该采取什么样的方法呢？

对于我来说，想起一些贵族团体，千方百计地编造一些思想屏障，以便与人民群众隔离开来时，想起这些贵族不论什么性质的，都不愿意与人民群众融合为一体时，我觉得，想要贵族制度自行退隐，几乎是不可能的。通常来说，这种贵族制度，总是打着招人眼球的旗帜。

所以，在我看来，那些黑人梦想有一天，他们能与欧洲人混为一体，这简直是天方夜谭。理性在耳畔直接告诉我说，那一天是不会有的。况且，就我所观察到的事实来说，那种情况发生的机会，几乎渺茫。

直到今天，在白人势力强大的地方，黑人总是遭受着不平等的待遇；而在黑人势力比较强大的地方，白人总是遭受黑人的灭顶之灾。这种结果，一直以来就发生在两个种族之间，并且仅仅只有这一个结果。

现在，我们看看今天的美国。在美国的某些地方，尽管两个种族之间的民情，其障

---

1 在白人眼里，与古代的奴隶相比，黑人的智力和道德水平，明显地不如他们。所以，为了改变白人的这种看法，黑人必须发生改变。如果他们难以改变的话，白人的这种观点，始终会存在下去。

碍并没有得到消除，但是将两种族隔离的法律却正在消失；尽管蓄奴制所产生的偏见，一如既往地存在，但是这种制度本身，却已经大大衰减了。

在美国，黑人已经不再是奴隶了。尽管如此，他们与白人的距离，是不是更加贴近了呢？其实，在美国人停留过的人都知道，黑人与白人之间的距离，非但没有贴近，反而更加疏远。

我认为，在那些将蓄奴制废除的州，比那些保留蓄奴制的州，存在更为严重的种族偏见。在一些从来不知道蓄奴制是什么的州，种族偏见已经达到了让人无法忍受的地步，其严重的程度，是其他任何地方都无法相比的。

诚然，在美国的北部，一些地区的法律，对于黑人与白人通婚的做法，是表示支持的。但是，那个娶黑人女人的白人男子，要遭受来自社会舆论的臭骂。而且，在现实生活中，像这样的婚配，是从来没有过的。

在那些废除蓄奴制的州，黑人拥有参与选举的权利。但是，如果他们真的去参加选举，通常是会有生命危险的。一旦遭受伤害，他们可以去法庭告状。但是，那里的法官却是白人。虽然按照法律的规定，黑人可以担任陪审员，但是美国社会所存在的偏见，又将他们远远地拒于法庭门外。为欧洲人子女开设的学校，黑人的子女是没有办法入学的。在剧院里，黑人买不到一张可以与他们曾经的主人并排而坐的票，不管他们手头多么有钱。在医院里，黑人与白人，也是要被分开的。

虽然黑人也能做礼拜，膜拜与白人一样的上帝，但是他们做礼拜的时候，却不能在同一个教堂。为此，黑人只能专门设立自己的教堂，安排自己的教士。对他们来说，不平等的待遇，始终将他们挡在来世的墙外，尽管天堂的大门一直朝他们开放。生前的不平等，直接造就了他们死后的不平等。黑人死后，他们的骨头往往被抛到一边。

可见，尽管黑人获得了自由，但是与那些自由人相比，他们并没有享受到应有的权利。同样的劳动机会与快乐，在他们是不可能的。甚至于他们死后，也不能与那些自由人葬在一块墓地。他们永远不能与那些人待在一起，不管是生前，还是死后。

在蓄奴制依旧存在的南方各州，白人与黑人的界限，还没有达到如此严格的程度。在这里，有时候，黑人与白人可以一起劳动，一起娱乐。而在一定范围内，与黑人混合在一起，白人也没有明确表示反对。虽然法律对黑人较为苛刻，但是在现实中，对于黑人，人们依照旧有的习惯，还是相当包容和同情的。

在南方，奴隶主清醒地意识到，自己随时可以把奴隶投入到垃圾堆里。因此，奴隶的能力即便可以提高到与主人同样的高度，奴隶主也是不用太担心的。而在北方，白人和黑人之间的界限，在白人眼中，已经不再那么清晰。他们与黑人接触的时候，始终保持谨小慎微的态度，生怕自己与黑人混合在一起。

在南方，黑人可以暂时获得与白人相等的地位。这种情况的出现，完全是造物主的恩赐。在北方，人们之间不能流露半点真实情感，这是因为一种骄傲与自负的情感，在时刻监督着他们。如果北方的法律确认，黑人女人没有权利与白人男人睡在一起，那么北方的白人男人，就可以找一个黑人女人寻欢作乐，并将其作为临时性伴侣。但是，北方的法律一旦允许黑人女人可以成为白人男人的正式妻子，那么北方的白人男人由于害怕，反而避免与黑人女人接触。

因此在美国，随着黑人不再是奴隶，对于黑人的偏见和排斥，越来越严重。随着法律上废除不平等，黑人在日常生活中所遭遇的不平等待遇尤为明显。

但是，既然白人与黑人在美国是如此的状况，那么在南方美国人依旧保留蓄奴制，而在北方却又废除了蓄奴制，这是为什么呢？之后，蓄奴制的残酷性，日益加剧，这又是为什么呢？其实，答案很简单，那就是，美国人废除蓄奴制，并非考虑到黑人的利益，而是出于白人利益的掂量。

大约在1621年前后，第一批黑人被运送到弗吉尼亚[1]。就像世界其他地方一样，美国的蓄奴制也是从南方开始的。然后，蓄奴制从南方开始，向其他各地发展。但是，越往北方走，奴隶的人数就越来越少[2]。在新英格兰地区，几乎是看不到黑人的。

100多年的时间过去了，新的殖民地陆续建立。这时候，人们逐渐注意到一种奇怪的现象：拥有奴隶的地区，不管是在人口、财富还是福利方面，都远远落后于完全没有奴隶的地区。

在使用奴隶的地区，人们的耕地根本不用自己动手，有免费的劳力耕地、种地；而在没有奴隶的地区，人们只好自己种地，或者花钱找人种地。很明显，前者可以省下一笔钱，并且显得十分安闲，而后者却要自己出钱出力。但是，前者所拥有的最终收益，要远远低于后者。

这样的结果，在我们看来，似乎难以说通。要知道，在南北，都是来自欧洲的移民。他们不但有相同的习惯和文明，还维系着相同的法制。只是在一些不起眼的地方，他们才有些许不同。

随着时代的继续推进，在大西洋沿岸的英裔美国人，开始离开那里，朝西部挺进。在那里的荒野上，他们开始了拓荒之旅。很快，新的土地，被他们找到了。新的气候，对他们来说，没有任何影响。而各种性质的障碍，在他们的努力下，很快就被克服。在那里，来自各地的人混杂在一起。他们当中，有的是从南部出发，北上来到这里；有的是从北部出发，南下来到这里。所有这些因素相互作用，产生了同一种结果。通常来说，没有奴隶的殖民地，与存在蓄奴制的殖民地相比，要有更多的人口和更为发达的经济。

随着各个殖民地的不断发展，人们逐渐意识到，残酷地奴役黑人，会产生一种意想

---

1 参照比弗利：《杰斐逊回忆录》；《弗吉尼亚史》。在第一本书里，详细论述了弗吉尼亚使用黑奴的情况，以及弗吉尼亚在1778年第一次颁布禁止使用黑奴法令的事情。

2 尽管在北方，被贩卖的黑人奴隶，数量不是很多，但是这里为争夺奴隶贸易所带来的利益，显得尤为激烈。1740年，纽约州颁布了一条法令，禁止走私贩卖奴隶，要求人们直接输入奴隶。这是因为，直接输入可以鼓励正直商人的积极性。在《马萨诸塞州历史学会丛刊》第4卷第193页，记载了佩尔纳普对新英格兰蓄奴制度的详细论述。在佩尔纳普看来，从1630年开始，新英格兰就开始输入黑人奴隶。然而，几乎是在同时，新英格兰的法律和社会舆论就明确表示反对蓄奴制。

不到的恶果。并且，这种恶果直接对奴隶主造成致命的威胁。在俄亥俄河两岸，只要你在那里随便走走看看，就会发现这个真理。

俄亥俄河，被印第安人亲切地称呼为“美丽的河”。这条河流经过的地方，是人们有史以来居住过的最好河谷之一。在河流两岸，蔓延着起伏不平的土地。

每天，人们在土地上创造财富。不管河流的哪一边，气温和空气都很好，十分有益于人的生存。河流的每一岸，各为一个大州的边界。这两个大州，土地都十分广袤。在右岸，州以河流名称作为州的名字。在左岸，紧靠连绵曲折的俄亥俄河，这个州的名称为肯塔基州。虽然这两个州仅一河之隔，但俄亥俄州禁止奴隶贸易[1]，而肯塔基州却允许蓄奴制存在。

因此，一个人，顺着俄亥俄河，乘坐船只，往下游走去，一直走到与密西西比河的交界口。在这期间，他简直就像是在自由与奴役之间，不断徘徊。只要朝河流的两边看一眼，他就能分清，哪一边更适合人类居住。

在河的左岸，几乎没有什么人影。在半荒凉半开垦的土地上，有一群奴隶在来回穿梭。他们的样子十分落魄，没有一点儿精气神。不远处，原始森林被砍掉的地方，又陆续长出了一些新树。可以说，整个社会死气沉沉，而人呢，则无精打采。只有大自然，还有点活力，显示出一派生机。

相反，在河的右岸，机器的轰鸣声，不断传来。那是远处的工厂在开工。田地里，到处是庄稼，长势喜人。一幢幢房屋，别致精巧，流露出农场主的个人爱好和兴趣。放眼望去，处处体现着繁荣与生机。不用说，这里的人们一定相当富裕。并且，对于自己的生活，他们感到很满意。这是因为，这里的一切，都是他们自己的劳动成果[2]。

1775年，肯塔基州建立。就建立的时间来说，俄亥俄州要比肯塔基州晚12年。但是，欧洲的50年，才抵得上美洲的12年。在这短短的12年间，俄亥俄州的人口，已经远远超过了肯塔基州。前者的人口，比后者多出25万人[3]。蓄奴制和自由，这两种不同的制度，造成了两种截然不同的结果。更为重要的一点是，这也反映出，古代文明与现代文明的不同之处。

在俄亥俄河的左岸，人们分辨不清劳动和奴役的区别。而在这条河流的右岸，人们所取得的富裕和进步，是与劳动紧密相关的。在左岸，劳动的人都是黑人，因为白人不愿意与黑人混杂在一起，所以一切苦力活都是黑人干。在右岸，白人把各自的智力和体

---

1 俄亥俄州不仅禁止蓄奴，而且明确下令，凡是被解放的黑人奴隶，都不得进入俄亥俄州。一旦他们进入，任何人都不得收留。

2 在俄亥俄州，每一个劳动者都十分积极。连州政府本身，也有一些大型的项目在运作。比如说，在伊利湖和俄亥俄河之间，州政府开凿了一条运河。这样一来，北方的水系与密西西比河就贯通起来。这条运河开凿成功后，欧洲商人可以方便来纽约做生意。他们只要沿着这条水路，穿越500多里约的陆地后，就可到达新奥尔良。

3 1830年，曾经进行过一次人口普查，得出了精确数字：俄亥俄州的人口为937 699人，肯塔基州的人口为688 844人。

力，全部应用到各种劳动上，几乎不会发现有人偷懒。在左岸，劳动被认为是最下贱的勾当；而在右岸，劳动被视为最光荣的活动。

因此，在肯塔基州，创造物质财富的人，既没有文化，也没有热情。而真正拥有这两种东西的人，他们却什么活儿也不干。当然，这其中还有一部分人，到河的对岸那边谋事。在那里，他们使用自己的聪明才智，既感到很自由，也感到很光荣。

当然，在肯塔基州，奴隶在他们主人的驱使下劳动，得不到任何劳动报酬。结果，几乎没有什么劳动成果。而对于自由工人，奴隶主是愿意付给他们薪水的。然而奇怪的是，这样一来，奴隶主却得到了一定的收益。这些收益，要大于工人实际劳动所获得的价值。

自由工人与奴隶相比，工作效率要高很多，尽管奴隶主要付给他们薪水。我们知道，提高经济效益，关键在于加快工作。劳动力在白人那里，是很自由的。但是，只有别人需要时，他们的劳动力才能卖出去。虽然使用黑人的劳动力是完全免费的，但是他们一辈子的生活，却需要奴隶主照料。换句话说，不管是童年青年，还是壮年老年，不管是在生病时期，还是在健康时期，奴隶主都必须负责奴隶的生活起居。所以说，这两种人参加劳动，实际上，奴隶主都必须付出薪酬。

奴隶主花在奴隶身上的钱，可称之为教育费、生活费、抚育费和服装费。而对于自由工人来说，他们最后得到的是工资。自由工人所得到的工资，需要奴隶主支付一大笔钱。这样看来，他们看起来好像发了一笔小财。而奴隶主用在奴隶身上的开销，由于是长期的，并且零零散散，所以并没有引起人们的关注。但事实上，付给工人的工资，要远远低于花费在奴隶身上的钱财。再有，奴隶的劳动效益，远远低于自由工人[1]。

其实，与上述的相比，蓄奴制的影响要深远得多。甚至连奴隶主的心灵，也受到了这种影响。尤其是他们思想和喜好，完全被这种影响所控制。在俄亥俄河两岸，造物主赋予人们优秀的品格——勇于闯荡，坚持不懈。然而，同样的品格，在两岸发挥的时候，却各有不同。

在河流的右岸，白人以追求物质财物为自己的人生目标，并付出辛苦的努力。这里，资源丰富，前景迷人。在这样的条件下，人们锐意进取，其贪婪超过了一般人。他们无时无刻不在想着发财致富，并且勇于探索幸运之神摆在他们面前的各种道路。不管是去做工，还是去种地，也不管是去当水手，还是去拓荒，他们身上都有一股不可小觑的毅力。这种毅力，帮助他们不断地进行劳作，并克服可能来自不同行业的，一个又一个的风险。在他们身上，处处流露出匪夷所思的智慧。当他们为心中的目标奋进的时候，俨然具有了一种英雄主义气概。

1 自由工人，遍地都是；与奴隶相比，他们的劳动更有效率，也更节省费用。除了这些原因外，在美国，还有一个比较独特的因素。那就是，在全美境内，最为适宜种植甘蔗的地方，位于密西西比河与墨西哥湾交叉的地区。在路易斯安那，种植甘蔗，是全美收益最大的行当。因此，那里的农业工人，是全美赚钱最多的。由于生产费和产品之间，存在着一种正向的比例关系，所以在路易斯安那的奴隶，生活费用也是比较高的。但是，自从路易斯安那并入到美国后，美国各地的奴隶，可以输入到该地区。这样一来，在新奥尔良的市场上，奴隶的价格，是最为高昂的。于是，在土地效益较少的地方，使用奴隶进行劳动，需要付出极为高昂的代价。而与奴隶进行竞争的自由工人，便显示出自身的优势。

而在河流的左岸，劳动为美国人所轻视。不但如此，就连通过劳动所取得的成果，也为人们所鄙夷。这里，人们过着一种悠闲自在的生活。每一个人，都不愿意做事。在他们眼里，金钱所具有的价值，已经大打折扣。与他们所追求的享乐与放荡相比，追求财富自是远远不如。他们花费在游乐上面的精力，与他们的邻居在其他方面所花费的精力，可谓旗鼓相当。在很小的时候，他们就开始学习单人搏斗。打猎与打仗，成为他们生活中最大的爱好。疯狂地使用体力，玩刀耍枪，是他们孜孜以求的活动。因此，蓄奴制使得这里的白人，丧失了发财致富的欲望。而事实上，他们从未真正地创造过多少财富。

两百年来，这些同样的原因，在英属北美殖民地上，发挥着不同的作用。最后，一种令人惊异的差别——经商能力，在北方人与南方人之间出现了。今天，航运业、制造业、铁路和运河，只出现在北方。

在对比南北方的时候，这些差别就已经显现出来了。而且，在南北方的居民中间，也可以获悉这种差别。在合众国最南边的几个州里，试图从蓄奴制中捞取利益以及从事商业的人，几乎都是北方人。现在，由于这里没有太过激烈的竞争，几乎每天都有来自北方的人来到这一地区。他们到来之后发现，当地人所忽视的一些资源，正好为其所用。因此，蓄奴制在他们原本是极为反对的，可是他们在这里却依靠这一制度谋取利益。他们所获取的利益，要比这一制度的创始者兼维护者多得多。

在美国，蓄奴制是南北方人在性格上出现差异的根源。如果我想继续对比南北方人的话，我将会证明这一点。但是，当我这样做的时候，就背离了主题。这是因为，我所要探究的是，蓄奴制对赞成奴役的那些人或地区，将会产生一种什么样的结果，而不是奴役已经造成了什么样的结果。

在古代，对于财富生产，蓄奴制所带来的消极影响，人们是不大容易理解的。那时候，在整个文明世界，到处都分布着奴隶。如果哪一个民族不知道奴隶为何，哪一个民族就是野蛮之族。况且，蓄奴制被基督教所废除，是帮奴隶争取了正当的权利而已。

现在，对于蓄奴制的批判，人们可以利用奴隶主的名义。这样一来，道德和利益就会变得协调一致。这一真理，在美国，变得越来越深入人心。这种情况下，在经验之光的照耀下，蓄奴制不断消亡。

蓄奴制发端于南方，后来又蔓延至北方。但是在今天，它正在逐步消亡。自由起源于北方，接着向南方不断迈进。在一些较大的州里，蓄奴制的北边界限，落在宾夕法尼亚州。但是，这个州的蓄奴制，已经陷于崩溃的边缘。与宾夕法尼亚州南部相接壤的，是马里兰州。在这里，蓄奴制时刻等候人们的处治。在马里兰州的南边，是弗吉尼亚州。在这里，关于蓄奴制度的功能和风险，已经处于热烈讨论中了[1]。

---

1 刚才提到的最后两个州，他们之所以要废除蓄奴制，是有特殊理由的。

这些地区的老住户，主要是通过种植烟草，来积累各自的财富。因此，这里的奴隶，全部被用来种植烟草。但是，很多年了，奴隶的价格没有发生改变，但是烟草也不再具有往日的收益。因此，生产费用和产品的比例，已经明显失调。对于马里兰州和弗吉尼亚州的居民来说，不管他们使不使用奴隶，种不种植烟草，现在的处境与30年前相比，已经远远不如了。

人类历史上，各种制度的变化，都与继承法有密切的关联。在南方，当长子继承制极为盛行的时候，每一个家庭有一个代表。这样的一个人，代表着那些既不需要劳动，也不想要劳动的富人。按照法律的规定，那些与他不同，不能继承遗产的家庭成员，整天围绕着他过活，就像一棵大树上的寄生植物那样。那时候，美国南方那些物质财力丰厚的家庭，与现在欧洲的某些贵族家庭，其场景几乎没有什么两样。在这些贵族家庭中，与哥哥姐姐相比，弟弟妹妹所拥有的财富，自然无法与之媲美，但同样无所事事。这种相似的后果，在欧洲和美洲都出现了，好像其间蕴含着某种类似的缘由。

美国南方的贵族集团，由特权人物领导。这些特权人物，为数不多，但将全部白人凝聚成一个集体。对于这些特权人物而言，财产是从先祖那里继承过来的。与他们的祖先一样，他们也过着一种悠闲自在的生活。在这一集团内部，穷人也是有的。不过，这些穷人并不参加劳动。他们宁可忍受贫困的折磨，也不愿意从事劳动。因此，对于奴隶和黑人工人来说，他们不会遭遇到任何竞争对手。更为重要的是，不管他们的劳动成果，白人持有什么样的评价，他们都会被白人雇佣的。理由很简单，白人的活儿，只有他们才肯去干。

当长子继承制被废除以后，所有的家庭便不得不依靠劳动维持生计。出现这种情况的原因在于，所有的财产都被分化，乃至变小。在此过程中，一些家庭消失不见了。此外，几乎所有的家庭都明显地感觉到，依靠劳动维持生计的日子，就要来临了。尽管在今天，依旧存在一些富人。但是，关系密切的世袭集团，再也不会被组建起来了。曾经他们身上那种促使自己变得强大，影响社会各阶层的精神力量，已经一去不复返了。

于是，过往的那种对劳动的偏见，被人们义无反顾地抛弃了。虽然社会上穷人的数量增加了，但是他们开始劳动，并不会感到任何羞耻。因此，自由工人阶级的形成，是财产分配平等的最直接成果之一。从此，奴隶就多了一个竞争对手。慢慢地，奴隶的缺陷显露出来，而蓄奴制也遭受到冲击。在维护奴隶主利益这一立场上，蓄奴制自己给自己一个耳光。

就这样，蓄奴制不断衰退。追随着蓄奴制倒退的轨迹，黑人回到了热带地区。当初，他们就是从那里动身，向其他各州进发的。这种情况的出现，刚开始的时候，令人感到十分惊异。不过很快，人们就理解了。

在废除蓄奴制上，美国人并没有给予奴隶以真正的自由。这样，我可以举一个例子，方便读者了解我后续的论述。

以纽约州为例。1788年，买卖奴隶，在纽约州已经被明令禁止。像这样的做法，算是一种间接的方式。自此之后，黑人奴隶的增加，只能依靠自然生育了。就这样，过了8年的时间，纽约州正式颁布了一条法令：从1799年7月4日开始，父母是奴隶的新生婴儿，全部获得自由。于是，奴隶几乎再也不会增加了。可以说，蓄奴制已经不复存在了，尽管多少还存在一些奴隶。

在北方，有这样一个州，禁止黑人奴隶贸易，从此，南方便不向北方输送奴隶了。从禁止奴隶贸易开始，那些依靠此种买卖已经赚取钱财的人，便再也没有办法在北方做买卖了。不过，只要他们继续向南方输送奴隶，还是有利可图的。

当纽约州宣布奴隶的子女出生后，即可获得自由时，奴隶失去了原有的价值，这是因为其后代不再进入市场进行买卖。可是，这部分奴隶还可以运送到南方，因为那里还存在有利可图的奴隶贸易。因此，这样的一条法令颁布后，把北方的奴隶尽数赶到了南方，尽管阻止了南方奴隶的北上。

但是，除了我说过的原因外，还有一个更具说服力的缘由。一个州，如果奴隶的人数锐减，那么这个州就会增加对自由工人的需求量。随着工矿企业自由工人数量的增加，奴隶劳动的生产效益，变得越来越低。这样一来，奴隶的价值就不断贬值，甚至是没有什么用处。

但是在南方，由于竞争不是很激烈，使用奴隶仍旧可以获取较大的利益。因此，奴隶并没有从蓄奴制的废除中获取任何自由。实际上，奴隶只是改变了从属的主人，即他们从北方，被运输到了南方。

那些已经获得自由以及在废除蓄奴制后出生的黑人，他们与印第安人一样，在欧洲人中间遭受着同样的待遇，尽管他们并没有离开北方在南方落脚。与白人相比，他们远没有那么多知识和财富。他们没有任何权利，并且还没有完全开化。一方面，他们遭受法律的欺压[1]；另一方面，他们又与民情不和。甚至在某些方面，与印第安人相比，他们显得更为可怜。一想起奴役，他们就没有办法控制自己。印第安人还可以提出对某块土地的所有权要求，而他们连这一点也无法做到。他们当中，大部分人由于饱受饥寒而悲惨死去[2]。而剩下的那部分人，聚集在城市里，做一些粗重的体力活儿，过着一种岌岌可危的生活。

而且，尽管黑人增长的速度，与他们没有获得自由之前的速度大致相当，但是在废除蓄奴制前后，白人的增加速度是极为不同的。废除蓄奴制之后，白人增长的速度是之前的两倍。因此，不难想象，黑人很快就会被白人包围。

同样是农业地区，白人居住的地方，人数要明显多于黑人居住的地方。此外，一个州废除奴隶制之后，差不多有一半的土地，是没有人居住的。这是因为，美国建国的时间并不很长，是个年轻的国家。这种情况下，奴隶获得自由之后，对于自由工人的需求量会大大增加。于是，许许多多的冒险家，从四面八方，蜂拥而至。他们匆忙地来到这里，无非是想从新资源中获取利益。这种新资源，在最开始的时候，是对实业开放的。很快，这里的土地，被划分给他们，并在其上建立起由白人组成的家园。就这样，在废除蓄奴制的各个州，欧洲的移民，一批又一批地进驻过来。这些欧洲人，从大洋的另一边，远道而来。他们大多是穷人，来到新大陆，无非是想寻找新的幸福和安乐。可是，他们会有什么作为呢，如果他们停留在对劳动抱有偏见的地区？

---

1 只要是废除蓄奴制的州，都下令让黑人留在原地，过着一种十分艰苦的生活。几乎各个州都是这样一种做法，这对黑人来说，是极其不幸的，他们只能在情况最为糟糕的地方留居。

2 在禁止奴隶贸易的州，黑人与白人相比，死亡率是大为不同的。从1820年至1831年间，费城每年黑人的死亡率为20：1，而白人每年的死亡率为42：1。对于黑人来说，这一死亡率并不算是太高的。

由于自然繁殖，加之大批的移民涌入，白人的数量急剧增长起来。与之不同，黑人却没有新增的移民队伍。并且，随着时间的推移，他们的人口数量不断减少。于是，白人与黑人的人口比例，慢慢地颠倒过来。黑人越来越可怜，成为势单力薄的破落户。虽然他们仍旧聚集在一起，但是已经成为四处漂泊的流浪部族。他们被淹没在人口众多且拥有土地的白人中间。现在，他们没有一点儿办法，只能忍受所遭遇的一切不公平与残酷对待。

在西部，直到现在，绝大部分州是没有黑人的。在北方，几乎所有的州，黑人的数量都在不断减少。对于黑人来说，他们将要面临的一个严重问题，那就是，在这个国家，他们今后的容身之地，只能是一块狭小的地区。想要解决这个问题，不是一件容易的事情，尽管它看起来，并不让人感到担忧。

黑人不断地向南方输送，这就使得那里的废奴运动难以推行。造成这样的结果，有几点自然原因，是必须阐述的。

第一点，是气候。人们都知道，越是热带地区，对于欧洲人来说，劳动就越是一件难办的事情。很多美国人认为，在那样的低纬度地区劳动，只能是死路一条。不过，在那样的条件下，黑人却可以持之以恒[1]。然而，在我看来，这种促使南方人懒惰的想法，并没有任何实际的经验作为基础。与西班牙和意大利的南方相比，合众国的南方，并不是很热[2]。西班在废除奴隶制后，奴隶主并没有随之消失。既然如此，那么联邦为什么就不能仿效他们呢？

在佐治亚和佛罗里达的欧洲人，由于自然因素，怕活活累死而不愿意在那里依靠劳动维持生计。关于这一点，我是无论如何也不会相信的。然而，与新英格兰的居民相比，他们在那里劳动，确实要辛苦一些，并且收入也要稍微低一些[3]。在南方，与奴隶相比，自由劳动者失去了他们自身的一定优势。所以在南方，蓄奴制迟迟得不到废除。

尽管在联邦的北方，欧洲几乎所有的农作物都可生长，但是南方也有其独特的农作物。种植谷物，使用奴隶，无疑是一种比较昂贵的做法。这一点，已经为人们所认可。在一些地区，不存在蓄奴制，农户在种植小麦的时候，几乎是不会找长工帮忙的。在播种和收割的时节，他们会雇佣一些短期工人。期间，这些工人会得到相应的食宿。

在蓄奴制还未废除的州，经营农业的人，为了完成播种和收割工作，要长年累月地豢养一大批奴隶。这是因为，与自由工人不同，这些奴隶既要等待别人来雇佣他们，

---

1 尤其是种植水稻的地区。不管是在哪个州，稻田对于人的身体健康，是没有好处的，特别是热带地区，十分危险。如果欧洲人必须要生产大米，那么，在新大陆的南部地区，种植水稻，自然是格外辛苦的。但是，难道种植水稻就是唯一的出路吗？

2 尽管与西班牙和意大利的南部相比，美国南方的几个州，纬度更低一些，但是与欧洲大陆相比，美洲大陆的气温更低一些。

3 以前，在路易斯安那一个名叫阿塔卡帕的地方，西班牙人将亚速尔群岛的一些农民，运送到那里。这是一次实验，并没有在那里推行蓄奴制。今天，那些人依旧在那里耕田，他们也不是奴隶，但是他们几乎没有什么农业技术，所生产的粮食仅能勉强糊口。

又不能依靠自己的劳动维持生活。其实，播种和收割工作，只需要几天就可以完成。但是，为了使用这些奴隶，经营农业的人必须将他们全部买下。

除了这些不利的因素之外，与其他地方相比，在种植谷物的地方，蓄奴制的作用显得有些相形见绌。与种植小麦相比，种植烟草、棉花与甘蔗有很大的不同。种植这些作物的时候，需要持续不断的田间管理。这个时候，妇女和儿童就派上了用场。而种植小麦，却不需要这样。因此，就田间作业的性质而言，在北方，蓄奴制是比较适合种植那几种作物的。

在南方，烟草、棉花和甘蔗是适合生长的。这些作物也是南方最为重要的收入来源。如果要废除蓄奴制的话，南方各州要么改变原来的耕种制度，要么在不使用奴隶的条件下，继续种植原来的作物。选择前者的话，势必要与北方人展开激烈的竞争，无论是在工作上，还是在经验上。选择后者的话，则要与实行蓄奴制的其他州，不可避免地进行竞争。

由此可见，与在北方不同，蓄奴制在南方的存在，有着更为特殊的缘由。但是，还有一个理由，与其他理由比起来，显得更为充分有力。其实，在南方，蓄奴制原本是可以废除掉的。但是，那些获得自由的黑人，将往何处去呢？在北方，黑人奴隶的解放与蓄奴制的废除，这两者是同时发生的。但是在南方，这两者却不可能同时进行。

我只要表明，在南方，奴隶人数足够多，就可以证明：在南方，蓄奴制比在北方更为有利，也更合乎自然。在南方，第一批非洲人得以输送；在南方，奴隶的人数有增无减。越往南方，我们会发现，一种以悠闲自在为荣的风气，越来越盛行。在热带附近的几个州，从事劳动的人里，没有一个是白人。因此，与北方相比，南方的黑人数量，自然要远远超过前者了。

就像我在前文所说过的那样，由于联邦北方各州，蓄奴制不断得到废除，黑人往南方输送，所以南方黑人的数量会更加多于北方。南方黑人数量的增加，除了自然繁殖外，还有在形势逼迫下的北方黑人南迁。在北方，欧洲人迅速增加的原因，与非洲人在南方增加的原因，大致相同。

在缅因州，居民每300个人中就有一个黑人。在南卡罗来纳州，这个比例为100：55，在弗吉尼亚州为100：42，在马里兰州为100：34，在宾夕法尼亚州为100：3，在纽约州为100：2，而在马萨诸塞州为100：1[1]。但是，在后来一段时期里，这些比例又发生了变化：在南方，黑人所占的比例越来越大；而在北方，黑人所占的比例却越来越小。

---

1 1833年，美国人凯里发表了一份关于移民协会的通信。在这篇通信里，这样写道："40多年以来，在南卡罗来纳州，黑人的增加数量，是最为迅速的，远远超过了白人。在南方，最先使用的奴隶的，有5个州：佐治亚州、南卡罗来纳州、北卡罗来纳州、弗吉尼亚州与马里兰州。当我们对它们做出详细统计时发现，从1790年到1830年，这五个州的黑人人口增加了112%，而白人仅仅增加了80%。"1830年，美国黑人和白人的人口数量分别如下：在仍旧实行蓄奴制的州里，黑人共有2208102人，白人共有3960814人；在已经废除蓄奴制的州里，黑人共有120520人，白人共有6565434人。

很明显，就像北方各州那样，如果南方各州也废除蓄奴制的话，就不会遭遇某些严重的危险。而这些危险，在北方各州那里是不会出现的。

我们已经看到，奴隶的解放和蓄奴制的废除，在北方各州是怎样实施的。他们采取这样一种方式，即当时活着的黑人仍旧是奴隶，而他们的新生代则获得自由，慢慢地将黑人接纳到他们的社会中来。有些奴隶获得自由后，可能会滥用这一权利。对此，北方各州在解放他们之前，先教育他们学会自我管理，并让其掌握合理使用自由的技巧。

在南方，使用同样的方法，则存有很大的困难。在南方，当法律正式宣布，从某年某月某日开始，黑人新出生的子女获得自由时，在奴隶的内心里，第一次有了自由的思想和原则。这样一来，其子女获得自由，在没有获得自由的黑人那里，一定会引起不小的情绪波动。他们首先会感到极度的惊讶，转而又会感到愤怒和焦急。于是，在他们看来，历史和习惯，曾经为蓄奴制创造了道德力量。但是这时候，这种力量却消失了，并且转变为一种在光天化日之下滥用的暴力。

而在北方，各州不用担忧黑人内心深处的这种对比。这是因为在北方，白人不计其数，而黑人却势单力薄。但是在南方，一旦自由的曙光照射到黑人身上，这200多万的被压迫者，一定会让欺压他们的人感到心惊肉跳。

在南方，当奴隶的子女，在欧洲人的帮助下，赢得自由以后，这种好处很快会四处泛滥，最后普及到每一个黑人身上。

在前面，我已经说过，自从蓄奴制在北方消失以后，甚至于在废奴将要开始的时候，一种双重的运动，就已经开始了。在这种运动中，奴隶们告别北方，而向南方迁移；与此同时，他们走后的空缺，由欧洲的移民和北方各州的白人来填补。

在最南边的几个州里，这两种情况，是不会同时出现的。一方面，欧洲人和北方的白人，是不会到这一地区定居的，因为这里对劳动尚抱有偏见；另一方面，那里的奴隶人数众多，几乎不太可能将他们全部逐出。此外，他们还相信，在白人数量少于或者等于黑人的州里，不顺利的状况会屡次出现，所以他们始终怀有一种警惕的心理，根本不愿意到那里建立事业。

因此，与北方的同胞不同，南方人在废除蓄奴制后，是没有办法让黑人获得自由的。在南方，黑人的数量非但没有减少，反倒不断增加。这种情况如果持续下去的话，用不了几年，在一个国家里，自由黑人的数量，就会与白人大致相当。

现在，维护蓄奴制，如果采取滥用权力的办法，会产生一种严重的后果，即白人将深陷危险的境况。欧洲人的后裔，是土地的所有者，且掌控着一切实业。更为重要的是，金钱、知识和军队，只掌控在他们手中。而这些，对黑人来说是没有的。不过，即便如此，黑人还是活了下来。这是因为，他们是奴隶。如果他们依靠自己的能力过活，并且获得了自由，那么，没有这些东西的话，他们能不能活下去，是一个巨大的疑问。在蓄奴制存在的时期，白人苦心经营了一切。然而，当蓄奴制被废除以后，这一切却遭到了严重破坏。

想要黑人停留在野蛮的生活状态，那么就让他们继续遭受奴役。可是，一旦他们获得自由，知识在他们身上的增长就是无法避免的了。这样一来，对于不幸的程度以及解决方法，他们就会有清醒的认识。况且，对于相对公正的原则，人们有着极为深刻的认识。不同阶级出现了不平等，与同一阶级出现了不平等，人们对此的感觉，是极为不同的。通常，前者比后者，要更为敏感。

蓄奴制的存在，是有目共睹的。但是长期以来，几百万公民所遭受的耻辱以及苦难，人们一般是不容易理解的。在北方，已经获得人身自由的黑人，势单力薄，并且人数不断减少。苦难和不公平的待遇，依然在他们身上上演。在南方，黑人人多势众，力量也比较强劲。

在同一块土地上，如果白人与获得自由的黑人，生活在一起，但彼此互相对立，那么不难想象，有两种可能的情况会发生：要么两者永远分离，要么白人与黑人融合为一体。关于后一种可能情况，在前文我已经表示过看法了[1]。对于白人与黑人，在将来的某一天，以平等的地位生活在一起，我是不抱希望的。

而且，我认为，与美国相比，其他地方所遭遇的这方面困难，明显要小很多。宗教偏见、国家偏见乃至于民族偏见，对于一个人来说，想要抛弃并不是一件很难的事情。如果他还是一个国王，那么就会引发一场不小的革命运动。但是，就他所在的民族而言，恐怕就不是这么简单的事情了。

如果美国人和黑人奴隶，能有一个强权人物予以统辖，那么他们有可能融合在一起。但是，只要国家大事，依旧由美国的民主作出决定，那么这种设想，无疑是不可能的了。我们还可以预料到，那样的强权人物会变得越来越孤立，如果美国的白人获得的自由越来越多。

在前文中，我已经说过，混血儿是一条纽带，连接着印第安人和欧洲人。同样地，混血儿也是沟通黑人与白人的桥梁。在有些地方，混血儿越多，两个种族的融合就越有可能。

在美洲的一些地区，很难找出一个纯粹的白人或者黑人，这是因为欧洲人与黑人的混血，已经达到了一个新的程度。换句话说，两个种族真的混合在一起了。甚至可以这样认为，已经出现了第三种族，与结合在一起的两者，是完全不同的。

在欧洲人当中，与黑人通婚最少的，算是英国人了。在美国南方，白黑人混血儿的数量，要远远多于北方。然而，与美洲其他地方欧洲人所建立的殖民地相比，美国南方的混血儿数量，却又远远不及了。美国的混血儿为数不多，势单力薄，一旦有种族纠纷产生，他们往往支持白人这一边。这种情况，就好比在欧洲，大贵族的仆人一般是看不起平民的。这是因为他们也以贵族的身份自居。

---

1 而且，另一种想法，更为有力地支持了我的这一看法。这种想法，远比我想象的，还要具有权威性。比如，一本名叫《杰斐逊回忆录摘要》的书，其中这样写道："在同一个政府下，两个完全自由的民族，是没有办法生活在一起的。黑人解放以后的命运，究竟是怎样的？像这样的问题，在这本书里，都描写的清清楚楚。黑人与白人之间，由于性格、习惯和观点的不同，由此产生了一条不可逾越的鸿沟。"

在英国人看来，这是一种种族骄傲，并且是理所当然的。这种种族骄傲，在民主自由所产生的个人骄傲促进下，在美国人身上显得尤为强烈。因此，美国白人有双重自负的资本：一个是因他们所在的种族，另一个是因为他们是美国人。

另外，在联邦的北方，黑人与白人一直没有混合，而在南方，两者却又混合在一起。这究竟是为什么呢？可以这样认为生活在自我感觉良好的白人与黑人之间，南方白人愿意与黑人融合吗？在南方，美国人有两种恐惧的情结，使得他们持续保持与世隔绝的状态。第一，他们害怕自己的身份降低，而仰邻居白人的鼻息。第二，他们害怕自己的地位与黑人奴隶变得平等。

关于未来，让我做绝对预测的话，我会说：蓄奴制在南方被废除以后，就事物发展的一般规律而言，白人对黑人的厌恶程度，将会进一步加深。以前，我曾经对北方，做过相似的论断，以此为依据，我得出了这种看法。我指出过，种族之间的法律屏障，随着立法机构的大力废除，北方白人对于黑人，越来越抱有警惕的心理。那么在南方，为什么就不能发生类似的情况呢？在北方，由于想象中的危险，始终在白人脑海中徘徊，所以他们不敢与黑人接触。而在南方，这种危险是现实存在的，而非脑海中的想象。所以我敢肯定，南方白人的害怕心理，是有增无减的。

一方面，黑人与白人混合的时间，是无法预测的，并且黑人从社会获得同样的好处，也是没有定期的。另一方面，黑人不断地向南方聚拢，而且人口增长的速度，要远远高于白人。既然如此，我们可以推论在南方，黑人与白人迟早免不了要发生冲突。难道这是不可能的吗？那么，这场冲突的最后，结果究竟是个什么样子呢？

对于这个问题，我们只能作出大概的预测。对于未来的走向，人的大脑只能勾画大概的轮廓。在这个轮廓内，人们所做的一切努力，往往会受到偶然因素的影响。在未来的蓝图上，偶然因素就像图纸上的小黑点，使得整个画面在人的智慧之眼跟前，显得模糊不清。不过，有一点是可以清楚看到的，那就是在大陆，黑人注定要屈服，而在安德列斯群岛，屈服的一方，好像是白人。

在大陆不计其数的白人当中，黑人处于孤立的状态；而在安德列斯群岛，白人淹没在人数众多的黑人之中。从加拿大冰原到弗吉尼亚的南部，从密西西比河岸边到大西洋沿岸，白人已经形成了一个稳固的集团。这个集团势力庞大，黑人只能屈尊于他们。在北美，白人要么畏惧于枪炮，要么不敢面对灾难。要不然，他们团结起来，一定可以将黑人全部灭绝，尽管黑人会想方设法地四处逃亡。

但是，如果两个种族刚刚交手，美国联邦就陷于分裂的境地，那么盘踞在墨西哥湾附近的黑人，还是有机会活命的。可想而知，合众国的纽带一旦断裂，北方的白人同胞，恐怕不会持之以恒地支援南方白人。在北方白人看来，他们永远不会遭遇到任何危险。如果某种种族的同情心，促使他们前往南方给予支援的话，可想而知，这种做法也是无济于事的。

然而，不管这种冲突在什么时候爆发，知识和武器是南方白人的一大优势。在没有北方同胞支援的情况下，他们也可凭借自身优势，与仅凭血肉之躯和殊死精神的黑人一决高下。但是，如果武器落到黑人的手中，他们就会拥有不可小觑的战斗力。这时候，就像西班牙摩尔人那样，南方白人也会遭遇同样的命运。经过半个多世纪，他们从那里撤回去，返回到祖先曾经居住的地方。这样一来，曾经属于黑人的土地，又重新回到黑人的手中。在这里，黑人可以过上便利的生活，并且与白人相比，他们劳动起来，更加轻松自如。

联邦的白人与黑人，就目前来说，发生冲突的可能性是不大的。但是迟早有一天，它是会爆发的。这就像一场噩梦，始终徘徊在美国人的脑海中。在北方，白人与黑人的冲突，已经成为那里居民经常谈论的话题，尽管这种冲突对北方没有直接威胁。他们已经预料到未来的不幸，想要找出一种解决的办法，但总是毫无所得。

在南方的各州，对于这一问题，人们一直不愿谈及。关于未来，南方人不想对外来人谈起。即使是对亲朋好友，他们也讳莫如深。几乎每一个人，都把自己想说的话，深深地埋藏在心里。有时候，与北方人的大声呐喊相比，南方人的沉默更让人触目惊心。

普遍的忧虑，在他们每一个人身上蔓延。在这种情况下，他们发起了一项事业。这项事业，直到现在，也很少有人知晓。不过，对于人类当中的一小部分而言，这项事业可能会改变他们的命运。

那种我刚才谈及到的危险，在美国人是较为恐惧的。因此，他们中的一些人，自发地组建了一个协会。该协会自己出钱，将愿意获得自由的黑人，远远地送到几内亚海岸地区去生活。

1820年，在非洲北纬7度，这个协会建立了一个居民区。该区被称为利比里亚。据传，最近已经有2 500多黑人，在这里安居下来。美国的各种制度，也随之被他们带到这里来。在利比里亚，建有教堂和出版机构。在代议制下，黑人陪审员，黑人行政长官以及黑人教士，比比皆是。这些人经历生死劫难后，返回到先祖待过的地方，不能不说是一个奇迹。在这里，白人想要定居，是不可能的事情。

这场运动，真是让人意想不到。黑人被欧洲人强迫运送到北美海岸，到今天差不多已经200多年了。现在，这些黑人的后代，又被装在大船上，越过大西洋，回到他们祖先曾经居住过的地方。在实行蓄奴制的地方，这些野蛮人掌握了利用自由的方法，并且在他们被奴役的时期，学会了文明社会的各种知识。

直到现在，对于白人的技术和科学，非洲人一直采取闭关自守的状态。那些被带到非洲的欧洲文明，在非洲或许能够得到发展。因此，怀着美好的期望和远大的理想，人们建立了利比里亚。在旧大陆，这种理想可能会产生不小的成果。但是对于新大陆，它却未必能产生同样的结果。

黑人移民协会，在过去的12年间，总共向非洲运送了2500名黑人。然而，在这一时期，大约有70万黑人婴儿在美国各州出生。即使联邦政府负责移民协会的一切事务，并且由国会出钱，帮助支付费用，即使在迁移地，新居民可以过上好生活，即使利比里亚殖民地每年做好接受数千名新人的准备，也没有办法解决美国黑人由于自然繁殖而增加的问题。于是，出现这样一种情况：每一年运送出去的黑人数量，远远低于在美国出生的人数。因此每一天，黑人的苦难仍在加剧。而迁移他们，并不能解决这一问题。

在美洲大陆的海岸，黑色人种几乎不会彻底消失。只要新大陆存在一天，黑人就会出现。在欧洲人的贪欲和恶习的影响下，黑人变得堕落不堪。对于所担忧的灾难，美国人至今没有消除其来源，尽管他们可以想办法推迟灾难的到来。

恕我直言，蓄奴制的废除，在南方各州，并不能推迟黑白人之间的斗争。在没有获得自由之前，黑人长期为奴，是不会有什么抱怨的。但是，当他们获得自由之后，很容易因为被剥夺公民权而变得怒不可遏。同时，由于他们与白人的地位，极为不平等，所以他们很快就会与白人反目成仇。

在北方，解放奴隶的运动，是极为容易开展的，因为这里的一切条件都已满足。蓄奴制被废除后，北方也不用担心自由黑人会闹事。这是因为，他们的人数不多，想要主张自己的权利，几乎是不太可能的事情。与之相反，南方却是另外一种情况。

在北方的奴隶主眼里，蓄奴制只是一个工业和商业的问题；而在南方，蓄奴制对奴隶主而言，事关生死，问题重大。因此，就蓄奴制问题而言，南北方并没有可比性。

像某些美国作者那样，为蓄奴制的原则进行辩护，在我是不可能的事情。这里，我只是想告诉人们，对于这一令人生厌的原则，那些曾经竭力维护它的人，现在恐怕也不会轻易放弃。

我不得不承认，在南方各州考察的时候，我发现：这里的白色人种，要么继续奴役压迫黑人奴隶，要么解放黑人奴隶，并与他们融合在一起。如果采取中间道路的话，在我看来，两个种族之间，势必要爆发一场内战。并且，在这场内战中，两个种族里必定会有一个灭亡。

关于这一问题，南方白人就是这样认为的。并且，他们会根据这种看法，采取相应的行动。他们是不愿意与黑人融合的，因此，他们也不想把自由赐予黑人。

当然，这并不是说，在南方白人看来，想要积累财富，就必须通过蓄奴制这条道路。与很多北方人一样，南方人中大部分也认为，奴役黑人是一种严重的罪恶。不过，他们又认为，只有让这种罪恶继续存在下去，他们才能维持自己的生活。

在南方，随着教育的普及，以及公民认识的提高，人们普遍认识到，对于奴隶主而言，蓄奴制也是有弊端的。但是，通过这种教育，人们也认识到，在短时间内，他们是不可能放弃蓄奴制的。于是，在北方与南方之间，出现了一种令人惊异的对比：在北方，废除了蓄奴制，而同样的制度，却在南方引起极为严重的后果；在南方，蓄奴制在法律上日益得到巩固，尽管它越来越受到人们的质疑。

今天在南方，只要看一下各州的立法，就可以明白，两个种族之间的对立，是多么得强烈。南方各州为奴隶制定的法律，具有空前的严酷性。可以说，这是对人类法律的一次严重亵渎。

当然，这并不是说，南方的美国人只知道对黑人加强奴役。其实，另一方面，在奴隶的物质生活方面，他们也不遗余力地完善了很多。在古代，武器和死亡，是维护奴隶制度的唯一法宝。现在，联邦南方的美国人，找到了维系奴隶制度更为巧妙的办法。在我看来，他们已经把专制和暴力视为一种不可避免的命运。同时，他们使奴隶在内心深处，接受了这一命运。在古代，奴隶想要获得自由，是奴隶主千方百计阻拦的事情；而现在，对于奴隶主来说，最为重要的是，不让奴隶产生获取自由这种想法。

在古代，尽管奴隶身上背负着沉重的枷锁，但是在主人的默许下，他们可以学习知识。因此，至少就思想来说，他们还是自由的。而对于所制定的各种规则，奴隶主通常也能切实遵守。奴隶服役的期限，在古代是不确定的。只要主人允许，他们随时随地都是可以获取自由的，并且能与主人平起平坐。

在美国南方，奴隶主是禁止黑人奴隶学习任何知识的。在他们，从来没有想过，有朝一日奴隶会与他们融合为一体。让黑人获取与自己同等的地位，这是他们万万不允许的。因此，尽最大限度地保持奴隶原始的生活状态，成为他们的重要目的。

从古至今，向往自由是每一个奴隶最大的梦想。如果能够获得自由，奴隶的生活处境将大为改善。在解放奴隶运动中，如果奴隶与主人的地位，还没有达到完全平等，那么这场运动始终会带来风险。一个奴隶，如果获得了自由，但是又必须停留在苦难之中，还要备受凌辱，那么他一定会在某个领袖的带领下奋起反抗。

况且，一个黑人一旦获取了自由，就会给其他没有获得自由的黑人，传递一线希望，即他们也可以获得这种权利的想法。而这对于奴隶主来说，很快就会成为一种忧患。关于这一点，很早就有人预料到了。在南方，经常出现这样一种情况，即有些奴隶主想要解放自己的奴隶，然而这种权利，也被无情地剥夺了[1]。

在联邦南方，我曾经遇到过一个老头。在很长的一段时期里，这个老头与他的一个女黑奴，居住在一起。后来，有几个孩子相继出生，并成为父亲的奴隶。关于自己的权利，这位老人好几次都想传给孩子们。在他，最起码要给孩子以自由。但是，过去了好多年，他的美好愿望一直没能实现。这是因为当地的立法机构所设置的各种阻碍，使得他无法超越。慢慢地，他的年纪越来越大，眼看就要离开这个世界。

有一天，他主动对我讲起，关于他的几个儿子的遭遇。那几个孩子，从一个市场上被拖到另外一个市场。从此，他们离开了母亲的关爱，而只能遭受一个陌生人的无情鞭打。当他描述那种场景的时候，老人呆滞的思维，突然又开始活跃起来。他被绝望的痛苦折磨得死去活来。这些我全都看在眼里，而我也相信，对于法律给大自然所造成的耻辱，大自然迟早有一天会洗刷掉的。

像这样的灾难，结果是令人恐怖的。但是，我们要反问一句，同样的蓄奴制，在现代注定要产生这种结果吗？

一个与欧洲不同的种族，遭遇到欧洲人的强行奴役，当这种做法人尽皆知的时候，

---

1 只要解放黑人的运动没有停止，就需要履行各种复杂的手续。而这些手续是这一运动所带来的。

大多数人就会认为，与人类的其他种族相比，这个种族是较为低劣的。这种想法一旦产生，他们就不愿意与这个种族融合在一起，并同时设想长久地维持蓄奴制。这是因为，在他们看来，蓄奴制所带来的不平等，与独立所自然产生的平等，是没有持续的中间状态的。关于这一点，欧洲人好像视为真理，然而，他们却从未使得自己相信。因此，在与黑人打交道的过程中，欧洲人的行为总是左右摇摆。时而，同情心在他们身上发挥作用；时而，利益和高傲支配着他们。

对于黑人，欧洲人可谓侵犯了其一切人权。但是到了后来，黑人却从欧洲人那里明白，那些权利是多么得珍贵，并且不可侵犯。在对待黑人的问题上，欧洲人既不想泯灭一切人性，又不能完全做到公平正义。一方面，他们不知不觉地深受自由思想的支配，另一方面，他们又下意识地想要奴役黑人。他们将自己的社会向黑人奴隶开放。但是，他们又将黑人奴隶无情地驱赶，当黑人奴隶尝试进入他们社会的时候。

对于什么时候能与黑人混合在一起，南方的美国人没有办法准确地预料。既然如此，他们就不会冒着自己被毁灭的危险，放任黑人的自由。况且，为了拯救自己的种族，他们曾经义无反顾地使用武力对付黑人。既然如此，为了实现同样的目标，他们可以采取另外一些更为有效的手段。

在我看来，蓄奴制在美国南方所造成的一切后果，既是可怕的，又是自然的。在与法律做斗争时，由于徒劳无功，人性发出了呐喊。自然秩序，被人为地推翻。这一幕幕的场景，落入我的眼中。在我看来，尽管我们这一代人是这些恶果的制造者，但是却不应该受到斥责。而那些享受自由与平等长达一千多年的人，重新恢复了奴隶制度，才是最为可憎的。

此外，就维系蓄奴制而言，不管南方的美国人做出多大努力，他们最终不免徒劳。蓄奴制，这种被基督教斥为不正当的制度，也被政治经济学所批判。现在这个星球上，它只留存于一个小小的角落。在现代民主自由和文明的社会里，它是不会长久存在的。最终，它要么被奴隶主所取消，要么被奴隶所推翻。即便如此，这当中还是要发生一些极为不幸的后果。如果南方黑人得到了自由，那么他们很有可能滥用这种自由；而如果南方白人不给黑人自由，那么黑人势必使用暴力为自己赢得自由。

### 美国联邦持久存在的机缘是什么以及威胁它存在的危险是什么

美国联邦各州，之所以能保持现在的状况，一部分原因在于全联邦的存在。因此，我们先来讨论一下，关于全联邦的未来命运，究竟是个什么样子？在开始这个问题之前，有一点我先确认一下，那就是：如果现存的全联邦解体，那么在我看来，联邦之下的各个州，想要恢复到最初的独立状态，是不可能的事情。关于这一点，毋庸置疑。

到了那个时候，现在的全联邦，将会由几个联邦所替代。我研究的重点在于，有什么样的原因，可以促使现存的联邦解体。至于那些新的联邦在什么样的基础之上代替旧联邦，却不是我所关心的问题。

想要回答清楚这一问题，我必须重复一下之前已经论述过的几个问题。读者可能会向我提出意见，为什么要不断重复。对此，我表示理解。要知道，这些至关重要的问题，需要我们进一步作出研究。想到这一点，使我的内心感到一丝安慰。我不会轻易放过一个问题，尽管会遭致读者的臭骂。为了让读者读完后，明白我所说的意思，我情愿多说几遍。

立法者们制定1789年宪法的时候，不仅给予联邦政权以独立性，还赋予了它优先性。但是，他们所面临的问题，其解决的条件先就给他们造成了极大的限制。那时候，安排几个各自独立的州联合起来，而非组建单一的国家政权，是他们所应该完成的任务。此外，这几个州必须分享国家的主权，而不管他们的意愿如何。

我们先来简单地回顾一下，关于主权的一些内容。这样一来，读者就能更好地理解，国家主权的分享，最终会有什么后果。

按照自身的性质而言，有些事务是全国性质的。也就是说，这些事务的处理，只能由整个国家统一管辖，即由某几个人或者某个集团，全权代表国家来处理。在我看来，外交和战争方面的工作，就属于这样的事务。

同理，按照自身的性质，另外一些事物是地方性质的。也就是说，这些事务的处理，只属于地方政府的权限，由地方政府全权处理。像地方预算的编制，就属于这种性质的事务。

最后，还有一些事务，如果按照自身的性质来划分，算是混合型事务了。这些事务本身，并不需要国家出面解决，所以它们是地方性的；同时，它们又事关全国各地的个人或者部门的工作，所以它们又是全国性的。比如说，关于公民的政治活动权利和民事活动权利怎样积极进行调整，就属于这样的事务。对于国家来说，这些权利和问题与其生存和发展的需要，并没有多大关系，因此，中央政府不一定非要亲自处理。然而，不管是哪一种社会体制，公民权利和政治权利，都是无法回避的问题。这是因为，它们与每一位公民都息息相关。

说到这里，我们已经知道，只有外交和战争，这两项必要的事务，位于国家主权的权限之内。任何一个国家，只要组织健全，不管是什么支撑着它们的社会契约，必须有两大类事务——全国性和地方性的。

在最高的主权和最低的主权之间，就像一堆漂浮物一样，有些虽然具有普遍性但却不是全国性的事务，上下游动。像这样的事务，在我看来，可以称其为混合型的事务。国家也好，地方也罢，都不完全处理这些事务。一般来说，组成国家的各省或者各州，彼此之间达成一定的协议，在不损害国家利益的前提下，将这些事务交由中央政府或者地方政府去处理。

最为常见的情形是：几个单独的个人走在一起，联合成为最高权力当局。之后，这个最高权力当局，组织建立国家。这时候，个体的或者集体的权力，在最高权力当局组建的国家之下，行使极为有限的一点儿主权。因此，很自然地，不但性质上属于全国性的事务，由全国政府管理，就连我刚才所说的那种混合性事务，也由全国政府处理。而地方政府所拥有的主权，是很有限的，只能够维护当地的福利而已。

有时候，最高权力当局由几个早已存在的政治团体组成。之所以出现这种情况，是由于联合之前的历史状况。这时，性质上属于地方的事务，以及全部或者部分待定的混合性事务，都由地方政府来管辖。这是因为，与联合之前一样，组成最高权力当局的几个国家或地区，对于各自主权中最为重要的部分，继续保留行使的权力，或者说继续拥有各自的主权。而对于联合起来的总政府来说，其本身不可缺少的职权，才由它来行使。

除固有的特权外，如果主权中混合性权限也授予联合总政府，那么它就拥有了一种优越权。这时候，它的权限极为广泛，还可以超越自身的权限，干预其他事务。这样一来，地方政府的特权，很有可能被联合总政府所剥夺。这是人们最为担忧的地方。

相反，管辖混合性事务的权力，如果落到地方政府的手里，那么与中央政府处处不和这一趋势就会不可避免地出现。这样，优越的权力不在联合总政府那里，而跑到了地方政府手中。这时，人们又出现了另外一种担忧，生怕联合总政府由于没有必要的特权，最终分崩离析。因此，联邦国家有一种走向分裂的趋势，而单一国家，却有走向集权的趋势。

现在，就美国的联邦，我们用这些流行的观点，来做一番论述。

在美国，各州拥有纯属于地方事务的权力。此外，对公民进行审判的权力，调整公民之间关系的权力，规定公民的民事行为能力和政治行为能力的权力，也都保留在各州手里。就性质而言，这些权力是全国性的。但是，中央政府却不一定非要拥有它们。

之前我们说过，联邦政府想要获得一种以全国为名义的权力，必须以一个单一的独立体行动。对外，它代表国家；对内，它领导全国力量，一起应对敌人。一句话，我刚才所说的全国性的事务，都归属它来管理。

主权的这种分享形式，使得人们看起来，各州分享的主权，要远远小于联邦所分享的主权。但是，只要我们稍微分析一下就可以明白，实际上，联邦所分享的主权，相对于各州分享的主权来说，是比较小的。

联邦政府所管理的工作，很少能看到它去积极落实，尽管它的管理工作范围极为广泛。相反，地方政府几乎每时每刻都在不停地工作，使得人们一直都能感受到它的存在，尽管它所处理的事务极为有限。

对于全国的普遍利益，联邦政府是十分关心的。但是，对于个人的幸福来说，一个国家的普遍利益，只会产生一种无法确定的影响结果。与之相反，对于本地居民的幸福，地方政府只要采取措施，立即就能收到成效。

为了维护国家的独立，促进国家的发展，联邦政府会想尽一切办法。但是，这些与个人的幸福，没有丝毫直接的关联。为了维护本地的公民自由，各州负有重大责任。他们不断地调整公民的权利，切实保护公民的财产，进而保障公民的未来生活。

对于它的公民，联邦政府向来是远离的。而与人民直接接触的，却是地方政府。只要地方政府一声令下，人民就会采取相应的行动。少数几个优秀人物，希望能够领导中央政府。依靠他们的这种热情，中央政府最终得以建成。而那些一流二流的人物，却是地方政府的中流砥柱。这些人经常接触人民，对人民产生较大的影响，并且，他们只希望在本州内掌权。

因此，对于州的各方面，美国人的期待和恐惧，要远远多于联邦。从人心的本性来说，美国人依赖州政府的地方，也要多于联邦。在这一方面，美国人的利益，是与他们的情感和习惯协调一致的。

当主权分享和联邦制度，同时被一个整体的国家所实行时，这个国家的法律，将会与遗俗、惯例和遗风，相互争斗。与此同时，该国中央政府将会受到巨大的压力，而这种压力是法律所不允许的。当一个单一的主权国家形成时，这几个因素结合在一起，就会产生与前述结果相反的后果。

我一点儿也不怀疑，法国的政府从一开始，就比美国的政府要强大有力，如果法国也能变成美国那样的联邦共和国。而如果相反，即美国变成法国那样的民主政体，那么美国政府的软弱无力，将会超过法国政府。

对于一些问题，人民已经习惯于采取统一的观点去考察，而对于某项事业，人们也会像关切自身的特殊利益那样去关注它。地方政府的存在，已经成为不争的事实，而乡镇与所在的州，也建立了某种必然的联系。这些情况，当英裔美国人建国的时候，就已经存在了。

美国联邦是一个庞大的联合体。不过，这一联合体，只能给爱国主义提供一个对象。并且，这个对象还十分模糊，无法确定。而各州却不同，具有明确的地域范围，还兼有固定的组织形式。在这些条件下，各州执行一些工作。这些工作在居民看来，是人尽皆知，并且十分重要的。各州的想法，与其居民的想法，基本上是一致的。对于居民的家庭、财产、遗俗、现在的工作以及未来的理想，各州都是极为珍惜的，就像珍惜自身的一切那样。因此，那种纯粹出于个人自私心的爱国主义，是不会蔓延至联邦的，而只是存在于各个州。

州可谓真正集中了人们的利益、习惯和感情。然后，这些东西又演化成政治生活。至于联邦，则完全不是这样。联邦政府和州政府，具有两种不同的权力。想要考察这种差异，只需要看看二者在各自职权范围内怎样行使职权即可。

与每一个人，或者每一个群体对话的时候，州政府的语言都是明确的，且包含一种命令的口气。与个人对话的时候，联邦政府也是这样。但是，当联邦政府与州政府交涉时却有所不同。这时候，联邦政府往往采取一种讨论和商量的口气，来表达自己的动机，并为其做法进行辩解。换句话说，它不能直接下命令，而只能进行谈判。

在涉及宪法规定的权限问题上，如果两个政府发生冲突，通常州政府会提出自己的维权要求。与此同时，州政府还会采取相应的果断措施，用以维护自己的权利。而这一时期，联邦政府要用道理来解说。而它唯一可以求助的，只能是全国人民的良知、国家利益与荣誉。在与州政府争议过程中，联邦政府不到万不得已的时候，不会轻易采取行动，而是耐心地等候处理时机。这样一来，人们便认为，州政府掌握着国家的大权，而国会只是它的一个代表而已。

因此，正如前文所说的那样，就本身的性质而言，联邦政府是软弱无力的，尽管联邦的立法者煞费苦心地做了各种努力。与其他任何政府相比，联邦政府想要维系其统治，更为需要被统治者的主动支持。

显而易见，实现各州继续联合的愿望，成为联邦政府的目的。这一目的的实现，表明联邦政府还是富有智慧和力量的。当时，联邦政府被立法者设想为，既可以战胜人们对公共决定的抵制，又可以遏制个人的反抗活动，就像一般政府那样。但是，立法者们万万没有料到，几个州可以自愿退出联邦，或者联邦直接解体。

迟早有一天，联邦会支撑不下去的。这是因为在今天，联邦主权和各州主权，经常发生争议。我甚至认为，两者之间可能会爆发一些过激的斗争。每一次遭遇强烈抵制的时候，联邦政府总是作出一定的让步。直到今天，过往的经历已经表明，一个州想要坚持一项主张，并渴望得到预期的答复，结果往往是不会失败的。而这个州想要与联邦对抗到底，联邦也只能任由它自作主张了。国家所具有的现实条件，使得联邦政府无法行使权力，尽管它早就拥有了自己的权力[1]。

美国的国土，是极为辽阔的。有很多州，距离相隔甚远。并且，美国的大部分人口，定居在荒野之上。如果联邦政府贸然采用武力手段，迫使各州向其屈服，那么不难想象，在美国独立战争时期，英国所遭遇的境况，会再次出现在联邦政府身上。

此外，对于当初所同意的一项原则，一个政府再强大，也是没有办法超越的。而那项原则的核心内容，就是必须服从公权。联邦成立的时候，是各州自愿加盟的。这意味着，对于各自的主权，各州还是保留的。在它们，联邦决不是一个由单一民族所组成的国家。如果有一个州，打算将自己的名字从联邦中消除，那么它的这种做法是无可厚非的。想要制止这种做法，很显然，联邦政府没有这种权利和力量。

如果想要战胜某个州的反抗，联邦政府就必须使得一个州或者几个州的利益，同联邦本身的存在紧密地联系起来。像这样的做法，在世界联邦制度史上，是经常可以看到的。

一个州，如果想要使其繁荣完全依存于联邦，或者单独分享联邦的主要好处，那么中央政府迫使其他州屈服的做法，很明显会得到这一个州的强烈支持。但是这时候，中央政权的力量，是见诸于一项与其本性相反的原则上，而不是来源于其自身。为了从联邦获取同等的好处，各州人民同意加盟联邦。但是，像刚才提到的那种情况，却是故意在联邦内的各州之间制造不平等。通过这样一种方式，从而使得联邦变得强大起来。

再如果，一个州所拥有的权力足够大，可以使中央政权屈从于其意志，那么其他各州很快将会被其视为下属。同时，当其他各州承认这个州的主权以后，它就会在适当的时机，试图夺取联邦的主权。真要是到了这一步，联邦政府在本质上就已经灭亡了，尽管在名义上，它还处理一些大的事务。

---

1　建立常备军，在美国是不可能的。这是因为，它周围的环境是和平的。一个政府，如果没有常备军，那么它就没有办法做好准备，与州政府周旋到底。一般来说，拥有常备军，联邦政府就可以使用联邦主权，去抑制地方的要求。并且，在适当时候，联邦还可以消除来自地方的反抗。

在这两种情形之下，联邦原来的政体和公认原则，就会遭到以联邦名义行事的政权的抛弃，其事态将随着这种政权的巩固，变得越发严重。

在美国，对于各州来说，联邦并不是不可或缺的，尽管就目前来说，它对各州还是都有好处的。纵然有几个州想要从联邦中分出去，也不会影响到其他州与联邦的纽带关系。然而，有一点不得不承认，它们所获取的总成果，将会比加盟联邦时少一些。目前，没有一个州的存在与发展，完全依靠着联邦。因此，没有一个州会为了联邦，而做出自身重大的牺牲。

另一方面，迄今为止，当今的联邦，还没有真正遭受到来自任何一个州的野心图谋。当然，在立法、司法和行政等方面，各州对联邦的影响，也是各自不同的。同时，没有一个州，可以将其他州视为自己的下属而随意控制。

所以我认为，一个州，真的想要与联邦内的其他州撇清关系，这种做法是没有人阻止的，也不可能遭到阻止。只要现有的联邦，想要继续保持这种现状，联邦完全有能力存在下去。

关于这个问题，已经得到了圆满的解决。对此，我感到由衷的放松。要知道，目前加盟联邦的各州是不是愿意继续联合下去，而非它们能否彻底分离，才是我们所要研究的目的。

目前，联邦的存在，可以给美国各州带来好处。造成这种情况的原因当中，有两个是极为重要的，也备受观察者的关注。

在美国，人民在大陆上生活，几乎是独立于外界的。但是，贸易往来，却使得远离他们的国家，变成了他们的近邻。因此，美国人必须壮大自己的实力，尽管他们表面上看起来十分孤立。而他们想要达到这一目的，毫无疑问，必须保留联邦体制。

如果联邦分裂，各州各自为政，那么它们一直对外的力量就会变弱。甚至于，外国敌对势力乘虚而入，侵占他们的领土。如果分裂的话，他们就要重新建立一套关税制度。此外，他们还要重新瓜分土地。这样一来，上帝赐给他们的大好河山，又要惨遭折磨了。

今天，美国人既不需要养兵，又不需要征税。这是因为，他们根本没有外敌入侵。但是，如果联邦解体的话，原来一切不可能的事情，就会变得十分有必要了。因此，对于美国人民来说，继续保持联邦，是有巨大好处的。

另一方面，联邦的任何一个部分，没有遇到可以促使他们分离联邦的任何物质利益。打开美国的地图，我们就会看到，沿着阿勒根山脉，从东北一直到西南，其间大概有400里约的土地。这片土地，在密西西比河流域与大西洋海岸一带，就好比是上帝专门设置的一道天然屏障，用以划分不同的民族所在区域的界限。在这道屏障的两端，人们很少往来。

阿勒根山脉的平均海拔，还不到800米。它拥有圆形的山顶，山谷之间，是宽敞的谷底。这样，人们可以从四周，进入到它的腹地。在阿勒根山脉，有一片高原，与密西西比河流域接壤。这片高原，是三条大河的发源地。这三条大河，分别是哈德逊河，萨斯奎哈纳河和波托马克河，它们最终流入大西洋。在所流经的地区，处处有限制它们东流的屏障。但是，它们依旧穿过这些屏障，为人们开辟出无数条天然道路。通过这些道路，人们也可以出入山区。

因此，在新大陆地区，没有真正的屏障，可以阻止英裔美国人相互往来。在各州之间，阿勒根山脉没有成为阻碍人们交往的屏障。阿勒根山脉被纽约州、宾夕法尼亚州和弗吉尼亚州所包围。并且，这三个州一直蔓延至阿勒根山脉的东面和西面。

现在，24个州，以及已经有居民生活但还没有取得州的独立地位的三个大区，构成了美国的全部领土。它的面积共有131 144平方里约，大概是法国领土面积的5倍。美国领土广袤，气候条件和土质，极为丰富。而每一处的物产，种类也比较繁多。

有人曾经怀疑，英裔美国人所建立的庞大联邦能否维持下去。关于这一问题，我们可以作简要的分析。在这样一个广阔的国家内，如果各州或者各省之间，存在利益纠纷，那么最后可能演变为不可避免的矛盾冲突。这时候，对于国家的安危而言，广阔的国土是有害的。但是，如果生活在那里的居民，并没有相互对立的利益，那么广阔的国土就可以促进国家的繁荣富强。这是因为，在政府的统一管辖下，国内各个地方的产品，可以任意进行交换。这样一来，产品的价值自然得到提升。

美国不同的地区，确实有各自的利益。关于这一点，我曾亲眼目睹。但是，不同的地区，从来没有过利益的冲突。

在北方，各州以制造业和商业为主；在南方，各州以农业为主；而在西部，农业和制造业，兼而有之。在北方和西部，农作物主要有玉米和小麦。在南方，农作物主要有烟草、水稻、棉花和甘蔗。在获取这些财源的时候，联邦赐予人们平等的机会，尽管这些财源各不相同。

在北方，英裔美国人将自己的产品运往世界各地。然后，他们又将世界各地的产品运回美国。为了最大数量地满足美国生产者和消费者，英裔美国人希望保持联邦现有的状态。一方面，北方是联邦与世界其他各地方的中间人；另一方面，北方又是联邦南方与西部的联系者。因此，南方和西部继续保留在联邦内，这是北方所极为愿意的。这是因为，如此，北方就可以得到制造业所需要的原材料，以及运输产品所需要的船只。

保留联邦形式，以及促进北方繁荣，对于南方和西部来说，也是有更为直接的好处的。南方的产品，想要卖出去，必须使用海上通道。所以，来自北方商业的支持，是南方和西部极为需要的。在它们，巴不得联邦有一只强大的舰队。因为这样，它们就能得到有效的保护。一旦南方的港口和密西西比河三角洲，遭到欧洲的封锁，那么南北卡罗来纳州所生产的大米，弗吉尼亚州所生产的烟草，以及密西西比河流域所生产的糖和棉花，就会没有办法售出。因此，南方和西部一定愿意花钱，专门建设海上力量，尽管它们没有自己的舰队。联邦每一笔预算支出，对于保护联邦各州的共同利益，都是有好处的。

南方与西部，除了可以取得商业利益外，还能获取不少的政治利益。这些政治利益的获取，当然是以它们继续彼此结盟，并与北方保持盟友关系作为前提。

在南方境内，有很多黑人奴隶。不管是美国的现在还是未来，都受到来自这部分人口的威胁。在西部，有一条大河，流经各个州。这条大河，发端于落基山脉和阿勒根山脉，接着汇入密西西比河，最后流入墨西哥湾。由于地理位置的缘故，西部各州与欧洲的传统与文明，呈现出一种隔离的状态。因此在黑人面前，为了不让自己陷入孤立，南方各州的居民宁愿维持联邦。

在西部，人们不想让自己由于封闭在美国中部，而与其他世界各地隔绝，也倾向于保持联邦体制。最后，为了使得广大的国土，与世界其他部分，建立有效地联系，北方也不愿意脱离联邦。在它，可以将联邦视为诸多联系的纽带。

由此可见，一种紧密的物质联系，始终渗透在美国各州之间。我们认为，人们之间的非物质联系，也能为这种物质联系中的观点和感情所引发。

对于爱国精神，美国的居民有很多看法。这些看法建立在利害关系之上，一旦现实的情况发生变化，这种利害关系也随之发生改变。因此，这种爱国主义，在我看来是不理智的，尽管我并不想直接这样说。对于祖先所采取的联邦制度，美国人经常表示要维系下去，并提出了各种论点。对此，我不是十分看重。

出于一种本能的同意，或者说出于一种非自愿的同意，而非出于人民自愿联合的理智，他们提出了一种论调，那就是，在政府的统一保护之下，很多的公民可以得到有效的保护。像这样的论点，无非是他们看法上的相近，或者感情上的类似所产生的一种结果罢了。

仅仅认可同一个领袖或者服从同样的一些法律，人们便组成了社会。像这样的观点，我是决不认同的。只有同样的一些事件，给人们留下一致的印象，并促使他们产生同样的想法时，只有人们对大部分问题抱有同样的看法时，只有人们从同一个观点考察许多问题时，社会才真正地存在。

凡是使用这种观点考察问题和美国现状的人，很容易就会发现，美国像一个统一的民族那样生活，尽管它的居民分布在24个拥有不同主权的州。此外，这样的观察家甚至还认为，与一些只有立法机构，并且只服从于一个人的欧洲国家相比，英裔美国人所建立的联邦社会，明显地要好很多。

对于国内的各种教派，英裔美国人都一律平等地对待。治理国家，他们并不是采取一刀切的方法。相反，他们时常改动方式，以求适应政府的工作。不过，对于治理人类社会所需要的普遍原则，他们的意见却是一致的。从密苏里州到大西洋沿岸，从缅因州到佛罗里达州，人民是一切机关权力的最终来源。在自由、平等、出版、结社权、陪审制和公务人员的责任方面，各个州的看法或观点几乎是一致的。

在日常生活行动和指导他们全部活动的哲学和道德思想方面，如果我们从政治和宗教的立场去考察就会发现，美国各州依然存在着明显的一致性。

就像承认全体公民是政治权威一样，道德权威是公认的道理，也得到了英裔美国人的承认。而且，在英裔美国人看来，公共意志有权决定，什么是真的，什么是假的，什么是允许的，什么是禁止的。他们当中的很多人相信，走向公正和至善的方法，就是真正地认清自己的利益。每一个人，从生下来的那一天起，就有权利自己管理自己，不管是谁，没有权力去强迫他人追求幸福。人生只要努力，是可以实现最为完善的状态的。这些是他们向来笃信的观点。

传播知识，可以造福公众，而愚昧无知，必将导致恶果，这在他们看来，是确信无疑的。他们还认为，社会是这样一个有机体，它不断进步，而人生也是一幅幅图画，不断地进行变化。其中，任何东西都不会是停滞不前的，也没有什么东西应当是那样。他们坦言，有些东西，在今天看来，是比较好的，但是到了明天，就会被其他更好的东西所取代。

当然，这一切观点，在我并不是说，它们都是准确无误的。我只是意在表明，美国人素来是这样认识世界和社会的。一方面，由于这些共同的观点，英裔美国人彼此相互团结；另一方面，由于骄傲的情感，与其他民族相比，英裔美国人显得有些格格不入。

50多年以来，在某些人眼里，美国的民主制度，是全世界发展的最好的。至于世界其他地方，民主制度的发展全都失败了。这些人还认为，世界上最为虔诚，最有知识，也是最为自由的民族，就是美国了。因此，这些人自认为很了不起，并觉得自己是人类诸多人种中最为优秀的一个。所以在我看来，美国人的性格变化和激情，才是威胁美国联邦的根源，而不是他们之间的意见分歧或者利害冲突。

在美国的广袤领土上，居民大多是出于同一个种族。但是随着时代的变迁，加之气候尤其是蓄奴制等方面的因素，美国的南方与北方，居民在性格上逐步出现了显著不同。

在美国，蓄奴制造成了一部分地区，与另一部分地区的对立。我们中间的一些人，就抱有这样的看法。然而，我却没有发现他们所说的那种情况。在南方与北方之间，蓄奴制并没有导致两者产生对立的利益。但是，与北方居民相比，南方居民的性格大为改变，并且形成了与之不同的习惯。这些确实都是由蓄奴制造成的。在前文，我已经指出，在蓄奴制的影响下，南方居民在经商方面所发生的变化。其实，蓄奴制的影响，也波及到了南方的民情。

百依百顺，遭遇痛苦和不公平，也不敢张口抱怨，这是奴隶的性格特征。对于主人，他们从来不在公开场合予以反抗，尽管他们有时候会暗杀主人。在南方，只要不是太贫穷，几乎每一个家庭都有奴隶。在人们的所有观念里，生来就是发号施令的人，是南方人所获取的第一个观念。确实，在美国南方的家庭里，孩子们从小就养成一种家庭小霸王的习性——要求奴隶毫无条件地服从他们的指挥。因此，南方的美国人从小就被教育成一个高傲、狂躁、野蛮的人。一旦遇到什么不顺心的事情，他们就会失去耐心。并且，事情稍有不顺，他们就打算放弃。

而北方的美国人，从小就没有看到过奴隶。通常，他们依靠自己的能力养活自己。甚至，他们都没有雇佣的仆人。当他们进入社会以后，也会接触一些社会观念。不过，这些观念为数不多。在很早的时候，他们就能明确无误地判断自己的权利界限。由此，他们开始自己养活自己。对于自身之外的命令，他们从来不愿意服从。他们明白，赢得他人的信任，是自己得到他人支持的先决条件。因此，做起事情来，一旦有了详细的计划，他们就会坚持到底。他们的思维精细，遇到不顺利的时候，也很有耐心。为人处世时，他们能够宽以待人，从容不迫地应对一切。

在南方，不管是什么需要，人们总是能够得到满足。由于有另外一些人为他们劳动，因此，这里的居民很少为物质生活而感到忧虑。既然在这方面，他们的精力有了剩余，那么他们的想象力便用到了另外一些活动上。这些活动虽然看起来，场面宏大，但是却没有任何实际的价值。几乎没有什么事情，会让他们为生活操劳。每一天，由于不用劳动，都用来睡觉。甚至对于一些有意义的事情，他们也不去思考。逐渐地，南方人养成奢华的生活习惯，喜欢到处讲排场。他们喜欢用不正当的手段，捞取名誉，并愿意讲一些不切实际的话语。在休闲自在的生活中，他们想尽办法，享受欢乐。

在北方，人们在平等的机会条件下，努力地进行奋斗。这里，没有蓄奴制，因而人们整天为生计操劳。这些在南方的白人眼里，是不大看得起的。在少年时期，他们就开始为生活忙碌。奋斗致富，是他们一切精神欢乐和心灵享受的源泉。一般而言，他们的言行，比较切合实际，并且明晰准确，尽管他们的思想并不丰富广泛，且想象力始终绕不开生活的琐事。他们把致富当做人生的唯一目标，因此每一个人都会为此竭尽全力，大有不达目的誓不罢休的气势。

自然和人力，是北方人创造财富的工具。这一点，颇让人们感到敬佩。让社会上每一个人都变得幸福，从每一个人的奋斗中汲取精华的东西，为了实现这些目标，他们挖掘出无数令人赞叹的方法。实际经验和学识，在北方人那里，是从来不缺的。但是，学习在他们那里，从来不是一种什么消遣活动。他们把科学当做一种手段，并期望将其有效地应用到实际生活中。

冲动幽默，坦诚大方，是南方人所特有的性格。除此之外，他们的才学，也是比较丰富的。在处理事情的时候，北方人积极主动，处处依靠理性思维。不过，他们的实干能力更胜一筹。显而易见，南方人的兴趣、偏见、弱点和优点，全是属于贵族阶级的。而北方人的优点和短处，恰恰是中产阶级的特点。

如果让南方人与北方人联合起来，使其利益和见解完全一致，而又保持他们各自的性格、知识水平和文明程度，很显然，他们是不会联合在一起的。像这样的情况，也适用于国家或者民族之间的联合。因此，美国联邦并没有因为蓄奴制所具有的利害关系而遭致任何损害。

1790年，共有13个州签署了联邦公约。今天，签署公约的州，已经达到了24个。1790年，全美人口共有400万。到了1830年，经过40多年的时间，人口数量翻了两倍，即达到了1300万。发生这样的巨大变化，自然会有一定的危险性。那些由个人组成的团体，与由数个国家或地方组成的社会一样，理智的，力量不大，且为数不多的成员，是保持团体或社会持久存在的主要因素。

从大西洋沿岸出发，不断向西部地区挺进，这些美国人可算得上是冒险家了。对于各种约束，他们一点儿也不能忍受。发财致富，是他们的至高目标。这些人在他们的出生地并不受欢迎，最后往往被驱逐出境。就这样，他们第一次来到了西部荒野。

在这里，他们第一次相见，谁也不认识谁。传统和家庭情感，在他们身上失去了效用。不管做什么，都没有现成的范例，可供他们效仿。法制和民情，在他们身上，也发挥不了任何作用。因此，从各个方面来说，与居住在原来13个州的美国人相比，迁移到密西西比河流域的人们要差很多。但是，对于西部的那些乡镇，这些人却发挥了重大的影响。他们在学会自己管理自己之前，就已经开始建立政府了。这样的政府，一直从事于公共事务的管理。

一般说来，成员个人的力量，随着数目的增加，而不断减小。各个成员的安全，随着国家或社会的力量壮大，存在的时间变长，而越来越依赖于两者的结合。1790年，美国的各个州，还没有一个的人口数量超过50万。那时候，成为独立的国家，在各个州看来，都自认为没有资格。这种想法的存在，使得联邦更为容易统领各州。

但是，当某个州，比如说纽约州，虽然面积仅有法国的四分之一，但是人口数量已经增加到200万。这时候，它就会觉得自己很了不起。如果它不是出于自身利益的考虑，继续留在联邦，那么联邦的维持，对它来说，就不是非常必要的了。并且，尽管它答应继续留在联邦，但还是会提出占据优势地位的要求。

美国的联邦成员越来越多，反而会加剧联邦分裂的危险。像这样的观点，很多人是欣然同意的。不过，对于同样的问题，他们却不一定能采取同样的方法去审视。如果他们连观点也不同的话，这种情况就更为普遍了。因此，随着美国联邦成员的增加，在法制的联合方面，将会变得越来越难以协调一致。

今天，美国的各州之间，并不存在利益上的冲突。然而在美国，每5年就有一个新州加入；每一天，就有一个新的城市成立。在不远的将来，它会发生什么样的变化，谁也无法预料。

自从英国人在新大陆建立殖民地以来，美国的居民大概每经过22年，数量就要翻一番。目前，什么因素可以制止未来100年内人口增长的趋势，在我看来，当还没有到100年的时候，美国就已经有40多个州，其居民数量也将增加到一亿多。

这么多的人口，在我看来，他们并没有什么不同的利益。相反，美国各州继续联合，会产生更多的效益。不过，我还是要补充一句，由于有这么多人口，加之又要划分为40多个州，且各州情况不同，力量不均，所以，幸运的联邦政府还继续存在的话，那纯粹是偶然事件。

人是向善的，这是我一贯坚持的主张。但是，如果对于自己的性格，人们不加以改变，一个政府所管理的面积是如此之大——40多个州，相当于欧洲一大半的面积，想要持续存在下去是很难的。这是因为，各州之间的对抗和纠纷，以及各自的野心，需要联邦政府及时予以制止和调整。此外，为了完成共同的事业，联邦政府还要组织它们联合起来。但是，联邦内部的活动势力，不断地进行迁移，使得日益扩大的联邦，想要继续巩固的话，存有较大的风险。

从苏比利尔湖到墨西哥湾，大约有400里约的直线距离。以这条长线为轴心，整个美国的边疆蜿蜒展开。在有些地方，它的边线迂回一些；在更多的地方，它的边线则蔓延至荒无人烟的地区。曾经有人做过统计发现，沿着这条荒地边线，白人每年平均向前开拓7里约。在此过程中，他们经常遇到印第安人，湖泊，以及寸草不生的荒地。这时候，前行的人马会停止脚步，等到后来的人马跟上来，汇集到一起后，再接着前行。就这样，欧洲人慢慢地向落基山挺进。他们像是遵循着神的一种旨意，如潮水般，后来者不断跟上。

这些征服者，作为最前线的开拓者，在他们经过的地方，建起了一些城市。很快，几个规模不容小觑的州也成立起来。1790年，安居于密西西比河流域的人数，不过几千人。但是现在，整个流域的居民数量，快要接近400万。这一数目，是1790年全美人口的总和。1800年，华盛顿市成立。那时候，它算是全美的中心了。但是现在，它只不过是联邦四极中的一个而已。为了参加国会，地处西部最边缘的几个州，议员要走很长的路程，才能到达华盛顿。这样的路程，相当于从维也纳到巴黎这样长的距离。虽然联邦各州，不断地变得富裕强大，但是整个联邦，却没有办法同各州取得同等的发展程度。

在联邦的北方，阿勒根山脉有几个分支，蔓延至大西洋中。这样，便形成了几个停泊所和港口。这里，空间宽阔，可以停泊巨大的船只。但是从波托马克河开始，顺着美洲沿岸南下，一直通往密西西比河河口，这一带地区却是沙质的土地，地势比较平坦。在联邦的这一地区，差不多每一条河流，其河口都为泥沙所阻。分布在海岸线上的港口，为数不多，水位也比较浅，没有办法容纳像北方那样的大型船只。因此，这一带的商业想要发展，是没有北方那样有利的港口条件的。

正是由于上述的自然原因，形成了主要劣势。然而，除此之外，还有一个劣势，是由于法制原因形成的。

我们已经说过，蓄奴制虽然在北方已经消失了，但是在南方却依旧存在。关于奴隶主本身的福利，由于蓄奴制的存在，给其造成了不少的损害。相关的论述，我在前文也已经提到了。不管是商业，还是工业，南方都要比北方稍逊一筹。因此，与南方相比，北方的人口和财富，其增长速度都是比较快的。

在大西洋沿岸的各州，大部分土地都已经有了归属。并且，这里的人口，基本上已经呈饱和状态。因此，与有很多土地需要开发的西部不同，这里再也容纳不下大批的移民。与大西洋沿岸的土地相比，密西西比河流域的土地要肥沃得多。除了这个原因，再加上其他一些理由，欧洲人便义无反顾地向西部进发。关于这个事实，有一些数字可以很好地说明。

40多年来，全美的人口增加了两倍多。如果只计算密西西比河流域的人口，在相同的时间内，它增加了30倍。

在美国，全国的中心地位，不断地发生变动。40年前，在今天的华盛顿地区，分布着联邦的大部分居民。现在，内地和更北的地方，是迁移居民的主要去处。毋庸置疑，大部分居民在今后的20年间，不断地向阿勒根山西翼聚集。

由于土地肥沃，地缘广阔，密西西比河始终是联邦的中心地区。当然，这情况的存在，前提是联邦能够继续维系下去。不难想象，密西西比河流域在今后的三四十年间，一定会取得相应的地位的。到了那个时候，大西洋沿岸与这里的人口比值，将会达到11∶40。因此，用不了几年，密西西比河流域的人口，将会对联邦产生较大的影响，而早先建立的各州，就会失去它们的影响力。

每过10年，联邦力量和影响，就会明显地向西北方向移动。这种情况，已经成为一种趋势。全国人口普查工作，每10年进行一次。每次工作结束后，各州应入选的众议员人数，都作出了适当的调整。

1790年，弗吉尼亚州有19名众议员。后来，人数不断增加。到了1813年，人数增加到23名。不过，在此之后，人数开始下降。到了1833年，只有21名。俄亥俄州，1803年的时候，只有一名众议员。到1833年的时候，增加为19人。与之相反，在同一时期，纽约州的议员人数却不断增加——1790年，有10名；1813年，有27名；1823年，有34名；1833年，有40人。

一个富强的国家，与一个贫穷的国家，在很长的一段时期内，能够有效地联合为一体，这真是一件不容易的事情。如果当初结盟的时候，就已经清楚地知道，前者的富强并没有导致后者的贫困，那么这样的联邦是不会持久存在的。如果因为联合，一方由此失去了主权，而另一方却由此获得了主权，那么像这样的联邦也是难以维系的。

有几个州，势头发展迅猛。对于其他州的独立而言，它们带有一定的威胁性。像纽约州这样的，拥有200万人口，40名众议员，想要国会通过某项法案，是很有可能的。不过，即使较弱的州，不会遭到较强州的压迫，其危险性还是客观存在的。这是因为，现实的情况与压迫的可能性，基本上是相等的。

对于强者提倡的正义和理由，弱者几乎是不会相信的。因此，那些发展比较迅速的州，经常遭到发展迟缓的州的嫉妒和怀疑。结果，在全美境内，一部分地区的自信与惬意，与另一部分地区的苦恼与不安，便形成了鲜明的对比。在我看来，正是这种情况的存在，才导致南北方之间保持对立。

在全美境内，联邦的存在，对于南方人来说，是最为迫切的需要。这是因为，一旦让南方各州独立，它们的损失是最大的。为什么这样说呢？理由很简单。这是因为，在南方，曾经出现了4位联邦总统。但是现在，在联邦政府里面，南方人是很少的。就连国会里的众议员，南方人所占据的名额，也在逐年下降。与之相反，北方和西部地区的众议员人数却在增加。

还有一点不得不说，那就是，南方人的性格急躁，易于发怒。一遇到什么不顺心的事情，很容易发脾气，不能冷静地对待。每天，他们都在询问自己，面对压迫，能不能承受得住。如果联邦没有采取他们的建议，他们就会勃然大怒，指责联邦没有给他们好处，而只是让他们一味地承担责任。最后，他们以退出联邦，作为威胁的筹码。有时候，联邦通过的某项法令，对于他们而言，存在不利的地方，他们马上会提出抗议。他们一边大喊大叫，一边批判联邦滥用职权。就这样，他们用一种忧患的意识面对现在，用一种怀旧的眼光回忆过去。

1832年，卡罗来纳的居民发表了一份声明。其中，他们这样写道：“南方陷于破产的境地，而北方则发了一笔横财，这些全是因为关税法的通过。要知道，北方气候寒冷，土地贫瘠，而南方可谓是美洲的花园，结果，前者不断增加财富和权力，而后者却不断衰落。很明显，这是关税法在起作用。”

当然，危险性也是会降低的，如果我所说的变化非常缓慢，以至于每一代人都无法察觉现实的秩序对他们所产生的影响。但是在美国社会，我敢说，有些事情具有革命的意味，它们的出现往往非常意外。在公民的一生中，他可以看自己所在的州，开始的时候在联邦居于优势的地位，而后来又渐渐失去这种优势。在全美的所有州里，有些州成长非常迅速，只需要花费30年的时间。它们的经历，就像一个人的成长一样，从出生到青年，再从青年到成年。

但是，对于失去优势的州，不要以为，它们的人口会大幅减少，或者从此陷入低谷。对于它们来说，还是有相当的发展潜力的。与同时期的欧洲国家相比，这些州的发展速度甚至要快很多。但是，因为突然之间，冒出一个势力强大的对手，它们觉得自己失去了优势；与相邻的州相比，它们的财富增长速度显得稍慢，因而它们觉得自己变穷了。这样一来，不管是情感上，还是在欲望上，它们都觉得遭受到了损失。并且，在它们看来，这种损失远比利益上的损失大得多。但是，对于联邦的继续存在，上述情况会不会产生威胁呢？如果从人类诞生的那一天起，真正的利益从来没有逃离各国居民和领袖的视线，那么人类的战争是有可能完全避免的。

可见，美国自身的繁荣，是威胁美国安全的最重要因素。这是因为，联邦的某些州会因为自身的繁荣而沾沾自喜，这样却引起另外一些州的嫉妒和猜疑。同时，由于财富不断遭受损失，后者便感到无地自容。

对于这样的一种奇异运动，美国人通常能以静观的态度对待。当他们这样做的时候，不免感到欣慰。但是，我认为，他们应该换一种态度审视这个问题：他们应该时刻怀着遗憾和恐怖的心情。不管怎样，美国势必会发展成为世界上最伟大的民族之一。而他们的后代，也会遍布整个北美大陆。现在，他们所占据的土地，已经成为他们的领土，相信以后，他们也不会失去自己的土地。那么，是什么力量在未来维系着他们的土地呢？他们认为，荣誉、权势和财富，是每天必不可少的东西。因此，他们如饥似渴地获取这些东西，好像稍有疏忽，就有可能失去它们似的。

各州继续保持结盟，是联邦存在的关键因素。我相信，我已经证明了这一点。而且，据此论点，我又研究了使得某些州要脱离联邦的因素。但是，只有两种方式可以破坏联邦。第一，由于结盟的各州纷纷要求恢复独立，联邦政府因而失去了权威地位。一个政府，如果没有了特权，会认为自己没有什么用处，没有办法完成自己的目标。于是，就像第一次结盟那样，第二次结盟也由于衰败无力，而慢慢走向消亡。第二，极个别的州，为了退出联盟公约，而使用粗暴的方式，破坏各州之间相互连接的纽带。在前文中，我所论述的，大部分都是这种情况。

联邦如果没有了各州连接的纽带，势必导致联邦解体。并且在这之前，这种情况还会产生其他不太重要的结果。纵使由于联邦的软弱无力，导致国家和政府无法有效运作，全国的普遍繁荣也不再重现，联邦也还是会继续存在的。

联邦分裂的原因梳理之后，下一步，我们应该讨论，如果联邦继续存在，它的政府会变得更加强大有力还是委靡不振，其活动领域会不断扩大还是慢慢缩小。

对于未来，美国人颇为担忧。世界上其他国家的最高主权，往往掌控在极少数的个人手中。美国人清楚地看到了这一点，因此他们害怕自己的国家，有一天也会变成那样。甚至于，这种恐怖情绪也波及到了某些政治活动家。有时候，他们还装作怀有这种恐怖情绪。一旦民众对中央集权感到不满，直接批判中央政府过分垄断权力，是政治活动家讨好大多数的最好办法。因此，这些政治活动家便装出一副担忧的样子。

世界上，凡是中央集权的国家，大多是单一的民族，而美国却是一个由多民族联合起来的联邦。在这样的事实面前，任何由类比做出的推测，都显得十分无力。然而，关于这一点，美国人却没有及时察觉。

我承认，美国人的这种恐怖情绪，在我看来是一种假设。我认为，联邦政府的权力日益减少这一点，与美国人所担忧的联邦集权，是完全不同的。我提出的这个论断，只需要使用我亲眼目睹的事例，或者当代发生的事例，就足以证明了，而不需要使用古代的事例。

美国这个国家，有两种截然相反的趋势。只要认真考察美国的现状，就能发现这一点。这两种趋势，就像河床里的两股水流，一个向东流，一个向西流。

联邦的存在，已经有45年了。在这段时期内，许多反对联邦的地方偏见，也慢慢地化于无形。美国人的排外性，基本上已经不再那么强烈了，这要得益于他们自身对乡土的依恋。随着不断地交往和接触，联邦各州变得日益亲密。每天在各个口岸，轮船不断往返。由此，内河的上游和下游，快速运输着各种各样的货物。在荒漠地带，也有了邮政的影子。可见，人们之间的相互往来，已经离不开邮政了。

当然，除了这些自然和人工的条件外，人们的追求、愿望和致富的心理，也是促进美国人不断交往的重要因素。他们纷纷背井离乡，到全国各个地区奋斗，由此也结识了很多同胞。与美国相比，法国没有一个省份，能有1300万的居民彼此熟知。

一方面，美国人在不断地融合；另一方面，他们又不断地在同化。以前，由于气候、祖籍和制度的差异，美国人彼此之间还存在些不同。现在，这些不同之处，正在逐渐缩小。因此，他们变得越来越相像。在联邦的各个地区，每年都有不计其数的北方人到来。随之而来的是，他们的信仰、思想和民情。

与这些地区的居民相比，他们的文化素养明显要高很多。于是，当地的事务管理，很快就由他们来掌控。慢慢地，这里的一切，变得越来越符合他们的利益。全联邦统一的特征里，包含着不同地方的特点。之所以会形成这种局面，很大程度上依赖于由北向南的移民。因此迟早有一天，其他各个地方，会将北方的文明，当做自己的标准。

联邦各州，随着美国工业的发展，越来越趋向于现实的联合。要知道，当初联邦得以形成，大抵是以见解一致为基础的。在此期间，联邦各州的商业纽带，也比以往加强了。时代不断向前推进，而1789年时假想的恐惧，现在已经无法在人们的头脑中寻找得到。联邦政府没有强迫各州服从君主制度，没有损害各州的独立，更没有变成高高在上的压迫者。在人口、财富和势力等方面，联邦各州都不断在增强。就连那些比较小的州，也不会过分依赖于比较大的州。

所以在我看来，与1789年那时候相比，现在联邦各州维持结盟的状态，已经没有那么多严峻的自然障碍了。而且，与那时候相比，联邦政府的敌人，也要少很多。

不过，稍微研究一下45年来美国的历史，我们不难发现，联邦的权力确实不如从前了。之所以会出现这种情况，是有一定原因的。

1789年，美国公布宪法的时候，还没有一个正式的政府。当时可以说，是一片混乱状态。但是很快，联邦政府成立了。这样，人们心中生起一股莫名的恐惧和厌恶。当然，由于联邦恰当地表达了一种迫切需要，便得到了不少人的支持。那时候，联邦所遭遇到的冲击，远比今天严重多了。但是，竭力斗争所获取的胜利，却使联邦政府迅速登上了权力顶峰。在这一时期，扩大联邦的主权，而非限制联邦的主权，是解释宪法的主要目的。所以，从里到外，在很多方面，联邦显示出一个单一国家的模样。通常，这种国家由一个政府来领导。

但是，为了实现这一点，人民的地位不断被抬高，甚至超越了联邦的地位。对于各州的个性，联邦宪法并没有予以消除。并且，不管是哪一个州，其性质如何，它们都有一种本能的反应，那就是，总试图脱离联邦而独立。在美国，有很多这样的乡镇，它们已经习惯于自己管理自己，就像一个独立的共和国一样。在它们身上，那种本能的反应更为明显。

因此，要想使各州服从于联邦的绝对权威，必须做出一番努力。促使这种努力产生的原因，随着努力取得越来越大的成果，变得越来越不强烈，甚至于销声匿迹。这一点，是绝不能发生的。

联邦政府的权力，变得越来越巩固。整个国家，重现恢复了国际地位。于是，公众对国家产生了信任感，边界地区也很少发生动乱。混乱的现象被稳定的秩序取而代之，努力奋斗的个人由此走上了自由发展的道路。

然而，联邦自身的繁荣，开始让人们遗忘产生这种繁荣的原因。曾经，毅力和爱国精神，帮助美国人克服了重重危险。现在，危险一旦过去，美国人就将这些东西抛弃。曾经，他们面对困惑，流露出无限的恐惧。现在，这种恐惧不复存在，他们便凭一己之好，任意妄为。他们自然而然地返回到旧有的老路。跟随联邦的成长与繁荣，没有一个人愿意离开联邦。然而，对于他们的事务，他们则希望联邦少插手。当一个强大的政府，不再为人们所需要时，人们很自然地觉得它处处碍手碍脚。

对于联邦的原则，不管是在什么时候，人们都是欣然接受的。但是，几乎没有一个人会主动应用它们。通常而言，各个州希望继续保持联盟，但是却又希望恢复原来的独立，尤其是涉及到本州事务的时候。因此，一方面，联邦政府不断衰落；另一方面，它又在营造秩序与和平。

人们想要获得独立的激情，一旦暴露之后，那些善于投机的政党领袖，为了谋取私利，便开始到处无事生非。这样一来，联邦政府的敌人不断得势。他们为了获得控制政府的权力，急切希望联邦政府陷于崩溃。而这时候，联邦政府也确实到了危急关头。

事态一旦发展到这种地步，很自然，各州政府与联邦政府，少不了争端纠纷。而且，事情的结果，往往是联邦政府不断退让。当有些问题牵涉联邦宪法的解释时，通常而言，解释是有利于各州而不是联邦。

在宪法的授权下，联邦政府管理全国性的利益。那时候，各州政府认为，这种授权是要联邦政府在国内从事或者开展一些重大工程或事业，比如开凿运河。像这样的工程或事业，往往能够促进全联邦的繁荣富强。

当另外一个权力当局，开始对它们的一小部分领土进行支配的时候，各州政府产生了恐惧的情绪。各州政府专门为本州的公民，设置了一定的权力。它们担心中央政府将这些权力全部剥夺。要知道，按照中央政府的做法，它是可以在各州境内下达指令。各州政府担心，中央政府会取缔它们的地位。

因此，民主党站出来说话了。它一向反对扩大联邦政府的权力。它严厉批判国家元首图谋不轨，并且指责国会滥用手中的权力。面对种种指责，中央政府吓得不轻，连忙承认自己的错误，并向民主党保证，自己的权限仅在一定范围之内。

同外国直接交涉，这一特权也是宪法赋予联邦政府的。对于近邻印第安各部落，联邦政府也采用这种立场。只要这些野蛮人将自己的土地，拱手相让，在文明面前俯首称臣，联邦政府是没有什么意见的。当一个印第安部落，在某一个地方，试图安居下来的时候，与这一地区相邻的州便声称，这一地区是属于它的。因此，居住在这一地区上的人，必须服从它的管辖。对于该州的做法，中央政府没有任何异议。很快，印第安部落会与中央政府签订一个条约。该条约明确承认，该部落为一个独立的共和国。此后，该部落如果遭受邻州的暴政，中央政府是坐视不管的。

某些州位于大西洋的沿岸。为了进入欧洲人尚未达到的原野，它们疯狂地向西部挺进。它们的这种做法，已经引起邻州的嫉妒。这些近邻州，由于边境线已经划定，而没有办法进行更改。为了达成妥协，这些获得利益的邻州，主动同意划定自己的边界。同时，为了让联邦方便管理，它们同意将自己州以外的土地，统一交由联邦管辖。

自此，最初组成联邦的13个州之外，那些还没有完全开发的土地，便由联邦政府管辖。换句话说，这些土地的分配和处置，全由联邦政府做主。出售这些土地所得的收入，一并缴纳给国库。此外，这笔收入，还被联邦政府办理各种事务，比如，修建直通新荒野的道路，购买印第安人的土地。这样一来，加速社会发展的权力，在联邦政府那里得到了很好的运用。

各州出让的荒地，越来越多。后来，一大批移民，从大西洋沿岸，远道而来。随着时间的推移，在这些荒地上，相继成立了几个新州。为了全国的利益，被划入新州境内的荒地，仍旧被国会出售。然而这时候，新成立的州，纷纷要求将出售土地的收入，完全收入自己囊中。这种要求的呼声，越来越高涨。最后国会认为，这项特权联邦政府放弃为好。于是，1832年末，国会通过了一项法案。该法案规定，西部新成立的各州，有权使用大部分售地收入，但是那些还没有被开发的荒地，其所有权仍不归属于各州。

对于美国的发展，只要稍微考察一番，就不难发现，该国所获取的利益，与银行制度密不可分。这种利益形式，各种各样。其中，有一项利益极为显眼，那就是，联邦银行的纸币，可以在全国范围内流通。不管是在多么边远的地区，这种纸币的价值，与银行所在地费城的价值，是完全相等的。

但是，联邦银行却成为众矢之的。对于总统，联邦银行的董事们是极力反对的。但是，这些董事们也常常遭到莫须有的诟病。他们被认为，滥用影响力，妨碍总统的竞选。因此，这些董事们所代表的银行，遭到总统的全力反对。从前，总统的反对者们，这时候也联合总统，一致反对银行的董事们。这样一来，总统觉得自己获得了大多数的支持。

联邦银行是全联邦最大的金融纽带，正如国会是全联邦最大的立法纽带一样。而那些想要独立的州，也妄图通过搞垮银行，最终获取中央政权的机能。

各个地方银行，发行了很多流通券。联邦银行手中握有很多这样的流通券，随时可以逼迫地方银行，将这些流通券换成硬币。像这样的情况，在联邦银行却是一点儿也不用担心的。联邦银行有很多流动资金，任何取款要求，都难不倒它。与之不同，地方银行遭遇这样的威胁时，并不能有效地使用自己存款余额。对它们而言，按照一定的比例发行流通券，是最好的方法。谈到货币流通的控制，再没有什么比这更好的方法了。对此，地方银行没有办法，只能不厌其烦地忍受。

由于利益关系变成地方银行工具的总统，以及被地方银行收买的报刊，对于联邦银行，也抱以强烈的不满。为了反对联邦银行，在全国各地，地方激情和盲目的民主本能，被这些报刊鼓动起来。它们的看法是，美国社会的平等原则，迟早有一天被联邦银行的董事破坏殆尽。这是因为，它们认为，联邦银行就像一个贵族集团，对政府的各个方面施加影响。

联邦银行与其对手的抗争，只是美国等级服从精神与民主独立精神、各州政府与中央政府之间，开展的一系列斗争的一个缩影。在另外一些问题上，中央政府遭受着一些人的攻击。这些人与联邦银行的敌人，在我看来，是完全不一样的。但是，前者对于中央政府的抵制，与后者对于联邦银行的反击，是基于同样的一种本性。而且，联邦银行招来越来越多的反对者，这正好表明，联邦政府已经不像从前那样强大了。

在关税问题上，联邦表现得十分软弱无力。而且，这种情况，之前是从来没有过的。1812年英美战争和法国革命战争时期，美国与欧洲不再往来。在这种情况下，联邦北方建立起了制造业。战争销声匿迹，一切恢复和平之后，欧洲大陆的产品又陆续运送到美国。这时候，一方面，为了保护本国的制造业发展；另一方面，为了偿还战争期间的债务，美国迫切地感到，需要建立一种新的关税制度。

对于这项新的措施，南方很快就抱怨起来。这是因为在南方，只有农业，几乎没有什么制造业。在这里，对于南方的抱怨，我不想分析它们是有根据的还是仅凭想象。我只是想把这一事实摆出来。

1820年的时候，在提交给国会的一份请愿书中，南卡罗来纳州宣称，关税法案是不公平的，残暴的，且与宪法相悖。接着，密西西比州、亚拉巴马州、北卡罗来纳州、弗吉尼亚州和佐治亚州，不断对关税制度提出抗议和质疑。对于这些声音，国会没有给予回应，而是在1824年和1828年，接连提高了税率。并且，在这次提税过程中，国会又一次确认了征收关税的原则。于是，拒绝执行联邦法令的主张，开始在南方产生，并不断蔓延。

在论述联邦宪法的时候，我已经指明，组建一个全国政府，而不是成立一个联盟，是联邦宪法的目的。根据美国宪法，在一定的条件下，美国才算是一个单一的民族。也只是在这些条件下，联邦才能通过大多数来表达全国的意志，就像其他一切立宪国家的做法那样。如果大多数的意见通过了，那么少数则只好服从了。这一学说，符合宪法的条文，也是宪法制定者的真实目的。因而，这一学说是合法的。

与此相反，南方所谓的拒绝执行法令的主张，其目的是要建立几个独立州的联盟，而不是建立单一的民族国家。因此，纵然不是在行动上，最起码也是在原则上，各个州想要保持完整的主权。并且，对于国会所颁布的法令，各州有权解释，并且，如果它们觉得那些法令与宪法相悖，一点儿也不公平，就可以直接拒绝履行。

1833年，卡尔霍恩在参议院发表的一篇讲话，可以概括南方各州的主张。他说："作为一项契约，宪法在各州以主权者的身份出现。但是，当这项契约在各州出现分歧的时候，每一个州都有权决定，自己该在什么范围之内履行宪法。"很明显，一旦这项主张实行，美国的无政府状态又会出现。要知道，这种状态在1789年宪法颁布之后才得以消失。并且，如果这项主张得以实行的话，全联邦将会变得四分五裂。

当联邦以不理会的态度，让南卡罗来纳州对关税法的抗议无法奏效时，该州就宣称拒绝执行联邦的法令。然而，国会仍旧坚持关税法。这样一来，一场斗争的风暴便来临了。

1832年，一个国民代表会，在南卡罗来纳州正式成立。该州的人民商议，决定采用一些极端的措施予以应对。这一年11月24日，以法令的形式，该国民代表会颁布了一些法律。其中，有一条规定，任何向联邦法院提出的诉讼，该州有权拒绝；关税法在该州没有生效，因此该法规定的税款，该州不予征收。该法律于1833年2月起，正式发生效力。

此外，该国民代表会还宣称，关于关税法所造成的后果，南卡罗纳州将不会追究国会的责任，如果国会在这一时期内修改关税制度。没过多久，该州又以模糊的态度表示，将这一问题提交给联邦特别委员会处理。当时，这一委员会由全联邦所有的州组成。在国会做出正式回应之前，南卡罗来纳州开始训练民兵，提前为战争做好准备。

最后，国会是如何处理的呢？刚开始的时候，老百姓苦苦哀求，国会不予理会。但是，后来老百姓拿起了武器，国会便屈服了他们的意见。很快，国会通过一项决议，规定在未来的十年内，税率逐年降低。等到政府的开支不小于关税的收入时，税率的降低就可以停止。由此可见，关税原则最终被联邦政府所抛弃。关税制度也因之变成了一项纯粹的财政措施。

为了捍卫自己的颜面，联邦政府虽在事实上做出了让步，但在原则上却大谈特谈。这样的一种做法，是它经常所采用的退让措施。此外，国会还冠冕堂皇地授予总统一种特别权力。凭借这种权力，总统可以使用武力压制任何州的反抗。但实际上，这种权力此时已经没有用武之地。

然而，这仅有的表面性胜利成果，南卡罗来纳州也没有拱手相让给联邦政府。该州再一次召开国民代表大会。在会上，对于联邦所做出的让步，该州全盘接受。不过，拒绝执行联邦法令的主张，并不因此而改变或动摇。为了表明自己的决心，该州宣布总统的特别权力对其没有效力。其实，该州明白，总统的那项权力，是不可能实施的。

这些争议和纠纷，发生在杰克逊将军担任总统的时候。毋庸置疑，为了保全联邦的权力，在关税法问题上，他做出了巧妙的处理。但是，联邦政府也由此产生了一个隐患。这一点，我们也要清楚地看到。此后，只要遇到类似的问题，联邦政府只能走老路子。

有些人，从来没有到美国考察过。对于杰克逊将军的政绩，他们所持的观点，在考察过美国的人看来，显得有些荒谬。根据他们的说法，杰克逊将军生性喜欢动武，对于权势，也有很大的欲望。他的精力旺盛，打过很多胜仗，所以他天生就是一个暴君。或许，这些说法是没有错的。但是，从这些说法所做的一切推论，却是全然错误的。

这些推论是，在美国，杰克逊将军将建立一个独裁统治。凭借武力，他将中央政权的权力不断扩大，以至于地方各州失去自由。不过在美国，有那么一个时期，有这样的人物和事情发生，到目前为止，还没有听说过。如果杰克逊将军真的会那样做，那么他的政治地位和生命都将受到威胁。杰克逊将军不是那样一个鲁莽之徒，所以他是决不会那样做的。

事实上，现任总统杰克逊，非但没有扩大联邦政府的权力，反而试图将其限制在一定范围之内。当然，这种范围是由宪法所规定的。对于中央集权制度，杰克逊将军从来没有为其说过话。相反，为了保全地方政府的权力，他处处替它们着想。解释宪法的时候，他从来没有做出过对联邦政府有利的说法。他之所以能代表国家主权，全依赖于地方分权的激情。

为了保全自己的地位和名誉，他千方百计地讨好这种激情。当大多数的意志、愿望和本性，刚刚显露的时候，杰克逊将军就赶紧附和。或者说，他本人就有这种激情，甚至带头鼓动这种激情。对于大多数来说，他确实是一位仆人。

总统总是先于立法机构一步，站在州政府的立场上，给以自身的权力以强烈反击，当州政府与联邦政府发生冲突的时候。他总是站在反对自己的那一边，当涉及到解释联邦职权问题的时候。表现自己，扩大自己，突出自己，这在他是不可能的事情。然而，所有这些并不表示说，他是联邦的敌人，或者从来就比较懦弱。

当南方提出拒绝执行联邦法令的主张时，大多数就站出来，表示明确的反对。他随即选择大多数的立场，坚决支持大多数。而且，他还是最早提出使用武力解决问题的人。在我看来，就务实态度而言，杰克逊将军是一个共和主义者；就喜好而言，杰克逊将军是一个联邦主义者，如果准许我采用美国人的说法的话。

杰克逊将军想要提高自己的地位，所采取的方式是，先屈服于大多数的意志，进而获得人们的信任和好感。为了实现这一目标，他最大限度地满足大多数的要求，或者朝大多数有疑问的目标奋进。之前，有些从来没人实施过的措施，他实施了，并且敢于承担后果。对于国会的议员，他采取一种极端蔑视的态度。国会提交的法案，他拒绝批准，并且当国会质问的时候，他也拒绝回答。他就是这样一个仆人，有时候对待主人的态度十分粗暴。

然而，他得到了强大的支持，并且将其私敌彻底打倒。那些支持，是在他之前的任何一位总统，都无法获得的。而打倒对手，所利用的便利条件，也是任何一位总统所没有遇到过的。因此，总统的权威在不断降低，而杰克逊将军的权威却不断加强。他在任期间，联邦政府是很强大的。当他卸任之后，联邦政府则变得软弱无力。

美国联邦政府的衰弱趋势，会不断扩展，如果我的预测不会出现大误差的话。一个越来越小的范围，成为它今后的活动区域。那些旧有的公务职责，它也慢慢地放手不管。就连它那表面上看起来强势的外表，也会逐渐丧失。此外，我还认为，各州的人民，随着时间的推移，所怀有的独立意识，将变得越来越明显。而他们对于地方政府的爱，也变得极为强烈。

在某些情况下，人们希望联邦软弱；在另外一些情况下，人们则希望联邦强大。对于联邦，人们还是需要的，只不想要其以影子的形式出现。在和平时期，人们不需要联邦；而一旦遭遇战争，人们又希望将全国的人力和物力，集中在联邦手里。正是由于联邦的本性，才决定了它一会儿强势，一会儿软弱，并且两种状态交替进行。

关于人们思想的这一普遍趋势，在我看来，没有什么东西可以阻挡。人们之所以会这样，是有一定原因的。并且，这种原因也在持续不断地发生作用。因此，人们的思想还会摇摆下去。并且，联邦政府的软弱之态，必将变得更为严重，除非发生某种意外情况。

但是，我认为，对于自身的维系与国内的和平，联邦当局将会无能为力。因此，想要自生自灭，在联邦政府，基本上是不可能的。人人都看到了联邦的好处，而它的成就也是很明显的。民情已经被联邦所接纳，而且人们也希望联邦继续存在。当联邦的生存安全，遭遇自身的弱点危害时，就会出现一股力量，增加联邦的势力。关于这一点，在我一点儿也不怀疑。

世界上，联邦政府建立了很多个。但是，唯有美国联邦政府是最符合联邦性质的。舆论的变化，国内的危机与战争，都可以使联邦在短时内恢复活力。当然，这种情况的发生，前提是联邦不会遭受法律解释的直接打击，或者自身本质没有受到严重破坏。

在我，只想说明一点，那就是，大部分法国人认为，中央集权是美国发展的趋势。并且他们主张，总统和国会最好掌控一切权力。但是，在我看来，美国国内出现的舆论，恰好与他们的说法完全相反。联邦不断地走向衰弱，且主权也遭到了破坏，这是我对联邦政府的看法。因老化而丧失权力、威胁各州主权，这些并不是我想要表述的。既然联邦的现实情况是这样，那么它的最终结果会怎样呢？我所指出的发展趋势，会不会因为某些偶然事件而被延缓、阻止抑或促进呢？我想，这种偶然事件，只有等待未来做出解答，在我，是没有办法揭示的。

### 论美国共和制度及其长久存在的机缘

假定有这样一种情况：在加盟州之间，不断地爆发战争。随着战争的进行，各加盟州拥有了常备军。不但如此，他们还各自实行独裁统治，提高税收。最终，整个联邦解体。那么，共和制度便走到了它的尽头。

但是，我们要区分联邦的命运和共和制度的命运，不能把二者混淆。在我看来，共和制度是一种适合美国人的自然状态。一般说来，共和制度是不会被贵族制度所取代的。当然，在同一个方向，有相反的因素持续不断地发生作用，则属于另外一种情况。而联邦，在我看来，它只是一个偶然的存在。也就是说，只要有合适的环境，联邦就能维持下去。

共和制度的维系，有其存在的深厚基础。一旦联邦有革命爆发，或者社会舆论改变动向，那么它就有可能消亡。这是因为，联邦主要是依存于组建联邦的法律而存在的。

在美国，共和通常被人们认为是，社会自身所进行的一种调节活动。这种活动，非常缓慢，也很平和。共和，是人们明智意愿的反映。建立在这一基础上的社会，具有合理的状态。当社会通过任何一项决定的时候，都要在共和的机制下经过讨论，逐渐地完善，最后才能在现实中实施。

民情和宗教信仰，以及各种各样的权利，在美国都是极为尊重和认可的。在美国人看来，越是信仰宗教，越是性情温顺；越是享有自由，越是讲究道德。所谓共和，在美国就是大多数的和平统治。经过相互熟知，人们意识到自己的存在，便联合起来，成为大多数，而这也是一切权力的共同来源。然而，大多数本身，并不是无限权威。在政治领域，有很多既得权利，在大多数之上；在道德领域，有人道、正义和理性，在大多数之上。在这两方面，大多数承认自己所受到的限制。如果在这两方面，大多数突破了这些限制，那么无疑，它就像一个充满过度激情的人，并在激情的冲动下，将好的事情搞砸。

但是，另外一些奇特的说法，在欧洲出现了。在欧洲人看来，与人们所想象的不同，共和是一种几个人的统治，而不是大多数的统治。这少数的几个人，在全国来说，是最有权势的。在这样的统治中，人民并不起领导作用。真正发挥作用的，是那些知道人民具有重要作用的人。这些人把人民踩在脚下，但却要求人民对他们感激涕零。他们经常依据自己的判断，以人民的名义行事，但是从不与人民商量。尤其是，这样的共和政府，敢于蔑视一切——从最高的道德规范到浅显的公认准则。要知道，这些东西是人们素来所尊重的。但是，这种政府却要求人们承认它有权任意行事。

直到今天，他们还是认为，不管以什么面目示人，专制都是极其令人厌恶的。但是，在今天，他们又有新的发现，那就是：凡是以人民的名义行不公之事和实行暴政，不公之事也能顺理成章，而暴政也变得合乎法律。

对于共和，美国人认为，这是他们所能采用的最便利形式。并且，他们有自信，将这种制度永久地维持下去。在他们看来，至少在理论上，共和政府是完美的，尽管它有时候政绩不是很好。因此，共和的原则，是人们最终落实行动的唯一原则。

从一开始，集权政府在美国就是不可能建立起来的。而且，它在将来也不会建立。在广袤的土地上，居民们分居各地。他们之间，又存在着许多天然的屏障。因此，他们只好在各自所在的地区内，管理好自己的生活。因此，州政府和乡镇政府，才是真正管理美国的政府。

只要身处新大陆，所有的欧洲人都会知道这个原因。然而，除此之外，还有另外几个特殊的原因，只有英裔美国人才知道。

在北美，当初各个殖民地建立之时，英国人所特有的法制和乡镇自由精神，被他们带到了这里。那种乡镇自由精神，通常蕴含在英国人的民情之中。乡镇自由，在英国人那里，不仅是必要的东西，更是最为有价值的东西。它被英国人很好地传承下来。

关于各个殖民地是怎样建立起来的，我们之前已经说过了。那时候，每一个地方，甚至于每一个教区，分别由一些人所占据。这些人相聚在一起，要么互不相识，要么目标不同。因此在美国，从一开始，英裔移民就建立了许多小社区。这些小社区，不属于任何共同中心管辖。而且，在每一个小社区，其事务均由自己处理。这些小区不属于任何一个中央当局。一般来说，中央当局理应管理这些小区，并且可以很轻松地治理它们。

因此，初期移民的生活习惯，英国建立各殖民地的方式，以及天然的地理环境，这些因素结合起来，形成一种惊人的效果。它促使乡镇自由和地方自由，可以得到有效而又长远的发展。

基于此，在美国，毫无例外地，每一种国家制度，性质上都是共和的。一切法律也是如此。有谁想要摧毁建立共和的法律基础，那么，他首先应该彻底废除一切法律。

如果在今天的美国，有一个政党，想要建立君主政体，那么它的处境会变得相当困难，其程度要远甚于其在法国建立共和国。要知道在法国，在王权正式建立之前，并没有形成一整套完善的立法制度。因此，留在那里的只能是君主政体，并且四周被共和制度所包围。

在向美国的民情渗入时，同样的困难，也直接冲击着君主政体。在美国，人民主权学说，是维系英裔美国人世界观念的最后一环链条。它与人民的习惯，以及一切占有统治地位的观念，有着密切的联系，并不是孤立无关的。

上帝赋予每一个人以理性。不管这个人是怎样的，他都可以凭借理性，自觉处理与自己有密切关联的事务。这种信条，已经成为一种巨大的基石，有力地支撑着美国的市民社会和政治社会。这种信条被联邦用于各州，被各州用于各县，被县用于乡镇，被乡镇用于官员，被主人用于奴仆，被家长用于子女。在全国范围内，这种信条逐渐演变成人民主权学说。

所以在美国，限制人类的大部分行为，与共和的根本原则是一致的。在我看来，美国人的思想、观点和一切习惯，已经渗透着共和的原则，当共和建立其法制的时候。所有这一切，将会得到改变，如果想要改变共和的法制。就像在政治的作用下，人之常情引导着个人对私人利益的关切那样，个人的理性在宗教的宣教下，引领来世的真理。正如法律所承认的那样，每一个公民都有权力选择自己的政府，宗教也允许人们自由选择引导自己走向天堂的道路。

很明显，这一套法制、观点和民情，想要被另外一套法制、观点和民情所取代，必须发生一连串的事件。并且，这些事件所产生的作用，是同一方向的。

在美国，如果想消灭共和的原则，必须进行无数的斗争后才有可能。并且这种斗争，会不断地反复，时而失败，时而成功。在现代民族被一个全新的民族取代之前，有些共和原则不会被完全消灭，而是慢慢得以恢复。但是，像这样的革命，至今没有任何征兆，或者什么东西，预示着它将要来临。

在美国，政治社会领域内，总有不计其数的运动爆发。对于一个第一次来到美国的人来说，他一定会感到大吃一惊。美国的法律，总是处于变动之中。从表面上看去，这种情况会使你认为，美国的现存政府将要被一个全新的政府所取代，这是因为，在你看来，这个民族的信念是那么的不稳定。但是，像你这样的担心，完全是不必要的。

其实，在政治制度方面，存在两种不同的不稳定情况。第一，是诋毁法制的基本原则，撼动制度本身的基础；第二，次要的法律经常被改动，但是不会对良好的社会稳定产生影响。动乱和革命，在这两种不稳定的情况下，接踵而至。这时候，受到影响的国家，则处于一种不安定的状态。

随着时间和地点的变换，立法方面的这两种不稳定情况，有时候彼此分离，有时候又紧密结合在一起。因此，我们只要稍微留意经验就会发现，这两者之间并没有什么必然的联系。

在美国，我们所看到的不稳定情况，属于第二种，而不是第一种。美国的宪法基础，一直受到人们的尊重，尽管他们经常改变法律。

就像路易十四时期，君主主义统治法国一样，今天的美国，共和主义统治着整个国家。那时候，对于君主政体，法国人是极为喜欢的。在他们看来，君主政体是不会被任何东西取代的。就像人们接受阳光的照射和四季的更替那样，法国人很坦然地接受了君主政体。当时在法国，对于王权，既没有积极的反对者，也没有强烈的支持者。

在美国，不需要任何争辩、反驳和证明，共和就已经存在于这个社会。它是人们基于默认或者一致同意而建立起来的。但是在我看来，美国的共和政府，在不久的将来，一定会面临危险，如果在行政制度方面，美国人总是在不断改动的话。

美国人的计划，经常遇到挫折。这是因为，立法机构总是不断改动法律。鉴于此，共和制度迟早有一天，会被人们看成一种麻烦的社会生活方式。这是我担心的一点。到了那个时候，对于基本法律的存在，人们会表现出极大的质疑。并且，人们还会间接地挑起一场战争。这些都是次要法律的不稳定所产生的不良后果。幸好，距离这个时代的到来，还遥遥无期。

现在，我们可以预见，一旦共和政体被美国人抛弃，那么他们很快就会陷入专制的泥潭。这中间，还会经历一段为期不长的君主政体。原先，无限权力交由一个民选首脑的时候，人们一点儿也用不着担心。但是这时候，无限权力落到了一个世袭君主手里。因此，孟德斯鸠曾经说过，再没有什么权力，比君主专政——建立在共和政体之后——更为集权的了。这种说法，适用于一切国家。不过，在民主共和国里，尤为适用。

在美国，是全国的大多数，而不是公民中的特殊阶级，选举产生立法行政官员。行政官员赴任之后，既不会让民众感到害怕，也不会被人民所厌恶。这是因为，他们完全依靠人民大众的意志，并且直接代表人民大众的激情。但是，就像我说过的那样，很大一部分权力被人民交由行政官员自行处理。当人民这样做的时候，对于行政官员的权力界限，则往往很少关心。慢慢地，这种情况产生了一种习惯。并且，这种习惯比这种情况更为有活力。在国会休会期间，或者离职以后，对于社会，美国的行政官员还将会产生很大影响。因此，关于暴政会在什么时候开始，什么地方停止，很难做出预测。

在我们欧洲人中间，总是有一些人期望，贵族政体控制美国。他们甚至已经预测到了，贵族政体是在什么时候占据优势地位。在美国，社会动向会越来越民主。这一点，在我看来，是十分肯定的。在前文，我已经说过，这里再重复一遍。

但是，对于政治权利，美国人是不会没收的，并让其为一个人所独享，或者在将来的某一天，限制其范围。关于这一点，我是不敢轻易下结论的。不过，将来有一天，某个特殊的阶级会独占这些权利，换句话说，某个贵族政体在将来某一天成立了。这一点在我是没有办法相信的。

一定数量的公民，组成一个贵族集团。位居于人民大众之上，他们永远要作威作福，尽管他们与人民大众距离不算很远。你可以每天与贵族集团交往，但是你没有办法与它融合；你可以接近贵族集团，但是你没有办法将其打倒。

一个人，如果他依靠自己的能力生存，是不愿意忍受贵族的行政管理的。不难想象，这种服从是最违反人的天性和人的隐秘本能的。因此，在他看来，一个国王的专断统治，反倒可以忍受。

为了长期存在下去，贵族制度迫使不平等合法化。它们将不平等列为基本原则。当它们在社会上实行不平等制度的时候，也将其带进了自己的家庭。那些与公平完全相反的东西，一点儿也不合情理。但是，它们却使用强制的手段，将其适用到每一个人身上。

我相信，从人类社会建立以来，那样的例子是没有的，即贵族制度，在一个依靠自己的努力而生活的民族内部建立起来。但是在中世纪，贵族制度却是征服的结果。被征服者成了农奴，而征服者却成了贵族。于是，不平等依靠武力，使得人们屈服。但是，一旦民情将不平等包含其中，那么不平等就可以自行维护，并且还能得到法律正当地承认。

有一些社会，由于在其正式形成之前，发生了一些事件。并且，这些事件导致贵族社会的产生。可以说，这种贵族社会是很自然的。但是，随着时代的推进，它会变得越来越民主。比如，历史上，罗马人和在其之后的蛮族，就是这样的一种命运。

不过，一个民族，已经十分文明，且实行民主，如果它的日益团结和强大，得益于它为自己建立特权和等级，且不断加强身份不平等，那么像这样的事情，真是世界范围内的一件奇事。到目前为止，还没有任何迹象表明，美国将会成为世界上这样的一个先例。

## 概述美国商业兴盛的原因

美国的海岸线很长。从芬迪湾起，到墨西哥湾的萨宾河，海岸线将近900多里约。海岸线由美国政府统一管辖，是一条连绵不断的线。

美国凭借其海岸线，可以为商业提供更深、更广和更安全的港口。关于这点，世界上没有一个国家可以与之媲美。

在美国，一个伟大的民族，涵盖了几乎所有的居民。在这片荒地之上，命运之手将他们牢牢地紧缚在一起。这里，距离作为主要文明中心的欧洲，大概有1200多里约的路程。之前，美国严重依赖着欧洲。然而，没过多久，美国人所需要的大部分东西，都可以自给自足。

由于在需求、观念、习惯和民情等方面，欧洲与美国存在着天然的密切联系，所以这两个地方想要各自为政，独来独往，几乎是不可能的事情。

由于我们欧洲的土地，没有办法生产某些产品，或者说生产这些产品需要付出极高的代价，所以美国的一些产品，对于我们欧洲人来说，已经成为一种必需品了。这些产品的一小部分，被美国人自己消费掉，其余大部分则出售给我们。

因此，就如美国是欧洲的市场一样，欧洲也是美国的市场。美国需要从欧洲运回一些工业品，而欧洲需要美国运输一些原材料。这样一来，海上贸易，对于美国人来说，也是十分必要的了。

迄今为止，在墨西哥的西班牙人，一直将海上的贸易放弃，转而向海洋国家专门提供工业原料。然而，美国并没有这样做。美国的目标就是，要成为世界上一等一的海洋强国。这两种选择，在选择其中一个的同时，必然要放弃另外一个。

在英裔美国人身上，时刻体现出一种对于海洋的强烈喜好。他们的独立，使得他们在航海领域内得到了新的发展，并且有了质的飞跃，尽管他们与英国所建立的商业纽带由此断裂。独立以后，美国联邦的船只数量大增，其速度堪称与居民人数的增加速度相同。现在，从欧洲运往美国的工业品，绝大部分都是由美国的船只运输的[1]。美国出口给欧洲的货物，有四分之三是通过美国自己的船只运输给欧洲的[2]。

在哈佛和利物浦的码头上，到处是美国的船舶。而在纽约的港口，英国和法国的船舶，数量却极为有限[3]。可见，美国的商人不但敢于和本国的商人进行竞争，还将竞争之手伸向外国商人，并取得了有效的成果。

关于这一点，我们不难理解。这是因为，在世界的航运中，只有美国的船舶运费是最为便宜的。只要他们继续保持这一优势，不但能够守住已经取得的成就，还能将这些成就不断提高。

与其他人相比，美国人的航运价格便宜多了。为什么他们能做到这一点呢，这是一个难以回答的问题。有人声称，是美国人优越的物质条件，造成了这种局面。

事实上，并不是他们所说的那样。与欧洲人的船舶造价相比，美国人的与其大致相同[4]。然而，美国的船舶，质量并不是很好，而所使用的期限，也不会很长。在美国的商

---

1 截止到1832年9月30日，使用外国船只运输进口的货物只有10731039美元，而进口总额已经达到101129266美元，可见，外国船只的运输总额只占进口总额的十分之一。

2 同一时期，出口总额为87176943美元，而外国船只运出的出口货物总额为21036183美元，占出口总额的四分之一。

3 在1829年、1830年和1831年这三个年度中，进入美国港口的船舶总吨位为3307719吨，其中，外国船舶为544571吨，占总吨位的16%。

在1820年、1826年和1831年这三个年度中，进入伦敦、利物浦和赫尔三个港口的英国船舶总吨位为443800吨，而外国船舶为159431吨，占总吨位的36%。

1832年，进入英国港口的本国船舶与外国船舶的吨位之比为100：29。

4 通常，在原材料方面，美国的价格比欧洲低很多，但是，美国的人工成本却比欧洲高很多。

船上，有很多欧洲人在那里工作。由此可见，美国的海员与欧洲的相比，前者收入比后者高很多。

那么，与我们相比，美国人的航运成本要低。这是什么原因呢？

在我看来，仅仅从物质的优势上去寻找答案，几乎是没有什么成效的。为此，我们必须深入到纯粹智力和纯粹精神的层面去。在以下的比照中，读者将会看到，我的看法是多么得正确。

在法国大革命时期，军事领域中出现了一种新的战术。凭借这一战术，法国人差点就推翻了欧洲的古老王国。在此过程中，那些老将军被打得落花流水。在平时的作战当中，有些东西被认为是不可缺少的。而轮到法国人作战时，这些东西全被简化了。不过，对于士兵，他们却要求其付出很大的努力。这些努力，一般来说，是一些文明国家从来没有向军队提出过的。士兵们却毫不犹豫地冲向目标。对于生死，他们一点儿也不放在心上，人人争先恐后地向前冲去。

当时，与敌人相比，法国的人力和财力，都远远不及。而物力方面，法国与敌人相差更是悬殊。尽管如此，法国人却取得了一次又一次的胜利。后来，敌人也仿效他们，采取类似的战术，不过为时已晚。

在商业方面，美国人也采取了大致相同的办法。在战争中，法国人为取得胜利，所采取的一切方法，都被美国人学去了。美国人将这些方法，毫无保留地运用到了降低航运成本上去。

欧洲的航运公司，只在风平浪静的时刻出海。一旦遇到什么异常情况，他们立刻召回船舶。可见，他们办事极为谨慎，从不冒任何风险。晚上航行的时候，一部分船帆，被船员们小心地收起来。当海上的浪花，变得发白的时候，意味着船舶马上就要靠岸了。这时候，船员们会迅速降低前行的速度，并看一看头上的太阳，随时调整航行的方向。

与欧洲人不同，美国人敢于挑战一切风险，从不瞻前顾后。当海上的风暴还没有完全平息，他们就开始起航了。不管是白天，还是黑夜，他们从来都是挂满帆航行。一边航行，他们一边修复船舶。通常而言，在风暴中前行，船只很容易受损。当船舶快要接近陆地的时候，他们还是满帆前行，像是看到了目的地，显得有些迫不及待。

在海上，美国的船舶经常出事。但是，他们的船舶，航行速度是世界上最为迅速的。没有一个国家可以与之相比。同样的工作，与其他人相比，他们可以在较短的时间内完成。因此，他们航运成本是较为低廉的。

欧洲的船舶，在航行的旅程中，总是要三番五次地靠岸调整。为了寻找停靠的港口，或者再次出发的时机，他们不但要支付大量的停泊费用，还浪费了很多时间。

从波士顿出发，美国的商船去中国购买茶叶。到达广州以后，仅仅停靠数日，他们就起航返回。他们在不到两年的时间里，航行的路程大约相当于绕地球一周。并且，在此过程中，他们仅仅停靠一次岸。一次单程航行，大概需要8个或者10个月。在此期间，船员们要和海洋、疾病和疲倦斗争。平日里，他们吃的是腌肉，喝的是咸水。这样，每次返回目的地，他们的茶叶要比英国商人便宜很多。每磅大约便宜四分之一便士。就是采用这种办法，他们的目标实现了。

在我看来，在经商方面，美国人表现出一种英雄气概。对于他们，我只能这么说，没有其他更好的说法来表达我的观点。

在同一个行业里，与美国竞争的欧洲商人，永远也赶超不过他们。在按照上述办法经商的时候，美国人主要是出于他们的天性，并不是完全出于利益的考虑。

前进中的文明，产生诸多成果。在其中，美国人正在尽情地品尝苦与乐。与欧洲人不同，美国人的一切需要，并不能立刻得到满足。所以，对于学习和生活上的必需品，他们不得不自行创造。在美国，一个人既是鞋匠，又是钳工，既会造屋，又会种田，甚至还会缝衣织布。

在这种情况下，每一个劳动者都可以尽情发挥才智，尽管这在一定程度上阻碍了工业技术的进步和完善。过分细致的分工，最容易让人变得愚蠢。并且，这将使别具一格的匠心，完全远离劳动者的产品。在美国，像这样的专门人才，是极度缺乏的。但是，通过长期的学习，进而掌握一门手艺，却并不是人们的唯一途径。因此，对于美国人来说，随时随地都可以去找较好的工作，并且只要能生活得更好，可以随意改变谋生的方式。

在美国，有些人一辈子，既种过地，当过律师，又做过生意，担任过医生和教士。与欧洲人的每一项技艺相比，美国人没有那么高明。但是，他们的手艺却十分全面，几乎没有什么是他们不会的。他们的知识面，是相当广泛的，尽管他们的才能比较普通。因此，美国人没有形成关于任何一种职业的偏见，并且在行业上，他们也没有什么严格的规定。

在他们，既不是古非今或非古是今，又不避重就轻或避轻就重。他们知道，与世界上任何其他国家相比，他们的国家是不同的，并且他们的情况也是世界上第一次出现的，因此，他们既容易抵制外国的习惯，又不固守自己的习惯。前者对于他们的精神，可能会产生控制性的作用。

美国是一片神奇的国土。在这里，人民身边无时无刻不发生着变化。而且，每一次变化，都是一次进步。因此，在他们的头脑里，新的思想总是与良好的思想紧密结合的。在他们看来，人的努力是没有止境的。因此，没有什么事情，是人所办不到的。只要有志向，任何事情终究是会成功的。

公共财富和私人财富的无端起落，促进美国人一致向前展望的情感冲动，以及反反复复的好坏运气，全都有效地结合在一起产生一种结果，那就是，美国人的精神始终处于狂热的亢奋状态。这种情绪里，包含着奋发图强和不甘落后。在一个美国人看来，人的一生，就像一场战役，一次革命，一局赌博。

与此相同的原因，影响到了美国每一个人。同时，这也使得国民具有一种无法控制的冲动。因此，不管是在什么时候，什么地方，美国人始终是热爱追求，不断进取，敢于冒险的。更为重要的是，他们还善于创新。在他们的一切工作当中，这些精神都有所体现。他们的个人实业活动，社会经济学，他们的宗教教义，他们的政府条例，处处都可以发现这些精神。不管是去热闹繁华的都市，还是偏远荒凉的深山，他们都随身携带着这些精神。就运费和航行速度而言，与其他一切国家的商船相比，美国商船具有极为明显的优势。之所以会出现这种情况，也全依赖于他们将同样的精神运用到海运业上。

美国的海员不仅能保证本国生产者和消费者的需求，而且将像英国人[1]那样，成为其他国家的商务代理人，只要他们一直保持这样的精神优势及其在实践上所带来的优势。我们发现，欧洲几个国家商业的直接代理人，已经有了美国的海运企业。这说明，美国的海员正在实现他们伟大的愿景。

在南美，西班牙人和葡萄牙人建立了一些较大的殖民地。后来，这些殖民地变成了帝国。在这一辽阔的地区，正在遭受内战和专制的无情肆虐。这里，居民数量不多，并且一直没有增加。每天为了自保，他们都要费劲心思。至于改善生活，于他们更是无从说起了。

但是，这样的状态不会长久地存在下去。中世纪的黑暗，在欧洲人自强不息的努力下，也逐渐消散。与我们一样，南美也是基督教的世界。在他们，生活习惯和法制，是与我们一模一样的。在欧洲各族人民及其后代的成长中，关于文明的一切萌芽，慢慢地成长起来。在南美，也可以看到这种情形。此外，作为榜样，我们可以给南美提供样板。既然这样，南美还有什么理由继续愚昧下去呢？

很明显，南美摆脱这种愚昧状态，只是一个时间上的问题。毋庸置疑，迟早有一天，一个富强文明的国家，一定会被南美人民建立起来的。

但是，当南美人民发现自己需要文明的时候，自身恐怕还难以满足自己的需求，尽管他们大部分是西班牙人和葡萄牙人。同时代的文明先进者，与他们这样的文明落后者相比，还是有相当大的优势的。关于这一点，他们必须承认。对于外国人，他们是有一定请求的。这是因为，外国人可以作为中介，可以帮助他们将产品运送到海外。随之，国外的产品也能运进来，以满足他们自身的需求。他们必须长时期地经营农业，在他们学会办工厂和从商之前。

可以肯定的是，南美人迟早有一天会要求北美的美国人来帮助他们。他们两者受恩于大自然，彼此为邻。并且，大自然还提供了有利的条件，能够使后者极为便利地调查和了解前者的需求。一旦成功之后，南美与北美将会建立密切的关系，同时，美国人也会先人一步，抢占南美的市场。像这样的良好机会，美国人是不会轻易放弃的，除非与欧洲商人相比，他们的能力实在差很多。但事实上，在某些方面，欧洲商人是远远不及他们的。

在南美大陆上生活的居民，很早就接受了美国人的精神影响。此外，他们所获得的知识，也是从美国人那里来的。因此，美国人在南美各族人民心中，早已成为美洲大家庭中的一员。并且，这一家庭成员，最有财富，最有力量，也最有知识。很快，南美人民将全部的注意力投向美国。美国人民的一举一动，都成为他们模仿的对象。美国的法制和政治理论，每时每刻也都被他们学习着。

---

1 通常认为，把本国的产品运到国外和把国外的产品运到国内，是英国商船的主要业务。其实，这种看法是有失偏颇的。现在，与陆地上的马车运输业一样，英国的海上船队也发挥着重要作用。它们为世界各国的生产厂家服务，并承担起各国之间的交通运输业务。与英国不相上下的海上运输企业，在美国人的航海才干下，逐步发展起来。

当年，在意大利人、西班牙人、葡萄牙人和欧洲其他国家面前，作为当今美国人的祖先，英国人所处的地位，与美国人在南美人面前所处的地位，几乎是一模一样的。那时候，英国之外的欧洲国家，不管是在文化上，还是在工业上，都赶不上英国。

今天，在相互往来的国家中，英国已经成为它们的贸易中心。关于英国这方面的作用，即将在另一半球的美国身上重演。因此，在南美大陆成长起来的新兴国家，其建立和成长的经历，对于美国人来说，是极为有利的。

如果美国联邦解体的话，各州独立之后，其商业的发展，就会变得缓慢。不过，这段时期与人们所想象的不同，不会持续很长的时间。很明显，各州在地理位置上，紧密相连。在观点、利益和民情上，各州也几乎是一致的。并且，一个强大的海洋国家，只能依靠各州的联合。因此，它们始终是要联合起来做生意的，而不管未来会发生什么情况。

我曾经说过，南方不会形成商业中心，而且也没有任何迹象表明，它会成为一个商业区。因此，南方人必须依靠另外一部分人，将他们所需要的物品运进来。当然，他们也要别人把自己的产品运送出去。对于南方人而言，唯一合适的中介人，只能是北方人——他们的近邻。这是因为，物美价廉的市场，只有北方人才能向他们提供。而且，由于价格低廉是商业的黄金准则，因此他们也是会主动去寻找北方人合作的。可以说，联邦的南方与北方，一旦分别独立，如果没有北方的帮助，南方是没有办法生存的。

廉价市场的影响力，是颇为巨大的。不管是民族偏见，还是主权意志，都是没有办法抵制这种影响的。与美国人与英国人之间的仇恨相比，恐怕再没有第二种仇恨更为激烈的了。尽管这种仇恨始终存在于双方之间，但是美国人依旧购买英国人的大部分产品。并且，这在英国人那里，也是极为愿意的。而对于美国人来说，购买英国人的货物，要比其他国家便宜多了。因此，美国自身发展所带来的繁荣，对于英国的制造业来说，是有一定好处的，而不管美国是否愿意。

如果没有武装力量的强大支持，那么再强大的商业，也是没有办法持久的。关于这一点，理性和经验，已经向我们充分说明了。与其他国家一样，对这个道理，美国人也是十分熟知的。美国人的国旗，现在已经得到了外界的尊重。相信不久以后，只要看到他们的船只，其他国家都会感到恐慌。

我还相信，北美的海上力量，是不会削弱的，相反，还会大为增强，即使联邦解体的话。今天，不经商的州，对于增强与其无直接利益关系的海上力量，并没有多大热情，尽管它们要经常与经商的州联合在一起。

相反，商业将会成为最重要的国家利益，如果联邦之中，所有从商的州组成一个单一的国家。为了保护航运，它们势必付出沉重的代价。并且，不管是什么势力，也没有办法阻止它们这样做。

在我看来，与人一样，国家也是从青年时代，就显露出未来发展的趋势。在经商的过程中，英裔美国人身上所流露出的干劲，他们所拥有的便利条件，以及他们所获取的成就，是会促使他们成为世界上头号海上强国的。关于这一点，我是十分自信的。与生来就是统治世界的罗马人一样，英裔美国人生来是要统治海洋的。

# 结论

关于我的论述，行文至此，快要结束了。在我探讨美国的未来命运时，为了专心研究每一个部分，总是把题目分成几个不同的部分。现在，这些不同的部分，要整合起来，加以通观。这种通观会更加言简意赅，虽然这种做法不是很详细。

我就像是一个旅游者，从大都市出发，到教区的小山游玩。这样的一个旅游者，出城之后，一直向前走。路上，遇到的行人，会越来越少。当他蓦然回首的时候，整个城市的轮廓，赫然映入他的眼底。而城市里的房屋，公共场所以及街道，都已无法分辨，变得模糊不清。这时候，这个城市的整体，好像第一次被他看见。

对于新大陆上英裔美国人的未来命运，我所采取的考察方法，也是这样的。我能更为准确地掌握全局，尽管在我分析每个问题的时候，无法像先前那样具体清晰。然而，不管怎样，我对这幅巨画的整体和全景，有了清晰的判断，尽管画面的细节部分模糊不清。

现在，全世界可住人口的土地，大约有二十分之一，为美国所拥有或占据。这片土地，广袤无边。如果你认为，英裔美国人将会永远停留在这片土地上，那你就错了。他们现在的活动范围，早已超越了这片土地。

有一个时期，在美洲的荒野上，为了与英国人平起平坐，我们试图建立一个大法兰西国。过去在北美，法国所拥有的土地，与整个欧洲的面积相比差不多。当时，在我们所管辖的土地上，有北美大陆上最大的三条河流。在圣劳伦斯河口与密西西比河三角洲之间，居住着印第安人的各个部族。对于他们来说，耳畔回响的只是我们法国人的语言。在这片辽阔的土地上，分布着一些欧洲人的居民点。这些居民点的名称，通常会让人想起与它们名称相关的祖国。比如说，新奥尔良、万森、圣路易、迪凯纳、蒙莫朗西、路易堡等。这些名称，对于法国人来说，是极为熟悉和亲切的。

但是，我们最终失去了这些宝贵的遗产。这自然有很多原因在内。有些地区，现在连一个法国人也没有了。当然，这些地区的法国人，本来就不是很多，再加上又没有进行很好的建设，出现这种情况，是不可避免的了。有些地带，还有一些法国人居住。他们只是在他人法律的管辖下，在一块很小的地区聚集。

曾经，在加拿大地区，有40多万法国人。现在，一个新民族的崛起，将他们重重包围，就像一个古老民族的子嗣，迷失在大洋之中。这个新民族不断壮大，甚至取代了这片土地的旧主人。他们四处扩张，破坏土地上的旧语言，控制着旧有的城市。这个新民族，就是现在美国的居民。因此，在我看来，英裔美国人定会超越联邦的范围，向东北方向扩张，而不是停留在原来的地方。

在西南方向，有一堵大墙，挡住了英裔美国人的去路。这，就是墨西哥。而在西北方向，只有几个居民点。它们是俄国人的安身之所，显得不太重要。因此，严格地说，只有西班牙人和英国人，这两个相互竞争的种族，在北美大陆上各自占据一方。

已经有签订的条约，明确划分了这两个种族的界线。我敢肯定，关于这项条约，英裔美国人很快就会逾越其上，尽管它对英裔美国人而言，是极为有利的。

在墨西哥境内，有一片地区，十分广阔，但至今还没有居民。这块土地，与美国南部边界相邻。很快，先于墨西哥人一步，美国人向这块土地挺进。占领那里以后，他们开始建设乡镇。当合法占有土地的人，姗姗来迟的时候，这片荒地已经被开发完了。虽然土地是合法占有者的遗产，但是外来人已经在其上定居下来。

在新大陆上，谁先占有土地，谁就是土地的所有者。所以，对于那些眼明手快的人来说，土地的占有，就是他们最好的回报。然而，已经定居下来的居民，想要安居乐业，不受外来者的侵犯，也需要做出一番艰辛的努力。

关于德克萨斯境内的情况，我已经说过了。那里，土地被美国的居民不断购买。可以说，美国人每天都向那里渗透。不难想象，用不了多久，德克萨斯便不会有墨西哥人了，尽管它现在仍然属于墨西哥管辖。对于当地的法律，美国人虽然也表示服从，但是随着时间的推移，他们使得自己的语言和民情，逐渐居于优势地位。像这样的情况，只要是在英裔美国人与不同种族接触的地方，会经常出现。

在新大陆上，还有其他的欧裔人居住。说句实话，与他们相比，英裔人具有明显的优势。就文化、实业和武力而言，英裔人要优越很多。英裔人会不断地扩张自己的领土，只要没有人口密集的地区，挡住他们的去路，只要还有荒无人烟的地方摆在他们面前。至于条约所规定的边界线，对于英裔人来说，是没有任何效力的。在各种地方，他们会不断地超越这种虚设的障碍。

在新大陆上，英裔美国人占据良好的地理位置。这种自然条件，给他们的发展，提供了极大的便利。在南部边界，过不了几个纬度，就是热带地区；而在北部边界以北，是北极的冰原。所以说，新大陆地区，是气候条件最好，也最适合人居住的地区。英裔美国人恰好占据着这一地区。

有人认为，独立以后，美国的人口才飞速增长的。其实，这种观点并不完全正确。

与殖民地时期相比，现在美国人口增长的速度，与之不相上下。也就是说，人口增长，大概每22年，要多出一倍。唯一不同的是，现在的增长基数是几百万，而那时候却是几十万。现在，几乎所有的人，都观察到了这种情况。而在一个世纪以前，它还没有被人们发现。

在加拿大居住的英国人，与生活在北美的英裔美国人相比，其人口增长的速度，是不相上下的。美国独立战争期间，前后大概有8年的时间，英裔美国人的增长，仍然按照之前的速度。

在西部边界，印第安各部落，与英国人结成联盟。尽管如此，英裔美国人的西进运动，并没有就此受到阻拦，或者放慢速度。当大西洋沿岸遭遇外敌入侵的时候，周围地区的州，就已经全是居民了。这些州有缅因州、佛蒙特州、肯塔基州，以及宾夕法尼亚的西部地区。战争过后，英裔美国人继续向荒野地区挺进，尽管当时社会局面十分混乱。可见，在英裔美国人不断扩张的道路上，社会秩序的好与坏，法制的差别，以及和平还是打仗，都对其没有什么影响。

关于这一点，是很容易理解的。要知道，这里的国土，广袤辽阔，没有任何一个因素的影响，可以波及到整个疆域。因此，不管遇到多大的灾难，总是会有一方净土，给灾区的人民提供庇护。美国国土上出现的这种情况，可谓魔高一尺道高一丈。

因此，英裔美国人在新大陆的发展趋势，是谁也没有办法阻止的。他们身上，承担着一种现实的使命。不管是暴政，还是共和的废除，不管是战争，还是联邦的解体，都不会影响他们继续完成自身的使命，尽管这一进程或多或少地放慢了速度。美国人的气候、内海、大河和肥沃的土地，是谁也夺不走的，不管未来发生什么事情。他们不断地进行移民，到西部地区垦荒。他们勤劳，甘于受苦，不管是世界上什么力量，都无法阻止他们的脚步。喜好致富，乐于进取，已经成为这一种族的主要特征。并且，开化的知识，在他们身上，也是极为丰富的。不过，不良的法制、革命和无政府状态，都不会对这些产生消极影响。

因此，尽管未来有很多事件，是没有办法确定的，但是有一件事情，是确信无疑的。那就是，英裔美国人将会把自己原有的领土，进一步加以扩展——从大西洋沿岸，一直到太平洋沿岸，都是他们的国土。这样的一个时代，快要来临了。

我推测，美国人占领的土地，其面积会越来越大，迟早有一天要达到全欧面积的四分之三。联邦的气候和自然条件，都要比欧洲优越。因此，将来美国单位面积的人口，一定与欧洲不相上下。

欧洲国家众多，历史上的战火，从未中断。到了中世纪时候，欧洲又遭遇到野蛮的统治。现在，欧洲每平方里约的居民，大概有410人。那么，联邦单位面积的人口，有一天也会达到这个数字的。又有什么强大的力量，可以阻止它呢?

美洲英裔美国人的分支，只要再经过几百年，彼此之间就会产生不同。到那时候，他们便没有了共同的外貌。在新大陆，他们会在什么时候建立不平等的制度，并将其延续下去，在我们，是没有办法预测的。

因此，不管繁荣抑或贫困，自由抑或暴政，战争抑或和平，导致英裔美国人各分支出现什么差异，他们仍旧可以与以前一样，保持共同的社会情况，以及在此情况下，维系普遍的观点和习惯。

在中世纪，欧洲不同的种族，在宗教纽带的联结下，形成了统一的文明。而在新大陆的时代，英裔美国人的地位，变得越来越平等。并且，他们之间的关系，变得越来越复杂，也越来越密切。

中世纪时期，各种教派纷纷成立，各个地区也不断挑起战争，妄图称霸。那时候，每一个家庭，每一个城市，每一个地方，每一个民族，都竭尽所能，维护自身的安全和独立。然而在现在，一种相反的趋势，正在愈演愈烈——各个国家，正逐步走向统一。

世界上，连最为遥远的地区，在各国之间的文化交流下，都紧紧地联系在一起。对于地球上任何角落的事情，人们再也不会不知道。孤立隔绝的状态，在人与人之间，几乎是不再可能的状态。我们已经看到，与13世纪某些只有一河之隔的城市相比，欧洲人与新大陆上英裔美国人之间，所存在的差异要小很多，尽管他们之间隔着一片汪洋大海。

这种同化的趋势，使得不同国家的人民不断接近。既然如此，在未来，同一个民族的后代，在这种趋势的影响下，是不会形成不同的国家的。因此，1.5亿人口，迟早会在北美大陆上出现。他们之间，肤色、思想方法、民情、习惯、宗教、语言和文明，都是相同的。并且，他们是同一个大家庭，来源于同一根命脉。到了那个时候，世界将会出现一个全新的局面。关于这一局面，连最丰富的想象力也无法想象。虽然其他方面，我们无从断言，但是这一点却是极为肯定的。

当今世界上，俄国人和英裔美国人，这两大民族虽然各自的出发点不同，但是最终的目标却是同一的。在不为人所知觉的情况下，这两个民族强大起来。当人们的注意力在其他地方徘徊的时候，他们突然冒出来，并一下子跃居世界各国前列。与此同时，对于他们的存在与强大，整个世界也予以承认。

世界上，其他民族都已经走到了自己的极限，除了维持现状外，几乎没有什么追求。但是，与之不同，这两个民族却不断发展壮大。其他民族要么留在原地，徘徊不前，要么前进了一小步，但却付出极大的代价。只有这两个民族，他们未来的道路，看起来没有尽头。并且，沿着这条道路，他们快速而又轻松地前进。

美国人与俄国人，他们所拼斗的对象不同。前者是与大自然作斗争，而后者是与人作斗争；前者是与荒野和野蛮作斗争，后者是与文明做斗争。因此，美国人使用的工具，通常是用以劳动的犁；而俄国人所使用的工具，却是军队士兵的利剑。

自由，是美国人行动的主要手段；而奴役，却是俄国人行动的主要手段。为了实现自己的目的，前者任由个人的力量和智慧发挥作用，而且很少加以约束。可以说，他们是以个人利益为驱动力。与之不同，在俄国，几乎所有的社会权力，全都集中在一个人的手里。尽管美国人和俄国人，他们的出发点和道路是不相同的，但是不管其中的哪一个民族，他们各自将掌控二分之一世界的命运，就像他们是在尊奉上帝的旨意似的。

# 原作者注

## 第一部分

**（第18页，第10行）这些从山坡上滚下去的石头，经过碰撞，最终在它们原来山峰的根上停了下来。**

在国会的资助下，朗少校曾经到西部地区做过两次考察。那里，欧洲人至今还没有去过。后来，朗少校做了两份考察报告，读者们可以参考一下。

关于美国的大沙漠，朗少校专门指出，在从鲁日河到普拉特河，紧紧挨着东经20度（0度为华盛顿[1]）这条线，或者与那条线平行的地方，可以划出一条线。从这条线出发，到密西西比河谷的西界落基山，中间要穿过一块很大的平地。在这块平地上，覆盖着一层厚厚的沙子，上面什么植物也无法生长。有些地方，还有大块的花岗石。野牛和野马，在这片平地上随处可见。此外，还有一些人数不多的印第安部落。

从别人的口中，朗少校得知，在普拉特河的上游左岸，也有这样的沙漠平地。但是，关于这种说法，他没能亲自考证。

关于朗少校的描述，有些地方还是具有可信度的。但是我们应该清楚，就朗少校所经过的路线而言，他并没有到两端做过细致的考察，而只是穿越了他所说的地区。

1 此处的东经20度，如果按照以巴黎为0度换算为西经99度。——原注

**（第18页，倒数第4行）树木被长满鲜花的美洲藤蔓植物所联结起来。**

有一种藤蔓植物，被人们称为美洲野藤。它种类繁多，主要分布在南美地区的南北回归线之间。在安德列斯群岛的所有植物中，光美洲野藤一种植物就有40多种。

在美洲野藤中，要数鸡蛋果藤最为优美。根据德科第斯的作品《安德列斯群岛的观赏和药用植物》介绍，鸡蛋果藤依靠自身天然的卷须，攀爬大树。慢慢地，在树林中，它们就会形成一根根廊柱或者一座座拱廊。这种植物会开出红蓝相间的花朵。到了那个时候，这些美丽的花朵，将把廊柱或拱廊装扮得极为华丽，同时散发出沁人心脾的香味。详见第1卷，265页[1]。

大豆荚金合欢，也是一种藤本植物。通常，它长得很粗壮。它的生长速度是很迅速的，自身的长度可以横跨两棵树，甚至可达半里约。详见第3卷，227页。

**（第20页，第1行）现在的美洲土著语言好像已经有新元素加入了**

关于美洲土著的语言

对于美洲的印第安人来说，他们的语言已经成为定式，不再发生任何变化。这种语言，主要分布在从北极圈到合恩角一带的地区。印第安人使用这种语言的时候，所采取的语法规则和句型，都是一模一样的。可以说，各个部落的印第安人，其祖先是同一个。

在美洲大陆的各个部落，都有属于自己的语言。这些语言，各不相同，很少有符合严格定义的语言。所以，有些人就想证明，印第安各部族并没有什么历史悠久的族源。

然而，这些部族的语言，还是有一定规律的。较为可能的情况是，没有一次较大的革命，洗涤过这些现存的部落。他们也没有经受过压迫，更没有与外来民族融合。这是因为，混乱的语法规则，在几种语言混合后，是必然出现的情况。

没过多久，语言学家认真研究了美洲的土著语言，尤其是北美的土著语言。很快，他们就发现，北美土著人的语言是很丰富的。并且，当初这种语言被创立的时候，需要人们细致的听觉分辨能力。在他们看来，北美土著人的语言，结构非常合理，是一整套错综复杂观念的产物。

与其他语言相比，美洲语言的语法体系，在很多方面是很不同的。在欧洲各个民族所使用的语言里面，德语可以说有很大的不同。有时候，一些词语表示很多意思；必要的时候，几个词也可以连接在一起，表示一个意思。德语的这种特点，被印第安人更扩大化了。在他们那里，一个词语甚至可以表示一大堆概念。在杜邦索先生的著作《美国哲学学会报告》中，引用了印第安语的一些例子。通过这些例子，我们可以看出这一点。

有一个特拉华族妇女，她逗弄一只小猫或者小狗。这时候，可以听见她不断地说kuligatschis。这个单词是个合成词。其中，k表示第二人称；意思是“你”或“你的”；uli念作ouli（乌利），作为wulit一词中的一段，它的意思是“漂亮的”和“可爱

1　此处的第1卷和下面的第3卷都是指上文中《安德列斯群岛的观赏和药用植物》这本书。《安德列斯群岛的观赏和药用植物》共三卷，1833年在巴黎出版。——译者注

的”；gat是wichgat这一词语的末段，意思是“爪子”；schis是一个表示小形的爱称词尾，念作chise（西斯）。这里，这位印第安妇女，表达“你的可爱的小爪子”的意思时，只使用了一个词语。

此外，还有一个例子，更能表明：在美洲，印第安人是多么得善于连接词语。一个特拉华族的男青年，自己称呼自己为pilape。这一词语由pilsit和lenape组成。前者，意思是“善良的，淳朴的”；后者，意思是“人”。于是，这一词语就表示“一个淳朴的人”。

在动词的合成方面，这种连接几个词的特点，显得更为明显。一个动词，往往表示一个复杂的动作。使用动词，改变其中的任何一个词形，在意思上就会出现细微的差别。

对于我简单提起的这一问题，如果读者感兴趣的话，可以读一读下面的书：

1）就印第安语的问题，赫克维尔德牧师与杜邦索先生之间的往来信函。1819年，阿拉伯拉罕·斯莫尔主编的《美国哲学学会报告》，在费城出版。其中，第1卷第356-464页，登载了这封信函。

2）盖博戈先生著的《特拉华语或勒纳普语语法》，三卷本。在这本书中，作者详细分析了特拉华族的语言。此外，在书本的前面，还有他与杜邦索先生相识的序言。他们是在考察特拉华族的时候认识的。

3）《美国百科全书》第5卷。在这本书的末尾，有上述语法的摘要。

**（第21页，第1行）对于许多伟大而智慧的哲理，他们通常也都有着简单而又给人启发的观点。**

沙尔瓦著作《新法兰西的历史》第1卷第235页，记录了1610年的那次战争。这是加拿大法国人和易洛魁人的第一次交锋。面对强大的法国人及其同盟者，易洛魁人进行了顽强的抗争，尽管他们的武器只是弯弓。当描述这段历史的时候，沙尔瓦写得十分精彩，尽管他并不是一个写作高手。在他的笔下，对于荣誉，欧洲人和野蛮人表现出了不同的态度。同时，二者又都流露出各自的美德。

他这样写道：“穿着海狸皮衣的易洛魁人，战死在沙场上。法国人看到了他们的衣服，便慌忙抢夺起来。然而，法国人的同盟者休伦人，却对这种行为不耻。接着，休伦人开始对俘虏实行刑罚。这种残酷的方式，是他们经常使用的。杀死其中的一个俘虏后，他们居然将其吃掉。这一下，法国人惊呆了。”

沙尔瓦接着写道：“与我们不同，这些野蛮人是无私的，不贪图财富。对于我们的那种做法，他们感到很奇怪。扒死人的衣服，比吃死人的肉要好很多。可是，对于这一点，他们并不理解。这是因为，他们认为，这两种做法，并没有什么不同。”

在第1卷230页，沙尔瓦还转述了桑普兰第一次见过的场景——休伦人实施割肉的酷刑，以及他们回到村舍的情形。

他这样写道：“我们的同盟者，在走了8里约以后，突然不走了。接着，一名战俘被拉了出来，准备接受酷刑。当然，如果他们本族的人，落入到战俘所在的部族手中，也会遭遇同样的酷刑。当战俘接到宣判的结果后，他们又对他说：你可以用歌声为自己伴奏，如果你有勇气的话。听完，战俘立即唱起歌来。他的歌声十分悲凉，最后，他把所会的战歌，全都唱完了。

“桑普兰说，野蛮人的悲伤音乐，在他，是从来没有听过的，这算是头一次。战俘的这种死法，再加上后来遭受的各种酷刑，当场就将法国人惊呆了。对于法国人来说，这种场面太悲惨了。快快结束这种场面，成为他们的热切希望……这一天夜里，有个休伦人做了一个梦。他说在梦里，他们遭到野蛮人的追击，他们被迫不断后退；而野蛮人呢，则死追不放，将自己的生死置之度外。

“快到自己村舍的时候，他们将一些长竿子砍倒。接着，他们将分得的头发，挑在长竿子上。那些头发，是被处死的战俘头上的。通过这种方式，他们向村人传达胜利而归的消息。看到这种情况后，妇女们连忙跑出来，跳入河水里，撑起独木舟，向丈夫的方向划去。接着，从丈夫的手中，她们接过那些头发，将其挂在自己的脖子上。

“这种血淋淋的战利品，被赠送给了桑普兰。此外，他还得到了一些弓箭。那张仅有的易洛魁人皮，原本他们是打算留给自己的，最后也送给了桑普兰。他们希望桑普兰将这张人皮，转交给法兰西国王。”

整整一个冬天，桑普兰一直和他们相处。幸好，他的财产和人身，没有一点儿损失。

### （第30页，第9行）在1649年，人们竟然在波士顿成立了一个严肃协会，来劝阻人们停止留长发这一虚浮行为

在美洲的英国殖民地上，有关清教徒的各种戒规，仍旧出现在人们的习惯和法律中，并且十分明显，尽管殖民地建立之初，那些清规戒律已经大幅度减少。

1792年，法兰西共和国开始明确反对基督教。之后，这个共和国延续了一段时期。在这期间，一项法律由马萨诸塞的立法团公布。该法律规定，公民必须遵守礼拜日。以下，是这项法律的序言以及主要条款：

“遵守礼拜日，是一项公益活动。通过这项活动，对于创造和管理上帝而言，人们就可以单独或者集体来进行了。遵守礼拜日，劳动者可以休息，并能抓住机会，及时反省人生的意义和无法避免的错误。人们专心于遵守礼拜天，完全是一种善行，它可以为基督教社会增添光辉和安宁。

“那些信仰不真诚的人，或者行为不端的人，由于忘记这项义务以及社会给予的好处，将沉溺于游乐以及仅为自己劳动，最后不免要亵渎神灵。这样的人，不但违背基督徒的义务，还给周边的人们带来不良影响。更为重要的是，社会风气遭到破坏，游荡和浮夸之风，处处可见。

“鉴于此，参议院和众议院颁布如下命令：

“第一条 每到礼拜天，店铺或者作坊里，不得有任何人干活儿。这一天，不管是谁，都要远离劳动和公务。音乐会、舞会，任何人不得参加。不管是什么样的演出，任何人也不得观看。狩猎、游戏或者娱乐项目，一律取消。如果有人违令的话，将会遭到

罚款。每一次罚款的数额，最高不超过20先令，且最低不得低于10先令。

“第二条 除非迫不得已，外出旅游的人和船长船员们，在礼拜天是不得出行的。如果有人违反，将会受到第一条那样的罚款。

“第三条 对于本乡镇的居民，小酒馆主、小店铺主和小客栈主，一定要避免他们在礼拜天逗留——不管是娱乐也好，办事也罢。如果有人违反，不但客人被罚，连店家也要受到牵连。同时，店家的营业执照，也可能被没收。

“第四条 在三个月的时间里，那些身体健康，又没有什么正当理由的人，少做一次礼拜，将会受到10先令的处罚。

“第五条 在教堂围墙的范围内，凡是行为不端的人，要受到5到10县令的罚款。

“第六条 本法由乡镇的十户长执行。在礼拜天，他们有权检查旅店或者其他公共场所。如果有人拒绝十户长的检查，那么将会受到40先令的处罚。

“对于旅客，十户长有拘留的权力。并且，十户长追问他们为什么停留在这里，他们必须做出回答。否则，将会受到5英镑的罚款。

“如果在十户长听来，旅客的回答并没有令其满意，那么十户长便将旅客直接交由县治安法官处理。”

1797年3月11日，颁布了一项新的法规。它规定，增加罚款的金额数量。其中，大半的金额归拘留违反者的人所有。

1816年2月16日，又通过了一项新法，借以通过上述新法规。

1827年和1828年，类似的条款，也出现在纽约州所修订的几项法律中。其中规定，在礼拜天，任何人不得在酒店逗留或者娱乐，不能出外打猎钓鱼。没有特殊的情况，所有的人在这一天都不应该出行。

初期移民的宗教精神和习俗，在法律上的反映，还不止上文所述的那些。在纽约州增订的法律集第1卷第662页，有如下的规定：

“在24小时内，输掉或者赢取25美元的人，不管是赌博，还是打赌，都犯有轻微罪名。依据明确的证据，他们就会受到不低于输赢金额5倍的罚款。这些罚款，交由本乡镇济贫工作视察员保管。

“输掉25美元或者更多的人，有权力向法院申诉。如果没有及时申诉，那么济贫工作视察员就算是获胜的一方。为了利用这些钱款，他们不但要收走输掉一方所支付的钱，还要收走罚款。通常罚款数额是输款的3倍。”

这些法律，都是最近才开始实施的。如果我们不考察殖民地初建时期，恐怕很难理解它们的存在。

在我看来，我们这个时代，像这样的刑法立法方式，只有很少的地方才会拥有。法律仍旧没有发生改变，尽管随着时代的发展，民情已经发生了重大变化。在美洲，严格遵守礼拜天，直到今天，依然使很多外来人感到困惑。

在美国，有这样一个大城市。每次到了星期六晚上，整个城市静悄悄的。原本，这时候，是青年人约会或者成年人参加交际的时刻。但是你会发现，一走进那里，你会被一片无声的世界所包围。闹市的喧嚣声，人群的高歌声，以及工业的轰隆声，都听不到了。教堂的气氛，十分压抑地笼罩着生活。在居民的房里，只能看到一缕斜射的阳光，那还是因为有一扇百叶窗，没有被完全关严。在长长的街道上，没有一个人影。要等好长的时间，才会看到一个人，他从很远的地方过来，正准备独自穿过十字路口。

第二天早晨，你的耳畔，又传来了那熟悉的声音——人群的喊叫声，敲打的铁锤声，往来的车辆声。整个城市好像刚从梦中醒来一样，所有的人都精神抖擞，在你的周围不断穿梭；他们向城市的商业中心走去，匆匆忙忙。从冷漠的状态中解脱出来，人们异常忙碌地奔波着，好像只有这一天才有发财和享乐的机会。

**（第34页，第3行）宗教被自由看做人们意愿的卫士，而人民的意愿则被认为是法律和自由的保障。**

在这一章，关于美国的历史，我不想多说。对于各殖民地和美国后来的发展，民情所产生的影响，以及初期移民的观点，读者都是可以了解到的。这就是我的目的。因此，就一些相关的内容，我在这里提及一些。

我们不妨绘制一幅美国各州的早期图画。不过，关于这种做法，我也不知道对不对。这样的一幅画，一定会引起读者和国务活动家的关注。对后者来说，还能向他们提供研究资料。最起码，我是愿意为别人提供方便的，尽管我并不是美国历史学家。因此，这里列出一些书目，在我看来，是有必要的。以下，是几部著作的概要。我认为，它们是最适合引用的。

有很多文献，可以供我引用。其中，艾博尼兹·哈泽特编著的《美利坚合众国历史资料汇编》，是我首先要推荐的。这本书里，收集了各州的文件，以及其他可靠的文献。

这部书编著于1792年，在费城出版。其中，第1卷有法规和特许状全文。那些法规，是各殖民地成立以来颁布的。特许状是英国国王颁发给移民的。此外，还有一些官方文件。它们主要是关于新英格兰和弗吉尼亚的事务。

第2卷，差不多都是1643年结盟时的文件。为了抵抗印第安人，新英格兰各殖民地结盟时所签订的公约，也在其中。这个联盟，堪称是英裔美国人结盟的首例。到1776年美国宣布独立的时候，像这样的联盟，已经有好几个了。这部费城出版的历史文献汇编，在皇家图书馆里有收藏。

此外，各殖民地也有自己的文献。其中，有些是比较珍贵的。在这里，我先要说说弗吉尼亚。这是因为，它是第一个被移民开发的州。

研究弗吉尼亚的历史学家有很多。其中，作为弗吉尼亚史学的开创者，约翰·斯密斯船长是最为有名的。斯密斯船长是一个有名的冒险家。在他的家族史上，曾出现过好几位冒险家。他著有《弗吉尼亚和新英格兰通史》一书，于1627年在伦敦出版，16开大小。这部作品有很多地图和版画。每一幅上面，还标有制作日期。

这本书的写作，从1584年开始一直到1626年。那个时代，人们所特有的冒险精神，在这部作品里有淋漓尽致的体现。此外，人们仗义出手的作风里，夹杂着渴望财富的味道，也可以在本书中体会到。看来，这部作品后来受到人们的高度评价，也是理所当然的了。

除了具有同时代人的美德，斯密斯船长还有另外一些特质，是其他人所没有的。那就是，他写得一手好文章，简洁明了，字里行间，没有任何多余的成分。当欧洲人发现北美的时候，印第安人是怎样的一种情况，我们都可以从斯密斯船长的书中看到。

另外一位比较有名的历史学家，是比弗利。他的著作于1770年在阿姆斯特丹出版，48开的。现在，这本书已经被翻译成法文。这本书的记录年限从1585年开始，截止到1707年。第1章，收集了殖民初期的历史文献。第2章，记录了印第安人在这一时期的生活状况，很有趣味。第3章，记录了关于弗吉尼亚的政治习惯、法律、社会情况以及民情。读者可以从中清晰地了解这些情况。

比弗利出生在弗吉尼亚，因此在著作的一开始，他这样写道："我从小在印第安人的土地上长大。对于自身的语言，没经过太多的专注训练。因此，当读者阅读这本书的时候，请不要用苛刻的眼光来看待。"

然而，全书无不表现出，这位移民后裔对自己祖国最高主权的维护，尽管他一再声称自己写得不好。

从比弗利的作品中，我们处处可以看到公民的自由精神。这种精神，曾经鼓励各殖民地不断进取。各殖民地之间长期存在的分歧，一直持续到美国独立时期。这些，在这本书中也有所体现。

对于邻居马里兰的天主教徒，比弗利和英国政府都很厌恶。并且，前者的这种情绪要比后者强烈。在作品中，比弗利的论述，简要而又富有情感。这本书有法文译本，在皇家图书馆里可以找到。

还有一本书，也值得我推荐。在美国时，我读过它；但是在法国，我却没有找到它。这就是威廉·斯迪斯的《弗吉尼亚的发现、定居与开发史》。这本书，十分有趣，且很详细。不过，在我看来，它有些烦琐。

说到卡罗来纳的历史，不得不推荐的好书是，约翰·劳森的《卡罗来纳史》。这本书1718年在伦敦出版，是16开本的。

在这本书里，首先记录了卡罗来纳是怎样被发现的。作者以旅行记的方式写作，有些地方的论述显得有些乱，并且分析得也不够明确。当时，天花和酗酒在野蛮部落中肆虐，一度形成凄惨的景象。对此，作者的描述还是相当细致的。此外，这些部落的道德日益败坏。随着欧洲人的到来，这种不良之风日益加剧。关于这点，作者也做了尽情的描述。

这本著作的第二部分，叙述了卡罗来纳的天然及其物产。在第三部分，就野蛮人的风尚习俗和管理组织，作者做了一番趣味横生的描述。在这部分，作者的才华完全展现出来。

这本书，直到卡罗来纳接受查理二世的特许状时，才算写完。整个作品的风格，是欢快的，并且节奏迅速。这一时期在英格兰，作者也出版了一部著作。与前者相比，后者的风格显得过于沉重。

劳森的这部作品，在美国几乎找不到了，在欧洲更是绝版了。现在，皇家图书馆仅存最后一本了。

从美国最南端到最北边，我全都游历了一遍。其中，很多地区的民主，是很晚的时候才有的。

还有一篇名叫《马萨诸塞州历史学会丛刊》的汇编，也是非常值得一读的。这本书于1792年在波士顿出版，并于1806年再次出版。这本汇编在皇家图书馆里是找不到的，而且，我相信，在其他图书馆也是没有的。

这部论丛仍在编辑中，收录了一些珍贵的文献资料，主要是关于新英格兰各州的历史。此外，还有一些通信和原始文件。这些通信至今还没有发表，而原始文件是地方档案馆收藏过的。这部论丛由古金主编，也有一些关于印第安人的材料。

在本注的前文，我曾提到过《新英格兰回忆录》。它的作者是纳撒尼尔·莫尔顿。这里，我仅做一点补充：这部著作，值得每一位想要了解新英格兰历史的读者去读。这本书于1926年在波士顿出版，32开本。同样，在皇家图书馆里没有这本书。

大教士科顿·马瑟的《基督教在美洲的传播史》，是讲述新英格兰历史最为重要的著述。这部书于1820年在哈特福德出版，共两卷，32开本。在我看来，皇家图书馆里也没有这本书。

这本书被作者分为七册。

第一册，讲述新英格兰的建立历史。

第二册，记录了主要行政官员和几位初期总督的生平。

第三册，记叙了福音会牧师们的生平事迹。那时候，这些牧师对人们的思想进行指导。

第四册，报道了哈佛大学的成立和发展。

第五册，叙述了当地的教会和教规。

第六册，讲述了一件关于上帝的事情。这件事情，在马瑟看来，是上帝为当地的居民施福。

第七册，描述了当时教会反对的动乱活动以及存在的异端学说。

马瑟是一位福音会牧师，在波士顿出生，并在那里度过了一生。在宗教热心和激情的鼓励下，马瑟写作了这本书。当时，那种宗教热心和激情，也指引着人们建设新英格兰。在他的行文间，时不时地出现粗鲁的文风。但是，妄图依靠宗教热情打动读者，是他孜孜以求的目标，所以这种不雅的文风，几乎是不可能避免的。他不但偏执，而且还过于轻信。但是，如果你认为他想要蒙骗人们，那就错了。在这部作品中，不乏有深刻的洞见和精彩的片段。

比如，在第1卷第1章第61页，他这样写道："我们现在居住的地方，英国人曾经多次过来移民。那时候，清教徒还没有到来。对于物质利益，英国人好像没有抱太大的希望。因此，他们经常失望地退缩，只要一遇到困难。但是，另外一些人就不会这样。这是因为，他们被宗教思想所支持和推动。与任何殖民地的建设者相比，他们所遇到的敌人，其力量之强大，是前所未有的。但是，他们所建设的东西，直到今天依然存在。这是因为从始至终，他们都坚持着自己的信念。”

在严肃的笔调中，偶尔也会有一些温情的描写夹杂其中。比如，作者描述了一位英国妇女。她同丈夫一起来到美洲。虽然她有宗教的热情，但很快就没有办法忍受艰辛的生活。接着，马瑟这样说道：“至于她的丈夫，一个道德情操颇为高尚的人，尝试着留下来，但最后还是死了。”

对于那个时代和地区，马瑟在作品中做了详细的描述。关于清教徒为什么要去美洲避难，他这样写道：“在我们中间居住的英国人，得到了上帝的启示。当很多互不认识的人，得到上帝的感召时，他们也得到了一个指令，那就是，告别故乡安居乐业的生活，到大洋的另一边去，在那片荒野之上安家。可见，他们之所以要这样做，完全是出于上帝的旨意。”

接着，他又说道：“在鸿篇巨制地论述之前，我们最好交代一下他们冒险的动机。这样，对于他们的行为，后代就会理解。不过，更为重要的是，这样做使我们不能忘记他们，忘记他们追求的目的，以更为热烈的情感关切新英格兰。因此在这里，我要介绍某些人的动机。

“第一个动机：为教会做出更大的贡献。换句话说，给北美传播福音，建设基督徒的支持后盾，反对在其他地区建立统治权的非基督徒。

“第二个动机：原先所在的国度，居民好像遭受着磨难。对财富最为看重的人，却对脚下的土地极为冷漠。子女、邻居和朋友，被人们当做负担。甚至连穷人，他们也不愿看见。像这样发展下去的话，这个世界会将最能创造欢乐的人排挤出局。

“第三个动机：欧洲的其他教会，已经被破坏殆尽。而对于我们的教会，真担心上帝也会施以同样的处罚。因此，一定要建设新英格兰，以便为大多数人提供避难的场所。

“第四个动机：科学和宗教知识，得不到有效的传播。这样，坏榜样的影响和腐化现象的肆虐，导致很多孩子没有走上正道，尤其是那些优秀且富有才华的儿童，还有那些被大人普遍看好的孩子。

“第五个动机：我们的欲望已经达到了一个新的高度，好像没有钱就会被人鄙视，而有钱就能维持较高的地位。因此，不道德的手段，被各行业的人所利用，而那些因为有钱而陷于荒淫的富人，却苟存于世。

“第六个动机：要成立一个新教会，从其成立之时起，我们就要支持它；为了巩固发展教会，我们要与另外一个信仰忠诚的民族联合起来，共同发挥力量，使其能够避免因得不到我们的支持就遭遇的危险。对于一个基督徒来说，这项工作是最高尚和壮丽的，也是最值得做的。

“第七个动机：一个在英国享受荣华富贵，且信仰忠诚的人，他将会成为一个榜样，如果他放弃建设新教会所得的好处，并乐于分担人们的苦难。这样一来，在他的感召下，大多数人就能联合起来，并学习他虔诚的信仰。

“第八个动机：作为上帝的花园，大地为上帝的儿子亚当所开垦。让自己没有土地而被饿死，并让这片土地没有人居住，成为不毛之地，关于这些，没有什么理由驱使我们这样做，要知道，这片广袤的土地，本应该为人们所开发和利用的。”

在距离此处引述较远的后一章中，当论及教会的道德原则时，对于在宴会上为健康而干杯的做法，马瑟表示强烈得反对。在他认为，这种做法是异教徒的不良习俗。对于妇女着装时，袒胸露乳的做法，以及对头发的装饰，他也同样给予批判。

在作品的某一章里，他举出了很多妖魔作怪的事件。这些事件，曾经震惊了整个新英格兰。在这个世界上，妖魔的为非作歹，是明确的事实。这一点在他，是极为认可的。

公民自由和政治独立，是与他同时代的人所追求的精神。对此，他花费了大量篇幅给予论述。马瑟说，自治原则伴随着这些人所前进的每一步。比如，马萨诸塞的居民，就是这种情况。普利茅斯殖民地建立前后，大概是1630年的样子，经过十年的时间，在剑桥一所大学建立了。为建设这所大学，当地居民花费了400英镑。

从英格兰的全部历史，转向各州的历史，我们首先要谈及到的，是32开本共两卷的《马萨诸塞殖民地史》。这本书的作者是马萨诸塞地方副总督哈切森。皇家图书馆里，收藏有这本书，不过却是1765年在伦敦出版的第2版。

在本注里，我曾经多次引述这部作品。这部作品描述的时间范围，从1628年开始，一直到1750年。这是一部十分详尽的史料，文字简练，真实淳朴。

关于康涅狄格的历史，《康涅狄格州全史：1630至1764年的社会和宗教》是最好的著作。本书作者本杰明·特朗普尔，共两卷，32开本，于1818年在纽黑文出版。在我看来，这部作品也是皇家图书馆所没有的。

在书名所指的时期内，康涅狄格发生的一切重大事件，这部作品都做出了详细的描述。作者讲到，刚开始建立康涅狄格的时候，发生了一些事情。对于这些事情，他做了很有意思的描述。整本书中，他还引用了很多珍贵文献，叙述起来，自然妥帖。关于本书的第1卷第5章第100页，是最值得一读的。还有后面的第7章第123页，读者也不容错过。

杰理米·佩尔纳普于1792年在波士顿出版了《新罕布什尔史》。对于这本书，值得我们给予高度评价。此书共两卷，32开本。第1卷第3章，是我们最应该读的。这里，关于清教徒移民的原因和法律，以及政治原则与宗教教义，作者都给出了翔实的叙述。

以下，是1663年时候，清教徒布道时所说的话：“宗教而非商业，是新英格兰创建的目的。这种目的，应该长久地为人们所铭记。在每一次前进中，清教徒的教义和纪律，都是人们所应该遵守的。因此，宗教而非金钱，是创建这些殖民地的目的。关于这一点，商人和缓慢积累财富的人，也不应当忘记。如果我们当中，有这样一个人：宗教在他心中的分量值是12，而世界却是13，那么他不具有新英格兰真正男儿的情怀。”

对于一些存在时间很长的州，我们已经做过了研究。其中，纽约州和宾夕法尼亚州，是最为突出的两个。

说起纽约州的历史，自然要推荐的书是威廉·斯密斯的《纽约史》。这本书共一卷，48开，于1757年在伦敦出版。1767年的时候，它的法译本问世，同年也在伦敦出版。英法两国在美洲进行的所有战争，其细节都被斯密斯在书中所精心描绘。研究美国史的著作有很多，但唯有这本书对于易洛魁联盟的描述是最为翔实的。

说到宾夕法尼亚的历史，《宾夕法尼亚州的建立与定居史：从1861年威廉·佩恩就任第一届领主与总督直至1742年以后的历史》是我要推荐的书。本书的作者是罗伯特·普罗斯，共两卷，32开本，于1797年在费城出版。

这本书收藏有关于佩恩的大量珍贵文献，还谈到了宾夕法尼亚早期移民的习惯、风尚和性格，以及教友会的教义。所以，这本书值得读者好好品味。据我所知，皇家图书馆里也没有这本书。

不必说，佩恩和富兰克林的著作，对于研究宾夕法尼亚肯定有一定的帮助。对于他们的作品，相信很多读者并不陌生。

以上所介绍的这些著述，在北美旅行期间，我读过了很大一部分。现在承蒙皇家图书馆的提供，我又读到了其中一些。至于其他的几本，经过沃顿先生的帮助，我还是找到了。沃顿先生是美国前驻巴黎总领事，生平也写过一部历史学著作。这本书同样是关于美国的。在结束本注的时候，请允许我再次向沃顿先生表示感谢。

**（第39页，第9行）限嗣继承法已经被修改，对财产的自由流动表示了默认。**

在自传中，杰斐逊这样写道："在弗吉尼亚，英国人刚开始建立殖民地的时候，人们还不能从土地上获得什么，或者只能获取极为有限的少数产品。当时，有一些人，富有远见，开辟了很多荒地，并租让出去。为了保持整个家庭的荣耀，他们又将这些土地传给了下一代。慢慢地，一代又一代人，从先辈们那里继承土地，便形成了一些独特的家庭集团。这些家庭集团拥有特权，可以长久地保持其财富。随着所在的州变得日益强大和富裕，这些家庭集团便成为当地的贵族。而所在州的议员，国王也倾向于从这些家庭集团中选任。"

在美国，英国法律中有关遗产继承的条文，没有丝毫用武之地。肯特先生说，在遗产继承问题上，我们所做的第一个规定是："一个人死后，如果没有遗嘱，那么其财产由直接亲属继承；如果亲属只有一个男性，或者只有一个女性，那么他或者她将得到全部遗产；如果有几个同一顺序的继承人，那么这几个人不论性别，平均分得遗产。"

1786年2月3日，纽约州颁布法令，通过了这项规定。但是后来，又进行了一些修订。现在，这项规定几乎适用于整个美国。唯独佛蒙特州有些例外，那里的男性继承人，可以获得两份遗产。

肯特先生在其著作《美国法释义》中，讲述了美国限制后人继承的立法经过。他总结说，在全美独立之前，这种继承法在各殖民地是适用的。后来，根据杰斐逊的建议，弗吉尼亚于1776年起，废除了这种继承法。1786年，纽约州也废除了这种制度。接着，北卡罗来纳、肯塔基、田纳西、佐治亚和密苏里，也接连废除了该法。

然而，在佛蒙特、印第安纳、伊利诺伊、南卡罗来纳和路易斯安那，从来就没有实施过这种继承法。有些州，对这种继承法做出了修改，将其中的贵族立法宗旨去掉，尽管它们还各自保留该法。肯特先生写道：“促进财产的自由流通，是我们管理国家时所采取的一般原则。”

关于美国的遗产继承法，法国人曾经做过研究。有一点，即与美国的继承法相比，法国的更为民主，让法国学者大吃一惊。

美国的法律规定，父亲遗留的财产，子女应当平分。但是，这种情况是有前提条件的，那就是，父亲没有另外单立遗嘱。这是因为，纽约州的法律有这样一条规定：“对于自己的财产，每个人都有充分的自由、权限和资格，确立遗嘱。也就是说，有权承诺某个社会团体或者政治机关，将自己的所有或者部分财产，遗赠给某个人。”

法国法律规定，对于自己的财产，立遗嘱人可以平分或者接近平分地给予继承人和受遗赠人。现在，美国大部分州还在实行限制后嗣继承法，然而却不断限制该法的效力。在法国，不管是什么情况，都不得实行限制后嗣继承法。

与美国的社会情况相比，我们没有他们民主。而与他们的法律相比，我们的又要民主很多。这种情况，足以说明一个问题：在美国，即便是废墟，民主也能建立；而在法国，民主却遭受着破坏。关于这一点，是值得每一个人深思的。

**（第43页，倒数第2行）一切事物的因果都是人民，一切事物的起源也都是人民，并且最终会施于人民。**

美国的选举资格概要

在美国各州，凡是年满21岁的人，都有权参加选举。参加选举的人，必须在所在地的县，居住超过一定的时间。

关于财产资格：在马萨诸塞州，收入3英镑，或者资产60英镑，是选举人所必须具备的条件。

在罗得岛，选举人必须拥有一定的地产，其价值为133美元。

在康涅狄格，选举人必须拥有一定的财产。通过这些财产，可以获得17美元的收入。此外，选举人还必须在民兵中服役一年。

在新泽西，50磅财产是选举人所必须具备的。

在南卡罗来纳和马里兰，50英亩土地，是选举人必须具备的。

在田纳西，对于选举人来说，只要拥有任意一种财产，数量足够即可。

在密西西比州，俄亥俄州、佐治亚州、弗吉尼亚州、宾夕法尼亚州、特拉华州和纽约州，只要纳税，就有资格成为选举人。其中，在很多州，只要是服兵役，就算是纳税。

在缅因和新罕布什尔，只要没有被列入极端贫困的名单，就有资格参加选举。

最后，在密苏里州，阿拉巴州、伊利诺伊州、路易斯安那州、印第安纳州、肯塔基州和佛蒙特州，对于选举人，没有任何关于财产的规定。

我还想说明一点，对众议员和参议员的参选资格要求，在北卡罗来纳州是不同的：

前者要求纳税即可，而后者则要求必须拥有50英亩的土地。

**（第68页，倒数第18行）即使是最集权、最强大的政府也有不能完成的任务，但是当个人努力与社会力量结合起来时，它通常就能被完成。**

在美国，实行关税保护政策。因此，大部分海岸地区，或者少数海关人员，倾向于走私活动。但是，与其他国家不同，美国由于任何人都可以举报走私活动，因此该活动并没有猖獗到肆无忌惮的程度。

消防警察，在美国是没有的。因此，与欧洲相比，美国的火灾要多很多。一般说来，一旦发生火灾，也会得到及时扑救的。这是因为，美国的民众会迅速赶到现场灭火，而不会坐视不管的。

**（第69页，倒数第10行）于是乎，不管是光明正大地追求自由的人民，还是隐秘地为暴政服务的敌人，都成了人民权利的受益者。**

有一种说法认为，法国大革命形成了中央集权。这种说法是有失偏颇的。对于中央集权，法国大革命只是进一步完善了它。在法国，美男子腓力四世统治时期，正好是法学家初步进入政府的时机。从那时候起，人们开始迷信典章制度，并对中央集权表现出极度的热爱。从此，这两种情况就没有停止过，一直发展。

1775年，作为最高税务法院的代表，马尔泽尔先生提交给国王路易十六一份进言。其中，有一些是这样的：

“……每一个机关和每一个公民社团或村镇，保留自行处理各自事务的权利。作为一项天赋的，且合情合理的权利，这项权利由来已久。因此，当我们说将其写进王国的第一部宪法时，很明显这是不应该的。但是，陛下，您主要的东西，都已经被它所夺走。既然这样，您和我们就不必忌讳。可以说，这种情况下，我们的管理工作，已经没有了任何权威。

“不准召集国民议会的政治原则，自从被几位位高权重的大臣提出以来，官员们便如法炮制，积极仿效。结果，没有经过总督的批准，很多村镇的居民几乎什么决定也做不了主。因此，如果村镇的人想要打官司，必须经过总督的批准。也就是说，案件在正式向法院起诉之前，必须经过总督的初审。如果诉讼的对方是总督的亲信，或者总督与打官司的居民意见相左，那么村镇便没有捍卫自身权力的能力。如果某个村镇想要花钱，创办一项事业，也必须向总督的下属官员请示，并且要根据他们的意见，雇佣指定的工人，付给指示的薪水。法国各地的自治精神，就是在这些方式的作用下，被总督老爷扼杀了。换句话说，总督老爷将全国人民称为禁治产人，并以监护人的身份自居。”

可见，在中央集权方面，法国大革命所做的一切，不能算作征服。

1789年8月28日，杰斐逊在巴黎给朋友麦迪逊的信里，这样写道：“在法国，狂热的统治，由来已久，并且造成了许多灾难。与法国不同，我们的国家决不是那样。”

实际上，为了扩大行政集权，几百年来，法国的中央政权做到了它想要的一切。在这一点上，没有任何限制约束它的权力。

就中央集权而言，与其他任何先行者相比，法国大革命所产生的中央政权历程要走得更远一些。这是因为，与它们相比，它更为有力，也更有学识。比如，在拿破仑当政时期，一位大臣所统辖的，仅仅是村镇生活；而在路易十四时期，村镇的生活，仅仅是为总督的享乐服务。就原则而言，两者是相同的。但是，前者要比后者的空间大。

**（第72页，倒数第9行）在法国，宪法是不能修改的，这是取得社会公认的。没有人能逾越宪法，修改宪法，它被认为是不可以修改的。无论是拥有何等权威，都不能对宪法做丝毫地修改。**

法国宪法具有不可变性。这种情况的出现，是必然的。

就拿王位继承法来说，这是一切法律中最为重要的法律。在所有的政治规定里，父传子继，这一自然顺序在原则上是经久不变的。1814年，在路易十八的操控下，人们承认了这种政治特权专为他们家族所拥有。1830年7月革命结束之后，有些事务需要处理。当时着手这些事务的人们，也采用了路易十八的做法。与之稍有不同的是，由另外一个家族掌控这一政治继承特权。在扶植新王朝的时候，大法官莫普的做法，成为他们效仿的对象。在旧的最高法院的废墟之上，莫普建立了新的最高法院。与前任一样，新的大法官也是不能被罢免的。关于这点，莫普当时也没有忘记将其写进国王的诏令。

与1814年的法律相比，1830年的法律几乎与其相同：宪法的修改问题，从始至终没有提及到。并且很明显，修宪的诉求，是一般立法手段所无法满足的。

运用权力的时候，国王依靠的是什么呢？自然是宪法。贵族议员呢？也是宪法。众议员呢？当然，还是宪法。在这种情况下，对于共同依靠的宪法，这三者怎样联合起来进行改革呢？很明显，他们将会失去他们的地位，如果没有宪法的话。那么，基于什么样的条件，他们才会修改宪法呢？

以下这两个条件，必然要具备其中之一：第一，支撑他们权力的法律，已经不存在了，而他们的地位也失去了。为了恢复旧有的地位，他们要求改变宪法。第二，当人们不再遵循他们的意志做事，而他们对此无能为力时，为了继续在他们的名义下，发挥宪法中某些条款的作用。后来，他们还是灭亡了。这是因为，是他们自己破坏了宪法。

就这一点，与1814年的宪法相比，1830年的体现得更为明确。1814年的时候，在宪法之外或者之上，王权与之遥遥相望；而在1830年的时候，经过王权的授意，宪法开始规定王权。所以说，没有宪法，王权就如一纸空文。

结果，由于人们将宪法与一个家族的命运联系在一起，所以法国宪法的各个部分，至今都没有发生变动。修改宪法的合法手段，人们一直寻找不到，所以，法国宪法的全体，还是原来的老样子。

对于英国来说，这些论述显然是不适用的。既然英国连成文宪法都没有，那么它怎么能修改成文宪法呢？

**（第72页，倒数第7行）在英国，国会拥有修改宪法的权力。国会不仅是立法机关，还是立宪机关。**

关于英国的宪法，曾经有几位出名的学者做过研究。就议会的无限权威，他们迫不及待地发表了很多论述。

在其著作第10章第77页，特罗姆这样写道："在英国，法学家抱有一种信念，那就是，除了将男人变成女人或者将女人变成男人以外，对于一切事情，议会都能做到。"

关于这一点，布莱克斯通的论述也极为明确，尽管他的态度没有那么坚定。他是这样说的："不管是对人还是对事，议会的权力和司法权，其权限范围过于宽泛，权力过于专断，以至于对于它们的活动，几乎没有什么限制可言。在爱德华·科克爵士看来，事实就是如此。另外，他还补充说，最高法院的特点可以概述为：论权力，它最强大；论荣誉，它最光荣；论资格，它最古老。

"在诸多法律方面，议会所拥有的权力是最高的，并且没有受到监督。这些法律包括：恢复使用、废除、停用、扩大使用、通过、制定和解释刑法、海运法、军事法、民法、世俗法令或教会法令。议会这种至高无上的权力，来源于这个王国的宪法。普通法院不是必须经历的阶段。那些要求赔偿损失或伸冤的案件，可以直接诉诸于这个特殊的法院——议会。它可以改变议会本身，甚至修改王国的宪法。比如，为了通过各项法令——关于三年和七年举行一次选举，以及英格兰与苏格兰联合法案，它就曾经这样做过。它可以使得国家信仰另一教派，比如，在亨利八世及其三个子女统治期间，以各种理由，它迫使国家不断改变信仰。它还能修改和重新订立王位继承法，比如，亨利八世和威廉三世登上王位，就是它通过这种方式实现的。

"总而言之，原本没有办法做到的一切，议会都可以做到。因此，在行使权力的时候，议会可以说肆无忌惮。甚至可以说，正是这种胆大妄为的姿态，才使得议会无所不能。"

**（第79页，倒数第2行）一旦美国的共和政体开始没落，人们只要留意一下政治审判的数量有没有增长，我的观点就很容易被验证了。**

在政治审判制度方面，美国各州宪法的有关规定几乎是一致的。

每一个州的宪法，都有政治审判制度。并且，州众议院获得州宪法的授权，可以专门行使起诉权。与之不同，在北卡罗来纳州，这项权利经过宪法批准，授予给了大陪审团。

州参议院或者有州参议员列席的审判团，都享有政治审判权。这种情况，几乎在各个州都是如此。

撤职或者不准再任职，是政治法院可以做出的两种处罚。而在弗吉尼亚，政治法院在宪法的准许下，可以做出各种处罚。

特拉华州宪法第5条、纽约州宪法第5条、印第安纳州宪法第3条第23项和第24项、联邦宪法第2条第4项规定的叛国罪、贿赂罪和其他重罪或轻罪；

弗吉尼亚州宪法第252页、北卡罗来纳州宪法第23条、马萨诸塞州宪法第1章第2条规定的渎职罪和玩忽职守罪；

新罕布什尔州宪法第105页规定的玩忽职守罪、医疗事故罪和贿赂罪；

宾夕法尼亚州宪法第4条、亚拉巴马州宪法第6条、密西西比州宪法第5条、路易斯安那州宪法第5条、俄亥俄州宪法第一条第23项和第24项、田纳西州宪法第4条、肯塔基州宪法第5条和南卡罗来纳州宪法第5条规定的渎职罪。

以上，是政治审判权所处理的各种罪行。此外，康涅狄格州、缅因州、佐治亚州和伊利诺伊州的宪法，没有罗列罪名。

**（第117页，倒数第12行）欧洲的强国倒是可以和美国一较高下，但是因为双方远隔重洋，倒也没有什么可怕的。**

诚然，对美国施以大规模的海战，是欧洲列强向来所采取的手段。然而，就美国而言，在海上作战，远比在陆上作战容易多了。并且，海战的危险性也比较小。海战只需要使用一种武力。在一个商业国家，强大的舰队是永远保留的，只要政府能够从人民那里获得必要的资金。而且，与在生命和人力上做出牺牲相比，在金钱上做出牺牲，对于人民来说更为容易。另外，即便在海战中失利，战败国也不会有多大的损失。至于陆地作战，对于美国来说，欧洲国家显然没有办法给其造成危害。

纵使一个国家拥有200万人口，向美国运输并供养25 000名战士，也不是一件容易的事情。如果有这样一个欧洲大国与美国发生战争，那无疑是一个拥有200万人口的国家，与一个拥有1200万人口的国家作战。并且，欧洲人距离美国，大约有1500里约的路程，加之美国疆土广袤，各种物资极为丰富，这又成为作战过程中另一个不可避免的障碍。

# 第二部分

**（第128页，倒数第10行）虽然美国的每家报纸都拥有一些权力，不过相比于报纸，期刊的权力要大很多，只比最有权力的人民小一些。**

1704年4月，美国的第一份报纸，在波士顿正式出版。

在美国，期刊的出版，是完全自由的。其实，这种想法是错的。这是因为，美国曾经也设立过各种限制制度，比如说，事前检查和提交保证金。

1722年1月14日，马萨诸塞州颁布的一条法令中，就有这方面的规定。

“新英格兰报刊委员会”是州下院委派的，用以检查新闻工作。该组织鉴于：“被告的报纸扰乱本地的和平与安宁，辱骂政府，诋毁传播福音的教士，允许一些有名作者发表对神和宗教大不敬的文章，具有讥讽嘲笑宗教以及引导人们蔑视宗教的趋势，所以建议：本地的行政长官审查该报将要发表的所有文章，由詹姆斯·富兰克林——该报的出版人兼发行人，负责转交，或者禁止其继续出版和发行该报；富兰克林先生须交纳保证金，并保证一年之内安守本分，该项事务由萨福克县治安法官负责监督执行。”

最后，委员会的建议并没有发生任何效力，尽管它们已经被采纳，并付诸实施。该报纸将发行人的名字改为本杰明·富兰克林，就躲开了这项禁令。在舆论看来，该报的这种做法，是合乎法律的。

**（第190页，第13行）连执法权和惩治违法行为的权力，也尽数落在贵族手中**

1832年，改革法案通过。在此之前，参与郡的选举人，必须拥有自有地产或者租用地产。对于选举人来说，通过这些地产，他们可以获取40先令的纯收入，用以维持自己的生计。原来的法案，在1450年左右，即亨利四世时期制定的。那时候，40先令，相当于现在的30英镑。从那时候起到1832年，这个15世纪就已经确定的数额，一直没有发生改变。通过这一点可以看出，英国民主化进程，随着时间的推移，日趋完善。换句话说，经过了这么长的时间，选举人的财产资格限定，一直没有发生变动。

在英国，陪审员的人选，由郡长决定。通常说来，郡长管理司法和行政工作。作为本郡的知名人物，郡长代表着国王的意志，因而，每一年由国王亲自选任。郡长的职位，经常遭到人们的怀疑。在人们看来，经常会有人行贿郡长。如果人民怀疑郡长有违法行为，那么，由郡长组织的陪审团，就没有权力再审理案件。接下来，陪审团的成员，由另外一名官员负责选任。

陪审员的候选人，必须拥有一定的地产。通过地产，他的收入不能低于10先令。这一条款，是在1700年左右制定的。那时候，正值威廉和玛丽统治时期。与现在相比，那时候的货币价值高多了。与其他制度一样，英国的陪审制度也是根据个人的地产，而不是根据个人的能力建立的。

还有一点，陪审员也不排斥佃户。但这样的佃户，必须是长时期做好事的人。而且，除去所要上交的地租外，他的纯收入必须达到20先令。

### （第190页，第16行）选举权，被选举权，以及入选陪审团，是每一个美国公民的权利。

按照联邦宪法规定，正如各州在本州内部实行陪审制度那样，联邦系统的法院也实行陪审制度。然而，对于陪审员的选任，联邦宪法却没有给出具体的规定。每一个州，按照本州的办法，选任常任陪审员。联邦系统的法院陪审员，就在这些州的常任陪审员中抽选。因此，想要说明联邦系统法院的陪审制度，必须参照各州的法律。

与现在年代相隔甚远的几个州的法律，我曾经做出详细的查阅。从中，我们可以了解一下美国的陪审制度原则。我所获取的大概情况如下：

在美国，入选陪审员的公民，只要拥有选举权即可。在纽约州，陪审员的法定资格与推选人的法定资格，是各不相同的。与法国的法令相比，纽约州的这种不同与其完全相反。也就是说，纽约州推选人的法定资格，要比陪审员的法定资格要高很多。大体而言，在美国，与推选议员的权利一样，推选陪审员的权利也适用于一切公民。然而，这种权利在所有人行使的时候，并不是没有任何明文的规定。

每一年，陪审员的人选，行政当局邀请有权的人进行这项工作。行政当局要么是乡镇的，要么是选举区的。这项工作的主要内容是，为本地区推选一定数量的公民。这些人有权充当陪审员，或者有能力担当陪审员。在路易斯安那州，由县长负责推选；在俄亥俄州，由遗孤财产保管人推选；在纽约州，由乡镇行政长官推选；在新英格兰，由乡镇行政委员会推选。

如果这些负责推选的官员，自身也被选为陪审员，那也是没有关系的。没有人会反对他们的。这些官员所拥有的权力，范围十分广泛。通常，这些权力还具有强制性质。与行政官员相比，这些官员的权力与他们等量齐观。尤其是在英格兰，只要陪审员不称职，或者没有什么能力，这些官员就会罢免他们。由此可见，这些官员的权力是很强大的。

经过这些步骤，陪审员的名单就出炉了。然后，这份名单交送给县法院。在那里，使用抽签的办法，选出担任陪审员的人。他们将有权参加各种案件的审理活动。

此外，在美国，陪审团有多种渠道，可以接触人民。他们还想办法，减轻陪审团的工作负担。陪审团的人数很多，陪审员可以连任，但是每一个人都不能超过三年。在每一个县的县城里，法院负责开庭审理案件。在美国，县这一行政区域，大概相当于法国的区。因此，在美国，法院和陪审团的距离是很近的。这一点，与法国不同。要知道，在法国，法庭开庭的时候，才忙着召集陪审团。最后一点，在美国，陪审员理应得到薪水报酬。由于案件的不同性质，有的需要诉讼当事人来支付，有的则需要州来支付。通常而言，每一个陪审员每天可以得到1美元的收入。当然，这已经抛除了差旅费用。在美国，陪审员是每一个公民应尽的义务。然而，履行这项义务，并没有什么难度。

**（第192页，倒数第7行）通常而言，陪审员以社会权威的姿态，用理性和法律的权威来衡量法官的判决。**

其实，对于法官的控制力，陪审员是没有办法摆脱的。只要仔细考察英国的民事审判制度，就可以看出这一点。

当然，对民事案件和刑事案件，陪审团也会做出判决。在这种简要的陈述中，他们也论及到事实和权利两方面的内容。比如，有一所住宅，彼得花钱买了它，因此，他说那是属于他的。这就是一个事实问题。但是，由于出卖房子的人，没有行为能力，所以，彼得的反对者提出这样的意见，这却是权利问题了。这所住宅，如果陪审团判决归属彼得所有，那么，陪审团就是确认了事实和权利。

对于刑事案件中的被告来说，只要审判的结果有利于他，那么，英国法庭就认定陪审团的判决。然而，对于民事案件的被告，英国法庭对于陪审团的判决，就没有采取同样的对待方式。陪审团的判决确定以后，如果法官认为其在适用法律方面有误，那么，他就可以不接受判决结果。同时，他将驳回判决结果，让陪审员重新审理。

对于陪审团的判决，如果法官没有复核，只是将其搁置起来，那么，这次诉讼就还没有真正结束。这是因为，对于判决结果，法官有最终的否决权。当法官决心这样做的时候，他会要求法院撤销陪审团的判决，同时立即更换陪审团的成员。实际上，法官的这种主张，一般是没有办法实现的，而且，以后也不会得到实现。像这样的事情，我曾经多次看到过。

# 下卷

# 序言

在美国，民众普遍关心政治，再加上相关法律的颁布实施，使得民主意识在美国社会比较深入。基于这种社会现实，美国人产生了很多新的观念和想法，这使得那些欧洲的老派贵族怎么也无法理解他们。民主的贯彻建立起了新的社会关系，于是那些旧有的关系要么起了变化，要么被直接破坏掉了。市民在社会中地位的变化与各政治利益之间的变化相比，有过之而无不及。

五年前，我出版了本书的上卷，主要是针对美国民主的主要问题进行研究。现在，本卷将针对它的次要问题进行讨论。上下两卷相互配合、补充，才使这部著作成为一个完整的整体。

尽管现实具有多样性，但我在本书中认为这些都是“平等”造成的，因此，有些读者可能觉得我的观点实在有失公允。因为他们认定，在我看来，只是因为“平等”就引发了当今社会存在的所有现象。在这里，我想要提醒各位读者，这种想法严重误解了我的本意，是不对的。

当今社会，人们对待事物的看法、感情以及他们本身的特性，也许根本就与平等无关，甚至是背离平等这一原则的。就拿美国来说吧，过去的土著居民、早期移民信仰的宗教、国家的本质，以及现在民众认知、业已形成的传统，都在对这片土地上的人民发挥着巨大的作用，左右着他们的思想和情感，而我很容易就能拿出证据，证明这些都不是“民主”在发挥作用。欧洲所经历的众多事件说到原因，可以用纷繁复杂来概括，其中很多原因也可以用来解释美国的很多事情，不过它们都与平等扯不上一点儿关系。我知道，有众多的因素存在，并且发挥着影响力，只不过它们并不是我要研究的东西，我无意钻研所有的观念和思想走向是怎么产生的，只是想研究一下平等，看它对所有观念和思想走向有着什么样的影响。

这时，人们可能又有疑问了：对于我们亲历的民主革命，你态度坚定地指出它是不可逆转的，试图逆转它是不可能成功的，而且还非常不明智，可是为什么在这本书中你又严厉地指责民主革命所造就的这个社会呢？

我的想法很单纯：我是真心赞成民主的，正因为如此，面对它时我才会非常认真。我之所以要这样是因为，敌人无论如何也不会给予我们真理，但友人能提供的也少之又少。平等带给人们很多过去不曾有的好处，我相信，很多人愿意站出来，去宣讲这些，但又有几个人有勇气去告诉人们平等的弊端呢？所以，我要把注意力集中在这些弊端之上，并在自己能清楚认识到它们的同时大胆地将它们公之于众。

阅读了本书上卷的读者认为我的论点是公正而中肯的，我希望，人们在阅读下卷时还会产生相同的感觉。我们的国家存在众多彼此对立的观点，它们衍生出很多派别，对任何一个派别，不管同情还是心存反感，我都尽量将这些感情只放在心里。在我的书中，如果读者发现任何只言片语是在巴结哪个能在我们国家翻云覆雨的大党，又或者是在对那些给国家带来混乱、使国家衰弱的小派别谄媚，那么请你不要吝惜你的斥责，大声地说出来吧。

世界的变化对思想观念的影响大部分都在我的研究范围之内，因为研究的问题太过广泛，对有些问题的研究其实是在我的能力范围之外的。虽然我都做了探讨，但是有一些我自己也觉得差强人意。尽管我的作品不是非常完善，但是，我在制定写作计划以及写作时，都是本着抛砖引玉的精神开始的。从这一精神出发，读者应该会肯定它的价值的。

# 第一部分 美国人的智力活动受到了民主的哪些影响

## 第一章 美国人运用哲学的方法

美国人没有建立起属于他们自己的哲学派别，对于欧洲那些彼此对立的哲学学派，他们也表现得非常冷漠，以至于根本叫不出那些派别的名称。在我看来，世界上的文明国度中没有哪个像美国一样，如此不看重哲学。

但是，看看那些美国民众，我们就很容易发现，他们思考时遵循的是同一种方法，指导他们行动的也是同一种准则。这样看来，美国人并没有花时间去总结分析他们的行为准则，可是他们的行为却受着同一种哲学方法的引导。

在我看来，美国的哲学方法体现出来的主要特征包括：突破固化的思想、成规的束缚、家族条条框框的约束、阶级的成见，将这些对认识的局限打破，更有甚者，在一定程度上忽略民族间的差异；已有的传统只被当成需要学习的知识，现实的存在只是为进步提供可以自由改进和完善的素材；实践才是认识的唯一来源，并且要用自己的力量去实现；为了实现目标，不拘泥于方法；不在乎表面的形态，只研究事物的本来面目，等等。

要想进一步挖掘，将其余一切特性进行归纳总结，得出的结论就是：人们在思考时，主要根据自己的理性思维判断。

所以，在美国就出现了这样一种现象：美国人不读笛卡儿的著作，是世界上最少研究笛卡儿学说的国家，但是他们的处事方法却是在实践笛卡儿的名言，是将笛卡儿的思想实践得最好的一个国家。其实，这也不奇怪，在美国人所处的社会中，人们不需要刻意进行思想上的探讨，他们都自然而然地按照他的名言行事。

民主社会总是动荡不安，接连不断的动荡使得相邻两代之间关系疏远，甚者完全破裂，数典忘祖的事情稀松平常，并且人们不会为此感到愧疚不安。

处在这样的社会中，自己所在的阶级的观点已经不重要，也就是说，阶级已经形同虚设，那些还在发挥作用的阶级也充斥着很多不稳定因素，这导致这些集团自身缺乏实力，从而不能有效地掌控自己的成员。

在一个公民素质基本持平的国家里，个人的智力对其他人智力的影响是非常有限的。人们的能力都差不多，没有人认为别人比自己更优越，更厉害，因此人们都更相信自己的理性判断，觉得这样才能更接近或是得到真理。因此人们不会将某个人奉若神明般地信任，甚至对别人说的话也没什么兴趣。在这样的社会中，每个人都生活在自己的世界里，依照自己的标准来判断世界。

这种只依靠自身判断得出结论的准则已经成为他们的习惯，融入了他们的性格，从而在他们的头脑中滋生出一种新的思维模式。在他们看来，现实中的任何小困难都完全可以自己独立解决，不必求助他人，由此他们得出一个结论，就是人的智力足以将世界上的万事万物都解释清楚，没有什么事情是它力所不能及的。

所以，如果遇到什么难以理解的事情，他们总是不愿承认它的存在，以至于他们不相信有什么违反常态的事物，而这种感情遇到超自然的现象时，甚至会转变成厌恶。

对于自己找到的证据他们深信不疑，因此一旦开始研究某种事物，就会把它研究得非常透彻。这就要求他们将事物的表象层层剥离，排除阻碍他们形成认识的所有障碍，将那些误导他们的东西全部剔除，以便可以最直接、最清楚地观察事物。很快，这种观察事物的方式就会导致他们将外在形式看得一文不值。他们认为，形式就是妨碍他们认识真理的烟雾弹，除此之外没有任何用处，实在惹人讨厌。由此可见，美国人遇到问题时都是依靠自己的判断寻找出路，他们不用到书本中去寻找解决问题的方法。

事实上，在我看来，这样的情况在欧洲也曾发生过。在欧洲，人们身份地位的差别不断缩小，人与人之间也越来越平等。随着这种趋势的发展，美国人的那种方法也会建立，并越来越普遍。

我们反过来看看欧洲的情况，看看那些发生过的事件在时间上有什么联系。

16世纪时，个人的理性开始被人们关注，并被宗教改革家们用来质疑有着悠久历史的信仰，然而，仍没有开放到可以公开对所有教义进行论辩的地步。17世纪，培根和笛卡儿分别在自然科学和狭义的哲学上打破了人们对固有模式的迷信，动摇了传统哲学的统治地位，推翻了过去那些学界大人物的权威。到了18世纪，哲学家们将17世纪取得的成果发扬光大，普遍推广，意在引导人们用个人理性去判断自己信仰的合理性。

我们可以看到，路德、笛卡儿和伏尔泰所运用的方法在程度上或有不同，但本质上是一样的。

可是，16世纪的宗教改革家们始终跳不出宗教观念这个狭窄的圈子；笛卡儿只想将他的方法运用到个别特定问题上，并且认为个人理性只适用于对哲学的判断，不适用于政治；然而，进入18世纪，这个曾经被笛卡儿和他的前辈们不想碰或者拒绝普化的方法突然间就被人们认可了，并且得到推广，为什么会这样呢？更有甚者，我们所说的方法在这个时期已经突破了学术的局限，成为社会中人们思考的普通准则，并且，在法国推广之后，欧洲的所有国家都要么公开，要么暗地里开始运用，这又是为什么呢？

这是因为，16到17世纪时，社会上推行的政治法令、社会现实，以及在它们的影响下形成的思维习惯，都严重阻碍了我们所说的哲学方法的推广，因此，尽管这种方法在16世纪就已萌芽，17世纪达到精确，得到推广，但是这两个世纪都没有完成使它被普遍运用的任务。

也就是说，在社会上有了平等的苗头，彼此间的身份差别越来越小。只有当人们几乎完全忽略了地位差异、人跟人之间基本上变得一样时，它才能被普遍运用。

18世纪的哲学方法有着深厚的民主基础，但它并不是法国特有的，所以才能在整个欧洲大陆传播开来，并让整个欧洲脱胎换骨。法国人因为第一个提出了破坏旧事物、保证新事物顺利发展的哲学方法，还将这种方法推而广之，所以在世界的巨大变化中起了领头作用。也就是说，这与他们是否改变了自己的传统信仰、是否对古老的民情进行了改革都没有关系。

也许有人会问，美国的平等制度已经非常完善，而且有着更深远的渊源，可是为什么与美国人相比，法国人在对这一方法的运用上却更严格，也更频繁呢？

首先，有一点我要明确，这主要是由下面两个因素造成的。这也是我对上面问题的回应。

请不要忘了，那些英国的后裔之所以能在美国建立起一个社会，靠的正是宗教。因此，宗教在美国有着非常特殊的意义，它融合了整个民族的传统和在这片土地上对宗教的所有感情。不过，尽管这个原因举足轻重，也需要另外一个不可小觑的原因来辅助。那就是美国是个政教分离的国家，在这里宗教就是单纯的宗教，它从不妨碍政治事务。因此，人们在改变旧制度时不必连自己的信仰也改革掉，这就使得改革能轻而易举地推行开来。

由此可见，在美国，基督教仍能强有力地控制人们的思想。

其次，有一点我要特别强调，人们会受此宗教哲学的支配，不是因为它经过了反复讨论证明，而是因为它根本就无须证明，只是作为一种信仰在起作用。

美国的基督教派别众多，他们的组织也时刻变化，即便如此，基督教本身仍然有着深厚的基础，没有人能抵抗它对人们思想的影响；它不会受到攻击，也不会被特殊保护，它就是这样存在着。

既然美国人没有任何疑义地接受了基督教的基本准则，当然也就能自然地认可基督教所倡导的道德标准和真理。这就使得个体所能分析的范围变得非常狭窄，因为人们的大多数观点是不受某个个体分析影响的。

之前，我说有两种情况，其中另一种情况是这样的：

美国人生活在民主社会中，拥有民主的宪法，但这些并不是通过民主革命才获得的。有一点我要强调，当年，他们初到这片土地时，当时的情况跟我们今天所看到的可以说相差无几。

但凡革命总要冲击固有的信仰，动摇当政者的威信，将旧有的思想斥为落后。因此，任何革命在社会中都会多少少少产生一些实际效果，比如，让人们更加有主见，或是使人们的精神活动可以自由自在，没有限制。

漫长的阶级斗争结束后，旧社会的阶级差别被消除，人与人之间变得平等了。这时，就会产生一种与平等相悖的现象，那就是人们变得很傲气，优越感十足，对别人的嫉妒、鄙视和厌恶也一起涌上心头，而且这种复杂的情绪还会在一段时间内左右人的品格。因为这种现象，人与人之间鸿沟加深，彼此不信任。于是，每个人都只靠自己去获得认识，试图独立自主，并以此为荣。维系人与人之间的联系已经不再是思想，而只是利害得失。人们的认识见解再也没有凝聚力，智力如同尘埃一样，四处飘散，无法汇集到一起。

精神上的独立是平等的产物，并且在平等建立之初，以及努力拼搏使平等变得更加稳固的那个时期，这种独立感表现得尤其激烈，已经超乎想象。平等可以使人的智力活动更加自由，但这与革命引发的混乱无序是不同的，应该细心体会，加以区分。为了防止人们盲目期许未来或过分恐惧，对这两种状态分别加以研究是很有必要的。

在新社会中生活的人，应该经常运用个人理性去下判断，这一点我是认同的，但是，这并不代表我认同他们应该经常过度使用自己的理性，实际上，我是坚决反对这样做的。我的观点是，有这样一个原因，它固定了个人独立思考的范围，将其限定在了一个很小的范围内。而这个原因对于大多数民主国家都非常适用。

对于这个原因，我将在下一章讲述。

# 第二章　论民主国家信仰的主要来源

当时代不同时，教条性信仰的多少也是不同的。这种信仰是通过不同方式产生的，它们的形式可能会改变，它们的对象也可能会发生变化。不过，教条性信仰是一种不经过论证就能被人接受的信念，人们根本无法消灭它。

当每个人都试图形成自己的观点或开辟一条新路，然后去独自寻求真理时，大家基本上都不会为了同一个信仰而团结起来。由这一点可以看出，一个社会如果缺乏这种共同信仰，它就不可能繁荣昌盛。要是可以的话，还可以说一个没有共同信仰的社会是不可能存在的，因为如果人们的思想不同，他们的行动就不会一致，自然也就无法构成一个社会。所以，为了成立并发展社会，必须有一些能够把所有公民都凝聚到一起的思想，从而使他们成为一个整体。不过，要做到这一点，就需要所有公民都汲取同样的观点，并接受既有信仰中的某些信仰。

我们现在就算只针对个人来讨论问题，也会发现一个人必须有教条性信仰，无论他是为了自己生活还是与人一起行动。

人们每天都会利用真理。如果每个人都要亲自证明这些真理，那么大家会因为求证工作而忙碌不止，也有可能在证明某个真理时累得精力枯竭，自然也就无法再去证明其他尚待证明的真理。人生短暂，一个人要想这样做，根本没有足够的时间。再者，人的智力也是有限的，即便他想这样做，也会觉得心有余而力不足。对于那些早已被高明者发现或被大众接受的事实或真理，他没有时间也没有能力去亲自考证，只能相信它们了。他只能利用这些基础条件，进而拥有自己的思想。他会听命于人，倒不是因为他甘心如此，而是因为他自己的条件限制了他的自由，让他只能如此。

世界上那些伟大的哲学家全都是通过别人的论断去认识事物的，还接受了许多由别人发现的真理。他们这样做，既是他们向往的也是必然的。一个人在认识事物时，如果全凭他一个人的力量，那么他的时间和精力都会捉襟见肘。他要是真的这样做了，就会时刻处于忙乱状态，以至于无法对其中任何一个真理进行深入研究，也无法相信任何一个确定事实。虽然他可以独立进行智力活动，但仍会有心有余而力不足之感。所以，对于人们议论的各种事物，要先进行筛选再决定怎么办；对于大多数存在已久的信仰，不需要再去论证，直接接受就行了；至于少数还需要考证的问题，可以从中选取一些进行深入研究。

不得不承认，如果一个人是因为听信他人的言论才接受某种观点的，那么他必然受人奴役。但是，这种奴役并不是有害的，因为它能够让一个人正确地利用自由。所以，无论何时，世界上都要有智力和道德方面的权威。权威可能是不固定的，但是必须有。个人的独立性无论大小，都会受到一定限制。所以，问题的关键并非了解民主时代是否存在智力权威，而是设法得知这一权威在哪里，并且弄清楚这一权威的力量有多大。

我在前一章已经说过，受身份平等的影响，人们在面对那些超自然的事物时，会产生一种本能的不信任感，而对于人的理性，却往往给予高度甚至过分的评价。

所以，在平等时代，人们在面对他们所信服的智力权威时，不会认为它有超能力，也不会认为它来自另一个世界。他们一般都会从自己或同类身上吸收真理。这一点表明，要在这种时代建立新宗教是不可能的；如果有人企图建立新宗教，人们一定会认为他是邪恶之人，并认为这种做法是荒诞不经的。可以预知，在民主国家，民众不会轻易相信神使的存在，也不会相信刚出现的先知，他们根本不认为自己信仰的主宰来自另一个世界，他们要在人类之中找到这个主宰。

如果人们身份不平等，每个人之间都有差别，就会出现一些独特的个人，有些相当有见识、有学问、有智慧、有能力，而另一些则既无学识又无能力。所以，在贵族时代，人们自然会受到具有高超理性的某个人或某个阶级的指引，而不太愿意承认群众的正确观点。

平等时代的情况刚好相反。

由于公民的身份越来越平等，每个人之间也没有多大差别，所以公民都逐渐失去了对某个人或某个阶级的盲目信任，开始相信群众，这使得整个社会都逐渐并开始相信群众。在民主国家，公众意见既是人们唯一的精神向导，又拥有无限的权力。如果在其他国家，公众意见根本不可能拥有这么大的权力。在民主时代，大家都是相同的，自然也就不存在这个人应该信赖那个人的问题。不过，也正是因为大家都相同，所以人们在面对公众意见时，总是非常信任它。他们认为，既然大多数人都承认公众意见是真理，就说明它接近大家的共同认识，否则大家是不会承认它的。

在民主国家，当一个人拿自己与身边人相比时，他会自负地认为自己与这些人都是平等的；可是，当他拿自己与所有同胞相比时，又会觉得惭愧，因为他觉得自己是那么弱小，根本算不了什么。同一种平等原本还使他有一种自主感，现在却让他觉得孤立无援，只能服从大多数人的行动。

所以，在民主国家，公众拥有强大的力量，这种力量是贵族制国家的民众根本想象不到的。民主国家的公众能够做到这一点，采用的办法并不是说服，而是用整体精神抑制个人智慧，把公众意见强加给个人，甚至让公众意见深入个人内心。

美国人有许多帮助他人的义务，比如向他人提供许多现成的见解、减轻他人思考的负担等。每个人都应该直接接受公众信仰，这一点还在哲学、道德和政治领域形成了一大套理论。如果再次进行细致的观察，就会发现宗教在美国并非一种教条，而是一种共同认识，因此人们才接受了它的统治。

我知道，在美国人看来，所谓政令，就是能让多数人真正统治社会的法律。因此，那些能够自然支配智力活动的力量就得到了极大的增强，因为被压迫者出于习惯，总会认为压迫者更富有智慧。

美国这种无限的政治权威，大多数都确实在加强舆论对民众精神的影响。不过，舆论对民众精神的影响并不是以这种权威为基础的。要寻找这种影响的来源，不应该把注意力放在身份平等的人所建立的制度上，而应该注意平等本身。一般来说，如果一个民主国家是由一个国王统治的，那么它绝对会控制大多数人的智力活动；如果这个国家是纯粹的民主国家，那么这种控制会更加严格。而在平等时代，无论统治民众的是什么政令，人们都可以预知一点：当民众普遍相信舆论时，将会诞生一种奉多数人为先知的宗教。

所以，智力的权威虽然有可能不相同，但它一定会保持兴盛，不会消亡。我估计它能轻易地变得强大起来，并尽可能地限制个人的理性，让它与人类的伟大和幸福变得更加不协调。我很清楚，平等有两个趋势，一个趋势让人向新思想靠近，另一个趋势让人没有思想。我还清楚地看到，受某些法制的影响，民主制度将会取消那些由它自己促成的智力活动自由，换句话说，智力活动曾经受制于某些人或某个阶级，虽然后来挣脱了这个束缚，可是现在又被束缚住了，只不过束缚它的事物变成了大多数人的普遍信仰。

个人的理性在发展的过程中受到了各种强权的过分干扰和阻挠。如果民主国家能够推翻这些强权，只接受多数人的专制统治，也依然无法消除邪恶，就只能改变邪恶的性质。人们一直在寻找获得独立、自由生活的办法，可是至今也没有找到，只发现了自己很愚蠢，因为他们让自己陷入了一种新的奴役之中。

所以，在这里，我有必要再次强调，如果有人认为自由智力活动是神圣的，或是憎恨专制君主和专制制度，那么他在采取任何行动之前都应该考虑清楚。至于我自己，如果有人用权力来压我，我不会过问他是谁，而会非常愉快地按照他的意思去做——把我的脑袋伸向摆在我面前的成千上万只枷锁。

# 第三章　为什么美国人比英国人更加偏爱一般观念

上帝在观察人类时，是绝对不会一概而论的。它只需看一眼就能分清人性中的所有东西。它不仅能看到人们身上那些可以让人相互接近的相似点，还能看到那些可以让人相互疏远的不同点。所以，上帝是不需要一般观念的，换言之，对于上帝来说，即便要细致地考察许多相似的东西，也没有必要给它们赋予同样的形式。

人就不同于上帝了。人在独自考察和判断所有个别事物时会立刻变得恍惚起来，自然也无从得知这些事物的细节。人一旦陷入如此窘迫的境地，就只能采取一种不完善的方法。这种方法虽然会暴露人的缺点，可它同时也弥补了人的不足，有必要采用。

人通过一番观察，看出一些事物具有相似点，就用相同的名称来称呼它们，再把它们束之高阁，然后继续观察其他事物。人们建立一般观念，证明的并不是人智力的强大，而是弱小，因为自然界所有事物都是不同的，绝对没有两个完全一样的事实或规章，一种方法绝对不可能同时适用于许多事物。

一般观念也并非一无是处，它值得人们称道的是能让人同时迅速地判断许多事物。不过，从另一方面来看，它只能提供不完整、不准确的概念，让人无法真正认识事物。

在社会前进的过程中，事物的老化和更新是同时进行的，几乎每天都会悄悄地诞生一些真理。

当真理逐渐增多时，人获得的一般观念也会随之增多。这时候，要想单独观察它们就只能通过找到许多个别事实的共同联系才行。几个个体可以形成“种”，几个种可以形成“类”。所以，越是具有悠久、渊博文化的民族，就越会偏爱一般观念。

人们能否把自己的观念一般化，还受另外一些原因的影响。

与英国人相比，美国人会更加经常而长久地使用一般观念。要知道，这两个民族既拥有相同的文字和种族，又拥有同样的法则，他们在思想和民情方面已经来往了好几百年，至今也没有中断，可他们之间竟然存在这种差别，怎能不令人好奇？如果我们调转视线，去比较一下欧洲的两个最开化民族，会发现这两个民族的对比更加强烈。

我们发现，在面对个别事实时，英国人也会沉思，可他们最终还是会非常勉强地放弃沉思。为了从这种沉思中寻找因果关系，他们只能怀着惋惜之心作出这种决定。另外，英国人并不是自愿接受一般观念的。

我们法国人则刚好相反。我们非常爱好一般观念，无论做什么，我们都必须以满足这种偏好为前提。每天早起之后，我都会听到有人又发现了新规律的消息，而且这些规律都具有一般性和永久性。就连一些平庸的小作家也在摩拳擦掌，试图发明治理国家的大道理。在写文章时，他要把全人类都写进去才满足。

这两个民族都是最开化的，可是居然存在这种差异，真是出乎我的意料。如果考察英国五百年来发生的一切，我自认为可以证明一点，那就是随着古老制度的衰落，英国人会变得越来越爱好一般观念。所以，仅凭文明进步的大小就去解释人喜欢或回避一般观念的原因是不可能达到目的的。

如果人与人永远都极不平等，那么人们之间的不同点就会越来越多，甚至一种人就能形成一个阶级。不过，人们一向只重视某个阶级；至于把所有阶级都聚集在一起的普遍联系，人们视若无睹。也就是说，人们眼里只有个别的人，而没有一般的人。所以，在贵族制社会，人们从未想过与其自身相关的一般观念。也正因为如此，他们才会习惯性地怀疑一般观念，甚至本能地讨厌它。

民主国家的居民则相反，他们发现自己与别人并没有多大区别，所以他们不会把注意力集中于人类的某一部分，而是全人类。他们认为，那些适用于他们自身的真理也同样适用于他们的同胞。在从事一项艰辛或有趣的工作时，他们可能会爱上一般观念。一旦把这种爱好当成一种习惯，这种爱好就必然会影响他们的其他工作。于是，人们都热情甚至盲目地找出所有事物的共同准则，或赋予许多事物以同一种形式，或用同一个原因来解释许多事实。我在上面所说的一切都是真理，这一点有古代人对奴隶的看法为铁证。

人与人是相似的，所有人生来都有权获得自由。这个道理原本极其简单而又普遍，可是在古罗马和古希腊，哪怕最精明、最富有学识的天才也无法明白这个道理。为了证明奴隶制度是合理又永恒的，他们想尽了各种办法。所有史料都证明，在古代奴隶制社会，许多名人都是奴隶出身，其中有些人还写下了传世之作。我们如今见到的奴役现象，他们自然也曾亲眼目睹过，可是他们依旧认为奴隶制度是合理的。古代的大作家们要么是贵族出身，要么认为贵族制度无可厚非。他们的思想虽然得到了传播，可这些思想仍然是一种贵族思想。只有耶稣降世之后，人们才在他的教导之下得知所有人生来都是平等的。

在人人平等的时代，人们虽然各自独立，却软弱无力，时常处于孤立无援的境地。在他们看来，人们应该各自行动，而不应该由上级来指导。所以，人类步入这个时代之后，好像是在自行前进似的。当世上发生了许多无法解释的现象时，人们只得不断探寻，希望可以知道是什么因素让所有人都受到影响并自愿走上了同一条道路。这种探寻工作自然地促使人们想出并爱上了一般观念。

当人们的身份平等时，每个人都喜欢亲自去寻找真理。这一点我已经在前面说过了。

我们很容易就能看出，这种方法必然也会让人逐渐爱上一般观念。如果让我放弃阶级、职业和家世这类传统，不再受制于先例，只凭个人努力去开辟自己的道路，那么我十有八九会去人性之中汲取营养。这样一来，我必然会不由自主地得到许多一般观念。

美国人也算是英国人的后裔。可是，英国人无论与美国人相比，还是与他们的邻居法国人相比，都不太愿意接受一般观念，更不用说喜欢一般观念了。在这方面，如今的英国人比他们的祖先走得还远。为什么英国人会这样呢？答案就在上述理论之中。

长期以来，英国人非常开明，可他们同时也固守着贵族制度不放。受开明文化的影响，他们不断地追求着一般观念；与此同时，他们还受贵族习惯的影响，所以他们同时也被个别观念束缚着。因此，在通观英国人的哲学时，你会发现它兼有大胆和怯懦、豁达和狭隘等个性。这种哲学至今还在控制英国，让英国人无法接受新思想。

只要是民主国家，几乎都会喜爱甚至热烈地追求一般观念。他们会这样做，这不仅与我之前所说的原因有关，还与其他一些原因有关。后者所起的作用虽然不太明显，可它们本身也确实是有力的。

这些一般观念不尽相同，对它们必须区别对待。有些一般观念来源于长期细致、精心的劳动，能够拓展人们的认识。另外一些一般观念则来得比较容易，它们只能让人形成非常肤浅的认识，而无法让人得出明确的概念。

在人人平等的时代，人们都充满了好奇心，很少有闲适的时候。他们很务实，他们的生活不但复杂，而且很活跃，节奏也很快，所以他们很少有时间进行思维活动。生活在民主时代的人都喜欢一般观念，因为他们不必研究个别事物，自然也不必为此操心。如果可以的话，我会认为：在民主时代，许多东西都可以装在一个小容器里；只要花费很少的时间，人们就能收获很多。所以，在这个时代，人们即使会对事物进行考察，也会非常粗心，而且考察的时间也不会长，然后就会自以为发现了某些事物的共同点，因此不再对这些事物进行深入的研究，也不再仔细考察它们具有哪些相似或相同点，而是急于对它们进行归类，再将它们束之高阁。

民主时代具有许多显著的特点，其中之一就是人们都希望轻易获得成功，还喜欢享受。无论知识分子还是其他人，都是这个样子。在人人平等的时代，人们大多具有雄心壮志，可是一旦失败了，就会变得委靡不振；而一旦成功，则会变得更加朝气蓬勃。他们希望获得成功和胜利，却不愿意付出相应的劳动。这种本性是有害的，会让他们去凭空追求一般观念，并让他们夸大一般观念的作用。比如，他们会说一般观念不仅能够轻易描绘出这个世界是什么样的，还能轻易地引人注意。不过，说到他们这种想法，我不敢肯定它就是错的，因为他们的读者和他们是一类人。这类人原本是可以做深入研究的，可他们却非常懒惰，根本不愿意进行正常的思维活动；他们一心想的是如何直接获得知识，并希望可以痛快地享受一番。

如果说贵族制国家没有充分运用甚至轻视一般观念，那么民主国家则正好相反。在民主国家，民众时刻都在准备运用这种观念，区别只在于有些人滥用它，而有些人则在积极地运用它。

# 第四章　美国人在追求政治方面的一般观念时没有法国人热烈

我曾经说过，与法国人相比，美国人并不怎么热爱一般观念。这种情况在政治方面体现得最明显。

在立法方面，美国所采用的一般观念要远远多于英国的；在用实践武装理论方面，美国人做的也比英国人多。可是，在法国，无论制宪会议还是国民公会，都很喜欢一般观念，美国没有一个政治机构能够如此。此外，在18世纪的法国，人们不但热衷追求一般观念，还不盲目相信任何理论，自然也不会给任何理论下绝对善或绝对真这类结论；可是，在整个美国都找不到具备这些思想的人。

美国人和法国人会有这种差异，原因有很多，主要原因是美国是一个民主国家，它的公共事务都是它自己管理的；而我们法国虽然也是一个民主国家，可是公共事务的管理却一直都停留在口头议论上。在法国，人们受社会状况的影响，早就想出了一些与政府工作相关的一般观念；可与此同时，人们还受到了政治制度的影响，所以只能逐渐发现一般观念的缺点，而无法通过实践去纠正它。美国则不同，一般观念和政治制度往往可以相互适应和相互纠正。

我曾经说过，通过紧张的现实生活，民主国家会变得热爱理论。乍一看，这种观点与我在这里所讲的理论完全不同。可是，如果你再细心地考察一下，就会发现它们可以相互适应。

在民主国家生活的人，空闲时间是有限的，而如果有一般观念，他们就不必花时间考察个别问题了，所以他们都热爱一般观念。不过，这一事实也仅适用于他们不常想或不必想的那些问题。比如，对于那些与哲学、政治、科学和艺术相关的一般观念，商人原本就应该密切关注它们，所以他们特别希望能够了解它们，如果有人能够给他们提供这些观念，那就更好了。可是，只有通过一些商业考验，商人才能全部或部分地接受这些观念。

政治家在面对那些与政治有关的一般观念时也会遇到同样的情况。

所以，在民主国家，如果有一个特别危险的问题，而民众在该问题上又盲目过分地追求一般观念，那么他们最好能够每天都通过实践来考察该问题。这样一来，他们就必须深入研究那些细节，从而发现理论的缺陷。这种方法虽然容易给人带来苦恼，却也非常有效。

由于民主制度的存在，所有公民都必须被迫参加政府管理工作。这样一来，人们就不会太热衷于由平等带来的政治方面的一般观念。

# 第五章　论美国宗教对民主本能的利用

在上一章里，我已经证明了人无法离开教条性信仰，并希望存在这种信仰。在这里，我要再补充一点：在我看来，人们最渴望的教条性信仰是宗教方面的。如果你只重视在今世获得幸福，也会产生与我相同的观点。无论再怎么特殊的行动，几乎都源自一个人对某些义务所持的一般观念。这些义务主要包括一个人对上帝、自己和人类的关系，对灵魂、同类应负的责任。这种一般观念是其余事物的共同来源，这一现实谁也无法改变。

所以，人在面对自己对上帝、灵魂和同类的义务时，都渴望有一种确定的观念，否则，人的行动就会受制于偶然因素，甚至变得混乱又疲软。由此可见，无论任何人，都应该有一种确定的观念。这个问题是很重要的。不过，现实却是所有人都只凭自己的理性去获得这种观念，终因力量不足而无法达到目的，真令人遗憾。

人们要想发现这些不可或缺的真理，就必须经过长期的训练和精心思考，还要彻底摆脱生活琐事，进行细致入微的观察。哲学家就属于这类人，不过据我们所知，哲学家自己几乎总是充满了疑惑，在他们前进时，启发他们智慧的光芒可能会黯淡甚至熄灭。他们尽全力前进，可是依然收效甚微，而且获得的概念往往互相矛盾。千百年来，人们就徘徊在这些互相矛盾的概念之中而无法掌握真理，甚至连错误都发现不了。这种研究并不是一般人有能力完成的，即便有些人有这种能力，他们也不会去做，因为他们不想在这种事上花费精力和时间。

有关上帝和灵魂的确定观念是社会实践中不可或缺的。可是，也正是因为社会实践人们才无法顺利地掌握这种观念。在我看来，这个问题是独一无二的。有些科学知识对所有人都有益，人们也能凭自己的力量掌握它们；而有些科学知识却不同，能够理解和研究它们的人都很少。大部分人要运用后一种知识就只能通过间接的方式。对于后一种知识，大多数人虽然都无力研究它们，却又离不开它们。

所以，在所有观念里，有关上帝和灵魂的一般观念最能让个人理性免受习惯性影响。对于个人理性来说，承认权威利大于弊。宗教的首要目的是能够为所有重要问题提供一个清楚、确切、固定的解决方案，并让所有人都理解它。宗教的这一目的同时也是宗教的主要益处之一。

有些宗教既荒唐又令人怀疑。不过，无论什么宗教，只要它不脱离我所指的范围，也不像许多宗教那样企图全面压制人们的思想自由，它就有利于智力活动。不得不承认，宗教可能无法让人把希望寄托于来世，可是它有助于人们获得今世的幸福，并能让人们变得高尚起来。对于拥有自由的民众来说，这一点无疑是真理。

如果一国的宗教被破坏，那么高智力者就会变得迟疑不决，其他人多半也会变得对什么事都无动于衷。即便某些事物与人及其同胞有重大利害关系，人们也只能持一种混乱而无常的观念，并把这种做法当成习惯。即便有正确的观点，他们也保护不了它们，只能把它们丢弃。面对人生的一些重大问题，他们凭自己的力量根本无法解决，于是开始绝望甚至自暴自弃，索性把这些问题都抛在脑后。人们陷入这种状态之后，只会变得委靡不振，意志力也逐渐薄弱，最终成为被奴役者。

如果一个民族陷入了这种状态，就会任由别人夺走自己的自由，甚至拱手把自由让给别人。当政治方面已经不存在权威，宗教方面也是如此时，人们就会产生一种强烈的孤立感，并因此而惊慌失措。当所有事物都动荡不止时，人们就会心力交瘁。当精神世界坍塌时，人们会努力维持物质世界的秩序。可是，由于他们昔日的信仰已经无法恢复，所以只能让某个人来统治他们。

依我看，人们能够兼顾宗教独立和政治自由。我一直以为，人一旦失去信仰就会被人奴役，所以必须信奉宗教才能自由。在人人平等的国家里，宗教的这种作用尤为强大。

平等给世人带来了很大好处，这一点我不得不承认。可是，平等同时也使人养成了一些很危险的习性，这一点我以后再说明。平等让人独立，同时也让人们相互孤立，还让人们都爱上了物质享受。

宗教的最大作用就是把陷入上述险境的人们唤醒。

无论何种宗教，都认为人的目标比今世幸福重要，并希望人的灵魂能够顺势升上高高的天堂。所有宗教，其中自然也包括那些虚伪、危险的派别，都要求人要独自或与他人共同承担一些对人类的义务，并抽出一些时间去照顾他人，它们不允许人一心只想着自己。

所以，民主国家的短处就在于不相信宗教。由此可见，人们不仅要追求平等，还要维护宗教，因为二者都非常重要。

上帝有一种超自然的手段，并利用这种手段让人们产生了宗教信仰。对于这种手段，我无权也不想考察它。在这里，我将站在人的立场上来考察宗教。大家都知道，我们即将跨入民主时代。我想讨论的是，宗教要怎么做才能在这个时代也同样具有强大的影响力。

我在前面说过，在文明和平等的时代，人们只有经过一番努力，才能让教条性信仰深入人心，而只有宗教才能让人的内心急切地需要这种信仰。由此可见，宗教在这种时代不能再像在其他时代里一样，它必须自我克制，不能超越自身的权限，如果它想插手非宗教事务，就有可能在所有事务上都失信。所以，宗教应该把自己的活动限制在一定范围内，不能越过这个范围去干涉人的自由。

穆罕默德自命为天子，他把伊斯兰教教义、政治原则、民法、刑法以及科学理论都汇集于《古兰经》之中。基督教的《福音书》则相反，它只讨论了人与上帝的一般关系，以及人与人的一般关系，而没有提及其他，也没有要求人们要有何种信仰。如果不考虑其他因素，只考虑这一点，也可以证明伊斯兰教与基督教之间存在很大的不同。在文明和民主的时代，伊斯兰教根本不可能长期占据统治地位，而基督教却可以。确切地说，基督教在任何时代都注定会占据支配地位。

如果继续研究，我们会发现，站在人的立场上说，在民主时代，宗教要想长期存在，光是谨慎地把自己的活动限制在宗教事务之内还不够，除此之外，它的信仰性质、外在形式和它赋予信徒的义务等，都对它自身力量的大小具有决定性作用。

我在前面说过，平等会使人产生广泛的一般观念。关于这个问题，最好能站在宗教角度上来理解。当人们彼此相同和平等时，就容易相信同一个神，并认为这个神为所有人制定的规则都是一样的，还相信这个神会让他们在来世获得同样的幸福。人类的这个一般观念让人们都认为世间只有一个造物主。相反，当人们相互孤立并具有极大差别时，就会创造出不同的神，其数目多得就像民族、等级、阶级和宗教的数目一样；人们为自己开辟的通向天堂的路自然也会多得不计其数。

社会状况和政治制度给宗教信仰带来的这些影响无疑也涉及基督教的某些方面。当基督教问世时，上帝已经准备好要迎接它出世了——他把大部分人都集中到了罗马皇帝的麾下。这群人就像一支庞大的部队，他们之间虽然有很多不同点，可是都必须遵守同一法制。当他们作为个体与皇帝的伟大相比时，就显得既软弱无力又不值一提；可是，当他们作为一个整体与皇帝相比时，又是相互平等的。

当人类处于这种特殊的新情况中时，无疑会接受基督教所宣传的普遍真理，这也是基督当时为何能够迅速深入人心的原因。

罗马帝国崩溃之后出现的情景正好与此相反。这时的罗马帝国，可以说已经土崩瓦解，那些原本被它统治的民族又重新获得了独立。不久，这些民族内部有些阶层逐渐壮大，种族差别和等级开始出现，进而使这些民族被分成许多小团体。各个民族好像都在想着并尽力把人类社会分成一块一块的。在这种情况下，基督教并没有放弃它提倡的一般观念，而是尽量做好一切准备，让自己适应已经四分五裂的社会。至于创造并庇佑万物的上帝，依然是人们心中唯一的神，继续接受着人们的崇拜。所有民族、城市和个人，都相信自己能够受到至高无上的上帝的保护，并能获得一些特权。由于只有一个神，这个神又不会分身，人们就给神配备了许多使者，并赋予这些使者过高的权力。这样一来，大多数基督徒都很崇拜天使和圣徒，甚至把他们当成偶像。也正因为如此，人们开始怀疑基督教会不会蜕变，并担心它会变得就像那几个已经被它打败了的宗教一样。

受一些阻碍的影响，人类的各个民族会相互隔离，每个民族内部的民众也会相互孤立。当这些阻碍被清除时，人们自然会接受单一、客观的观念，并认为它会让所有人都以同一种方式平等地接受法律的制约。所以，在这种民主时代，应该把人对神使的尊重和对造物主的崇拜区别开来，这是所有事情中最重要的一件。

依我看，还有一个显而易见的真理，那就是民主时代的宗教仪式施于教徒的负担应该比其他时代的要轻。

在论述美国人的哲学时，我曾经说过，在人人平等的时代，人最讨厌的就是让自己的观念服从形式。在这个时代中，人们认为用图像来渲染事物简直就是胡闹，因为象征手法的目的是掩盖或毁灭真相而不是让真相大白于天下。他们漠视宗教仪式，也不重视礼拜的细节。

在民主时代，规定宗教外在形式的人必须慎重考虑人类智力的本性，否则就有可能与它发生一些不必要的冲突。

在我看来，形式是完全必要的。我知道，在形式的影响下，人们会深入地思考并热爱抽象的真理，还会坚定地追求真理。我认为，无论何种宗教都必须有外在的仪式，否则它就无法继续存在。不过，从另一方面讲，我又认为：在民主时代，如果过于讲究宗教仪式，将会非常危险。仪式的确应该有，不过它必须是出于延续教义的需要才存在的，因为宗教的本质是教义[1]，至于礼拜，不过是宗教的形式而已。在人人平等的社会里，如果宗教还顽固地拘泥于细节，并强迫信徒遵守清规戒律，那么要不了多久，大部分人将不再信任它，追随它的就只剩下一群狂徒。

有些人一定会反驳我说，宗教追求的是永恒、普遍的真理，即便时代变迁，也不会改变自己的目标，所以不会失去人们的信任。对于这种观点，我依然坚持自己的看法，我认为，无论那些与一种信仰如何成立相关的观点还是与神学家们口中所说的信条如何建立相关的观点，都不同于它们各自所派生出来的从属观点，所以必须严格区分。在任何时代，宗教都必须以前者为重。不过，当所有事物的位置都不固定，人们对世间万物的变幻莫测已经习以为常，准备除旧布新时，宗教就应该重视后者了，要经常与后者保持往来。在我看来，次要和肤浅的事物具有一种不变性，不过这种不变性要想长久存在，就必须等到社会不再前进的时候；而在其他任何场合下，它都会带来危害。

容易看到，在平等所造成或催生的所有激情之中，有一种非常强烈，它能让所有人都为之振奋，那就是对安乐的爱好。爱好安乐不仅是每个人都有的激情，也是民主时代显著的、固有的特征。

可以想象，如果有哪个宗教企图消灭这种激情，那么它终将死于这种激情的剑下。可以预见，如果宗教想让人们在来世而不是在今世追求幸福，那么人们最终会从精神上摆脱宗教的束缚，并会为了追求目前的物质享受而远离宗教。

在人人平等的时代，人们都过于热爱安乐，并且不允许别人也热爱安乐。宗教的主要任务就是净化、调节人们的这种情感。所以，在我看来，如果宗教试图把人们的这种情感完全压制住，甚至破坏这种情感，那么就错到极点了。当人们普遍爱财时，宗教不

1 任何宗教仪式都与信仰的本质具有密切的关系，最好不要改变这种关系。天主教的形式和内容一直密切地联系在一起，使它们看起来就像一个整体，它们的关系更是不宜改变。——原注

可能让人们不再爱财，只能说服人们用正当手段来获取财富。

现在还剩下最后一项考察有待进行了。从某种意义上说，这项考察能够概括上述所有考察。由于世事每天都在变化，所以宗教慎重地与尘世保持着一定距离。当人们越来越相似和平等时，宗教就没有必要再反对那些被人们普遍接受的观念了，也不必再抵制那些在群众中占据支配地位的利益，因为公众意见已经逐渐成为令人无法抵抗的主要力量，只有依靠这种力量，宗教才能顶住它所受的强大攻击，进而长久地维持下去。这种情况不仅适用于受专制君主统治的民主国家，也适用于实行共和制的民主国家。在人人平等的时代，君主往往只能让人服从他，而无法像民众中的大多数人那样令人信服。所以，一个人如果真想不违背自己的信仰，就应该重视公众意见。

在本书的上卷中，我说过美国的神职人员并不关心政治。这个例子明显说明美国人既谨慎又懂得克制自己。像这样的例子还有很多。美国的神职人员对宗教具有独立的统治权，所以他们从未想过要离开宗教这片天地。在这片天地里，神职人员只是给人们的精神以指导；而在这片天地之外，他们不会干涉人们的自由和独立，任凭人们随着时代的要求发挥自己追逐好运的天性。基督教在美国既不讲究形式，也不注重烦琐的礼节，可是它却清楚明了地了解人的精神。而基督教在其他国家却做不到这一点。基督教来到美国之后，虽然被分成了许多派别，可是基督徒们对待各个派别的态度却是一样的。无论面对天主教还是其他教派，基督徒都是如此。美国的天主教神职人员既不干涉信徒的礼拜琐事，也不另外采取特殊的礼拜方法，还不受制于教义的文句，但是他们非常重视教义的精神。这一点是其他地方的天主教神职人员根本无法做到的。美国的天主教清晰地宣讲了只可对天主礼拜而不得对圣徒礼拜的教义，并严格地遵守了这一教义。无论哪个地方的天主教徒都没有美国的天主教徒虔诚、温顺。

美国的神职人员还有另一个特点，那就是无论哪个教派的神职人员都不会引导人们关注来世，他们会让人们更多地关注今世。他们认为，从宗教角度说，今世幸福虽然属于从属地位，可依然很重要。虽然不经营实业，可他们也会关心和赞美实业的发展。他们不断向信徒讲述，人们应该害怕的是来世，但同时也应该把希望寄托于来世。可即便如此，他们也不会阻止信徒去追求今世的荣华富贵，只要信徒们的手段是正当的就行。他们并不会过分强调来世与今世有什么区别，倒会为了将两者结合起来而进行一番研究。

在美国，无论哪个派别的神职人员都承认并尊重大部分支配人类思想的作用。只有在必要的情况下，他们才会对这种作用持反对态度。他们不会参与党派之争，可是一旦遇到当代的公众意见，就会接受它们；如果遇到那些能够让周围的人都精神振奋的事物，他们也不会产生抗拒心理，而是跟着潮流前进。他们的目的是引导同时代人都去行善，而不是与他们对抗。所以，舆论从未是他们的敌人，反而支持他们，并尽力保护他们。

借助他们自身的努力，还有多数人的支持，他们所宣讲的信仰同时发挥了作用。

也就是说，民主本能与宗教并不是对立的，如果宗教尊重所有的民主本能，并选择其中一部分加以利用，就可以战胜它最厉害的敌人——个人的独立意志。

# 第六章　论天主教在美国的发展

美国无疑是世界上最民主的国家。不过，据一些权威报告显示，美国的天主教也是最发达的。这种现象乍看起来可能有些奇怪。

有个问题需要明确一下，那就是平等既能让人作出独立的判断，又能让人喜爱并向往社会能够拥有这样一种权力：它统一、单纯，任何人在它面前都是平等的。所以，在民主时代生活，人们都会尽力摆脱宗教权威。即便他们想服从某一宗教权威，也会要求这个权威是单纯而且独一无二的。只要宗教具有不同的权力中心，他们就会不愉快，甚至会让他们认为没有宗教胜过同时有好几个宗教。

我们发现，与以往所有时代相比，我们这个时代的天主教徒是最不虔诚的。可即便如此，天主教还是吸引了许多基督教新教的教徒，让他们转而皈依了天主教。从天主教内部来看，天主教好像衰落了；可是，从天主教外部来看，它却好像在前进。为什么会这样呢？其实并不难理解。

在我们这个时代，很少有人会虔诚地信仰宗教，可是一旦决定信教，很快就会不由自主地投向天主教的怀抱。在面对罗马教会时，他们会惊讶于它的许多教义和教规，可同时又敬佩它的纪律，并被它的坚固和团结所吸引。天主教曾经引发了一些政治恩怨，如果能够抛开这些恩怨，那么我几乎可以肯定一点，那就是这种时代精神虽然表现上看是抵触甚至不利于天主教的，可实际上却会让天主教立刻取得巨大成就。

人们的智力活动有许多弱点，最常见的弱点之一就是对立的双方愿意相互和解，甚至会为了达到这个目的而不惜牺牲逻辑。所以，无论从前还是现在，都有人先让某一权威压制自己的宗教信仰，再用其他权威来取代这个权威，任由自己的思想徘徊在服从和自由之间。

可即便如此，我依然认为，与其他时代相比，民主时代中的这种人是人数最少的。将来，我们的后代必然会逐渐分化为两类人，一类人是独立于基督教之外的人，另一类人则是罗马教会信徒。

# 第七章　为什么民主国家的人的思想会偏爱泛神论

民主国家对一般观念有特别的爱好，这种爱好在政治上也有所体现。不过，至于这种爱好是如何体现在政治上的，我准备以后再谈，我现在要谈的是这种爱好对哲学的主要影响。

在我们这个时代，泛神论无疑得到了很大的发展。欧洲有些国家的著作就明显体现出了泛神论色彩。在德国哲学和法国文学中都有泛神论存在。法国的大部分虚构作品要么包含了由泛神论引申出来的观点或论断，要么让人觉得其作者偏爱泛神论。这种现象并非偶然产生，而是有原因的。

当身份平等越来越普及时，人们之间的差别就会变得越来越小，个人也会变得越来越渺小甚至软弱，以至于个人不再受到重视，只有全体人民才受重视，人们都忽视了个体，只重视人类这个整体。生活在这种时代的人喜欢的事物也非常多，并认为许多不同的结果可能都是由同一个原因造成的。

人的精神与统一的观念相互纠缠。一旦找到这一观念，人们就会心甘情愿地把它放在心里或是无忧无虑地在它身上躺下来。这样一来，人们就会认为世界是由天地万物构成的，并认定造物主在世间是独一无二的。这种想法算是对万物进行了初步的分类。可即便如此，他们依然不满足，还想提升和简化自己的思想，为了达到这一目的，他们设法将神和宇宙汇集在一起，让它们变成一个单一的整体。如果有这样一种哲学体系，它能把世界上的物质和非物质、可见和不可见的事物全都视为一个巨大存在的组成因素，而且这些因素在不断变化和革新时只会支持这个巨大存在而非其他事物，那么我可以轻易地作出这样的判断：这个哲学体系虽然破坏了人的个性，可它同时也因为这种破坏作用而吸引了在民主制度下生活的人。人们在进行智力活动时养成了许多习惯，这些习惯都对人们理解这一哲学体系具有指引作用，最终让人们接受了这一体系。这一哲学体系会引发人的想象，强化人的想象力，让人拥有更多的自豪感，还能让人觉得精神愉快。

帮助哲学探寻如何解释世界的哲学体系有很多，其中一些还可以笼络民主时代的人心，在我看来，泛神论就是这些体系中的一个。如果大家真的坚信人类是伟大的，那么就应该团结起来，一致对抗泛神论。

# 第八章　平等是如何让美国人认为人是可以日臻完善的

平等让人产生了几个观念，而且只有平等才能让人产生这些观念，不仅如此，平等还在改变几乎所有早已存在的观念。现在，我就采用“人可以日臻完善”这个观念来证实上述论点，因为这个观念是人凭借智慧能够想到的主要观念之一，此外它还是一种哲学理论，时刻都在通过现实生活来证实自己的论据。

人与动物的相似点有很多，不过人还有另外一个特点，那就是人能完善自己，这一点是动物根本做不到的。人与动物的这种差别早在人类诞生时就被发现了。所以，“人可以日臻完善”这一观念就像世界一样历史悠久。这个观念虽然不是平等创造的，却因为平等的作用而有了新特点。

如果按照等级、职业和出身来给公民分类，所有人都只能凭借偶然因素前进，那么人们都会认为自己是最伟大的，还认为存在不可抗拒的命运，并因此而不去抗争。

在贵族制国家，民众并非无力自我完善，只不过他们一直以为这种完善是有限的，能对它做的只有改良。至于改革，他们根本没有想过。他们只有一个要求，就是提升自己的社会地位。人类发展到今天，已经取得了巨大进步，将来，人类还会进步。他们也承认这一点，可是他们事先也认定了人类的发展是有限的。

所以，他们认为自己既不是完善的，也没有获得绝对真理。事实上，无论任何个人或民族都没有这么妄想过。不过，他们认为自己已经越来越接近伟大和明智了。这里的伟大和明智自然是人类不够完善的本性带来的，它们也是人类本性所能达到的最大目标。除此之外，从表现上看并没有变化的事物也会让他们觉得一切都各得其所。这样一来，立法者在制定法律时会倾向于制定永远不变的法律；人民和国王在建造建筑物时，会选择建造坚固耐用的建筑物；现代人在为后代操劳的同时，会事先决定后代的命运。

当等级不复存在，各阶级逐渐靠近，人们不断混合在一起时，习惯和礼仪会改变，法律也会发生变化。当社会上出现新事物和新真理，新观点取代旧观点时，人们头脑中就会浮现出一个还不够固定和完善的理想形象。

变化每时每刻都会出现在人们眼前，稍纵即逝。那些处境变坏的人会清楚地认识到，一个民族或个人无论多么富有智慧，都有犯错的时候。那些境遇变好的人则断言，人们一般都具有完善自己的无限能力。受到挫折的人心想，如果一个人说他找到了绝对的善，那一定是在吹牛；成功者则会先为自己的成功感到高兴，然后继续追求新的胜利。换句话说，每个人都在不停地追求，如果跌倒了，就爬起来继续前进，经常失望但绝对不会绝望，而是不停地在漫长的人生之路上行走，朝着伟大的目标前进，哪怕终点很渺茫，他们也不会放弃。

这种理论认为人可以日臻完善。受它的激励，人们做了许多努力。有些人在思想上并不认识这种理论，却在行动中体现并适应了这种理论，可见这种理论对人具有一种奇妙的影响。这种现象简直令人无法相信。

我曾问过一位美国船员一个问题：“为什么美国的船不怎么耐用？”他随口就回答说：“航海技术几乎每天都在进步，无论多好的船几年之后也用不上了。”对于这种专业问题，一位大老粗竟能一语中的。透过这位船员的回答，我看到了一个伟大民族无论做任何事都会遵循的观念——有体系的一般观念。

在贵族制国家，人的自我完善受到了过度的限制；而在民主国家，人的自我完善的范围却被扩大了。

# 第九章　美国不注重科学、文学和艺术并不代表民主国家都如此

不得不承认，与当代其他文明国家相比，美国的高级科学并没有取得巨大进步。除此之外，美国也很少有大艺术家、著名诗人和优秀作家。

对于这种现象，有些欧洲人感到惊讶，并认为这是平等造成的结果，没有人能够避免它的出现。他们甚至认为，如果全世界都立刻出现民主的社会状况和政治制度，那么人类就无法开化，只能重新回到黑暗之中。在我看来，他们之所以会如此推断，是因为有些观念原本应该区别开来，对它们的考察也要单独进行，可是他们却把它们混在了一起。民主的东西并不同于美国人所独有的东西，可是这两种东西却被他们无意中弄混了。

初期移民信奉的宗教虽然仪式简单，可是教义却严肃甚至苛刻。这种宗教后来得到了传承，它反对浮夸的外表和烦琐的礼节，只注重消遣性文学，对美术的发展很是不利。

美国人原本是一个历史悠久的开化民族，后来才迁到现在的土地上。这片土地不但广阔，而且可以供他们随意开发，还容易取得丰收。这种情况在历史上还是首例。所以，与其他地方相比，美国具有让人们发财的最佳条件。美国人总是具有强烈的贪欲，他们的头脑时刻充满了幻想同时又不失理性，他们一心只想着如何获得财富。美国像其他国家一样也拥有工商业界阶级。不仅如此，美国还有一种举国上下都从事工商业的现象，这是其他国家所没有的。

不过，我敢断定，如果世界上只有美国人，而且他们的自由、知识和固有的激情都得到了传承，那么要不了多久，他们就会发现，实用科学必须依靠理论研究才能得到长远发展，所有艺术都要互相补充才能日臻完善。美国人为了实现自己的主要目标，可谓煞费苦心。可是，无论他们再怎么努力，最终都会承认这一点：有时候，需要远离目标

才能更顺利地实现目标。

爱好精神享受是文明人的自然心理。所以，在文明高度发达的国家，人们都会沉迷于这种爱好，有些人还专门对它做了研究。这种精神需要很容易得到满足。

美国人很重视科学的实际运用，并且一心想要找到使生活变得舒适的办法。欧洲人则不同，他们更重视学术和文艺。当美国人在专注于科学的实际运用时，欧洲人则在努力探索真理之源，逐渐完善所有可供人们享受的欢乐，并努力满足所有可能成为现实的需要。

美国人民认为，有一个民族显著地居于旧大陆所有开化民族之首，而且这个民族与他们具有共同的起源和风俗，所以与他们具有极其密切的关系。这个民族拥有名闻天下的科学家、才华横溢的艺术家，还有出色的作家等。美国人不仅知道这一点，还能直接向这个民族学习知识，可是，如果美国人想亲自积累这些知识，那么他们就得付出相应的劳动。

美洲和欧洲虽然有大洋相隔，可是在我看来，二者之间具有不可分隔的联系。我把英国人分为两部分，一部分是美国人，他们认为自己有责任开发新大陆的高山密林；另一部分是留在英国的那些人，他们过着安闲舒适的生活，很少操心谋生的事，所以有精力从各个方面深化自己的思想和人类的精神。

所以，我敢肯定地说，美国人会有这样的际遇完全是个例外，其他任何民主国家都不可能像美国那样。美国人原本都是清教徒，习惯于专门经商，后来他们来到他们现在所居住的国土上，好像因此而变得不能用智力去研究科学，不过由于他们的邻居欧洲人的影响，他们并没有恢复野蛮的性情。

我列举出来的这么多独特原因还只是一些主要原因。在这些原因的影响下，美国人特别重视纯物质事物。事实上，人们所拥有的激情、需求、教育和环境等也是促使美国人面对今世的因素。宗教只能让他们偶尔抬头看看天堂，却不能让他们向往天堂。

所以，仅仅根据美国人的外在表现，我们还无法判断所有民主国家的情况。要想判断一个民主国家的情况，应该做的是抓住它的特点来分析它。

我们可以假设一个内部没有门第、等级和阶级之分的民族，它的法律不承认任何特权，并规定遗产应该由继承人平分，可是它的人民却没有享受知识和自由的权利。这个假想的民族在现实中是有可能存在的，因为一个暴君可以在向其臣民施加恩泽的同时让他们全都变得无知无识，从而轻易达到奴役他们的目的。这样的民主国家，不但不会具有科学、文学和艺术方面的才华，也不会爱好科学、文学和艺术，还能让所有民众都相信他们永远都是这样的。它的继承法的任务就是一代代地分化财产。至于创造新财富这个问题，所有成员都不会想要实现它。让一个既没有知识又没有自由的穷人想着如何发财致富是根本不可能的。而富人呢，只能一筹莫展地任由自己慢慢变穷。要不了多久，这两类公民就会变得相互平等了，而且这种平等是任何人都无法阻止的。这样一来，所有人都会没有时间从事智力活动，也没有兴趣去劳动。与此同时，所有人都会变得麻木不仁、蒙昧无知，共同陷入被人奴役的境地。

一想到这种民主社会，我就觉得自己好像被人丢进了一间小房子。这是一间低矮的房子，里面的气氛很压抑，光线昏暗，偶尔从外面射进来的光线很快就会变弱直至消失。我突然觉得胸口闷得几乎无法呼吸。在黑暗里，我到处摸索着出口，希望可以走到外面，然后呼吸一下外面的新鲜空气，再看一看外面的阳光。可是，如果一个民族虽然开化已久，废除了继承法，还有规定某些人或团体可以永远占有财产的法令，但它依然保持自由，那么我刚才所作的假想就不适合它。

一个开化的民族如果生活在民主社会，那么它就应该明白一点：无论任何事物，都不应该限制和阻止他们奋发图强。为了改变现状，他们可谓绞尽脑汁。如果他们都是自由的，那么将有机会取得成就，只是结果有可能不同。当然了，人们不能再从立法机构那里获得特权，只能依靠自己的天赋。天赋具有很大的不平等性，才智不相等的人获得的财富自然也不相等。

继承法虽然依旧不准许富裕家庭世代都富裕，却没有禁止人们变富。继承法努力让公民具有相同水平，而公民呢，却努力让自己避开这个水平。当公民逐渐具有了丰富的知识而且变得越来越自由时，在财富方面的差距就会越来越大。

我们这个时代出现了一些因才华和自大而闻名的人，他们主张由中央当局先把所有财富都集中起来，再按照每个人的贡献大小来分配这些财富。在他们看来，用这个办法可以躲开某些彻底而又永恒的平等，免得这些平等给民主社会带来危害。

还有一种救治方法可行。这种方法既简单又不太危险，那就是把所有人的特权都剥夺掉，让所有人都具有相同的知识和独立，并让他们独自寻找自己的位置。不过，由于每个人的天赋是不一样的，所以要不了多久，财富就会被最能干的人抢到手。所以，在存在自由的民主社会里，往往会有很多富人。与旧贵族之间的联系相比，这些富人之间的联系并不紧密。这些富人在本性上不同于旧贵族，也没有足够的时间像贵族一样去享乐，可是与以往的所有富裕阶级相比，他们的人数却是最多的，而且多了很多。这些富人并不会整天为物质生活奔忙。他们不但会抽时间进行智力活动，还会享受精神生活，只不过不像旧贵族那样沉迷其中而已。他们如此支配自己的时间无疑是合理的，因为人要兼有有限和无限的目标。说到有限的目标，它指的是物质的、实用的目标；至于无限的目标，则指的是非物质的、追求美的目标。受物质需求的影响，人的精神会注重今世。可是，一旦物质需求无法吸引人的精神，人的精神就会依靠自己来崛起。这样一来，就会有越来越多的人能够鉴赏精神产品，而且人们将越来越喜爱智力活动，还达到了贵族时代的水平。在贵族时代，人们虽然没有时间也没有能力从事这种活动，可是依然取得了一定成就，如今的人也能达到这种水平。

如果世袭财产不复存在，阶级特权被取消，门第之见也消失了，所有人都只依靠自己，那么决定一个人能够拥有多少财富的因素就是智力了。无论什么东西，只要它能激励、扩展和发挥智力，它的身价都会迅速增加。知识的作用将会变得非常明显，这时候，人们哪怕没有见识到知识的魅力也会尊重知识的成果；为了享有这种成果，人们还会付出相应的努力。

如果一个时代拥有民主、文明和自由，那么无论什么力量都无法把人们分隔开来，也无法阻止人们前进。每个人都可以突然发财或变穷。各个阶级每天都有来往，因为他们具有密切的联系。他们不断来往，逐渐混合在一起，而且相互模仿和敬重。这样一来，民众就产生了一些新观点、新概念和新思想。而在等级森严的时代里是不可能产生这些新事物的，因为当时的社会已经陷入停滞状态。在拥有民主、文明和自由的时代，佣人不仅可以与主人一起劳动，还能和主人一起享乐；穷人也是，可以像富人一样劳动或享乐；农村人可以和城里人一样，地方也会努力向首都学习。这样一来，任何人都不会只专注于物质生活，哪怕拥有最简单技术的手艺人也会对高级的智力活动充满向往，甚至为了看看它而不惜偷窥。贵族制国家采用的读书观点和方法都将被废止，读书人会越来越多，直到所有都是读书人。

人们一旦开始关注智力活动就会发现：一个人能获得荣誉、权力和财富，依靠的主要是他胜过其他人的长处。平等让每个人都摩拳擦掌，迅速从其他方面调转视线，开始关注这一方面，这样一来，就会有许多人开始研究科学、文学和艺术，知识界将出现一种令人无法想象的积极性。任何人都会想尽办法开辟一条属于自己的路，并努力吸引他人追随他。在美国政界也能见到类似的情况。美国人的工作虽然往往不尽如人意，可他们却做了许多工作。个人取得的成果往往都很小，可这些成果一旦集中到一起，就会产生巨大的力量。

所以，在民主时代生活的人从本性上说并非不重视科学、文学和艺术，不得不承认，对于科学、文学和艺术，他们有一套特有的研究方法，只是他们在这方面存在固有的缺点。

# 第十章　为什么美国人在科学方面重实践而轻理论

民主制度对人的精神的发展既然不具有抵制作用，那就必然具有促进作用。这一促进作用虽然受到一定限制，但仍然非常强大。请允许我暂时把话题转到它们的作用上，再继续我们刚才的话题。

在此之前，我已经讲述了美国人的哲学方法，其中提到的几个论点在这里也适用。

由于平等的存在，人们在面对任何事情时都希望拥有自主判断权，对事物的喜好也更加明显而切实，不再注重传统和形式。这些都是民主的普遍特性，也是本章的主题。

在民主国家，科研工作者总是担心自己会陷入空想，因为这样很容易迷失方向。他们不怕挑战现有体系，敢于抓住事实进行研究。即便有同行成名了，他们也不会轻易相信他。在面对某一权威论断时，他们不会盲目地顺从。相反，他们会不断研究名人或权威的诊断，试图从中找到漏洞。他们也不太受学术传统的影响。某一学派的论调可能会影响他们一时，却不可能长期影响他们。有些人说的豪言壮语对于他们来说也没什么大不了的。他们喜欢做的是尽可能地深入研究事物的主要部分，然后用通俗易懂的语言清楚地描述出他们的研究成果。这样一来，科学就变得更加自由、准确了。可是，与以前相比，科学却变得没那么自大了。

在我看来，可以按照人的精神追求把科学分为三部分。

第一部分主要讲述的是那些纯粹的理论原则和抽象概念，而这些原则和概念要么现在还不知道怎么运用，要么要等到将来才能运用。

第二部分主要讲述的是普遍真理，这些真理虽然还属于纯理论阶段，可是如果有一个直接又便捷的途径，它们就都可以得到运用。

第三部分主要讲述的是真理得以应用的程序和执行方式。

上述三个部分都可以进行单独研究。不过，由人们的理性和经验可知，在这三个部分中，只要其中任何一个部分孤立了，科学都无法获得长期繁荣。

美国人潜心研究科学的纯应用部分，却不重视其理论方面，除非那些理论与应用有直接或必要的联系。在研究这些理论时，他们往往也具有务实、自由、大胆和创新精神。

如果让美国人专心研究知识的理论和抽象部分，那几乎是不可能的。这种倾向在所有民主国家都可以见到，只是美国表现得最强烈最明显。

研究高级科学或科学的高级部分时最需要沉思，可是民主社会却很少有什么事物能够引人沉思。在贵族制国家，许多人可以因为有钱而无忧无虑，还有许多人因为改善处境无望而自暴自弃。而在民主社会，这两种人都不存在，人们都在为争权夺利而积极活动着。大家为了争权夺利，熙来攘往，屡屡发生冲突，哪里还能安静下来，又怎能进行深刻的构思？如果你身边的一切都在活动，那么你也难免会被卷入旋涡之中不能自拔，这时你还怎么安静地思考高级科学？

民主社会即便建立已久且保持稳定，也会发生经常性运动。不过，这种运动不同于那些具有骚乱性和革命性的运动，因为后者几乎是伴随着民主社会的产生和发展而来的。必须把二者区分开来。

在高度文明的国家，如果发生暴力革命，恐怕人们在一时之间会无法接受现实。在发生民主革命时情况更是如此，因为这一革命能够调动所有阶级及其巨大野心。

法国人横扫封建社会的残余势力时，精密科学得到了惊人的发展，因此有人把精密科学的巨大进步归功于这场发展迅猛的革命而不是民主。事实上，革命促进科学发展只是一种偶然现象，而不是一般规律。

与其他国家相比，民主国家发生大革命的情况并不多。在我看来，民主国家发生大革命的情况只会比其他国家少。不过，在民主国家经常会发生一些不和谐的运动——人们常常相互排斥。这种运动虽然轻微，可是足以扰乱人心，令人精神涣散，而不是振奋。

在民主社会，人们不仅没有适于沉思的良好条件，也不重视思维活动。由于民主制度的影响，大部分人常常处于活动状态，并形成了常常活动的习惯，因而不适于进行思维活动。在习惯的影响下，人们在做事时往往不会精益求精，否则他们就不会达到预期目的。出于实用这一目的考虑，他们往往会不失时机地利用他们那无暇深入研究的思想，而不注重这一思想是否严密或正确。在他们看来，与其把时间消耗在证明自己的理论是否真实上，还不如冒险把别人的错误观点拿来用用。更何况，既便没有那些经得起时间考验的正确观点存在，地球也会照样运转。

某一特殊现象激发了人们的兴趣，使得人们把更多的注意力集中到了观察群众千变万化的情绪上，随后机智地抓住其中的规律，进而掌握世间所有事务。所以，当大家都处于活动状态时，往往只会重视智力的快速成果和肤浅论断，而过于轻视不能立刻取得成效但是具有深刻影响的智力劳动。这种思想左右着科研工作者的决定，并试图让他们相信不用沉思也能获得研究成果，或是让他们认为那些需要沉思的科学根本没有研究的必要。

研究科学的方法有好几种。在面对由智力活动创造的发明成果时，许多人都有一种利己主义倾向——让它应用于工商业领域。还有少数人为了追求真理，无私地进行着创造活动。这两种爱好不能混为一谈，因为前者的目的仅在于利用知识，后者却是为了求知。我相信，将来肯定会出现热爱真理的人。这种热爱是自行成长起来的，还会没有止境地不断壮大。这种热爱是无私的，而且令人自豪。如果没有它，人们根本不可能找到真理那抽象的源泉，更不可能从中汲取养分。

如果帕斯卡只注重名利或荣誉，那么他绝对不可能竭尽全力揭开造物主的奥秘，这一点我敢肯定。他为了完成这一研究，摆脱了所有杂念，精神高度集中，以至于过早地耗尽了自己的心力，不满四十岁就去世了。每每想起他，我都万分感佩，并认为他并非因为普通原因才付出如此重大的努力。

这种求知热情不仅罕见，而且会带来丰富的成果。它如今只出现于贵族社会，将来也许能在民主社会中见到它。不过，我个人认为，它不太可能出现于民主社会。

在贵族社会，掌握舆论和政务大权的阶级比群众地位高，而且这种地位还是世袭的。因此，这一阶级在看待本阶级和人类时自然会抱有一种优越感。为了使自己享有荣誉，并制定一个伟大的目标，这一阶级可谓殚精竭虑。从个人行为上看，贵族可能比较残忍甚至残暴至极。可是从思想上看，贵族中却很少有下流者。对于一些小型的娱乐活动，他们表面上很喜欢，可是骨子里却非常轻视。他们这种表现间接地影响了一般人，把一般人的心灵境界也提高了一个层次。在贵族社会，人们普遍都很重视尊严、力量和伟大。这种思想对科研工作者和其他人都会产生影响，它促使人们追求更高的精神境界，并使人们自然而然地产生对真理的热爱——这种热爱是崇高甚至神圣的。所以，在这个时代，学者们大多只注重研究理论而轻视理论的应用。普鲁塔克曾经说："阿基米德的治学精神非常崇高，以至于他根本不愿意撰写制造兵器的著作，因为他认为这样做无异于自贬身价。他还认为，无论有关发明和组装机器的科学，还是那些具有应用价值并涉及利益的技艺都没有价值，甚至是卑贱或唯金钱至上的。他用尽心力撰写的著作其美妙之处全都与实际需要没有任何关系。"这就是贵族在科学领域的毕生追求。

民主国家根本不会出现这种情况。

在民主国家，大多数人都喜欢追求物质和享受。他们总是对自己的处境不满，并且有能力改变处境，所以他们一心只想着如何改变处境，或是怎样才能拥有更多的财富。在具有这种思想的人看来，能够称为人类智慧成果的只有那些能够使人快速发财致富的方法、能够节省劳动力的机器、能够降低生产成本的工具、能够方便或增加人们享受的发明，等等。正是基于这一思想，民主国家的人民才开始研究、认识和尊重科学。人们对科学的要求在贵族社会侧重于精神享受，在民主社会则侧重于物质享受。

可以设想，一个国家民主、文明和自由的程度越高，人们就越会这样评价科学天才；而那些能够直接运用于工业领域的发明不但能使发明者名利双收，还可能使发明者掌握权力，因为民主社会的劳动阶级可以参与政事并从中获得荣誉和金钱。可以想象，人们在这一社会风气的影响下不但会不由自主地忽视科学理论，还会用尽精力去追求科学的实际运用。即便有人追求理论，那一理论对于应用来说也是不可或缺的。

即便有些人出于本能去求知，而且其精神也上升到智力活动的最高水平，他照样会一事无成。而那些为了追求现实利益的人却甘愿处于中等智力水平的领域，因为人只有在这种情况下才能发挥强大的精神力量和持久的积极性，最终会创造出好成果。美国人虽然没有发现一个力学的普通定理，可他们照样为航运业推出了一部新机器，使得世界海运的面貌焕然一新。

当然了，我这么说并不意味着民主国家会逐渐失去精神，也不意味着它们的精神不会再重新焕发光彩。随着时代的发展，世界上有许多开化的国家都在勤勤恳恳地发展工业。在此过程中，科学的各个部门都被联系在一起，因此人们越来越关注引起这种联系的各种关系，甚至因为对应用的合理爱好而开始重视理论。实验越来越多，每天都在反复进行各种实验，促使人们经常发现一些普遍存在的规律。所以，虽然伟大的发明家并不多见，可是伟大的发明却屡见不鲜。

此外，我还认为科学的使命是崇高的。民主制度不能引导人们纯粹为了科学才去研究科学，可是它却能促使更多人去研究科学。在这么多研究人员当中，随时可能出现热爱真理的天才，这些天才会纯粹出于对真理的热爱而从事理论研究。可以肯定地说，这种天才无论处于受哪种精神支配的国家和时代，都会努力揭示出造物主的奥秘。这种天才会自行成长，而且不需要别人帮助。只要别人不阻碍他们这么做，他们就很满足了。在这里，我无非是想阐述这一点：不平等的身份会把人限制在研究抽象真理方面，并使人认为这种研究是高尚的，却不能给人带来实实在在的好处；而民主制度就不同了，它会促使人们在研究科学时只注重科学的应用，并且直接给人们带来好处。

这种趋势是自然而又难以避免的。了解这种趋势，你会感受到一种乐趣。而指明这种趋势，则是因为有这个必要。现代国家的领导人如果能够清楚而又长久地认识到它是不可抗拒的，就会认识到：在民主社会，人们有了知识和自由之后，就不可能不顾科学在工业上的应用，反而会努力改进它；而政府当局呢，则会把全部精力都放在支持高级科学的研究方面，并努力激发人们研究科学的极大热情。在如今这个时代，应该引导人们先重视理论，再自然而然地逐步重视实践。总是为了追求次要效用才进行深入研究的做法无疑是不可取的。最好的做法是让人暂时放弃这种研究思想，回过头来先沉思一下其根本原因再说。

随着野蛮民族的入侵，罗马文明灭亡了，所以有人认为，只要野蛮事件不再发生，我们的文明就不会灭亡。这种观点无疑是错误的。

假如有一天，照耀我们前进的光芒熄灭了，那么我们只能像是自行消亡一样逐渐融入黑暗之中。强制人们只关注应用，会使人们忽视原理的存在。这样一来，根据原理产生的方法就会越来越少，以至于人们根本无法发现新方法，只能无知地使用那些所谓的好方法，而不能熟练地使用它们，因为他们并不理解其中的原理。

三百年前，欧洲人初次来到中国，看到中国的技艺几乎都很完善，都非常惊讶地认为中国的技艺是世界上最先进的。没过多久，他们就发现中国人的一些高级知识已经被丢弃得只剩下一些残迹了。这个国家虽然拥有发达的实业，而且保留了许多科学方法，可是科学本身却不见了踪影。由此可见，这个民族的精神已经不再发展，而是陷入了罕见的停滞状态。中国人只会循着先辈的足迹向前走，而不会把曾经引导其先辈前进的原理流传下去。他们只会使用先辈研究出来的科学公式，他们只会使用，却不会深入地研究其精髓之所在。他们的生产工具也是先辈留下来的，而没有想到要设法改进它们。现代中国人没有进行过任何变革，也不具有维新的念头。在前进时，他们为了准确地踏上先辈的足迹，以免误入千变万化的歧途，会时刻仿效着先辈，甚至达到了连一言一行都要尽量仿效先辈的地步，以至于他们的知识源泉几近干涸。这时，河水虽然还在流动，但它已经无力卷起巨大的波浪，更没有能力改变路线。

可既便如此，中国还是安然无恙地度过了多个世纪。它虽然被外族征服了，可是它的习俗却得以延续，社会秩序也依旧井然有序，到处都是一片繁荣的景象。对于中国人来说，革命是非常罕见的，战争更是新奇的事。所以，千万不要认为野蛮民族距离我们很远，更不能因此而无忧无虑。要知道，有些民族的文明之火是被异族抢走的，而有些民族的文明之火则是它自己踩灭的。

# 第十一章　美国人对待艺术的态度

如果每个人都拥有够用而且相差无几的财富，都希望舒适地过日子，都努力追求平安和快乐，那么人们就会都倾向于注重实用，而不太爱美。对于这些，我不想再一一重复，因为这样既多余又浪费读者和我的时间。这种现象在民主社会普遍可见。所以，在艺术方面，民主社会首先关注的是如何加大生活的舒适度，而不是给生活以点缀。出于习惯，它们会以实用为主以美为辅。它们不仅希望一件物品是美的，还希望那件物品具有实用性。

这是民主社会的第一特点。在指出这一特点之后，我还想进一步描述它的其他特点。

通常情况下，在特权得到普遍承认的时代，艺术特权几乎全都归属于其从业者；每种职业都很独立，根本不允许其他行业涉足其中。在贵族制国家，各个行业已经处于停滞状态。直到各个行业拥有自由时，贵族制国家的行业停滞性还存在，并使同行业者形成一个成员相对固定的独特阶级。由于行业成员永远是原有的那几个家族，所以他们彼此都很熟悉，在实业方面也比较容易达成一致意见和尊严。在这种实业阶级内部，每个手艺人都会努力工作，因为他们不仅要赚钱，还要努力保持团体的荣誉。无论做什么，他们首先要考虑的都不是个人利益，也不是雇主的利益，而是团体利益。什么叫团体利益？就是所有手艺人制造出来的作品都得是优秀的。所以，贵族制社会的艺术目标是尽力制作精美的作品，而不是飞快的制作速度，更不是低廉的成本。

相反，要是各个行业都对大众开放，人们可以随时进入某一行业，在不如意时可以自由离开，以至于人们都视同行业者为外人而互不关心，甚至相互都很陌生时，这样行业内就不会有社会联系；从业者也会失去依靠，只能靠自己努力，为了尽可能多地赚钱，只能尽量降低成本。他们既受制于消费者，又必须顺从消费者。不过，消费者也不会坐以待毙，而是采取了相应的对策。

在一个国家里，如果一小部分人不但长期掌权，而且长期占有财富，那么这个国家的大部分财富都将永远被这一小部分人享用；至于其他人，则会因为贫穷、习俗和节制而无缘享用那些财富。贵族阶级获得了极大的荣誉，而且一直保持着这份荣誉，因此它认为自己的需求没有变化，并且一直以同一种方式享受着这份荣誉。贵族们因为高人一等，所以喜欢那些精致又耐用的东西。受贵族喜好的影响，民众对工艺品的要求也比较高。在贵族制国家，农民要是买不到最好的物品，他们宁可不买。

总之，在贵族制国家，手艺人只服务于少数顾客，而且是相当挑剔的顾客。所以，手艺人要想赚钱，就必须拥有高超的技艺。

等到一切特权和等级都被取消，每个人都可以自由出入社会不同领域时，上述情况就消失不见了。在民主国家，经常出现私人财产变得越来越小并且逐渐分散的情况。有些人在家业兴旺时产生了一些需求，等到他们家业衰败时，仍然具有这些需求。可是，如今他们已经无力再满足这些需求了，只能急切地寻找其他方法间接地满足自己。

在民主国家，我们还经常可以看到许多人变得越来越富有的现象。不过，跟财富增长相比，这些人的欲望增长得更快。在还没有得到财富时，他们就已经贪婪地盯上了他们认为可以到手的财富。面对那些就快到手的财富时，他们会设法找到能够尽快享用它们的捷径。受这两种因素的共同影响，民主国家出现了下述现象：许多人虽然已经没有能力满足自己的需求，可是仍然不肯放弃满足这些需求的努力。

对于手艺人来说，这种情感很容易理解，因为手艺人感同身受。在贵族制国家，手艺人把自己的作品以高价卖给少数人，如今有了更便捷的发财方法——以低价把自己的作品卖给大众，他们怎能错过这个机会?

不过，降低商品价格的办法只有两种。一是找到又快又好的生产方法，二是大量生产品质基本相同的低价产品。民主国家的实业者几乎全都围绕着这两个方面来思考问题。他们努力进行研究，目的只是以低廉的成本快速地制作出更好的产品。假如成本、速度和质量不能兼顾，他们就在不降低产品用途的前提下设法降低产品质量。在只有有钱人才能戴得起手表的时代，手表是非常珍贵的。到了今天，几乎人人都有手表，所以就不稀罕了。所以说，民主制度不但使手艺人专注于实用工艺，还使手艺人提高了制作作品的速度和产量。尽管这些作品不够完美，但它们也足以满足消费者的需求。

我这么说并不代表民主国家不能制作出更好的作品。如果买主肯花更多钱，使手艺人付出的时间和劳动都能得到相应的报酬，那么手艺人往往也能制作出高质量的作品。在各个行业都能自由加入这场商业斗争的情况下，有些工匠通过大量竞争和实验拥有了高超甚至登峰造极的技艺，可是他们却很少有机会展示自己的技艺，而他们也极其吝啬，根本不舍得展示自己的技艺，而是非常谨慎。他们完全有能力制作出高质量的作品，可却只是完成任务就满足了。而在贵族制社会则不同，手艺人总是尽力发挥自己的才智，并努力达到登峰造极的水平，根本不会应付了事。

在某个国家，当我看到一些令人赞叹的工艺品时，还不能理解该国的社会状况和政治制度。而当我看到那些价格低廉、数量众多却不够完美的工艺品时，却可以肯定该国正在失去特权，而且各个阶级正在快速地相互融合。

民主国家的工匠不仅要使其作品具有实用价值，还要把它们出售给所有公民，并要设法给其所有作品都增添新光彩。

在各个阶级相互混杂的社会，人们会设法掩盖自己的真实面目，装出另一副模样。为了装得逼真，他们费尽了心机。这种感情的产生不能归因于民主制度，而要归因于人心。不过，这并不代表民主制度能够脱得了干系，因为它促使了人们把这种感情用在物质方面。虚伪的道德普遍存在于所有时代，而虚伪的奢侈却只存在于民主时代。

民主国家的人具有一种新需求，那就是要满足自己的虚荣心。各个行业为了满足人们的这一需求，就在工艺方面采取了各种欺骗手段，有时甚至达到了给工艺本身带来损失的严重程度。如今，假钻石已经做得足以乱真了。等到其制作技术达到使人们难以辨别真假的水平时，真假钻石都会变得像小石子一样普通，这时人们可能就不会再把钻石当稀罕物了。

说到这里，我想到了“美术”这一艺术分支，并决定对它作一番探讨。

民主制度及其社会状况会使从事美术的人越来越少吗？我不这样认为。不过，民主制度确实极大地改变了社会造就美术工作者的方式。一方面，大部分爱好美术的人都会变穷；另一方面，许多人虽然还没有富裕起来，却为了装点门面而开始喜欢美术，以至于购买美术品的人虽然总数越来越多，可是真正识货或特别富有的人却并不多见。这样一来，我在前面提到的发生在实用艺术方面的现象也会在美术方面重演。也就是说，虽然美术品的数量越来越多，但是美术品的价值却降低了。

人们只注重外表是否优雅、悦目，而不是关注实质是否伟大。

在贵族制国家，伟大的绘画作品层出不穷，而民主国家却充满了平凡无奇的画作。贵族制国家喜欢制造青铜像，民主国家却喜欢制造石膏像。我曾经从大西洋驶入伊斯特河，然后到达纽约。当时，我远远地望着纽约，发现在距离市区不远的河岸边有一些用白色大理石建造的小型宫殿，其中有几处看起来还有些古典韵味，我感到非常惊讶。可是，在第二天，当我亲自来到最引起我注意的地方仔细观察一番之后，才发现它只是外面涂了一层白粉的砖墙，那古色古香的木制廊柱也只是用彩漆绘制而成的。没想到那些让我钦佩的伟大建筑竟然全是这种货色！

民主的社会状况和制度还能使所有模仿别人的艺术都能被一眼看穿，因为模仿者往往只重视描绘艺术的外在形象而不重视艺术的精髓，也就是说，模仿者只专注于模仿艺术动作和感触，而不重视艺术的情感和思想，从而使现实取代了理想的位置。

据我猜测，拉斐尔在作画时并没有仔细地研究过人体结构，这一点与现代画家是不同的。在拉斐尔看来，作画时根本不必要求完全与现实相同，因为他追求的是神似，而不是貌合神离。他要把人画得像人而又超出一般人，让美的东西显得更美。而大卫及其学生则相反，他们既是优秀画家又是出色的解剖学家。他们能够把模特儿画得惟妙惟肖，却很少在其中加入自己的想象。大卫及其学生认真地描摹自然，而拉斐尔注重的却是比自然还美的事物。大卫及其学生的肖像画细致入微，拉斐尔的肖像画则具有神韵。

上述关于绘画方法的理论也适用于题材选择方面。在文艺复兴时期，画家们所选的题材有许多都很伟大，而且往往都超越了他们自身或是他们所处的时代，并能激发画家们的想象力，而当代画家所选择的题材呢，却大多是他们身边的生活细节或是自然界中很普遍的事物，画家接下来要做的也只是分毫不差地把它们复制出来。

# 第十二章　为什么美国的建筑物既有平庸的又有宏伟的

我刚才说过，民主国家的艺术品虽然数量越来越多，可是艺术品的价值却降低了。在这里，我要尽快指出这种观点并不适用于所有领域。

民主国家的个人虽然很软弱，但是统治并代表所有公民的国家却很强大。在所有国家中，只有民主国家的公民看起来最渺小，但是同时也只有民主国家看起来最强大，民主国家的精神视野也是最广阔的。民主国家的人民每每想到自己时，想象力就会变小；而在想到国家时，想象力却能无限地变大。所以，民主国家的公民虽然平时住惯了小屋子，可是在建造公共建筑时却会尽量地追求宏伟。

美国人已经选好了建都地点，并决定在那里建设一座大城市。这个地方的现有人口还不及法国的蓬图瓦兹多。但是，如果美国人将其计划付诸实施，那么这个地方的人口早晚会达到一百万。为了给这个未来首都的未来居民提供便利的生活条件，他们已经砍光了方圆十英里之内的树木。除此之外，他们还在市中心建造了一座名曰"国会大厦"的宏伟建筑供国会使用。

美国各州也时刻在筹建或正在建设一些项目，其项目大得连有些欧洲强国的工程师都不得不叹服。

也就是说，民主制度虽然引导民众生产了许多不值一提的产品，但它同时也会促使民众去建造少数宏伟建筑。而这两个极端之间却是一片空白。所以，仅靠散布在各地的几座宏伟建筑既不能推断出这个国家的社会状况和制度，也不能使人对这个国家的伟大、文明和繁荣有深入了解——此处请恕我有点儿偏题。

无论在何种情况下，政权都能驱使所有民众去专门建造一项工程。为了成就伟大的事业，哪怕科学水平有限，而且需要花费很多时间，人们也会付出巨大的努力。不过，这样做并不代表这个民族就是幸福、文明、强大的。当年的墨西哥帝国到处都是宏伟的寺庙和庞大的宫殿，可它最终却败给了西班牙，而且西班牙当时只出动了六百名步兵和十六匹马。

罗马人曾经在如今已经变成废墟的城市周围修筑了许多水道。如果罗马人稍微懂一点儿水力学，就能更好地利用人力和物力。如果当时已经出现蒸汽机，也许罗马人就不会再修筑所谓的“罗马道路”了。“罗马道路”是一条用石头砌成的大道，它远远地伸向罗马帝国的四面八方，但如今也只是一个仅供后人怀古的宏伟建筑，同时也证明了罗马人的无知和伟大。

一个民族哪怕只在地下铺设了几根铅管，在地上竖立了几座铁架，可是在征服自然时也许会表现得比罗马更强大。

# 第十三章　民主时代的文学所具有的特征

在美国的书店里，书架上摆着许多美国出版的图书。图书的总数也很多，但是其中却很少有知名作家的作品。在这些书中，数目最多的是介绍常识的初级读物，而且其中大部分都是根据欧洲出版的书翻印的。数目第二多的是宗教书籍，比如圣经、传教集、警世故事、教义、辩论集，以及慈善团体报告等，这类书多得不计其数。美国的各个党派虽然不会专门出版相互争论的著作，却会快速印发各种容易立刻被人遗忘的小册子。

精神产品虽然有一大堆，可大多都是乱七八糟的，只有少数几个为欧洲人所知或被称为名家的作者才会写出几部杰作。

在当代的文明国家中，最不关心文学的可能就是美国了，但是这并不代表美国人不注重精神方面的事物。在面对精神方面的事物时，他们虽然没有达到毕生都在研究它的程度，但也投入了全部的业余时间。不过，他们所需的书籍大部分都是由英国提供的。美国几乎翻印了英国的所有重要著作。英国文学天才所焕发的光辉照亮了新大陆深处，每个拓荒者几乎都有几本莎士比亚的作品。我记得自己就是在一间用圆木搭建的小屋里阅读历史剧《亨利五世》的。

美国人每天都从英国文学中汲取精华。不仅如此，美国人还在本国把英国文学发扬光大。在美国，只有少数人从事文学创作，而且其中大部分原本就是英国人。所以，在表现手法上，美国文学也具有英国文学的特征。在贵族制国家被奉为榜样的文学思潮和风格在民主国家也有体现。美国作家的作品中充满了异国情调，而没有再现本国的现实，所以难以得到美国民众的认可。

在美国公民看来，美国作家的作品并不是为美国人写的。一般说来，只有当美国的某位作家在英国出名之后美国公民才会给予这位作家以很高的评价，这种情况就像画家放弃对自己作品的真假鉴别权一样。

所以，从严格意义上说，美国没有自己的文学。依我看，在美国只有新闻记者能够称得上美国作家。新闻记者虽然不是大作家，可他们说的都是给美国人民听的民众语言，而其他作家在我眼里都是外国人。在文艺复兴时期，人们对模仿古希腊或古罗马文学的作家普遍抱有一种难以理解的态度，更别说跟他们产生共鸣了。美国人对待除新闻记者之外的美国作家的态度与此类似。这些美国作家虽然给人们带来了一些精神享受，却没能破旧立新。

我曾经说过，这种情况的出现绝对不仅仅是由民主引起的，还与某些特殊环境有关。

如果美国人没有一直深受目前社会状况和制度的影响，并且移居他国，那么他们肯定也会有自己的文学。从目前来看，美国人还没有自己的文学，但我相信，早晚有一天他们也会拥有属于自己的文学。不过，从性质上比较，这种文学将会不同于当代美国书刊，并具有独特特征。这些特征大概是什么样的呢？这里完全有可能事先画出它的轮廓。

有没有这样一个贵族制国家，它的智力劳动和政治（其中自然也包括文学活动和政务）都被一个阶级或与之关系密切的几个阶级掌控，但是它的文学也照样得到了发展呢？如果有的话，那我觉得其他一切问题就都能解决了。

如果总是那几个人同时做同样的工作，那么他们彼此就很容易了解，也很容易共同制定出许多大家都必须遵守的规则。假如他们做的工作是文学，那么要不了多久，他们就会给文学制定一些明确的规则，并规定人人都要遵守这些规则。如果这些人的地位可以世袭，那么他们不仅要给自己制定一些规则，还要遵守他们先辈制定的规则。也就是说，这些规则既严格又要世代相传。由于他们以及他们的先辈都不必也从未担心过生计问题，所以他们可以连续几代人都把精力放在精神劳动上。由于理解文艺，他们一直都为了文艺而爱好文艺，并从中获得快乐和安慰，因为他们适合从事文艺工作，并且能通过文艺获得渊博的知识。

上述情况并不能代表整体。我提到的这些人，他们一辈子都既富有又安逸，所以他们即便要享受，也会选择最好的——既精致又高雅的生活。由于长期安乐地过着富裕的生活，他们的心会逐渐变得温和，所以对于那些太过突然或激烈的享受，他们并不怎么喜欢。他们要的并不是激动，而是安乐。他们只愿从享受中感受乐趣，而不会因享受而疯狂。

我刚才所说的这些人，如果他们写了许多文学作品，或是有人为他们写了文学作品，那么你会轻易地发现，这些著作都是完全按照前人的调子和规范写成的。在这些作品中，哪怕最不值一提的作品其细节也经过了润色。无论从哪个方面看，这种文学都在着力突显作者的技巧和功底，无论哪种体裁都有它独特而且不可随意逾越的章法。此外，在一种体裁之中，还不得掺杂其他任何体裁。

在这种文学中，文体和思想几乎具有同样重要的地位，形式和内容也一样。至于笔调，必须简练、优雅又高洁。在写作态度上，绅士风度一直占据主导地位，很少有人会表现得很轻狂。作家的主要目标是完美而不是多产。

文艺界人士的交际圈仅限于文艺圈，他们的写作也完全是为了自己人，所以，有时候他们会把外界的一切都抛诸脑后，并且过分讲究，甚至显得有些荒唐。他们制定的那些写作规则只适用于他们，而且非常烦琐。在这种写作规则的影响下，他们不由自主地违背了人们的常识，久而久之，他们就与现实脱节了。人民群众所使用的语言是通俗易懂的。可是他们却尽力避免使用这些美丽的语言，而去使用与之相差很远的贵族惯用语。

这些障碍都是贵族社会造成的，它限制了文学的发展。

无论哪个贵族，只要他完全孤立于人民群众之外，那么他肯定是软弱无力的。这种情况不仅适用于政治，也适用于文学。[1]

现在，我们翻开图的背面来看一看。换句话说，我们再看看民主社会的情况。无论民主社会的古老传统还是现代文明都能给人带来精神享受。在这里，各个阶级混合成一个整体，知识和权力也被尽可能地分配了。在我看来，这里的每个角落都散布着知识和权利。各行各业的各色人物都具有智力活动方面的希望。这些爱好精神享受的人，由于他们的教育经历和文化水平不尽相同，与先辈也不同，而且时刻都在发生变化——因为他们的住处、情感和财富时刻都在变化，所以他们之间并不具有共同的精神传统和习惯，没有愿望去相互交换几个，那也没有什么实际意义。在某一时期内，这个民族也许会从那些严格的规则当中挑选几个来用用。可是以后呢？谁也不能确定这个民族仍然会这样做。在民主国家里，不同时代的人代表着不同的民族，因此其文学也不会轻易服从狭隘而且不可能持久的规则。

既然是这种情况，那么我不必花费太多心思就可以断定，在这个民族的文学当中，很难找到被贵族制国家的读者和作者普遍认可的严格规则；即便你找到了几个，那也没有什么实际意义。在某一时期内，这个民族也许会从那些严格的规则当中挑选几个来用用。可是以后呢？谁也不能确定这个民族仍然会这样做。在民主国家里，不同时代的人代表着不同的民族，因此其文学也不会轻易服从狭隘而且不可能持久的规则。

在民主国家，那些从事文学创作的人并非都受过专业的文学教育。那些研究所谓纯文学的人大部分都同时还在政界或其他领域任职，偶尔才会抽时间去体验一下精神享受。在他们看来，这种精神享受并不是生活的主要乐趣，而是一种必要的排遣，因为它只能暂时打断繁忙的劳作。如此理解文艺的人绝对不可能欣赏到文艺之美，也体会不到不同文笔的微妙差别。由于他们只会花很少的时间在写作上，所以都想尽可能地利用好这段时间。他们喜欢的书籍一般来说都既廉价、简短又浅显易懂。那些能够让他们一眼就迷上，或是方便他们欣赏的东西就是他们所谓的美。他们非常需要新鲜和出人意料的东西。他们的生活既有冲突又很单调，而他们已经习惯了这样的生活，所以他们需要能

1 这种情况尤其适用于长期实行专制制度的贵族制国家。在贵族社会，当自由占据统治地位时，上层阶级将会不断地向下层阶级施恩，甚至为下层阶级服务，以接近下层阶级。这样一来，某些民主的东西就会逐渐进入上层阶级，使肩负统治任务的特权阶级养成进取的习惯，并让他们爱好活动和热闹。他们的这些变化自然会对整个文学活动产生作用。——原注

够立刻让人冲动的感情，需要收到令人惊讶的创作效果，还需要真假分明、能够立刻感动他们的故事情节，这样他们才会有立刻动笔的冲动。

不必我赘述，大家就能知道我接下来要说什么了。

总之，贵族时代的文学偏重于描写秩序、规律，以及科学和艺术。而民主时代的文学则不同，它不注重甚至轻视形式。一般来说，它在文体方面会显得乱七八糟，在叙述方面会冗长而且言语繁复，但却总是充满热情。作者们根本不愿意进行细腻的描写，只想尽快完成写作。短小作品比长篇著作多。作家进行创作时，凭借的并不是真实的学问，而是才气。作品虽然想象丰富，却没有深刻的内涵。在这种文学中，人们的思想被一种粗野甚至蛮横的力量统治着。可是，正是这种文学，其作品不但拥有各种各样的形式，还具有惊人的产量。作家们所追求的并不仅仅是让读者快乐，还要让读者大吃一惊；不仅仅是让人享受美，还要让人激动不已。

当然了，偶尔也有一些作家会另寻他途。如果他们拥有才华，那么无论他们的作品是好是坏，都会引来一批读者的吹捧。可是，这样的例外毕竟很少。而且，这些作家虽然从总体上说偏离了作品创作的常规，可是他们的创作在细节上依然具有常规特点。

上面这两种情况都是极端。不过，无论哪个民族都不可能立刻从一个极端转入另一个极端，而只能经由其他阶段慢慢过渡。一个尚文的民族要从一个极端转入另一个极端，几乎都需要一段时间，以便民主国家和贵族制国家的文学天才能相遇相知，再一致表示愿意共同给人带来精神影响。在过渡期间，文学作品会焕发出灿烂的光芒：作品不但数量多，而且质量好；文学创作活动非常活跃，但是没有出现混乱。在18世纪的法国，文学的情况就是这样的。

我这样说绝对没有民族文学会永久地受制于当时的社会状况和政治制度之意。文学作品会产生某种特点，除了与这两个因素有关之外，还受其他一些原因的影响。不过在我看来，社会状况和政治制度更能起到决定作用。

作家的才能与国家的社会状况和政治制度的关系盘根错节。如果你弄不清楚一个国家的社会状况和政治制度，就无法得知该国作家的才能从何而来。

# 第十四章　论文学的商业性

受民主制度的影响，实业阶级不但爱上了文学，还把商业精神带进了文学领域。

在贵族制时代，虽然读者不多，但其要求却非常苛刻。民主时代就不同了，读者不但人数众多而且不太挑剔。在贵族制时代，文人必须付出很大努力才能获得成功，这种成功只可能带来很高的荣誉而不能带来高额财富。而民主国家的作家却不一样，他们通过推销廉价作品，不但可能变得小有名气，还能获得很多金钱。要想达到这两个目的，只需赢得人们的欢迎就行了；至于人们的钦佩之情，他们并不需要。

由于读者人数逐渐增加，读者的需求也在不断变化，所以，即便那些根本没有价值的书也有可能成为畅销书。

民主国家的读者对待作家往往就像国王对待他的侍从。读者一方面让作家成为富人，另一方面却瞧不起他们。不过，人们在面对那些在宫廷里成长起来的御用文人时，除了这样对待他们之外，还能怎样做呢？

在民主国家，总有一批作家把文学视为商业，其中还出现了一些其影响力足以超过几千名小思想贩的大思想贩。

# 第十五章　为什么在民主社会里研究希腊和拉丁文学很有用

在古代的一些民主共和国里，“人民”这个词也曾出现过，不过这个“人民”与如今的“人民”含义并不相同。在雅典城邦，居民人数虽然有三十五万之多，可是人民的人数却只有两万，而且这两万人都可以管理公共事务。至于其他人则全都是奴隶，他们所做的工作大部分都与如今的人民和中产阶级差不多。所以，虽然雅典实行的是普选制，但由于能够参政的只有贵族，所以它实际上仍然是一个贵族制国家。

在分析古罗马的贵族和平民之争时，也要持这种观点。也就是说，这种斗争其实只是一场内讧，就像一个家族内的长辈和晚辈之争一样。实际上，古罗马的平民就是贵族，因为他们的精神与贵族阶级是一样的。

还有，在整个古代，书籍既少又昂贵。无论出版还是发行，都长期陷于困境之中。这样一来，能够爱好并享受文学的人就很少了，这一小部分人置身于一个大的贵族政治集团，慢慢形成了一个小的贵族文学组织。所以，在古希腊和古罗马时期，写作不可能成为一种实业，这一点有事实为证。

在古希腊和古罗马时期，人民不但是他们国内的贵族，还是世界上最文明、最自由的群体。因此，他们在进行文学创作时，必然会使其呈现出贵族时代的文学所特有的优缺点。

透过经典的古代作品，我们可以对其作者有一个大致的认识。这些作者虽然不怎么变换体裁，思想也不够大胆、活跃，概括能力也不强，但在描写情节时，不但具有高超的技巧，而且独具匠心。从他们的作品中，看不到随意或准备不充分的痕迹。无论哪部作品，其读者都是行家。透过字里行间，你能感受到作者追求的是纯粹的美。古代作家们的这些特点在古代文学中表现得非常明显，而在以后的文学中就再也看不到这些特点了。至于民主时代的作家，自然也不具有这些特点。所以，在民主时代，如果想找到真正的文学，就必须研究古代文学。只有研究古代文学，才能更好地克服民主时代的文学的内在缺点。至于文学的自然特征，则根本不必去学，因为它是自然产生的，能够轻易得到。这一点必须弄清楚。

进行这项研究可能有利于一个民族的文学，却不能给这个民族的社会和政治带来什么益处。

人们为了保护或增加自己的财产，已经习惯了使用暴力。在这种社会状况下，如果一直只对人民进行纯文学教育，那么这个社会培养出来的人民即便相当文雅也同样会对社会造成危害，原因是由于社会和政治情况的影响，他们的需要在不断发生变化，而他们所受的教育又无法满足他们的这些需要。这样一来，他们就会借古希腊人和古罗马人之名扰乱国家秩序，使国家无法发展实业。

明显可见，在民主国家，如果要对大多数人进行教育，无论出于个人利益考虑还是基于社会安全，都需要先实施科学、商业以及工业教育，然后才能实施文学教育。

无论哪一级学校，都不应该教授希腊文和拉丁文。不过，有些出身或命运特殊的人注定是要学习文学的。还有一些人是真正喜欢文学的。对于这两种人，应该开设一些专门的学校，以便他们能够完全掌握古代文学，或是方便他们把所有心思都花费在研究古代文学上。要想达到这个目的，可以办几所好大学，而不是办许多低水平的专科学校，因为低水平的专科学校实行的劣质教育会给学生的必要深造带来不良影响。

在民主国家，任何人想在文学上取得成就都必须经常阅读古代作品，这样才能真正地汲取营养。

我这么说并不表示古代的作品都是完美无缺的，而是说其中一些作品可以有效地消除我们独有的优缺点。阅读古代的作品可以让我们重新走上正途。

# 第十六章　美国的民主是如何改变英语的

我在上面论述了整个文学。如果读者完全了解了上述内容，就很容易理解民主的社会状况和制度可能会给语言——表达思想的主要手段——带来什么影响。

实际上，与其说美国作家是生活在美国本土的，还不如说他们主要生活在英国，因为他们从未间断过对英国作家作品的研究，还把英国作家当成学习的榜样。不过，美国人民并不如此，因为最能直接影响美国人民的只有会影响到美国的那些独特因素。所以，我们在面对贵族的惯用语时，如果想知道它在变成大众语言时可能会发生什么变化，就必须关注口语而非书面语。

对于这种细微的语言差别，有些人能够立刻辨识出来，令我难以望其项背。透过他们和一些有教养的英国人，我相信在语言方面，美英两国的有教养阶级是明显不同的。

由于美英两国本身就具有差异，再加上两国相距很远，所以美国人使用了很多新词。美国人的这种做法受到了有教养的英国人，以及那些能够迅速辨识语言的细微差别的人的指责。他们认为，这些新词都是借来的，大多是各个政党和各个行业的专业术语。他们还说，美国人往往先借用英语中的一些旧词，再给这些旧词赋予新的意思并使用。最后，他们说美国居民在说话时经常会加入一些让人觉得一头雾水的词语，那些在英语中不能相互混淆的词语也被美国居民当成同义词使用。

那些值得我相信的人不止一次向我说过这样的话，这促使我慎重地思考了这个问题。我根据理论进行思考，得出的结论与他们根据观察得出的结论是相同的。

在贵族制社会，所有事物都处于停滞状态，语言自然也不例外。在这种社会，由于很少出现新鲜事物，所以人们难以创造新词。即便出现了新鲜事物，人们也会让它从属于那些含义已经固定的惯用语。

就算贵族制社会的人最终自己振奋精神了，或是被外界的光芒刺醒，他们创造的新词也明显不同于民主社会，而是注重华丽的词藻，并且带有一股学究味道和哲学气息。

由于君士坦丁堡的陷落[1]，科学和文学都转移到了西方。在这之后，法语中立刻出现了一些新词，但是它们都来源于希腊语和拉丁语。不过，法国的新词虽然越来越多，但是使用它们的人也仅限于有教养的阶级。它们还没有在各个阶级之间普遍盛行，只有经过一段很长的过渡期才会被人民群众接受。

这种现象在欧洲的所有国家都出现过。仅仅弥尔顿就创造了六百多个新的英语单词。这些新词的主要来源自然也是拉丁语、希腊语，另外还有希伯来语。

在民主国家，那些连续发生的运动则起到了相反的作用，它们不断改变着语言等事物的面貌。随着事物的不断变化，以及人们的思想不断地相互撞击，陆续出现了很多新观念，那些旧观念呢，有的渐渐消失，要么消失之后又重新出现，但是大多数都发生了变化——只不过这种变化微乎其微而已。

所以，情况往往是有些词被废除，而另一些词则被重新利用。

此外，民主国家原本就喜欢变化，这种情况在语言和政治方面都能见到。所以，在民主国家，改用新词这种行为并不一定完全出于需要。

在民主国家，能够体现出人民才能的不仅有大量新词的使用，还有这些新词所代表的观念的本质。

民主国家的法律全都是由多数人制定的，语言方面的规则自然也由多数人制定。无论语言还是其他方面，多数人的意志都具有决定性影响。而且，从事实业和政务的人也比研究学问的人要多。人们对盈利和政治的重视要胜过对哲学或纯文学的思辨。受这种情况的影响，人们所创造或使用的新词也往往带有与其类似的色彩。创造或使用这些新词的目的不外乎要表达商业需要、政党志向，或是公共事业的具体情况。像这类语言，将来会继续发展下去。但是，形而上学和神学方面的语言就不同了，它们会被慢慢淘汰。

民主国家的新词起源于哪里，又是如何创造出来的？这些问题的答案显而易见。

在民主国家生活的人根本不知道古罗马人和雅典人的语言。即便他们的词汇有所缺乏，也不必借助古代语言来补充。当然，不排除有时候他们会向高深的词源学求教。但是，他们这样做往往只是因为虚荣——向人们表明他也会研究已经死亡的语言，而不是因为他们生来就是学识渊博的人。所以，有时候，那些最爱探究词源的人反而是最无知的。有些人总想抬高自己，所以他们喜欢时不时地说出一个希腊名词或拉丁名词。事实上，他们的职业并不高贵。在他们看来，职业低下的人都是无知的，而说一些好听的名词则能够表示自己学识渊博。以法国走钢丝的演员为例，他们在称呼自己时，就使用了希腊语“Acrobate”和拉丁语“funambale”。

虽然民主国家的人民根本不知道那些已经死亡的语言，但他们随时都可以借用现存的新语言。随着各国人民开始往来，并且接触逐渐加深，各国人民随时都在彼此效仿。不过，民主国

1 1453年5月，奥斯曼帝国统治者穆罕默德二世率军攻克君士坦丁堡，消灭了东罗马帝国，并迁都于此，后来向巴尔干半岛扩张，并征服了位于地中海东部的塞尔维亚、波斯尼亚、阿尔巴尼亚、黑塞哥维那和摩里亚（伯罗奔尼撒半岛）等地。1930年，土耳其共和国官方将君士坦丁堡改名为伊斯坦布尔。——译者注

家的人民却是个例外，他们在进行语言革新时，依靠的主要还是本国语言。有时候，他们会捡起那些被人们遗忘的词语，重新加以利用；或是借用某个阶级的专用词语，把它们引申为普通词语。有许多词语原本只是某一派别或职业的专用语，后来就这样变成了普通词语。

民主国家的人民在对语言文字进行改革时，最常用的办法就是给那些已经流行很久的词语赋予新的含义。这种方法非常简便。不管没有多少学识，还是大字不识一个的人，都可以方便地运用它。不过，这种方法对语言的危害也是极其巨大的。如果给一个词增加新的含义，就可能出现这个词的新旧含义相互混淆的情况。

一个作家为了使某个词汇更加符合自己的需要，就在解释这个词时先让它稍微偏离原意，再将这个新含义固定下来。另一个作家在使用这个词汇时，则会从另一个方面来理解它。第三个作家在使用这个词汇时，又给它赋予了第三种含义。这样一来，由于没有仲裁者或常设法庭，这个词汇的含义最终也没法确定，只能同时兼具多个不确定的意思。所以，作家们所表达出来的思想看起来好像并不止一种解释，至于作家的原意到底是什么，读者就只能自己猜测了。

这个由民主造成的结果无疑是令人惋惜的。在我看来，哪怕我们法语中充满了中国话、鞑靼语或休伦语，也总比单词含义不清要好得多。声音和谐和押韵虽然是美的，但是对于语言来说却是次要的。这类问题虽然往往也有很多规定，但是这些规定都不怎么严格。如果语言的含义不是明确的，那么它就不是好语言。

由于平等的存在，语言也必然会出现一些变化。

在贵族时代，由于各国都闭关锁国，彼此没有交流，而且以自身的特点为是，所以连那些原本同源的民族也经常视彼此为外人，因而不能相互团结，进而使它们的语言也出现了差异。不仅如此，各个民族内部也被分为许多彼此很少往来或融合的阶级。

各个阶级先具有了自己特有的智力活动，再把它们固定下来，然后从中选出一定数量的单词和惯用语，将其视为一种习俗世代相传。所以，在普遍通行的语言中，既包含了穷人用语和富人用语，也有书面用语和通俗用语。阶级界限越明显，阶级之间的鸿沟就越大。这种现象自然也适用于语言方面。在我看来，印度不同种姓的语言肯定存在差异，而且是令人无法想象的巨大差异。不可接触者[1]与婆罗门[2]在语言方面的差异就像他们在服装上的差异一样大。

当人们不再受等级限制时，情况就完全相反了。当人们可以经常见面并交流，也就是说种姓制度已经消亡、阶级界限已经被打破，人们已经融为一体时，各种词汇就可以通用了。无论什么词汇，只要它不能被大多数人采用，就必将消亡；那些能够保留下来

1 位于印度各个种姓之外的最底层人，也称移民，一般包括没有土地的雇农，以及从事洗衣、清扫、屠宰等“不洁行业”的人，没有权利和地位，受到社会的唾弃、剥削和压迫。按照印度的古老传统，各个种姓的人都不能接触他们这些下等人，也不能接触他们用过的东西，否则就会被玷污。这些下等人也无权进寺院和各种信教场所，更没有受教育权。不过，随着印度近代工业的出现，各个工种已经失去了原有的界限，“不可接触者”的地位也不断提高。——译者注

2 祭司贵族，掌握着占卜祸福、垄断文化和报道农时季节的权力，位于社会地位最高级的僧侣、学者阶级。为了维护种姓制度，婆罗门僧侣宣称把人分为四个种姓完全是神的意志，是天经地义的。——译者注

的词汇则会被纳入公用的词汇库中供所有人随意选用。欧洲有许多方言，以至于出现了好几种通行语，这些方言无疑也将逐渐衰落。新大陆的方言已经消亡，旧大陆的土语也将逐渐消亡。

社会状况出现这种变化，对语言和文体都产生了影响。这样一来，人们不但要从同一个词汇库里选用词汇，在面对同一个单词时还要保证每个人的理解都是相同的；文体方面的各项规定也将基本上都被取消；不会再有粗俗用语和文雅词汇之分；无论在什么地方，也无论什么行业，人们使用的语言和词汇都是一样的，而词汇的来源则会被人们忘掉，就像人们忘掉各自的出身一样。当社会浑然一体时，语言也会跟着浑然一体。

我很清楚，词的好坏并不是由社会形式决定的，而是由事物的同一性决定的。有些词语和句子之所以会让人觉得粗俗，是因为它们所描写的对象本身就很低俗；而另外一些词语和句子则相反，它们要表达的感情很高尚，因而给人的感觉也是高雅的。

这种差异不会随着等级界限的逐渐消失而消失。可是，在思维方式方面，那些完全随意或强行规定的东西却会因为平等的存在而被废除。我已经说过，词必定有好坏之分，不过在我看来，民主国家永远都不会像其他国家那样重视这一点。究其原因，是民主国家的人民不会为了长期研究语言的规律而投入大量的教育、知识和时间，也不会为了使这些规律受到重视而进行实际考察。

讲到这里，民主国家与其他国家的语言就只剩下最后一个不同特点了，我不想就此打住。

我已经说过，在民主国家，人民对于一般观念的感情并不仅仅是喜欢，甚至达到了热爱的程度。他们会这样，这是由他们自身固有的优缺点决定的。人们通过长期选取并运用通用词汇和抽象观念表达了对一般观念的喜爱之情，并借助语言表现出了这一倾向。这种做法同时体现了民主国家语言的优缺点。在民主国家，人民会如此热爱通用词汇和抽象观念，就是因为这样做对智力活动是有益的：不但能够提升自己的思想境界，还能把许多对象用一个名称概括起来。

民主国家的作家在说明一个人有才华时，只喜欢用“才干”这个词来抽象地概括他，而不会深入地了解这种才干的实际表现情况。在说到现在发生的所有事情时，他会用“现实”这个词简略地说说就算了事。如果说到可能发生的事，他会说这些事的发生都具有“偶然性”。

在民主国家，作家们不但会不停地创造这种抽象名词，还会使那些原本就抽象的名词变得更加抽象。另外，在写作时，为了达到简洁的目的，他们还会运用拟人的手法，就是让抽象名词所代表的事物像人一样能够活动。举例来说，他们会写出这样的句子：“物力喜欢被有才能的人支配。”

最能说明我这一想法的是我自己的例子。面对“平等”这个词，我往往会根据它的绝对意义来使用它，并在许多地方把它拟人化。比如说，有些时候，我会说平等能让某事怎样；而在另外一些时候，我又会说平等不能让某事怎样。如果是在路易十四时期，人们肯定不会说出这样的话，因为他们没有亲身体验过平等，自然也不会想到要享受平等。也就是说，说“他们没有亲身享受过平等”，比说“他们没有使用过‘平等’这个词”更加恰当。

在民主国家的语言中，到处可以见到这种抽象名词，而且人们可以不受事实限制地使用它们，因此它们在扩大了思想的同时也使得思想变得不那么清晰了。也就是说，它们在使语言变得简洁的同时，也有可能让人产生歧义。不过，从实际运用角度看，民主国家的人民宁肯糊里糊涂，也不愿意认真推敲词语的真正含义。

对于用这种模糊的语言说话和写作的人来说，这种模糊语言是不是具有某种神秘的吸引力呢？我不得而知。

在民主国家，由于人们经常要靠智力来判断事物，所以这时他们往往会显得有些迟疑不决。此外，由于环境的不断变化，即便他们的财富没有什么变化，他们的思想也会变化，而不会永远停留在一个地方。所以，只要是在民主国家生活的人，思考问题时差不多都会犹豫不决，而那些泛泛之词正好可以概括他们这种思想。由于明天的新情况是不可预知的，不一定会与他们今天表达的意思相一致，所以也难怪他们说话时喜欢用抽象的语句——以求能将今明两天的情况都概括进去。抽象名词就像一个具有双层底的箱子，只要你愿意，可以往里面放任何观念；而且，等你把这些观念取出来用时，别人也不会轻易察觉。

事实上，无论哪种民族语言都是以笼统和抽象的词语为基础的。所以，这种词语并非民主国家所独有。我的意思是，民主国家的人尤其喜欢创造这种词语，并且在使用它们时也不注意把它们与特定的事实联系起来，随便就拿来用了，哪怕在根本没有必要使用抽象概念的时侯也是如此。

# 第十七章　论民主国家的诗的部分来源

关于“诗”，人们给它下了许多定义，而且各个定义的意义都存在很大不同。如果我逐一讲解这些定义，再从中挑出一个最好的，那么读者肯定会厌烦，我宁可一开始就直接解释一下我所选择的定义。

我认为诗是探索理想并将其描绘出来的行为。

什么是诗人呢？他们在描绘理想时，先剔除一部分现实的东西，然后加入一些想象，以及真实存在的自然景观——它们虽然不够精巧但足以用“壮丽”来形容，这种人就是诗人。所以，诗的目的并不是再现真实，而是将真实事物美化，或是从精神上提供一个最优美的形象供人欣赏。

在我看来，韵文不但是理想中的语言，还很有诗意。不过，如果一篇文章只有韵律，那还不是真正意义上的诗。

我要探讨的是，在民主国家，人们的行为、情感和观念中有哪些可以而且应当成为诗人进行想象的最佳对象，即哪些东西可以被视为诗的最佳来源。

在贵族制国家，人民深刻而又广泛地爱好理想，并在玩味理想时得到了快乐。相比之下，民主国家的人民就没有如此强烈的感受了，这一点不得不承认。

贵族制国家的人民在进行肉体活动时是自然的，在进行精神活动时是恬静的，他们往往都喜欢诗，而且在品味诗的时候能够体验到高远的意境。

而民主国家的人民却喜欢物质享受，会为了改善处境而相互竞争，对成功充满了渴望。这些心理就像锥子一样，时刻刺激人们向自己的目标努力，并且要求人们时刻都要寸步不离地守着自己的目标。人们把主要精力都花在了这方面。想象力虽然还存在，但是由它产生或再现的东西差不多全都是现实的。

由于平等的存在，人们并不重视对理想的描写，还把描写对象的范围缩小了。

当社会处于静止状态时，实行贵族制度对统治者就是有利的，因为它能长久地维持正统宗教和政治体制的稳定。它既能使人相信某种信仰，还能让人坚守这一信仰不动摇。在贵族制国家，神和人之间总会有一些中间权力存在，人民也愿意接受这些中间权力。

由此可见，贵族制度对诗的创作是很有利的。当世间的一切都是超自然的存在，因此感官无法感知它，而只有精神才能意识到它时，想象力就被插上了自由的翅膀。这样一来，诗人的描写对象就会多得足以用“千”来计算；而能够欣赏诗的人则会多得不计其数。

民主国家的人们则相反，在信仰方面，他们有时候会犹豫不决，就像他们的法律一样。这样一来，诗人就会因为怀疑而失去想象力，重新回到可见的现实世界并把自己封闭起来。

平等虽然无法动摇宗教的牢固地位，却能简化宗教，让信徒把崇拜对象从那些次要人物变成至高无上的上帝。

贵族制度能够把人的精神引入对过去的沉思之中不能自拔。民主制度则相反，它会让人在见到旧事物时本能地生出一种反感情绪。就这一点来说，贵族制度对诗的创作是非常有利的，而民主制度则做不到这一点。要知道，一种事物越是年代久远，就越能给人一种壮丽、雄伟的感觉，越令人向往，也越能使人将它作为描写理想的对象。

过去，平等曾经剥夺了诗描写过去的权利。如今，就连诗描写一部分现实的权利也被平等剥夺了。

在贵族制国家，总有那么一部分人不但享有特权，而且普遍存在于一般人之上。无论权势、财富还是荣誉、智慧、优雅、高尚等，只要是好东西，好像都是他们特有的。群众无法靠近他们，自然也无法近距离地详细观察他们。不过，要对这些人进行富有诗意的描写，并不需要花费太多力气。

贵族制国家还有另外一些人，这些人既无知又温顺，既粗俗又命运坎坷，他们也成了诗的描写对象，就像有些人因为文雅和高尚而成为描写对象一样。另外，在贵族制国家，由于各个阶级是相互孤立而又陌生的，所以诗人在再现他们时总会增加或放弃一些东西。也就是说，诗人在对他们进行描写时总会与实际情况有些出入，要么夸大现实，要么缩小现实。

在民主国家，每个人都既平凡又彼此相似，所以他们要想知道别人是什么样的，只要看看他们自己就可以了。所以，在民主国家，诗人的描写对象绝对不能是一个人：这个人既平凡又为众人所知，根本不适合用来抒发理想。

所以说，是平等的出现使诗的源泉大部分干涸了。

不过，平等也为诗的创作开发了新的源泉，我们现在就来考察一下平等是如何做到这一点的。

由于怀疑的存在，人们不再对天堂充满向往之情；由于平等的出现，人们变得越来越相像，也越来越渺小。这时候，随着贵族制度的消亡，许多适合作为描写对象的题材也一起消失了，诗人找不到可以代替这些题材的东西，只好向没有生命的自然界寻求帮助。当诗人对英雄和诸神视而不见时，山川就成了诗人描写的对象。出现在上个世纪的诗就是这样诞生的，它们也因此被人称为“山水诗”。

这种诗描写的是大地上有形但是没有生命的物体，它被有些人认为是民主时代特有的。不过，在我看来，这种看法并不正确。我认为，这种诗只是过渡时期的产物，过了这段过渡期之后，民主必定会使诗人不再关注身外之物，而是使诗人转而关注人本身，并使诗人集中精力去想象整个人类。

在民主国家，人民可能会因为一时兴起，开始对自然产生向往之情。不过，他们真正向往的还是认识他们自己。为了发掘诗的源泉，他们也只能从这方面努力。因此，我敢肯定，无论哪个诗人，只要他不想发掘这个源泉，就无法打动读者的心灵；而诗人努力想打动的那些人，在看到诗人的作品之后，也肯定不会动心。

我之前已经说过，对进步和完美的渴望是民主时代固有的思想。民主国家的人民肯定不会对过去有所留恋，只会对未来寄予希望。一想到未来，他们就充满了想象力，并且逐渐扩大和提升想象空间，可谓一发而不可收拾。这样一来，诗人在进行创作时就有了广阔的天地，诗人的视野也能进一步扩大。民主让诗不再缅怀过去，并且使诗走上指向未来的平坦大道。

在民主国家，由于人民大体上都是平等而且相似的，所以诗不会把其中的某个人作为描写对象，而会把整个民族作为描写对象。由于人们都很相似，所以如果把某个人作为描写对象，就是不合时宜的。可是，如果诗人让个人合成一个民族，再以整个民族作为描写对象，则是完全可取的。民主的民族会比其他任何民族都更能清楚地认识自身的容貌。它的容貌是伟大的，也是描绘理想的最佳素材。

有些人说，美国没有诗人，也没有胸怀诗人意境的人。我同意前一种说法，却不赞同后一种观点。

在欧洲人看来，美国到处都是荒凉的。美国人自己又是怎样认为的呢？他们并没有这种感觉。大自然虽然是壮丽的，却没有生命，无法打动美国人。除非等到美国人把他们四周的森林都砍光之后，才会觉得自己四周的景象很壮观。

美国人把注意力都放在了另一处风景上。当时的美国人一心只想穿越这片荒野。为了达到这个目的，他们一边前进一边排干沼泽、整修河道、开荒种地，克服了来自大自然的各种艰难困苦，终于绘制出了如今这幅壮观的图画。这幅图画不仅慢慢地给美国人带来了想象力，还影响了美国人的言行举止，给美国人的智力开发提供了有利条件。

美国人的生活是最微不足道又平淡乏味的，几乎没有诗意，根本无法给人带来想象力。不过，在美国人的生活当中，却永远有一种充满诗意的意念在引领他们前进。这种意念就像一根中枢神经，它掌控着美国人的其他一切活动。

贵族时代的所有民族和个人都停滞不前且孤立于其他民族或个人之外。

民主时代的人民会因为好动和愿望而不断地改变住处。这样一来，不同地方的居民就会杂居在一起，然后彼此相互交流并相互帮助。这种同化作用不仅出现在同一民族之间，也出现在不同民族之间，以至于乍看起来这些人几乎是完全相似的，而且他们还形成了一个大大的民主集团，使得其中的每个公民都像是源于同一个民族。从古至今，这一集团首次展示了人类的本来面貌。

无论什么事物，只要它涉及全人类的生存、演变以及未来态势，就可以成为诗的源泉。

在贵族时代，诗人会取材于民族或个人事迹，并把它描写得令人叹服。不过，所有诗人在进行诗的创作时，都没有把人类的命运作为题材。而民主时代的诗人却相反，他们有可能会这样做。

如果所有人都能够放眼看世界，进而开始认识人类本身，那么神在人的精神当中所表现出来的威严也会越来越充分和全面。

在民主时代，假如人们对正统宗教并没有坚定的信心，对那些随便命名的居间权威也逐渐失去信任，那么他们对神的认识就会越来越深刻、广泛，并认为神会越来越多地干涉人世。由于人们视人类为一个整体，所以说如果人类的命运受同一个神支配，人们是会相信的；另外，通过每个人的行动，人们也能看到神用于指导人类的总体计划及其作用。这种认识也可以被认为是诗的源泉。这一源泉非常充沛，是这个时代为诗的创作所做的贡献。

在民主时代，如果诗人试图让神鬼和天使具有肉身，并让他们从天上下来，在地上相互斗法，那么这种诗人必然没有生气，也不可能创作出伟大的诗来。相反，如果他们在描写重大事件时只是揭示至高无上的神的旨意和思想，而没有露出神的手，那么他们必将得到人们的赞扬，引起人们的共鸣，因为这种做法正好迎合了当时人的想象力。

我们能够预见，在民主时代，诗人要描写的是人物的激情和思想，而不是人物本身，也不是人物的行为。

在民主时代，人们的语言、服装和日常行为并不能使人产生理想，因为这些东西不仅本身没有诗意，而且对于诗人所要感动的对象来说也很熟悉，根本无法入诗。诗人为了能够打动人，只好被迫透过感官所能发现的表层进入人们的灵魂深处。人越是深入了解自己的灵魂，就越能塑造理想。

我要是想寻找冲突——也就是兼具伟大和渺小、黑暗和光明，并且能够让人产生同情、赞赏、轻视或恐惧的好题材——根本不必周游天上和地下，只要考察一下自己就行了。我发现，人来自于“无”，要不了多久就会再度从世界上消失，重新投入神的怀抱。人从出生到死亡就像白驹过隙一样迅速。

人要是不认识自己，整天稀里糊涂地活着，就永远也不可能产生诗意，因为他根本想象不出什么东西来，要描写也没有根据。可是，如果他对自己的了解过于透彻，即便有想象力，也没有机会施展自己的才华，因为这种了解无法给他的描写增加任何亮点。好在人既聪明又糊涂。因为聪明，人可以对自己有一些认识；因为糊涂，人能够容忍自己对其他方面的无知，并能永远在变幻莫测的黑暗世界里摸索。

所以，在民主国家，诗人不会以传奇来吸引人，不会选材于习俗和传说，也不会再现超自然的存在，因为不仅读者，就连作者本人也不会相信它；更不会把善和恶拟人化，因为它们本身就清楚地呈现在人们面前。上述的一切都不能成为诗的源泉。但是，人还在啊，光是人就足以作为诗的题材了。在民主国家，无论人类的命运还是历朝历代与大自然和神共处的人，或是这种人的激情、疑惑，抑或难得一见的得意，以及令人无法想象的悲惨，都可以成为诗的主要源泉，甚至是唯一的源泉。我这么说并不是胡诌，而是实话实说，这一点有民主国家的那些伟大诗人的作品为证。

当代作家在刻画恰尔德·哈洛尔德、勒内、诺斯兰等人时，虽然力求达到栩栩如生，但并没有着力描绘个人行为，而是力求把长期藏在人内心深处的某些方面表现出来。这种诗才是民主时代的诗。

所以说，诗的题材并没有因为平等而全部消失。尽管平等让诗的题材变少了，但是与此同时，平等也拓展了诗的题材和范围。

# 第十八章　为什么美国作家和演说家都喜欢夸张

据我观察，在日常生活中，美国人说话是非常简洁、直接的，根本没有修饰语，甚至显得有些粗俗；可是，在发表富有诗意的言论时，他们却很夸张。他们的演讲充满了华丽的词藻，他们的想象被过度地渲染了。当你听到他们这么说时，会觉得他们为人不够率直。

这种毛病在英国人身上则很少见。

美国人为什么会有这种毛病呢？其原因很容易就能找到。

在民主国家，人们一旦遇到那些与自己相关的琐事都会费尽心思；而当他们扩大视野去看远处时，则能看到庞大的社会，或是形象更加高大的人类。所以，他们的观念要么很特殊、很明确，要么很平常、很模糊，而不会呈现出中间状态。

当他们走出自己的小圈子面向更加广阔的视野时，总希望看到一些奇异的事物，再深入地观察它们。除非满足了他们的这一要求，他们才会暂时抛开那些琐事。要知道，这些琐事对于他们来说并不是无关紧要的，而是给了他们的生活以鼓舞。

一般来说，民主国家的人民都是只注意自身琐事的，可正是这样一种人，却要求他们的诗人有广泛的观察和夸张的描写。为什么会这样呢？我认为原因只有一个。

另外，民主国家的作家本身也喜欢夸张，所以他们自然会遵从人们的要求。于是，作家们不断地发挥自己的想象，甚至过度想象，以至于言过其实，让人觉得伟大的事物并不伟大。诗人们对这种方法寄予厚望，希望它能立刻把广大读者的注意力吸引到自己身上。这个愿望往往很容易实现，因为他们的高谈阔论满足了读者的需求。读者在欣赏诗的时候既没有时间去研究诗中所描写的事物是不是真实的，也没有能力轻易地指出哪里与现实不符。最终结果是作家和读者都是受害者。

即便如此，民主国家的诗的源泉在我们看来也是好的，只不过不够充沛而已。要不了多久，它就会被诗人们吸干。诗人们在塑造理想时，由于无法从真实中找到题材，就只好求助于非真实，以至于创造出来的作品也是离奇的。

在面对民主国家的诗时，我觉得它善于表现，距离人世也很近，不过这些我都不担心。我害怕的是它时刻都有可能变得迷离惝恍，或是因为描写那些纯想象的国度而消亡。我还害怕它从头到尾都是空洞的说教、华丽的词藻和离奇的描述。我也害怕这些荒诞的言论会辜负现实的期望。

# 第十九章　浅议民主时代的戏剧

革命改变了贵族制国家的社会状况和政治制度。当革命开始涉足文艺界时，戏剧往往最先受到影响，而且是明显的影响。

观众在观看戏剧时，情绪几乎都会不由自主地随着剧情起伏不定。在观赏戏剧的过程中，他们根本没有时间去仔细品味剧情，也没有时间去跟人讨论剧情，更没有机会与比自己高明的人交流感想。对于他们来说，戏剧激起了他们对文学的新兴趣，可他们没有意识到且抑制了这种兴趣。也就是说，对于这种新兴趣，他们并不清楚，但是他们已经早早地臣服在它脚下了。

要不了多久，作家们就会发现大众的爱好已经偏离，并且知道它倾向于何方。于是，他们在创作时也悄悄地倾向于那一方。这样一来，他们的剧本在还没有上演之前就已经推动了革命的发展。通过对戏剧的研究，完全可以预测民主国家文学的发展方向。

在贵族制国家，剧本也是最富于民主精神的文学作品。无论哪种文艺作品都不能像戏剧那样轻易地满足群众的精神享受。人们即便没有做过任何准备或相关研究，也照样能够欣赏戏剧。无论你偏激还是无知，戏剧都能紧紧地抓住你的心。有些雅俗参半的精神享受一旦被一群公民接受了，很快就会被搬到剧院里。那些经常出入剧院的观众并不是贵族。在贵族制国家，只有剧院能使上层阶级接触中下层阶级，也只有剧院能让上层阶级觉得自己应该允许中下层阶级发表不同意见。至于上层阶级会不会听取中下层阶级的意见，那又是另外一回事。对于学识渊博和有教养的人来说，也只有在剧院里他们才难以阻止群众追随他们的爱好，也无法阻止他们自己去追随群众的爱好。所以，上层阶级在欣赏戏剧时，往往会事先订一个包厢。

即便贵族阶级也无力阻止人民群众出入剧院。既然如此，我们就不难发现，一旦法律和民情承认了民主的原则，上层阶级不复存在，世袭的财产、权力、习俗和安逸生活也都被废除了，人们拥有的智力和财产也差不多，所有阶级都融合在了一起，那么在剧院中占据统治地位的必将是人民群众。所以，在民主国家，人民如果爱好文艺，或是因为本性要从事文艺活动，都将会以戏剧为首选。不仅如此，我们还能预见到这种爱好和本性将会深入戏剧之中。对于贵族制度给文艺写作制定的各项规章制度，人民可以通过合法的手续逐步将其改变；而对于贵族制度给戏剧制定的各项规章制度，人民也可以光明正大地将其废除。

戏剧能把民主文艺的大部分优点反映出来，也能反映出民主文艺的几乎所有缺点。

民主国家的人民并不太重视才华。对于曾经光芒四射的古罗马和古希腊，他们根本不当一回事儿。他们只注重他们自己，也就是说，他们只要求作家能够把现在描述清楚。

所以，如果舞台上经常上演有关古代英雄和古代故事的剧目，而且人们对古代传统也表现得很忠实，就表明戏剧还没有被民主左右。

在《布里塔尼居斯》一书中，作者对贞女茹尼叶侍奉女灶神韦斯塔的故事进行了艺术加工。对于这件事，作者拉辛在该书的序言中进行了相当谦虚的辩解。根据格利乌斯的记述，拉辛这样说道："无论未满六岁还是超过十岁的女孩，那里都不被允许进入。"我敢肯定，如果这个剧本是当代作品，那么作者绝对不会因为这种错误为自己辩解，更不会因为这种错误而责备自己。通过这个事实，我知道了那个时代的文艺情况和社会状况。

仅凭一个民族有民主戏剧的存在，你根本无法确定这个民族实行的是不是民主制度。就像我在前面说过的那样，在贵族制国家的舞台上，也可能出现民主的戏剧。可是，如果戏剧完全处于贵族精神的控制之下，那么这个社会实行的肯定是贵族制度，而且这个社会的作家、公民和政务都是由既有学识又有教养的阶级掌控的。

贵族有了控制戏剧创作和演出的权力，就会出于他自身的文雅爱好和高贵气质对人的本性进行主观性的评判。他们最喜欢的是具有一定社会地位的人。当这种人出现在舞台上时，他们会很高兴。在他们看来，善和恶都值得以一定的限定再现于戏剧之中，而其余的任何事物都不值一提。他们每到一个地方，都只愿意与大领主交谈，进了剧院自然也是如此。在观看戏剧演出的过程中，只有王公贵族们的喜怒哀乐才会触动他们的内心。他们对戏剧的体裁也是这种态度。为了让一切都与他们的调调相适应，他们会置剧作家于不顾，随心所欲地规定某些台词。

所以，他们在描写人的时候往往并不全面。有时候，戏剧表现出来的甚至是人性之中根本没有的东西。也就是说，这些东西要么超出了人性，要么与人性不符。

民主国家的观众却没有这种偏爱，很少会像贵族那样对其他事物嗤之以鼻。他们希望戏剧再现的是发生在他们身边的人间万象，比如出身各异的人和各种各样的情感和思想。因此，相比之下民主国家的戏剧更动人、更通俗也更真实。

当然了，有的时候，民主国家的剧作家也会脱离人性，不过他们这样做的目的并不同于他们的先辈。民主国家的剧作家在再现当代的小人物、小事以及其他人的特点时，由于过于希望把他们刻画得栩栩如生，这才忽略了人类的普遍特征。

如果戏剧被民主阶级控制，那么剧作家就能自主地决定要怎样选择和处理戏剧题材了。

在民主国家，无论哪种文艺爱好都无法像戏剧那样合乎人性。因此，在民主国家，无论剧作家、戏剧演出还是戏剧观众，都越来越多。由于作者和观众不但人数庞大而且四处分散，所以根本不可能制定出一个能够让他们全都服从的办法或规则。比如说戏剧评论者，他们不但人数众多，而且彼此不相识，观点也各不相同，要想让他们作出一致的评论根本没有可能。

文学方面的规章制度受民主制度的影响，普遍都松弛了。戏剧方面的规章制度则被民主制度废除了，无论作家还是观众，都可以各行其是。

在前面一章，我曾经论述过民主文艺的体裁和技巧。这些体裁和技巧对戏剧也非常适用。路易十四时期的戏剧评论家对当时的戏剧所作的评论是这样的：观众特别重视情节是否真实，要求剧中人的言行要与其性格相适应并易于理解和解释。在看到这种评论时，我们会对有些地方感到惊讶。除了这种评论，下面的事实也让我们惊讶，那就是当语言的表达形式受到高度重视时，人们会因为台词上的一点儿小毛病就指责剧作家。

如此看来，在路易十四时期，人们太过重视那些表演不出来而只能细读剧本才能体味的细节。可是，戏剧作为一种文学作品，主要目的就在于演出，主要作用则是让观众动心。而在路易十四时期，无论观看戏剧的人，还是阅读剧本的人都是同一群人，他们还能在看完戏剧演出之后把剧作家请到家里，当着剧作家的面对戏剧品头论足。

民主国家的人们到剧院只是为了看戏，而不是去听剧本。人们进了剧院，大多数都不是为了精神享乐，而是为了精神刺激。对于他们来说，热闹的表演场面比好的台词更能满足人的心理需求。只要剧作家能够正确地使用人人都能听懂的本国语言，剧中人能够激起观众的兴趣、引起观众的共鸣，就能吸引观众。观众知道戏剧根本不真实，所以他们能够在看完戏之后立刻回到现实当中。所以，戏剧采用的是什么文体并不那么重要。更何况，在演出的时候，它有没有遵守这方面的规定，你根本无从得知。

提起剧情，假如它与事实完全相符，就不可能取得新奇、出人意料和跌宕起伏的效果。所以，观众并不会苛求剧作家注重真实性。只要剧作家的作品能够感动观众就可以了，至于你采取的是什么方法，观众才不关心呢。只要你打动了观众，哪怕违反了戏剧的规则，也不会受到观众的责难。

我刚才所述的各种特点清楚地体现在了美国的戏剧观众身上。不过，有一点应该说一下，那就是美国人至今都很少去剧院看戏。的确，四十多年以来，虽然美国的戏剧观众人数大幅增加，戏剧演出次数也越来越多，但美国人对戏剧这种娱乐的态度仍然是审慎的。

为什么会出现这种情况呢？其特殊原因我已经说过了。在这里，我要补充几句以便加深读者的记忆。

美国最初的几个州都是由清教徒创立的。这些清教徒对各种娱乐都持反对态度，尤其害怕戏剧。在他们看来，戏剧这种消遣是非常可恶的。因此，无论在什么地方，只要占据统治地位的是清教徒精神，那里就不会上演戏剧。初期移民的这种观点深深地影响了他们的后代。时至今日，美国戏剧艺术的发展仍然受制于美国人死板的生活习惯和严肃的民风。

一个国家如果在政治上没有巨大变化，并且男女一旦恋爱了就会轻易结婚，那么它是不会产生戏剧的。那些一周有六天都要为赚钱而忙活，周日还要赶着做礼拜的人，生活中并没有戏剧可言。

只用一个事实就能证明美国人对戏剧是不太喜欢的。

美国对公民的言论是不加限制的，甚至允许公民胡言乱语，可是对剧作家就不同了——实行检查制度。美国政府规定，任何人要演出戏剧，事先都要得到市镇行政官员的允许。通过这个事实，我们可以清楚地看到，无论美国全体民众，还是美国的个人，对戏剧所持的态度都是一样的。美国全体民众和个人在面对他们所关心的事物时会非常热心，而在面对他们不喜欢的东西时，则会想尽一切办法阻止它们入侵。

在所有文艺形式中，与社会状况关系最密切、最错综复杂的无疑是戏剧。

在时代交替时，如果民情和法制因为一场重大的革命而发生变化，那么对于后一个时代来说，前一个时代的戏剧是绝对不适合它的。对于人们来说，前一个时代的伟大剧作家的作品还值得一读，但是前一个时代的观众所写的戏剧却没必要观看。过去的剧作家要想名垂青史，就只能依靠他们的作品。

在民主时代，人们出于传统爱好、好奇心或好胜心，以及某些演员的天才，可能会暂时喜欢或复兴贵族时代的戏剧。不过，要不了多久，贵族时代的戏剧还是会自行消亡，因为它终将被人们抛弃。

# 第二十章　民主时代的历史学家所具有的一些独特倾向

在贵族时代，历史学家在谈论史实时，往往会把它们与某些人的独特意志和性格相联系；在谈论一些重大革命时，喜欢说它们是由一些无足轻重的偶然事件引起的。他们所具有的远见卓识只能替他们找出一些小原因，却无法找到那些重大原因。

而民主时代的历史学家却正好相反。在民主时代，大部分历史学家都认为，个人几乎无法影响整个人类的命运，少数优秀公民自然也不能例外。不过，在大部分历史学家看来，任何具有特性的琐事都可以归因于某些普遍存在的重大原因。历史学家的这两种认识虽然是对立的，但是完全可以理解。

贵族时代的历史学家在回顾世界舞台时首先看到的是少数几个主要演员正在表演。由于这几个演员正在表演，所以他们就成了焦点，吸引了贵族时代的历史学家的所有注意力。这些历史学家受此影响，一心研究这几个人的言行，以探究其背后的秘密动机；而对于其他方面，他们却没有放在心上。由于这些历史学家很重视某些人，所以就会夸大个人的影响力。为了达到这个目的，这些历史学家自然要抬高某些个别行动——用它们来代表具有普遍性的群众运动。

民主社会的情况却相反，那里的公民相互独立又软弱，任何人对其他人都不具有特权，即便有也不可能持久。至少从表面上看，民主社会的个人不会影响到社会。也就是说，在民主国家，全体民众都可以自由和自发地与人竞争，而且不会影响到社会发展。这样一来，人们自然有兴趣去探索那些一般原理，因为这些原理既能启发人的智慧，又能使人的智慧达成一致。

我敢说，民主国家有些个人的天赋、德性或劣行等可能会对国家命运的自然进程具有推动或延迟作用，但是这些作用都具有偶然性，是次要原因，而且比较隐蔽、繁杂和容易变化，力量也比较弱小，在贵族时代想要发现和研究它们都很不容易，在民主时代就更难了。

贵族时代的历史学家只会挑出某个人或几个人的个别活动来研究，而不会对大多数一般事实进行分析，而且要不了多久他们就会厌烦。

历史学家研究一段时间之后就厌烦了。他们像进了迷宫一样晕头转向，既弄不清个人的影响力，也无法说服自己去相信个人的影响力，最后，他们只好把这种影响力否定掉。我们提供的做法是，先研究种族特点、自然环境或民众的精神面貌，再研究其他的。这样做既高效又能满足读者的需求。

拉法耶特著有《回忆录》一书。该书中有一处说，在研究时过分强调一般原因极大地安慰了二流的政治家。我很赞同这种说法，并认为这种研究方法还极大地安慰了二流的历史学家，使得他们可以堂而皇之地回避作品中那些难以处理的问题。这样一来，人们不但不会认为他们无能、懒惰，还会认为他们的研究是深入的，并赋予他们以相应的荣誉。

在我看来，世界上的事务并不能全都归因于一般事实，也有一部分是由个别原因引起的。这两种原因往往是交织出现的，只不过各自所占的比重不同而已。用一般原因可以解释的事实在民主时代多于贵族时代，用个别原因可以解释的事实则是民主时代少于贵族时代。在贵族时代，个别原因具有强大的影响力，一般原因则不同。比如，对于身份不平等这个事实，在贵族时代的人看来并不是某些个人压制其他人的一般原因。所以，如果历史学家试图把民主社会发生的所有事情都描述出来，那么他在解释大部分事实时完全有理由使用一般原因，他在进行研究时还可以把精力集中在探索一般原因上。如果他们在难以确定并且无法查明个人的个别影响时就否定这种影响，那么就是错误的。

民主国家的历史学家不但会找出事物的一般原因，还喜欢把各种事实相互关联，使它们成为一个体系。贵族时代的历史学家则始终很重视个别原因，而不重视甚至根本不相信事物之间是有联系的。贵族时代的历史学家还认为，在历史进程中，如果某个人消失了，历史就有可能因此而停止前进。而民主时代的历史学家却相反，他们重视的不是演员而是演出，所以他们往往会把各场演出联系起来，使它们成为一个系统而有序的整体。

优美的古代文学并没有为我们留下一个伟大的历史体系，而简陋的现代文学却做到了这一点。如此看来，在古代，历史学家并没有充分利用一般理论；而现在的历史学家则不同，他们经常会把一般理论拿去用。

民主时代的历史学家还有另一个倾向——一个非常危险的倾向。

当个人无力影响国家时，往往会让人觉得世界只会运动而没有源动力。有些事对所有公民都有影响，最终导致了全民运动。不过，由于人们很难认识它们，也不容易分析它们，所以只好认为它们并不是随便发生的，而是由最高权力在无形中决定的。

就算世界上的确有一般原因在支配每一个人，人类也不会获得自由。如果有这样一个原因，它大得不仅对千百万人都适用，还足以控制一个阵营里的所有人，那么人们就可能很难抗拒它。一旦人们对这个原因表现出顺从的态度，就会认为它是无法抗拒的。

所以，在民主国家，历史学家不但不承认全民的命运是由某些公民决定的，还认为民众的处境是无法改善的。有时候，他们会认为刚正不阿的神决定了人的命运；另外一些时候，他们又认为是盲目的宿命在掌握人的一生。他们还认为，无论哪个民族都具有自己的地理位置、起源、历史、个性，而且它们又都跟无法改变的命运存在密切的关系。他们按照一定的顺序，考察了一代又一代人、一个又一个年代、一个又一个必然事件等，一直追溯到世界的起源，再铸造出一个环环相扣的大链条，然后把人类的所有事件都放入这个大链条中的相应位置。这样一来，人类的所有事件之间就都产生了联系。他们指明了这些事件是如何发生的，可是他们并没有满足于此，还把事件的后续发展也告诉了大家。他们先研究一个发展到一定历史阶段的民族，然后得出这样一个结论：这个民族只能走它们现在所走的道路。这种研究方法很容易给这个民族的未来提供指导性意见，使这个民族将来能够走得更好。

贵族时代的历史学家的著作——尤其是早期历史学家的著作，总会给读者这样一种感觉：当时的人只要能治理好自己，就能主宰自己和同胞的命运。而现代人写的历史著作则不同，它会让读者觉得人在自己和其他人面前都是软弱无力的。古代历史学家教人们怎样成为自己命运的主人，现代历史学家则不同，他们只会教人们怎样顺从。现代作家总是彰显自己伟大而人类渺小。

这个学说深受现代历史学家的吹捧，可它无疑是有害的。如果任由它从作者那里传给读者，逐渐深入民心，甚至成为一种舆论导向，那么我们就可以预测说，要不了多久，这个学说就会让新社会停止正常运转，让土耳其人取代基督教徒。

对于如今这个时代来说，这种学说尤其危险。由于人们普遍认为自己在各方面都很软弱，所以根本就不相信意志自由。不过，对于人结成团体时会充满力量和自由这一点，他们还是认可的。这种思想应该加以提倡，因为如今人们需要的是振奋精神而不是压抑自己。

# 第二十一章 论美国议会的辩才

在贵族制国家，辩才可以相互关联和依靠。因为，由于等级制度的存在，无论哪个阶级都能各得其所、安分守己。在这种国家的政治组织内部，也能看到相似的情况。在贵族制国家，政党自然是归首脑掌控，而党员也会出于本性习惯性地服从首脑。也就是说，这种做法不仅在大社会里有，在小社会里也不例外。

在民主国家，从表面上看，大多数公民的目标都是一样的，可是实际上并非如此，每个公民都是或自认为是独自前进的。他们已经习惯了意志自由，所以在行动时，他们也不愿意外人来指导。这种爱好也被带到了全国的会议中。面对一个计划时，一个人即便同意与别人联合去推行它，他也要占据主导地位，即希望人们都以他的意见为主，再共同取得劳动成果。

由此可见，在民主国家，只有当国家遭受严重危机时，其政党才会容忍被人控制或是服从他人的情况。出现这种情况时，国家首脑虽然有权指挥政党的行动，也能控制政党的言论，却不能让政党闭上嘴巴不说话。

在贵族制国家，只要召开政治性会议，与会代表都是贵族；无论哪位与会代表，本身都有固定的高官厚禄。在他们眼里，在国家机关所占的席位比在议会中占据的席位更显要。出于这个原因，每当召开议会时，他们都不愿意积极参与议案讨论，也不愿意因为一般问题而产生激烈的争论。

美国议员做不做某项工作往往是由他在议会中的地位决定的。所以，许多议员都想在议会中占据重要地位，并为达到这一目的而想尽办法。一旦他们有权发表建议，就会迫切希望这些建议能够付诸实施。他们这样做，不仅是为了他们自己和选民的荣耀，还是为了保持选民对他们的支持。

在贵族制国家，从严格意义上来说，立法机构的成员并不依附于选民，反而被选民视为代表。在有些情况下，选民还要完全依附于立法机构的成员。在选举时，他们即便得不到本区选民的支持，也会轻易地得到其他选区居民的支持。换句话说，议员们即便不再担任公职，也照样可以生活得既清闲又舒适。

在美国这种民主国家，议员要想长期控制选民的思想几乎是不可能的。由于民主的不稳定性，即便再小的选区其面貌也会发生变化。所以，为了讨好选民，议员可谓时刻都不得闲，而且没有绝对的把握能够达到这一目的。由于他并不是家喻户晓的人物，所以当选民不再选举他时，立刻就会失去民众的支持。更何况，由于公民具有绝对的自主权，所以即便他想通过朋友和政府的关系进入他不熟悉的选区也是不可能的。所以，在他所代表的那个选区里，他必须做出政绩才行，这样才能平步青云，命令人民做这做那，进而掌控世界的命运。

所以，在民主国家，一旦召开政治性会议，与会代表在考虑问题时都会更加注重选民的利益，然后才会考虑他自身所在党派的利益。而贵族制国家的政治性会议则不同，与会代表们会自然而然地注重他所在党派的利益，而不是选民的利益。不过，与会代表所发表的言论即便讨好了选民，也未必有利于他所信奉的政治观点。

政党为了维护它自身的最大利益，在面对一些它还未认清的重大政治问题时，往往不允许其成员谈论这些问题；在面对那些可能会对大问题造成不良影响的小问题时，往往会要求其成员少谈这些问题，最好是什么都不谈。对于一个平庸的议员来说，他能为国家大事做出的最大贡献就是闭上嘴巴。

而选民们却不这样看。在任何一个选区，人民选出一位公民代表他们参政，都是因为他们非常了解这位代表的长处。当许多人都平凡无奇时，那些稍有才干的人就会显得很高大。所以，我们不难想象，当人们越是要求当选代表要能力强时，就越不容易找到合适的人选；如果当选代表是个庸才，人们则会要求他付出一定的努力，以便他有资格享受人们赋予他的荣誉和地位。

议员并不仅仅是国家的立法者。在议员所代表的选民看来，议员还是他们在立法方面的天然保护人。人们在投票支持一个人时，不仅当这个人是自己的代理人，还相信他既会热诚地维护国家的利益，也会热诚地维护本地区的利益。

所以，在选举时，选民们早已经想好要选出一个能言善辩的演说家了。这样一来，在需要发言时，他们的代表才有能力抓住一切机会尽可能多地发言；在发言时间快结束时，他们的代表照样能够语言简洁地质询所有的国家大事，并附带提出本区人的一些小小的不满；在只能长话短说时，他们的代表也能简要地把所有问题都陈述清楚，并说出他们所在选区的所有人的远见卓识。他们的代表只有做到了这些，才有机会再次当选。

这样一来，那些自知无力达到这一要求或不愿意表现自己的老实人对这种事就不会那么积极了。这样的人要是成了议员，就只会与朋友高谈阔论，而不能成为合格的议员。要知道，议员们个个都是演说家，他一旦进入议会，必定会把辩论活动搞得乱七八糟，让与会者觉得辩论活动是乏味的。

一种法律如果使当选者很依赖选民，那么在当选者成为议员之后，其行为和语言都会受这种法律的影响，这一点我在前面已经说过了。这种法律对国务工作及其方式都会产生影响。

美国国会议员如果准备辞去官职，那么他们一定会事先准备好一份演讲稿，并在国会上意气激昂地述说自己为美国联邦的二十四个州做了多大贡献，为他所代表的地区所做的贡献就更大了。当他对着听众滔滔不绝时，连他自己都不清楚在讲什么大道理，就更不用说听众了。如果他不说大道理，就会说一些不容易被人发现也不值一提的细枝末节。这样一来，这个大机关里的辩论经常都是空洞又杂乱的，好像是为了拖延时间才故意不接近主题的。在我看来，类似现象在民主国家的议会中普遍存在。

如果政治环境良好、法制健全，那么美国现任国会议员中的许多优秀人才也许会被立法机构吸收；但是与此同时，对于那些庸才，你却无法阻止他们在议会里口若悬河，也无法阻止他们到处大摇大摆地炫耀自己。

在我看来，这种病在美国已经严重到不可救药，因为它来源于国会的组织、宪法甚至国家制度。美国人自己好像也有这种看法。对于他们来说，国会活动已经司空见惯。即便国会上的发言非常差劲，他们也可以继续坐在席上耐心地听。对于这种病痛，他们只能心甘情愿地忍受着，因为由经验可知，这种病痛是无法根治的。

我们在上面所讲的这些还只涉及民主国家政治辩论的细节。至于民主国家政治辩论的主要问题，是下面要论述的。

英国议会下议院已经有一百五十多年的历史了，可是其议事经过却从未在国外产生轰动效应。发言人所表达的思想和感情甚至没有感动过最靠近英国这个自由国度的一些国家。相比之下，美洲殖民地在革命时虽然只召开了几次小会议，却在整个欧洲都引起了轰动。

它们为什么能够做到这一点？其中的原因既具有特殊性和偶然性，还具有普遍性和必然性。在我看来，在民主国家，能够进入议会辩论国家大事的人都是有能力而且值得钦佩的人。由于议员们不属于某个阶级，而是属于全国人民，所以他们并不需要为某个阶级的利益辩护，而会以全国人民的名义发言。这样一来，他们的思想作用和发言力量就增强了。

在这里，先例起不到太大作用，有财富也不一定有特权，某些集团或个人也不一定能够继续拥有世袭的权力，所以，人们在处理个别问题时必然会从合乎人性的一般原理出发。所以，在民主国家，哪怕规模再小的政治辩论都关系到人类命运，并且具有普遍意义。辩论与所有人都是相关的，因为它涉及在世界各地都相同的人。

在有些大贵族制国家，情况却与此相反。在那里，无论处理任何重大问题，都要依据时代习俗和阶级权力所制定的某些特殊理由。在提起这些问题时，只有相关阶级及其所在民族才会有兴趣。

有时候，正是这个原因，才使得法兰西民族的政治辩论在全世界产生强烈反响。当然了，这种局面的出现不仅与这个原因有关，法兰西民族自身的伟大也功不可没，另外就是其他国家也愿意倾听这些辩论。

在我国，演说家们的发言不仅是说给本国公民听的，也是说给世界人民听的。

# 第二部分 民主对美国人情感的影响

## 第一章 为什么民主国家爱平等比爱自由更强烈且持久

身份平等之后，人们首先产生的强烈感情自然是热爱平等。所以，在这里我首先提起它也是理所当然的。

大家都知道，在如今这个时代，人们日益热爱平等，尤其是法国人。人们再三指出，当代人热爱平等的感情比热爱自由的感情更强烈。不过，为什么会出现这种情况呢？在我看来，还没有人充分地探讨过这个问题。在这里，我想尝试一下。

我们可以设想，自由和平等会在一个终点相遇，然后合二为一。

现在，我们假设全体公民都能平等地参与政府的管理工作。这样一来，大家就没有分别了，任何人都不能享有特权，所以也不能压制别人。由于大家地位平等，所以大家都是自由的。反过来，由于大家都是自由的，所以不会出现一个人压制另一个人的情况。这就是民主国家的人民追求的理想。

这是平等的最好形式。其他许多形式虽然不如这种形式好，但是民主国家的人民也很珍惜它们。

平等可以出现在社会上，却不能普遍存在于政治界。在政府里，人们的地位是不平等的。只有到了社会上，人们才有权享受同样的快乐、从事同一行业、居住在同一个地区。总之，他们都有权利选择同一种生活方式，也有权利采取同一种手段来获得财富。

有一种平等虽然可以存在于政治界，却不能带来政治自由。这种平等就是除了主宰所有人的某个人之外，其余人都能机会均等地被主宰者按照同一标准被选拔为他的代理人，替他行使权力。

我们还可以假设另一种情况。比方说存在一种极致的平等，无论它遇到多少有些自由的制度，还是遇到没有自由的制度，都能顺利地与它们合二为一。

如果没有绝对的自由，人们的地位就不可能完全平等。平等在达到极致时，又会与自由合二为一。可是即便如此，我们还是有理由说二者是不同的。

人对自由的爱好其实并不同于对平等的爱好。我甚至可以肯定地说，二者在民主国家还是无法协调的两件事。

如果我们仔细考察一下，就会发现：在任何时代的所有事实中，总有一个事实能够占据主导地位，进而支配其他事实。这个事实决定了当时的基本思潮。也就是说，这个事实激发并汇集了人们的感情和思想，就像一条大河吸纳了两岸的小溪一样。

在不同时代，自由呈现在人们面前的形式也不同。自由的产生，并非一定要等到某种社会情况的出现，在非民主国家也会产生自由。也就是说，自由并非民主社会特有的事物。

占有支配地位的独特事实无疑是身份平等，因为它显示了民主时代的特点。在民主时代，对平等的热爱能够激励人们不断前进。

在民主时代，人们甘愿平等地生活。他们宁愿放弃社会提供的其他福利，也不愿意放弃平等。为什么平等会具有如此强大的魅力？因为这个时代的基本特征就是平等。为了平等，他们愿意牺牲其他一切。光是这一点就足以表明人们对平等的热爱有多强烈。

不过，人们爱平等超过爱自由的习俗并不仅仅是由这个理由决定的，还与另外几个理由有关。

如果一个民族内部已经有了平等，那么要破坏或减弱这种平等，就需要进行一番艰巨而漫长的斗争。要达到这个目的，不仅要改变原有的社会状况，还要改变原有的法律、观念、习俗和民情。而破坏政治自由却很简单，只要把它废除就行了，接着它就会自行消亡。人们都认为平等是可贵而且长久的，所以他们都依恋并维护平等。

政治自由则不同，如果过了头，就会危害个人的安全、财产和生命。对于那些无力发现这个问题，或是认识能力不足以认清这个问题的人来说，这种观点也是正确的。而平等给我们带来的危害却相反，只有头脑清晰、洞察力强的人才能发现这种危险，只是这些人往往都不会谈论这种危险而已。他们认为，这种危险现在还不会带来什么灾难，所以现在的人也不必杞人忧天。真正应该为此操心的是我们之后的几代人。而自由造成的危害则不同，这种危害既具有偶然性又具有直接性，是不言而喻的，而且每个人都可能会受其影响，只是受影响的程度有轻有重而已。极度平等只会悄悄地侵害社会的肌体，其危害也需要很长时间才能被发现，等到它已经造成了严重危害时，人们会因为已经习惯了它而满不在乎。

自由带来的好处也需要很长时间才会显现出来，其原因往往也不容易被发觉。平等带来的好处则是立见成效的，人们在感受到它时就能得知它是从哪里来的。

政治自由给人带来的安慰虽然很大，却不常有而且无法惠及每一个人。平等提供的安慰虽然小，却每时每刻都有，而且有许多，能够惠及上自贵族下至平民的所有人。所以，平等能够引发既强烈又普遍的激情。

人要想享有政治自由，就必须付出相应的代价。而要想得到政治自由，就必须加倍努力。可是平等带来的乐趣就不同了，它自动产生于生活的每个细节之中，人只要活着，就能感受到它的存在。

在民主国家，人民对平等的爱无论何时都不会消失，并会在某个时期疯狂地追求平等。在这一时期，旧的社会等级制度危如累卵，经过内部的最后一次对决，它必将消亡。那些使民众相互隔离的屏障自然也会随之消亡。接着，人们就会去争取平等，好像它是战利品似的。然后，人们自然是抱住平等不松手，好像有人要抢他的宝贝似的。对平等的追求占满了人们的心，而且逐渐扩散开来。这个时候，即便你警告他们，如果这样盲目地追求平等，只会把最宝贵的权益弄丢，他们也不会听的，因为他们根本不愿意听到这种话。你也不必对他们说，盲目追求平等只会弄丢自由，因为他们只看重平等。在他们看来，世界上最令人羡慕的东西就是平等。

上面所说的一切都是针对民主国家的。接下来，我要专门讨论一下法国。

大多数现代国家，尤其是欧洲国家，对自由的理解和爱好都是在人们开始具有平等身份时产生、发展并结果的。在让臣民的等级趋于平等的事业中，功劳最大的当属专制君主。在专制国家，平等比自由出现得更早。因此，当自由刚刚出现时，平等已经具有悠久的历史了。也就是说，在自由刚刚见到阳光时，平等已经创造并确定了自己的观念、习俗和法律。所以，当人们才刚刚开始想象或爱好自由时，平等已经深入人心，成了民众的一种习惯，控制了民众的生活，使民众在做每件事情时都会倾向于追求平等。所以，在我们这个时代，人们都认为平等比自由更重要，而不会觉得这种观点是新奇的。

在我看来，民主国家的人民生来就喜欢自由。他们不需要别人指点就会寻找自由。一旦失去自由，他们会痛不欲生。不过，他们追求平等的激情比这种热爱本身更强烈、更持久、更难以遏止，永远都不会停下来。如果能在自由之中享受平等，那是再好不过的了。如果自由和平等不能兼得，他们宁愿忍受奴役，也不会放弃平等。他们能够忍受贫穷、顺从和野蛮，却受不了贵族制度。

追求平等的激情在任何时代都是不可抗拒的，尤其是在今天。任何人或权力要想与它抗衡，都将败倒在它脚下。在我们这个时代，没有平等就不可能有自由。专制制度也一样，没有平等的帮助就很难继续占据统治地位。

## 第二章　论民主社会的个人主义

我在前面说过，在平等时代，人们的信念都是由自己确定的。我在这里要说明的是，平等时代的人们的所有感情都是以自己为中心的，以及他们是如何做到这一点的。

“个人主义”还是一个新词，它是根据一种新观念创造出来的。我们的祖先都不知道它，只知道“利己主义”。

利己主义是人们对自己的一种爱，它既偏激又过分，使得人们只知道关心、爱护自己，而不顾其他。个人主义也是一种只顾自己的情感，它让人们和自己的同胞甚至亲朋好友相互孤立，不过它不会给人一种惴惴不安的感觉。所以，当公民们都有了各自的小社会之后，任凭大社会如何发展，他们也不会过问。

利己主义是由一种盲目的本能产生的。而个人主义不仅仅是一种不良情感，更是一种错误认识。个人主义的产生起源于人们缺乏理性和善良。

利己主义可以扼杀一切美德。个人主义会让人先失去公德，再慢慢让人失去其他美德，逐渐沦为利己主义。

利己主义这种恶习就像整个世界一样历史悠久，无论社会处于哪种形态，利己主义都有可能出现。个人主义的产生则要归因于民主。人们的身份越平等，个人主义就越能得到发展。

在贵族制国家，家庭情况很可能几百年都没有变化。一个家庭哪怕经历了数代，也往往还住在同一个地方，这种情况可谓世代相传。无论哪个人都会对祖先的身世有所了解，而且很尊崇祖先。他们能够亲眼看到自己的曾孙出世，也非常疼爱这些后代。他们还愿意承担义务，为了死去的先辈或是尚未出世的后代，往往甘愿放弃自己的安乐。在贵族制国家，每个人都能与多数同胞产生密切联系。

贵族制国家的阶级差别非常明显。一个人如果来自某个阶级，就会永远属于那个阶级。这样一来，每个阶级都能组成一个小社会，并把这个小社会置于大社会之上，也因此会更加亲近和保护这个小社会。此外，每个公民的位置都固定且层次分明，所以无论哪个公民都会意识到自己上有更高等级可以庇护他，下有更低等级需要他帮助。所以，在贵族时代，人们几乎都跟自身以外的某些事物密不可分，而且经常会为了这些事物而牺牲自己。当然了，贵族时代的人们还没有清楚地认识“同胞”这个概念，也没有想到要献身于全人类的事业，可是人民为了某些人而牺牲自己的事例却很多。

民主时代的情况正相反：人们虽然越来越清楚全体的义务，却很少会忠于某个人，因为人们之间的爱护虽然广泛了，可是爱护的程度却变轻了。在民主国家，新家庭越来越多，没有后代的家庭也会不断出现。无论哪种家庭都可能有兴有衰。时代之间的联系也随时有可能被断开，以至于后人无法得知前人的事迹。人们容易忘记先辈，也不去想后辈会怎么样，只关心自己最亲近的人。

在各个阶级相互靠近并融合之后，大家就不再相互关心，而是视彼此为外来者。贵族制度把上自国王下至农民的所有人都联系起来，让他们组成了一根长长的链条。而民主制度却打断并拆散了这根链条。人们的身份日渐平等之后，许多个人随之产生。这些人所拥有的财富和权力并不会严重地影响到其同胞的命运。可是，这些人所拥有的知识和财力却能让他们自己不再缺衣少食。这些人不会辜负也不会有求于别人。他们养成了独立思考的习惯。在他们看来，每个人的命运都是由他自己掌握的。

受个人主义的影响，人们不但忘记先辈、不顾后辈，还疏远了同时代的人，遇到什么事都只会想到自己，最终被内心的孤寂死死地困住。

## 第三章　为什么个人主义在民主革命之后最为强烈

当贵族制度被变成废墟，民主社会刚刚建立，人与人之间开始孤立，利己主义也随之而来时，人们很容易就能发现个人的相应地位。在民主社会，早早就获得独立的公民为数不少。不仅如此，每天还会产生新的独立者，他们为获得权力而陶醉，这也使得独立者的数目越来越庞大。这些新独立者高估了自己的力量，自认为往后都不必向别人求助。通过他们的言行举止，能够轻易看出他们只会考虑自己。

贵族制度肯定不会轻易屈服，它要经过一番挣扎才会投降。在此过程中，各个阶级之间就像仇人一样势不两立。就算民主制战胜了贵族制，这种仇恨也不会马上消失。在随后的民主混乱中，这种仇恨还有可能惹是生非。在此之前，有些公民是高高在上的。在此之后，这些公民并不能立即把他们以往的高贵从脑海里清除。他们长久地抱着这样一种想法：他们并不属于新社会，而是孤立于它之外的。在他们看来，这个社会虽然人人平等，可是人们的命运都是不可预知的。由于他们都是压迫者，所以根本不值得同情。他们没有想过那些曾经与他们地位相同的人，也不想为了共同利益而与这些人有什么联系，只会独处一隅，并认为他们只要管好自己就可以了。那些曾经处于卑下地位，如今因为革命而与其他人平等的人，心里的感受则是相反的，他们在享受独立的同时还感到惴惴不安。他们一遇到曾经的领导，就会得意地看看领导，然后胆怯地躲得远远的。所以，在民主社会建立之初，人们往往都愿意自享其乐，尽量不接触别人。

受民主制度的影响，人们不会彼此靠近。受民主革命的影响，人们虽然享受到了新建立的平等，却开始相互回避，并且永久地保留着由以前的不平等所造成的仇恨。

美国人占了一个大便宜，因为他们是直接建立民主制度的，没有经历过民主革命；此外，他们的平等是天生就有的，而不是后天争取来的。

# 第四章　美国的自由制度是如何对抗个人主义的

从本质上说，专制对被统治者怀有一种恐惧心理。在专制者看来，为了使自己能够长久地存在下去，只有让人们相互隔绝才是最可行的办法。为了达到这个目的，它尽力让人们相互隔绝。专制喜欢一切邪恶之心，尤其喜欢利己主义。在专制者看来，即便得不到被统治者的爱戴也不要紧，只要被统治者之间不相互关心就够了。在治理国家这类问题上，专制者自然不会向被治者求助，而是希望被治者不要干涉国家的领导工作。专制者混淆是非：那些齐心协力为社会繁荣劳作的人被他们称为暴徒，而那些自私自利的人却被他们称为良民。所以，专制带来的邪恶与平等助长的邪恶是一样的。

当专制和平等相互依存时，就会产生危害。平等使人们具有同样的社会地位，也让人们之间不再有联系；专制用壁垒把人们隔离开来。平等使人们只想着自己而不顾别人；专制让人们不再相互关心，并视这种行为为一种公德。所以，专制在任何时代都很危险，尤其是在民主时代。我们能够轻易看出，民主时代的人对自由的渴望是最迫切的。

如果公民都有权治理国家，那么他们必然不会再局限于个人利益，有时甚至会放弃自己的观点。人们一旦投入公共事务，就会发现自己并不能像当初想象的那样离开别人，而是需要别人的帮助。为了达到这个目的，他就必须时常帮助别人。在公众治理国家时，所有人都会觉得公众之间互相照顾是有益处的。为了得到同伴的尊敬和称赞，大家都要互相照顾。

这样一来，那些能够让人们变得冷淡和相互孤立的情感就会逐渐被人们埋在内心深处。无论傲慢还是轻蔑，都不会从他们的言行中流露出来。

利己主义害怕了。

自由政体下的大部分公职都是通过选举产生的。这样一来，那些自以为有才华却不愿意走出个人生活小圈子的人就会觉得自己只有依靠其他人的帮助才能生存。于是，这些人为了实现自己的野心，就开始牺牲自己而顾全他人，最后反而成全了自己。据我了解，有些人可能并不赞同我这种观点，因为他们认为选举充满了明争暗斗，为了中伤对手，候选者往往会使出各种卑劣手段。在选举中，相互敌对的情况确实是存在的，而且越是经常进行选举，人们的敌对情绪就越强烈。

这些无疑都是很大的弊病，不过这些弊病并不会持续很久。另一方面，选举也具有有利的一面，而且这种好处会持续很久。有些人因为迫切希望当选，有时会摆出战斗姿态；不过还有一些时候，这种迫切希望也可能让人慢慢变得乐于帮助别人。单独的一次选举可能会使两位友人不幸反目成仇。可是，选举制度本身不具有这种危害，反而会使许多原本素不相识的公民长期地相互靠近。自由会带来个别仇恨，而专制则会让所有人都变得冷漠。

平等造成了个人主义。美国人抵制并战胜个人主义的手段就是自由。

在美国的立法者看来，民主时期产生的疾病极大地侵害了社会肌体，仅靠在全国实行代议制并不足以祛除这种疾病。美国的立法者还认为，可以让各个国家机构都具有独立的政治权力，以便尽可能地增加公民共同活动的机会，进而让公民感到大家必须相互依赖。接着，他们明智地实施了这个想法。

操控国内共同大事的只是一些主要公民。这些公民并不是经常聚会，而是隔一段时间才开一次会，会后也很少碰面，所以，他们之间的联系并不是永久的。而由当地居民主管的地方事务就不同了，居民们因为要经常接触，不得不主动认识并讨好对方。

要让一个人牺牲自我而去关心国家命运几乎是不可能的，因为在他看来，国家命运不会影响他的个人境况。不过，如果有一条待建公路是通向他家的，那么他立刻就能得知这件小公事并非与他的大私事无关，还能意识到个人利益与整体利益之间的联系是紧密的。所以，假如让公民只注重小事，而不让他们操心大事，公民反而会关注公共利益并团结一致，以实现公益目的。

一次正大光明的举动有可能让一个人赢得人们的好感。可是，这个人要得到身边人的敬爱却需要长期的付出，比如时不时地帮助别人或是做一些不引人注目的好事，把行善当做一种习惯，等等，这样人们才会觉得他是克己奉公之人。

公民在享有地方性自由时，一般都会注重邻里和亲友的情谊。如果有什么东西能使他们相互隔离，他们就会本能地进行抵制。也就是说，地方性自由能够使人们恢复相互协作的本能，使人们相互帮助。

在美国，就连那些最富裕的公民也很注重与群众站在同一战线上，并不断地接近群众，经常与群众交流，也会倾听群众的心声。他们知道，在民主制度下，富人往往需要穷人的帮助，而争取穷人信任的最佳手段就是友善，而不是恩惠。要知道，越是向穷人施以小恩小惠，就越会突显贫富差距，穷人就算接受了恩惠，心里也会很反感。可是和蔼待人就不同了，它会让人觉得亲昵、和善，具有打动人心的魅力，令人无法抵挡。

经过一段时间的了解，富人最终领悟了这个真理。在民主革命时期，富人对这个真理往往持反对意见。等到这场革命结束了，富人还是没有立即承认这个真理。他们愿意为民行善，却不愿意靠近人民，宁愿像以前一样远离人民。在他们看来，这样做就够了。不过，这种想法是错误的。他们就算是为了帮助人民而一贫如洗，也不会让人民觉得温暖。人民并没有要求他们丢弃金钱，而是要求他们舍弃傲慢。

可以说，美国人的想象力都被用在寻找致富之路和满足公众需要的方法方面了。无论在哪个地方，那些有知识的居民都会不断地研究能够促进本地区繁荣的新方法。一旦找到，他们立刻就会将这种方法公之于众，供大家共同享用。

在考察美国的当政者时，你会发现他们身上普遍具有某些缺点和弱点，同时还会惊讶地发现美国居然还能日益繁荣。不过，假如你惊讶的是这种当政者竟然能够取得这么好的政绩，那就判断失误了。使美国民主不断昌盛的并不是被选举出来的行政官员或立法官员，而是产生这些官员的选举制度。

美国人表现出了强烈的爱国精神，也很热衷为同胞的福利做贡献。如果你认为他们这些感情并不是真心的，那就未免有些不公正。美国人与其他国家的人一样，大部分行动都是受私人利益支配的。可是，在美国，私人利益并不具有支配一个人全部行动的力量。有一点需要指出，那是我曾经多次看到的：美国人为了公共事业不惜真诚地做出巨大牺牲，而且在必要时几乎都能真诚地互相帮助。

在美国，人民享有充分的自由和政治权利，所以时刻都觉得自己与社会各方面都是息息相关的，并经常想到要为同胞效劳，因为这样做既是一种义务又能给自己带来好处。另外，他们也不会因为私人理由而憎恨同胞，因为他们与自己的同胞是平等的，这只会让他们对同胞充满同情。他们会为公益事业做贡献，刚开始时可能是因为有这个必要，后来却完全是真心的。同样一种行为，刚开始是用心计完成的，后来就变成了一种习性。努力为同胞谋福利，刚开始时还带有某种目的，后来却变成了一种习惯和爱好。

在法国，许多人都认为身份平等是万恶之首，政治自由位居其次。如果前者对于他们来说是不可回避的，那么他们一定会想尽办法来回避后者。

在我看来，要战胜由平等造成的各种邪恶势力就必须实现政治自由。

## 第五章 美国人是如何运用市民结社的

许多政治结社都是出于抵制专制和反对王权侵犯的目的而建立。在这一章里，我不想讨论这种结社，因为我已经在另一个地方讨论过它了。公民在个人力量越来越软弱的时候，显然不能独自也无法联合同胞去保护自由。如果这种情况成为现实，而且平等逐渐扩大，那么暴政也会逐渐加强。我想在这里讨论的只是市民们自发产生而没有任何政治目的的结社。更何况，美国的结社可谓形形色色，而政治结社只不过是其中之一。

在美国，人们无论年龄、地位和兴趣，时刻都在组织社团。在美国，人人都可以组建工商团体以及其他团体，这些团体的数目多得不计其数。宗教团体和道德团体并存，认真团体和无聊团体同在，普遍团体和特殊团体也不少，各种团体的规模有大有小。美国人无论举办庆典还是庆贺神学院创立、旅店开张、教堂建立、图书销售以及教士远派，都要组建一个团体。另外，在设立医院、监狱和学校时，他们也会组建一些团体。为了传播某个真理，或是想用某一范例感化大众，他们还要组建一个团体。法国的新事业都由政府创办，英国的新事业由当地权贵负责，而美国的新事业则必定是由社团完成的。

我在美国遇到过一些社团，它们能够把大多数居民都动员起来，使居民们为了实现同一个目标而自动付出努力。坦白地说，我对这些社团一无所知，但我仍然赞叹它们的强大力量。后来我到了英国，发现英国人在运用结社权方面远远没有美国人彻底和熟练，虽然美国有许多法律和习俗都起源于英国。

在美国，人们哪怕是做件小事也会成立一个团体。而在英国，人们绝对不会这样做。英国在干大事业的时候，往往也喜欢孤军奋战。很明显，在英国人眼里，结社只是行动的辅助手段；而在美国人看来，结社则是行动的唯一手段。

正如我们看到的，美国公民都擅长为了一个目标而共同努力，并尽可能地使这种新方法适用于更多人，所以美国是世界上最民主的国家。那么，这种现象是偶然产生的，还是由结社和平等之间的必然联系引起的？

在贵族国家，民众大多没什么作为。而有些个人却不同，他们人数虽少，但是力量却很强大，而且拥有很多财富，独自一人就能成就一番大事业。在贵族制国家，人们不必因为某一行动而联合起来，因为他们的联系原本就很密切。在这种社会里，所有既有钱又有权的公民都像社团领导人，只不过这种社团是强行组建并且永久存在的，而且其成员——大众——都要听命于他。

民主国家的情况则相反：全体公民既相互独立又软弱。他们要想做一番事业，单凭自己的力量是不够的，即便要获得别人的帮助，也不能强迫别人施予。所以，他们只能自动地互相帮助，否则会陷入力不从心的境地。

在民主国家，如果人们没有权利也没有兴趣进行政治结社，那么他们即便能够长期保持自己的财富和知识，也可能会面临失去独立的巨大危险；如果人们不具有结社的习惯，则会威胁到他们的文明。对于一个民族来说，如果其成员没有能力独自干一番大事业，也不具有共同成就一番大事业的习惯，那么要不了多久，它就会再度野蛮起来。

民主国家的社会状况促使人民必须结社。不幸的是，这种社会状况同时又使民主国家的人民更加难以结社。

在贵族国家，只要少数几个人准备结社就能轻易实现目标，因为他们都拥有很大的权势，就算人数少也不要紧。而且，当成员人数很少时，彼此也容易相互认识和了解，进而制定出一个大家都愿意遵守的规章制度。

这一点在民主国家却很难实现。一个社团要想具有势力，就必须有很多成员才行。据我所知，当代许多人都没有注意到这一点，而是认为公民越是软弱就越要求政府积极强干，只有这样，政府才能成就个人不能成就的大事业。他们还坚信并声称，无论什么样的困难都是可以克服的。在我看来，他们这些想法都是错误的。

美国的某些大社团或许可以被政府取代，事实上美国已经有几个州采取了这种做法。可是那些规模很小但为数众多的社团也能被政府取代吗？要知道，美国人日常生活中的许多小事都是由这些社团完成的，这一点哪个政府能做到？

容易预见，人们已经越来越不能独自生产生活必需品。这样一来，政府所要承担的任务就会越来越多，其范围也会随着政府的活动日益扩大。政府越是想取代社团，个人就越会倾向于相互隔离并且只求助于政府，如此不停循环。这样一来，只要是公民不能独自完成的事业，最后都要由政府来完成。另外，如果土地被分割得无法再分，以至于耕作者只有组织起来才能经营时，那么政府领导者岂不是得耕田去？

在民主国家，如果所有社团都被政府取代了，那么这个国家不仅在工商业方面会出现危险，在道德和知识方面也会有危险，甚至危险更大。

在与他人互动时，人们不但能够更新自己的情感和思想、开阔自己的心胸，还能充分激发自己的才智。我已经说过，这种相互作用在民主国家几乎是不存在的。所以，民主国家要想具有这种作用，就只能依靠结社。

在贵族集团里，成员们无论认可了一种新思想，还是体会到了一种新感情，几乎都会站在自己的主要舞台上来体味它们，并向其他成员展示自己是怎样做的，以便其他成员能够顺利地认识并认可它们。

在民主国家，只有政府能够这样做。不过，我们很容易就能看到，政府在这样做时往往会力不从心而且有可能陷入危险。即便大国政府也不可能单枪匹马地维护和改进人们的思想和情感交流，或是仅凭一己之力就去管理所有实业。无论哪国政府，如果它试图走上这条新道路，而不好好从事它应该做的政治活动，那么只要稍不注意，就会实行令人无法忍受的暴政。要知道，政府只会颁布严格的规章制度，只有那些迎合它的情感和思想才能得到它的支持。另外，政府在公布某件事情时，往往会让民众无从辨别它的态度到底是忠告还是命令。

如果政府觉得只有禁止民众发表意见才能给自己带来真正的利益，那么情况会更糟，因为这时它将不会有所作为，只知道酣睡，以至于越来越迟钝。

所以，政府千万不要包办社会活动。

在民主国家，由于平等的影响不存在个别能人，只有结社才能扮演这些能人的角色。在美国，只要有人提出一种思想或意见，并打算将它推向世界，他立刻就会寻找同道中人，然后与他们组成一个社团。一旦社团成立了，他们就不再是相互孤立的个人了，而是一股力量的代表。人们既可以知道这股力量，也可以模仿这股力量的言行举止。这股力量既有权发表意见，也能得到人们的认可。

美国曾有十万人公开宣誓不喝烈酒。我刚听说这件事时根本不相信，只当它是一句玩笑话。在我看来，这些人虽然擅长自我节制，但还不至于心甘情愿地坐在家里喝白开水。所以，刚开始时，我完全无法理解他们为什么要如此宣誓，后来才知道，这十万美国人之所以决定戒酒，是因为他们身边的酗酒者已经多得出人意料。他们这样做无非是想引导酗酒者，就像一个大人物为了戒除公民的奢侈之风而带头穿上朴素的衣服一样。我想，如果法国也有十万居民请求政府禁止所有酒馆卖酒，那该多好啊。

依我看，在美国的所有结社中，最值得我们重视的就是那些涉及智慧和道德的结社。在美国，政治结社和实业结社最容易引起我们的注意。而其他结社则不同，它们往往不容易引起我们的注意。就算我们看到了其他结社，可是由于几乎没有在我国见过类似的结社，所以也不太了解它们。不过，有一点不得不承认，那就是对于美国人来说，这类结社类似于甚至超过政治结社和实业结社，这是非常必要的。在民主国家，有一门主要学问就是结社学，它的进展制约着其他一切学问的发展。

干预人类社会的法则有很多。在这些法则中，最正确而又清楚的当属这样一条：如果人类打算走向并保持文明，就要在不断扩大平等的同时让结社也能随之不断发展和完善。

# 第六章　论结社与报刊的关系

当人们之间不再具有稳定的联系，甚至失去联系时，如果你试图让他们重新携手同行，光是让他们相信与其他人联合行动有利于个人利益是不够的。一般来说，能够顺利做到这一点的只有报纸，因为报纸能够让许多人都同时认识同一种思想。

一份报纸就像一位顾问，每天都主动而简洁地向你报道国家大事，而且不会给你的私生活带来困扰。所以，随着身份平等和个人主义的加强，人们越来越离不开报刊。有些人认为，报刊只具有维护自由的作用。这种观点未免低估了报刊，因为报刊还具有维护文明的作用。

必须承认，在民主国家，由于报刊的引导，致使公民的一些共同活动有失妥当。可是，如果没有报刊，就几乎不可能出现公民的共同活动。所以，与其带来的害处相比，报刊的功用还是很大的。如果谁需要向民众公布某一共同计划及其执行方案，他完全可以利用报刊来达到这一目的。

在贵族制国家，那些主要公民都熟悉这一点：要想壮大自己的力量，只要吸引一些人过来，让他们追随自己前进就可以了。

民主国家的情况则相反，往往是大部分人都需要与别人联合起来，也希望彼此能够联合，可他们总是不能达到这个目的，因为他们全都是不值一提的小人物，而且四处分散，彼此不认识，要想找到与自己心意相通的人并没有那么容易。可是，自从报刊问世之后，人们就能立刻得知其他人有什么想法和感受。对于那些长期以来一直在黑暗中寻找同志的人来说，报刊就像一道曙光，使得他们立刻向它靠近，然后会合并团结起来。

为了维持这种团结，他们会持续需要报纸。在民主国家，一个社团只有拥有众多成员才能产生强大的力量。当社团成员太多时，成员们只能分散在他们原来所在的地方，为不计其数的琐事而忙碌。这样一种生活虽然比上不足，但也还过得去。为了便于相互交流，他们必须找到一种新手段，使他们不用见面或开会就能达成一致意见。这个新手段就是报刊。所以，无论哪个民主社团都离不开报刊。

由此可见，社团和报刊之间具有一种必然联系，它们相互制造了对方。有人说，随着身份平等的加强，社团的数目会越来越多。如果这种说法是正确的，那么下面这种观点就也是正确的：随着社团数目的增加，报刊的种类也会变得越来越多。所以，在这个世界上，社团和报刊数目都最多的国家是美国。

报刊种数与社团数目的这种关系使我们有了新的发现：期刊的发行状况与行政形式有关；在民主国家，报刊的种数与集权程度成反比，也就是说，集权程度越高，报刊种数越少，反之亦然。这种情况的出现与国家制度有关。在贵族制国家，人民会委托几个主要公民来行使地方权力。而民主国家的人民则不同，他们不会采取这种做法，而是让当地的大多数人来行使地方权力。这些人在管理地方行政事务时可以依法组织一个常设机构，并将地方权力赋予这个机构。这样一来，人民要想每天都能了解本地发生的小事，以及全国发生的大事，必然需要一份报纸。当地方权力机构增多时，依法行使地方权力的人自然会增多。当越来越多的人都想随时了解本地和全国的事情时，报刊也会随之增多。

美国的报刊种数多得令人惊讶。之所以会出现这种情况，主要是因为行政权过于分散，而不仅仅是广泛的政治自由，也不仅仅是绝对的出版自由。在美国，如果每个居民都有选举权，而且全国的立法机构是由选举产生的，那么美国肯定不需要这么多报纸，因为选民在这种情况下很少有机会共同行动。可是事实并非如此，美国不仅具有全国性的大型集会，还有各种小型集会。比如，无论选举地方（州）、城镇的行政官员，还是产生乡村的行政官员，人们都会组织一个小型集会。

美国的立法者就是这样让所有公民都不得不经常与同胞携手处理共同事务的。每个公民要想了解其他公民在干什么，就少不了阅读报刊。

依我看，在一个民主国家[1]里，如果不存在全国性的议会，只有大量的地方性权力机构，那么与另一个民主国家——全国性立法机构由选举产生并实行行政集权制的国家——相比，这个民主国家的报刊种数一定会更多。我认为，美国每天都要出版许多种报刊，原因无非是美国人兼有各种各样的全国性自由和地方性自由。

法国和英国民众普遍认为，如果减少报刊的税收，就能无限增加报刊的种数。这种说法未免过于重视免税的作用了。制约报刊种数的因素除了销路好坏之外，还有民众是否都需要互通信息和携手同行。

随着时间的推移，日报的影响力有所增强。有些人认为，这要归因于一些普遍原因，而不是人们经常提到的那些原因。这种观点我也认同。一种报刊要想生存下去，必须反映某一范围内的多数人的共同思想和情感。从这个意义上说，一份报纸还是其长期读者所属社团的代言人，至于这个社团的宗旨、范围、人数多少则没有限制。不过，任何报纸，只要它能够持续出版，就足以证明某个社团多少已经被某些人接受了。

---

1　我说的这种情况只针对民主国家。在贵族制国家，不必发行报刊就能达到大力分散行政权力的目的，因为掌控地方权力机构的只有少数几个人。这些人虽然数目少，又各行其是，但他们都很熟悉，要碰面是很容易的，而且某个人在提出意见时能得到其他人的尊重。——原注

说到这里本章也就快结束了，我们再回顾一下。

当人们的身份平等增强时，个人的力量反而会变弱。这样一来，人们就会顺从大多数人的思想，不再坚持大多数人反对的意见。

一份报刊就是一个社团的代言人，它以团体名义向每个读者发言。而且，读者个人能力越弱，就越容易被它吸引。所以，随着身份平等的日趋加强，报刊的影响力也会越来越强。

# 第七章　论普通结社与政治结社的关系

在这个世界上，能让人民每天都随意享受政治结社自由的国家只有一个，也只有这个国家才能让公民不断地想要结社。另外，通过结社，人民还能得到文明所能提供的所有益处。

在一个国家，如果政治结社是违法的，那么普通结社也不会多见。这种结果绝不是偶然产生的。在这两种结社之间，很可能存在一种固有而又必然的联系。在某一事业上，有几个人可能会因为偶然而具有共同的利害关系。比如，他们可能都在经营一种商业或工业，又偶然相遇，于是他们就合作并因此得到了好处，进而逐渐认识到结社是有益的。人们越是经常共同办理这种小事，就越能获得共同办理大事的能力，只是他们自己还不容易意识到这一点而已。

所以，普通结社对政治结社是有利的。另一方面，政治结社也能促进普通结社的发展，甚至使普通结社达到令人惊讶的完善程度。

严格地说，任何人都会觉得自己有能力满足自身的私人生活需求，而无力满足自身的政治生活需求。所以，无论哪个公民，只要他参与公共生活就会有结社的想法和愿望。即便他们讨厌共同行动，可是为了社团的利益，也会勉强自己与别人共同行动。所以，受政治生活的影响，人们已经普遍喜欢和习惯了结社。也就是说，有些人原本并不过问政治，只喜欢独自行动，后来受政治生活的影响也对结社充满了希望，还学会了如何结社。

政治所创造的社团不但数量众多，而且规模巨大。

在私人生活中，即便有什么共同利益能够自然地引起许多人共同行动，这种情况也很少发生。要想让一大群人采取共同行动，就需要掌握相关的技巧。

而在政治生活中却随时都能找到结社的机会。不过，只有那些规模巨大的社团才能体现出结社的作用是重大的。市民们个个都势单力薄，要让他们一开始就清楚地认识到团结的力量是不太可能的，还需要向他们做一个示范。为同一个目的而结社的人越多，示范的作用就越大。比如，如果一个社团只有一千人，团结的好处就不容易显现出来；可是，如果这个社团的成员达到一万人，那么人们就能轻易地看出团结的好处。人们进行政治结社能够做大事。而在处理重大事务时进行结社不但可以给人们带来好处，还能通过实践启发人们在小事上也要互助——在小事上互助也是有好处的。

受年龄、思想和贫富差距的影响，许多人原本都是相互孤立的。后来因为政治结社，这些人开始相互来往和交流，而且一经来往就会设法再次会面。

人们要想参加普通结社，一般都要拿出自己的一部分财产才行。比如，在所有的工商业公司，情况都是这样。在人们对结社和基本原则还不够了解时，如果就这样叫人们为结社付出重大代价，那么他们必然会担心这种合作是不是可靠。所以，哪怕这种手段能够成功达成目的，人们也会因为它可能会带来风险而避开它。而政治结社就不同了，它不会让人们拿钱去冒险，所以，如果有人让人们参加政治结社，大家基本上都不会犹豫不决。等到参加结社之后，他们很快就会知道这个群体应该遵守的秩序和行事步骤，进而步调一致地奔向共同目标，直到达成目标为止。在这个政治结社里，他们不但要学会服从全体的意志，还要努力配合全体的行动。

无论普通结社还是政治结社的成员都必须知道这些事情。

从这个意义上说，政治结社就像一所大学，任何公民都可以免费去那里学习结社的一般原理。

政治结社对普通结社的发展并不具有直接的促进作用。可是，一旦政治结社被查封，就会损害普通结社的发展。因为，如果公民很少有机会参加普通结社，就会认为普通结社很特殊，甚至是异类，自然就不会重视它了。而如果公民在任何情况下都具有结社自由，那么他们早晚会发现结社是有益的，因为它是他们达成各种目的的通用甚至唯一方式。人们无论产生何种新需求，都会立刻想到结社。于是，我在前面提到的结社的基本知识就成了结社的技巧。所有人都要学习并运用它。

如果有些结社被查封，那么其余结社很可能早晚也会被查封。在未来不可预知的情况下，无论遇到哪一种结社，人们都会敬而远之。与此同时，社会上还会出现这样一种舆论：任何结社活动都是胡作非为甚至违法的。[1]

有些人认为，结社精神在某处受限并不会影响它在其他方面的发展；只要人们可

---

1 这种情况尤其适用于政府可以随意禁止或准许结社时。如果立法部门以法律形式规定哪些结社是非法的，并用法律来制裁违犯者，就能减少弊病。因为，如果法律明文规定哪些结社是非法的，公民就能在行动之前知道违法的后果，再像法官那样能够事先决定不违法，而努力在法律允许的结社中活动。正因为如此，无论哪个自由的国家都会承认结社权是可以受限制的。可是，如果立法机构没有以法律形式确定哪些结社是危险的或有益的，而是指派某人事先判断某种结社是好是坏，并赋予这个人可以任意消灭或维持所有结社的权力，那么无论任何公民都无法事先得知什么时候可以参加或远离结社，只好时刻都离结社远远的。前一种法制禁止的是某些结社。后一种法制则不同，它禁止了所有结社，给整个社会都带来了危害。在我看来，讲法制的政府可以采用前一种，而不能采用后一种——它是哪个政府都无权采用的。——原注

以在某些事情上采取共同行动，他们就会立刻采取。而根据上述理论可知，这些人的想法都是空想。如果公民在所有事情上都能结社，也习惯了结社，那么无论他们遇到大事还是小事，都会自愿采取共同行动。可是，如果他们只可以在小事上结社，那么他们不但不会对结社感兴趣，还会失去结社的才华。就算他们有进行商业结社的自由，也不会这样做；即便他们被赋予了某些权利，也不会稀罕这些权利。为了阻止他们组织已经被查封的结社，你花费了很大力气，等到想说服他们成立合法的社团时，他们反而不情愿了。

我这样说并不表示一个国家如果没有政治结社就一定没有普通结社，因为人民总有需要为了共同事业而团结的时候。不过我坚定地认为，在这种国家里即便有普通结社，数量也不会多，而且缺少想象力，运营能力也不强。它们几乎没有伟大的计划，就算有也不容易实现。这一点让我认识到，政治结社自由虽然会危害到社会安定，可是这种危害并没有人们想象的那么大；即便它曾经引起了国家动荡，可是过后却能巩固国家的统治。

民主国家的政治社团可以说是一些强大个体的组合，他们这样做无非是想掌握统治国家的大权。所以，如今的各国政府在对待政治社团时都像中世纪的君主对待各大诸侯一样，有一种出于本能的恐惧感。政府一旦有机会就会打击政治社团。

政府对普通社团的态度却不同，它对普通社团具有好感，因为它发现普通社团不但不会引导公民去关注国家大事，反而会让公民越来越关注那些与公民自身相关的、只有依靠国家安定才能实现的活动，进而让公民不再发动革命。可是，各国政府都没有注意到政治结社的益处——促进普通结社的发展，所以，它们虽然阻止了危险的发生，可同时也失去了一种祛除弊病的有力手段。

而在美国，人们可以自由地结社，比如为了鼓吹一种政治思想而强力推荐某位政治家参政，或是把另一位政治家手中的权力夺走。当你看到这样的场面时，会觉得美国人真是桀骜不驯，并奇怪他们为什么没有为所欲为。可是，当你从另一方面来考虑时，会发现虽然美国众多实业都是由许多人共同经营的，各地人民也都在勤勤恳恳地推行某些伟大计划，可是如果发生一场小革命，这些计划就会功亏一篑，到这时，你就会明白为什么美国人忙于结社却没有给国家制造混乱了。

面对这些事实，我们能够只是孤立地观察它们，而不去寻找它们之间的联系吗？在美国，无论人们的地位、思想和年龄有多大差异，他们都普遍爱好结社，并养成了结社的习惯。造成这种局面的原因正是政治结社。政治结社可以让许多人相互认识并交换意见，然后为各种共同事业采取共同行动。他们由此获得的观念随后也被他们带进并运用到了日常生活之中。所以，美国人能够尽量减轻自由带来的危害，正是得益于他们享有一种可能带来危险的自由。

如果我们只考察一个民族某一时期的历史，就能轻易地发现政治结社可能导致国家混乱和实业瘫痪。可是，如果我们考察的是这个民族的整个历史，则能轻易地证实政治结社自由其实是有利于人民的幸福和安宁的。

在本书上卷中，我曾经说过："政治结社自由并不完全等同于出版自由。与出版自由相比，政治结社不仅居于次要地位，而且是危险的。一个国家能够限制并控制结社自由，但有时也需要耍些手段才能使结社自由持续下去。"相隔几段之后，我又写了这样一段话："必须承认，在所有自由当中，最后获得人民支持的就是政治结社自由。这种自由目前还没有让人民陷入无政府状态，可是它时刻都在努力这样做。"

所以，在我看来，无论哪个国家都不会赋予公民政治结社自由。我甚至想，无论哪个国家、哪个时代，不限制结社自由都是明智的。

有些人认为，如果不对结社自由加以限制，就无法保持国家的安定，也无法维护法律的尊严，进而导致政府很快就会被推翻。说到国家安定、法律尊严、政府维持，它们无疑都珍贵至极。不过，在我看来，一个国家要想得到这些珍贵物品，并想长久地拥有它们，难免要暂时心甘情愿地把沉重的枷锁套在自己身上。也就是说，要获得这些珍贵物品就必须付出代价。如果一个民族能够知道这一点，那就再好不过了。

为了挽救一个人的性命而锯掉他的一条胳臂，这种做法我可以理解。但是，如果要我断言他在断臂之后还能像以前一样灵活行动，我却不敢。

# 第八章　美国人以“正确理解的利益”原则抵制个人主义

当少数有钱有势的人占据统治地位时，他们往往会向民众宣扬义务是高尚的、忘我精神是光荣的，主张人应该像上帝一样——只行善而不求回报。这就是当时的政府对道德的看法！

如果说贵族时代比其他时代更有德，我会持怀疑态度。可是，如果说贵族时代经常讨论德性之美，我一定会相信。说到德性，人们只能私下讨论它有什么用处。由于人们不再具有想象力，只能顾全自己，所以说到自我牺牲精神，那些讨论道德的人也会敬而远之，不敢再四处宣扬它，只好去研究公民的个人利益，以确定它能否为全人类造福，一旦他们发现个人利益符合整体利益，或是与整体利益相通，他们就会急着将自己的发现阐释清楚。随着时间的推移，这种发现越来越多，以至于那些原本孤立的观察就变成了一般原理。直到最后，他们才发现一个人在向他人提供服务时，受益的还有他自己。也就是说，个人利益来源于行善。

在美国，人民往往会把个人幸福与同胞幸福结合在一起。关于这一点，我在本书的许多地方都讲过了。我在这里想要说的是他们做到这一点所依据的一般原理。

在美国，很少听见人们赞美德性，可他们坚信德性是有用的，并抱着这种信念做事。美国也有道德家，可是他们绝对不会奉劝他们的同胞牺牲自己以换取人们的赞美，只会大胆地宣称这种牺牲精神很有必要。他们表示，无论牺牲者本人还是受益者，都需要这种牺牲精神。他们知道，在他们所处的国家和时代中，无论任何人，都会在一种不可抗力的驱使下注意自己的言行举止。他们无法阻止人们这样做，只好想尽办法把人们引向他们的目标。所以，他们绝对不会反对人们追求个人利益，但是与此同时，他们也会尽力证明获得个人利益的手段要合法。

在这里，我不想再详细叙述他们提出的理由了，否则就会跑题。我要说的是，他们的同胞认同了他们的理论。

蒙田很久以前就说过：“我能走上一条捷径，并非这条捷径本身是笔直的，而是因为我根据经验总结出了这样一点：要想达到既定目标，走这条路是最方便也最合适的。”由此可见，“正确理解的利益”原则并非新鲜事物。

可是，能够普遍承认这个原则的只有如今的美国人。这个原则在美国虽然还处于推广之中，可是无论在什么活动和言论中，都可以见到它的踪影。人们无论贫富都把这个原则挂在嘴边。

与美国相比，欧洲的“正确理解的利益”原则还不够完善和广泛，不过最主要的还是公开主张它的人很少。欧洲人依旧每天都假装具有自我牺牲的精神。事实上，他们早就把这种精神抛到九霄云外了。

相反，美国人却会利用“正确理解的利益”原则来解释他们的行动，而且几乎是所有行动。在他们看来，自爱是正大光明而且值得欣赏的，它不仅能让人们相互帮助，还能让人们为了国家利益不惜牺牲自己的一些时间和财富。如果从这一点来看，我觉得他们对自己的评价并非完全正确，因为无论美国还是其他国家的公民，都会出于本性义无反顾地做出无私奉献。可是，如果让美国人承认这种感情冲动能够控制他们，那是绝对不可能的。美国人宁肯为他们的哲学添彩，也不愿意给自己争面子。

对于我刚才所说的一切，我完全可以不进行评价。更何况，这个问题也不好讨论。可是，我绝对不会以此为由就此止笔，而宁愿把我的目的跟读者交待清楚，哪怕读者会因此而不赞同我的意见，我也不能把读者悬在那里不管。

谈到“正确理解的利益”，它并不深奥，反而浅显易懂。这个原则的宗旨并不只是达到伟大的目的，而且要轻易地达成追求目标。无论人们的文化程度是高是低，都能理解它。也就是说，每个人都能轻易地学习并掌握它，因为它非常符合人们的弱点。也正因为如此，它才能轻易地对人产生巨大而又持久的影响。它用个人利益抵制个人本身，能够引导并刺激个人产生激情。

“正确理解的利益”原则并不要求人们牺牲自己，只会促使人们每天都行小善。这个原则虽然无法培养出有德之人，却能让许多公民都安分守己、克己奉公、温和稳重而又深思熟虑。它让人们在修德时并不是直接运用意志达到目的，而是依靠习惯轻易就达到。

一旦“正确理解的利益”原则在道德方面占据支配地位，就很少甚至不会出现惊心动魄的德性，与此同时，屡教不改的恶行也会变得罕见。“正确理解的利益”原则可能不会让一个人比一般人优秀，可是一旦那些处于一般水平之下的人知道了它就会紧紧地抓住它不肯松手。这个原则使少数几个人的水平下降了，但使整体的水平上升了。

坦率地说，在所有哲学理论中，我觉得“正确理解的利益”原则最能符合当代人的需要。不仅如此，我还从中发现了当代人能够用来自制的最佳保证。所以，值得引起当代道德家注意的主要是这个理论。即便这个理论在他们眼里还不够完美，也必须承认它很必要，而且要采纳它。

在我看来，美国人非常信奉利己主义，而且会公开提倡利己主义。法国人也信奉利己主义，但与美国人不同的是，法国人不会口头提倡利己主义，只会在行动中实践利己主义。美国人有一个共识，那就是不惜牺牲一部分个人利益来保全其余的个人利益。我们总想保住所有利益，可是结果往往连一部分利益都没保住。

据我所知，我身边的人好像每天都想用自己的一言一行来教导当代人，让他们相信追求功利是正大光明的。既然如此，难道就没有人教导人们相信正确的东西也可以是功利的吗？

当人们的身份日趋平等时，任何力量都无法阻止他们因此而去追求功利，也无法阻止他们局限于自己的小圈子里。所以，个人利益可谓人们行动的唯一动力；即便不是唯一动力，也会是主要动力。这一点我们必须承认。除此之外，人们如何理解个人利益这一点也有必要弄清楚。

如果公民获得了平等，可是依然很无知、粗野，那么利己主义会不会让他们的行为过于愚蠢，是很难预料的。如果他们舍不得为了他人而牺牲一些个人利益，那么会不会因此而陷入可悲境地就不好说了。

在我看来，美国人所宣扬的“正确理解的利益”原则的所有部分并非全都清楚明了，不过其中的大部分真理还是很清楚的，人们只要经过教育就可以理解它们。由此可见，只要尽力进行教育就行了，因为如今已经没有多少人会盲目献身，也没有多少人会出于本能去行善，但是通过启蒙教育，人们却可以拥有自由，社会也可以变得安宁而又有秩序。

# 第九章　美国人如何将“正确理解的利益”原则运用于宗教

如果“正确理解的利益”原则只考虑现世那是根本不够的，因为人们在今世付出的许多努力可能都得不到回报，只能等到来世。面对一个不想死的人，你可以付出巨大精力让他知道德性具有很大功用，却很难让他去行善。所以，在面对“正确理解的利益”原则时，必须知道它能否与宗教信仰相容。

有些哲学家提倡“正确理解的利益”原则，并认为：“人要想幸福地生活，就得时刻自制，不要让自己的激情超出一定的限度；要想永远幸福，就得放弃许多稍纵即逝的享受。”

克制自己的目的就在于更好地关心自己。

几乎全部宗教创始人都是如此说教的。他们在劝导世人向善时，指导方法并没有变，只不过把目标后移了。换句话说，他们并没有让人们的付出在今世就有回报，而是要等到来世才行。

不过，在我看来，那些依靠宗教精神修德行善的人并非全都为了取得报酬才这样做。我见过一些虔诚的基督徒终生都热情地舍己为人，听他们说，只要这样做就能在来世获得善报。即便如此，我也认为他们这样做是自暴自弃。可是与此同时，我对他们又十分敬重，就只能相信他们了。

是的，基督教提倡委曲求全，因为只有这样才能在死后进入天堂。不过，基督教还认为人们施恩于人是为了表达对上帝的爱。后一种观点好得很，因为它说明人在体会神意时依靠的是自己的才智，人是为了让一切按秩序进行才认识并慷慨地帮助上帝的。此外，在实现这个伟大的计划时，人们对它充满了信任，并因此而觉得开心，甚至不惜牺牲个人利益而不求回报。

所以，我不认为宗教人士只看重利益。不过，同时我也承认，宗教在指导人们的行动时运用的主要手段正是利益；而宗教能够取信于人并流传甚广，原因也在于此。换句话说，在我看来，没有确切的证据能够证明“正确理解的利益”原则会让人不信任宗教，相反，我认为这个原则会让人更接近宗教。

如果有人为了今世能够幸福地生活而能够时刻与自身本能抗争，并且能够在日常生活中冷静地处事而不是感情用事，还习惯于以长期利益来换取短期利益，那么他一旦对某种宗教产生了信任感，就会甘于忍受该宗教的所有戒律。因为，出于理智，他会说服自己服从戒律；出于习惯，他心里已经准备好了要忍受戒律。将来，即便他开始怀疑自己的目的，也不会轻言放弃，而是用今世的一部分财富去作赌注，以期在来世赢得巨额财产的继承权，并认为这样做是明智之举。帕斯卡有言：“认为基督教是真只会带来一些损失，而认为基督教是假则会带来严重损失。”

美国人则不同，他们既没有假装不在乎来世，也没有忽视他们想要躲开的那些危险。所以，他们在举行宗教活动时并不会认为这样做很可耻或是显得自己很软弱。不过，他们虽然很虔诚，可同时也有一股无法用言语形容的坦然，他们做起事来按部就班，表现出很有信心的样子，以至于人们认为他们是受理智而非信仰的指引才走进教堂的。

美国人对宗教的信仰是基于利益才产生的。不仅如此，美国人还认为今世就能从宗教信仰中获得益处。中世纪的神职人员一开口就说来世，要让他们去证明基督徒只要足够虔诚就能在今世获得幸福，那是根本不可能的。美国的神职人员则经常提醒宗教信徒在今世就可以成为幸福之人；要是他们想让宗教信徒们不注重今世，就得花费很大的心力。他们经常向听众说明信奉宗教对自由和公共秩序是有利的，希望听众会因此而动心。他们布道的时候根本说不清宗教的主旨是追求来世的幸福还是今世的健康和快乐，所以听众也无从判断宗教的主旨到底是什么。

# 第十章 美国人爱好物质福利

美国人普遍热爱物质福利。当然了，人们热爱物质福利的方式并不是相同的，可是这种爱好无疑人人都有。美国人普遍重视满足身体的一些微小需要，以及为生活带来的一些小便利等。

在欧洲，类似现象也有出现且变得越来越明显。

这两大洲会出现相同的现象，原因很多，其中有几个原因接近我所讨论的问题，这里有必要阐述一下。

如果有几个家族是因为世袭而获得财富的，那么享受这些物质福利的人就不会认为这种好处是由他们独享的。

人们在顺利获得一种贵重物品时，并不一定会激动万分。最容易令人激动的是，人们想要得到这种贵重物品却未能尽如心愿，只获得了一丝满足，并时刻担心连这丝满足也会失去。

在贵族制国家，富人们只知道自己的生活，而且不必担心这种生活会有变化，因为他们并不知道也想象不出在他们的生活之外还有另一种生活。所以，对于他们来说，物质福利并不是一种追求，而仅仅是一种生活方式。在他们看来，物质福利的存在是理所当然的。所谓“身在福中不知福”，指的就是他们这种人。

美国人生来就喜欢追求物质福利，而且能够轻易达到这一目标，因此他们还有精力去做那些更困难、更伟大的事情，并且乐于做这些事。有些贵族正是因为能够享受到物质福利，所以很轻视这种享受，即便面临必须放弃这种享受的情况，他们也会表现得非常坚毅。历史上曾多次出现过推翻或打倒贵族制度的革命，它们都表明：对于那些习惯了舒适、安逸生活的人来说，清苦的生活是很容易忍受的；而对于那些历经艰辛才过上安适生活的人来说，清苦的生活却是一种煎熬。

这种现象不仅普遍存在于上层阶级，也同样适用于下层阶级，只不过产生这两种类似现象的原因不同而已。

如果一个国家是由贵族统治的，而且社会安定，那么在这个国家里民众一般会安于贫穷的生活，富人则习惯于炫耀自己。富人不必担心物质享受是因为他们能够轻易达成这一需求，穷人不向往物质享受是因为他们不可能达到这个目的，也不太喜欢追求物质享受。在这种社会里，穷人受悲惨的现实生活的束缚，无法想象美好的生活，只好把希望寄托于来世。

相反，当等级界限和特权不复存在，财产也不再集中于某些人之手，民众普遍拥有受教育权和自由时，穷人就会想要获得物质享受，而富人则会担心物质享受随时不再，最终结果是许多人都过上了小康生活。过上小康生活的人体验到物质享受之后并不会满足，因为这种享受是他们努力的结果，来之不易，他们在体验这种物质生活时内心依然如履薄冰。所以，他们会一直努力追求物质享受，等到达成心愿之后会非常热爱并害怕再次失去它。

在我看来，人对物质享受的爱好最受低微出身和贫寒家世的制约。从本质上说，对物质享受的追求是中产阶级的一种激情，它随着中产阶级的变化而变化：当中产阶级发展壮大时，这种追求会随之发展壮大；当中产阶级占有优势地位时，这种追求也会占据优势。这种激情不仅存在于中产阶级，还逐渐扩散到了上层阶级和普遍民众之中。

在美国，所有贫民都很向往和羡慕富人的物质享受，一心想着怎样才能获得不属于自己的财富；富人则全都非常重视物质享受；只有那些既富有又放纵的贵族有所不同，他们往往很轻视物质享受。美国的富人大多出身贫寒，他们长期处于困境之中，历尽艰辛，深刻体验了贫困的滋味，经过四十多年的不懈追求才终于获得最后胜利，所以不会轻易失去奋斗热情，还会像以前一样从一些小小的快乐之中获得安慰。

我这么说并不表示美国与其他国家是不同的。美国富人能够过上富裕生活，所依靠的主要方法并不是继承遗产，他们的财富也来之不易。可是，即便如此，他们依然非常向往物质享受。在美国，人们对物质享受的爱好不仅是一种普遍的社会现象，而且在人们内心占据了统治地位，它把所有民众都卷进了它的旋涡之中。

# 第十一章　物质享受在民主社会产生的独特影响

读者看到这个题目可能会认为追求物质享受会让美国人失去道德、破坏家庭，最终给社会带来危害。可是，事实并非如此，因为追求物质享受只有在贵族制国家才会产生这种结果，而在民主制国家则不会。

在贵族制国家，贵族可能会因为讨厌政务、过于贪财、失去信仰或国力衰微等情况的影响，开始全力追求物质享受。随着王权的加强以及民众的软弱，贵族不再拥有特权，只剩下钱财，因此他们经常会因为不能飞黄腾达而发牢骚，也不再提起曾经的伟大，只好把自己的生活局限在一个小圈子里，试图在物质享受中得到慰藉。一旦追求物质享受在贵族阶级蔚然成风，他们就会动用在长期的统治过程中积攒的全部能量来追求物质享受，并且沉溺其中不能自拔，甚至达到骄奢淫逸的地步，可谓腐败至极。他们争先恐后地崇拜物质享受，好像这样做能够彰显他们的堕落水平很高似的。越是强大、光荣和自由的贵族集体就越容易堕落到极点，它原本拥有的耀眼之光也会被它自身的恶行掩盖起来。

而在民主制度下，追求物质享受绝对不会给国家带来如此极端的后果。在民主国家，民众虽然普遍又强烈地追求物质享受，且不允许别人侵犯这种追求，可是这种追求依然处于可控制范围之内。在民主国家，人们不会为了满足独自的享受而去建造豪华的宫殿，也不会建造巧夺天工的花园，更不会因此而把全天下的财富都搜刮殆尽；人们只希望能拥有几亩良田、一处果园、一个住处，以避免惹是生非，能够舒适、健康地生活；如果不费力气和钱财就能满足一些小小的需求，那就更好了。

这些事情虽然都很琐碎，但却是所有人的夙愿。人们无时无刻不在想着它们，把其他事物都抛在脑后。有时候，它们在人们心中的地位甚至仅次于上帝。

有些人认为，只有小康之家才会有此观点，富裕家庭则不会这样想。这种看法我不赞同。在民主社会，富裕公民原本也是普通公民，所以富裕公民和普通公民拥有相同的爱好，二者在追求物质享受方面自然也没有太大区别。民主国家的公民虽然热衷追求物质享受，可他们在追求这种享受时普遍都很节制。在民主国家，民众要违背共同的准则行事是非常困难的，无论他们做的是坏事还是好事。

所以，在民主国家，富人的主要目标就是满足日常生活的各种需要而不是物质享受，只要能够满足各种小小的需要就很满足了，他们不会再去追求奢靡的享受。也就是说，他们更重视及时享乐而不是骄奢淫逸。

在民主时代，民众对物质享受的爱好与秩序之间并不是对立的。相反，秩序能够满足民众的这种爱好。这种爱好也不会扰乱民情，因为好民情有助于社会的安定和发展。另外，这种爱好往往还能与宗教意义上的道德感相结合，因为它在处理各种需求时既寄希望于今世又不放弃来世。

有些物质享受是犯法的，所以人们时刻都要注意自制，不要以身试法。还有一些物质享受既不违反宗教，也不违背道德，人们都可以追求，直至达成心愿，不过，在追求这种享受的过程中，人们会忽视一种最珍贵的享受——那些可以让人类变得光荣又伟大的享受。

我如此非难平等并不是因为它会诱惑人们去追求犯法的享受，而是因为它会让人们只去追求合法的享受而不顾其他。要知道，这样一来，世间就会出现一种能够净化而不是腐蚀人类灵魂的唯物主义，它最终将使所有精神紧张都悄悄地缓和下来。

# 第十二章　为什么有些美国人热爱唯灵主义

美国人的主要渴望是今世能够获得幸福，不过，有些时候，美国人也会暂时把这种渴望放到一边。在这种情况下，美国人会摆脱物质对心灵的束缚，直接向天堂奔去。

有时候，在美国各地能见到一些教士，他们按照一定的路线开展活动，向人们传达上帝的福音。

在人迹罕至的西部各州，这种情况尤其明显。为了倾听巡回教士的布道，有些家庭不顾路途遥远，全家翻山越岭而来。他们见到巡回教士之后就夜以继日地倾听布道，把正常工作甚至吃饭和睡觉都给忘了。

美国到处都有一些奉行唯灵主义[1]的人。这些人对唯灵主义的热爱几乎到了疯狂的地步。而在欧洲，这种情况根本不可能出现。在美国，有些教派另立山头，试图找到永久的欢乐之所并且随时都有可能因此而疯狂。在美国，宗教狂是普遍可见的。说到这一点，我们没必要吃惊。

人类生来就喜欢永生。

这是一种高尚的本能，它深深地扎根于人性之中，不是人的意志和努力能够随便创造的。人们可以阻碍它的发展，也可以改变它的存在方式，却无法让它消亡。有些心灵需求是必须得到满足的，即使你再努力，想把注意力从它身上移开，可是一旦受到感官活动的影响，它就会立刻变得烦躁、不安和激动。

如果大部分人都去追求物质享受，有些人就会出现奇特的心灵反应：沉浸在精神世界中不愿醒来，因为他们担心自己再次受到肉体的诱惑而重新坠入陷阱之中。

所以，当民众大多都只考虑今世时，就算有少数几个人一心向往天堂也没什么好奇怪的。

---

1 它主张灵魂和精神是世界的本源，是一种唯心主义。——译者注

让我感到奇怪的是神秘主义[1]的消失，在民众只顾自身物质福利的国家里，神秘主义居然快速地消失不见了，这到底是怎么回事儿？有人认为这是迫害和屠杀造成的。古罗马皇帝曾在圆形竞技场进行过大屠杀，然后又以同样的方式去迫害底比斯沙漠的人。神秘主义的消失与这种迫害带来的结果相似。不过，在我看来，神秘主义的消失更多地要归因于罗马的奢华生活以及伊壁鸠鲁[2]哲学等。

由于社会状况、地理位置和法制的影响，美国人在精神上受到了极大的束缚，只顾追求物质福利。如果不是这样，那么一旦他们去从事非物质性活动，就会积累大量的知识和丰富的经验并不断改进自己。可是，事实却是美国人明知自己的精神被束缚了也无意反抗，因为他们一旦冲破了这些束缚，就会不知所措地乱打乱撞，甚至做出一些违反常规的事来。

---

1 神秘主义一词派生于拉丁文occultism（意为“隐藏或隐蔽”），指的是能够使人获得强大的精神或心灵力量的各种教义和宗教仪式，包括玄想、唯灵主义、瑜伽、自然魔术、巫术、占星术和炼金术等诸多理论和实践。它的信条是世间存在一种隐蔽的自然力，只有接受过神秘知识教育的人才能理解并操控这种自然力。——译者注

2 伊壁鸠鲁（公元前341—公元前270），古希腊哲学家，信奉无神论，其学说的主要宗旨是要达到不受干扰的宁静状态。——译者注

# 第十三章　为什么美国人拥有幸福还依然惴惴不安

在如今的旧大陆，如果你去某些偏僻地区走一走，偶尔还能发现一些好像被人遗弃的小村镇。它们身处普遍的动荡之中却依然保持原状，而没有像周围的村镇一样前进。在这些被遗弃的小村镇里，居民们大多既愚昧又贫困。他们不问世事却时常受政府压迫，而且即便如此他们也照样自得其乐。

在美国，我见过一些生活条件好得居世界首列的人，他们也最自由、最文明。可是，我总觉得他们经常是一副愁眉苦脸的样子，即便在开心时也给人一种忧心忡忡的感觉，好像他们有难言之隐似的。

造成上述两种情况的原因主要是欧洲的偏僻小村镇居民没有想到自己身处不幸之中，而美国人则恰恰相反，他们总想设法得到自己没有的东西。

美国人对物质福利的追求简直到了疯狂的地步。由于担心找不到快速致富的方法，他们经常心事重重。这种现象真叫人吃惊。

美国居民希望把当世所有的好东西都据为己有。有些时候，他们认为自己永远都不会变老；另外一些时候，他们会变得焦躁不安，尽全力争取一切可以得到的东西，让人觉得他们好像在担心此生太过短暂，不足以让他们享受所有的快乐一样。他们想抓住所有东西，到头来一样东西都没抓住，因为他们每抓住一样东西之后都会快速地把它扔掉，再继续寻找新的东西。

在美国，会有人费心地建造一座房屋用于养老，然而在房屋还未封顶时又把它卖掉；或是开辟了一个果园来经营，可是还没等到结果就把它租了出去；还有可能把即将丰收的庄稼转让给别人。一个人随时都有可能把一份好工作给丢掉，也可能在定居于某地之后又临时决定搬到另一个地方去住，还可能在办完私事之后插手政事。忙碌了一年之后，如果还有几天空闲时间，一定会有人在好奇心的驱使下到美国各地去游历一番以开开眼界，甚至几天之内就能行走数千英里之远。等到死亡快要降临时，他还在为完美的幸福生活而奔忙，然后带着未能达成心愿的遗憾离开人世。

美国人生活得确实很富裕，可是他们在这种条件下依然觉得不安，这种情况不能不令人好奇。自从有了人类，这种情况就已经存在了。可是，像美国这样整个民族都如此的情况，在历史上还是第一次出现。

美国人内心充满了不安，并在实际行动中体现了这种不安，这要归因于美国人爱好物质享受。如果一个人一心希望能够在今世获得幸福，就会迫不及待地追求、获取和享受幸福，因为他们的时间是有限的。他们一想到时光如梭，人生短如白驹过隙，就会马不停蹄地前进。哪怕已经得到了一些好东西，他们也会时刻不忘追求其余的好东西，并希望能够尽快地享用它们，以免来不及享用就离开人世。受这种想法的影响，他们变得越来越焦躁、恐惧和颓废，内心总是惴惴不安，这才经常改变计划或搬家。

当任何人都可以自由地改变自己的社会地位而不受法律和习俗限制时，对物质享受的爱好就会加剧人们内心的不安。这样一来，人们为了找到通向幸福的捷径，就会经常改变行动路线。如果一个人爱好物质享受，而且期望很高，那么他必然也更容易灰心失望。

既然人们的最终目的是享受，那么追求享受所付出的艰辛就要小于享受本身，否则就得不偿失了。所以，在追求享受的过程中，大部分人的心情都是在狂热中夹杂着委靡、在积极中夹杂着消极。有时候，他们连死都不怕，却害怕继续追求目标。

我在上面所说的种种结果，平等只需要通过更加直接的方法就能实现。

如果人人出身平等，财产特权不复存在，所有人都可以从事各种职业，谁都可以凭本事成为本行业的龙头，那么那些胸怀大志的人都会认为自己的前途是光明的，并认定自己可以做出一番成就。可事实上，这种观点并不正确，因为它与人们的经验不符。

这种平等表面上会让所有公民都觉得自己会有远大的前程，可事实上却削弱了所有公民的个人能力。这种平等一方面把人各方面的力量都削弱了，另一方面又让人的欲望变得越来越强大。由于个人能力变弱了，所以人们在前进时所遇到的障碍就会大得出人意料。他们虽然解除了某些同胞的特权，但是他们的压力却更大了，因为他们的竞争对手由某些人变成了所有人。限制他们的事物以另一种形式继续存在着。当大家几乎都一样，所走的道路也相同时，所有人都不可能快速前进，因为人群太密集了，没有人能够快速通过。平等让人们有了追求享受的欲望，可是却没有提供有效的满足途径。也就是说，追求享受和满足享受这二者永远是矛盾的，它们给人带来了无尽的苦恼和折磨。

可以想象，当人拥有一定自由时，他也许会非常满足并快乐地享用这份自由。可是，人们无论拥有多少平等，都不会感到满足。

一个民族即便再怎么努力去建立一个完全平等的社会，它也不可能达到目的。就算这种完全平等的社会真的出现了，上帝也会让人们在智力方面不平等，而且世间的所有法律都奈何不了这种不平等。

就算某个国家在社会状况和政治制度方面很民主，该国民众也不一定是独立自主的，甚至有可能时常觉得自己在某些方面总会受到限制。可以预见，该国民众将会永远盯着这些方面不放。当社会普遍不平等时，即便很明显的不平等人们也不会注意；可是，当人们普遍具有平等地位时，哪怕是一些微不足道的不平等，人们也会无法容忍。所以，人们越是平等就越渴望更多的平等。

民主国家的公民比较容易得到某些平等，但是那些平等并不是他们最渴望的。他们原本就快要抓住他们所向往的平等了，可是它却跑到了离他们不远的地方，一边跑一边逗引着人们继续追逐它。人们总以为可以抓住它，可它却总是不让人们如愿。它在人们眼前散发着香气，可是人们却无法得到它。当人们就要尝到它的甜头时，它就从世间消失了。在民主国家，公民虽然过着富裕的生活，却时常表现得异常忧郁；即便他们的生活非常安逸、平静，也会有悲观的时候。这种情况也是因为人们得不到自己渴望的平等才出现的。

美国很少有人自杀，而法国的自杀者却越来越多，因此人们都在抱怨法国。事实上美国的精神失常者在所有国家中是最多的。法美两国生了同样的病，只是症状不同而已。美国人无论心情多坏都不会自杀，因为自杀是被他们的宗教禁止的。美国民众普遍追求物质享受，却几乎没有人是唯物主义者。

美国人意志坚强却缺乏理性。

与贵族时代相比，民主时代所拥有的享乐机会和爱好享乐的人更多。可是，从另一方面进行比较，民主时代的人也更容易失去希望，更容易激动、不安和忧郁，更难于满足自己的欲望。

# 第十四章 美国人能够把生活中的某些方面结合起来

美国人不仅爱好物质享受，还热爱自由，关心公共事务，并能将三者结合起来，他们是怎样做到这一点的呢？

在民主国家，人们会在公私两方面都表现得很积极。可是，在专制国家，人们只会对私的方面感兴趣。这样一来，在初期将会出现很大的物质繁荣，可是不久这种繁荣就会放慢脚步直至停滞不前。

在我看来，只要是经营工商业的民族，都没有自由可言。关于这一点，也许可以从意大利都灵和佛罗伦萨两地的居民和英国人那里找到实例。也就是说，自由与实业二者具有紧密而且必然的联系。这一点适用于所有国家，尤其是民主国家。

我曾经说过，对于拥有平等的人来说，要想得到他们渴望的任何福利，就只能通过结社这种方法。我还说过，政治自由能够让结社技术日趋完善，并让结社技术得到推广。所以，当人们拥有平等时，自由会非常有利于创造财富；而当社会处于专制统治时，财富生产则会遭到极大的阻碍。

民主时代的专制并不会带来暴虐和凶残，却会带来烦扰，因为它虽然不会损害人性，却会让人们的经商才能受到压制，还会削弱人们创办实业的才能。所以，在民主时代，人们必须拥有自由才能得到他们梦寐以求的物质享受。

不过，由于他们过于爱好物质享受，所以也容易屈服于强权。这样一来，他们就会失去追求物质享受的热情，转而追求与物质享受相反的东西，甚至忘记他们原来的目标。事实上，对于民主国家的民众来说，这种转变是非常危险的。

在民主国家，当人们爱好物质享受胜过文化和自由的发展时，他们一看到新的物质享受就会变得激动不已，并且想方设法要得到它。对于一心想要致富的人们来说，那根紧密联系他们的个人幸福与整体繁荣的纽带根本不值一提。他们会主动放弃已经享有的权利，根本不用你再去动手。对于他们来说，让公民尽政治义务是令人讨厌的，因为它妨碍了他们专心进行实业活动。如果让他们选代表或亲自为当局做事，就会以没时间为由来推辞；如果让他们共同负责一些公共事务，他们也会说没空，反正就是不肯花时间去义务劳动。在他们看来，做没有收益的事是很无聊的，只要是真正追求重大利益的人都不应该去做这种事。这些人虽然信奉“正确理解的个人利益”原则，却没有透彻地认识这个原则。另外，他们过于重视所谓的个人利益，却忽视了应该继续做自己的主人这一重点。

由于人们只顾个人工作而不顾公共事务，所以那些曾经为公共事务而忙碌的阶级也消失了，所以政府也没有人管理了。在这种情况下，如果哪个精明强干的人妄图染指政治，就会发现篡夺各种权力都不是难事，他只要花一段时间一心处理好各种物质利益就能轻易地去做其他各种事情而不会遭到人们的反对。他要做的主要事情是把秩序维持好。那些热衷物质享受的人首先发现的往往是滥用自由对物质福利的损害而不是益处。当公众的热情稍微影响他们的私人生活，让他们失去一些小小的快乐时，他们立刻就会提高警惕，变得紧张起来。再加上他们长期以来都害怕无政府状态，所以一旦发生骚乱，就会恐惧地放弃自由。

我也认为社会安宁是好事，可我不得不承认，无论哪个国家出现暴政，该国在此前都会有一段安定期。当然了，我这么说并不表示所有国家都会轻视社会安宁，也不表示所有国家都只需重视社会安宁就足够了。如果一个民族对政府的要求只是维持社会秩序，那么这个民族无疑已经被财富奴役，要不了多久，他们就会处于别人的统治之下，他们要提防的不仅有个人专制还有党派专制。

如果全体民众都只关心自己的事，一些小党派就有可能蠢蠢欲动，企图主管公务。所以，无论在世界政治舞台上，还是在我国的政治舞台上，都经常会出现少数几个人代表大多数人的情况。他们是那些未出面或漠视政治的群众的代言人，代表这些群众在舞台上表演。也就是说，舞台上只有他们几个人在演出。他们随心所欲地行事，恣意改变法律、践踏民情。这样一小撮既无能又无耻的人竟然控制了一个伟大的民族，这种情形怎能不令人惊讶？

我在上面提到的这些暗礁至今只有美国人幸运地避开了，这一点确实令人羡慕。

世界各国都有好吃懒做的人，但是这种人在美国最少。任何一个有劳动力的美国公民都会热切地追求财富和物质享受，但是与此同时他们很少会胡作非为。他们追求物质享受的热情并不受理性的压制，而是受理性的引导。

在美国，一个人在只顾个人利益时只会想到自己，而在操劳公务时又会把个人利益抛到九霄云外。有些时候，美国人好像是十足的利己主义者；另外一些时候，美国人又好像是伟大的爱国者。像这样把人心一分为二，按照常理来说是不可能的，可美国人却做到了，他们在追求财富和自由时都具有同样强烈的热情，以至于人们都以为他们在这两方面的热情既是一样的，又在他们内心的某个地方得到了统一。事实上，在美国人看来，自由是获取幸福的最强大武器和最有力保障。

# 第十五章　宗教信仰是怎样使美国人逐渐亲近非物质享受的

美国人对自由和幸福都充满了爱。所以，他们认为参与公事是每个人的义务，并认为应该由一个政府来保障他们的主要活动。他们渴望财富，所以对这个政府的要求是能够帮助他们获得并安全享用财富。

一到星期天，美国所有工商业活动好像都会停止，所有喧闹声也会停止。人们都安静下来，更确切地说是陷入了严肃的沉思。灵魂重新占据自主地位进行自我反省。

在这一天，人们都不再出来做买卖，而是带着自己的子女去教堂倾听布道，好像这些布道是他们很少听过或非常陌生似的。听完布道，他们得知骄傲和贪心会带来许多危害。传教士们说，人一定要克制自己，不要被欲望掌控；人要获得高尚的享受，就必须依靠美德；只有真正的幸福才值得人去追寻。

人们从教堂回到家后，翻开来看的不是账本而是圣经，因为他们想要寻找造物主的伟大和善良、上帝的宏伟成就，以及人的归宿、责任和对永生的追求，并对它们产生美好的向往。美国人就是这样暂时放弃一己之私，甚至是稍纵即逝的利益，抽时间来净化自己的心灵，让自己与伟大、纯净、永恒和理想的世界相接的。

在本书上卷中，我考察过美国的政治制度，并认为它能够长期存在的主要原因之一是宗教。在这里，我要考察宗教对个人的影响。依我看，宗教对个人的影响可以与它对整个国家的影响相提并论。美国人认为，他们只有依靠宗教才能把民主制度道德化。关于这一点，他们已经用自己的行动证实了。美国人对待这个问题的态度是一种真理，应该赢得所有民主国家的理解。

我承认，受社会状况和政治制度的影响，一个国家肯定会产生一些信念和爱好，而且这些信念和爱好还会不断充实起来，最终让这个国家轻易甚至悄悄地打消某些观念和倾向。

立法者之所以能够成为立法者，就是因为他们能够预料到这些倾向，从而得知哪里需要或不必公民来相助。要知道，随着时代的变迁，公民的这类义务也是会变化的。人类追求的目标会不断变化，实现目标的方法也一样。

假设在贵族时代有这样一个国家，它的民众贫富差距悬殊，以至于有些家族世代享受荣华富贵，其他家族却代代一文不名，而且他们全都已经麻木不仁，从未想到要改变自己的境遇，只是把一切希望都寄托于来世。如果我生在这个国家，肯定会站出来唤醒他们，让他们弄清楚自己想要什么，并想尽一切办法寻找一条捷径来满足他们这些需求，还要引导他们向前走，让他们以最大精力去研究物理学，这样一来，他们就有了创造财富的动力。假如有一天，有些人真的不惜一切代价去追求财富甚至过于爱好物质享受，我也会若无其事的，因为这种做法并不常见。如果所有民众都热衷追求财富，那么这种做法就很平常了。

对于民主国家的立法者来说，另外一些事项也值得关注。

身为民主国家的立法者，你让民众有了受教育权和自由。在这之后，你还应该放手让民众自行处理自己的所有事务。世界上有很多美好的东西，民众不但可以轻易地获得，还能让所有实用技术都逐步完善起来，使自己逐渐过上闲适的生活。即便他们自己不这样做，社会状况也会让他们如此。在我看来，他们肯定会不断前进的。

一个人像这样去追求幸福，虽然诚实又合法，可是如果做得过了头，就有可能令他没有机会再施展非凡的才华。可是，如果他只是为了改善自己身边的事物而忙碌，就有损于他的人格。这才是唯一的危险所在。

所以，在民主国家，无论立法者还是有德有识之人，都应该为提高人的灵魂而奋斗，使人的灵魂能够升入天堂。只要是关心民主社会未来的人，都应该团结一致，努力使民主社会充满高尚的情感并提升对非物质享受的爱好。

在民主国家里，如果有人散布“一切都会随着肉体的消亡而消亡”的有害言论，那么这个人就应该被视为国家公敌。

从许多方面来说，我不喜欢唯物主义者。在我看来，他们的学说是有害的。一想起他们是那样目空一切，我就讨厌他们。说起唯物主义，它的最大作用也许就是让人大致认识了自己。可是唯物主义者却不是这样认识自己的。他们认为自己不过是兽类，并且像神明一样骄傲地拿出了自以为很充分的证据。

无论在哪个国家，唯物主义都是人出现精神疾病的信号。唯物主义在民主国家里最为可怕，因为民主国家的人常有邪恶之心，而它很容易与唯物主义结合。

在民主主义的影响下，人们会变得爱好物质享受。如果这种爱好过了头，那么要不了多久，人们眼中就会只有物质而无其他。再加上唯物主义的影响，人们会更加热衷于物质享受。如此循环往复，使得民主国家根本无法摆脱这种宿命。

如果它们能够看见危险并自制，也许就不会出现这种情况了。

人们在宣传灵魂不灭论时，多数都会使用宗教这个工具，因为它既简便又实用。在民主国家，民众的信仰主要是因为宗教才产生的。与其他国家相比，民主国家更需要信仰。所以，在民主国家里，无论哪个宗教，只要它已经在国内扎了根，你都不要去干扰它，而应该保护它，就像保护贵族时代的珍贵遗产一样。你要是有什么新的宗教观点，也别想着试图用它来代替旧的宗教观点。要知道，人们并不能立刻改变信仰，而是需要一个过渡期——信仰空白期，这样一来，对物质享受的爱好就会有机可乘，逐渐占据人的整个心灵。

至于轮回说，就跟唯物主义差不多。可是，如果必须从二者之中选择一个的话，我认为民主国家肯定会选择轮回说。在我看来，让民主国家的民众想到自己的灵魂会变成猪，总比让他们相信灵魂根本就不存在要好，因为前者体现出来的兽性更少。

当信仰与物质暂时结合在一起时，就可能会产生一种永恒的非物质原则。人要想变得高尚，必须有这个原则才行。因为，当人们不相信因果报应时，这一信仰就会产生积极的影响。当人们只相信人的灵魂是神赐予的，它在人死后要么还给神，要么附身于神所创造的其他事物上时，这一信仰也会产生积极影响。

这种信仰也认为肉体是人生的次要和低级部分。所以，它既承认肉体的作用又轻视肉体；它在面对非物质部分时，既能衷心地尊敬和赞美它，也时常会反抗它。仅是这一点就能够让它的观点和爱好看起来很伟岸，使它主动靠近纯洁的情感和高尚的思想，而不是因为利害关系才这样做。

苏格拉底及其学派认为人死之后还有来世。这种观点是错误的。不过，他们还认为灵魂与肉体是迥然不同的，人死之后灵魂不灭，这种信念为柏拉图哲学提供了强大动力，从而使柏拉图哲学有了自己的特色。

翻开柏拉图的著作，我们可以得知当时和之前的许多作家都吹捧唯物主义。而这些作家的著作要么被历史湮没，要么只流传了一星半点。无论在哪个时代，大多都是那些主张唯心主义的著作能够世代流传。究其原因，是人会受本性的影响而喜爱并维护唯心主义，并会不由自主地拯救它于危难之中，这样一来，那些提倡它的人自然就会青史留名。所以，如果有人说无论在任何时代、任何政治制度之下，民众都会满足于追求物质享受及相关观点，那么你一定不要相信他。人心的容量远远大于人们的想象，它不但能容纳对今世幸福的热爱，还能容纳对来世幸福的渴望。它疯狂追求的对象是不固定的，时而是这个，时而又是另一个。

你可以轻易地指出，在民主时代，让唯心主义观点占据统治地位尤为重要。可是，如果要指出民主国家的统治者应该如何做到这一点，就不是件容易的事了。

在我看来，官方哲学不一定能够繁荣，也不太可能长久存在；国教虽然暂时对政权有利，可是早晚也会损害教会的发展。

有些人为了提高宗教及其所提倡的唯心主义在人民心中的地位，提出最好能够绕过法律，间接地赋予教士以一定政治权力的建议。对于这种观点，我不敢苟同。在我看来，教士身为宗教信仰的解说员，一旦参与政治就会给宗教信仰带来无法避免的危险。我认为，无论付出多少代价，现代民主国家都应该维护基督教。所以，如果我有权把神职人员关起来，就一定不会让他们走出教堂一步。

# 第十六章　为什么过于热爱福利反而会有损于福利

那么，政府为了让民众相信唯心主义观点，进而使民众皈依提倡唯心主义观点的宗教，又会采取什么方法呢？答案就在下面，我想政治家们一定会反对。在我看来，政府要想让民众尊重灵魂不灭论，唯一有效的方法就是通过行动来证明它自己也相信这一理论；在处理大事时，政府要认真地遵守宗教道德，通过言传身教来影响民众，这样民众才会在处理小事时也能做到认可、热爱和尊敬宗教道德。

提高心灵境界与改善肉体享受是密切相关的，这一点人们可能无法想象。这两种事情是完全不同的，虽然人们可以轮流重视其中之一，却不能把它们彻底分开，否则哪一件都不可能处理好。

兽类在官能和贪欲方面都与我们人类很相似。人有满足身体需要的激情，兽类也一样有。你在人身上看到的这种激情的萌芽在狗身上也能看到。可是，动物只能满足它们最基本、最低级的需求，而人却能无限地改变自身需求，甚至不断提高自身需求。这是为什么呢？

在这一点上，我们确实比兽类优秀，因为在追求物质福利时，我们是用了心的，而兽类用的是本能。有些人虽然很笨，可是经过能人的教导，照样可以学会能够满足自身需要的技能。人能够凌驾于肉体享受之上，甚至轻视生命，可是兽类却不能，因为它根本不清楚生命是什么。正因为如此，人才能提高肉体享受的质量，而这自然也是兽类无从想象的。

有些东西能够提高、充实和扩大心灵，如果你用它们去处理那些原本与心灵无关的事情，一定可以达到目的。而有些东西则恰恰相反，它们可以削弱和贬低心灵，使心灵丧失处理任何事情的能力。所以，一定要让心灵保持强壮有力，这样它才有可能满足肉体的需要。

如果一个人只知道追求物质财富，那么他将慢慢失去生产物质财富的本领，最终像兽类一样既不知道又无力创造物质财富。

# 第十七章　当平等和怀疑盛行时，为何要有远大的目标

当宗教信仰具有强大的影响力时，人们都寄希望于来世。所以，在这一时期，人们自然只能心甘情愿地常年坚持一个目标了，并为了实现这一目标而不断努力。

在前进过程中，他们原本可以为所欲为，可是为了实现心中那个既宏伟又永恒的愿望，他们学会了自我克制，从而抵制了许多稍纵即逝的诱惑。他们在今世的行动就处于这种习惯的指导之下。生活在今世的时候，他们甘愿为自己的一切行动制定一个明确的目标，并为了实现这一目标而奋斗。他们不会一天制定一个新目标，而是制定出一个总体规划，然后夜以继日地去实现它，哪怕要他们付出一生。

正因为这一点，许多笃信宗教的人才实现了长远的目标。人们看到，这些笃信宗教的人正是在追求来世幸福的时候才发现了获得今世幸福的秘密。

受宗教的影响，人们在待人接物时习惯于考虑来世。从这一点上说，宗教对今世幸福的促进作用完全可以与它对来世幸福的促进作用媲美。宗教有许多政治作用，主要作用之一就在于此。当信仰消失时，人们就会变得目光短浅，得过且过。

人们一旦不再考虑死后的事，就容易对未来失去信心。这种消极态度迎合了人类的某些天性。人们只要不习惯于树立长远目标，就会尽可能地实现眼前利益；当他们不再相信永生时，就会像末日来临似的抓紧追求今世的幸福。

所以，当人们普遍持有怀疑心态时，就会产生一个可怕的结果：受生活中一时的欲望的影响，人们会把那些长远目标抛开，不再为伟大、稳妥的事业进行长久的努力。这时如果这个民族的社会状况也变得民主了，就会加剧上述危险。

如果所有人都在想办法改变自身地位，所有人都能参与广泛的竞争，财富能在一夜之间就因为动乱而集散，那么人们就会想到暴富，并认为发财和破产都很容易，还产生了各种各样的幻想。由于社会状况不断变化，人们的欲望也容易变化。当命运变化无常时，人们就只能只顾

眼前了。这样一来，未来就被现在遮住了，人们自然也就不会再去想象明天是什么样子。

当不信教思想和民主制度不幸巧合地同时在一个国家盛行时，哲学家和统治者就应该以让人树立长远的行动目标为重。

道德家们在研究自己所处时代和国家的精神时，不但要专心，还要学会保护这种精神。他们应该不停地奋斗，让同时代的人知道，即便社会动荡不安，人也可以制订长期规划，然后将其付诸实施，并最终实现这一目标。他们应该告诉同时代人，虽然人类的生活条件变了，但是人们促进社会繁荣的方法却没有变；无论在哪个国家，人们都必须学会抵制那些虽然微不足道但是数量众多的诱惑，否则就不可能获得梦寐以求的幸福。

统治者也有明确的任务。无论哪个时代的国家领导都应该具有深谋远虑。当一个国家盛行民主和怀疑时，国家领导人就更应该具有深谋远虑，这样不但能使国家繁荣昌盛，还能言传身教地让人们学会如何处理私事。统治者最应该做的一件要事是必须尽全力消除自己当政时不树立长远目标的心理，不要心存侥幸。

在贵族制时代，有些臣子虽然会突然受到宠信，甚至饱食终日，可是并不会产生久远的影响，因为在整个制度和舆论的影响下，人们已经习惯了规行矩步，自然就走不快了。

可是，如果这种事发生在民主国家，就会带来严重后果，因为在民主国家里，民众都只顾着忙私事，根本没有心思去过问这些事。所以，当怀疑和平等同时盛行时，紧要的是防止君主随心所欲，并让民众也充分发挥自己的才能。每次晋升，都应该是个人通过自身努力得来的；每个目标都应该是长期奋斗的结果。如果有野心家想登上高位，就要阻止他。

宗教和社会状况已经无力使人们再去憧憬未来。政府要想让人们重新对未来充满希望，自然要通过实际行动让公民知道，人要想获得财富、荣誉和权力，就必须付出劳动；只有目标远大，才能成就一番事业，只有通过艰苦奋斗获得的东西才能长久。

如果人们把预见首要事务的长远发展当做一种习惯，并能对工作作出详细规划，那么他们的思想就能冲破现实生活的束缚而看得更远。所以，当公民习惯了在今世就考虑未来时，即便你不命令他们接近宗教信仰，他们也会主动这样做。

由此可见，即便不借助宗教，人们也能通过其他方法达到既定目标，而这种方法或许就是如今仅有的一种方法——通过一条漫长而又崎岖的道路让人类拥有信念。

# 第十八章　为什么美国人会高度评价正当的职业

在民主国家，人们无法世袭财产，只能依靠劳动养活自己和子女。对于人们来说，劳动是人生的必要因素，它的存在既自然又合理。也就是说，人们的思想都被劳动占满了。

在这种国家，劳动不是低贱而是光荣的。舆论对劳动也持赞成而不是反对态度。美国的所有富人都认为，如果不是舆论的支持，他们也不可能在闲暇之余去做一些公共事业。一个一生只为自己而活的富人死后将会名誉扫地。许多美国富人为了逃避劳动这一义务，不惜逃离美国，来到欧洲生活，并在那里找到了贵族社会的遗迹——仍然以安闲舒适为荣。

平等也支持劳动光荣这一观点，还提出人们应该依靠劳动获利。

贵族社会虽然轻视劳动，可它轻视的只是那些以牟利为目的的劳动而不是所有劳动，为实现个人理想或为修身养性而进行的劳动就是光荣的。不过，贵族社会那些为了荣誉而劳动的人往往也怀有获利之心，只不过他们没有把这两种愿望表达出来而已。他们善于伪装，以至于人们根本看不出他们内心同时具有这两种愿望。他们也能够轻易地隐瞒别人。在贵族制国家，官员们在要求为国效力时，几乎全都表示愿意无偿劳动。在他们看来，俸禄好像根本不值一提。他们并没有计较自己的俸禄有多少，而是让人觉得他们根本就没有考虑过俸禄这个问题。所以，牟利观念仍然不同于劳动观念，二者虽然在实际上有相互结合的机会，可是在思想上却依然有区别。

在民主时代，这两种观念却总是相互关联的。由于大家的财富都不多，而且时刻在变化，为了自己和子女，人人都渴望获得更多的财富，所以他们也清楚自己劳动的目的至少有一部分是牟利。有些人去劳动，主要目的确实是追求名誉，可是连他们也不得不承认自己并非全是为了名誉才劳动的；而且他们在追求名誉的同时总会不由自主地夹杂着谋生的愿望。

当全体公民都认可劳动光荣时，如果贵族会因为接受俸禄而承认自己去劳动至少有一部分是为了牟利，那么在贵族制国家里，各种职业之间就不再有鸿沟。

各行各业虽然不尽相同，可它们至少还有一个共同点，那就是所有行业都是为了薪水才付出劳动的。工资或薪水让各个行业的人看起来是一样的。通过这一点，足以得知美国人是如何看待各种职业的。

在美国从事服务行业的人绝对不会轻视自己，因为他们觉得自己和其他人一样在劳动，大家的地位自然也是一样的。领工资时，他们不会觉得自己低贱，因为美国总统也要领工资。总统领工资是因为他会发号施令，他们领工资是因为他们服从命令，二者的性质是相同的。

在美国，各种职业虽然全都既辛苦又容易赚到钱，可它们并没有高低之分。只要是正当的职业，都是高尚的。

# 第十九章 为什么绝大多数美国人都喜欢从事实业

在我看来，在民主国家的所有有用技术当中，农业大概是进步得最慢的。有人甚至经常说，与其他一些发展迅速的行业相比，农业好像一直停滞不前。

要知道，由于平等的影响，民众产生了一些引导他们自己从事工商业的爱好和习惯。假如有这样一个人，他既能干又聪明，既自由又满怀希望，过着小康生活。当然了，如果从生活的舒适度上说，他还算是个穷人；可是，如果从温饱上说，他又是个富人。就是这样一个人，为了改善自己的境遇，想尽了各种办法。因为，他已经尝到了一些物质享受的滋味，当眼前还摆着许多其他享受时，他自然会去追求这些享受，为了满足这些享受，他还努力学习了一些新手段。可是，人生短暂，他没有充足的时间。他该如何是好？如果去种地的话，他肯定能够有所收获，可是这种成果来得太慢，而且必须付出艰辛的劳动才能慢慢地富起来。也就是说，只有那些已经拥有万贯家财的富人，或是只求维持生计的穷人，才适合从事农业。于是，我们假设的那个人作了这样的决定：把土地卖掉，去他乡另谋职业。他所从事的职业虽然有风险，但是也可能赚到钱。

这种人在民主社会里很多。当人们的身份普遍平等时，这种人会更多。所以，民主制度不仅会让劳动者的数目增多，还给劳动者创造了选择自己喜欢的职业的机会，并让人们偏爱工商业而不是农业。[1]

就连最富有的公民身上也体现出了这种精神。

---

1 有人屡次指出，工商业者太爱好物质享受了。也正因为这一点，这些人对工商业也颇有微词。在我看来，他们对这个问题的看法是错误的，因为他们颠倒了因果关系。人们热衷于物质享受，并不是受了工商业的影响。相反，是人们受这种爱好的指引才进入了工商业领域，因为他们要充分又迅速地满足这种爱好，就只能寄希望于工商业。人们追求财富的欲望会加强，是因为他们从事工商业的时间很长。人们越是从事工商业，就越想努力满足自己的欲望，久而久之，他们的欲望就变强了。只要是能够让人获得今世幸福的事物，都有利于工商业的发展。平等就属于这种事物。平等并没有直接让人爱上经商，而是培养和强化了人们热爱幸福的心理，从而间接地促进了工商业的发展。——原注

在民主国家，一个人即便再富有，他好像也不会嫌自己富有，因为他不但认为先辈比自己富有，还担心子孙比自己贫穷。所以，在民主国家，大多数富人都想发财致富，而且永远不会满足。于是，他们自然而然地就注意起工商业来，因为他们发现，要想快速有效地致富就只有从事工商业这一途径。说到这一点，穷人会出于本能这样做，富人也一样。确切地说，富人也受制于最迫切的需求。当然了，富人的这种需求与穷人的不同，因为穷人最迫切的需求只是温饱而已。

在贵族制国家，富人不仅富有，还是统治者。由于一直为重大的公共事务忙碌，他们即便想去从事工商业也没有时间。就算有些富人想经商，可是他们一想到自己是贵族，就立刻打消了这个念头，因为他们虽然想反抗在本阶级中占据多数席位的统治，却无法彻底摆脱这种统治。要知道，这种统治就存在于贵族阶级内部，而他们却坚决不承认人民的多数权利。

在民主国家，有钱人并不能凭借财富就获得政权，反而经常因为财富而远离政权。所以，在民主国家，富人在闲暇之余都不知道该怎么消磨时光。这些富人即使致富方法不尽相同，也往往会有一些相同的奇特爱好。除了这些爱好之外，他们还有远大的理想和巨额的财产。不过，即便如此，他们也只有经商这一条路可走。在民主国家的所有行业中，只有商业是最伟大、最辉煌的，它吸引了民众最强烈的激情，让民众都以它为目标。即便富人自己和其他人都对经商有偏见，富人也会去经商，任何事物都阻止不了他。在民主国家，富人从来不去成立具有独特规章制度的组织。他们这个阶级虽然具有一些独特的观点，可是这些观点并不能束缚他们，倒是全国的普遍观点能够推动他们行动。在民主国家，那些大富豪几乎全都是靠经商起家的，并希望他们的事业能够传承下去，直到财富持有人不习惯经商为止。

在民主社会，人们无论贫富都有一些相同的表现。这些表现如下。

在民主国家，由于社会状况容易变化，人们往往觉得许多事物都是千变万化的，并因此而喜欢从事千变万化的事业，于是他们就去经商了，这样做既是为了牟利，也是因为他们爱好商业。

美国曾是英国的殖民地，虽然后来得到了解放，可是解放的时间也只有半个世纪，所以美国的富豪之家和资本都很有限。可是，在工商业方面，美国的发展却比其他任何国家都要迅速。如今的美国，海运已经位列世界第二；制造业方面，除了一些天然障碍无法克服之外，每天都在发展。

在美国，由于全民都会参与工业活动，所以要开办大型工业并不难。无论最穷者还是最富者，都愿意为了工业联合起来。这个国家虽然还算不上富强，可它却有一些让你吃惊的大型工程。不久前，美国人才踏上他们现在居住的地方，可是如今，他们已经改变了自然，让自然为他们服务了。他们连通了哈德逊河和密西西比河，并在大西洋与墨西哥湾之间修建了一条长达五百多里格的道路，还建造了几条大铁路。

不过，美国最让我惊讶的地方还不是它那特大规模的工业，而是它有不计其数的企业。在美国，人们不但经营农业，还经营商业。也就是说，大部分农业经营者都兼营商业。美国的种植业者很少会一直守着田园，西部一些新州的种植业者尤其如此。在那里，人们开垦土地并不是要经营种植业，而是要将它卖掉。一个人会建立一个农场，是因为他已经预见到居民会增加，当地形势也即将发生变化，这样一来，他就能以高价把自己的农场卖掉。

南方那些盛产棉花和甘蔗的地区每年都会吸引许多北方居民前来定居。北方居民之所以会来南方，无非是想通过种地让自己能够在几年之内就富起来，并预计自己早晚会回到家乡，然后好好享用他们在南方赚取的财富。这样一来，经商精神就被引进了农业之中，使得人们在经营农业时也有了经营实业时的激情。

美国人全都在从事工业活动，使得工业得到了巨大发展。不过，也正因为如此，他们才更容易受到工业危机的侵袭。工业危机不但出人意料，而且具有深重的危害。要知道，由于他们全都从事工商业，所以受到的影响又多又复杂，即便有可能发生什么障碍，他们也无法预见。再加上他们全都从事工商业，只是参与的活动有多有少而已，所以一旦工商业受到侵袭，不仅他们自己要遭受财产损失，国家也不可能置身事外。

在我看来，只要是现代民主国家，都会发生工业危机，这是一种顽固的疾病，会周而复始地爆发。民主国家只能减轻它的危险性但无法根治它，因为它是民主国家的本性带来的结果，而不是一种偶然现象。

# 第二十章 为什么实业可能产生贵族制度

民主制度不但有利于实业的发展，还能无限地增加实业家的数目。关于其原因，我在前面已经说过了。我现在要研究的，是实业如何迂回地让人重回贵族社会。

我们已经知道，如果一个工人每天都只做同一种零件，那么在生产那些由零件组装成的商品时，就会比以前更加方便快捷，而且付出少收益多。我们还知道，越是规模巨大、资本丰厚、信用度高的企业，就越能生产廉价产品。人们早就发现这两个真理了。不过，直到现在才明确地把它们提出来。而这个时候，这两个真理不但已经在一些重要的工业部门得到应用，而且逐渐支配了一些小的工业部门。

在政治方面，我觉得工业科学方面的这两个新原理很重要，最值得引起立法者的关注。

手艺人如果一直制作一种产品，那么他的技术肯定非常娴熟。可是，与此同时，他也会失去另一种能力——用精神来指导自己的工作。他越是技术娴熟，越不用动脑筋思考。也就是说，作为一个工人，他在技术上获得了进步；可是作为一个人，他在本质上却不如从前了。面对一个二十多年来一直都在做别针帽的人，你不能对他怀有期望，因为他不大可能有作为。一个人依靠智力去做事，往往能够取得很大的成就。可是，一旦这个人长期都在想着如何用最好的方法来制造别针帽，就无法再在其他领域发挥才智。一个工人如果把绝大多数时间都用在他每天所做的产品上，那么他的思想就永远无法摆脱那些产品，自己也会养成一些改不掉的习惯。总之，他已经不受自己控制，变成了他所选择的职业的附属品。这时，即便法律和民情想帮助他摆脱樊笼，并为他开辟更多新的致富之路，也不过是白费力气而已。与法制和民情相比，实业的原理拥有的力量更加强大，因为实业的原理不仅能够把他绑在一种行业和一个地方，使他没有办法离开，还把他在社会中的地位给固定了下来。即便整个世界都在运动，他也无法运动，因为实业的原理让他失去了随便运动的自由。

分工越是普遍，工人就越是软弱无力，其活动范围就会变得越来越小，地位也会越来越低下。手艺人的精神随着工艺的进步而退化了。另一方面，当某个工业生产部门扩大规模、增加资本，并因此而生产出更多工业品时，那些有钱有识之人也会去经营工业。而在此之前，经营这些工业的都是手艺人，他们要么没有知识，要么没有钱财。那些有钱有识者会经营这些工业，自然是因为这些工业不仅具有巨大的需求量，还能带来巨额收益。

也就是说，受实业科学的影响，工人阶级的地位降低了，老板的地位却提高了。工人每天运用智力来研究一些小事，老板每天却在为大局而忙碌，慢慢地，工人的眼界变得越来越窄，老板的视线却变得越来越宽广。要不了多久，工人就不必再动脑筋，只要用体力工作就可以了；而老板则不同，他们想要的是成功，所以他们必须用科学甚至天赋来达成目标。长此以往，老板就会变得像一国的行政长官一样尊贵，而工人则会变得像牛马一样卑贱。也就是说，从目前来看，老板和工人是截然不同的，而且他们的差距每天都在变大。他们就像链子两头的圆环，各自坚守在自己的岗位上而无法离开。一方处于领导地位，好像他们生来就是发号施令者；另一方则处于从属地位，而且丝毫不得以下犯上，好像他们天生就该委曲求全似的。这种制度不正是贵族制度吗？

随着平等的逐渐普及，民众对工业品的需求也会逐渐普及，所以需要工业部门生产更多的工业品。工业部门要想事业有成，关键是能以低价把产品卖给普通家庭。所以，那些有钱有识的人每天都会运用自己的财富和知识来经营工业，还增设了大工厂，并对工人进行严密的分工，以期可以满足人们的各种新需求。

当民众逐渐转向民主制度时，老板们也有了变化，他们都成了贵族。从这方面说，人与人之间变得越来越像；可是从另一方面来说，人与人之间的差距却越来越大。最后，大多数人之间平等了，可是这些人与占少数的另外一些人之间的不平等却增加了。正是因为这个原因，所以你在追溯民主社会的贵族集团的来源时，会发现它们好像是自然而然产生的。

不过，这批新贵族并不同于以前的贵族。你首先看到的是这批新贵族一心想的都是实业，他们与其他人相比就像怪物一样独特。在现代民主社会里，有些从事实业的人会建立一个小型贵族社会。这个小贵族社会就像古代的大贵族社会，既有少数极其富有的人，也有大量极其贫穷的人。这些穷人很难脱贫致富。至于富人，其中一些随时都可能变穷，还有一些会在致富之后不再经商。换句话说，穷人阶级的成员基本上不会变化，而富人阶级的成员却时刻都有可能不同。事实上，如今只有富人而没有富人阶级，因为这些富人虽然都很富有，却没有共同的信念、目标、传统和希望。所以，他们只是一伙人而不是一个组织。

富人之间无法团结起来，富人与穷人之间的联系也不牢固。富人与穷人靠利益而结合或分离，这种联系自然不会牢固。一般情况下，工人要依靠老板，但他们依靠的老板并不止一个。只有工厂能让工人与老板相识，一旦离开工厂，他们就会形同陌路。工人与老板只有一个交点，一旦离开这个交点，他们就各奔东西了。老板对工人只有一个要求——工作，工人对老板也只有一个要求——给工钱。工人和老板并不需要互相保护。从惯例上说，工人和老板不可能永远联系在一起；从权利和义务上说，工人和老板也不会永远相连。

不过，厂商这类贵族好像不可能扎根于听他们指挥的实业大军。他们并不想统治这些人，而是想利用这些人来牟利。这类贵族可不想控制一大批雇佣者，他们也不能这样做。即便他们有时会大量雇用工人，可是要不了多久，就会把其中一批人解雇掉。

在旧时代，由于法律或习俗的影响，地方贵族都以为自己有救济和扶持贫困下属的义务。现代的实业贵族则不同，他们只会利用自己的下属，并让这些下属变得又穷又蠢，如果遇上经济危机，就把这些下属推到工厂外面，让社会去救济他们。这种结果是必然的。工人和老板虽然时时都有可能联系在一起，可是这种联系并不紧密。

总之，我认为，在历史上的所有贵族当中，最严酷者当属我们亲眼看着长大的实业贵族。但是，与此同时，这种贵族所受的限制也最大，因此它的危险性也最小。

不过，提倡民主的人还是很担心实业，因为它是贵族制度和永久的身份不平等再度入侵这个世界的唯一手段。

# 第三部分　民主与民情的关系

## 第一章　为什么民情会日益变得温和

几百年来，人们渐渐有了平等的身份地位和更加温和的民情，这是我们有目共睹的。这两种现象同时产生难道是巧合吗？还是说，它们之间存在某种联系，其中一个发展了，也能带动另一个进步？很多因素固然可以让一个国家的民情发生变化，从粗野转向温和，但我觉得身份的平等才是最重要的一个原因。所以，我认为人们的身份变得平等化，民情变得温和化，这两种现象能同时发生，它们之间一定是有相关联系的。

有的寓言作家写关于动物的故事，会让动物假托人的思想和感情，给我们带来某种启发和道理。诗人描写神鬼和天使，也会采用与寓言作家一样的方式。借喻这种手法可以再现人类本身。假如他们不采用的话，我们就不能产生深刻的痛苦感和纯净的幸福感，而这些正是可以触动我们的精神和能抓住我们心灵的东西。

接下来，我们探讨的问题也适合使用上述那一点来说明。

贵族制社会内部阶级等级森严，根据人们的职业、出身、财产状况，所有人都分属不同的阶级。但是每个阶级内部的成员却像同一家族的亲人一样，他们之间具有一种亲切同情感，这是民主社会的同类公民所不具备的。

对于不同的阶级而言，它们之间不存在这样的同情。在贵族制国家里，每个阶级的观点、感情、权利、习惯和生活方式是不一样的，都有自己的特点。由此看来，贵族成员是完全不同于其他公民的。他们的思想和感情没有共同之处，因而不容易确信他们是同一个国家的人。

所以，贵族成员对于他人的思想和感情没有理解可言，也不可能站在对方的立场上考虑他们的感受。

虽然有时也会出现贵族成员自愿、热情地帮助他人的情况，但这并不是说这一点与上述观点是对立的。同一个国家的人因为贵族制度的存在而被分属不同的等级，但是通过政治这条纽带，不同的等级又有了联系。

贵族的命运本就是农奴不关心的事情，可是农奴仍然忘记不了自己的义务，效忠那些使他们成为农奴的贵族。对于贵族而言，虽然他们不会将自己与农奴同等看待，可是也会冒着生命危险去保护自己领地上的人。责任和荣誉感驱使着他们必须这样做。

不难看出，天赋权利并不是他们之间有相互义务的来源，而是政治权利决定了他们如此。政治权利给社会带来的好处远远胜过个人所得。这些义务并不是人与人之间应尽的职责，而是主仆间的义务。只有一些人而不是全人类都遭受了封建制度带来的极大痛苦。慷慨侠义是封建制度给民情带来的主要风气，而不是温文尔雅。这种风气是为了让人们永远忠诚，而不是为了让人表现真诚的同情。这是因为，真正的同情存在于彼此相同的人之间。在贵族制度时期，只有同一个阶级的成员才会被看做彼此没有差别。

生活在中世纪的编年史家们都是贵族成员，这是由他们的习惯和出身决定的。作为贵族成员，他们记载惨死贵族的情况时带着一种悲伤的基调，可是写到惨遭杀害和拷打的老百姓时，他们只是简单地一笔带过，心里没有一点儿触动。

编年史家们对老百姓都带着仇视和看不起的态度，但仅仅通过他们对老百姓的描述并不能说明这一点，毕竟国内的不同阶级还是和平共处的。他们之所以有这样的行为，不是因为感情，而是因为贵族本能。他们不能明确认识到穷人们的苦难，才导致了他们不会将穷人的命运放在心上。

平常的民众也会像他们一样，前提是消除了封建的关系。在那个时代，虽然有的家奴对主人无比忠诚，但也会出现另外一种现象，那就是下层阶级用暴行对待上层阶级，并且行为让人十分震惊。

如果我们认为没有秩序和文化才导致了这种互不关心的现象，那就错了。因为在之后的年代，即使那时有了井然的秩序和发达的文化，这种现象还是不能避免。

1675年，在布列塔尼，发生了下层阶级联合起来反对新税的事情。当局对这次骚动进行了残酷无情的镇压。塞文涅夫人亲眼目睹了这个令人震惊的事件，她在给女儿格丽昂写的信中提到了它：

亲爱的孩子：

看了你从埃克斯寄给我的信，我觉得很可笑！你应该重新看一下信的内容，之后再寄给我。你会惊讶你写了许多赞美的话，但是你也会因此而欣慰。你是否赞美了所有的普罗旺斯人？他们都喜爱葡萄酒，要是你不喜欢的话，即使你赞美布列塔尼的人，也不会得到他们的尊重。

你有兴趣知道雷恩这个地方发生了什么事情吗？当局要征收十万枚银币的税，假如居民在一天之内不能交齐的话，就要交两倍的税，而且当局会派出士兵去征税。一条大街上的居民因为交不起税而被当局赶出了自己的家。当局还下令任何人都不能收留他们，谁要是违反命令，就要判处死刑。所以，包括孕妇、小孩和老人在内的一群倒霉人，即使他们再怎么不舍，都哭着离开了这座城市。他们既没有吃的，也没有暂住的地方，不知该何去何从。

前天，有一个小提琴师，他是开舞厅的，被处以车裂的刑罚，原因是他偷印花税。他被五马分尸之后，四肢被分别挂在城市的四个方向示众。此外，还有六十个人被逮捕，第二天当局就会惩处他们。其他地方都效仿雷恩，也好让当地总督和他的夫人都受到尊重，不再出现向他们的花园扔石头的行为。[1]

昨天天气很好，塔兰特夫人到她的林园稍作休息。她休息的地方和饭食自然都提前准备好了。她从柴门进来的，之后又按原路返回。

1675年10月3日，寄自罗切

塞文涅夫人在另外一封信中说：

我们这里发生的不好的事情，你向来很愿意和我谈起。现在车裂在我们这里被废除了，然而当局每星期都要杀一个人，说是为了维护正义。的确，我觉得判人绞刑是对他的宽大处理。自从来了这里，我已经完全改变了对正义的看法。我觉得，那些给你拉船的苦力才是一群好人。因为他们都单纯，过着安宁的生活。[2]

看了塞文涅夫人的信，你要是认为她是一个只考虑自己利益的人，是一个残酷的人，那就误解她了。她对自己的孩子爱得很深，也十分同情朋友的不幸。读她的信，你会发现她对家臣和奴仆的态度是宽大仁慈的。可是，说到贵族之外那些人的苦难，她就一点儿也不清楚了。

现在，即使最残暴的人给最无情的人写信，也不会有那分勇气若无其事地写出上述那样的话语。即便他的个人气质能推动他这样说，但是全国的民情是不允许他这样做的。

是什么导致了这种情况发生呢？是因为我们的感情胜过了我们的祖辈吗？我不能确认。值得一说的是，更多的事物都已经有了我们的感情。

一个国家的人有了近乎平等的地位，有了近乎相同的思想和感情，那么人们的所想所感就能马上被别人判断出来。换句话说，要做到这一点，只需省察一下自己即可。所

1 普罗旺斯地方总督夫人就是格丽昂，知道了这一点，读者就能明白这句话是什么意思了。——原注

2 出自梅克尔编写的《塞文涅夫人通信集》，法文版，第248页。——原注

以，一个人发觉其他人的苦难并不是困难的事情，当苦难增大的时候，人被内在的本能驱动，就能马上认识到这一点。这种本能也使得一个人不会对陌生人或敌人产生歧视心理，这是因为他的省察机制能立即发生作用。

一旦人将这种省察与自己的怜悯心结合起来，那么看到同类受苦的时候，就会觉得自己也在受苦。

在民主时期，一部分人对另一些人尽忠这种现象是很少发生的；然而人类共通的同情心却是人人都具备的。看到他人受到痛苦，大家都不会弃之不管，在对自己不会产生大的损害的前提下，人人都会给他人提供帮助，以减轻他们的痛苦。每个人都乐意这样做。虽说他们不大方，但却很温和。

从某种意义上说，利己主义已经被美国人上升到了社会和哲学理论的层次，然而他们的怜悯之心并没有因此而减少。

美国对犯人从轻治罪，这是其他任何一个国家的刑事法庭都做不到的。英国人看重中世纪的残酷遗风，并想在他们的刑事立法中予以保留；然而此刻，美国人的刑事法典中却几乎没有了死刑这一说。

半个世纪以来，要说世界上仅有的一个没有对政治犯判处死刑的国家，我想那就是美国。

美国人的社会情况是美国人这种温和态度产生的主要原因。要证明这一点，看看他们是抱着什么态度对待奴隶的就可以了。

一句话概括，美国黑人的物质生活条件比新大陆的全部欧洲殖民者都艰苦。可是即便如此，他们遭受到的苦难依然可怕，受到的惩罚仍然十分残酷。

显而易见的是，那些黑人有着可怜的命运，但他们的主人却不会因此而感动，也不会同情和关怀他们。他们的主人认为蓄奴能给自身带来利益，这不仅不是犯罪作恶，也不会给自己带来危害。人对待同类的态度是不同的，当那些人与他平等的时候，他会对那些人很人道；但是当那些人与他不平等的时候，他就不会关心那些人的痛苦了。可以看出，是平等导致了他的那种温和态度，而不是因为教育和文明。

上述内容只是对于个人而言，当然在一定程度对国家也是适用的。

一旦国家有了自己不同于其他国家的信仰、观点、法律和习惯，就会认为自己能代表全人类。这个国家除了关心自身的疾苦之外，不会关注别的国家。假如两个国家都是这种态度，要是它们发生了战争，就会十分惨烈。

在罗马文化最灿烂的时候，为了炫耀胜利，他们会把俘虏来的敌将拖在战车后面示众，之后再杀掉他们。那个时期的囚犯还会被罗马人关进斗兽场，与野兽激烈地对打，而群众则在一旁愉快地观看。西塞罗谈起公民被钉在十字架上的时候，胸中充满了愤恨，并且义正词严；可是在罗马人取得胜利之后，他人对他们对待战俘的暴虐行为却保持了沉默。不难看出，他采取这种态度是因为他眼中的罗马人与外国人属于不同类的人。

与此相反，如今各国人民渐渐变得接近，渐渐有了相似之处。随着这种势态的发展，人们会对彼此的不幸更加同情，当然更加宽容的还有国际公法。

# 第二章　民主对美国人日常关系的影响

民主能使人们的日常关系变得简易，但不能使他们之间的关系变得紧密。

假设有两个英国人，他们没有共通语言，并且有着不同的民情，他们在西半球相遇了。

刚开始的时候，他们会用好奇的眼光打量对方，心里充满了疑虑，之后，他们就会分开。即使他们彼此交谈，也会是拘谨、不自然的表现，谈论的话题也是不重要的。

这是说，他们之间有敌意吗？不是。虽然他们是第一次相遇，彼此都给对方留下了正直的印象。那么究竟是什么导致了他们如此谨慎地回避对方呢？

接下来，我们谈谈英国，之后你就会得到明确的答案了。

假如，人们不通过财产而只是用家庭出身来划分等级的话，那么每个人对自己在社会阶梯中的地位就会一目了然。向着高的地位爬不是他的意愿，地位跌落了他也不用担心。在这种社会里，不同等级的人彼此往来得很少；当然，要是他们因为偶然的事情需要接触，交谈起来也不会拘束。可即便如此，他们心里仍然不会希望与对方成为同一个等级，当然这也是他们不用担心的。他们之间建立的关系没有平等这个基础，也没有强制性。

当财产取代了家庭出身，成为贵族制度的基础的时候，就会出现与上述不同的状况。即使有些人有很大的特权，但是人人都有获得特权的可能。如此一来，拥有特权的人就会时常担惊受怕，担心自己的特权会失去，或者被别人分享。至于那些暂时还没有特权的人，他们会为了取得特权付出任何代价；即便最终没有获得特权，他们也不会否认有取得特权的可能。人的社会价值是随着财产的变化而变化的，再也不会因为血统而一成不变。因而，在依旧存在的等级中，很难看清和分清一个人是什么等级的人。

不同的公民为了特权而暗地里进行较量。有些人想方设法地要成为比自己高的那些人中的一员。但是那些比他高的人却采取了相反的态度，对于那些想要夺取他们权利的人坚决予以阻止。我们可以这样理解，一个人在设法成为高级阶层一员的时候会防止比自己地位低的人取代自己。

这就是当前英国的状况。我觉得，基本上用这一点就可以解释我在前面叙述的全部内容。

虽然说，贵族已经没有了明显的界限，但是英国人身上还有着强大的贵族作风习气，因而他们对人有防范心理。他们担心别人会利用自己对他们的亲近友善获取利益。英国人待人小心谨慎，不愿与他人接触，这与他们不能明确断定遇到的人究竟属于哪个社会阶层有关。他们担心他人的小恩惠带有不正当的目的，因而很是怀疑他人过多的礼节。英国人既不想受到陌生人的迎合，也不想被别人怨恨。

英国人表现出了洁身自好和冷漠寡言的特点，很多人将其归咎于英国人的性格。我们不能否认，英国人的气质的确对他们有一定影响，但是起更大作用的，我认为则是英国的社会情况。为了说明这一点，我们看看美国人是什么样的。

在美国，家庭出身不能决定一个人的特权，同样财富也不会给其拥有者带来任何特权。陌生人聚集在同一个地方很是自由，不会拘谨。他们之间进行思想交流没有获得好处的目的，也不用担心会对自己不利。一旦他们在某个地方相遇，既不会主动与对方交谈，也不会排斥对方。可以说，美国人是用自然、开朗、坦率的态度对待他人的。进一步说，美国人待人的时候不是为了从对方获得某种利益，也不用担心对方会给自己带来危险；同时，他们也没有炫耀自己地位的意愿，不会刻意隐藏自己的状况。如果看到他们表现出冷淡和严肃的态度，就说他们是拘谨和高贵的，那就错了。当他们与别人相见但保持沉默的时候，不要认为这样会给他们带来好处，那是因为他们当时心情糟糕、不想发言罢了。

在异国邂逅的两个美国人，他们之所以能很快成为朋友，唯一的原因就是他们是一个国家的人。共同的祖国把他们联系在一起，使得他们没有偏见，不排斥对方。至于两个英国人，他们要想接近的前提就是属于同一个阶级，相同的国籍和民族并不会导致他们接近。

英国人之间那种对人冷漠的态度，我们法国人和美国人都有了一定的认识。因而，我们并不会对英国人对我们的冷漠感到奇怪。美国人和英国人在血统、语言、宗教、部分习俗上是一脉相承的，要说他们之间有什么差别的话，那只是社会情况方面的差异。至此，我们就能明白，英国公民的气质不是决定他们谨慎稳重的原因，而是国家制度决定的。

# 第三章　美国人在本国与在欧洲的不同表现

所有令人敬畏和谨慎的民族要是受了他人的侵犯，几乎都会记仇。这样的心理也无一例外地存在于美国人身上。人们要是冲撞了美国人，他们基本上会铭记于心。可是美国人的怒气来得慢，去得也慢。因而即使被他人冲撞了，美国人也不会轻易发怒。

贵族执掌大权的时候，屈指可数的人负责社会的所有事务。他们制定了人与人公开往来的规则，并且不能改变。所以，如何对他人表达尊重和善意，每个人都心知肚明。他们认为别人也会和他们一样懂得礼节，并对此深信不疑。

后来，其他一切阶级都效仿上层阶级的习惯，将它当成了标准。不仅如此，各个阶级还自行制定了规矩，相应的成员都必须遵守。

就这样，每个阶级都有了一套烦琐并且杂乱的礼节。普通人运用起来十分困难，一不小心违背了的话，就会给自己带来危害。人说不准什么时候就会受到他人的侮辱，或者侮辱他人。这种侮辱是无心的，也是残暴的。

然而，阶级差别在日益消亡，那些教育和出身不同的人在同一场合交流时就不必遵守烦琐的礼节。因为关于礼节的规定并不清晰，所以即使那些懂得礼节的人也会觉得稍稍违背礼节也不是什么大不了的事。因而，同行为的形式比起来，人们更加注重行为的实质。他们虽然会因此而变得不太礼貌，但他们几乎不会起争端。

有人不断地讨好一个美国人，但是美国人不会因此而被感动。他觉得别人的讨好不是自己应得的东西，或是通过装傻来拒绝他们。所以，即使别人没有讨好他，他也不会生气，反而是对他们有更多的理解。从这一点可以看出，美国人有着不拘小节的态度，有着更加直爽的性格，并因此而显得有大丈夫的气概。

美国人彼此宽容，采用大丈夫的态度对待对方，可以用一个原因来解释，这个原因我在前一章中已经提到过了。

美国社会中的市民之间几乎没有等级差异，这种现象在美国政治界也一样。所以，美国人会认为自己不应该对每个同胞都心怀关切，他也不要求同胞这样对他。他认为跟同胞拉近关系并不能给他们带来好处，也确信跟别人套近乎也会让别人厌烦他。他不会因为别人的出身就轻视他们；让他没有想到的是，别人会用出身这个缘由来轻视他。一旦他确定别人对他进行了侮辱，就会觉得对方是故意这样做的。

美国人不会轻易为了一点儿小事就发怒，这是美国社会情况必然造成的结果。并且，美国人的自由民主还使得美国民情融入了宽容这种风气。

美国各个阶级的民众能不断往来，并且万众一心做大事情，这是因为美国的政治制度在发挥作用。他们投入到伟大事业中，无暇顾及那些烦琐的礼节。他们甚至不拘礼节，是因为他们过度重视和睦。所以，他们养成了这种自然的习惯，待人接物不看重他人的外表而是关注思想和感情；那些琐碎的事情也不能使他们大发怒火。

在美国的时候，我多次发现，要想一个人意识到自己的讲话不受大家的欢迎是很困难的。即使通过委婉、客气的拒绝方式想让他离开，他也不会离开。

我曾经逐一驳斥了一个美国人的讲话，目的就是想要让他明白，我厌倦了他的讲话。然而，在我反驳他之后，他却绞尽脑汁地提出新观点，还想让我信服。我不再反驳他，只是听他一个人说，他天真地以为他讲的道理引起了我的深度思考。后来，他还在接着说，但我已经默默离开了。他以为我要料理一些重要的事情才离开的。如果我不直接向他表明，他是不会知道我已经听腻了他的讲话的。

假如这个美国人是在欧洲，那么就会容易发怒，并且不会再那么呆板。对此我想，在欧洲不冒犯他会很困难，其程度是与在美国让他生气一样的。人们也许会感到这一点出乎意料，事实上是同一个原因导致了美国人的两种表现具有差异性。

因为民主制度，所以美国人认为他们的国家伟大，人民也了不起。美国人保持着骄傲的姿态去别的国家。他们到了欧洲，发现当地人对美国、美国人的看法与他们自己的想象有很大出入。为此，他们感到气愤并且恼怒。

美国人对欧洲人身份不平等的现象早有耳闻。如今，他们亲眼目睹了欧洲国家还有等级的痕迹。欧洲人的一些不定特权是由他们的出身和财产决定的。对此，美国人很难理解，也很难定义那些不定特权。之前美国人在他们的国家不曾目睹类似的事情，由于没有参考，要想理解现在看到的现象就很困难。现在这个等级制度即将被消除，虽然不同阶级仍然彼此轻视、仇恨，但阶级正在趋同，说不定什么时候就会融合。此刻，美国人担心自己位置摆得太高，更害怕别人看低自己。他头脑中总是想着那两种危险的可能，并且他的言行都受到了其妨碍。

关于欧洲的传统，美国人还是知道的，并且明白等级决定了欧洲人的礼节具有差异性。他的疑惑、不理解源于曾经的行为风格，担心自己不被尊敬，虽然他对什么是尊敬认识得并不清晰。所以，他就像一个行为举止都不灵活的套中人。交际对于他而言是一种不轻松的、不能给他带来愉快心情的活动。他担心别人的一举一动、神色、话语之中会有隐语，会给他带来侮辱。为此，他就会更加留意别人。至于有没有一种乡绅比美国人更不懂得变通处世之道我就不清楚了。美国人不但严格遵守礼节，也不允许别人对他不敬。美国人不但谨慎而且高傲，这是为什么呢？因为他希望能做得得体，但是又担心做得过头，再加上他对两者的界定还不清楚，因而总是高傲、不自然。

上述只是其中一部分。美国人还有一种对人心的伪装。美国人总是赞美本国的平等，以自己的国家为傲。然而，美国人对此并不满足，还想对其他人表明这一点。他说自己是个例外，不在他所吹嘘的那种正常情况范围之内。

美国是殖民地，先前很多人到过这个地方，把自己的家世跟他们拉上关系是每个美国人的想法。在我看来，英国大家族能称得上是一切美国人的先祖。

用挥霍浪费这种手段来显示自己的财富是美国富人看重的首要事情。他到了欧洲，担心自己在别人眼里是个来自民主国家的一般公民，因而想方设法地要表现自己的阔气。他每天都会变着花样去挥霍金钱。城里最豪华的地区就是他们住宿的地方，此外他还被很多仆人伺候着。

我遇到过一个美国人，他曾抱怨巴黎的一些大沙龙，说那些沙龙与中等的交际场所没什么区别。照他的意思看就是，人们在那些沙龙里不能得到高尚的雅兴。为了让你信服，他还说，去那些沙龙的人都没有足够典雅的外表。然而实际情况是，我们的风气对于他来说还不适应，那种藏在通俗外表深处的精华他看不到。对此，你不要惊讶会有两种对立的观点。

美国已经完全没有了旧贵族的等级区分，因而美国人在他们自己国家里表现出了淳朴和宽容，到了欧洲却表现得高傲和不自然。

# 第四章　为什么美国人会热心助人

当人们对他人的不幸有一种自然的同情心的时候，当人们自由、频繁地交往接触，不会因为任何冲动而分离的时候，我们要理解下面一点就容易多了：人们在需要的时候就会马上互相帮助。很多美国人都会满足他的同胞的求助，关于他们充满热情地主动帮助别人的义举，我就看到过多次。

假如有人在马路上突发了车祸，他会得到从各个地方赶来的人的救助。假如一场大难降临到某个家庭头上，这个家庭也会得到陌生人的经济帮助。虽然说每个人的捐助都不多，但是积少成多，最终这家人会从困难中走出来。

对于世界上一些文明国家里的人来说，要是他遭遇了不幸，就会被人们孤立，显得很无助。这种处境跟一个野人在森林里遇到的情况没什么两样。这种现象在美国基本上是不存在的。一般说来，美国人不但冷淡而且粗野，可是他们表现出来的却不是无情、冷漠。即使他们没有第一时间给予他人帮助，也不能说明他们没有助人之心。

这一点与我上述关于个人主义的内容相比并不矛盾。在我看来，二者绝非对立，甚至是相互一致的。

人们认为自己独立自主了，同时认识到了自己的弱小。确切来说，他们是自由了，可是很多意外威胁也出现在了他们面前。他们从经验中很快就明白了一个事实，虽然他们不是经常需要别人的帮助，可是有时候离开了别人的帮助是万万不行的。在我们欧洲，也能经常看到这样的事情，同行人在任何时候都会互相帮助对方。这是因为他们有一样的苦难和遭遇。无论他们在其他方面再怎么冷酷和自私，也会帮助对方。所以当有人遭遇困难，而别人只需要做出暂时牺牲或是稍微努力一下就能帮他走出困境的时候，他们不会放任不管，而是会全力提供帮助。他们的举动并不能说明他们十分在意那个人的命运。如果他们的努力对那个人没有作用，那么他们就不会再伸出援助之手，而是忙碌自己的事情去了。可即便如此，似乎也有一种不受他们控制的默契在联系着他们。

从这种默契来看，会发现每个人都有义务，即暂时帮助别人。等到他自己遇到困难时，也有要求别人提供帮助的权利。

要是我就一个阶级谈论的内容能被推广运用到一个民族的话，你们就会对我的思想有更深刻的认识了。

事实上，对于民主国家的公民来说，他们之间也存在一种契约。这种契约跟我所说的默契有相同的地方。他们认为，人们的危险和弱点有共同之处。他们的同情心和利益会让他们产生一种信念，即在必要的时候互相支援帮助对方。

随着人们的身份变得更加平等，他们对这种互相支援的义务也就能认识得更深刻。生活在民主国家的公民不会广泛地施舍，但可以时常给人提供帮助。效忠精神几乎在每个人身上都不存在，他们更多地体现出乐于助人的精神。

# 第五章 民主制度下的主仆关系

有一个美国人，他花费了不短的时间在欧洲旅行。有一回，我听他说起："我很吃惊英国人用高傲和蛮横的态度对待他们的仆人。我无法理解的是，法国人时常对仆人太过亲密。换句话说，他们用很客气的态度对待仆人。法国人给别人的感觉是，不敢吩咐仆人做事情，主人和下人之间的界限是模糊的。"

我很赞同他的观点。以前类似的话我也说过多次。就我们所处的时代来说，世界上主仆关系最严格的国家就是英国，主仆关系最松弛的国家则是法国。我一直持有这种看法。这两个国家的主人地位相差甚大，我印象中没有哪个国家能与他们相比。

美国的情形不同于英国和法国，它是处于两者之间的。

以上论述的事实是外在的、表面的。我们要进行深入的研究，才能对产生这个事实的原因有更加清晰的认识。

身份再怎么平等也有贫富之分，这种情况自古以来都存在，因而社会也是有主仆之分的。

虽然主仆这两个阶级的存在并不会受到民主制度的阻挠，可是两者的思想意识却会随着它而改变，并且两者之间的关系也被它调节着。

贵族制国家的仆人是作为一个独立的阶级而存在的。一直以来，这个阶级是固定的，与主人阶级没有什么区别。贵族制国家很快就能建立一种秩序，并且是不会变动的。与主人阶级内部相同的是，仆人阶级内部也会产生等级、集团、显赫人物。这种情况会永远存在，人们的地位不会发生变化。主人阶级是上等社会，仆人阶级是下流社会，但是两者之间都被相同的原则支配着，即使它们之间的差异一直存在。

仆人的习惯、风尚和思想会受到这种贵族制度的影响，其程度与贵族制度对主人的影响相比毫不逊色。即便两者各自会产生不同的结果，可它们都受同一个原因影响是显而易见的。

在一个大的国家中，主人阶级与仆人阶级就像小国家一样。他们各自看待公正和不公所持的观点是不一样的，也是不会改变的。他们的看法固定、特殊，看待人的各种行为的时候也是如此。仆人社会里的人们之间也会发生很大影响，这一点与主人社会相比没什么不同。不变的规范是他们认可的，即使没有落实到法律条文上，可是舆论却在支配着他们的行为。他们长期以来形成的习惯就像警察规定的制度那样对他们进行着指导。

有些人生下来就注定了要被人差遣。因而他们眼中的名誉、美德、正直和光荣同主人相比是不同的。这一点毋庸置疑。他们的名誉观、美德观、正直观是仆人所有的一种心理。这种心理用一句话概括起来就是，他们自觉地为自己是仆人感到光荣。[1]

仆人阶级的地位是卑微的，这是一个事实。可要是认为这个阶级的一切人都是不求上进的，那就大错特错了。因为在这个低下的阶级中，有一些人很出色，并且有意走向更高的地位。他们的地位大致就跟贵族一样，他们因此而神气，认为自己是了不起的人物，并且轻视别人。同时，他们认为自己品德高尚，所作所为可以与贵族媲美。

在贵族制国家里，有些低层的人心地好、办事能力也强，他们为上层人办事。虽然是仆人，但是对于身份低微这一点，他们不会在意。对于主人的话他们俯首帖耳，也不用担心会让主人生气恼怒。

可是，对于仆人阶级中的下层来说，就是另外一种情况了。可以想象，那些在仆人阶级中担任侍从角色的是最下层的人，他们的地位是最低的。对于为贵族办事的仆人，法国人特意发明了一个词来称呼他们，这个词就是奴才。

这个词听起来很刺耳。人们认为一个人特下贱，在没有其他合适的词语的情况下，就会将其称为奴才。在旧君主制度社会里，人们常常说一个人骨子中都有奴性，其实就是在骂这个人是品行最恶劣的人。这句话足以让人们对它的意思一目了然。

仆人养成的德行和恶习是独有的，他们在主人面前的地位也是独有的。这种情况的产生与身份不平等这个因素有关。

贵族制国家的穷人从小被一种思想左右，即被人支使。因而他们眼里只有等级森严的社会组织，只有下层人服从上层人的状况。

这导致的结果就是，在身份不平等的国家里，主人能很容易地让仆人完全归顺和服从。仆人尊重主人，是因为仆人出于顺从整个主人阶级的考虑，而不是出于服从某个主人这一点。贵族制度的一切压力都被主人阶级安置在了仆人身上。

仆人的行动受到主人支配，他们的思想也在一定程度上被主人操纵。在贵族制度下，主人在无形中就对自己仆人的习惯、思想和情绪产生了重大影响。同他们的权威影响比起来，这种影响的广度更胜一筹。

在贵族制社会，主人家族和仆人家族都是世袭的。不仅如此，在同一个主人家族内会出现一种情况，就是同一个仆人家族连续几代受其差遣。这两类人的相互关系因为这

1　对于指导他们行为的主要思想，要是认真探究一下，就能更容易地看到他们的相似之处。同时让人惊讶的是，他们一旦有家庭出身的优越感，就会尊老爱幼，看不起下层阶级，喜欢讲礼仪，重视传统和习惯。这一点同封建等级制度的贵族成员之间一样。——原注

种情形的存在而有了重大改变。

生活在贵族体制内的主仆两者生下来就没有共同点可言。他们的地位因为教育、财产、权利、观点的不同而有巨大的差距。可是，随着时间的推移，他们最终会走向一起。他们对一件又一件的往事都有着共同的记忆，使得他们之间都有依恋。虽然说他们在很多地方都有差异，但他们还是能走向和洽。而民主社会则不是这样的情况，虽然主仆生下来基本上都是一样的地位，但他们总是将对方当成陌生人看待。

所以，在贵族制国家里的主人看来，仆人就是他的家奴和手下，并且主人关心仆人的命运，这是在能保证自己利益的前提下进行的。

仆人的想法也与他们主人的想法无异。他们认为自己隶属于主人阶级，所以觉得自己是主人的附属物。这一点与主人的想法是一样的。

贵族制度下的仆人处于从属地位，这一点是他们没有办法改变的。他们之上的人是那些永远占据高不可攀地位的人。就这样，一些人永远贫穷、愚昧，一辈子被人呼来唤去。反观另一些人，他们过着锦衣玉食的生活，终生让别人为自己服务。虽然这两个阶级完全不同，但他们却是分不开的。他们之间靠着一种联系而融合，只要等级制度不消除，那种联系就不会消亡。

这种差距极大的情况使得仆人最终不再重视自己的地位。慢慢地他们就会丧失自己原有的人格，完全供主人驱使支配，接着他们在此基础上就会形成自己的新人格。他们为了炫耀自己，会说自己主人的财富很惊人；为了给自己增光，会列举主人的荣誉；为了抬高自己的地位，会说自己的主人是多么高贵。这些虚荣是靠着他们的主人得来的，可是他们很享受并且陶醉于这种虚荣。与主人相比，他们更加看重这些。

一旦两种不同的生活情景结合起来，就会让人既感动又好笑。

主人的情感要是转移到了仆人身上，那么同之前比起来，度量必然会降低或是减少。也就是说，情感会变得狭隘，低俗。一些东西在主人身上看起来是高尚的，但是到了仆人身上就成了虚荣和做作。这让人觉得十分乏味和厌恶。一些在大人物手下办事的仆人们往往会效仿其主人的风范。相比于他们的主人，他们会更加计较特权，哪怕只是很小的特权。

如今，这种上了年纪的贵族仆人还时不时地出现在我们法国人之中，只是数量不多。用不了多久，这类人就会随着他们的死去而不复存在。

在美国社会中，我发现这样的人是不存在的。对于这种人，美国人没有一点儿认识，更不要说让他们明白这类人是如何存在的事情了。这种人的存在要是让美国人来想象是十分困难的，其程度就跟我们想象古罗马的奴隶，或是中世纪农奴的状况基本上是等同的。虽然说仆人无一例外地有高低之分，但他们都是贵族制度的产物，并且受同一个原因的影响。他们是一个集体，正在渐渐走出我们的视线。他们的社会情况正在发生改变，渐渐地他们就会过上好日子。

新型的主人和平等关系的产生是因为身份的平等。也正因为如此，他们之间的关系会变得非同寻常。

民众要想不断改变自己的处境，有一个前提，即人们的身份基本上完全平等。

主人阶级和仆人阶级是两个不变的阶级，可是对于他们各自的内部成员和他们的后代来说，是会发生变化的。到了那个年代，无论支使人还是受人支使，都是会改变的。

仆人不具备不变的习惯、风尚和偏见，这是因为他们也是群众中的一员。至于那些特定的精神面貌和独特的感情表达方式，在他们身上也是不具备的。因为地位的差异，造成了善和恶，对此他们是不知情的。可是，他们也有知识、思想、感情，这一点与同时代人一样。不仅如此，同时代的人具备的善和恶他们也有。与主人阶级一样，他们之中有的人地位人格都很高，有的人却不是。

与主人之间相同是，仆人之间的身份也是平等的。

在贵族制社会和其他社会中，地位的尊崇与卑微是很常见的现象。这是因为比一般人地位高的等级和固定不变的等级制度在他们的仆人阶级中是不存在的。

欧洲人对那些有名的忠实仆人还记忆犹新。可是我在美国看到的每个人都不能唤起我对忠仆还有那些奴才的记忆。忠仆和奴才这两种人在美国已经消失了。

在民主制度的社会中，仆人们之间是彼此平等的，甚至仆人与主人之间也是如此。

接下来，我就要充分阐述一下这个结论，以便你能更好地认识。

仆人与主人比起来基本上都是一样的。这是因为仆人希望自己有与主人平等的身份，说不定什么时候他们也能成为主人阶级的一员。

至于说主人有权支使仆人做事情，仆人必须服从主人的命令，这又是什么缘故呢？这是因为主人和仆人双方在自愿的基础上订立了一个契约。这个契约是暂时的，任何时候都能作废，因而他们之间自然就没有高低之分。他们之间维持着这种状况，就是因为契约的存在。契约规定，在其范围内一方是主人，另一方是仆人。可是离开了这个契约，他们就是两个平等的公民。

如果你留意的话，就会发现这是仆人对自己地位的认识。这种认识对于主人和仆人来说都是一致的。在他们的观念中有着清晰的对命令和服从的界定。

大多数公民要是长期都处于几乎平等的地位，并且这早已成为公认的事实，那么公众意识就不会受到一切特殊力量的影响。这种公众意识往往还会为人的价值划出一个范围。对于每个人来说，长期不能进入这个范围或是超出范围都是不容易的事情。

贫穷与富贵、命令和服从会不时地使得两个人彼此有很大的差距，但是这不会给他们带来实质性的影响。因为他们受到一种舆论的指导，能变得平等，这种舆论的基础是事物的常规。不仅如此，即使两个人实际身份不平等，也不会使他们之间只是存在想象中的平等。

这种舆论蕴涵着强大的力量。即使有人为了自己的利益会反对这种舆论，最终也不得不服从它的统治。它能抑制他们的意志，同时也使得他们的判断发生变化。

主人与仆人之间存在的固定差别已经在他们之间消失了。即便他们建立主仆关系并且出现了差别，做主人的也不会得意，做仆人的也不用担心受到主人的侮辱。这样的话，主人就不会被仆人记恨，仆人就不会被主人看不起。在日常接触中，主人不会态度粗暴不讲道理，仆人也不会低声下气奉承主人。

契约是能给主人带来权力的根本原因，这是做主人的一种认识。仆人们听从主人命令的原因也是因为契约的存在。契约规定了他们的地位，所以他们不会为此而彼此不和。双方对自己的地位是一目了然和完全认同的。因而他们做的就是要使自己的地位保持下去。

就法国军队里的士兵和军官来说，他们的出身阶级几乎都一样，士兵也有成为军官的可能。不考虑军衔这个因素，士兵觉得自己与长官都是平等的。事实上是这样的吗？答案是肯定的。然而在军队中，士兵对长官的命令要坚决服从。这种服从建立在士兵自愿的基础上，是有明文规定的。因而士兵能很快地、准确地做到对长官服从。

通过这个例子，我们可以想到民主社会中的主仆关系。

贵族的仆人偶尔会对主人表现出强烈的献身精神，要是你认为民主社会的主仆之间也会这样的话，那就大错特错了。

在贵族制社会，主人与仆人是不经常见面的，他们之间一般都通过中间人联系。然而，主人与仆人的关系却是稳定的。

在民主制社会中，虽然主人与仆人时常碰面接触，但是他们并不会在思想层面沟通。他们从事着相同的工作，可是他们的利益是完全不同的。

在民主制国家，仆人将自己看成过客，只是暂时住在主人家里。对于主人的祖辈和后辈，他们既不知晓，也不会关心。此外他们对主人的期望也不会长久。然而，他们还是要依附主人而生存，这是为什么呢？他们是如何具有那种热衷为主人服务的精神的呢？原因就在于他们的地位发生了改变，自然变化的还有他们之间的关系。

关于以上论述，美国人的这个例子就能很好地说明。然而，这必须是特定的人物在特定的地点才行。

美国南部地区还没有废除农奴制，所以我论述的内容并不符合那里的情况。

如今在美国北部，大多数奴隶已经被解放，他们和其子女都当了仆人。在公众看来，这些人还没有确定他们的地位。虽然从法律上说，他们已经成了主人，可是抵制他们的习惯和势力依旧存在。

那些人还没有对自己现今的地位有一个清晰的认识，因而从他们的行为上看，他们基本上还是不懂礼节，内心异常自卑。

在北部的各个地区，尤其是新英格兰，很多白人为了生计而去做别人的仆人，供他们驱使。我了解到，这些做仆人的白人工作起来很认真，认真坚守自己的职责。他们认为雇用自己的人未必能比自己高尚到哪里去，而且也乐于听从主人的差遣。

我认为他们在工作中融入了由独立和平等带来的坚毅品格。虽然他们在生活中遇到了许多困难，但他们都会勇敢面对。他们十分懂得为人之道，会一直按照契约的规定服从自己的主人。

主人的唯一要求就是仆人能够如实按照契约办事。至于让仆人对他们十分恭敬、忠心不二、体贴入微这样的要求，他们是不强迫仆人做的。只要仆人勤劳踏实，他们就很满意了。

认为民主制度社会中的主仆关系没有条理，这种观点是错误的。这是因为有另外一种方式规定了他们之间的关系，只是这种规章与之前的相比不一样而已。

我说的这种新情况与以前的相比是逊色还是不同？关于这一点不做深入探究。值得肯定的一点是，这种新情况已经固定了下来，并且有规章可以遵循。遵守特定的秩序不是人与人之间最重要的东西，而有可以遵循的秩序才是。

平等在革命的风暴中建立了起来，并且经历了重重阻碍；民主制度作为一种社会体制建立之后，仍然与世俗、偏见对立；那是一个十分悲惨和动乱的年代，对此我不知该怎样表述。

主人和仆人并不是生下来或永久地就有高低区别。关于这一点，在法律中已经有条文规定，一部分舆论也持有这种观点。事实上，主人的头脑中还没有被完全灌输这种新思想，也可以说他们心里依旧不赞同。他们是这样想的，自己是特殊的人，比别人地位高。可是他们对于这种想法没有勇气明说，所以他们虽然心里不舒服，但仍然把自己当成一般人看待。他们支使仆人做事情的时候会表现出胆小的一面，同时在仆人面前会尽显余威，严厉刻薄。长期执掌权力的主人会对自己的仆人有保护和施惠的感情。可是对于现在的主人来说，他们身上不再有这种感情了。让他们感到纳闷儿的是，不仅他们自己变化了，而且他们的仆人也变化了。他们对仆人的要求并不高，只是希望仆人的工作习惯能够守规矩并经常保持下去，希望他们对自己的工作称心如意，即使他们总有一天要离开主人。希望他们能尽全力为主人服务，即使主人不能保护他，可是也不会触犯他。通过长期的联系，最终达到一个目的，即仆人要关怀那些与他们命运一样、处境比他们差的人。

在贵族制社会中，仆人会受人使唤，可是他们一般不会因为这个原因就觉得自己是卑微的。在他们的观念中，他们除了做仆人之外，想不出还能做什么工作。他们与主人之间的关系十分不平等。关于这一点，他们认为这是必然和不能避免的，是上天注定的。

在民主国家中，做仆人的并不是身份低微的一类人。为什么这样说呢？因为仆人这个职业是他们自由选择的，是他们暂时从事的。公众舆论不会轻视做仆人的人，并且主仆之间是持久的平等关系。

可是，一种社会制度将要被另一种社会制度代替，期间人们的思想会在贵族主义的臣服观念和民主主义的服从观念之间摇摆。这是人的思想基本上都要经历的一个时期。

在服从者看来，服从的道德价值正在渐渐流失。在他们眼中，服从这种义务不再是神圣的而是与正义不相符的。他们看待服从依旧抱着自己没有过上正常人生活的观点。服从对于他们来说就是一种获得利益的行为，即使服从并不是光荣的事情。

这个时候，一种平等观念会出现在仆人的头脑中，这种观念是模糊的，不完整的。他们能获得这种有权享受的平等，至于是在处于仆人地位的时候获得的，还是在摆脱了仆人地位之后获得的，起初他们并不知晓。他们处在为别人服务从而得到报酬的地位，还认为这种地位是卑微的，并且从心底里抵触它。虽然他们不反对被人雇用，但是被人使唤的时候会感到惭愧。他们从事这种工作就是希望获得利益，对主人有厌恶之情。确切来说，他们对于自己为什么还是仆人这一点没有认识，而那些使唤他们的人在他们看来就是非法剥夺他们权利的人。

于是每个公民家里都出现了一种现象。这种现象与政治社会展现出来的可悲情景有相似的地方。换句话说，在公民家庭里，敌对力量相互怀疑，并且之间的斗争从不间断。主人表面上看起来很和善，可是心里却充满了敌意。做仆人的也有敌意，并且直接起来斗争。主人一方不想再承担供养仆人和支付报酬的义务，因而想要通过种种不公正的限制来推卸。仆人一方则是想要摆脱服从这种义务。两者之间为了争夺这种权利你来我往，都想得到。对于权威和专横、自由和任性、权利和本分的界线，他们没有明晰的认识。至于他们自己是干什么的，自己能够做些什么，自己应当做些什么，这些问题他们谁也没有明确的认识。

这样的状态是革命状态，绝对不是民主状态。

# 第六章　民主国家的租金和租期

我论述了主人和仆人这个题目，其内容也适用于地主和佃户，当然只是在一定范围内适用。我认为有必要单独谈谈后一个题目。

严格地说，美国没有佃户，每个人都有自己的土地所有权。

民主的法制有一种明显的趋势，它能使地主的人数增加，佃户的人口减少。这是不可否认的一个事实。就当前美国所有发生的变化来说，制度起着很小的作用，反而是它的国土环境起着主要作用。

美国的土地价格不高，人人成为地主是件很容易的事情。然而地主、佃户从土地上获得的利益却很少，产品的收益基本上与投入的成本一样多。

所以说，美国在土地方面是比较特殊的，与其他方面比起来没有什么区别。因而不能将土地方面的制度作为美国的典型制度看待，否则就会走进误区。

我预测，以后地主和佃户还会存在，不管对于民主国家还是贵族制国家而言，都是这样。只是将来民主国家里的地主与佃户之间的关系同现在比起来是不一样的。

佃户租种地主的土地，除了要缴纳租金之外，还要尊重和关心地主，甚至为地主服役。这是贵族制国家里佃户的状况。而民主国家里的佃户只需要支付租金就行。对于一个家庭和其土地而言，只要土地没有分配给子女或是被卖掉，它们之间就永久有关系。地主与佃户之间也有关系，只是他们的关系是暂时的，是以契约为基础的。他们会定期见面，为的是商议契约的内容，协商完毕后，他们就又分开了。利害关系让两个互不相识的人走到了一起。他们做交易的时候讨价还价，为的就是能够达到赚钱这个目的。

当地产的范围越来越小，财富越来越分散时，在全国各地都能看到家道衰落的破落户、无比贪婪的暴发户。

在所有人看来，即使微薄的收入也不是小事情。对于微小的利益，任何人都不想放过。他们也不想让自己的收入有丝毫损失。

因为各个等级正在走向融合，所以很少能看到非常富有和十分贫困的人。从社会条件这个方面来说，随着时间的推移，地主与佃户之间的差距会逐渐缩小。与佃户相比，地主天生就有绝对优势，而现在这种情况看不到了。然而对于两个地位平等、都想走出困境的人来说，只有金钱才能促使他们签订租赁契约。

拥有众多土地和农场的人有一个深刻的认识，就是要赢取众多佃户的好感。他认为有必要为了这件事情而努力，因而宁愿失去一些东西也要达到这个重要的目标。那些拥有少量土地的人跟前一种人不一样，对于他们而言，赢取佃户的好感是没有必要的事情。

一个人可以在一天之内就死掉，但是贵族制度不会这样。只有人们渐渐排斥了它的原则，之后才可以用法律手段使它消失。上层阶级与下层阶级好像是通过一条锁链联结了起来，但是早在跟贵族制开战之前，那条锁链就已经断裂了。上层阶级轻视、不关心下层阶级，下层阶级则是仇恨和嫉妒上层阶级。富人与穷人的关系随着他们接触次数的减少而变得更糟。地主渐渐提高了土地租金。这一切明确预示了民主革命即将到来，而不是走向结束。贵族制度已经从内部走向衰落，最后民众不再支持它。就好比一棵大树，根部已经枯死，长得越高，风就越容易将其吹断。

将近半个世纪以来，不仅在法国而且在欧洲的大部分地区，都能看到地租大幅上涨的现象。我认为，出现这种现象仅仅用工农业取得巨大进步这个原因来解释是远远不够的。我们应该找出一个原因，这个原因不但更具说服力，而且是更深层次的。只有这样才能让这个现象一目了然。这个原因该从何处去找呢？我的看法是，从一些欧洲国家采用的民主制度中，从被大小力量激发出来的其他各国人民的民主热情中能找到答案。

我遇到过一些英国大地主，时常听他们说他们的父辈收的地租远远没有他们现在多。对此他们十分高兴。

表面上看，他们的得意是有道理可言的；然而事实上，他们对于为什么会这样却并不清楚。其实这是一场交易，但在他们看来就是一笔收入。虽然现金拿到了手，但是他们在权势上做出了让步。虽然尝到了钱财的甜头，可是没多长时间他们就要损失一些权力。

一场民主大革命正在进行或即将来临，人们可以通过一个现象就能轻易地感觉出来。

中世纪所有土地的出租都是长期的，或者几乎就是终生出租。

通过了解中世纪时期的家庭经济，我们可以发现，那个时候土地的租期是九十九年，并且十分常见。而如今，我们的土地租期是二十年。

那个时代的人都觉得，家庭是不会消亡的，人们的身份也是不会变化的。整个社会就像磐石一样坚固，人们都觉得不会有任何动乱发生。可是在平等的年代，人们的思想改变了。他们的新观念是，事物都是变化的。至此，人们的思想就被事物一直变化的观念支配了。

地主和佃户受到这种思想情绪的感染，开始发自本能地厌恶长期的租约关系。双方都担心自己会受到租约的长时间束缚，即使这种租约目前能给他们双方都带来好处。他们不清楚什么时候自己的处境就会发生变化，为此他们很是心神不定。他们感到自身难保，害怕自己的生活方式会发生变化，之后就不得不放弃那些习惯的东西，并且为此而伤悲。有事实可以证明他们这种担忧并不是凭空来的。这是因为人心在民主时代是所有变化事物中最容易发生改变的。

# 第七章　民主制度下的雇主和工人

关于上述主人和仆人的内容，很大程度上也可以用来说明雇主和工人。

伴随着社会等级界限的逐渐模糊，曾经的上层人物衰败了，之前的下层人物地位提高了，并且世代不变的贫富差距也在人们之间发生着变化。无论从人们的看法还是现实来说，工人与雇主之间也在渐渐减少差距。

当工人愈加深刻地认识到他们的权利、前途和自身的时候，便有了新的需要和欲望。他们不间断地将自己的新需求反映给雇主，并且更加看重雇主的既得利益。对此，他们向雇主要求更高的薪水，雇主通常都会答应他们的。

其他国家与民主国家有一点是相同的，就是国家的大多数赚钱实业都是由同样一部分人掌握的，这类人在财富和教育水平上超出工人。社会里像这样的实业家很多，可是要想他们一起出力合作是不容易的事情。这是因为他们自身的利益出发点是不同的。

对于工人来说，他们要是觉得雇主支付给自己的薪水与自己付出的劳动力不相符，那么基本上就不会再为雇主工作了。

两个阶级一直围绕着工资这个主要问题不间歇地斗争着。两者势均力敌，都有胜利和妥协的时候。

即便如此，有一点仍然可以断定，那就是将来占据优势的必定是工人的利益。这是因为工人们已经争取到了高的薪资，这会帮助他们减少雇主对其的控制，使得他们变得更加独立。随着这种态势的发展，工人们要争取获得更高的工资也是轻而易举的事情。

接下来，我就通过一种实业的例子来阐述这个问题。这种实业是种植业，当前在法国和其他国家都很兴旺发达。

在法国，有一群人被他人雇为工人去种地。他们中的大多数人有属于自己的一小块田地，即使不去当工人，仅仅靠这块土地的收益也能将就着填饱肚子。

大地主或是周围的农户想要雇用他们为自己劳动，假如支付给他们的工钱太少，他们就会宁愿选择经营自己的小块土地。此外，他们还会期待着有更高薪酬的机会。

纵观农业工人的全部状况，我觉得有一个基本规律在民主社会发生着作用，它就是工资的缓慢增长。随着人们身份变得平等，工人的工资也会递增；反过来说，工人的工资递增了，又会促进人们的身份变得平等。

然而，就我们当前所处的时代来说，却有一个例外情况，这对于人们来说是很不公平的。

有的贵族被政治社会排斥，但他们不会进入一些实业部门，而是通过另一种形式建立起他们的统治地位。他们是怎样做到的？关于这个问题，我在之前的章中已经论述过了。

工资水平受到了这个情况的巨大影响。

我提及的大型实业，仅有那些之前就十分富有的人才有能力创办，而这类人非常少。由于这个原因，那些人相互合作起来就很容易，还可以任意规定工资。

反过来说，他们手下有大量的工人，并且还有不断增长的势头。这是因为当这个实业生意好的时候，他们就会支付给工人很高的工资，能吸引周围的人到自己的工厂劳动。可是人们一旦开始劳动，就必须一直劳动下去。这是因为，不久他们就会变得从身体和心理方面都适应工厂的这种劳动，这会导致他们从事其他工作有困难。通常说来，文化水平低、手艺不精湛、没有财富是这些人的特点。故而实业家几乎可以任意支配他们。当雇主的利润因为竞争和其他例外状况而下滑的时候，他们就可以作出决定，不再支付给工人高额的工资。他们通过这种方式，很轻易地就从雇工的工资上弥补了自己的损失。

假如工人不满这种状况，联合起来罢工，那么非常富有的雇主会任由工人罢工，并且悠闲地等待着工人复工。而对于贫困的工人们来说，为了填饱肚子，就必须劳动。毕竟他们拥有的仅仅是一双能劳动的手而已。工人们越是穷困，雇主就对他们压迫得越厉害。这是一个非良性循环，并且工人们没有办法摆脱这种境况。

由此说来，我们对于下述现象就不必感到奇怪了：一个行业的工资在持续的上涨之后跌落了，并且长期不再上涨，而另一个行业的工资却在缓慢地不断递增。

我们所处的这个时代有一个特别的现象，那就是产业人口处于从属地位，并且十分可悲。与周围的人相比他们是截然不同的。这种情况比其他任何情况都要严重，更需要引起立法者的另眼关注。当全社会都在变动的时候，一个阶级要保持不变是不可能的。当大部分人都在寻求新的发财途径的时候，要想让某些人理所当然地满足他们的需要和欲望则是非常不容易的事。

# 第八章　民主制度拉近了家庭成员的关系

在上面的论述中，我着重阐述了在美国这样一个民主国家里身份的平等是如何使公民之间的关系发生改变的。

接下来，我想进一步谈谈家庭内部的关系。我之所以要谈论这个方面，不是为了提出新观点，只是想告诉大家上述事实与我的题目之间的关系。

众所周知，就我们所处的时代，新的关系已经在家庭的每个成员之间建立起来。之前父子之间的差距很大，现在已经缩短。即便现在的长辈还有权威，可是同之前相比，起码程度上降低了许多。

在美国也能看到相似的现象，并且表现得更加明显。

罗马人和贵族就“家庭”这个词的含义所理解的那种家庭在美国根本就没出现过。美国人的家庭意识是在他们生下来之后的最初几年才产生的。孩子正在童年时光里，家里的事情都是父亲说了算，子女必须服从。父亲在家里专政，一个必要原因就是子女年龄小，不懂事。这种专政合乎法理，原因是子女们的利益和父亲具有权威。

然而，随着美国孩童走向成年，子女就不必再严格服从父母。他们先是有自己的想法，会自己做主，之后就会自主行动。严格地说，美国人不必经历青年阶段。他们度完少年时光，接着会自己出去打拼，走自己的人生道路。

在家庭内部，儿子与父亲会有斗争，在这场斗争中，你要是认为做儿子的为了取得自由会采取违反道德的方式，就会陷入误区。一些习惯和原则能促进当儿子的享有独立。某些习惯和原则不但会推动儿子走向独立，也让父亲明白了一件事：他不能阻挡自己的儿子享有独立，这项权利不可违背。

所以，做儿子的完全不会因为被父亲压制而对他们产生怀恨之心，感到不满。做父亲的也不会因为丧失了权势而感到愤懑和痛苦。换句话说，做父亲的已经明白他的权势早晚有一天会丧失，一旦那天来临，就得自愿放弃自己的权力。做儿子的也早就知晓，他能独立自主的时刻一定会到来，之后他就可以稳稳地获得自由。这就好比是他得到了一份财产，而且任何人都不会想要抢夺它。[1]

如今，我们用不了多久就能取得社会和政治革命的胜利，论述一下家庭内部的这种变化与革命的密切关系也不是没有一点儿用处。

贵族制国家等级森严，政府根本就不会向自己的子民求助。有一定关系约束着每个人，因而上层人物只需要发号施令，其余人就会响应。在一个家庭或者一个人领导的社会团体中，这种现象也能看到。在贵族制国家，实际上社会唯一承认的是父亲的存在。做子女的与社会产生联系，只能通过身为一家之主的父亲才行得通。做父亲的受到社会的制约，做子女的则受到父亲的管束。所以，做父亲的天生就被赋予了一种权力，就是管教自己的子女。不仅如此，他们还享有一项政治权力，可以对自己的子女发号施令。做父亲的创造了家庭，又维持着家庭的生计。他们是家里的支柱，就像行政长官一样。

在民主国家，政府的权力能直接管理每个公民，并且每个公民都被同样的法律直接约束着。像父亲那样的中间人没有存在的必要。从法律层面来说，做父亲的也是一个公民，只不过他的年龄比子女大，并且比子女富有而已。

当大多数人身份不平等，并且永远不会平等的时候，人们的头脑中就会出现关于领袖的观念。这个领袖即使在法律上不享有特权，但是习惯和舆论会让他拥有特权。反过来说，当人们的身份几乎都平等，并且会永远平等的时候，那么人们头脑中关于领袖的观念就会减弱，变得不清晰。立法者依靠自己的意志强行让一个人做领袖，让他号召下属，这是无法实现的。这是因为，民情使得领袖与其他人渐渐变得平等，他们之间没有什么差别。

在贵族制国家里，其立法机构授予家长特权，这样的事情我从没目睹过。即便这样，我还是能肯定，民主国家的家长权力不如贵族制国家的家长权力受尊重，也不如后者广泛。为什么呢？我们知道，贵族制国家的领袖的地位要高于民主国家的，不管法律有没有规定，这就是一个事实。至于下属的地位，则与上述情况相反，也就是说下属在民主国家比在贵族制国家地位高。

人们在生活中不重视现在，而是偏好怀念过去；关心的更多的是祖先的想法，而不是研究自己的想法，到了这个时候，做父亲的就好比一座桥、一个套环，他扮演了联系过去和联结上一代和下一代的角色。在贵族制社会，父亲是家庭的政治领袖、传统的继

---

1 在我们法国，处理遗产的自由随着父亲的去世而消失了，他不再享有这种重要权力。而美国不是这样，一旦做父亲的立下遗嘱，就会永久有效。

我们通过其他方面也能很容易地看出，但在政治立法上，法国不如美国民主；而在民事立法上，美国则远远不如法国民主，理解这一点其实并不困难。

法国的民事立法是由一个人制定的。他的看法是，只要事情没有对他的权力产生影响，就说明这是与他的利益相适应的，他也会在这些事情方面满足公众的民主激情。他乐意让人民利用一些原则去管理他们的财产，治理他们的家庭；前提就是人民不能有利用这些原则去干预国政的打算。当民法受到民主的激流冲击的时候，他会用政治法令轻而易举地维护它。这是一种既妥协又自私的做法。然而这种方法不能长期沿用下去。这是因为，政治社会具有市民社会的表现和内涵是迟早的事情。从这一点我们可以看出，一个国家的民事立法最具有政治色彩。——原注

承人和传代人、习惯的解释人、民情的仲裁人。家庭的其他成员都要认真听他的话，必须对他十分恭敬，并且完全服从他。

当社会民情变得民主之时，人们就会形成一种基本原则，即以自己为标准来判定事物。他们认为这是一种正确、合理的原则。他们也会参照祖辈的信念，但不会将其作为规范。到那个时候，父亲提出的见解就不会对子女产生很大的影响了。这一点同他的合法权力一样，都大大降低了。

民主制度导致的分家会带来很多后果。其中，父子关系的改变就是最明显的一个。

当作为一家之主的父亲拥有的财产所剩无几时，就会与儿子一起长期生活，共同劳动。他们走到一起，是因为习惯和需要的原因。他们还必须时刻保持交流，所以他们之间自然就会建立起一种亲密无间的关系。父亲的权威因为这种关系的存在而绝对减少了，而且对于一些表面上的尊敬也不十分讲究了。

在民主国家里，虽然这样的阶级占有的财产不多，可是他们能使思想具有力量，使民情发生变化。这个阶级让它的意见、意志上升到了统治地位。即使有些人不服从它的领导，想要与之抗衡，也会最终败下阵来，转而去效仿它的做法。我遇到过一些反对民主的人，他们的反抗意识很强烈，曾允许自己的子女称呼他们的时候用“你”而不用“您”。

所以，伴随着贵族权势的流失，父母也失去了他们那种严肃的、约定俗成的、合法的权威。反观现在的家庭内部，一种平等关系建立了起来。

社会是否因受到这种变化的影响而产生了损失，对此我并不知情，我能肯定的一点是，个人从中受益良多。随着法制和民情变得更加民主，我觉得父子关系也会更加密切、温和，不会存在之前那种父亲必须摆出权威、儿子必须讲究规矩的现象。他们之间往往有着稳固的信任和关爱之情。虽然父子的天然关系变得紧密了，但是他们的社会关系却变得不那么严格了。

在民主国家的家庭里，做父亲的没有一点儿权力，他们唯一做的就是对自己的子女表示爱护，传授他们一些经验。虽然子女不会听从他的命令，但却会听他的忠告。子女对他不是十分恭敬，可仍然是信任他的。子女与他沟通时不必讲究传统的礼仪，而是随意地同他攀谈，聆听他的教诲。在这样的家庭里，你看不出他是一个家长、长官，他的唯一身份就是“父亲”。

我们通过阅览贵族时代留下来的一些家书，就能判定两种社会情况在这方面的区别。端庄、死板和生硬是贵族制社会中书信文体的特征，看了书信的内容，人们心里会感到十分冰凉。反过来看看在民主社会中儿子写给父亲的信，你会发现有的内容写得很随意，文字中透露着亲密和依恋之情。很明显，这个家庭的成员之间建立起了不同于贵族制家庭的关系。

这样的变革也使得兄弟姐妹之间的相互关系发生着变化。

在贵族社会里，每个人的地位早就被安排好了，贵族家庭也是这样。在家庭内部，父亲与其他家庭成员是不平等的，他自成一级，具有很大的特权。单拿子女们来说，他们之间也是不平等的，他们在家庭里的地位是由他们的年龄、性别决定的，并且年龄和性别还能让他们拥有一定的特权。受民主制度的影响，这些限制因素大多数要么被废除，要么减少了。

在贵族制家庭中，父母的多数家产会由长子继承，他几乎会享有全部权利。因而，未来家庭的家长一定是长子。不仅如此，在某种程度上说，兄弟们也会将他当成主人看待。长子的身份既尊贵，又有权力，平庸的兄弟们只能从属于他。在贵族制国家，长子的特权只能给他自己带来利益，你要是持有这种观点的话，那就错了。这是因为长子的兄弟们会对他的行为记恨和嫉妒。

通常说来，做长子的成为族长后，会尽自己的力量援助他的兄弟们获得财富和权势。这是因为族长能体现出他在家族的地位、名声。族长地位很高又有权势，因而能要求做弟弟的也贡献自己的力量协助他开展事业，有权力决定让弟弟去扶持家族的其他分支。

所以，贵族家庭的成员有着很紧密的联系。他们的利益是相互连通的，思想基本上也一样，可是他们却很少进行心灵上的沟通。

在民主社会中，兄弟之间也是相互帮助，但是他们的方式不同于贵族的方式。

民主的法制规定，一个家庭的子女都是平等的，也是独立自主的。他们彼此近距离地接触不受任何因素的强制，他们相互疏远也不受任何因素的强迫。他们天生就有共同的血统，在一个家庭环境中成长，受到相同的关爱。任何特权都不能让他们不平等，让他们归为不同的等级。因此，他们在很小的时候就手足情深。长大之后，他们建立了新关系，这种关系并不会导致他们不和睦。这是因为他们之间有兄弟情义，会拉近他们之间的距离，不会让他们对立。

所以，在民主社会中，对往日的共同回忆、共同的思想和爱好，导致了兄弟彼此之间能接近，而不是因为利害关系。

民主制度能够让兄弟们的关系和睦，即便他们会分割财产，各自过活。

这种民主的民情有着很大的吸引力，因此一些拥护贵族制度的人开始转向遵守民主制度。经过一段时间的体验之后，他们再也不愿意遵循贵族家庭中的恭敬和死板无情的规矩了。对于之前的社会情况和法制，他们一旦不再遵守，任何时候都可以采纳民主制度下的家庭习惯。然而，有一点还要注意，要想享用这种民主的家庭习惯，就必须承受民主的社会情况和法制。

人性本身能自发地产生一切情感，从这一点来说，我之前关于父子之爱和手足情义的论述应该是合乎情理的。

人处在一种特殊的情况下会产生一种思想和感情，要是这种情况发生了改变，那么思想和感情也会消失。由此说来，虽然两个公民可以通过法律紧密地联系在一起，可是当这项法律被废除了，那么两个公民的关系也就不再密切了。封建社会把主仆联系起来的民情具有紧密的联结作用，其他民情无一能及。时至今日，分离的两个公民已经南辕北辙，互不相识。之前，那些畏惧、感激、敬爱的感情使得他们成为主仆，而现在这些东西已经消失得无影无踪。

可是，人类天生产生的感情不会轻易变化，要是法律试图用某种方式来控制它，基本上不会成功；法律想要增强这种感情，想要从中得到利益，也是几乎不可能的事。这种感情要想一直保持强大，只需自身的力量就足够了。

几乎所有的旧社会习惯都没有了效力，或是没有了踪迹，这是民主制度作用的结果。此外，它还激励人们接受新的社会习惯，如此一来，旧社会习惯产生的感情大部分都会消失。然而，对于其他习惯，民主制度只是改良了它们，使得它们具有了活力和温和性。这些都是它们之前不具备的一些特点。

在我看来，总结本章和之前各章所论述的观点一句话就足够了，即民主制度使得天然联系变得紧密，使得社会联系变得松弛。也就是说，民主制度将家庭成员之间的联系拉近了，却让公民之间的关系疏远了。

# 第九章　教育对年轻女性的影响

任何一个自由社会都有各自的民情。在上卷中我曾提及女性创造了社会的民情。我认为只要是能对妇女的地位、习惯和思想产生影响的因素，都能具有重大的政治影响。

在信奉新教的国家和信奉天主教的国家里，两者的年轻女性的自主性是不同的，前者要比后者大得多。英国是一个新教国家，人们获得、拥有了自治权利。在这样的国家中，那种独立自主性会更加明显。所以，这样的国家里的每个家庭通过政治惯例和宗教信仰就能获得自由。

在美国，新教的教义、自由的政治体制、民主的社会情况，三者之间是相互补充的。并且美国的年轻女性同其他地方的年轻女性相比，是完全自主的。

美国的女青年在没有达到结婚年龄的时候，母亲对她的监护力度就会慢慢减少。她们还是孩童之时，就能自己思考问题，随意提出自己的看法，自己一个人行动。她们会接连看到很多人生的大场面，她们的父母不但允许她们看，还让她们仔细观察，学会客观正确地认识它。所以，她们从小就经历了社会上的邪恶和危险。由于她们很清楚这些邪恶和危险，所以会果断作出判定，勇于正视它们。她们相信自己应付这些绰绰有余，并且觉得周围的人也是这种想法。

所以，从美国的女青年身上，我们几乎看不到她们刚刚懂得爱情的时候表现出来的处女气息。与欧洲女青年相比，她们也没有后者从童年走向青年时所展现出来的天真风韵。

美国各个年龄段的妇女几乎都不像小孩子那样胆小和幼稚。她们与欧洲的女青年相同的一点是，也希望让别人喜欢。可是对于付出的代价，她们心知肚明。她们不会做邪恶的事情，因为她们起码明白邪恶是存在于世的。这不但说明了她们的高尚，更能说明她们的纯洁。

我很惊讶，美国的女青年在愉悦的交谈氛围中发生了口角，之后还能保持镇静，巧妙地表达自己的话语和思想。我几乎被她们折服了。在一条狭隘的道路上；一个哲学家也许会跌倒多次。可是对于美国女青年来说，她们能很轻松地走过，不会跌倒。

不难发现，美国妇女就是自己的主人，甚至在她们年纪不大的时候就是如此。只要是被允许的享乐，她们都可以不受拘束地享受。可是，她们不会在任何一种享乐中不能自拔。虽然她们表面上看起来很随意，可是她们的理智还是在发挥着应有的作用。

法国人的观点和爱好之中还掺杂着之前的遗风，这让人难以理解。妇女就跟生活在贵族时代一样，被管束得很严，不能露面，接受的教育几乎就是修道院式的。当民主社会建立之后，这个社会必定会产生混乱，而妇女们又被抛弃到这种形势中，不能得到指导和支援。

美国人很满意他们自己的做法。

美国人的观点是，在一个民主国家里，个人的独立是一条重大原则，是不能缺少的。青年人应该早点儿成熟，爱好不用长久坚持，习惯也是可以改变的。通常说来，不定和无力是舆论应当具有的特征。他们还认为应该削弱父权，否认夫权。

在这种情况下，他们自然地认识到，压抑妇女由心底而发的最强烈感情对妇女是没有好处的。最好的途径是教会她们一种技能，以便能使这种感情得到控制。妇女的贞操时常会被破坏，对此他们无能为力。因而，他们认为让妇女自己保卫贞操才是最好的方法。他们希望妇女不要指望用那些措施来保护自己，而是依靠自身的意志力。他们是出于怎样提高妇女的自信力的考虑，而不是让妇女对自己的能力产生质疑。让女孩子长期无知懵懂，这不是他们所希望的事情，也是他们不允许的事情。因而，他们就将很多基本知识传授给女孩子，让她们能及早学会处理各种事务。他们将世界上的邪恶一面展示给女孩子，让她们有一个认识，以便能培养出她们抵御邪恶的能力。在他们看来，培养女孩子的德性操守比培养女孩子的贞洁更加重要。

美国是一个忠实信仰宗教的民族，即便如此，人们使妇女保卫贞操也不仅仅通过宗教来实现。他们也在想办法，使妇女变得更理智。这些方法同在其他方面采用的众多方法都一样。首先，在妇女运用个人的独立自主的时候，他们会积极努力使妇女有所节制。其次，当人为力量用完之后，才会向宗教求助。

我很清楚，这样的教育会带来不良影响。虽然这样的教育能使妇女的判断力发挥出来，可是她们的想象力却会被压制，如此一来，她们有了德性的同时，其感情就会变得冷淡，不能嫁为人妇，或是找到亲密伴侣。虽然说，这样的社会秩序井然，不会动乱，可是也会导致家庭生活缺少温暖。这些不良影响还不是最重要的。我说的这种事情现在已经发生，并且发展到了迫使我们作出唯一决定的地步，那就是实行民主的教育势在必行。如此一来，妇女就不会再受到民主制度和民情带来的危害。

# 第十章　年轻女性怎样维持婚姻

美国的妇女嫁人之后就不再独立自主了。美国的年轻未婚女性比较自由，可是她们嫁为人妇之后，沉重的义务也就随之而来。她们成婚之前是住在父亲家里的，有自由和乐趣可以享受；而成为别人的妻子，住到丈夫家里后，就像是进了修道院，再也没有自由了。

这两种情况有着明显的差异，它们是人们想象的那种矛盾体吗？或许从某个角度说不是这样。事实上，从前面的情况进入后面一种情况，对于美国妇女来说是必然会发生的事情。

信奉宗教的公民和注重实业的民族都用认真严肃的态度看待婚姻。在前者看来，民情淳朴的最好保证和最明显标志就是妇女在生活中遵守规矩。它也是家庭安定和繁荣的最可靠保证，这是后者持有的观点。

美国人既信奉新教又重视实业，他们受到宗教信仰和经商习惯的影响，这些都要求妇女做出自我牺牲，让她们的乐趣必须服从自己的事业。欧洲的少女却基本上不会被要求这样做。在美国，舆论占有统治地位，会将妇女固定在一个小圈子里，规定她们不能超出这个范围。她们在这个小圈子里，只是为了家庭的利益和责任。

美国的女青年踏入社会的时候，就会明白她的头脑早已被这种观念充斥。这些观念衍生出来的规矩被她看到后，她能立即认识到一件事情，就是当她的行为和当时的通行习惯格格不入时，她的安宁和名声以及社会存在都会遇到不测。然而，她们有能力顺应社会，又是为何？这是因为她们已经对此有了理智和坚定的认识，通过受教育她们养成了坚毅的习惯。

她在需要做出牺牲的时候能勇敢忍受，并且一点儿也不反抗不抱怨，那是因为她享有独立。

此外，美国妇女嫁为人妇之后，权利受到限制，好比落入了预设的陷阱。这个结果并不是由她们的无知和单纯造成的。在结婚之前，她们通过教育就已经明白自己将来该怎么做。结婚就像在脖子上套一个枷锁。在没有他人干涉的情况下，她们自愿选择了结婚，并鼓起勇气接受新的生活条件。

在美国社会中，父母对女儿的管束不严格，但是夫妇间的约束却很严格。因而一个青年女性要决定结婚的话，必定会经过深思熟虑和多次权衡。

早婚现象在美国是看不到的。只有当美国的妇女有了成熟的理智的时候，才会决定嫁人。其他国家的大多数妇女一般是先结婚，之后再锻炼自己的理智，慢慢走向成熟。

美国的妇女结婚后，她的全部生活习惯会立即发生很大的变化，对此我认为不是因为舆论的压力。在很多时候，她们只靠自己的意志来面对这个变化。

自由的世界观培养和稳固了美国妇女的理智，这种理智是冷静而严肃的。当她们到了选择配偶的时候，这种理智会让她明白：成为别人的妻子之后，要是继续不稳重自我做主的话，就会与丈夫不断产生争执，就不能享受到结婚的乐趣。已婚妇女的消遣方式不再是未婚女青年的娱乐项目。她丈夫的家就是她幸福的源泉。她们结婚之前就明白，要想让家庭获得最大的幸福，只有一条路径可以选择。因而她们一开始就选择顺着这条路一直走到尽头，从不后悔。

美国少妇乐意承担新的情况带来的沉重义务，接受生活中的所有重大考验。通过这两点，我们能看出美国少妇具有上述那种意志力。

美国人的个人命运跌宕起伏，其程度超过世界上所有其他国家的人。在美国，一个人在一生之中会经历很多回起落。他们从富有变得贫穷，再从贫穷变得富有，这是很常见的现象。

面对这种巨大变化，美国妇女一直会表现出冷静和坚定的毅力。也可以说她们的欲望能伸能缩，就是因为她们的贫富发生了变化。

在本书上卷中，我已经提到过一件事情，年年有冒险家会移居到西部的蛮荒地带。他们当中的大部分都是英裔美国人，并且是最初在北部定居的那些人。为了获得财富，他们不怕冒险来到西部，放弃了在故乡享有的舒适生活。他们的妻子也跟着他们一起冒险。在冒险初期，那些妇女们遭遇了数不清的艰难困苦。在西部荒漠的边缘地区，我甚至还碰见了很多少妇。她们曾经在舒适的大城市中成长，住着豪宅，现在她们基本上都是结婚之后就与父母分离，跟着丈夫来冒险，住在森林里的破旧茅屋中。她们会患上疾病，心里感到孤独沉闷，但是不会因此而失去勇气。虽然她们的表情看起来很疲惫、很忧郁，但是她们的神情却透露着坚毅和勇敢的气概。

这些美国少妇在艰难困苦的条件下表现出了自己的内在力量。我十分确信，她们在接受初等教育的时候就培养出了这种品格。

所以说，早在年轻的时候，美国妇女就已经学会了怎样做妻子。在生活中，她们的角色不同于以前，日常生活习惯也是如此。可是无论生活怎样变，她们依旧不会改变自己的意志。

# 第十一章　为什么美国的民情很正派

有些哲学家和历史学家提出了一个说法：妇女的居住地与赤道之间的距离远近会使得妇女的情操发生变化。居住地离赤道越远，她们就越端庄，反过来说也是这个道理。但是，这种说法只是一个较好的借口，并不能解决难题。根据这种说法的意思，人性方面表现出来的最难解决的问题只需用一个地球仪和一个圆规就能解决了。

我的看法是，这个唯物主义理论不是建立在事实基础上的。

在不同的历史时期，同一民族的民情表现是不同的。在一个时期内，它显得很正派；到了其他时期，就可能没有章法。一个国家的民情不是由其固定的地理位置决定的，而是由一些可变的原因决定的。

我承认，在一定的气候条件下，性的相互吸引力能激起十分强烈的情欲。然而，这种天生的情欲是能够被社会情况和政治制度激发出来，或是被抑制下去的。

虽然，去过北美旅行的人在一些问题上持有不同的观点，但是他们一致认为北美的民情十分端庄。他们还承认其他地方的民情都没有达到北美的程度。

很明显，与他们的祖辈英国人相比，美国人在这一点上做得更好。

要想证明这个观点，只需要对这两个国家进行初步的认识、比较就行了。

欧洲国家的人针对妇女的弱点总是抱着不好的心态去评论。英国人也不例外。哲学家和政治家经常抱怨民情还没有达到正派的程度。文学家也是在这种哀叹中从事作品创作。

包括长篇小说在内的一切美国书刊，其中的妇女都冰清玉洁。那些男女之间的暧昧事根本就不会出现在书中。

美国的民情十分正派，部分原因是因为其国土、种族和宗教，这一点不容置疑。但是其他国家的民情也会受到这些原因的影响，因此这些原因没有说服力。为了更好地说明，我们就得谈谈其特殊的原因。

在我看来，平等和其产生的各项制度就是这个特殊的原因。

身份的平等本身不能让民情变得正派；但是可以肯定的一点是，它能让民情容易变得正派，或者让民情更快地走向正派。

在贵族制国家里，一男一女两者的出身和财富要是不一致的话，就不可能成为夫妻。虽然他们可能会因为情欲而结合在一起，但是社会情况和其观念不会承认他们有合法关系。所以，社会中会出现很多非正式的夫妻，这是必然的现象。法律禁止人们的非正式婚姻，可是这种现象的出现冲破了法律对他们的限制。

男女之间存在着想象的和实际的隔障，当这些都被身份的平等消除之后，就会出现另外一种情形。每个少女都相信，心仪她的男人会娶她。他们在婚前不会轻易地做出有伤风化的事情。人们因为情欲而容易变得冲动和轻信，但是你没有办法让一个女子相信，你在完全可以选择自由结婚却不与她结婚的时候还爱她。

婚后的生活同样也受到这个原因的影响，只是不那么直接罢了。

搞不合理之爱的人和许多想要搞这种爱的人有一个共同的看法。这种不合理之爱变得合理化，是因为强迫婚姻或者是两个人任意结合。[1]

有的国家里的女性可以自由选择自己的配偶，并且受过教育的她们会作出最适合自己的决定。在这样的国家里，舆论绝对不会宽容女性的过错。

在某种程度上，这个原因导致了美国人具有严肃精神。在他们看来，婚姻就是一种契约，并且负担很重，然而他们都不能任意违背条款。因为他们提前就知道内容，完全可以自主决定不结婚。

有一些约束能让男女在婚后相互忠诚于对方。

在贵族制国家，男性与女性结婚是为了让双方的财产结合，而不仅仅是他们两个人结合。所以，有时候男方还在上学读书，女方还在吃奶的时候，两个人就订下了婚约。这种夫妻关系是为了让双方的财产结合，会导致双方产生不一样的念头。对此，你不要感到惊奇。之所以会产生这种结果，是因为契约的本质。

反过来说，当每个人都能自己选择配偶，不会受到其他人的干涉和指使的时候，相同的爱好和思想就能让男女双方接近还会让他们更加相互依靠，让他们的夫妻关系变得更稳固。

我们的父辈对婚姻的看法让人难以理解。

当时社会上刚兴起的恋爱结婚的现象最终基本上都以悲剧收场，他们看到这种情况之后，就断定这种自主恋爱结婚的事情是很不靠谱的。他们认为，男女精挑细选配偶可

---

1 要想理解这个真理其实很简单，阅读一下欧洲文学即可。

欧洲作家写那些婚姻中的常见悲惨结局之前，为了引起读者的同情，一定会向读者说明这对夫妻不适合或是被强制结合在一起的。如今，过度宽容的人生态度会使我们的民情变得松弛。作家描写人物缺点的时候，要是用一种无可争议的手法，就会引起我们对他们的不幸遭遇的同情。这样的作家才是成功的作家。我们将宽容态度一直保持下去，就是受到我们全部所见的影响。

美国作家不会将他们对书中人物的缺点的鲜明态度展示给读者。习俗和法律不允许他们这样做。他们对描写淫乱情节不抱希望，因而就放弃了这类题材的写作。这也是美国出版的长篇小说极少的一个原因。——原注

能比不上两个人萍水相逢。

他们看到的情况其实说明不了问题，这又是为何呢？

我首先要说的一点是：民主国家给予了妇女自主选择配偶的权利，同时也将这种选择的知识灌输进了妇女的头脑，事先让她们的意志产生了能够进行这种选择所要的力量。贵族制国家的少女缺少自由选择配偶的知识和力量，她们会不顾父母之命而与男人私奔。况且那些男性的情况是她们没有时间了解的，她们也不能断定男子的好坏。所以，没有受过民主教育的她们在结婚方面会效仿民主的习惯。结果她们第一次按照自己的意志作出了错误的决定，并且犯下了十分严重的错误。这种现象很平常，没什么奇怪的。

然而，事情还没有结束。

一男一女要想结合，就得突破贵族的社会情况带来的各种不平等，不仅如此他们还需要克服很多其他阻碍。父母之命这条束缚被他们打破或削弱，他们不再遵守之后，旧习俗势力和专横的舆论也需要他们费尽最后的心力去克服。然而最终，他们好不容易走到了一起，但是却被亲友鄙视。他们因为打破了本应遵守的束缚，所以亲友们同他们不再那么接近。出现了这种情况，他们的勇气会受到损伤，心里也是十分难过。

由此看来，自由选择配偶结婚的一对夫妇从一开始就非常不幸，甚至将来还会犯罪，但这是因为他们自由选择的缘故吗？不是。这是因为他们生活的社会是不容许他们自由选择配偶结婚的。

不能忽略一点：要想阻止一个人不犯通常的错误，要是态度太粗暴的话，就会导致他丧失理智。我们要让一个人有向他的时代和国家奉行的观念合法宣战的勇气，同时也要让他在精神上做好一定准备，以便随时进行暴力和冒险的斗争。具备这种性格的人很少能够得到幸福，也很少有仁慈的举动。无论他们到什么地方，都是这种情况。顺便说一下，因为这个原因，亲切并且稳重的革命家在一些最必要和最神圣的革命中很少能见到。

所以，在贵族制度的社会中，要是男人和女人一见钟情，接着很快就结了婚，他们考虑的往往只是个人的意见和爱好这两个条件。至于他们结婚没多久就改变主意，做出不检点的举动，酿成了悲剧，出现这种情况是没有必要大惊小怪的。如果两个人结婚没有违背社会的规则和秩序，对父母的权威也认可，就会受到舆论的支持。他们结婚之后家庭内部必定会更加和睦，双方都会对自己的配偶更加忠贞。

在民主国家，男人几乎无一例外地参与政治生活，为了家庭而工作。做妻子的因为家里不富有，就整天留在家中亲自处理家里的事情。家务的方方面面，她们都会用心去处理。

男女双方从事着性质不同的劳动，这是他们必须承担的。它就像一道障碍，自然会对男女双方的性生活产生阻碍。其中一方的性冲动渐渐变少，不如之前那样兴奋；另一方也会更容易地拒绝对方的性冲动。这是说让男人忠贞不二的原因是因为身份的平等吗？不是。而是说它能让男人的伤风败俗之举不像之前那样存在更大的危险性。由于这时候谁也没有足够的时间和机会来质问某人是否想保持贞操，于是就出现了很多娼妇和贞洁烈女同时存在的现象。

这种情况给一个人带来了不幸和伤悲。但是整个社会不会因此而不继续活跃和坚强。它既不会对家庭的纽带造成破坏，也不会让民情委靡。所有人的普遍堕落才是使整个社会陷入危险的原因，而几个人的严重腐化不能达到这种效果。立法者认为，通奸的可怕程度远远超过卖淫。

因为平等，所以人们过着忙碌和奔波的生活。这种生活将人们谈情说爱的时间都占据了，人们没有时间深陷其中。它还通过一种相对隐蔽和可靠的办法，让人不沉湎于谈情说爱。

工商阶级的思维习惯多少也能在民主时代生活的人身上体现出来。这类人有着相对严谨的头脑，他们喜欢用心计，注重实际利益；追逐当前的目标，把这一目标当成是他们自然的和必然的向往对象，可以为了它而放弃自己的理想。所以说，平等只是限制了人们的想象力，将人的想象力压得很低，但是它并没有将其破坏。

在民主制国家，那些一般在事前发生并能让公民心情起伏不定的孤独冥想是他们最不愿意幻想的。公民也绝对不会沉迷其中。

的确，他们看重的情感是可以使生活变得美好和安定的、深厚的、认真的、恬静的，至于一些激情，他们是不会乐意追求的。那些激情不但会对他们的生活产生影响，缩短他们的生命，还是十分不容易控制的。

我上面论述的内容只对美国适用，当前还不能普遍地在欧洲推广开来。

半个世纪过去了，欧洲许多国家在法律和习惯的大力驱动下实行了民主制度。可是这些国家的男女关系变得比较正派和纯真的迹象我们仍然看不到。相反，与预期相反的结果在一些国家出现了。这个问题对于一些阶级来说是个严肃的问题，但是从全国来说，整个国家的普遍道德松懈了。我之所以敢于将这一点说出来，是因为我有一个目的，就是想让同时代的人有一个美好的形象，而不是对他们进行批评和指责。

出现这种情况，很多人都会感到痛苦，可是也没有担心的必要。

习惯的正常化受到民主情况的影响，其结果也许会让人觉得良好。这种现象要想将它的效果显现出来，必须经历一段时间才行。身份的平等对于良好的民情具有促进作用。要是这种说法成立，那么社会为了产生这种平等而进行的阶段性剧烈争斗则不利于良好的民情。

近半个世纪以来，法国的面貌时刻都在发生着变化，期间，我们发现社会时常发生动乱，而我们却没有获得多少自由。当社会思想普遍混乱，舆论不断变化，是非、真假、功过不容易分辨的时候，人们就会质疑社会的公德，同时个人的私德会陷入绝望的境地。

然而，我们法国发生的所有革命在刚开始的时候都给社会带来了相同的结果。不论为了什么目的，不论由什么人发动的革命都是如此。即便那些最初为了加强道德的革命，在结束之后也会让道德变得松弛。

我觉得我们常常见到的动乱很快就会结束。这是因为有一些迹象已经给我们带来了预示。

曾经的那些贵族如今没有了权力，可他们还具有财富，是腐败到极点的群体。他们享尽了庸俗的消遣，依旧花费大量时间沉溺于酒色之中。他们曾经的热烈激情和伟大思想能给他们带来兴旺，可是现在他们都不具备了。如今他们身上只有很多恶习，虽然这些恶习不大，但是能让人堕落。他们就像尸体，而那些恶习就像苍蝇一样，紧紧地积聚在他们身上。

上个世纪的法国贵族是十分放纵的，对此大家都认同。可是传统的习惯和悠久的信仰依旧发挥着作用，其他阶级会因此而尊重道德。

在当前时代里，原则的严肃性在某种程度上还是会得到贵族残余势力的维护，这一点不能否认。社会的中下层又怎样呢？他们在渐渐地将道德摧毁。其后果是，半个世纪前那些在生活上最为放荡的家庭现在却变得最守规矩，成了榜样。这给人的感觉是：民主使得道德向上，貌似跟贵族阶级是分不开似的。

贵族的财产因为法国大革命而被分配给了人民，他们还被强制必须在自己的私事和家庭中集中精力。此外，同子女一起生活也是他们必须做到的事情。然而法国大革命也使得他们有了更清晰和严肃的头脑。所以，尊重宗教信仰、爱好秩序、爱好平凡的娱乐和家庭幸福，这些被法国贵族在无形中学会了。这些本来是其他阶层所具有的，可是那些阶层趁着法制和政治习惯被推翻而留下来的余威对秩序进行了破坏。

法国旧贵族承受了大革命带来的所有后果，然而他们却没了由革命产生的激情。一般革命前会出现的无政府主义理念他们也不具有。可以这样说：这场革命将会对他们的生活方式带来好的影响，对此他们已经先于那些革命者预感到了。

虽然你会对我说的内容感到惊异，可我仍旧会告诉你：在如今的民主制度下，在道德方面做得最好的是那些最不同意民主的阶级。

就在我们享有民主革命的所有成果时，在将那些由革命带来的杂乱状态都消除之后，我觉得所有人都会渐渐认可那些现在只有少量人才认为是真理的东西。

# 第十二章　美国女性地位的变化

民主是如何消灭或是改变社会造成的一切不平等的？关于这个问题，我已经阐述过了。那么，几乎一直以来以人性为基础的重大的男女不平等最终是否也会受到民主的影响呢？

我的看法是，总的来说社会运动会使得父子、主仆之间的地位由尊卑转向平等，这种运动不仅会使妇女的地位提高，而且必定会让妇女取得与男人平等的地位。

在这里我觉得有必要将意见跟大家详细说明一下。原因是，这个题目与其他题目相比，更容易让现在的人产生误解。

在欧洲，有些人认为男女没有性别之分，认为男女是平等的人，并且是没有一点儿差别的人。他们将同样的职责、义务、权利赋予男女双方。换句话说，男女在劳动、娱乐、公共事务等所有方面都是相同的。我们很容易就能想到：男性和女性要是被强制一切平等，会对双方都不利。本来应该是女性做的工作，要是男性被强制去做这些，就会变得阴柔。反过来说，本来应该是男性做的工作，要是女性被强制去做，一些女人必定会变得不文雅。

美国人认为的那种可以在男女之间建立的民主或平等并不是有些欧洲人主张的那样。他们觉得，男女天生在生理、心理方面存在很大差距，应该让男性和女性根据自己的特点各尽其能。美国人十分肯定，让男女去做几乎一样的工作并不是真正的进步。政治经济学原则为如今的工业生产提供了指导，并被美国人运用到了男性和女性身上。他们将男性和女性的职责详细划分，为的就是让男性和女性在社会劳动中发挥自己的最佳作用。

最注意和最主张在两性之间划分行动界线的国家就是美国。美国人期望男性和女性的前进步调一致，按照他们各自的道路前进。

美国妇女不会去做买卖，或是成为官员，她们只是负责管理家务。这种现象十分常见。你也看不到美国妇女被强制去地里干农活，或是做耗体力的重活，所有家庭妇女都是这种情况。

从另一方面说，美国妇女只能在自己的家务小圈子之中活动，不会有人强制她们从中走出来，去做别的工作。

所以，我们时常能在美国妇女身上看到男性的智力和坚强毅力，可即使如此，她们一般看起来还是很阴柔。她们在智慧和心胸方面与男性有一比，但是从她们的行为举止来看，她们仍然是女性。

实施民主原则将会导致夫权被推翻，家庭内部的权威被打倒，对于这个结果，美国人一直没有觉察到。他们抱有一个观点，就是任何团体都必须有一个领袖，这样才能保证团体有效地活动。对于夫妻这个小团体来说，丈夫理所当然地就是领袖。所以，美国人对于丈夫有权命令自己妻子的现象一直都赞成。美国人还认为，在政治界民主的目的不是要将一切权利都破坏掉，而是要规定必要的权利并且让它合法。这一点也适用于家庭里的夫妻之间。

这种观点并不是男性独享的，同时也是女性赞同的。

美国妇女认为丈夫行使他们的权利就是使得她们的权利受到侵害，认为丈夫这样做就是为了让她们屈辱服从，这两种情况我一直没有见到过。我的看法是：美国妇女情愿服从丈夫，并且把它当成光荣的事情，她们的伟大之处就在于她们的顺从。

一般来说，妇德很好的美国女性都有这个看法，不过其他女性并没有公开支持这个看法。美国的女性根本就没有主张女权的观念。

经常听到有人说起，在欧洲，虽然男人逢迎女人，但男人在一定程度上也会轻视女性。表面上看欧洲男人在女人面前表现出奴隶的态势，而事实上他们根本就不承认男女平等。

在美国，恭维女性的男人并不多，可是从他们每天的行为来看，他们是尊重女性的。

美国男人绝对相信妻子的智力，非常尊重她们的自由，常常将这一面展示给别人看。在他们看来，女人通过自己的智力也能发现真理，跟男人没什么区别。他们认定女人的心胸十分坚定，直到她们发现真理为止。美国男人对女人从来就没有偏见，即使妇女愚昧无知胆小怕事，他们也不会以此来衬托自己是多么高尚。

在欧洲，女人能够轻易地支配男人，可是男人仍认为妇女不具备人类的一些主要属性。在他们看来，迷人的妇女也是不完全的人。更让人们感到奇怪的是，妇女的看法与男性的看法居然一致。她们表现自己的无知、软弱、怯懦是她们的特权，这是她们一直以来的观点。但是，美国妇女对这种权利却是一点儿也不热衷。

从另一个方面说，民情实际上赋予了男人一种赦免权。男人有专门遵守的一套道德规范，他们的妻子有另一套道德规范。舆论认为，男人和妇女的同一种行为产生的后果是不一样的，对于女人来说是犯罪，对于男人来说则是小的过失。

这种权利和义务的不公平分配对于美国男人来说根本就不能理解。他们认为，诱奸者是耻辱的，受害者也是如此。

的确，欧洲男人会对女性百般讨好，但是美国男人大多数都不会这样，他们会更多设想妇女是贞洁、贤惠的。对此，他们时常用行动表现出来。他们非常尊重妇女的精神自由，所以，在有妇女在场的时候，人人都会小心谨慎地说话。他们担心自己的言词被妇女听到，会让她们不高兴。在美国，年轻女孩可以放心地自己一个人长途旅行。

美国的立法者将刑法中的几乎全部惩罚法令都减轻了。可是对于强奸罪，他们还是规定了死刑。舆论也在痛斥强奸这种行为，并且态度最为强烈。这是可以理解的。美国人的观念是，妇女的贞节是最宝贵的东西，她们的自由是最应当被尊重的。至于那些强行夺取妇女贞节和自由的人，则是最应当受到严惩的。

法国对强奸罪判得不重。陪审团判定强奸犯有罪，这种情况基本上不会发生。这种行为是对贞节的轻视，还是对妇女的轻视呢？在我看来两个方面都有。

男人和女人有相同的义务和权利去做相同的事情，对此美国人并不赞同，然而他们却将男女的作用看得同等重要。虽然在他们看来，男女有着不同的命运，可是同样作为人，男性和女性有着相同的价值。他们认为妇女也具有勇气，并且对这一点深信不疑。他们不要求女人有男人那样坚毅的勇气，也不要求女人像男人那样使用勇气。他们反对夫妇永远同等地运用各自的理解力和理智，可是仍然承认女性有着与男性一样清晰的理智，有着与男性同样可靠的理解力。

虽然美国人让妇女在社会中处于下层，但是他们在智力和道德方面会尽力提高妇女的地位，以让她们处在与男性同样的水平。他们这样做让我感到十分敬佩，因为他们理解了民主进步的真正含义。

在这里，我要肯定地说：虽然大部分美国妇女还只能在家庭的小圈子里活动，在一定程度上她们还从属于男性，可我仍然认为她们具有很高的地位。这个时候，要是有人问我，美国为什么能够取得巨大的繁荣？它的国力为什么会日益强大？我会告诉他：这是因为这个国家的妇女们很优秀。

# 第十三章　为什么美国有许多私人小团体

可能有人会有这样一种观点，要是全体公民在政治生活方面实现了融合，那么他们在私人生活方面就会同样如此，并且他们还会被强制过上完全一样的生活，认为这就是民主制度带来的最终结果和必然效果。

要是这样的话，那么人们对民主产生的平等的解释就会很浅显和不科学。

不管在什么社会情况和法制下，人们在教育、财产和爱好方面无论怎么相似，也总会有一点儿差别。不同的人一起合作做同一件事情会给他们带来好处，但是不得不说，其中的乐趣他们是不会懂的。所以，他们就想挣脱立法者规定的限制。而在挣脱的过程中，他们会在立法者对他们规定的范围内建立起一些私人小团体。这种团体是因为相似的条件、品德和习惯而建立起来的。它们同大的政治团体一起存在。

美国的所有公民都是平等的，他们不需要相互尊敬，也不需要彼此服从，而是一起执法、一起治国。总的来说，大家联合在一起有了共同的命运，就需要一起处理那些对他们有影响的事务。可是主张大家用同样的方式去消遣，或是让男女在同一个场所游乐，这样的事情我闻所未闻。

美国人虽然在政治集会和司法审判的时候会聚集在一起，但是到了私人领域，他们却加入了不同的小团体，希望在里面享受私人乐趣。所有公民都认为每个人都是平等的，但是能成为他们好友或是客人的人并不多。

在我看来，这是很正常的现象。人的公共生活范围大了，就会相应地缩小私人关系范围。新社会的公民最终会在生活上完全一样吗？肯定不会。不仅如此，我认为他们会形成很多小团体。

在贵族制国家，每个阶级都好比一座大城市，它规定本阶级的成员不能出去，其他阶级的成员也不能进来。各个阶级之间是没有交叉点的，但是在每个阶级内部，阶级成员必定相互接近。虽然他们有着不尽相同的天性，但是平等的身份能使他们相互往来。

一些人之间建立了频繁的关系，法律和习惯对此却没有规定，这个时候基本相同的观点和思想倾向就会对其产生影响。私人形成的团体其特点都是各不相同的。

在民主国家里，公民几乎没有什么区别。他们之间互相往来是十分自然的事情，并且说不定什么时候就能成为一个团体。因而，他们按照自己的意愿划分出了很多小圈子。每个人都想加入小圈子，保持自己的独立性。

这种现象会一直发生。因为人们自己创造的制度是可以改变的，但是自己本身却不会改变。社会再怎么努力让公民变得平等和相同，可是个人的自傲心总会对此有所阻碍。人们不希望大家都处在同一水平，而是希望打开一个能给自己带来好处的局面。

在贵族制国家，思想意识上的鸿沟将人们隔离开来。在民主国家，让人们隔离开来的是数不清的细线。虽然人们在任何时候都能把这些线弄断，但是这些线会通过位移再次连接起来。

民主国家无论平等达到何种高度，总会有众多的私人小团体。政治社会就像汪洋大海，那些小团体就分布其中。然而这些小团体的成员的仪表都不同于统治贵族国家的上层阶级。

# 第十四章　民主对美国人仪表的影响

人的行为的外表似乎是最不重要的东西，可是人们却最是重视这样东西。只要人们生活在一个讲究仪表的社会中，他们在跟别人往来接触的时候，就必定有一定的举止习惯。所以，探究一下社会情况和政治情况对仪表的影响是很有必要的。

一般来说，仪表产生了民情基础本身，不但如此，有些时候某些人之间的约定俗成也会对人的仪表作出要求。可以说一个人不但能天生具有仪表，还能在后天获得。

有的人觉得自己很容易地就能高人一等，认为自己是做大事的，没有必要担心财富会流失，我们可以想象他们会轻视小的利益和物质享受。他们思想中的高傲感会通过语言和仪表表现出来。

在民主社会中，因为私人生活不重要、不重大，所以一般来说人们的仪表都不太威严。仪表经常是不注意生活小节的。民主国家的人只在家务上忙碌，以至于他们连讲究仪表的机会都很少。

仪表的真正尊严在于既不高昂也不低下卑微，总之就是要恰当地表现出来。无论农民还是王公贵族都能做到这一点。生活在民主国家的人并不能把自己的地位一直稳固下来，所以人们的仪表时常会表现出高傲，很少表现出尊严。除此之外，民主国家的人的仪表不但没有严格的规范，也没有严格训练的必要。

在民主制度下生活的人，他们的流动性很大，所以要想让一些人养成文雅有礼貌的仪表是十分不容易的事情。即使他们养成了，也不能一直固定不变。因而每个人基本上都能按照自己的意志做事，他们表现出来的仪表常常是不一致的。这是因为，个人的思想和感情是一个人仪表形成的主要原因，而那些被人效仿的标准典范则不是主要因素。

这一点在贵族制度被推翻很长时间之后，表现得还不如在贵族制度刚被推翻时显著。

在教育程度和生活习惯上有巨大差别的一些人会因为新的政治制度和新的民情的出现而走到一起。他们在其强制下一起生活，并且能够看到社会各个方面的形势。之前严格的礼仪典范还时不时地会被他们记起，但是它的内容和来源却被人们遗忘了。虽然，共同的仪表准则消失了，但人们并没有不再遵从它的意思。他们试图建立一种可以随意规定和能随时改变的仪表准则，其基础就是遗留下来的那些礼仪典范。结果，这种仪表没有贵族制度时期的彬彬有礼和威严尊重，没有民主制度下的朴素大方。这种仪表同时具备受束缚和不受束缚两个特点。

这种状态是非正常的。

当社会实现了全面和持久平等的时候，几乎所有人都会有相同的思想，从事一样的工作。他们自然会在言行上取得一致，而不需要通过协商和效仿。接着人们就会发现一个现象，即他们的仪表即使还有很多微小的差别，但本质上是相同的。因为仪表没有一个统一的模式，所以根本就不会完全一样。因为仪表受到同一个社会条件的影响，所以也根本不会有巨大的差别。刚到美国的时候，你对他们所有人的印象可能是他们的仪表没有什么不同，但是经过仔细观察，你会发现他们彼此之间的仪表还是有很小差别的。

对于美国人的仪表，英国人最是不屑一顾。然而英国中产阶级的举止也是十分可笑的，那些对美国人的举止作出可笑描述的作家大部分都是英国中产阶级的成员。

由此看来，那些嘲弄美国人的作家常常都会对美国人的行为举止进行挑剔，但是他们没有觉察到，其实他们也是在挖苦自己。事实上可笑的是他们本国的贵族。

人们的举止的外表形式对民主的危害是最大的。民主既有不完备的地方，也有相应的仪表准则，但是很多人情愿迎合前者，也不愿意选择后者。

我的看法是，民主国家的人的仪表仍然有可以肯定的地方。

在贵族社会中，那些在生活上与上层阶级接近的人通常都会将自己当成上层阶级，因而模仿上层阶级的时候，其行为十分可笑。在民主国家，没有威严的仪表可以被当成典范供公民学习，因而公民根本就不会效仿别人。况且他们对效仿别人这样的事情十分厌烦。在这样的国家中，人们的仪表同贵族制国家相比不那么温雅，可也不是粗犷的。下流人说的那种粗俗言语、上层人的那种高雅的健谈方式，在民主国家都看不到。虽然习俗没有什么显著的地方，但是它既不粗野也不低贱。

我之前谈到过，彬彬有礼的举止准则是民主国家制定不出来的。

可是这对民主国家还是有好处的。贵族国家里的人被整套礼仪准则束缚着，被迫要求具有一致的举止。由于这些规矩不考虑个人性格的差异性，所以同一阶级的全体成员都被它们强制打造成外表一样的人。它们将每个人的真实个性掩盖了起来。虽然民主国家里的人的仪表比不上贵族制国家的人那样文质彬彬和处处讲究规矩，但它是真诚的。人们的仪表就像一层薄纱，不算质量上乘，然而却能折射出每个人的真实感情和个性化思想。所以说，人们的外表和内心是一致的。虽然，外表反映出的人的品质可能并不高尚，但却非常真实。让人们具有一定的仪表，这并不是民主所要的效果。从某种意义上说，民主的效果反而是阻挠人们具有一定的仪表。

在一个民主国家里，即使你能看到贵族的观点、激情、美德、恶行，但是他们的仪表你绝对看不到。贵族的仪表会随着民主革命的完全胜利而彻底消失。

乍一看，贵族阶级的仪表是最能持久地存在下去的东西。这是因为贵族阶级即使不再拥有财富和权力，它的仪表也不会在短期内消失。但是，贵族的仪表也是最脆弱的东西，一旦消失的话，就会不留一点儿痕迹，仿佛它不曾存在过似的。让贵族的仪表消失需要几代人的努力才能完成，它称得上是一个奇迹。而社会情况的变化却创造了这个奇迹。

贵族制度消亡后，还会留下一些历史痕迹，至于那些高雅的举止行为，则伴随着贵族制度的消亡而几乎永久地消失了。这是贵族制度的一个主要特征。一旦那些贵族的举止方式不再出现在人们眼前，大家就会将其遗忘。人们不但没有看到它消失，也没有感觉到它消失。要想从区别和选择仪表中获得美好的感觉，就必须预先在习惯和教育上做好思想准备。伴随着人们不再采用选定的仪表，这种美好的感觉也会很快消失。

所以说，贵族的仪表是不会出现在民主国家人民身上的，也不会被人们记起和想要拥有。关于贵族的仪表是什么样子的，他们想象不出来。他们认为贵族的仪表仿佛就没有存在过一样。

贵族的仪表已经被停止采用了，对于这种损失我们不应过于重视，但仍需表示惋惜。

我知道，有的人表面上看起来十分高雅，实际上却有着粗俗的情感。在法庭上，有些人有着一本正经的外表，内心却十分卑鄙。虽然说贵族的仪表不是美德，但有的时候它可以对美德进行衬托。有的阶级人数多，力量强大，但他们一般表现得并不像贵族阶级那样。他们仿佛天生就有高尚的感情和思想、高雅合理的爱好、彬彬有礼的举止。这些都是他们通过生活中的外在表现显现出来的。

人会对人性产生美丽的错觉，就是因为贵族的仪表。虽然贵族的仪表一般，可它会使人产生一种高尚的满足感。

# 第十五章　为什么严谨的美国人做事会欠考虑

在贵族制度社会中，老百姓喜欢那些淳朴的喧闹和粗俗的消遣，而民主国家的人却没有这样的爱好。在他们看来，这种消遣很稚气、很没意思；同样，他们对于贵族阶级那些高雅的文化娱乐活动也不热衷。

他们希望享乐能给他们带来乐趣，并能从中获得实际的好处。

在贵族制国家，民众在热闹、欢快的氛围中会暂时地从生活的痛苦中解脱出来。而民主国家的民众则认为这是在忘形放纵，对此他们十分厌恶。如果他们不能控制自己的行为，事后迟早会产生悔意。这种狂欢在他们看来是轻浮的，因而不会喜欢。他们喜欢的是一种严肃而安静的享乐。他们在这种享乐中感觉就像在工作，并且不会将工作完全懈怠。

在大多数欧洲国家，人们一般忙完之后就会去公共场所跳舞，放松心情。反观与这类欧洲人从事相同职业的美国人却是另外一种情形。他们不出自己的家门，一个人在家里喝酒。这样，他们既不会忘记自己有生意要做，又能在家里体会微醉的感觉。他们将两种享乐结合了起来。

我之前认为，世界上最严肃的民族是英国，而在看到美国的情况之后，我就不再持这种观点了。

虽然我认为美国人的性格会受到气质的重要影响，但对他们的性格影响更大的是政治制度。我确信美国人的自尊心理是他们具有严谨精神的部分原因。在民主社会中，人格的价值也被穷人们万分看重。穷人们认为别人并不比自己强多少，并且主观上断定别人也与他有同样的看法。这种心态制约着他们，因而他们的言行十分慎重。为了掩饰自己的缺点，他们不会忘形放纵。看他们看来，自己有自尊并且严肃才能不被人轻视。

美国人的这种严谨精神似乎出自他们的本能，对此我十分惊讶。我认为有一个更加重要和更有说服力的原因能解释这种现象。

在专制制度社会中，普通民众有时会沉湎于狂欢，尽情放纵；而通常情况下他们实际上心里十分苦闷并且少言寡语。这是因为专制制度使得他们畏惧。

君主国家的王权被习惯和民情限制，这种国家里的民众一般都心气平和，精神愉快。这是因为国家赋予了民众一些自由，给了他们强烈的安全感，他们不需要过度担心自己的生活。只要是享有自由的公民，他们都是抱着严谨的态度处事。他们时刻都会记得事业不会永久顺利，总是会遇到阻碍的。

一些国家实行了民主制度，公民获得了自由，对于他们而言，这种情况更加明显。在民主国家，各个阶级都有很多成员时常介入国家大事。那些无心参与公共财产管理的人则一心一意地获取更多的个人财富。所以，在这样的国家里并不是说只有一些人才具备严谨精神，而是说严谨精神是一种民族的习性。

人们常常提及古代的一些小共和国的公民，说他们顶着玫瑰花环在公共场合聚在一起跳舞和看戏这两项活动几乎让他们耗尽了所有的时间。我对这样的共和国抱有怀疑态度，即便柏拉图式的共和国也是如此。假如他们说的那些就是事实的话，我也敢说，他们想象中的共和国的构成要素同我们倡导的共和国的构成要素是有天壤之别的。两者仅仅是名称一样，除此之外没有一点儿相同的地方。

此外要是认为在民主制度下生活的人会感到一辈子辛劳和伤心，那就错了。事实上他们会在自己的处境中安下心来，这一点是其他地方的人做不到的。如果他们不从事操劳的工作，就会失去人生的乐趣。他们情愿操劳，这一点远远胜过贵族的安于享受。

这不得不引起我的思考，民主国家的公民具有严谨的精神，但为什么他们有时候做事却缺少周全的考虑呢?

一般来说美国人都会保持冷静态度，并且举止稳重。但有时他们也会控制不住自己，心里突然有了一个念头或是作出轻率的判定，变得不再理性，因而做出离谱的事情。可是即便如此，他们还是会严肃地去做。

不要惊讶会出现这样一种矛盾的现象。

一个人因为懂得太多，就会变得无知。在专制社会中，人们不知道该如何做事，是因为他们没有受过任何人的指点。在民主社会中，正是因为人们受过一些人的指教，懂得很多，所以才会轻率地做事。专制社会中的人是一无所知，而民主国家里的人则是忘记了那些他们知道的东西。两者的主要特点是相同的。他们就像一幅画，上面只有轮廓而没有细致描绘的景物。

有一点让人觉得很奇异，自由国家的公职人员有时说错了话或者是做出了不慎重的行为，他的地位却不会受到影响。而在君主专制的国家里却是另外一种情形。公职人员只要不慎说错了话，就可能被免职，并且一点儿挽救的办法都没有。

这一点，我们可以通过之前的很多事件看出来。你在一个嘈杂的场合，在一大群人面前讲话，他们可能听不见你的话语。即使有人能听到你讲的话，但是过一会儿就不记得了。可要是你在一群专心听你讲话的人面前发言，即使声音不大，他们也能听得很清楚。

民主国家的人不会在一个地方一直居住下去。要是有机会的话，他们就会选择迁移到别的地方定居。有一种力量貌似在支配他们的生活。这种力量我不知道该如何形容，你可以将它理解为即兴。他们要去做没有学会的事情，去说他们根本没有明白的话，去做他们没有经验的工作，这是为什么呢？因为这种力量在引导着他们去这样做。

贵族制度中的每个人一辈子都在为一个目标而努力。但在民主国家中，人们过着很复杂的生活，往往同时追求着几个没有关系的目标。可是他们对每个目标的理解都不透彻，并且很容易对这种状态感到满意。这是因为他们对每个目标的认识还不够清楚明晰。

即使贫困不再是驱使民主国家的居民行动的因素，起码欲望这个因素还在发挥作用。居民发现四周的所有财富和福利都是他们很容易就能获得的，所以，欲望驱使他们要尽快将东西拿到手，这驱使着他们去做任何事情。他们觉得事情做得过得去就可以了，而不会花上一点儿时间去了解他们的每一个行动的原因。

他们的好奇心永远没有尽头，同时要想让它获得满足也是很简单的事情。尽早地大致认识许多事物是他们的强烈期望，而对这些东西有清晰的理解则不是他们所愿。

他们不会深入探究事物，因为他们没有足够的时间，更主要的是他们没有兴趣。

民主国家的社会情况和政治情况不断支配着人们从事工作，这些工作必须认真办理。因而，这种国家里的人民会持重严谨。但有的时候他们也会有轻率的举止，因为他们的时间和精力都有限，不能在每一项工作上花费太多。

民主精神的最大缺点就是注意力不集中这个习惯。

# 第十六章　美国人喜欢彰显自豪感

自由民族全都会有民族自豪感，可是他们表现民族自豪感的形式却不完全相同。

美国人与外国人交谈时，即使外国人对他们提出很小的批评，他们也不能容忍，对赞美他们的话语却不会嫌多。他们一听到褒奖的话，哪怕再怎么不值一提，也会觉得舒服。你用赞美的话语把他捧得再高，他们也不会厌倦。他们会一直缠着你，直到你对他说几句赞美的话。否则，他们就会自我赞美。有人说，美国人因为对自身的优点有所疑虑，所以才会一直想要别人的赞美。他们贪婪、轻浮，还有带着嫉妒情绪的自负心。这种自负渴望获得别人的赞美。

我曾经遇到过一个美国人，我告诉他说，你的国家很优秀。他不假思索地说："你说的很对。这个世界上还没有哪个国家比它更好！"我赞美他说，你们有自由的权利。他说："自由十分珍贵！有资格享用它的国家还没几个。"我又对他说，美国有淳朴的民情。他说："一个曾经在其他国家看到太多不良现象的外国人在看到这种淳朴民情的时候肯定会十分惊讶，对此我能理解。"接下来，我要求他说一说自己的情况，可是他却要求继续谈论刚才的话题。直到我把刚才赞美他的话再说了一遍，他才肯作罢。他们这种固执的爱国精神让人感到厌烦，一般人很难想象出会是这个样子。即使对他们赞美的人也会腻烦他们这种精神。

英国人是另外一种样子。他们并不张扬自己祖国确实具有的优点或是他们觉得有的优点，只是从心里感到自豪。一方面，赞美其他国家的事情他们是不会做的；另一方面，其他人要赞美他们的国家，他们也不会有意见。外国人要是对他们说了批评的话，他们并不会生气；外国人要是对他们称颂，他们也不会感到特别高兴。

他们身上具有一种傲慢、无知的态度，并且就是用这种态度看待其他国家的。他们的自豪感不需要别人的支持，完全是自发的。

英国和美国有着几乎一样的族源，但是这两个民族在言谈和举止方面却存在巨大差异。这让人十分惊讶。

贵族制社会中的贵族们拥有很大的特权，他们因此而具有了高傲感，根本就没有必要通过宣扬本国的优点来培养这种情绪。

祖辈们将这些特权传承了下来，他们都将其当成本身必须具备的一种东西。或者说，他们把这些特权看成他们天生就享有的权利。

他们用一种一如常态的感觉看待他们所具有的优越性。这些特权是大家都知道的，是大家都赞同的，因而他们不会将这些特权拿出来向众人炫耀。在他们看来，这些特权并没有什么伟大之处，没有必要当成话题讨论。他们因为特权而独享高贵，有稳固的地位，也十分了解即使不用炫耀也会得到他人的关注，并且还能肯定没有人想要取代他们。

贵族处理国务的时候表现出的民族自豪感是傲慢自大的。国内的其他阶级也模仿他们这种方式。

相反，当人们的身份几乎没有区别的时候，即使细微的优势也会对他们有重要意义。周围无数人的优势与他们全部一样或是几乎相似的时候，他们的自豪感就会带有贪婪和嫉妒的意味，即使很小的利益也是他们要争取得到的对象，一旦获得就不会轻易放弃。

民主国家里的民众的条件常常会发生变化，因而他们在不断更新着他们具有的优势。这样一来，他们彰显自己优势的时候就会没完没了。他们的目的就是将自己的优势做给别人看，使自己相信自己有优势这个事实。

然而这种优势不会长久，说不定什么时候就会失去，因而他们一直十分担心。不仅如此，他们还将自己的优势全力展现出来。在民主国家生活的人，他们就像爱自己那样去爱他们的国家，还会将自负心从个人身上转到民族上来。

民主社会中的人民的身份平等和条件易于发生变化，这两个因素导致了人民的自负心是浮夸轻佻的。所以说，一些最高尚的人必定也会将他们的爱憎显示出来，就在他们生活中的一些小事情发生变化的时候。

贵族阶级的特权范围更广泛，并且能长期持续下去，这就导致了他们与其他阶级有很大的差别。而贵族内部随时都能得到或是失去的暂时性的小利益有时也会使得贵族成员之间出现差异。

强势的贵族阶级内部成员通常会为了获得主子恩赐的一点儿小特权而与其他成员发生争执，甚至会闹到首都和宫廷。他们相互抨击对方，双方都看对方不顺眼。会为了一点儿小利益就发生冲突，并且为了享有这种利益会找出各种借口。这种现象在民主制度下的人看来是十分荒唐的。

主动迎合别人的人要是有了民族自豪感，他们也会显示出这种姿态，其形式就跟民主国家的那类人一样。对此，我十分肯定。

# 第十七章　美国的单一民情

或许与美国的社会面貌相比，其他任何东西都不如它适合激发和催生人们的不可思议感。美国人民的思想、命运以及美国的法律都处在接连不断的变化之中。可以这样理解：因为静止的自然每天都会受到人力的改造，因而它自身就会发生变化。

然而很久之后，观察者就会发现虽然社会发生了巨大变化，但其景象却仍显单一；并且过段时间再观察的话，他们会对这个变化无常的景象产生腻烦心理。

虽然贵族制国家的人都被限制在一定范围内，但他们彼此是不同的，无论他们的思想、感情还是习惯、爱好都有本质区别。

而民主国家的人没什么差别，甚至他们的工作几乎也是一样的。他们的命运也会伴随着社会的巨大变化而发生改变。期间，他们会时常多次经历起伏跌落。这就好比他们是演员，改了一下姓名，但是没有剧情还是原来的样子。美国的社会面貌变化起来没有穷尽，这是因为美国的人和物时刻都在变化。但是美国的所有变化都是一个样儿，因而又显得很单一。

生活在民主时代的人往往具有旺盛又激烈的热情，这是因为他们喜爱财富的缘故。金钱对于他们来说具有更大的作用，但不能据此就说他们的精神境界低。

所有公民都能独立自主，大家彼此没有了差别。这个时候美国人要想与别人合作，就只能通过金钱才能实现。正是因为这个原因，国家的财富增长了，作用也极大地增强了。

如果那些以尊古守旧为基础的权威被消除的话，那么划分人的标准也就不再是出身、地位和职业。也可以说人的尊卑不再受到这些因素的影响。这个时候，决定人与人之间具有明显差别的就是金钱。有钱的人会比那些没有的人更加出众。伴随着其他差别的消失或是减弱，由财富决定的差别也在逐渐扩大。

对于贵族制国家和民主制国家来说，金钱对人的影响是不同的。在前一种国家里，金钱仅仅能满足人们的一些欲望。但在后一种国家中，金钱几乎能满足人们的所有欲望。

所以，在美国可以看到一个常见的现象，美国人行动的首要目标或是次要目标就是财富。因而你会发现，就连他们的热情都显露出了爱财的迹象。这会导致你会对他们的热情感到厌烦。

接连出现这种热情就会让人觉得单调。同样，满足他们这种热情的过程也是单一的。

美国是个立宪民主秩序安定的国家，很多国家也跟美国一样。这些国家的人想要获得财富，就不能通过战争，不能假借公家的名义谋取私人的利益，更不能通过政治手段达到目的。因而，很多人在爱财这种心理的驱动下都从事工商业了。但是工商业一旦经营不善就会混乱和倒闭，这是十分严重的后果。要想使工商业繁荣，就需要有妥当的经营方法，通过统一的小规模活动积累成功经验。伴随着工商业热情的增强，经营方法也会更加妥当，活动也会更加统一。正是因为美国人的事业心十分强烈，他们做起事来才会有条理。虽然他们的心灵会受到这种事业心的干扰，但是他们的生活却会因此而有着落。

我上面的论述对当代人也是适用的。人类社会的生活正在渐渐变得单调，社会中融入了同样的举止、思想和感情。这是因为各国之间的往来逐渐增多，相互之间的模仿更加一致。不仅如此，每个国家的人都将本阶级、本行业、本家族那些不变的思想和感情抛弃了。所以他们变得更加接近，没有什么差别。即使不模仿对方，也能变得一样。他们好比是在森林里的不同地方旅游，无论沿着哪条路走，都能走到相同的目的地。

一旦他们对集中地点有了一个共识，之后就会朝着这个地方走去。即使彼此不认识、不一路同行，他们也会在无形之中渐渐接近。当他们在那个集中地点相遇的时候，都会感到惊讶。如果所有国家都将学习和效仿的对象定为普通意义上的人而不是特定的某个人，那么他们就会在民情上达成共识。就像森林中的那些旅行者一样，最终会到达同一个地点。

# 第十八章　美国人的荣誉观

全球统一的单一的是非观念、国家和时代特有的是非观念，是人们用来判定其他人行为的两个标准。虽然这两种标准毫无共同之处，甚至会产生冲突，但它们会永远同时共存，并且不会被人混淆。

人们要是最看重荣誉[1]的话，那么同信仰相比，它就更能决定人的行为。不仅如此，人们在被信仰支配之时，会从一种飘渺但是强烈的本能中感受到一种行为规范。这种行为规范是一种更加通用、有历史和神圣的存在。人的一些行为不能被明确判定为得体或是不得体，因为它们都具备这种特性。如推却决斗这个行为既可以说得体，也可以说不得体。

我的看法是，这种现象可以用一些个人和一些国家的任性来说明。事实上现在的人就是这样做的。

人类需要制定出一套道德规范，无论什么地方、任何时代都要遵守。要是有人违背它，大家就可以一起指责嘲笑他，让他无地自容。人们将违背道德规范的行为叫做作恶，将遵循道德规范的行为叫做美德。

此外，人们还有必要在世界范围内建立一些小团体，也就是民族或国家。在小团体中，还要划分出更小的团体，即等级或阶级。

人类是一个大的群体，这些划分出来的小团体就是一个个特别的种属。虽然它们与人类这个群体有本质上的不同，但它们又能独立存在于一定范围内，而且都有自己的标准。在不同的国家，人们通过某种途径用这些特殊的标准去审视各自的行为，并且在审

1　法语中的“荣誉”有两个意思：一、它指的是获取别人的敬重和赞赏，如“获得荣誉”。二、它指一种行为规范，通过它人们可以得到别人的敬重和赞赏，如“荣誉对一个人的要求，必须严格遵守”“他不考虑荣誉”……我在此谈论的荣誉是指第二个意思。

视中对自己的行为作出判定。

人类不应该相互争斗，这才符合人类的普遍和永久利益。可是，对于一个国家或阶级来说，它可能会有特殊的和短暂的利益存在。在这些利益范围内，人们能谅解在某种情形下杀人的行为，甚至会赞扬这种行为。

荣誉其实就是一种准则，建立在特殊情况之上，国家或阶级可以根据它来判定人的行为是否应该受到褒奖或贬斥。

这种解释有点儿抽象，不能让大家很好地理解，接下来我就列举一个实例，方便大家理解我的观点。

之前世界上流行的封建社会主张的贵族荣誉是一种很特别的荣誉，大家对此都十分熟悉，我就以此为例进行阐述。

我不但要用提出的观点来阐明这个例子，还要用这个例子来支持我的观点。

在这里，我不具体谈论中世纪贵族的诞生历史，以及它与其他阶级为什么会对立、它的权力是由谁确立和支配的这样的问题。我仅把它当成一个既成事实看待，论述一下贵族是用什么与众不同的标准去判定别人的行为的。

让我惊讶的是，封建社会中的人的行为是否应该受到褒贬，并不是依照固定不变的价值标准来评定的。有的时候，人们从行为的双方来断定究竟谁好谁坏。通过这种方式判定出来的结果是不符合人类的良心的。因而，民众对于一些行为完全不在意。可是就是这样一些在民众看来是无所谓的行为会让贵族觉得不得体。至于其他行为，则是会改变其本质的，当然前提是贵族不是行为的受害者。

可以看出，这是一种有差别的对待，一旦这个观点形成，贵族阶级就会成为一个独特的团体，高人一等，并且会与人民对立。贵族阶级的力量就是因为这个特殊地位的存在。因而贵族阶级为了维持这个地位，就必须拥有政治特权，并且判定善恶都必须依据它的原则。

在贵族看来是善的行为，到了民众那里则成了恶，反过来也是一样。同一种行为要是由平民施行，即使犯了罪也不会受到惩罚；可要是由一个贵族来施行的话，即使没有犯罪也会受到惩罚，并且惩治是任意的。贵族社会内部组织的标准是，依据一个人的地位来判定他的行为究竟该受到褒奖还是贬斥。事实上，一个国家只要存在过贵族阶级，就都会那样做。要是贵族制度的残余没有被消除干净的话，这种奇怪的现象就不会消失。比如说，美国成年男人要是诱奸了一个有色人种姑娘，就不算丢脸的行为；但要是他娶了这样的姑娘，就会颜面扫地。

封建主义的荣誉在一些情况下主张复仇，不看重逆来顺受；同时又要求人们严格控制自己，惟命是从。这种荣誉要求人们对人和事抱着宽大的胸怀去对待，而不是仁慈和温顺。仁政与布施相比，它更看重前者。它不允许人们依靠出卖苦力致富，但准许他们通过赌博和战争获得财富。哪怕追逐大利会犯大罪，它也不会让人去为了那些蝇头小利而忙碌。贪婪与吝啬相比，它更厌恶后者。此外，它还经常怂恿人们使用暴力，但是奸诈和背叛行为是它一直看不起的。

这些不可思议的思想并不是由那些拥有它们的人想象出来的。

一个阶级取得了领导地位，比其他阶级都要高，并且会想方设法将这个地位维持下去，这样的阶级必定十分敬重一种德性。这种德性能让这个阶级变得高人一等，地位卓越，并且能把这个阶级的优越感和对权力的欲望融合在一起。这个阶级为了将这种德性展现给其他阶级，会不管自己的行为是不是符合天道。我们不难推测出，这个阶级可以任意颠倒黑白，轻视那些温和淳朴的德性，而看重那些恶行。一旦这个阶级在社会上占据了领导地位，其所作所为必会违背时代潮流或人民意愿。

在中世纪的贵族看来，武勇就是最高的德性，并且认为它凌驾于其他德性之上。

当时社会状况的独特性使得这种观点很特殊，这是必然发生的一种现象。

封建贵族通过战争确立自己的地位，它的存在就是为了战争。可以这样理解，它不但将手中的权力当成武器，而且以此来维持自己的权势地位。因而，在它看来武勇就是最重要的德性。所以，它把武勇摆在很高的位置上也就是自然而然的事情，并且将武勇当做最大的荣耀。对于封建贵族来说，一个人的行动要是表现出武勇，那么即使他的行动不符合理性和人道，也是会被认同的。贵族把这个当成他们的原则。可是，这些怪异规定只对人们的个别行动起作用。

一个人挨了别人的打，就会觉得是耻辱的事情，并且也是不能容忍的，这是出于他自己的判断。同样，被打之人与打他的人决斗，并将后者杀死，也是如此。贵族不能容忍别人对他侮辱，他要是挨了打而不反击，就会失去颜面；他们必须遵守军事贵族的原则和需要。

由此说来，荣誉具有随意性，也不是没有道理可言的。然而，这种随意性必须在一定界限中才能实现。我的看法是，我们的祖辈将那些特别的行为当成荣誉，绝不是出于他们自己的判断。因而，将封建社会的一些不相干的奇怪的规则与少数的一成不变的需要联系起来，对于我来说是件很容易的事情。

我要是以政治为切入点探究封建社会的荣誉的话，就能很容易地阐述它的一切政治对策。

国家公民一直都不受国家政权的直接管理，这是中世纪的社会情况和政治制度的一个特点。换句话说，对于国家政权，公民一无所知，公民唯一知道的就是服从某人，至于与其他人产生联系，则要借助某个不认识的中间人。所以说，只有在封建社会的民众对他们的政治领袖持忠诚态度的基础上，社会才能建立整个国家制度。要是没有这个基础，国家政府就没有存在的必要。

全部贵族成员都有一个断定价值的标准，那就是对政治首脑的忠诚。这是因为，贵族成员既是领袖又是被领导者，不但能发布命令，还必须服从更上级领袖的命令。

封建社会的荣誉在政治方面有一个重要原则：属臣必须对领袖忠心不二，做出必要的牺牲，与他共享幸福，共渡患难，全心全意辅佐他做任何事情。属臣要是背叛了领导者，就会受到舆论的强烈谴责。人们用“变节”这个带有蔑视性的词来形容背叛的行为。

在古代社会，爱国心[1]是一种浓郁的激情，然而到了中世纪，却只能作为一种遗迹存在。在中世纪，爱国心这个词汇的意思已经完全不同于古代社会中的意思。

封建制度让人不能真正认识祖国，因而人们就认定，没有必要爱自己的国家。它激励人们去爱其他人，而让人们忽略了国家。所以，封建社会的荣誉不是建立在对国家忠心的基础上的。

这并不能说明我们的祖辈不爱自己的国家，只能说明他们对国家的爱既不强烈，也不明确。然而伴随着封建制度的消除，国家实行中央集权后，他们对国家的爱才渐渐变得浓烈和清晰。

欧洲国家不同时代的评论者对国家的一些历史事件会有完全不同的看法，明白了这一点，我们就能理解上述那种现象了。比如说，波旁王朝时代的人认为，那些将军们带领军队推翻国王就是最可耻的行为。我们这一代人的看法是，那些将军们发起内战才是最可耻的。虽然我们与祖辈都在抨击同一群人，但抨击的原因却明显不同。

封建社会的荣誉同其他时代的荣誉相比，特点更加显著，更有说服力，所以我选择它来论述我的观点。除此之外，我还可以列举其他例子，通过相同的方式来论证。

我们对祖辈的了解远远胜过对罗马人的了解，虽然我们也清楚罗马人对荣辱有一种特殊的看法。这种看法并非仅仅与善恶有关。因为行为对象不同，比如说本国公民或外国人、自由人或奴隶，所以人们对他们的行为作出了相应的判定。他们褒奖一些不好的行为，甚至把一些德性看得最重要。

普鲁塔克在《科里奥拉努斯传》中提到：“在罗马时代，罗马人将勇敢看做最光荣和高尚的美德。他们给美德这个普通的词汇赋予了专门的意义，认为美德就是勇敢。所以说，拉丁文中的美德也包含勇敢这层意思。”通过他的话，我们都能看出，罗马为了征服世界而具有了不同寻常的特别需要。

其他国家也存在与上述情况相似的现象。原因我之前已经提到过了，就是人们形成了特殊的团体，伴之而来的就是荣誉的观念，也就是说他们具有了一套准则，可以用来对事物进行褒贬，他们所处团体的特殊习惯和利益就是这些准则产生的根源。

无论民主社会还是其他社会，在一定程度上上述观点也适用。接下来，我就通过谈谈美国人来阐明这个命题。[2]

美国人的思想中还有一些欧洲旧贵族的荣誉观念的痕迹。但这些旧观念很少，对美国人的影响并不大。它们就像宗教遗留下来的庙宇，虽然还存在，但人们已经不再信奉这种宗教。

然而就是在这种欧洲旧贵族的观念中，美国人形成了一些关于荣誉的观念，我们可

1 爱国心一词从祖国一词演化而来，祖国这个词在16世纪初还没有出现在作品中。——原注

2 这里提到的美国人单指那些在消除了奴隶制的州生活的美国人，因为他们能够代表民主社会的全景。——原注

以将它理解为一种新的思想。

在之前的某个章节中，我谈到了美国人是怎样走上工商业道路的。他们在家庭出身、社会状况、政治制度以及居住地区这些因素的影响下不得不从事工商业。按照当前的情形来看，我们可以说美国人正在一片辽阔的疆土上建设着一个不同于其他民族的社会。这个社会基本上都是工商业，以开发为首要目的。这一特点导致了当前美国人与其他各国人之间的巨大差别。

所以美国十分注重那些能够促进社会正常发展和保障工商业稳步发展的德性，要是这些德性被忽视的话，公众就会对国家产生不满。

所有能让人精神振奋、情绪激昂的德性通常会让人充满正气，但是很容易影响社会稳定，因而美国人民不看重这样的德性。通常说来，人们不表现出这样的德性也会得到其他人的敬重，但是非要表现这些德性的话，反倒会引发不良的后果。

美国人辨别和看待恶行也是基于自己的判定。

有些德性不符合人类的道义，但是符合美国在特殊时期的暂时需要，因而他们对这些德性不但不会妄加指责，有时候还会激励人们接受。要想理解这一点，只需看看美国人对爱财之心和随之而来的德性所持的态度就行了。美国疆土辽阔，但却荒凉，要想经营这样的大陆，必不可少的就是坚定的意志。怎样才能让他们保持坚定的意志呢？就是爱财之心。

所以说，在美国，一个人爱财并不会被其他人指责，只要是在政府划定的界限之内，就是一件荣幸的事情。在欧洲中世纪的人看来不好的东西到了美国人那里就成了值得褒扬的崇高的雄心，而那些中世纪人在战斗时展现出来的征服和好战精神在美国人看来则是不理智的野蛮行为。

对于美国人来说，损失了一部分财产还可以很容易地挣回来，因为他们的广阔土地蕴藏着丰富的资源。美国人只要活着就有需求和欲望，并且身上的力量会源源不断地为他们提供动力。在他们周围，都是还没能挖掘出来的财富，因而美国人民不会将个人的一无所有放在心上，而是担心大家都不去开发财富。美国之所以能快速发展，国力强盛，国威远扬，其主要原因就是美国人经营工商业时表现出的勇气。他们创办企业就像在买政府发行的彩票，虽然一些人输得干干净净，但是国家却赚取了财富。所以说，美国人民十分看重和尊敬敢于经营工商业的精神。然而，一些具有风险的企业也会让那些想要发财的人遭受损失。可即便如此，美国人还是将冒险经商看做一种美德，不会看不起那些敢于冒险的人。

所以，那些因为经营不善而破产的美国商人会受到国家的宽待，这些意外事件不会影响他们的荣誉。从这个方面说，欧洲各国的人民和当前所有商业国家的人民都不同于美国人，因而美国人无论在地位上还是需要上都与其他国家的人民没有一丝相同的地方。

可是，美国对败坏淳朴民风和破坏婚姻的恶行抱有十分严厉的态度这一点远远超过其他任何国家。看到这里，你也许会觉得这一点同他们在其他方面表现出的宽容不相符，认为这是不可理喻的事情。你很惊讶，为什么美国这个民族会同时奉行宽容和严肃的道德呢？

一般人认为这两者之间没有联系，其实不然。美国社会中的舆论不会妄加指责有利于工商业发展和国家繁荣的爱财之心，但是会大力谴责那些社会不良行为。因为这些不良行为会减弱人们追求财富的精神，破坏家庭内部秩序，使得人们不能取得事业上的成功。所以，美国人必须按照他们的惯例行事。如此说来，我们可以认定美国人是完美的人，并将荣誉寄托于此。

美国人的荣誉观同欧洲的旧荣誉观相比，也有相同的一点，那就是都认为勇敢是最重要的美德，是一个人必须具备的首要美德。可是，两者看待勇敢的角度却不同。

美国人不会高度赞扬好战的勇气。在他们看来，敢于乘风破浪但宜尽早上岸，无怨无悔地容忍荒漠带来的艰难以及那些更难以忍受的孤寂才是最值得褒扬的勇敢。这种勇敢能让他们辛苦劳作，积累下来的财产在消失殆尽之后又能给他们提供动力去追求新的财富。这种勇敢是美国社会能维持繁荣的一个十分必要的条件，所以美国社会非常尊重和提倡它。美国人要是不具备这种勇气，就肯定会被别人轻视。

接下来，为了让本章的中心思想更加突出，我想谈谈最后一个特点。

包括美国在内的民主社会，财富对家庭的生活保障作用并不突出，也不可靠。美国民众都参加劳动，通过劳动满足自己的全部需要。这种现象使得美国人的荣誉观产生了变化，新的荣誉观激励大家都从事劳动。

在美国期间，我遇到过一些富有的年轻人，他们都从事着一种职业，即便他们不是心甘情愿的。他们的家庭出身好，也有充裕的家资，按理说可以游手好闲，然而舆论不会让他们无所事事，他们必须遵从舆论，从事劳作。在欧洲，在贵族与其他势力斗争时，我发现一些生活贫苦的人却整天游手好闲，为了就是不让同类嘲笑。他们不从事劳动，甘愿忍受清贫，死受罪。

这是两种完全不同的劳动观，人们能从中发现两种性质对立、都来自于荣誉观的行为规范。

我们的祖辈所称扬的荣誉其实只是众多荣誉中的一种。他们将荣誉看做一个种概念，而事实上它却只是一个类概念。民主社会和贵族时代都存在荣辱观，但在民主时代它会以另外一种形式表现出来。

民主时代对荣辱观的规定同之前相比一点儿也不一样。我们可以从中看出，对它的规定虽然不多，而且也不清晰，但它却能被人们接受。

在一个民族中，等级一直处在十分特别的地位。世界上各个地方往往都存在一个由一个家族组成的小团体，如中世纪的贵族。这种小团体会将文化、财富、权势都掌握在家族手中，形成垄断局面，并且会将其传给子孙后代。

然而，随着一个团体地位的提高，其特别需要会增大，同时适应这种需要的荣誉观也会增多。

所以说，没有等级制度的国家对荣誉的规定会比其他国家少。假如一国的所有阶级都难以立足，那么国家对荣誉的规定就会更少，只有屈指可数的几条条约。不但如此，这些条约还会慢慢成为道德准则，被大部分人采纳和遵守。

由此可以看出，民主国家对荣誉的规定比贵族国家的平常普通，并且条例不多。然而它们都很模糊，就是因为上述那个原因。

随着荣誉的特征越来越少、愈加不明确，它们就越难区分。

还有其他一些因素。

在中世纪的贵族社会，人们仅仅是将思想机械地传下去，后一代不会从上一代那里继承到任何新东西。贵族制家庭的外在条件虽然发生了变化，但他们的思想却一直固定不变。

贵族制国家的所有人都有着同样的思想观念，其行为也依循不曾变化的传统。随着他们更加注重那些最细小的环节，时间一长，他们的理解力就会变得更加清晰明白，确定不移。由此说来，封建社会时期的人不但判定荣辱的观点很特别，而且对每个观点都更熟悉。

而在像美国这样的国家，其情况就与上述的不尽相同。这是因为这个国家的所有公民都在劳动，并且社会自身也在不断发生着变化，这使得它的观点和需要也在一直改变，因此这个国家里的公民不会花费很长的时间去探究荣誉观，只是多少对荣誉的规则有一些了解而已。

要想对荣誉这个词的应有含义作出规定是十分困难的事情，即使社会停滞不前也会如此。

中世纪的各个阶级都具备一套自己的荣誉观，因而被当时大部分人认可的荣誉观一直都不存在。如此一来，各个阶级的荣誉观就以一种稳定和明确的形式确立了下来。各个阶级成员都有着一样的荣誉观，都站在同一立场，一致对外；此外那些专门为他们制定的法律条文也是他们心甘情愿接受的，因而他们的荣誉观的形式会更加稳定和明确。

所以，对荣誉观的规定就成为权衡一个人行为的规范，并且它是稳定和有条不紊的。它就好比一部详尽完备的法典，将事先考虑和安排好的所有细节都写了进去，让大家遵守。美国是个民主国家，已经消除了等级界限，因而全社会都统一了起来，形成了一个整体。虽然说美国民众都有差异，但他们在很多方面都很相似，因此国家不可能对荣誉或是耻辱的行为提前以法律条文的形式明确规定下来。

事实上，美国人民存在一些全国性的需要，这导致了他们看待荣誉的观点趋于接近；然而这些观点是在不同的时间段产生的，并且有着不一样的产生方式，因而它们对公民思想的影响是不同的。美国也有对荣誉作出规定的法律条文，但是没有解释说明。

法国也是一个民主国家，但与美国相比有一些差别，其在荣誉观方面的情况更是没有条理。我认为有三个原因可以说明这个问题。首先，法国还有旧社会残留的阶级，他们在时机不成熟之时就想走向统一，相互把自己标榜的荣誉观展示给对方，然而各个阶级的荣誉观是不同的，相互之间是排斥的，故此造成了荣誉观的混乱。其次，我们法国人扬弃祖辈的观念并没有统一的标准，完全是按照自己的个人喜好而为。最后，每个法国人都偏好主观臆断，导致了关于荣誉的共同规范不能建立起来。所以说，提前对荣誉或是耻辱的行为作出规定根本就不能实现。这个时期虽然让人感到沉痛，但是不会持续太久。

对于民主国家来说，荣誉还是一个十分模糊的概念，其影响力也比较弱。这是因为国家还不能对荣誉制定出明确和稳定的能得到公众认可的规范。虽然舆论最能规范荣誉观，但是因为没有褒贬的依据，所以作判定时就只能犹豫不决。有的时候，舆论互相对立，更多的时候是放任不管，任由荣誉观存在和发展。

还有其他一些因素也可以说明民主社会中的荣誉观影响力比较弱。

在贵族制社会，具有相同荣誉观的人只占很少一部分，并且会自发形成一个团体，不与其他人往来。把他们的荣誉观与他们的独特思想融合在一起是十分容易的事。他们将荣誉当成一种标志，有了它就能在其他人面前显现自己的地位；他们还努力利用有关荣誉的各种规定为自己谋利益。如果让我评价他们，我会说他们还要用这些规定来支配他们的强烈情感。

为了让大家更加信服我说的情况，可以看看中世纪的习惯法，其中有关于用决斗来判定谁是谁非的条文。有一条是这样说的，贵族成员之间产生冲突，决斗时可以用长矛和剑，但是普通民众之间决斗的武器只能是棍棒。在习惯法中，还有一项补充条款：普通民众没有荣誉可言。其意思并不是说普通民众都是低贱的人，而是说对贵族和普通民众的行为作判定时必须要有不同的标准。

让人吃惊的是，荣誉的影响力越大，一般来说有关荣誉的规定就越奇怪。所以一些人认为，这些规定越是不符合常规，就越能让人乐于遵守。有人甚至断定，正是因为对荣誉的规定太离奇，才导致了荣誉影响力的增强。

当然，这只是表面现象。实际上，荣誉的强大和离奇都受同一个原因的影响，绝对不是上述那样。少数人越想满足自己的特殊需要，其荣誉观就越离奇。这群人所渴望得到的特殊需要就是荣誉的影响力强大的原因。由此可见，荣誉观的离奇并不会必然导致荣誉影响力的增强。

我做几点补充。

贵族制社会中的一切等级各有各的特点，并且十分稳定。每个成员都被限制在一定区域内，只能和与自己立场一样的人生活，履行自己的职责。所以说，贵族制国家中的人没有必要为自己的生计担忧，即使处在十分低下的地位的人也是如此；此外，人们褒贬其他人并不是因为他聪慧或是无知。

在民主国家却是另外一种情形。社会形成了一体，所有公民都平等，相互之间的联系更加密切。舆论对公民的荣誉影响不大，这是因为舆论要指责的对象很容易就能逃过它的指控。所以说，民主国家的人不把荣誉当成自豪的事情，几乎没有人在公众场所彰显它。荣誉与纯正洁净的德性不同，前者只能展现给别人看，后者则依附于本体，并能证实自己的为人。

如果你对我的上述内容有了一个全面的认识，就会发现一个现象：身份平等与荣誉之间有着密切必然的联系。在我的印象中，还没有人清晰地指出过它们之间的这种关系。所以，接下来我就具体谈谈两者的关系，让读者明白到底是怎么回事儿。

要是一个民族只是继承了人类的部分共性，而将人类本有的一些一般需要都摒弃了——当然，它也会有自己的一些特别需要和利益——那么，用不了多久，这个民族就会在内部形成一种关于褒贬的观点，或者说就是荣誉。

同样的道理，这个民族内部有很多阶级，有的阶级虽然与其他阶级不相往来，然而却有自己的特别利益和需要。这样的阶级在这些特别利益和需要的驱动下会产生独特的观点。这个阶级的荣誉观由两部分组成，一是本民族的独特观点，二是本阶级更加特别的观点。人们很难想象，它可能会与人类共通的和普通的观点差距甚大。

在本章结尾之际，请让我对上述内容做次梳理。

各个阶级正处在相互融合的时刻，已经不再享有特权。所有民众都会变得没有差别，地位平等。他们正在将自己的利益与观点统一起来，同时也在消除各个阶级用来断定荣辱的所有离奇的观点。民族本身的需要是荣辱观的唯一来源，并且每个民族的荣辱观都不相同，各有各的特别之处。

在这里，我们可以想象一下，如果世界上的所有种族都走向统一，所有国家都有相同的利益和需要，不再用任何标志划分区别，那么评价人的行为的标准就不会纷繁复杂。到那个时候，人们就会有一种完全相同的标准，那就是用天良向每个人揭示的人类一般需要。

如此一来，世界上必定会出现同一种是非观，其中包含了褒贬的思想，并且简单明了。

我的观点可以用一句话来简单归纳：荣辱观的产生是因为人们之间存在差异和身份不平等；荣誉观会伴随着这种差异和不平等的消除而渐渐模糊，最终与它们一起绝迹。

# 第十九章　为什么美国人有雄心却无大志

到了美国，你会最先注意到一件事情，有数不清的人力图让自己的地位有所提高。其次你会发现，在他们上进的过程中，胸怀大志并最终超群绝伦的人却不多。

所有美国人都在追求上进，但是具有伟大理想的人却是少之又少。让自己的财富、名望和权势每天都会增长，这是每个人都希望的事情。可是说到伟大的事业，他们之中只有少数人会立志从事。表面上看来，这一点让人觉得很惊讶。限制人的欲望和阻止人向各方面发展的规定在美国的民情和法制中都找不到依据。

这是一种怪异的现象，当然它的出现不能说是身份平等这个原因。这是因为这种平等在我们法国实行之后，一些人产生了几乎没有穷尽的野心，不同于美国的情况。要想探求导致上述现象的主因，我们还是要看一看美国的民主社会情况和民主民情。

人们的野心会因为革命而渐渐膨胀起来，尤其是推翻贵族制度的革命。

贵族国家的陈规旧制曾使得广大民众无法成名和掌权，要是有一天这些被废除了，民众就会卷入一场运动。在这场普遍的运动中，人们会相继取得他们早已想要得到的名利和权势。在胜利初期，他们会在喜悦中感到人似乎能办任何事情。人们的欲望没有穷尽，并且用来满足欲望的权力似乎也是如此。这种突如其来的运动改变了贵族制度的习惯和法制，并使得所有人和制度都发生了变化。在运动中，有的公民一步登天，有的则一败涂地。权力从一些人手中转移到另一些人手中就像走马灯一样，人人都觉得自己会有掌权的一天。

有一点不能忽视，将贵族制度打倒的那些人都曾在贵族制度的法制下生活。他们亲眼目睹了贵族社会的繁荣景象，而且在无形中受了贵族的情感和思想的影响。所以，虽然贵族制度崩溃了，但它的残余还在影响民众。即使它被完全推翻，它的残余也不会在短时期内消失。

所以说，只要民主革命还在进行，人们争夺名利的野心就会存在。即使民主革命取得了胜利，人们的野心也不会立即消失。

人们回想过去的时候，心头就会涌现出那些他们看到的重大事件。革命虽然完成了，但是由革命引发的激情却不会随之立即消失，这会不利于社会秩序的稳定。即使革命成功了，这些激情依旧存在。人们的欲望还很大，可是满足他们欲望的方式却减少了。人们依旧有发大财的欲望，然而却只有屈指可数的人能够实现。最终，不同类的野心越来越强烈，膨胀欲裂。那些心怀野心的人将失败的痛苦藏匿了起来。

然而，运动余威和贵族制度的残余最终还是会消失。人们已经不记得那些重大事件了。战争已被和平取代，人们建立起了新秩序。欲望和实现欲望的方式有了一致的标准。人的需要、思想、感情都彼此有了联系，并且人们实现了平等。就这样，人们建立起了民主社会。

假设有一个国家正处于这样的状态，并且能持久稳定地保持这种状态，那么我们会发现一种新的状态，同我之前谈到的那个情景没有一点儿相同之处。我们很容易就能断定，有雄心的人渐渐都有了平等的身份。一旦他们变得平等了，雄心就不会保持增大的趋势。

社会的大量财富由许多人共同所有，而不再是一个人独享。同样，已经普及开来的科学知识也是如此。曾经一些阶级单独享有特权，另一些阶级则没有享受特权的资格，如今这种现象消失了。人们从使他们固定不变的约束中走了出来，脑海中浮现的是奋进的思想，心里也产生了高升的想法，每个人都想获得更高的地位，每个人都具备的一个情感就是奋进之心。

可是，如果每个公民身份平等后却只能获得一定数量的财产，那么就会对公民拥有巨大的财富的野心产生阻碍。这是因为人们的欲望被这种情况限制在了很小的范围内。所以，在民主国家中，人们的奋进之心不但热烈而且持久。可是通常来说他们的目标都不是特别高，而那些有可能实现的小目标则是人们一生都在不断追求的。

民主国家很少有人树立远大的志向，这是因为他们每天都将过多的努力放在了获得财富上，这样做并不是因为他们拥有的财富不多。他们为了做一些普通的事情而花费了全部的精力。因而他们的视野很快就会被限制，能力也被束缚。虽然他们有变穷的可能，但是不会减弱自己的奋进心。

这个规律同样也适用于民主国家的少量富有公民。经过漫长的辛苦过程，渐渐积攒下了财富、获得了权势的人们会培养出一个习惯，即办事谨慎、自知节制。他们会一直将这个习惯延续下去。房屋可以扩建，但是人的胸怀却不能像它那样任意扩大。

对于这类人的儿子来说，也是这个道理。他们虽然以前过着贫困的生活，但是他们的儿子出生之后却能过上富裕的生活。父母的思想和感情对儿子的成长产生了影响，并且会持续很长时间。做儿子的想要摆脱他们的影响是十分困难的。所以，我的看法是，做儿子的不但继承了父亲的财富而且还将父亲的思想和习惯继承了下来。

反过来也一样，我们能从那些曾经权势很大而现在贫穷的贵族子孙身上看到他们的远大志向，因为他们在贵族的传统观念和共同精神的影响下长期不能适应现实。

要想让民主时代的人立下远大志向去做伟大的事业是十分不容易的。对此可以用另外一个原因解释：他们有能力完成这项事业，但是需要长期的过程，而事实上年龄又不允许他们这样做。帕斯卡说过：“出身名门的人有一个优势，就是他们在十八岁或者二十岁时取得的成就对于其他人来说在半百的时候才能达到。相比之下，他们比别人少用了三十年的时间。”一般说来，民主国家的人不会用多于三十年的时间去完成他们的事业。因为人人平等，所以他们只能将自己的能力用于获得普通的东西上面，这样一来他们就不能很快地将自己的远大志向推向实现。

无论在其他制度的社会还是民主社会，拥有大量财富的人都屈指可数。虽然全体公民获得财富和升官的机会都是平等的，但这样一来全体公民前进的速度就会减慢。谋取官职就像参加竞赛，因为有心参赛的人没有什么区别，并且在不违背平等这个最高原则的情况下让一些人胜出是十分困难的事情，因此让他们齐头并进同时到达终点，在他们看来才是最好的方法。

当人们变得几乎没有差别，整个制度和民情都渗入了平等的原则之后，国家对个人晋升的规定就会更严格。因而一些人的前进速度会变得缓慢，至于快速升到卓越地位则是更加困难的事情。因为民众对特权深恶痛绝，也没有参加竞选的意愿，所以不管他们能力如何，都不得不经受同样残酷的考验。每个人都经历了多次的预备性学习或是训练，其结果是自己的大好青春流逝，想象力也没有了。所以，他们就认为自己已经没有资格得到那些有机会得到的利益。等到他们有做大事业的能力之时，却发现自己根本就没有了兴趣。

中国人的身份很平等，并且这种平等由来已久。一个人要是科举中第的话，就会被授予官职。中国的科考与一个人的仕途紧密联系在一起。每个中国人都想通过这种考试改变自己的命运，这已经成为中国民情的一部分。我曾读过一本中国小说，男主角多次科考未第，但他没有放弃，最终考中进士并受到了女主角的青睐。在这样的民情中还想怀有雄心壮志是几乎不可能的事情。

我就政治问题阐述的观点同样也可以说明其他问题。无论在哪个方面，平等都能产生一样的后果。一个国家要是不按照法律的规定管理官职晋升，那么即使通过考试选拔也会导致上述后果。

所以说，一个民主社会的内部组织越完善，一般来说官员就不会很快地升到很高的位置。快速晋升的现象不常见，超出常例之外。正是因为这个特点，人们才忽略了它是一种罕见的现象。

这些情况正逐渐被民主时代的人清晰地认识到。时间一长，他们发现了一个现象：立法者给他们划定了活动范围，他们在其中不会受到限制，都有晋升的机会，但是晋升不是一蹴而就的。他们意识到，要想实现自己的远大理想，就必须耐心地将前进途中的所有阻碍一一克服。要是他们看到困难重重，心里很害怕，就会产生挫败感。最后，他们就会不再追求远大而渺茫的理想，而是将目光锁定在自身周围很容易就能获得的享受上面。他的前途不是被法律限制住了，只是他们将自己的追求放在了小目标上。

我之前提到过，民主时代胸怀大志的人远远没有贵族时期的人多。接下来，我再追加一点：即使民主时代的一些人不惧怕那些困难，一直追求远大的理想，他们的各自表现也是不一样的。

贵族时期的人只要立下了志向，就会有一个很好的前程，然而这个前程的范围却是人们提前就划定好了的。虽然说民主国家的人的志向范围通常都不大，但这种范围没有固定的界限，可以突破，不会限制任何人。民主国家的人民不可能团结成一股雄厚的力量，都按照自己的主张行事，并且对国家的作用很小，再加上法律一直不稳定，因而他们不能完全抗拒新事物。也因为如此，不但社会自身的权力很弱，而且社会组织也不稳定。所以，一旦一些具有野心的人掌握了所有权力，还能随心所欲，在他们失去权力之时，就会通过扰乱国家秩序的途径重新获得执掌大权的机会。

由此可以看出，民主国家的人在政治方面的远大志向带有暴力和革命的色彩。这种情况在贵族社会基本上不会发生。

一般说来，民主国家的人最初都会立下一些理智的小志向。在此基础上，人们会具有一种新的欲望，虽然强烈但是不理智。远大的、理智的志向几乎都不符合自身的条件。

平等在无形中散发出来的力量使得人心被追求物质享受的激情和只顾当前利益的热情支配。这种激情和热情都带有积极向上的意味儿，也可以说它们渗入到了让希望上进的情感之中。

依我看来，民主社会的人虽然积极向上，但是他们只看重眼前利益，并且将全部精力都花费在了上面。其他社会的人不像民主社会的人那样，他们更加关注的是将来的利益和对将来的规划。在快速完成许多小事情和坚持完成为数不多的几件能流芳千古的大事业之间，民主国家的人往往都愿意选择前者。这是因为他们将成功看得比荣誉还重要。他们中的一些人也想取得统治地位，要求别人都听从他们的命令。本来他们处在什么样的社会地位就要表现出相应的行为举止，然而他们现在的表现却往往与之前不符，一点儿也不高雅。虽然他们占有大量财富，但却表现得非常低俗。他们取得了统治地位，似乎就是为了享受那些卑微的低俗趣味。

我有一个看法：我们这个时代的人的上进之心必须被善意指引和调控才行，可是上进之心被过度抑制的话，则会带来无法估量的后果。我们应该提早为上进之心划定一个范围，在这个范围内不要过度抑制它的发展。

我十分担忧民主社会的人们的欲望太过普通，而不是担心它们过于强烈。所以，我有一个不好的预感：民主社会的人常常为了个人生活中的小事情而忙碌，以至于他们的雄心都减弱了。虽然他们还有激情，但这种激情既不高昂也不低落。受此影响，最终社会会日益陷入一种表面上看起来安定，实则没有进取心的状态。

当今社会的统治者想要公民们安于平静、单调的现状是不现实的。他们应该激发公民的上进之心，要求公民做一些有难度的事情；或者为他们搭建舞台，让他们显示自己的才能。

一些社会学家持有一种观点：自满自大是当今时代人的首要不良习惯。

从某种程度上说，他们这种观点有一定道理。这是因为，任何人都认为自己比别人优秀，都不情愿听从上级的指挥。然而从其他方面说，这种观点又是不正确的。一个人虽然对自己的从属地位不满，而且也没有享受平等地位的意愿，然而也许他会自卑，认为自己不能享受高雅的情趣。所以，最终他就只追求普通的欲望，不再奢求远大的事业，甚至连想的念头都没有。

对此，我认为我们当代人没有谦虚的必要，对待自己和他人的时候最好能用一种更高的准则。我认为骄傲才是他们最需要的东西，而谦虚对他们没有什么好处。如果让我在许多微小的美德和骄傲之间作出选择，我会心甘情愿地选择后者。

# 第二十章　民主国家的“求官热”

美国的公民学到了一些知识，积攒了一定数量的财富之后，为了获取更多的财富，就会选择经商，或是经营一片林木荒地。他们希望政府不要对他们的辛勤劳动有所妨碍，而是保障他们的劳动果实。

在大多数欧洲国家，公民一旦认为自己有实力，或是为了将自己的愿望变成现实，首要考虑就是从政。为什么美国和欧洲国家会出现不同的情景呢？我觉得有必要探究一下。

一个国家如果不能提供足够多的公职，而且职位待遇低、不稳定，反而是工商业机会多，能获取大量财富，那么人们就会在平等思想带来的欲望的影响下选择从商而不是从政。

如果公民都处在平等的地位，人们的知识还很缺乏或冒险精神不足，而工商业已经没有发展空间，从中很难获取财富时，人们就会转变观念。他们为了改善当前的境遇，就会纷纷转向政府部门，而不是通过自己的能力来改变。他们的看法是，一旦进入政府部门，就能靠着国家的钱过上舒适的生活。虽然，他们还有很多途径来改善自己，但认为这个方法最可靠，能让他们很容易地改善境遇。因而公民们都想从政，拿国家工资。

在那些实行中央集权的君主制国家，公民们更是如此。这样的国家有许多拿国家工资的官员，他们不必为生活担忧，所以其他人看到这种情况也想谋取一官半职。一旦他们当上了官，就好比是继承了父母的遗产，之后就能衣食无忧地生活下去了。

这种求官热在欧洲国家里十分常见，并且超出了一定界限。我相信很多人都和我一样，认为这是社会的一大弊端。“求官热”不但消磨了公民的独立精神，而且助长了贪污行贿的风气，损害了一些美好的德性。总之“求官热”会给社会带来一系列不良后果，扰乱国家秩序，对社会无益。这一点我就不详细论述了。

同时，我想说的是：政府要是不刹住这种风气就会引火烧身，严重者甚至可能被民众推翻。

我很清楚一点，我们这个时代的人民对国家政权的敬重之情正在流失。当政者觉得从自身利益出发统治人民是十分必要的事情，他们还认为利用人们的激情达到让他们遵守秩序和不反对政府的目的才是最便利的一个方法。然而这种局面不能维持很长时间。这是因为，在某个时期还会出现新的力量，经过长期的发展之后会变得强大，造成社会动乱，使得政府衰落。

与其他国家相同的是，民主国家的公职人员也有一定的数量。可即便如此，社会中还是有许多人谋取官职，并且随着人们的身份变得平等，求官者的人数会呈现出上升的趋势。只要社会中有人存在，他们就会追求官职。

要是社会上的人都把从政当成唯一职业，长此以往，政府最终会引起一些人的不满。这是因为，人们的需求在无限增加，而政府的能力又有限，不能满足他们。事实上，那些求职待业的人才是最难以管理和控制的人。即使政府尽了全力也不能满足他们的需求。所以，政府要特别注意这些人，不能让他们填补空缺的官职，以免他们最终破坏政府的秩序，甚至改朝换代。

我有一种认识：平等使人民产生了很多新的欲望，现代当权者要是一味满足人民的话，到头来就会后悔用这种方法。他们终会明白，用自己的权力满足人们的需要是一种不能从根本上解决问题的方法，教导子民学会一门技艺实现自食其力才是最可行的办法。

# 第二十一章　民主国家的大规模革命

几百年来，在等级制度或阶级制度下生活的人民要想实现社会的民主，就必须通过长时间的、多次的改革才行。无论这些改革的艰难程度是大是小，人们都会采取暴力手段，使得财富、思想、权力等方面多次发生重大的变化，然后使得社会情况走向民主。

这场大规模的革命取得胜利之后，社会还会受到它带来的革命习惯的影响，甚至还会出现一些更大的动乱。

在人们的身份日渐走向平等的时候，社会发生了上述情况。基于这个原因，人们作出了一个判定：身份平等和革命被一种无形的关系联系了起来，所以它们两者是共存的，不可分割。

这种论断与经验是吻合的。

对于那些等级正在走向平等的国家来说，它们缺乏一种外在的联系，使得人们不能相互结合，并且一直处在固定不变的地位。永久的特权、发布命令的权力、支使他人的权力，这些不是任何人都能拥有的。可即便如此，人们还是发现了一个现象，就是只要自己具备了些许知识和财富，就能选择一条不同于其他人的道路，并且可以自己独行。

上述原因不但使得民众走向各自的独立，同时也在激发他们的新欲望，激励他们早日实现欲望。

所以，人们就有了一种观点：民主社会中的思想、民众和其他任何事物都在时刻发生着变化。民主时代就是一个改革的时代，并且这种改革迅速剧烈，会一直持续下去。

情况真的是这样的吗？身份的平等能导致民众将革命当成一种习惯，并且一直进行下去吗？导致民众不断改变他们的法律、思想和民情，使得社会安定受到阻碍的原因是身份的平等中具有某种动荡的根源吗？对此，我抱否定态度。既然这个问题的重要性不言而喻，那么接下来我就详细论述一下。

一切使得国家的制度发生根本变化的革命不外乎两个目的：其一，强化阶级的不平等；其二，使民众走向平等。如果不考虑那些引发人类社会大动荡的其他次要原因，你会发现几乎每次动乱都与不平等有关。换句话说就是，要么贫苦的人将富人的财产据为己有，要么就是富人永远约束限制那些穷人。由此说来，假如你能让社会处于一种状态，即人人都占有一些东西，基本上不会抢夺他人的东西，那么你的贡献则十分有利于世界走向和平。

我明白在一个大的民主国家之中，必定有一些占有大量财富的民众，同时也存在一些非常困苦的民众。然而，生活在民主社会中的穷人的数量与以穷人为主的贵族社会里的数量相比，则少得多，并且从法律层次上说，没有一项规定要求他们以及他们的后代必须一直生活在困苦之中。

那些富贵的人没有一点儿凝聚力，并且力量十分薄弱。他们不再享有那些让人羡慕的特权；他们的财产数量也不再与土地挂钩、用土地数量来反映，取代它们的是那些人们不关注、无形的东西。假如，世界上没有了穷人，那么也就不存在富人家族。在众多人之中，不但时刻有富人出现，而且富人的数量会越来越多，变得十分普遍。所以，他们形成的阶级十分难以确认和区别。同时，那些富贵的人与其他人之间被一种隐秘的联系连接在一起；因而穷人要是触犯富人的话，也会使自己受到侵害。在民主社会中，除了富人和穷人，还有很多基本上处于他们之间的一类人，并且在各个方面都与他们没有什么差异。这些人不是十分贫困的人，也不是十分富有的人。因而人们了解到他们的财产数量之后，既不会造他们的反，也不会嫉妒他们。

这些人对重大的社会动荡抱有否定态度。他们十分保守，因而使得那些极富和极穷的人都不敢造次，并且社会也因此处在和平的境况之中。

这些人并不满足于现在拥有的财产，他们也会赞同一些革命，当然这有一个前提：这些革命不但能保障他们获得更多的利益，还会让他们免遭损失。虽然他们有着强烈的发财欲望，但是他们也明白，一旦革命就会使得某些人的利益受到侵犯，这会让他们十分为难。同一种社会情况在刺激他们产生新欲望的同时，也为这些欲望划定了一个必要区域。这种社会情况使得人们进行改革的自由增加了，但同时也使得人们对改革的欲望减弱了许多。

民主社会的民众不但不希望社会革命，反而从心底里对革命有一种畏惧感。

无论什么样的革命，都会对民众的财产所有权或多或少地带来不良影响。民主国家的大多数人都拥有自己的财产，他们不但享有财产所有权，而且其所有权还会受到他人的万分尊重。

假如，我们对社会上的所有阶级都详细考察一番，就会很容易地得出一个结论：所有权给人们带来了激情，并且中产阶级十分固守这些激情。

穷人认为，拥有为数不多的财富反而不如没有更加直接，因而他们不会在意自己拥有多少财物。富人们不但喜爱财富，还有很多激情必须得到满足，然而当他们长时间地通过辛苦努力获得大量财富后，会发现财富已经没有了吸引力。

那些处在极富和极穷之间的人却是十分在意自己的财产。为什么这样说呢？原因就是，他们其实与贫穷离得很近，能深刻体会到并且惧怕贫穷的痛苦。之所以说他们与贫困的人有一点儿差别，就是因为他们手中还有一点儿财富。这些财富不但时刻承载着他们的担忧，也寄托着他们的希望。他们时刻关注自己的家产，就是希望有朝一日能获得更多的财富。为此，他们不断地辛勤劳动，想要积累更多的家产，也因此会更加看重家产。在他们看来，要是让人分享自己的家产，哪怕只是很小的一部分也是不可能的事情。他们认为自身的最大灾难就是丧失了所有家产。正是身份的平等使得那些维护自己家产和害怕损失家产的人的数量呈现出增长趋势。

所以，民主社会的大部分公民看不出革命会为他们带来何种利益，反而是时刻担忧革命可能会给他们带来损失。

在之前的某一章中，我谈到过在身份平等的驱使下，人们选择了从事工商业，之后人们的地产日益增加，拥有土地所有权的人越来越少。我还谈到，每个人在身份平等的激励下会热情饱满地谋取幸福。这些事实都是最能抗拒革命激情的东西，其他任何东西都比不上。

也许革命成功之后最有利可图的是工商业，然而最初却不是这个样子。刚开始的时候，几乎所有从事工商业的人都会变得一贫如洗。这是因为在革命开始之初，消费的一般状态还是之前的样子，生产与需求的关系处在稳定的状态。

我要补充一点，商业道德是一种与革命道德最为对立的东西。那些狂热的革命激情与商业的价值观格格不入。商业提倡温和、妥协，会想尽办法不与他人产生冲突。它处处讲究忍让，只有到了无可奈何的地步才会使用极端手段解决问题。在商业的影响下，人们不但变得独立，而且对自己的个人价值十分看重，此外人们都心甘情愿地从事自己的工作，并且学会了如何走向成功。总的来说，商业让人更加向往自由而不是革命。

那些拥有动产的人同其他人相比会更加担心革命的发生。这是因为，在革命开始后，他们会害怕自己的财富被禁止动用，甚至被没收。拥有土地的人则不像上述那些人那样异常害怕，这是为什么呢？原因就是在革命之时，他们也许会丧失土地的收成，但是革命平息之后，他们起码还有对土地的所有权。由此不难看出，两者对革命运动的态度不同，前者比后者更加害怕革命。

我们可以得出一个结论：一个国家的动产数量越是庞大并且种类多种多样，这个国家发生革命的可能性就越小。

除此之外，无论民众从事什么样的工作，拥有何种财产，都有一个特点：这些都是人所共有的。

这个原因导致了人们绝对不会对自己当前的家产感到满足，并且促使人们想尽办法获得更多的财富。无论他们处在人生的哪一阶段，只要对其经历进行研究就会发现每个人都一直忙于制定新的计划，达到过上安乐生活的目的。因而向他们宣扬人类的利益和权利就是在做无用功。他们在自家的烦琐小事上浪费了所有精力，没有时间去关注公众都关心的问题。

如此一来，他们不但不会革命，甚至连革命的念头都没有了。那些狂热谋求幸福的人基本上也不会被狂热的政治激情所感染。由于他们对小事过度热衷，因而就没有了做大事的激情。

事实上，在民主社会中，也存在一些野心勃勃的人。他们不但具有胆量，而且欲望十分强烈，并且当前的常规已经落后于他们的欲望。这些人不但崇尚革命，而且发动革命。但是，要是没有外力的帮助，单靠他们自己的力量发动革命则是十分不易的。

人们与时代和国家的精神进行争斗期间，任何人都不能从中获取利益。一个自认为强大的人的情感和思想很难被同时代的其他人接受。因为这些情感和思想是被整个社会的愿望和情感所不认可的。所以说，当人们实现了身份的平等，而且民情也有了平等的痕迹的时候，他们就会在鲁莽的领袖或是大胆的改革家的带领下走向革命的道路，这种观点是错误的。

人们也不会采取周密的谋划，甚至提前制定好计划去光明正大地抵制这样的领袖或改革家。人们不会与他们产生激烈的冲突，相反有的时候还会对他们有所赞赏。可即便如此，人们还是绝对不会和他们一起开展革命运动。在私下里，那些人的狂热受到人们惰性的抗拒，他们的革命习性受到人们保守主义的抵制，他们的冒险激情被人们的日常爱好抵制，他们的灵机天才也会被人们的良知抗拒，甚至人们会用自己的观念来抵制他们的思想。这样的领袖或是革命家虽然可以暂时将人们聚集在一起，但不久就会发现民众不再支持他。当他们想尽办法企图让那些态度冷漠的群众重新支持自己的时候，会感到这一切都不会再实现了，因而只得放弃。这并不是说他们不再主张革命，而是说他们现在势单力薄，已经无能为力。

我认为，在民主社会生活的人天生不会满足于当前的状态。相反，我觉得人们在被一种永恒的运动支配着，并且为此忙碌不停。同时我也确信一点，人们在其中活动时，不会超过一定的范围。他们会采取小心慎重的态度对待主要的事物，让它保持不变，同时也在一直改变或是改革着那些次要的东西。总的来说，他们不反对改革，但是心里却不同意革命。

美国社会中的一些法律正在被掌权者不断修订或是废除，期间他们几乎不会表现出革命激情。一旦民众开始对他们不满，给他们带来威胁，甚至激情昂扬的时候，他们就会立即停止自己的举动，不再那么激进。我们很容易就能看出，他们将革命视为最大的灾难，并且对革命有抵触心理。因而为了避免革命发生，他们就会做出重大让步。美国十分看重所有权，但又害怕失去所有权，其程度任何其他国家都比不上。不仅如此，美国大部分人都不赞同用任何方式损害所有权制度，也不允许国内存在反对所有权制度的观点。

我曾多次说过，那些主张革命的理论要是不采取完全彻底的方式，或是不能使得人的财产和现状发生突然的改变，就无法运用到实际之中。美国欢迎这种理论的程度不像欧洲一些大君主国家那样强烈，若是有人提倡这个理论，公民们就会出自本能地反对它。

法国人认为一些名言带有民主色彩，并且一贯主张实行，但是美国人会对其持相反的态度，会将那些名言废除。要理解这一点其实并不难，这是因为，美国的民众与欧洲人民的激情和思想是不同的。前者带有民主色彩，后者则带有革命色彩。

假如有一天美国会爆发大规模革命，其原因只可能是黑人的存在。换句话说，只有民众身份的不平等才会导致这种革命。

当人们的身份变得平等之时，人人都会变得独立，不再关心他人的命运。假如民主国家的立法者们认为这能使公民的政治热情消失和不再革命，而不去采取措施制止这个有害的倾向，那么最终会不可避免地自食其果。更严重的后果是，大部分人愚昧、利己主义的胆怯心理会助长一些人的破坏激情，导致全社会发生不可思议的改变。

在民主社会里，几乎没有主张革命的人，但只要有少数主张革命的人存在就有发动革命的可能性。

我的意思是说，民主国家的社会情况不会诱发革命，或者说它能打消民众的革命念头，但不能肯定地说民主国家不会发生革命。

民主国家的民众依靠自己的力量完成任何事情，不会轻易为重大的冒险事业献身。要是他们被卷入了革命的潮流，那是因为那时他们没有防备。即使他们有可能被卷入革命之中，但绝对不会发动革命。还有一点需要提出来：民主国家的民众在获得知识和经验之后就不会对革命听之任之。

这个方面在很大程度上会受到国家各项制度的影响，它们或是促进或是抑制着那些由社会情况带来的各种习性。

所以，我重申一下自己的观点，我认为一个国家不会因为实现了身份平等就不会发生革命。我还非常肯定的是，无论民主国家实行何种制度，其革命所需的暴力总是不如想象中的那么大。对此，我不难想象出，一旦平等与这样的政治情况联系在一起，那么社会就会实现安定。这种安定我们西方国家还不曾达到过。

美国有两个让人感到惊讶的现象，人们的大多数活动都具有很大的流动性，但人们的某些原则却不曾发生改变。虽然人们处在不断的流动变化之中，但他们的精神基本没有发生变化。

如果有一种观点被美国人认可，并且他们深信不疑，那么无论什么力量都不能将它彻底消除。美国的宗教、道德、哲学甚至有关政治的通常流行的学说一直都是固定的。即使它们发生了变化，那也是通过一种秘密的、人们无法察觉的方式进行的。在这种情形下，人和事物都会变得漂泊不定，很难将那些最不文雅的偏见一下子就清除完毕。

我从别人那里了解到，民主的本性和习惯就是感情和思想时刻都在发生变化。古代那些小共和国能把所有公民聚集到一个公共场合，之后指派一名演说家向民众宣扬它的主张，这种现象也许就是我前面说的那种情况。然而，美国却没有这种情况。让我惊讶的是，大多数美国人都不会轻易放弃他们认定的观点，也不会抛弃他们选定的人。不管写文章还是发表演说，劝说他们放弃都会徒劳无功。唯一能改变他们初衷的途径是亲身体验，并且有的时候需要多次反复体验才行。

刚开始的时候你会对此感到惊讶，但是深入探究之后便可知道它的究竟了。

让一个民主国家抛弃它的偏见，信念发生改变，用新原则取代它之前在宗教、哲学、政治、道德等方面的原则，或者说，让这个国家在文化方面发生根本性的变化，这是十分不容易做到的。但这种现象并不能证明民主国家里的人精神存在惰性，而是说明人的精神在时刻变化，只不过是在改变那些已知的原则，而不是以追求新的原则为目的。换句话说，就是人们只是将重点放在了自己的那些旧原则上，并且还在坚守。即使人们可以改变自己的旧原则，但也只是小幅度的。他们能够扩大自己的活动范围，但绝对不可能发生突变。

人要是在权利、教育和财产方面完全相同，简单说就是身份平等，那么他们的需要、爱好和习惯就必定没有多大区别。他们的思想基本上也会一致，其原因就是他们都站在同一个立场上观察事物。虽然每个人跟其他人还有差别，并有自己的信仰，但最终也会在无形之中达成一致。

当今有些人认为智力活动混乱这种现象是民主国家的自然状态，而我对此却持有不同的态度。因为我考察过平等对智力活动的影响，并且随着研究的深入，我更加确信上述论断是错误的。我的看法是，将这种混乱现象当成民主国家初期特有的偶然事态是恰当的。人们曾经因为一种旧关系而联系在一起，并且出现了上述那种混乱状态。虽然现在人们不再受旧关系的束缚，但是从出身、教育和习惯等方面来说，他们还处在适应期。所以，在这个适应期内，人们想要自己的思想、爱好和习惯不同于别人，就只能表现出混乱。但伴随着人们的身份日益平等，渐渐就会产生相同的主要思想。对此我的看法是，这才是社会通常存在的事实，其他状况则是在偶然情况下或是适应期内才出现的。

我认为民主时代的人可以毫不费力就勾勒出一个思想体系，并且这个体系与同时代的人认可的思想体系存在巨大差异，这种情况基本上不会发生。退一步讲，即使有的国家出现了这样的改革家，在初期他也很难做到让其他人认识他的思想体系，更不用说让人们都信奉他的思想体系了。

当人们基本上实现了身份平等之后，一个人就会用慎重的态度对待别人的话语。这是因为人们彼此之间没有什么差别，并且学的东西、过的生活都一样，因而他们无论谁做领导，其他人都不会服从、跟随他。由此说来，人们就不会轻信同自己没有差别或是平等的人的话语。

所以，民主国家的一些人降低了对知识的信任度。不仅如此，我在其他章中还说过，一个人在智力方面可能会胜过其他人的一般观念，但是没过多久就会黯然失色。

智力平等的主张伴随着人们渐渐变得没有差别，日益对人的信念产生了影响。因此，无论持什么主张的改革家，要想对所有人的精神产生或是给予重大的影响，都是十分困难的。这样的社会很少会突然发生智力革命。我们通过翻阅世界历史就会得出如下结论：名望的权威才是让人们的观念快速实现重大改变的原因，而不是理论的力量。

值得注意的是，在民主社会生活的人都是独立的，没有什么束缚将他们联系起来，因而就很有必要将他们都说服。在贵族社会中，一个人要想领导其他人，只需影响他们的精神就能实现。假如路德生活在平等的社会中，并且没有领主和王侯支持他的主张，那么他要想改变欧洲的面貌将困难重重。

民主时代的人生下来就对自己的意见深信不疑，并且执著地坚守自己的信念，这种观点是不完全正确的。一般说来他们也会产生疑问，并且谁也不能解决。在民主时代，虽然人们也想对自己的精神重新定位，但是由于缺乏推动的力量和指导，因而仍然固守着自己的精神。

改革家仅仅获取了民主国家人民的信任还远远不够，还必须花费大量心思使他们对自己变得敬重。要是改革家的主张没有涉及民众的自身疑问，要让他们信服则是十分困难的。他们一直都在为自己的工作而忙碌，因而很少关心别人到底跟他们讲了什么话。

在民主国家里，几乎所有人都在忙碌。在这种忙碌和喧嚣中，人人都十分紧迫，根本就没有多余的时间去考虑问题。在这里，我要特别说明一下，他们并非仅仅枯燥地忙碌着，而是在专心地工作。他们一直保持着这种忙碌状态，并且认真地对待每一个行动。就这样，他们在事业上表现出了过度的热情，以至于思想跟不上时代的脚步。[1]

我有一种看法，要想激发民主国家的人民热爱一种与他们的日常行动没有明显的、直接的和确切的关系的理论是十分困难的。旧的信念不会被这样的人民轻而易举地抛弃，这是因为狂热之爱会使得人的思想不同于从前，从而导致智力大革命和政治大革命。

因而，在民主国家中，人们不但没有时间也没有兴致去探求新的认识。即使他们对旧的见解持怀疑态度，也会依旧坚持。他们通常会在长时间的多次考察之后才会将那些旧的见解放弃。他们之所以坚持旧的见解，就是因为这些是早已经确立下来的，而不是因为它真实可信。

此外还有几个具有说服力的因素能说明民主国家的人民为什么不会轻易改变自己的旧主张。至于这些原因，我曾在本书的序言中提到过，这里就不一一阐述了。

在民主国家中，个人的影响力是十分弱小的，甚至根本就没有影响力，而群众却

---

1　如果你问我，最容易导致智力大革命发生的社会情况是什么？答案就在所有公民完全平等和各个阶级完全对立之间的某一点。

在等级森严的制度下生活的人会将自己的原有地位一直传给后代，并且不会发生变化。对于其中一些人来说，他们的希望很少；而对于其他人来说，他们也不会有过高的期望。他们停止了思考，因而就失去了想象力，头脑中甚至还忽略了运动的思想。

伴随着阶级的灭亡，人们的身份逐渐平等，人人都会处于活动状态；他们是独立自主的，但力量十分弱小。这种状态明显不同于前一种状态，但是两者也有相似的地方，那就是几乎都不会出现智力大革命。

然而，要是国家正处在这两种状态之间，即国家既会因此扬名又会因此动荡的时代，身份的不平等还没有达到使智力处于不变的状态的地步，也没有达到使一些人对其他人的精神能产生巨大影响甚至改变其他人的信念的水平——就是在这样的时代，一些锐意进取的改革家便会诞生，并用新的思想使这个世界的面貌发生改变。——原注

对个人的精神具有极大的影响力。我在其他章节已经阐述过这个问题，这里不再赘述。有人认为是政府的组织形式决定了这一切，并且认为要是大部分人的政治影响力都消失了，政府的影响力也会失去。对此我想说，这是一种不正确的看法。

贵族制度下生活的人一般都有自己的性格和力量，并且一般说来它们还十分高贵。当他们发现自己与大部分人不相容的时候，就会选择退让，进行反省和自我安慰。这种情况不会出现在民主国家中。民主国家的人必须受到他人的敬重，就好比人离不开空气一样。但是一个人要是违背了民众的意愿，也就没有了存在的必要。对于那些与群众背道而驰的人，只需用公益稍加指责，他们就会信服，而不需要动用法律手段。那些人在孤立和落魄之际就会滋生出失落感和压抑感。

随着人们身份逐渐走向平等，每个个体的精神都会受到公众舆论的影响，被包围、指挥和控制。这种现象的产生主要与社会组织本身有关，基本上不会受到政治法令的影响。当人们相互之间越来越没有差别，每个人都会清晰地意识到个人的力量在众人面前是多么渺小。因为每个人都对自己的特性或是优势认识得不够清晰，因而一旦自己不被他人认可，就会马上认定自己是错误的。他不单单对自己的力量持有疑问，也渐渐地不再相信自己的权利。当大部分人都否定他的时候，他基本上就会承认自己做错了。

所以，在民主国家里，无论各项权力是如何组织和保持平衡的，要想让人们认可大众不赞同的东西，或是让人们宣扬大众谴责的东西，都是十分困难的。

这一点在很大程度上对于人的信念的安定起到了推动作用。

当一种见解被民主国家认可，并在大部分民众的头脑中留下深刻印记时，就会被人赞同，就能凭借自己的力量轻易地永远存在下去。虽然刚开始会有人认为它是错误的，但是这些人看到它被大多数人接受时，最终也会认可它，甚至那些心里仍然不服的人也不会主动站出来与它作对。在他们看来，与它斗争是件既冒险又不能得到好处的事情。

的确，当民主国家里的大部分民众改变自己的见解时，也许真的会发动一场精神世界的革命，这会让人感到十分不解。然而，毕竟他们的见解不会轻易发生变化，同样，要想确认它是否发生了变化也不是轻而易举的事情。

有的时候，人的信念会因为时间和事件或是个人的独立思索活动的影响而渐渐摇摆不定或是被摧毁。如果仅仅从表面上看是看不出这种现象的。人们不但没有能力阻止这种变化，也不能将力量集中起来与它斗争。这导致的后果就是，许多人都渐渐放弃了这个信念，还有一些人则是果断地将它放弃。最终信奉这种信念的人会越来越少。

即便发生了这样的情况，这种信念还是会影响人们。

对这种信念抱有反对态度的人们要么一直不声不响，要么就是在私下里将自己的思想传达给别人。因而通常说来，在长时间内他们不能确定和相信大革命是否正在发生，他们依然在犹豫，没有采取行动。他们在无声无息地看待革命的形势。虽然大部分人已经不再信奉这种信念，但表面上都没有显露出来。民众对待信念的这种态度给改革者造成了一种假象，使得他们灰心失望，不再有所举动。民众虽然在表面上对改革者表示尊敬，但是实际上不愿接近他们。

当前，我们所处的时代有一个特点，就是人们的思想正在急速地改变，并且过一段时间后，与之前时代相比，人们的基本观点会更加稳固。虽然这个时刻还没有到来，但我们正在慢慢实现。

我越深入探究民主国家人民的自然需要和本性，就越是相信：世界要是全面和永远实现了平等，那么社会就很难或很少会发生精神大革命和政治大革命。这远远超乎人们的想象。

民主国家的人貌似一直都在变化和忙碌，时刻做好了改变自己地位和信念的准备。因而人们就会认为他们说不准在什么时候就会将法律废除，接着就用新的信念和习惯规范自己。

然而，人们还是忽略了一点，虽然平等使人们发生了变化，但是人们要想让自己的利益和爱好都得到满足，就需要有安稳的环境作为保障。平等在让人向前发展的同时，也在抑制他们的发展，平等在鼓励人们奋发向上的同时也将他们束缚在了一定范围内，平等在激起人们欲望的同时也对人的力量作出了限定。

一下子将这种情况看明白是不可能的。让民主国家的公民不同的激情是外露的，并且能清晰地看到。将他们联合起来的力量则是十分隐秘的，不太能轻易看出来。

我最担忧的不是革命对以后几代人会造成什么影响。但是从当前来看，革命为社会带来了灾难，在这种情况下，我没有底气说出之前的那些话。

假如民众不肯从狭窄的家庭利益圈子中走出来，而是继续不停地追求利益，那么他们就不会具备那种强烈的大公无私的情操。虽然说这种情操会导致社会动荡，但最终会让民众向前发展，社会也会为之一新。由于民众的财产没有保障，并且他们追求财富的野心又十分强烈和迫切，所以我担心他们会认为所有新理论都会损害他们的利益。由此导致的后果是，他们不但将改革看做轻率的行动，将社会进步看做迈向革命的开端，而且担心自己会深受其害，所以选择了保持沉默和固守。我的心也在因恐惧而不停抖动。令我吃惊的是：当前的人们只为了自己的一时享乐而不会考虑长远的计划和后辈的利益，他们一直固守在一定的范围内并且以此为荣，在必要之时都不会坚决地做出改变。

人们有一种看法，新社会每天都会将新的面貌呈现给人们。我想说的是，我十分担心新社会要是过度遵循旧制度、习惯和偏见，那么最终就不能进步。人类也会受到其影响而停止不前，被束缚在一定范围内，渐渐地人的精神也会走向委靡，并且人们会一直生活在悔恨之中，结果新思想永远不会产生。所有人都在独立活动，在一些微小和对自己没有好处的活动上倾注自己的精力。虽然从表面上看，每个人都在不停地活动，然而从实际上说，整个人类却停止不前了。

# 第二十二章 民主国家对和平、战争的态度

民主国家的人在利益、恐惧心理和激情的影响下会排斥革命，这会让他们的国家避免发生战争。此外受到这些因素的影响，人们的尚武精神和革命精神也会一并由强变弱。

人们的尚武精神由于被压制而减弱，是多个方面共同作用的结果。它们是：拥有不动产的人爱好和平，并且这类人正在增多；人们的动产也在一直增加；纯洁质朴的民情、温暖的人心、因为平等而滋生出来的怜悯之心，以及能抑制战争激情的冷静理智。

在民主国家中，人们的身份正在实现平等。伴随着一种态势的发展，人们的好战激情会更少、更弱。我认为这是一种十分常见的现象。

战争对于所有国家来说都是灾难。不管民主国家还是其他国家，都有陷入战争的可能性。然而所有国家即使再怎么爱好和平，也都有做好御敌的准备的必要。简单说来，就是国家要建立自己的军队。

美国不但幅员辽阔，而且没有相邻的国家，可谓条件优越，环境十分好，因而只需要为数不多的士兵就能做好防御。当然，我说的只是美国的情况，它不能代表所有民主国家。

民主国家身份平等的现状、民情和在民情基础上建立的所有制度都要求国家建立军队。这是因为军队时常在很大程度上影响着国家的发展趋向。所以，当前最重要的事情就是探究军队成员的自然本性。

贵族制国家的各个阶级是不平等的，这一点在只靠出身定等级的国家里表现得更加明显。同样，这样的国家里的军队内部也会存在不平等。按照等级来说，军官就是贵族，士兵就是农奴。军官在军队里指挥士兵，士兵必须服从军官的命令。所以，贵族制国家里的士兵虽然有上进之心，但是不能冲破划定的狭小范围。

军官虽然有升职的欲望，但是这种欲望并不是无休止的。

贵族制国家划分了许多等级阶梯，贵族只是其中的一个等级。对于贵族来说，其内部也有自己的等级阶梯，并且阶梯上的等级一旦确定就不会改变。等级决定了贵族入伍后的命运，有的贵族会当团长，有的贵族则只能当连长。等到他们坐上自己的相应位置后，就不会再有升职的欲望，会一直安于现状。

贵族制国家的军官约束升职的欲望，还可以用另外一个重要原因来说明。

在贵族社会中，军官不但在军队中有军衔，而且还属于社会上层阶级。他们认为，军衔就是为上等阶级所设的附属品。贵族入伍当军官，只是因为家庭出身要求他们如此，所以他们不会将高升当成入伍的主要目的。他们入伍只是为了自豪地挥霍自己的美好光阴，同家人和其他军官分享自己在军中的光荣回忆。他们出身贵族，入伍之前就具备了名利、财势和特权，因而入伍之后不会追求这些东西。

民主国家里的士兵都有当上军官的可能，因而每个士兵都希望自己能够升职。不仅如此，他们升职的欲望还十分强烈，其军事野心远远不能得到满足。

军官们的看法是，自己升职与否，不是由什么自然因素决定的。他们认为，每提升一个级别都会给他们带来很大的利益，这是因为他们在社会上处于何种等级，基本上在军队里也会处于相应的等级。

民主国家的军官的唯一收入来源是薪俸，并且不能享有除了军功以外的其他荣誉。他们的境况会随着他们职位的变化而发生相应的改变，所以有时候他们与以前相比就会有很大不同。贵族制国家里那些被军官当做附属品的东西在民主国家的军人看来则是十分重要的东西。因为在民主国家，这些东西能对军官本人和他的全部都起到决定性作用。

在旧君主统治时期的法国，人们不用军官的军衔而是他的贵族爵位封号来称呼他。当前却是另外一种情形，人们只用军衔来称呼一个军官。通过这个改变，我们可以看出当前的社会制度和军事制度在经历了重大改革之后已经明显不同于之前。

在民主国家的军队里有一种十分常见的现象，就是几乎每个人都渴望自己能够升职。不仅如此，他们的这种欲望十分强烈，并且会一直持续下去。伴随着其他欲望的增强，他们升职的欲望也会更加强烈。通过对各个国家的军队的探究，我们不难看出民主国家的军人在和平期间升职是最为缓慢的。这是因为本来军中的职位就不多，再加上有那么多的竞争者，并且这些竞争者都是平等的人，所以他们都不可能直接升到很高的位置，甚至有些人根本就没有晋升的机会。民主国家军队中的晋升比其他国家严格得多，并且晋升难度远远高于其他国家。

所以，民主国家军队中那些升职欲望十分强烈的人都希望有战争发生。当前，民主制度有一项专门规定，军队必须参照军人的资历才能决定是否应该给他们升职。而一旦发生战争，军中就必然会空出许多官职，到时他们就可以不按照上述标准得到晋升。

从中可以得出一个论断：民主国家的军队渴望战争的欲望最强烈，而民主国家的人民却最希冀和平。你是否对此感到诧异呢？其实民主国家之所以会产生这种对立现象是因为有一个共同的原因，那就是“平等”。

当公民们都变得平等了，就会认为自己有提高境遇、获得更多利益的可能。他们在产生这种欲望的同时会发现实现这种欲望也是有可能的。正是因为这种情况的出现才导致了他们追求和平。在他们看来，一个国家有了和平的环境，工商业才能兴盛，每个人才能顺利地做好自己的事业。从另一个方面说，在平等的影响下，那些军人把军事荣誉的价值看得更加重要。由于军人们可以平等地获得军事荣誉，因而一些士兵在睡觉时都梦到自己在上阵杀敌。平等支配着人民和军队，并对它们产生了不同的作用。两者也有相同的地方，那就是人心都在发生变化。他们都追求享受，并且这种欲望永远不能得到满足，此外他们还有着同样的野心，只是满足的途径不一样罢了。

民主国家的人民和军队这两种完全不同的趋势正在驱使民主社会步入险境。

一旦人民的尚武精神减弱了许多，就不会再以当军官为荣，那时军人虽然还是公务人员，但却是最低级的类别。他们不再受到人们的尊敬和理解。军人受到的这种待遇完全不同于贵族时代的军人。在这个时候，那些从军的公民就会成为最不值一提的群体，因为他们不再是最主要的公民。如果你看到一个人从军了，那么他必定是个走投无路的公民。民族的精英不会选择从军，因为从军不是光荣的事业。反过来说，人们认为从军不光荣，其原因就是民族的精英没有加入军队。这是一个恶性循环，人们很难冲出它的束缚。

从物质条件方面说，民主国家的军队远远胜过其他国家的军队，而从纪律方面说，前者的严格程度远远不及后者。此外民主国家的官兵们不满足自己的境遇，时常抱怨，没有激情。对于上述这些情况，你不要感到诧异。由于士兵们自认为地位不高，自尊心不被尊重，因而他们开始狂热地追逐只有他们才能参加的战争。他们渴望战争的目的，就是希望能通过武器来获得别人的尊重，享有应得的政治权力。

民主国家的军队构成在一定程度上能加速革命，这让人感到十分可怕。

民主社会的公民都有一定财产，并且几乎无一例外地都希望有人能够保护他们的财产。通常说来无产者才是国家军队的领导者，并且他们之中的大多数人在社会动乱时期遭受的损失往往都不大。民主时代的民众同贵族时代相比更加害怕革命，但是军队的领导者却不会对革命感到恐惧。

我之前说过，民主国家的精英们都不会选择参军并担任军职，因而军队会变成一个小型的独立王国。军队里的官兵的知识水平比其他人都低，他们的习惯更是非常不文雅。但是，这个不文明的小型独立王国却在实际上掌控着军权，并且只有它知道如何动用这一权力。

军队的好战精神和革命精神会给民主国家带来危险，事实真的是这样的吗？不是。其实公民的和平心理才是加深这种危险程度的根源。一个国家不好战，那么军队就是其最大的威胁，这是因为民众都过度喜好和平，所以就让军队负责社会的各项事务。

通常来说，如果民主国家只是为了自己的利益和本性考虑才采取和平立场，那么国家的军队就有可能发动战争或是革命。

对于军人发动革命这样的事情，贵族制国家根本就不会担忧，但是民主国家却害怕得要命。有许多危险阻碍了民主国家的发展，其中最明显的就是军人发动革命。对此，政治家不能放松警惕，要集中精力想出办法防止这种情况发生。

即使一个国家十分厌烦军队的野心，但是当军队的野心会影响到它的内部秩序之时，它也将不得不想出一个发动战争的理由，以便满足军队的野心。

我们不能一直诋毁战争，因为战争也能给社会带来好处。一旦国家发生了战争，那么它的民族意志基本上都会变得更加坚强，心胸也会更加开阔。平等使得社会的某些方面过度发展，抑制这种态势的唯一因素就是战争。此时，我们不得不承认战争就好比一剂良药，能将民主社会的顽症治好。

虽然战争是有利于社会发展的一个因素，但也不能将它的作用无限放大。因为我之前提到的那种危险，战争就不能从根源上制止它。这种危险只能被战争暂时压制住，但是一旦战争结束，其情况就会更加严重。军队达到了从战争中获得利益的目的后，就会越发地不希望和平。战争只是那些一直想要保持军事荣誉的民族走出困境的办法。

我有一个猜测，民主国家里任职的军事将领们也会明白一个事实，那就是自己带领士兵打仗是很容易的事，可是战争结束之后和平地生活下去却十分不易。进行战争，结束战争，是民主国家面临的两个难题。

曾经的贵族制国家都没有在意战争带来的危机，因而灭亡了。假如民主国家没有从战争中获得特殊的利益，那么国家也会遭遇前者的危机。接下来，我就具体说一说战争带来的两种危机。

虽然军队从战争中得到了自己的利益，但是无数民众在和平时期的需求却得不到满足，反而被战争限制了，因而对战争丧失信心。战争本来是用来预防社会动乱的，但是从另一方面来说它会给社会带来危机。

民主国家的所有持久战争都会严重危害民众的自由，所以民众都十分害怕战争。这并不是说民众害怕像罗马的苏拉和恺撒那样凯旋归来的将领们会凭借军队而获得国家的统治地位，我说的是另外一个方面的危机。虽然民主国家在经历了战争之后并不是无一例外地由军人掌握最高政权，但是战争会导致民主国家的文官政府的职权极为强大。就这样，这个政府集管理国家和处理国家大事的大权于一身。这个政府的专制不是建立在武力的基础上，而是凭借习惯势力，一步一步地实现的。

那些想要使民主国家的自由消亡的人都明白一个道理：战争就是实现这个目标的最简洁和最可行的途径。他们将其视为首要的科学定律。

人们在对官兵的野心勃勃感到恐慌时会想出一个保护自己的方法，这个方法就是让更多的人参军，扩大军官的编制。但这个方法只能解决当务之急，会为将来埋下更大的隐患。

贵族制社会的扩军能使得社会安定下来。其原因是贵族社会里怀着军事野心的只有一类人，并且其野心只在划定的范围内，所以他们几乎每个人的需求都能得到满足。

然而，扩军对于民主国家来说就不是一件好事。这是因为一旦越来越多的人从军，那么想要升职的人也会更多。有些人晋升之后没多久就会产生新的欲望，它得不到满足。这个时候，之前的那些人就会抱怨。其原因是人们到了军队仍然保持着那种支配民众行动的激动情绪。人们不会为了一定的军衔而满足，而会想着一直往上爬。虽然这种人的欲望不是十分强烈，但他们正在源源不断地出现。民主国家的扩军不能永久满足军人的野心，想要升职的人不断增加，导致军人的野心会愈发地膨胀。

我认为民主国家军队的组织本身就有内在的弊端，可是它们却没有将其连根拔起的意愿。这些弊端就是不安的情绪、时刻想要改变的情绪。民主国家的立法者要是认为仅凭自己的能力就能建立一种军事制度以实现支配和镇服军人情绪的目的，但这是不可行的。他们所做的一切努力都是徒劳的。

军队本身并不能将军队的弊端消除，只有国家才有这个能力。

从根本上说，动乱和专制是民主国家担忧的两个问题。要想解决这些问题，就只有将军队的本性转变成慎重的、沉稳的，并追求理智的喜好。一旦民众真正认识了和平，正确运用自由，并且体会到了自由的好处，一旦他们都变得爱好秩序，情愿服从纪律，那么他们走入军队之时，也会在无形之中将这些好的习性和品格带进去。军队中特有的精神要是有全民族的共同精神融入的话，就能使官兵们在军队生涯中的观点和欲望得到限制，也可以凭借强大的舆论力量将它们约束住。有学识、守秩序、意志坚定、爱好自由的公民进入了军队，必定会成为严格守纪和听从指挥的士兵。

如果法律不仅限制军队的野心，也压制公民的自由，不能保障公民的法律观和权利观，那么这种法律就会产生与预期相反的结果。这种法律非但没有达到良好的效果，反而促进了军人暴政的建立。

如果只实行预防的方法，而不采取裁军这种最有效的方式，那么民主国家里的军队就始终是个隐患。然而，虽然裁军能从根本上解决问题，但事实上任何国家都不能采取这种方法。

# 第二十三章　军官、士兵和士官对革命的态度

一方面，民主国家的军队十分庞大，当然这是按照一个比例来说的，具体算法是提供兵员的人口数比上兵员人数。我打算以后再详细地叙述这个原因。

另一方面，在民主社会中，只有很少一部分人会选择进入军队。

所以，用不了多久民主国家就只能采取强制参军的征兵制，而不再采用自愿参军的募兵制。民主国家基于国内的形势不得不采用征兵制。由此，我们可以得出一个结论：每个人都要被强制进入军队。

国家强制民众服兵役，全体公民都必须平等地履行服兵役的义务。这种结果正是国家的形势和思想导致的。这些国家的政府开展工作基本上都十分容易，只需向全体公民提出呼吁即可。通常说来，每个人履行的义务要是不平等就会引发民众的不满，可义务本身并不会产生这种后果。

因为民主国家的所有公民都要服兵役，所以就出现了一种必然现象：每个士兵在军队里待的时间都不长，就像过客一样。这种现象在民主国家里司空见惯。而大多数贵族制国家的情况却与民主国家不同，人们会自愿或是被强制将当兵视为一辈子的职业。

两种制度不同的国家，其各自的情况对社会带来的影响具有很大的区别。

在民主国家的军队里，有些人虽然向往军队生活，但其中大部分还是被强制参军的。他们将参军看成儿戏，一直想尽快脱离军队，回到家里。他们没有一丝由军队生活引发的欲望，也没有过高的追求。他们当兵的目的就是为了履行义务，时刻不忘公民生活里的欲望和利益。所以说，人们从他们身上看不到尚武精神，只能看到他们一直保持的公民精神。这些保持公民特色的士兵都十分朴实，社会习惯和舆论仍对他们产生着最大的影响。民主国家里能够激励人民斗志的崇尚自由和尊重权力的思想现如今被士兵们带到了军队里，他们深以为荣。贵族制国家却是另外一番情形，士兵们与民众最终会形同陌路。他们相互都把对方当成陌生人，甚至是敌人。

贵族制国家里的军官都十分保守。他们不但与民众联系密切，而且一直想要脱离军队，重新获得作为公民的地位。他们一直没有改变过这种愿望。民主国家的军队也会出现上述情况，只不过对象的主体是士兵，并且是同一个原因导致了士兵这样。

但是，民主国家的军官的爱好和欲望与全体公民相比通常都会有差异。引发这种现象的原因是显而易见的。

民主国家的人一旦当上了军官就会告别公民生活，不再与后者有任何联系。他们不但永远告别了公民生活，而且根本就没有回到公民生活的打算。对于他们来说，军队才是最重要的，因为他们的军衔决定了他们的命运。所以，他们将自己与军队紧密联系起来，将自己的一切都寄托在军队上。就这样，他们和军队一荣俱荣，一辱俱辱。军官和国家都有各自的需要，两者相比是不同的。国家的需要是希望安定、和平，而军官的需要也许就是在这个时候坚决地发动战争或是革命。

军官的好战精神和喜好革命的情绪会受到某些原因的抑制而减弱。假如民主国家的军队里的所有军官都永久具备这种野心，那么这种野心就不会那么强烈。那些一生下来就是下等阶级的人通过努力在军队中多次升职，直到当上了军官，这样的事情足以让他们自豪。如今他的地位同之前作为公民的地位相比已经高出了很多，而且他们还享有一些特权，这些特权在大多数民主国家看来是不可剥夺的。[1]这样的人付出艰辛获得了一些利益，之后他们会情愿地暂缓脚步，思考该怎样支配既得的利益。虽然他们得到了想要的东西，但也担心这些东西会失去，因而他们减弱了想要获得新利益的欲望。他们将延缓他们晋升的最大阻碍排除之后，对缓慢的晋升速度也就不在意了。他们会发现自己的军职越高，危险就越大，因而就减弱了野心。我敢肯定地说，民主国家的高级军官是军队中最不爱好战争，也是最没有革命精神的一类人。

我之前就军官和士兵的情况提出了我的一些看法，但是这种看法并不适用于军队中的另一类人。他们的地位比军官低，但是比士兵高，他们就是我要谈到的士官。

在本世纪之前，士官阶层一直默默无闻，如今我认为它会对将来的历史产生影响。

士官和军官一样，在思想上已经中断与公民社会的联系，并且认为自己的毕生职业就是军职。他们将自己的所有希望都寄托在了军职之上，这一点同军官相比也许更加强烈。然而事实上他们的地位不如军官，也不如军官稳定，因而不能像军官那样可以暂缓自己的升职，舒适地享受既得的利益。

士官们都是些平庸无名之流，他们受人限制，生活不如意，并且生死难料。导致他们过着这种生活的原因是固定不变的职务性质。他们认为，当兵只会给自己带来危险。在军队中，他们过着艰苦的生活，必须服从上级的命令，对此他们难以容忍。但他们还是将当前的痛苦忍了下来，因为他们明白，早晚有一天社会制度和军事制度能够帮助他们将这些痛苦都消灭掉。事实上就是如此，将来他们也能升职，取得军官的职位。到那个时候，他们就是指挥者，可以让别人服从他们；除此之外，他们还会获得荣誉、独立

1 从实际来看，民主国家的军官的地位更有保障。有一些军官认为，待遇应该随着军衔的提高而提高。大多数立法者也有这种观点：我们应该让军官生活得舒适，这不仅合情合理也十分必要。——原注

自主的地位、权力等等。

虽然那个时候，他们能得到大量他们一直追求的东西，但是在没有获得之前，他们还是自信不足。

士官们的地位也不是一直保持不变的，这是因为军队的纪律要求他们必须服从长官的命令，要是犯了小错误或是违反军纪就会受到惩罚，这样一来他们经过多年努力获得的利益就会被剥夺。他们一直都默默无闻，只有获得心中一直追求的军职才会有一定的成就感。在他们看来，只有当上了军官才会真正地拥有地位。他们一直被自己的需要、激情、时代精神、欲望和恐惧心推动着，因而在无路可走之时就会选择冒险的道路。

所以说，士官们都迫切希望国家发生战争。假如民众都不同意战争，那么士官们就会希望社会发生革命，让那些社会制度都丧失作用，然后在混乱的局面下利用民众的政治激情推翻之前的政治领导者，建立新的秩序。他们有能力做到。虽然他们在情感和欲望方面同士兵有巨大差异，但是其家庭出身和习惯与士兵相同，所以能对士兵产生极大的影响。

军官、士官、士兵各有各的看待事情的态度，这种现象不会仅仅在一个时代或是一个国家产生。在所有时代和所有民主国家里都存在这种现象。

对于一切民主国家的军队而言，士官最不能体现出国家的平和与有秩序的风气，而士兵则与他们完全相反，国家民情方面好的坏的都被士兵带进了军队，并且在军队里一直保持着本色。一个士兵要是软弱无知就会在无形中违背自己的意愿，从而走上革命的道路。但要是他有文化、意志坚强，就不会轻易被长官蛊惑，反而会劝导长官不要革命。

# 第二十四章　民主国家军队的复杂性

国家的军队在经历了一段很长时期的和平之后再参加战争就会有很大的失败风险，而那些经常参加战争的军队取得胜利的机会则很大。民主国家的军队最适合用这个观点来说明。

贵族制国家的人取得军职之后，会享有由军职带来的特权。即使在和平年代，这样的人也是其他人敬重的对象。因而一些有能力、有学识和欲望强大的人都去参军了，军队各个方面的水平同全国的平均水平相比，一般说来只高不低。

民主国家的情况完全不同于贵族国家的情形。民主国家的精英都会放弃军职，转而从事其他职业去追求财富、荣誉、权力。民主国家维持一段长期的和平之后，军队的水平就会下降到全国平均水平之下。参战的军队要是一直处于和平状态，不但会为自身而且会为国家带来危机。即使战争将和平状态打破，但是危机仍然不能消除。

我之前提到过，在和平时期，民主国家的军队里的晋升有一个最高的和固定的标准，那就是年纪和资历。也正如我所说的那样，军队的制度和国家的制度导致了这种情况发生。只要那两种制度存在，这种情况就会一直延续。

民主国家的军官在军队中的地位决定了他的一切，使得他们有钱有势。基于这一点，他们会一直占据这种地位，直到生命的尽头。

在上述两个因素的影响下，民主国家经过长时间的和平之后，军队便会产生一个现象，那就是担任军职和指挥军队的人员都是老年人。不但将军是老年人，而且那些一直没有得到提拔，或是通过努力获得了升职的低级军官也是如此。你了解了民主国家的军队之后，就会对一件事情感到惊讶：所有士兵都是年轻人，全部军官都是老年人。军队中的士兵们年轻，经验不足；军官则是年迈，精力不充沛。

军队战争失败的主要原因就是因为军官都年迈体弱。有一位伟大的军队元帅曾经说过，年轻人才是取得战争胜利的首要条件。对此我十分赞同。

那么这两个因素又对贵族制国家的军队产生了什么样的影响呢？

贵族制国家的军队的晋升标准不是年纪和资历，而是家庭出身。因而无论哪个级别的军职中都有不少年轻人。这些人都精力充沛、体力充足，并以这种状态参加战争。

另一方面，贵族制国家追求军事荣誉的人在公民社会里还具有一定的地位，不用为生计发愁，所以他们几乎都会在年老之前选择退休。他们为军队奉献了自己最美好的年华，之后主动离开军队，回到家里安度晚年。

民主国家的军队因为长期的和平而到处都是上了年纪的军官。这种和平大大影响了他们的身心，使得他们都不适合参加战争。毕竟他们一直生活在安逸的环境氛围中，养成了享受的习惯，很难适应严峻、艰苦的战争。虽然他还有兴致担任军官，但是这种和平让他养成的生活方式会阻碍他获得胜利。

在贵族制国家，指挥军队的都是贵族，因而市民生活的慵懒风气基本上不会影响到军队的风气。不得不说，虽然贵族过着有权有势的生活，并且一直以此为荣，但是他们还在追求别的东西，甚至会主动暂时抛弃获得的荣誉，以此为代价满足新的追求。

我在之前的某一章中说过，在和平时期的民主国家，军队里的军官们想要升职是十分缓慢的。在最初的时候，由于军官们都不能忍受这种情况，因而他们抱怨、情绪低落。然而，过了一段时间之后，他们当中的大部分人就习以为常了。那些欲望强烈和有门路的人脱离了军队，剩余的人会渐渐站在公民的立场重新审视军职，并追求与自己相适应的爱好和欲望。他们意识到，军职能给他们带来舒适和安定，是难能可贵的。他们将自己的所有希望都寄托在了军职上，心里想的是靠着微薄的有保障的经济来源，能安稳度日就足够了。

所以，长期的和平不但让军队的军官呈现老龄化的态势，还使得年轻的军官沾染上了老年人的习惯作风。

我之前也说过，在处于和平时期的民主国家里，人们不能从军职中获得太大的荣誉，因而很少有人选择军职。

公众对军职的不屑一顾好比一块大石头压在军人头上，使得军人士气不振。然而一旦发生战争，军人的士气就能迅速提升起来。

在贵族制国家，军队的士气不会因为公众的态度而降低。不论军官还是社会民众，都没有轻视过军人，不会认为军人是低级的。在军官们看来，不仅他们的军队是伟大的，就连他们自身也是如此。

虽然和平也会对这两种不同社会制度的军队产生相同的影响，但是结果却不会相同。

贵族制国家的军队的军官即使不再爱好战争，不再通过军职获取利益，也会对军人的荣誉和一马当先的传统表示敬意。而民主国家军队的军官却是另外一种情况，他们会将那些好的作风习惯都抛弃掉。

所以，我得出一个结论：经历了长期的和平之后，民主国家的军队参加战争失利的可能性远远大于其他国家。然而民主国家不会轻易放弃而是选择一直坚持。这是因为战争持续时间越长，军队获胜的几率就越高。

由于持久的战争使得所有公民都不能安心劳动，并且使得他们遭受损失，所以公民会转变观念，将珍爱和平的热情全部投入战争。其实，战争将公民的所有事业都破坏之后，本身就成了唯一的大事业。平等给公民带来了强烈和奋进的激情，而如今人们把这种激情全部都转向支持战争。这个原因也说明了一个问题，那就是虽然民主国家发动民众参战很不容易，但是一旦民众参战的话，就会满怀激情，甚至会创造巨大的战功。

由于国家爆发了战争，所以所有人都将目光转向了军队。军队不但让人们在短期内就能成名，而且会给人带来丰厚的利益，因而那些社会精英都选择参军去了。民主国家的军队吸纳了全国各地具有上进心和勇敢好斗的人，而贵族制国家的军队只是单纯地接纳贵族。可见贵族制国家和民主国家的军队还是有差别的。

在民主国家中，许多人都想获得军事荣誉，同时每个人都在战争的要求下尽其所能，因而一批又一批优秀的将领不断涌现。民主革命对民主国家的人产生了影响，同样持久的战争也会对国家军队产生影响，两者有相通的地方。战争粉碎了军队的一般规则，让那些优秀的人崭露头角。那些在和平时期就身老体衰的军官不再在军队任职，或是去世之后，就被那些在战争中成长起来的年轻人替代了。这些年轻人满腔热血，一直坚持战斗。为了升职，他们付出了很大的代价，结果是他们都得到了晋升。他们身后的一批年轻人和他们一样具有相同的欲望和需求。而在这些人身后，还有另外一些和他们一样的人。只要战争没有结束，这样的人就会不断涌现。每个人因为平等的缘故而具有了奋进之心，军官的牺牲则有利于人们实现他的奋进之心。各级军官的数量因为军官不断牺牲的缘故而被削减，空出许多职位。这不但使得一些人再也不能晋升，同时也给另外一些人提供了晋升机会。

在战争期间，民主国家的军人的习性与民众的习性之间具有的一种隐蔽的关系，只有战争才能将它暴露出来。

民主国家的人有一种本性，就是希望能早点儿得到自己追求的东西，之后就舒适地享受。在他们之中，大多数人都推崇冒险。他们虽然害怕贫穷，但是不怕死。在这种精神的影响下，他们为了获取财富就会开始经商。

同样，在战场上他们也不怕死，宁愿付出生命的代价也要获得暂时的胜利。他们认为在战场上冒着生命危险取得成就是十分伟大的行为。这也是民主国家的人民认可的伟大品质。

所以说，虽然民主国家的人民的利益和爱好决定了他们不会发动战争，但是他们的思想和习惯却能让他们在战争中大放异彩。要想让他们成为好士兵并不困难，只要他们不再只为自己利益忙碌，不再过着舒适的生活，就能实现这一点。

和平对于民主国家的军队来来说负面影响巨大。战争能给民主国家的军队带来其他军队不曾享有的利益，虽然在刚开始的时候，这种利益不显著，但是伴随着战争进入持久期，军队反而会反败为胜。

一个贵族制国家与一个民主国家发生了战争，如果前者不能尽快彻底打败后者，那么后者就有可能取得最终的胜利。

# 第二十五章　为什么民主国家的士兵会严格听从指挥

在民主国家中，士兵在不可动摇的广泛的社会平等的影响下会渐渐地不再听从军官的命令，甚至违反纪律。这是民主国家中被大家普遍认可的一种说法。贵族制国家的民众对此更是抱有认同的态度。

这是一种错误的说法。事实上，纪律有两种，不能将它们混为一谈。

在参军之前，军官是富有的、精明能干的贵族，而士兵是贫穷的愚昧无知的农奴，那个时候他们之间就不难建立起最严格的服从关系。换句话说，士兵是农奴的时候就开始服从军队纪律了，也可以说军队纪律早已开始对社会农奴起作用了。贵族制国家军队里的士兵用不了多长时间就会变得像另一个人似的，只是知晓军官下达的命令，而对其他一无所知。虽然他们看起来是一个活人，但他们已经完全没有了自己的思想，所以他们不会因为打了胜仗而喜悦，也不会因为牺牲而抱怨。照这种情形看来，士兵们不再是活生生的人。他们被训练成最具有杀伤力的工具，只以打仗为目的。

贵族制国家的士兵不会对军官的命令提出质疑，只会盲目听从，并且从不敢违反纪律。这样的士兵要是出现在民主制国家的军队里就会被轻视，国家也会对他们丧失信心。民主国家的社会情况不会允许自己的士兵具有这些不好的习惯。如果民主国家采取人为的方式，想要士兵养成上述习惯，那么效果非但不好，反而会让士兵们的优点不能展现出来。民主国家的军队应该想办法为这种精神的自由发展提供一个向导，而不是想着怎样让这种精神的自由发展受到限制。

军队纪律关于服从的规定并不完善，反而简单明了，一点儿也不详细。服从者的意志就是这种服从的根源，服从者的理智而不是他的本能决定了这种服从。因而在一种情况下，服从者一般都会自愿地严格服从，那就是当危险使得人们不得不服从的时候。贵族制国家军队的纪律在战争时刻往往都不会被严格遵守。这是因为这种纪律是在习惯的基础上建立起来的，而这种习惯会受到战争的干扰。再看看民主国家，其军队的纪律在战争时刻会被士兵们更加严格地遵守。因为所有士兵都明白一件事情，那就是只有严格服从命令才会取得战争胜利。

通过战争完成了一项伟大事业的国家只会采用我谈及的那种纪律。古代国家的军队只是由自由人和公民组成，他们几乎都一样，都是平等的。这些成员都属于贵族，仅仅从这一点来看，古代国家的军队还算得上民主。所以，贵族制国家军队的军官和士兵们情谊深厚。为了让你更加信服这一点，我推荐你读一读普鲁塔克的《名人传》。士兵们可以随时将自己的意见反映给军官，可以向军官提出任何问题。军官们也乐于听取士兵们的心声，回答士兵们提出的任何问题。军官们不但为士兵们做出表率，而且通过谈话的方式与士兵们保持密切联系，这种方法的效果明显胜过管束和惩罚。因而，我们可以认为军官不但是士兵的长官，也是士兵的朋友。

当今的俄国士兵认真地遵守着军纪，我不敢肯定希腊和罗马的士兵是否也会像俄国士兵那样，但我敢说，亚历山大征服亚洲和罗马征服世界的步伐并没有因此而停止不前。

# 第二十六章　民主对战争的影响

当平等的原则不仅在一个国家传播，也在几个相邻的国家传播时，就像今天的欧洲一样，尽管不同国家的人在语言、法制和习性方面存在差异，但有一点是相同的，他们都害怕战争，都热爱和平。[1]各国的的君主想要发动战争，但是不会被民众接受。民众根本就不关心战争，也不会允许战争发生。在这种态度的影响下，君主们只好停止进行战争的打算。所以，国家基本上就没有了战争。

平等在几个国家同时发展，并且那些国家的民众都开始从事工商业，随着这种态势的发展，不同国家的人渐渐有了相同的爱好，就连各自的利益也会走向融合。所以，无论哪个国家要想对其他国家发动战争，最终都会对自身带来危害。因而人们意识到，无论对于战胜国还是战败国来说，战争都是一场灾难，都会给两个国家带来几乎相同的危害。

所以，民主时代的各个国家是不会轻易卷入战争的。不仅如此，两个国家要是发生了战争，而不危害到其他国家，这样的可能性微乎其微。

各国的利益都被绑定在一起，并且还有着一样的意见和需求。因而一个国家要是受到战争影响，其他国家也必定会受到牵连，必定会动荡。由此看来，民主国家几乎不会发生战争，但是一旦战争发生，就必定会有众多国家卷入。

有些相邻的国家不但会在我之前提及的一些方面达到一致，并且最终会在几乎所有方面变得没有差别[2]。

---

1 我觉得没有必要向读者说明：欧洲各国害怕战争，并不完全是因为平等这个原因。平等只是其中的一个因素，此外还有几个具有说服力的偶然因素对欧洲各国发生着作用。在这些因素当中，我觉得首要的是拿破仑战争、法国大革命对社会造成的巨大破坏。——原注

2 产生这种效果的原因是各国的社会情况相同，并且由于人们在这种社会情况的促进下会相互融合，才导致了这个结果。

国家之间变得几乎没有差别，会深刻地影响战争。

15世纪的瑞士曾一度让欧洲的某些强国畏惧，对此我做过思考。如今瑞士的国力与它的人口数量成正比，我发现瑞士人已与邻国人变得一样，他们的唯一区别就在于人口数量，所以哪个国家人口多，哪个国家就能获得胜利。因此，欧洲的民主革命带来的一个后果就是：人们开始注重战场上的兵力，小的国家不是被强行并入大国，就是与大国结盟了。

每个国家都清楚，兵力是决定战争成败的主要因素，因而就尽一切可能让更多的士兵参与战争。

之前的瑞士步兵和16世纪的法国骑兵比其他任何兵种都精锐。如果有这样一支军队，人们就会觉得征集大量士兵实在是没有必要的事情。但是当每个士兵的能力基本上都没有差别的时候，就会出现另外一种情况。

有些原因不但导致了人们产生新的需求，也为他们满足这种需求提供了途径。我之前曾经说过，当人们之间相互没有差别的时候，每个人的力量都会十分弱小。民主国家的社会权力远远胜过其他国家，这样的国家有能力将全国的成年男子征集到军队。所以，虽然在平等时代人们的尚武精神已经不再强烈，但是军队却在一直扩张。

这些原因还导致了民主时代的军队的作战方法发生改变。

马基雅维利在他的著作《君主论》中提出了一个论点："让一个由君主和其奴隶管理的国家屈服，比让一个由君主和其诸侯领导的国家屈服更容易。"在这里，为了避免有人受到侮辱，我将"奴隶"改为"公仆"。如此一来，我们就可以得出一个论断，并且运用它解决我们探讨的问题。

在贵族制时代，一个大国不可能轻而易举地让它的邻国完全臣服，反过来说也是这个道理。大国因为不能将全国的力量集结起来，即使集结起来也只能维持很短的时间，所以它不能让邻国臣服。大国建立了很多小的防御工事，邻国的敌人处处受阻，因而也不能让大国臣服。贵族制国家的作战特点是，失利的军队能快速转移到新的防守阵地，继续坚守。他们就像在山地里作战一样。

民主国家的情形则完全不同。

民主国家让所有士兵都投入战场并不困难。如果国家国力强盛，并且人口数量多，那么就能轻易地征服别的国家。可是，这样的国家一旦被敌人深入，要想御敌就十分困难了。假如这个国家的都城已被敌国占领，那么就预示这个国家要灭亡了。这是一个非常浅显的道理。民主国家的每个公民都是独立的，力量弱小到无法自保，因而不能向他人提供援助。对于民主国家而言，要是国家的力量则是十分强大的。可是一旦军队被彻底打垮，那么国家的军事力量就不存在了；要是国家的都城被敌军占领，那么国家的行政力量也就无能为力了。这个国家只剩下一群力量弱小的民众，他们根本无法与敌国的军队抗衡。我十分清楚一点，要是国家让地方享有自由，支持建立地方政权，就能在一定程度上凝聚群众的力量，但是一般说来，这种办法起到的作用很小。

这个时候，民众就会不再反抗，甚至连反抗的念头都没有了。

有一条国际法普遍受到文明国家的认可，内容是：战争是以占有政治权力为目的，而不是为了抢夺私人财产。有时国家通过战争掠夺私人财产只是为了实现接下来的目标。

贵族制国家的军队被敌军打败，国土被敌军深入时，作为富人的贵族会在继续抗争和投降之间选择前者。他们明白，敌军占领他们的国家就会成为国家的主人，就会收回他们的政治权力。这对于他们来说是非常不幸的事情，因为他们认为政治权力的重要性远远大于财产。因而他们会为了自己的政治权力而选择继续抗争。长期以来，人民都习惯了听从贵族的指挥，也不用担心战争会给自己带来损伤，所以贵族能轻而易举地集结人民的力量，共同抗敌。

再看看民主国家，虽然这样的国家的统治思想是身份平等，但是每个公民享有的政治权力都不多，甚至根本就没有。从另一方面来说，每个人不但是独立的而且都有自己的财产，但是并不能保证财产不受损失。所以他们跟贵族制国家的人民不同，他们害怕战争的程度胜过怕被征服的程度。当民主国家受到外敌入侵的时候，我们不能肯定它的人民会英勇反抗。所以，我认为国家有必要向人民灌输政治权利和政治意识，使他们觉得自己跟贵族制国家的贵族一样，都享有那些具有鼓励作用的权益。

对于民主国家的统治者来说，有一点必须时刻高度重视：热爱自由的激情和习惯才是抵制追求享受的习惯和激情的最好途径。依我看，在自由基础上建立起来的民主国家是战败时最容易向敌人屈服的国家。

在过去，交战双方都不会投入太多的兵力，战斗规模也不大，有时候双方会进行长期的拉锯。现在交战的双方都投入大量的兵力，战斗规模很大。只要一方不会受到敌方的阻挠，就会一直打到敌国的首都，争取一鼓作气结束战斗。

人们说，这种新的作战方式是由拿破仑发明的。对此我的看法是，无论什么人都绝对不可能只靠个人的力量研发出新的战术。拿破仑针对当时的社会情况发明了这种战术，帮助他取得了一系列胜利，就是因为这种战术与当时的社会情况完全适应。拿破仑将这种战术运用到了战争之中，带领军队从本国的首都打到敌国的首都的第一人就是拿破仑。事实上，封建制度走向崩溃的边缘帮助他成功地打开了局面。我们可以想象一下，要是拿破仑生活在三百年前，他的战术就不会具有这样的效果。那时，他也许会运用其他战术。

就内战问题，我只简单地发表一下个人观点。

前文叙述的关于对外战争的内容在很大程度上也可以用来说明内战。尚武精神在民主国家的人身上根本就体现不出来。虽然那些人被强制参战，会表现出一点儿尚武精神，但是他们不会主动参战，不会甘愿冒战争的风险。对于民主国家的人来说，冒内战风险的事情他们绝对不会做。民主国家大多数人都是这种心理，只有少数喜好冒险的人才不会反对战争的风险。

即使民众有主动行动的意愿，他们也不会轻易地付出实践。原因在于，公民们想要服从的那些先前的权威已经不存在了，那些公认的可以集结、率领、指挥想要参与战争的民众的领导者也找不到了，此外，国家还缺少政权领导下的政治力量，因而民众不会轻易支援政府，抵御外敌。

在民主国家，多数道德力量是强大的，多数物质力量也是强大的，那些联合起来想要抵制多数的力量是无法与物质力量抗衡的。所以，一旦某些党派占有多数席位，以多数的名义和权力发表意见，它的力量就会十分强大。它可以从容迅速地将少数人的抵抗挫败，甚至不会让个别抵抗出现苗头。

所以，在这样的国家里，那些想开展革命的人要推翻政府，唯一的途径就是趁其不备控制政府的所有部门。能实现这个目标的最好方法就是政变。为什么不发动战争呢？因为那些人在正规战争中几乎不可能战胜代表政府的党派。

国家有发生内战的可能，前提是军队分成对立的两派，一方叛乱，另一方支持政府。军队就像一个具有严密组织的小社会，其生命力十分强大，在一定时期内不用通过外界的帮助就能维持自身。虽然战争是残酷的，但是很快就会结束。这是因为叛军通过武力取得最初几场胜利之后就能让政府屈服，至此战争也就落下了帷幕。或者说，在战争初期，那些维护政府的军队没有得到政府的有力支持，很快就丧失了斗志，没有了战斗力。

所以，我们可以看出一个普遍现象：一个国家在平等时期产生内战的可能性非常小；即使内战爆发了，也不会持续太长时间。[1]

---

1 此处的国家指的是单一的民主国家，而不是联邦制民主国家。在联邦国家中，纵然有法律依据，联邦政府也不可能独掌大权，而是由成员政府掌握，因而它的内战其实就是另一种形式的对外战争。——原注

# 第四部分 政治社会发生了哪些变化

## 第一章 人们因为平等而热爱自由

平等不但使人变得独立，而且使人变得自主。人们形成的那些习性和喜好都是以个人的意愿为基础的，无论他们是在同与自己平等的人交往，还是在个人的生活习惯中，都一直享有那种完全独立的权利。这导致了人们以不满的态度来看待所有的权威，并且使得人们开始关注政治自由的思想，进而追逐政治自由这一权利。所以，这个时代的人在一种形势的指引下会渐渐实现自由。我们可以任意询问一个人，甚至对他的主要本能探究一番，之后你会明白一件事情：由他选举国家领袖，并且由他行使监督权力的政府才是他心目中最理想的政府。

身份平等给社会带来了许多政治效果，其中对自由的热爱不但会引起人们的关注，还会让那些胆小的人感到恐惧。这种恐惧是有道理的，因为民主国家出现的无政府状态会比其他国家出现的更让人害怕。公民都是独立的，一旦那些能满足公民需要的国家政权消失，社会就必然陷入极大的混乱之中。到那时，公民们将成为一盘散沙，社会组织土崩瓦解。

然而，我认为民主时代的国家不应当害怕无政府状态这个弊端；国家根本就没有害怕它的必要。

事实上，平等会给社会带来两种发展趋势。其一，人民实现了独立自主，但是他们可能会马上面临无政府状态的危险。其二，人民经过漫长的摸索，最终陷入了被奴役的状态。

第一种趋势显而易见，人民不难看出来，并且会抑制它发生。但是第二种趋势十分隐蔽，人民很难看清楚，因而走上了错误的道路。所以，最重要的是让人民提高警惕，不要走上歧途。

平等宣扬不服从，但是我不会因此而贬低平等，恰恰相反，我会赞扬平等。我发现每个人都有了政治独立的观念——即使当前还不清晰——以及本能的激情。平等虽然还有弊端，但它也在指导人民如何去克服弊端。我赞美平等，就是因为上述原因。

# 第二章　民主国家的政府观

贵族制国家的人民有一种观点，就是君主和子民之间存在次级权力。要是个人或是家庭认为自己的出身、学识和财富都胜过其他人或家庭，就会认为自己应当享有这种权力。不仅如此，这些人或是家庭自以为自己天生就是让别人服从的。平等时代的人与贵族制国家的人完全不同，因而前者没有后者那种观点。在平等时代要想引进这种观点就得通过人为的方式，而要将其维持下去就必须花大量心思才行。然而，民主时代的人很容易就会产生一种单一的中央权力的观念，即由政府直接管理公民。

民主国家的人在哲学和宗教方面总是喜欢接受那些简单明了的东西，同样在政治方面也是如此。他们只喜欢接受简单的制度，认为由同样的公民组成和由一个政权领导的国家才是最理想的。

平等时期的民众产生了单一的中央集权的观念之后，就会产生另外一种观念，即统一立法。平等的观念深入到每个人的心里，基本上人人都没有区别，但是人们会对一个问题十分不解：为什么同样的法规只对一些人起作用，而不能运用到其他人身上呢？所以，即使再小的权力，要是实行起来不平等的话，他们心里就会不痛快。他们对国家政治制度上存在的最细小的差别也会感到不满。他们认为，一个好政府的首要前提就是立法统一。

贵族时代的人绝对不会认可那种对所有公民都同等地实行统一的法律的法制观。这种法制观要么不会被贵族社会的人接受，要么会被他们丢弃。

这两种互不相容的观点最终成了他们盲从的本能和不能改变的习惯，因而在通常情况下，现今人们的行动仍然摆脱不了它们的影响。虽然中世纪的每个国家的社会情况各不相同，有的时候每个国家也会出现一些没有差别的人，但是每个国家的立法者都规定每个人必须履行不同的义务，享有不同的权利。

民众实现身份平等后，虽然个人的力量会减弱，但是社会的力量却在不断增强。

换句话说，公民相互之间没有差异，变得都不起眼，然而人民本身的形象却变得高大起来。

如此一来，民主时代的人就会产生一种见解：社会的特权十分高尚，个人的权利十分卑微。他们会轻易地认为，社会利益才是最重要的，个人利益不值一提。此外，他们还认为，代表社会权力的人同社会民众相比更有学识，更加高明，指引和管理全体公民是他们的权利和义务。

我们要是对同时代的人稍作研究，并且找出导致他们政治见解分歧的原因之后，就会明白一个事实：他们的某些观念与我刚才谈到的几个观念不谋而合。同时让人惊讶的是，那些见解分歧的人居然也会有一致的观念。

美国人有一种看法，无论在哪个州，人民才是社会权力的根源。如果将这项权力以法律形式确定下来，那么每个人都会认为它是无限的，并且都会甘愿认可它有权力去做任何事情。

在他们的头脑里，不再具有城市、家庭或是个人被授予特权这样的观念。他们一直思考的是，让国内的所有居民都接受同样的法律。

欧洲的国家正在受到这些见解的影响，甚至连那些最反对人民主权学说的国家也不例外。从国家的权力来源说，欧洲国家不同于美国；但是从对权力特点的看法来说，两者又是一样的。任何国家的中间权力的观念都淡化了，并且日益走出人们的视线。之前特别的个人天生就享有权力，这种思想一直影响着人们，如今这种思想再不会出现在人们的头脑中。现在人们都认可唯一权威的思想，换句话说，社会具有最高的权威。随着人们的身份变得平等，他们之间的差别逐渐消失，唯一权威的思想正在日益牢固，并且得到发展。这种思想因为平等而产生，反过来说它也在促使平等更快地发展。

法国在经历了大革命之后，人们完全接受了这种思想。如果你比较一下法国各个党派的主张，就会认识到所有党派都接受了这种思想。

大多数党派都会责备政府没有开展好工作。但是，全部党派都有一个共识，那就是政府应该继续开展工作，处理全部事务。即使那些最反对政府的人也会同意上述共识。在我们这个时代产生的所有政治制度都具有如下鲜明的特点：社会权力具有单一性、普遍性、全能性，法制具有统一性。就连无政府主义思想也具备这些特点。人们一直憧憬着这些东西，即使在睡梦中也是如此。

一般说来，普通民众的头脑中要是能自然地涌现出这种思想，那么君主们也会轻而易举地接受这种思想。

随着欧洲旧社会情况走向没落，君主们开始重新认识他们的职能和责任。他们开始明白，在统一的标准下，他们可以行使中央权力直接处理国家事务和管理公民。我可以肯定地说，在我们这个时代之前，那些欧洲的君主们根本就不会拥有这样的见解。现在君主们对这种见解的认识越来越深刻，并且坚信不疑，同时还抛弃了其他一切见解。

由此说来，我们这个时代的人在许多方面都能达成共识，与人们想象的大相径庭。

虽然他们在应该由谁来享有主权这个问题上存在分歧，但他们对主权的责任和权力的认识却没有差别。在人们看来，政府就是一种权力，具有唯一性和创造力，是不可违背的。

从政治方面说，这个思想不像其他次要思想那样经常发生变化，它不但稳定而且会一直存在下去。无论政论家、政治家还是人民群众，都会赞成这种思想。换句话说就是，这种思想受到了统治者和被统治者的积极拥护。虽然它出现的时间不长，但却受到了强烈的追捧，仿佛它很早就出现了似的。

这种思想是在人类的现实情况和自然要求的基础上形成的，而不是人的精神随意臆造的。

# 第三章　民主国家走向中央集权的主要原因

建立强大的中央政权的思想受到了平等时代的人们的赞同，由此我们可以肯定这样的政权已经事先被人们的习惯和感情认可了。在这里我就简单地一笔带过，因为之前已经将这个问题说得差不多了。

民主国家的人几乎没有地位上的差别，每个人都是独立的，因而他们乐意自我反思，单独思考问题。关于这一点，我之前谈论个人主义的时候就已经作了全面的论述。

所以，这些人总是将自己的注意力投入到自己的私人事业，而不去关注公务。他们的看法是，公务是由唯一一个代表来负责的。这个代表的存在是为了集体利益，它是公开的，并且不会消亡。这个代表是什么？国家！

民主国家的人从来没有对公务产生过兴趣，更何况他们无暇处理公务。

民主时代的人都在为自己的私人生活而忙个不停，他们为了让自己的欲望得到满足，几乎将全部精力都投了进去，没有时间管理政治事务。

我敢肯定，这种倾向是可以扭转过来的。与这种倾向作斗争，正是我写此书的主要原因。在我看来，在我们生活的这个时代当中，人们被一种看不见的力量驱使，内心被这种力量侵占，如果任其发展，后果会很严重。

我之前也谈到过，民主国家的人民担心自己的财物受到损失，原因就是人们的享受之心越来越强烈，财产的不动产化趋势正在不断增强。当前人们只具有的政治激情就是希望社会安宁。不仅如此，随着其他激情的淡化和消亡，人们的唯一激情会愈发地强大和积极。这导致了公民赋予或是移交给中央政权某些新的权力。公民认为中央政权有能力将自己保护起来，不会让自己受到无政府状态的伤害。

在平等的国家里，支援他人的义务和要求他人援助的权利每个人都不具有，因此可以说人人都有独立性，同时每个人又都孤立无助。这两种情况不能单独拿出来说，也不能将其当做同样的情况来看待。在这种情况的影响下，民主国家公民的性格是非常矛盾的。他们具有独立性，因而同那些平等的人交往时，不会感到卑微和自负。他们也具有软弱无力的特点，有的时候必须得到他人的援助才能克服困难，但是他们明白每个人都跟他们一样软弱和冷淡，因而就不奢求其他人会向自己伸出援助之手。在这艰难的时刻，他们开始关注中央政权，因为他们清楚中央政权在他们无力的时候是唯一能够对他们提供帮助的存在。在这种需要和欲望的驱使下，他们会逐渐走上中央政权的道路。最终他们完全赞同中央政权，并且认为它能帮助自己消除弱点，是达到上述目的的唯一和必然的存在。[1]

民主国家的人们在反抗上级的同时也在服从上级的命令。通过上面的叙述，我们理解起来并不困难。简单说来，他们不但傲慢而且也在屈服。

特权正在日益减少和缩小范围，伴随着这种态势的发展，人们会越来越不喜欢特权。我们可以推断出，在动因最小的时刻，民主的激情会更加强烈。至于其原因，我在前面已经提到过了。当人们的身份具有重大差异的时候，他们都不会在意最大的不平等。可是就在人们逐渐实现平等的时候，他们就会因为细微的差异而感到不满。在人们将要实现完全平等的时候，他们就更不能容忍那些细小的差异了。所以，伴随着平等的发展，他们爱好平等的热情正在逐渐变得强烈。而一旦这种热情得到满足，就会对平等起到推动作用。这是必然会出现的一种现象。

民主国家的人民对一切特权都存有憎恨心理。随着这种心理日益强烈，国家的唯一代表就能更好地将所有政治权力都集中到自己手里。到那个时候，国家元首的地位必定会比民众高，但是公民对此不会嫉妒。这是因为所有公民都一致认为，国家元首不会将特权下放给那些与他们平等的人。

民主时代的人对于那些与自己平等的人的指点和命令非常厌恶。他们相信自己的智力比其他人高，认为别人都不正派，同时还嫉妒他人的权势。他们不但担心他人会给自己带来威胁，还十分轻视他人。他们最希望别人能够明白他们双方都是处在从属地位的。

中央权力适应了这些自然本性，喜好并推崇平等，这是因为平等十分有利于中央行使权力，并且可以让它行使更多的权力和增强权力。

也可以这样理解，中央政府对于统一特别推崇。因为统一减免了政府制定复杂的规

---

1 对于民主国家而言，能保障地位稳定和事业恒定的就是中央政权。每个公民都在时刻改变自己的活动范围和环境。然而，一切政府都具有一个本性，那就是都在使自己的活动范围扩大。因此，长此以往，政府基本上都能取得胜利。人们的地位、欲望和观点在发生改变，政府则用稳定的思想和坚定的意志影响着他们。在无形之中，公民为政府提供了援助。

民主时代是一个改革和冒险的时代。有数不清的人仅仅凭借自己的力量而开创艰难的新事业，并且其他人都不会对其加以干涉。他们的看法是，国家权力是一条普通原则，没有干预私人事业的必要。此外，他们还希望自己从事的事业能够得到政府的帮助和指点，同时又要求政府不要对他们全面干涉。

许多人都抱有相同的看法，想要缩小中央政权的活动范围，然而事实上，中央政权的活动范围呈现出了扩大的趋势。由于民主政府能够持久下去，所以它会不断地使自己的职权扩大。随着时间的推移，无论什么事件还是人的激情都在帮助它发展。所以说，民主社会持续的时间越长，政府就越有必要实行中央集权。——原注

则的负担。试想一下，如果对不同的人实行不同的规定，那么国家就要根据他们制定无数的规则，必定会十分操劳。公民喜爱的东西政府也会喜爱，公民憎恨的东西政府也会憎恨，基于相同的感情，民主国家的公民和国家元首都接受了同一种思想。不仅如此，公民和元首之间还建立起了一种联系，这种联系虽然看不到但是却能持久存在。公民和政府有着一样的爱好，所以政府的缺点能够得到公民的谅解。公民对政府不信任，只是在政府做得太过或是犯了大错的时候，只要它纠正了自己的行为，就能继续得到公民的拥护。虽然民主国家的人对中央政权的专制十分不满，但是并不会排斥这种政府形式本身。

如此一来，我就从两个方面论证了同一个问题。我之前说过，人们形成了关于单一的、划一的和强大的政府的思想是因为平等这个原因。现在平等又促使人们接受了这样的政府，所以每个国家都在为这个目标而努力。民主国家的思想和感情一致指引着人们实现中央集权。

我的观点是，在当前的民主时代，个人独立和地方自由就好比艺术作品，而政府的必然发展趋势就是中央集权化。

# 第四章　其他因素对中央集权的影响

虽然一切民主国家都在本能的驱使下向着中央集权迈进，但它们得根据自身的情况采取相应的方式才行。这是因为，每个国家都会有特殊情况存在，它们或是推动或是阻碍了社会的发展。这种特殊情况很多，这里我只简单地谈一谈。

自由给予了那些一直生活在自由里的人民以本性，人民实现身份平等之后，平等使得他们产生了新的倾向。在某种程度上说，那种本性与倾向是对立的。在他们看来，中央政权确立了它的特权地位，并且还在提高，但他们个人是不会放弃自己的独立地位的。

有的国家根本就不知道或在很长时期内都没有对自由有一个认识。在这样的国家里，一旦平等得到发展，那些悠久的习惯和社会情况导致的新习惯、新观念就会在一种自然的吸引力的影响下联系起来，导致中央能自然地将各种权力集中到一起。人们会对其集中的速度感到惊讶，过不了多久就会发现，国家的权力大到了极点，而个人的力量则变得无限弱小。

在三百多年前，一批在英国国内就养成了参与公事习惯的英国人在美国的陆地上建立了民主社会。他们对陪审制度并不陌生，还曾享有言论自由、出版自由、人身自由。他们不但有权利观念，还有行使权利的习惯。这些人来到了美国的陆地上，随之而来的是那些自由制度和坚毅的民情。他们就用这些东西与政府作斗争。

可以看出，美国的自由制度先于平等制度而存在，欧洲的情况则恰恰相反。在欧洲国家里，专制王权引进了平等，并且君主们认为在人民具有自由的思想之前民情就已经融入了平等。

我之前提到过，民主国家的人民对于什么是中间权力并不清楚；在他们看来，统一的中央政权的唯一代表非政府莫属。那些通过暴力革命顺利实现平等制度的民主国家最能说明这一点。负责地方事务的阶级在革命风暴中一下子都消失了，那些普通民众失去了领导他们的人，因而自己的事务也就没有人来管理了。此时，人们都意识到负责处理所有公事的艰巨任务只能由国家来承担。

所以，这必然导致国家中央集权化。

法国人既不赞美也不贬斥拿破仑的专政行为。这是因为贵族和大资产阶级被推翻后，人们就会获得所有的行政大权。无论他们拒绝还是接受这些权力都十分不易。美国的情况与法国不一样，美国人不曾经历革命，一开始就是自治，不需要国家为他们提供保障。

民主国家中央集权的发展会受到两个方面的影响：一是平等的进展程度，二是平等建立起来的方式。

在民主大革命初期，或是阶级斗争初期，人民都希望中央政府集中全国的行政大权剥夺贵族的地方事务领导权。当革命将要结束的时候，溃败的贵族往往都会心甘情愿地交出自己的事务领导权，他们担心那些翻身做主的人民会压迫和打击他们。

可以看出，除了同一个公民阶级之外，其他阶级也都希望政府集中行使权力。在民主革命持续进行的状态下，一个在人数上或者财富上占优的阶级就会形成。这个阶级的特殊心理和自身利益不同于民主国家里那种厌恶被邻国统治的感情。它出于自身的需要，十分希望国家能独揽大权。在当前，英国的下层阶级不再主张地方独立，而是将地方的行政权移交给中央，上层阶级则希望由原来的那些人行使地方的行政权。我敢肯定，将来的某一天出现的情况会与现在的截然不同。

由上面的论述，我们能清晰地认识到：在公民最初就平等的社会里，社会权力同经过人民的长期和艰苦努力后获得平等的民主国家相比要弱小很多，但是前者的个人权利要比后者强大。我就拿美国人的例子来说明这一点。

美国从来就不存在按照特权划分的阶级，因而也不存在具有依赖关系的主人和仆人阶层。因为他们都是平等的，所以认为让国家来规范他们的行为是没有必要的。美国的情况很特别：英国贵族关于个人权利的思想和地方自由的爱好被美国人接受，并被完全实施起来。其原因就是，美国根本就不会同贵族抗争。

无论在什么时候，教育都是有利于人们维护自己独立的一条途径。尤其对于民主时代的人们来说，教育的作用更加明显。人们相互之间没有差别的时候，只靠本能就能不费力地建立起一个单一和全能的政府。然而，要想在这种情况下维持和组织次级权力，就必须具备多方面的知识和技能。当每个公民都有独立性，个人力量又都很弱小的情形下，就可以建立一种自由的社会团体。这种社会团体不但能抵制暴政，还能维持秩序。

在民主国家里，伴随着平等的普及和公民教育水平的提高，中央集权和个人服从一直都在增强。

在教育水平低的年代，缺乏知识的政府会完善自己的专制统治，而缺乏知识的人民却想要脱离专制。两者会产生不一样的后果。

即使民主国家的人民再怎么无知，统治他们的中央政权也是具备知识的。它要吸收它发现的少量知识并不困难；如有需要，还会吸收国外的知识。所以，要是一个国家的无知与民主并存，那么国家元首与民众之间的巨大智力差异就会一览无遗。这样一来，国家元首就能轻而易举地将权力集中到自己手中。国家不仅有能力担负行政管理工作，还会继续扩大自己的行政权力。

在不开化的贵族制国家里，这种情况根本就不会发生。其原因是，贵族制国家不仅君主受过教育，某些主要公民也受过教育。

现今，埃及的人民十分平等，但也十分无知。看到这种情况后，其统治者帕夏就开始学习欧洲国家统治人民的知识和经验。当君主的知识同民众的无知、民主的缺陷结合起来的时候，中央集权就会变得极为强大。那时，君主就可以独享大权，完全让子民臣服。

在我看来，中央集权一旦走向极端，社会就不再有活力。时间一长，政府会衰弱，无能为力。我承认在一定时期和特定场合，集权的社会力量完成伟大的事业并不困难，这一点在战争中体现得十分明显。将全国的资源快速地投入战场的技能是决定战争胜负的关键，资源的数量则是战争的次要条件。所以，在战争时期，人民认为应该且必须让中央政府的特权增强。中央集权可以使军事天才的势力得到提升，因而深受他们的喜爱。由于战争能够推动政府集中国家的所有权力，所以那些人都非常热爱战争。有的民主国家时刻做好了发动大规模战争的准备，一旦其生存可能受到危险时便会扩大国家特权，限制个人权利。这种民主倾向不但来得快而且持续的时间也很长。

我之前谈到过，有两种心理在无形之中使得民主国家的中央政府的权力不断增强：担心动乱、爱好和平的心理。在中央政府看来，两者是十分强大、最稳固的一种力量，能保证国家不会走向无政府状态。一些特殊条件使得民主国家出现了动乱的社会情况，也正是它们使得那种倾向更加强烈。在它们的影响下，人们为了社会和平会放弃更多的权利。

所以，一个国家在革命结束初期，绝对不会立即扩大中央政权的职能。革命使得一些人失去了财产，使得全国人心动摇，导致人们的报复心理十分强烈，并且还使国家陷入了利害冲突和党派争权的境地。这样一来，公民爱好社会和平的心理就会转为盲从，进而导致对社会秩序的热爱变质。

我在上面只讲了几个可以促进中央集权的偶然因素，但对最主要的偶然原因还没有谈到。

民主国家元首的出身和爱好是他们能够行使一切权力的首要偶然原因。

从本能上说，民主时代的人都乐于接受中央集权，并且希望它能获得更大的特权。这个政权要是能保障人民的权益，将人民的本意准确地重现，就能获得人民的无限信任。不仅如此，人民也会打算为了它而不惜奉献自己的所有。

有些君主仍然与旧贵族制度有着割不断的联系；有些君主则是将出身、观念、本性和习惯等方面与平等密切地联系起来。虽然两者都实行中央集权，但后者会更容易、更快速地实行。我的意思是说，生于贵族时期而在民主时代生活的君主们也有实行中央集权的意向，并且这种意向会十分强烈。在他们看来，中央集权就是平等带给他们的利益。然而他们的胜算极小，因为他们的意志不会被公民情愿地服从，其要求也只是被勉强接受。民主时代有一条真理：随着国家元首的贵族气质的减少，中央集权的实现就会越来越容易。

在贵族制国家里，君主和贵族的天生成见是没有任何区别的。贵族社会的内在弊端非但不会受到限制，反而会一直发展持续下去。贵族的后代在民主时代当上国家元首的时候就会出现与上述截然不同的情况。由身份的不平等带来的情感是君主偏重的对象，这是因为君主受教育、习惯和传统影响的缘故；人民时刻追求由平等带来的民情则是出于自己的社会情况的考虑。

民主时代的公民通常不会让中央政权扩大。他们认为，中央政权跟贵族特权甚至暴政没什么区别。他们始终主张自己的独立，其原因是他们不但想要自由，还想维持平等的身份。

革命是为了将旧的政权推翻，之后由新人执掌国家政权。中央政权受到革命的影响会暂时变弱。在革命初期，国家会出现一些无政府状态，在此基础上我可以断言：扩大和维持新政权的特权是革命最终会出现的必然结果。

民主社会要喜好平等，并且让人信服这一点，在这个首要前提下，国家才能实现中央集权。之前纷繁的专利思想如今被简化成了一项单一的原则。

# 第五章　欧洲国家统治者最高权力的变化

你仔细体会一下我说的内容，就会发现欧洲的情况与美国的区别，会为欧洲感到惊讶。欧洲国家的一切貌似都是为了让中央政权的特权无限增大，让个人更加弱小，更加服从。

欧洲的全部民主国家也都有那些促进美国走向中央集权的一切倾向和长期趋势。不仅如此，欧洲的民主国家还有很多其他原因促进国家走向中央集权。这些原因是美国没有的。它们越是趋向平等，那么离专制就越近。

欧洲的情况就是这样，你可以看看周围和自己，之后就能确信此言非虚。

在贵族时代，欧洲一些君主的权力所固有的职能不是被剥夺就是被他们丢弃了。在几十年前，欧洲大部分国家的很多私人或团体都是极为独立的。他们有许多职能：自主审理案子、招兵、收税，甚至自定法律和解释法律。这些本来是国家主权行使的职能，如今被国家收回。以前国家通过中间代表来管理国家的所有事务，而今这种代表已经被取消，国家可以直接管理民众。在这里我只是点明了事实，但并不是说中央集权不好。

在以前，代表地方利益和负责地方事务的次级政权在欧洲随处可见。如今，这些地方政权几乎都不存在了，剩余的要么正在迅速瓦解，那么就是听从中央指挥。在欧洲的地方上，领主的特权、城市的自由和地方的行政权都会消失。

在五十年间，欧洲多次发生革命和反革命。这些运动有一个共同点，就是它们都冲击了地方的次级政权。在某些地区，有的地方政权没有被法国消灭，但却被战胜法国的君主们消灭了。由革命带来的所有其他新事物都得不到那些君主的认可，唯有中央集权被他们赞同和接受。

我们这个时代陆续收回了一些阶级、团体和个人手里的权利，而且在民主的基础上建立了新的次级政权；但是新的次级政权并不享有这些权力，所有权力都集中到了国家元首那里。进一步说，各国最底层的民众和每个人的小事都会直接受到国家元首的管理。[1]

在古代欧洲，私人或团体管理着几乎全部的慈善事业；但是当今的一切慈善事业都会受到不同程度的国家干预，甚至在一些国家完全由国家管理。国家负责向饥饿的人提供食物，帮助和收容病残，帮助待业者就业。貌似国家可以救济一切灾难。

同慈善事业一样，当前的教育事业也完全是由国家负责的。国家设立教育机构，由它们管理教育事业，每代人都会受到它们的感情陶冶和思想教育。教育制度也是统一的，其区别正在渐渐消失。

我敢说，当今国家信奉的宗教，不管天主教还是新教，都面临着一种危险，即被政府支配。这并不表明统治者会因为教会自主制定教义而不满，事实上统治者们是为了加强对教士的意志的控制：剥夺教士的财产，不再为他们提供薪酬，让教会为政府服务，任命政府的仆从当教士。通过与宗教的联合，政府的经济意识深入到每个人的心灵深处。[2]

然而，这只是全部情景中的一个次要方面。

我们看到，当前统治者的权力已经渗透到之前权力的各个方面，但是统治者仍不会满足。在充分行使当前一切职能的基础上，统治者的权力还会扩展到其他领域，如个人的独立。如今政府控制了许多之前不被控制的行动，并且还会控制得越来越多。

在贵族制国家里，政府只会处理那些与国家利益有明显和直接关系的事务，其他事务则由公民自行办理。貌似政府忽略了两点：第一，个人的错误和苦难会为全国的幸福带来危害；第二，避免个人破产也是国家职责。

当今的民主国家正在朝着另外一个极端发展。

很明显，现今的大多数统治者不仅仅满足于治理一个国家。在他们看来，自己应该干涉个人的行动和前途，为每个人的行动进行指导或是指点。如果有必要的话，他们还会不顾人们的感受，教人们怎样获得幸福。

从民众一方来说，他们一旦有了需要就会找政府帮忙，任何时候都听从政府的指导。

我确信，当前所有欧洲国家的政府不仅会逐步扩大中央集权，还会更加注重和严格

---

1 很多方面都表现出了个人在社会面前渐渐变得弱小的现象。为了理解这种现象，我从立遗嘱这个方面阐述一下。

贵族制国家的人往往会十分尊重死者的遗愿，这在欧洲的某些古老民族中表现得尤为显著，甚至成了一种迷信。例如，死者的怪异要求不会受到社会权力的限制，某些要求不但能实现还能受到后者的保护。

如果活着的人都是弱者，那么人们就不会过度尊重死者的遗愿。死者的遗愿被限制在很小的范围内，一旦超出范围，就不再受到国家权力的保护，反而成为无效的条款。在中世纪，人们不会限制立遗嘱的权利；如今在法国，一个人不通过国家就不能直接将财产分给子女。一个人一辈子都被国家制约，连临死之际的行为也要受到国家的支配。——原注

2 中央政权的职能不断扩大，因而中央官员的数量也越来越多。他们每个人都肩负着保证政府稳定的使命，日益替代了贵族的地位。

欧洲各个国家的统治者管理公民的办法都不外乎两种：一、让公民害怕官员的当前表现；二、让公民对官员的未来抱有希望。——原注

地管理民众小事。当今的政府越发深入到私人活动范围，直接干涉个人行动，即使行动很微小。它们时刻为公民提供指导和帮助，或是让公民听从它们的命令。

过去，君主维持生活靠的是地产收入和税收。而今，他们扩大了需求和权力，所以不能再靠那些收入生活了。以前，君主可以制定新税来满足自己的需要，而今他们可以举债，所以国家大多数富人都成了债权人，大量资金日益集中到了君主手中。

君主会采用其他途径吸收小额资金。

当人们日益消除了差别，身份也渐渐走向平等之后，穷人不但有了微薄的财产，而且受过教育，有了新的欲望。他们想用积蓄的方式达到改善境遇的目的，因而他们每个人都积累了一些资金，并且数目还在增加。这些资金如果不集中起来的话，就不能发挥重大作用，于是一些慈善组织出现了。在我看来，这种组织很快就会成为一个重要的政治机构。那些打着慈善旗号的人意识到，把穷人的储蓄集中起来就会产生效益。在一些国家，这种组织不会被国家干涉，甚至一些国家已经开始将这种组织纳入政府体系。政府亲自出马将穷人们的储蓄集中起来，接着就会独自经营大的事业，从中获利。

通过举债的方式，国家吸收了富人的资金，通过储蓄银行又可以任意支配穷人的财产。国家的财富掌握在政府手中，并且随着身份日益平等而增多。民主国家的个人唯一相信的只有政府，原因是他们认为政府不但有能力，而且还可以长久维持。[1]

可以看出，统治者不但掌控着公共财产，还对私人财产进行了干预。他不但是公民的主人，还是公民的管账先生。

如今中央政权在原来工作的基础上扩大了工作范围。同之前相比，它更加有活力，有独立性。

在当前时代，欧洲各国的政府已经开始运用新的执政理念。它们不但做了更多的事，并且每件事都能高效、有序地完成，而且还节约经费。他们从私人那里学到了很多知识，并用其武装自己。君主们会指派常驻代表严格管理地方事物，并且采用新的途径实现对代表们的直接领导和监督。要是他们不满足于由代表负责所有事务，就会直接干涉这些事务。如此一来，公共的行政就会从属于同一权力，并且集中在一起由少数人掌握。在集中活动的同时，政府的特权得到了加强。由于上述两个原因，政府无比强大。

探究一下大部分欧洲国家之前的司法制度，我们会惊讶地发现它们具有独立的司法权力和巨大的司法权限。

几乎私人之间的所有纠纷都由法院处理，私人与国家间的大部分纠纷也由法院仲裁。

接下来，我要避开法院的政治权限和行政权限谈论一下各国法院具有的司法权限。全部欧洲国家过去都有一项与一般财产权有关的私人权利，现今还有许多有关这样的权利。这项权利受到法院的保护，未获得法院的许可，国家不得剥夺它。

这种权利带有一定的政治性，欧洲的法院因此而与其他国家的法院具有很大差别。

---

1　一方面，人民爱好财富的心理会越来越强烈；另一方面，政府对财富的控制也会越来越强。所以说，从这两方面看，人们都会走向奴役。对财富的爱好使得他们必须相信政府，对财富的追求让他们越发地对政府产生依赖。——原注

其他国家也有法官，但是法官不享有这项特权。

通过考察欧洲民主国家与其他国家的司法历史，你会发现：所有国家不但设有普通法院，还设有另外一种法院，但是其独立性不如前者。要是国家与公民产生了纠纷，就由这种法院负责解决。虽然普通法院具有独立性，但是其审判权很小，渐渐地人们认为它只能用来裁决私人纠纷。

这种法院越来越多，其职权也在不断扩大。这样一来，政府的计划和要求就更加不需要获得另外一个权力机关的许可了。政府虽然不能与法官冲突，但是可以任命法官，让他们服从自己的支配。可以这样理解，政府与私人之间的司法机构表面上看起来是正义的，而实际上却是偏向政府一方的。

可以看出，即使国家可以负责所有的事务，也不会因此而感到满足。它的倾向是自主决定一切，并且不会被控诉。[1]

欧洲各国之所以会不断扩大国家元首的活动范围和特权，除了上述原因之外，还有一个重要原因，它还没有引起人们注意。这个原因就是由于平等取得的进步而推动的工业发展。

一般说来，工业会让很多人聚集在一起，使得他们建立新的、繁杂的关系。工业可以让他们一夜暴富，也可以让他们一无所有。这种差异不利于社会安定。也许还会出现一种情况：人们因为工作劳动而付出了健康的代价，甚至使自己的生命受到损害。所以，制度、监督和控制是工业阶级最需要的。随着这个阶级的扩大，政府的权限也自然会增多。

这个观点可以得到普遍应用。这里我要谈一谈与欧洲各国有很大关系的方面。

在过去，土地的唯一拥有者就是贵族，他们有保住自己土地的能力。贵族极为独立，其地产也深受保护。当时产生了一些法律和习惯，在贵族没落、土地被瓜分之后，依旧具有效力。如今，最容易摆脱中央政权控制的公民就是那些农民和土地拥有者。

在贵族时代，不动产的重要性不大，就连它的持有者也不会被他人重视。贵族社会里的一个特殊阶级就是那些从事工业的人。由于他们得不到支持，再加上自己力量薄弱，所以常常不能自保。

所以，人们通常就会认为工业财产是一种特别财产，并不能得到重视和保护。在人们看来，从事工业的人只是一个独立的小阶级，不会受到尊重。他们是否能存在，还要看君主的心情。浏览一下中世纪的法典，我们会惊讶于一种情形：在那个独立的时代，工业一直被君主限制，甚至那些细微末节也不会放过。从工业方面说，中央集权达到了它想要的效果和程度。

此后，欧洲爆发了一场大革命，接着工业开始慢慢在整个欧洲发展。工业阶级不断扩大，并且吸纳了其他阶级的残余，使得自己的力量更加壮大。工业阶级的人数、重要

---

1 法国对这个问题作出了无理狡辩。它认为不让普通法院的法官审理政府与私人之间的纠纷是为了不混淆行政权力和司法权力。其实这样做是为了让政府同时具有审判权力和行政权力，为了这个目的，政府只能用强迫的方法混淆行政权力和司法权力。——原注

程度和财富都大幅增加，并且会一直保持增长劲头，之前与它没有关系的人在某些方面都开始亲近它。这个阶级之前被人看做特殊的阶级，而今有发展成为主要阶级甚至唯一阶级的趋向。然而，它的政治思想和习惯一直是稳定的。它们最初是陈旧的，后来与现代人的新思想和一般习惯完全协调一致，因而没有改变过。

工业财产的重要性一直在提高，但是工业财产的权利却没有因此而扩大。虽然工业阶级的人数比以前多了，但它的依赖性还是很强。它在自己内部实行了专制，并且这种专制会随着它的发展而必然不断加强。[1]

国家的工业化程度越高，对道路、运河、港口和其他带有公用性质的工程的需求就越高。有了它们，国家才更容易致富。国家的民主化程度越高，私人在这方面的需求就越难满足，但国家却很容易办到。现今各国的政府有一个清晰的意向，那就是独自把持这些工程，让人民只在被划定的小范围内活动。

国力不断增强，需求不断增加，导致工业品的消耗也在不断增加。通常说来，国家兵工厂和其他工厂负责制造这些工业品，所以君主就成了最大的工业家。为了工厂的运行，他招来了很多工程师、建筑师、技师和技工。

他不满足于最大工业家的称号，想要控制其他一切产业的想法越来越强烈。

由于身份日益平等，公民的力量越来越小，如果他们不团结起来，就不能在工业上有所作为，所以他们成立了联合组织。然而，政府却想控制他们的联合组织。

不得不说，这种组织的力量十分惊人，远远胜过个人的力量；同时它对自己的行为承担的责任远远比个人少。由此说来，政府不允许它具有较大的独立性是有依据可循的。因为这很合统治者的心思，所以统治者也十分赞同。

民主国家的公民们只有团结起来才能很好地抵制中央政权，因而中央政府根本就不会喜欢这种不受它控制的结社。值得一提的是，公民们时常会害怕他们结成的这种非常必要的团体，结果保卫这个团体就会遇到阻碍。公民们会对这些私人小团体的反抗能力感到惊讶，会因为它长期存在于人们之间而感到不安，因此就认定每个团体自主地运用它的能力是一种危险的特权。

在我们当前时代出现的社会团体都是些新式组织，它们诞生于个人权利观念微弱和国家权力无限膨胀的时刻。因为它们不享有组织团体的权利，所以它们诞生后就没有自由，对此不必感到奇怪。

---

1 我列举一些事实来说明这个问题。工业财富的自然资源就是矿藏，随着工业的不断发展，人们开始普遍追求矿藏利益。因为平等造成了财产的分散，所以要想很好地开发矿山是十分不容易的。于是大多数国家都宣布，矿山资源属于国家，监督矿产开发是国家的权力。其他财产方面根本就不会有这种情况。

矿山属于工业财产，一旦受到监督和保护，就会被政府完全支配。国家要么自己开矿，要么就将矿山租给别人。之前矿山所有者如今没有了所属权，要想经营就必须获得政府授予。此外，政府一再要求对矿业的领导权。为此，它制定了有关矿业的规章、管理办法，并时常行使监督权力。如果经营者违背了章程，那么法院就会收回他的使用权，接着政府就会把矿山交给他人来经营。政府不仅拥有所有权，还能支配矿山经营人。

随着工业的发展，老矿依旧开采，新矿一直出现，从事这一行的人会越来越多，国家支配的范围也会随之增大，并且控制更多的人。——原注在欧洲各国，有几种类别的社团要是未经国家许可，其章程未经国家审核，就不能成立。有些国家想要用这种方式限制社团。试想一下，如果国家真的做到了，那么后果就是社团将不再出现。

统治者一旦掌握了批准社团成立的大权，不久就会要求享有监督和管理社团的权力。他这样做是为了保证社会按照他的规章办事。国家控制了那些申请成立社团的人之后，还要继续控制那些已经成立社团的人。

概括说来，他要控制国内几乎所有的人。

当今，虽然工业创造出了新力量，但是大部分都被统治者们掌控了。我们受工业的引导，工业则受他们的引导。

我认为刚才的论述十分重要，生怕自己的观点表达出来之后没有任何效果。

如果你认为我举的例子不合适或是没有说服力，认为我夸大了中央集权，或是认为我对个人独立活动的范围说得过于狭小，那么就请认真体味一下我说过的内容。你可以认真探究一下世界上发生的事情，同四周的人交流意见，再深刻思索一番。如果没有我的指引，单靠你自己的力量就能与我不谋而合，那么我必须承认我是错的。

你会留意到，在过去五十年里，中央集权在各个领域都扩大了。中央集权的发展离不开战争、革命和征服的推动作用，以及所有人做出的努力。期间，许多人会轮流执掌大权，虽然他们的思想、感情、利益都不相同，但是实行中央集权却是他们的共同之处。纵然他们的生活和思想千变万化，但中央集权的本性却不会变。

了解了这些之后，再去看看当前的整体形势，你会感到十分惊讶。

在发生了革命的国家，人民通过暴力推翻国王的统治，使得王朝危如累卵瓦解崩溃，君主们的权威更是被人民限制或是破坏。那些没有发生革命的国家会因此而惶恐不安，造反精神更是深入人心。同时，在这样的无政府状态期间，在人民情绪高涨的国家里，社会特权会一直增大且渐渐走向中央集团化，专制的范围也会日益扩大。国家的行政机关时刻监督着公民的举动，在无形中渐渐剥夺了公民的独立。虽然公民推翻了王权和国王的统治，但如今不得不听命于新政权的小官员，丝毫不敢违背他们。

不难看出，在当前时代，两种革命正在同时进行：一种革命是为了削弱政权，另一种则是巩固政权。在之前的任何时期，政权既软弱又强大的情况根本就没有出现过。

当我们对全世界的形势有了一个全面的认识之后，就会发现一个现象：从思想上看，两种革命的联系十分紧密。它们的原因相同，途径不同，但最终都是为了达到同一个目的。

这里我重复一下之前提到过的观点：将平等的事实和把平等引入社会情况和法制的革命混淆是不正确。因为这会导致人们对看到的全部现象感到惊奇。

欧洲贵族时代建立的古老政权都曾或多或少地代表、维护过不平等和特权的原则。当今的人要想推翻旧政权，为的就是让平等给人带来新的欲求、新的利益，并通过新政府得到满足。由于这个原因，现代人开展了革命，并且大多数人都具有勇敢和追求独立的激情。

依我看，欧洲各国人们的情况和财产发生剧烈变化之后，平等才会得到发展。在这种变化中，会出现无政府状态和为非作歹的现象。其原因是，国内的一些人会反对另外一些人，进而对这些变化产生了重大影响。

我刚才提到的两个相反的倾向也是因为这个原因产生的。在民主革命的影响下，那些推翻了贵族政权的人会表现出极强的独立精神；伴随着平等的实现，他们会日益完全服从由平等产生的自然本性，努力加强国家权力和实现中央集权化。他们原本希望成为独立的个体之后能实现平等，然而随着平等的发展，他们再也不能享受自由独立了。

有时会同时发生这两种情况。之前法国人的情况清楚地表明：民众在与贵族权威做斗争、轻视国王权力的同时也能建立暴政统治，换句话说，民众取得独立的同时又会失去独立。

我们发现，所有旧政权都瓦解了，一切旧势力都在走向灭亡，一切旧的阻碍都被消除了。一些有识之士对此十分不解。他们只关注当前无法想象的革命，预测人类会一直处于无政府状态之中。他们一想到革命最终会带来的影响，就会更加担心上述情况的发生。

我对那种给当代人带来动力的自由精神存有疑问。的确，当代国家都在发生剧烈变化，并开展革命运动，然而它们真的都获得自由了吗？我担心这场运动结束之后，统治者享有的权力会比之前更为强大。

# 第六章　民主国家专制的形式

在美期间，我发现美国的民主社会情况十分有利于国家专制。同美国具有相似情况的国家都是如此。返回欧洲后，我发现欧洲的许多君主扩大他们的权力范围凭借的就是民主社会情况产生的思想、感情和需要。

由此我想到，基督教国家最终会被某种压力影响。这种压力跟古代的某些国家受过的压力很相似。

我曾仔细地研究过这个问题，花费了五年时间思考这个问题，也担心上述情况会发生。而如今，我担心的对象不同了。

在之前的时代，无论君主专制强大到何种地步，要想治理全国，就必须借助次级君主政权的力量。当时的君主都不要求所有臣民完全遵照统一的制度和细节办事，也不会亲自直接教导和管理所有臣民。人们根本就没有当代人具有的那种观念。即使他们有这种观念，也不会将计划付诸实施，这是因为他们缺乏知识，管理方法不当，并且还要应对由身份的不平等带来的各种阻碍。

众所周知，生活在罗马皇帝统治巅峰时期的各个民族依旧沿用着各自的习惯和风俗。表面上看，皇帝管理着整个帝国，但是事实上，大多数地区都是自治的。每个自治的地区都有许多繁荣的城市，并且这些城市享有特权。皇帝掌握着国家的行政大权，有时候可以独裁，但在通常情况下，他不会支配社会生活的细节和个人的日常生活。

罗马皇帝的权力十分强大，任何权力都不能与他抗衡。他可以任意而为，为了满足自己的私欲不惜调动全国的力量。这种情形很容易导致他用权不当，会强行将公民财产据为已有或是草菅人命。皇帝的暴政给一些人带来了巨大压力，但只限于一些人。皇帝的暴政只是针对几个影响力大的人物，而不是全部民众。总的说来，虽然皇帝的暴政很严酷，但是不会超出一定的范围。

如果民主国家产生了专制，那么其特点就会不同于罗马时代。民主国家的专制不残酷，但是范围很大。人们不会因此而受到折磨，但是会因此而情绪低落。

古代的君主们要想将所有权力都集中在自己手中是十分困难的。而在当前文明与平等的时代，国家元首则能轻易做到。权力涉及公民的各个方面，甚至私人的重要领域也包含其中。虽然平等容易引发专制，但它也能使专制的残酷性得到缓解。当人们渐渐地没有差别并且走向平等，民情就会变得温和并富有人情味。每个公民都不享有特权，都不具有大量财富，国家几乎不会出现专制。假如每个人都是中等水平的家境，就会懂得节制，会在常规基础上发挥想象力，进行简单的享乐。这种克制不但十分常见，同时也在节制国家元首，使得他们暂时克制住自己的欲望。

这些原因都来自社会情况的性质本身。其实还有许多原因，虽然它们不在本书谈论的范围内，但是属于我划定的范围。

一旦民主国家的民众都心情激愤或是社会发生了危机，政府就会实行暴政。然而这种可能性很小，即使出现了也不会维持多久。

现代人没有强烈的激情，他们行为端正，学识渊博，有着虔诚的宗教信仰，能辨别是非。所以，我肯定他们不会遇到暴君。我主要担心的是他们的领导就是他们之前的监护人。

所以我认为，那种给民主国家带来威胁的压迫不会同于曾经出现过的所有压迫形式。当代人对这种压迫没有清晰的认识。对于这种压迫形成的观念，我曾想用一个词简单概括，但是一直找不出精确的表述。无论专制还是暴政，这些旧词汇都不能用来说明那种观念。这是一种新出现的事物，当前我们还不能给它命名，只能详细地谈谈它的特点。

这种专制可能会将自己的新特点展现给人们，接下来我就从这个方面着手展开论述。我的看法是，那时候许多人都会变得一样并且实现了平等，会一直忙于自己微不足道的世俗享乐。他们每个人都过着孤独的生活，根本就不会关心别人。他们的子女和亲友就是他们的一切。至于周围的其他人，他们都不会放在心上。虽然，他们也会与这些人来往，但也会当他们不存在一样。人人都为了自己而独立生存，心里只有家庭而没有国家。

这种人的享乐和权利会受到当局的保护。这个当局有着绝对的权威，对他们照顾得很周到，不但十分认真，而且有预见性，还非常和蔼，它就像一种父权，在教导人怎样成长。将它比喻成父权是最恰当不过的了。事实上，它只是将人都当成孩子看罢了。它不但赞同公民享乐，还要求公民们都以享乐为目的。为公民服务是它的意愿，但前提是它必须掌管所有的权力。此外，它不但能保证公民的安全、需要，而且会使得公民娱乐十分便利。公民的主要活动、工商业、遗产继承和分配都是由它来负责的。如此一来，公民们都不用思考任何事情，无须为生活奔忙。

结果，一直享乐的公民们忽略了自己的自由意志，只能在很小的范围内进行意志活动，他们的自我活动的能力日益枯萎。人们之所以被迫接受这一切，其根源就是平等。有的时候，他们在平等的影响下会认为这一切都是国家的恩典。

国家元首用自己的权力逐步地束缚每一个人，使得他们不能违背自己的意志，接着其范围就会扩大到整个社会。为了统治整个社会，他制定了一套详细、全面和统一的规则，即使那些最独立和最坚强的人也只能在这些规则下活动，成为普通人。他的出发点不是摧残人的意志，而是使人臣服和听从于他。虽然人们的行动不会受到他的强制，但会一直受到他的阻碍。他只是为了维持现状，避免出现新事物而已。他不主张暴政，而是妨碍人们的活动，使得他们丧失意志，无动于衷。为了更好地理解这一点，我打个比方：政府是放牧的人，而民众是胆怯的、只会劳动的牲口。

我上面谈到的是政府怎样奴役人民的方法，它具有温和、平稳和严明的特点。这种方法较之一些人的想象具有更加自由的外表，它甚至可以建立在人民主权的幌子下。

如今，有两种矛盾的激情在影响着人们。他们觉得受人指导是有必要的，但是不能失去自由。他们都不想抛弃其中的一面，因而就希望同时满足这两个方面。为此，他们想到了一种单一权力机构，其具有监护性质和全面的特点，并且是由公民选举出来的。他们想要通过这个机构实现中央集权和人民主权的结合。他们觉得，既然国家元首是我们选出来的，我们就应该听从于他。每个人都会受到束缚，但是他们都容忍了，这是因为人民都受到了平等的束缚。

在这种制度的国家中，公民的地位会逐渐提高；但是因为他们选举出了元首，所以地位跟之前没有什么区别。

这种介于行政专制和人民主权之间的妥协如今被很多人轻易地容忍了。他们认为国家政权足以保护个人自由。但是，我认为这并不是一个很好的保证。我的看法是，服从的事实比政体更加重要。

把所有权力集中起来，并由一个没有责任心的人或是团体管理的政体远远没有上面说的那种好。对于民主专制的国家来说，这种政体是最不好的。

我承认国家元首由人民选举出来，受到独立的立法部门监督的时候，会给人带来更大的束缚。但是每个人却基本上都能容忍，认为自己被迫服从其实就跟服从自己一样。国家元首的意志的一种体现就是：牺牲自己的所有。

当国家元首由全国人民选出，行使国家权力时，公民的权利和力量就会被削弱。这不单单是为了让国家元首集中权力，同时也会给国家带来好处。国家元首为了公事而牺牲了自己的独立，但是在其他方面会得到弥补。

一个高度集权的国家可能会产生弊病，而国民代表制度就是一种避免弊病的办法。但是这种制度只能缓解弊病发生，而不能从根本上将它消除。

我十分明白，这种制度虽然是个人参政的保障，但是几乎不会影响到小事和私人。人们忽略了自己在小事上更容易受到奴役的情况。这是两个对立的方面，我只赞同其中一面，那就是与大事相比，小事更加需要自由。

公民在小事上服从的现象一直都在发生，对此人们也有相同的感受。虽然公民们不以这种服从为辱，但是其行动却受到了它的制约，最终会变得完全服从。它软化了公民的精神思想，束缚了公民们的心灵。在极少数形势下必然也会出现一种服从，但是这种服从很少见，并且十分严明。它与奴役有很大区别，只会给某些特别的人带来痛苦。公民们归属中央政权之后，接着选举政权的负责人终会劳而无功。这种政权要求公民们庄严而急促地用不多见的方式行使自己的自由意志，结果公民们的独立思考、感受和自主行动的能力都日益弱化。渐渐地，公民们的能力比不上人类的通常水平了。

我在这里多说一句，用不了多久，他们手中仅握的重大特权也会被剥夺。民主国家的政治领域引入了自由，而且还因此更加专制了，这必定会导致某些十分奇特的现象发生。本来一些小事通过常识就能解决，但它却觉得公民没有能力处理，所以就会亲历而为。一旦涉及国家政务的时候，公民又会被它授予许多特权。由此看来，有的时候它不把主权当回事儿，有的时候却又看重主权。国家元首的权力有时比国王大，有时比一般民众还小。它会惊讶自己历经各种选举制度还不能找出适合自己的道路，而且一直没有放弃寻找其他方法的努力。在它看来，选举制度而不是国家的政治制度才是国家弊端的来源。

我很难想象，那些完全不再具有自治习惯的人通过选举会选出一个好的国家元首。我认为这些被奴役的人民永远不会选出一个自由的、干练的和卓越的政府。

在我看来，上层是共和制而其他方面是高度的君主制的政体并不会存在很长时间。这样的政体会因为统治者的腐败和民众的愚昧而最终被推翻。那些对自己和政府不满的人民要么会建立更自由的制度，那么会被新的残暴的统治者奴役。

## 第七章　概述民主国家的政治情况

我认为，身份平等的国家同其他国家相比，建立绝对专制的政府会更加轻松。身份平等的国家要是建立了这样的政府，就会强制人民服从，并会让人类固有的某些主要特点消失。

所以，我的看法是，民主时代的专制是最让人感到惊慌的现象。

无论在什么时候，我都喜好自由，尤其是对于当前来说，我更加推崇它。

我敢肯定地说，在即将实现的民主时代里，要是有人想利用特权和贵族制建立权威，都不会取得成功。在这个单一的阶级里，无论建立还是维持权威都是不可行的。在这个时代，任何一个主权想要让民众重新变得都有差别，在此基础上建立专制，都是不可能实现的。这是因为它们的能力和力量不足以达到这个目的。任何官员都是在平等原则下来维护在自由基础上建立的制度的。所以，在当前时代，人们要想让自己的同胞得到尊严和保持独立，就必须平等待人。只有通过这种方法，他们才能实现自己的目的。

所以，重建贵族社会不是问题之所在，关键是要在民主社会的内部将自由揭示出来。

我的看法是，这两条真理不但简单明了，而且会产生好的效果。在它们的要求下，我们就会去探究身份平等的国家会选择建立哪种自由政府。

民主国家的最高主权的特点是统一、集中、范围广、强大、全面。民主国家的制度性质和国家的需要决定了它的这些特点。不必说，这样的社会必定是相对活跃和强盛的，每个人则是相对顺从和怯弱的。简单理解就是，社会做的越多，个人做的就会越少。这是必然出现的现象。

同贵族制国家相比，民主国家里的个人的独立范围会相对小很多。人们也不希望像贵族制国家那么大，原因是贵族制国家里某个人的满足会让社会舍弃自己的利益，某些人的显贵也以大多数人的利益为代价。

当前有一种需要，同时也是人们所期望的，那就是让民主国家的中央政权变得更加积极和强大。虽然人们希望中央政权变得更有活力，但同时也在防范它乱用智慧和权力的行为。

在贵族时代，管理民众的大权不是由君主一个人独享，所以个人的独立能得到最大程度的保障。虽然君主将其中的部分权力分给了贵族成员，自己只享有剩余部分，但他们管理民众的方式都是一样的。由此看来，中央政权是分散的。

君主不仅不独享大权，也不能支配那些分享他权力的大多数官员。原因在于他们的权力根源是家庭出身，而不是君主。无论什么时候，君主随意设立或是取消这些官职都是不可行的。不仅如此，君主也不能强迫他们统一服从自己的支配。这就是个人独立能得到保障的原因。

我清晰地认识到，这样的办法在我们这个时代行不通。然而我想出了一些民主措施，完全可以取代这种办法。

主权者不独享从各种自治团体或贵族那里收回来的管理权，同时普通民众也部分享有这种权力并且暂时成立一个次级团体，那么不但个人的自由有了保障，其平等也不会变弱。

从用词方面来说，美国人比不上我们法国人讲究，他们将州以下的最大行政单位称为“县”，并且一般说来，州议会会行使县里的部分职权。

我认为在平等时代，官员实行世袭制有违公平与合理。同时我赞同在一定范围内，任用官员可以通过选举这条途径。贵族制国家的世袭官员对中央政权具有独立性，民主国家的选举也能保证官员如此，甚至会胜过世袭的官员。

贵族制国家拥有财势的人很多，他们过着富裕的生活，不能容忍别人对自己压迫，面对压迫会直接反击。通常说来，这样的人可以保证政府具有平和、谨慎的态度。

虽然民主国家不会出现这样的人，但是国家能通过人为的方式使得与他们相似的人出现。

我坚信一点，新的贵族制度再也不会出现。可是，我认为普通民众团结起来也有建立起十分富有、有影响力和强大的社团的可能。概括说来就是，建立具有贵族性质的制度。

如此一来，他们就能在一些重大的政治方面受益。这不但是公平的，而且也是安全的。有知识、有力量的公民会得到国家保护。同样，无论政治、工商业团体，还是科学、文艺团体，也会有这样的待遇。他们一方面为了确保自己的权益同政府的不合理要求做着斗争，另一方面也在维护公民的自由。

因为贵族时代的人们之间有一种密切的联系，所以有的人一旦遭遇打击，其他人就会提供援助。毫无疑问，平等时代的人不是这样的，不但没有朋友为他们提供帮助，也没有一个阶级深深地同情他们。他们易被他人忽视，平白无故地受人蔑视。那么我们这个时代的公民会通过什么方式让自己避免迫害呢？答案就是，他们要向全国求助，如果此法行不通，就向全人类求助。报刊是他们用来求助的唯一媒介，所以说在民主国家，公民的出版自由是非常重要的。平等带来的大多数弊端都可以通过它得到解决。因为平等的缘故，人们变得独立却软弱，但报刊却是这些人能够运用的强力武器。平等不能让人得到亲友的援助，而报刊却能保证他们向本国民众甚至全人类求助。印刷技术推动了平等，同时也缓和了平等，并且是最有效的一种方式。

在我看来，贵族制国家的人民根本就没有出版自由的必要，而民主国家的人则恰恰相反。大规模的政治集会、议会的特权和人民主权的宣言并不是民主国家人民的人身自由的有力保障。

在某种条件下，上述一切都可以对个人的奴役起到缓解作用。国家的出版要是自由的，它就不能随意奴役人民。维护自由的最好途径就是报刊。

司法权也有着相似的作用，接下来我就论述一下。

司法权的本质一方面表现为为了解决私人的权益纠纷，认真探究其解决的任何小事；另一方面表现为不主动增援那些受压迫的人，但是会一直给他们当中最卑微的人提供支援。虽然这些人十分弱小，但法官们会对他们的上诉作出合理审判。司法权的制度本身决定了它会如此。

所以，当统治者对个人的不值一提的行动加以关注和干涉时，在个人不能自保，得不到他人帮助的时代，司法权完全符合自由的需要。无论在什么时候，法院的力量是个人独立的最有力保证。这一点在民主时代体现得更加明显。民主时代的司法权随着身份的日益平等而变得强大，那么个人的利益就会更有保障。

立法者对于下面这一点要时刻警惕：平等会让人形成古怪的癖好，反过来说这些癖好不利于平等。接下来，我论述几个主要的癖好。民主时代的人对于规章或是程序的作用认识得还不清楚。从本能上来说，他们轻视规章，其原因我已经谈过。规章让他们产生反感情绪，甚至憎恨。一般说来，他们只在意当前的享乐，因而会匆忙地享受一切，一旦得不到满足就会产生失望感。在政治生活中也是如此，一旦他们的计划被规章阻扰，就会敌视规章。

虽然民主时代的人认为规章十分不方便，但是这种感觉却对自由十分有利。划清强者和弱者、统治者和被统治者的界限就是规章的主要功能。此外，它还能预防强者或统治者轻率地下结论，给弱者或被统治者提供想办法的时间。当统治者愈加强大，个人愈加软弱的时候，规章就愈加不可缺少。同其他国家的人民相比，民主国家的人更离不开规章，可是他们反感规章。这个问题需要重视。

在当前时代，大多数人很自然地不重视规章，这个问题是令人伤悲的。当今，即使某些最微小的规章问题也是十分重要的，更不用说人类的一些重大利益也与规章有密切的联系。

在我看来，贵族时代的政治家在某些时刻可以蔑视规章，不受它的限制，但是民主时代的领袖们只要没有到无可奈何的地步，就都应该尊重哪怕很小的规章、规定。在贵族社会里，有的人过度迷信规章，现在，人们应该用明智和谨慎的态度来对待规章。

民主国家让人忽视和不注重个人权利，这对于国家来说是件普遍存在的十分不利的事。

通常说来，人们会因为一项权利很重要，或是一直被享用，而对其产生热爱和尊重。民主国家个人权利出现的时间不长，不稳定且都不太重要，因而就会被人轻易抛弃。但个人权利得不到保障，人们也不会因此而不满。

然而，就是这样的时代和国家出现了一种迹象，那就是社会权力正在增强和扩大。此刻正是人们手中仅存的特权最需得到保护的时候，但是人们却日益忽视了它。

在民主时代，国家权力为了推行自己的计划，会损害某些个人的特权。对此，那些追求自由和光荣的人们应该主动站出来制止这种情况发生。当前，即使一个普通的公民都有可能受到压迫，强势的统治者会将那些微小的个人权利收回。在之前的时代里，人们将个人的特权看得十分重要，要是这种权利受到侵犯，受害的只是拥有特权的人自己。在当前时代，这种权利要是受到侵犯，那么国家的民情和整个社会都会受到危害。这是因为这种权利的观念会被削弱，最终消失。

无论革命具有什么性质，具有何种目的，也无论在哪里发生，它都有某些固定的习惯、思想和弊病。这些都会在革命中显示出来，并且会被推广到全国。

在短期内，国家要是多次政权交替，使得法制和舆论不断变化，那么人民就会喜好变动，并且认为所有通过暴力开展的变动都是十分平常的。所以，他们会认为那些规章没有作用，并会对其产生轻视心理，只会在自己没有办法的时候才容忍这些法规的约束。

伴随着革命的进行，一些新的事物出现了，但是有关公正和道德的一般观念还没有达到说明和论证这些事物的水平。因而人们就转而关注社会效益原则，提出必要的政治理论，主动地牺牲自己的特权，摧残个人权利，为了就是最快地实现自己预期的一般目标。

这些习惯和思想与革命有密切联系，因为它们是在革命中产生的。无论贵族制国家还是民主国家，都存在这样的习惯和思想。在贵族制国家，它们的力量通常都是弱小的，并且持续的时间也不长。其原因是，它们会受到贵族制国家的固有习惯、思想、弊端的抵触。所以，它们会随着战争的结束而主动消失，接着国家原有的政治态势就会继续维持。民主国家的情况与贵族制国家的情况有一些差别。人们害怕革命已经成为一种本能。虽然这些习惯和思想变得温和了，并且受到了制约，但仍会存在。这种本能会改变方式，同政府的统治风格和政治习惯结合起来。民主国家的革命最具有危险性，其他国家都比不上。这是因为民主国家的革命不但会为社会带来某些偶然和暂时的灾害，还会带来永久的灾害。

我觉得国家会出现公正的反抗和正当的革命。我不敢确切地说，民主时代的人终究不会革命，但我觉得他们有理由在革命之前慎重考虑，并能意识到忍受当前的痛苦会比发动革命更加适合。

接下来，我用一个观点总结一下说过的内容。这个观点既包括本章的某些观点，也包含其他章节中的大多数个别观点。

在贵族社会，虽然个人有着十分强大的权力，但是社会的权威则非常弱小，就连社会的形象也不十分清晰。统治公民的各种权力将社会形象代替了。所以，贵族时代的人做的主要就是怎样使社会权力变得强大，并且使他们的特权得到增加且得到维护。同时，他们只能在很小的范围内行使自己的个人独立，并以一般利益支配个别利益。

对于我们这个时代的人来说，他们面对的危险和顾虑则不同于贵族制国家的情况。

当今大多数国家里的统治者几乎都是独裁的，这跟他们的出身、健康、称谓没有关系。日益变成最弱小和最具有依赖性的人就是个人。

以前的社会根本就不是这样的情况。那时，一致或统一的现象无论在么地方都不曾出现。在当前社会中，人们在所有方面的驱使下变得类似，每个人的个人形象用不了多久就不再出现。那个时候，人人都变得一样，没有差别。个人的权利应该受到尊重，这个观点一直被我们的祖辈们随意使用。至于我们自己则对另一个观点夸夸其谈，即个人利益应该时常服从大部分人的利益。

政治世界在变化的同时也在产生新的弊端，因而将来有必要探索新途径解决新弊端。

我们即将进入的时代的立法者的主要目标如下：为社会规定界限，并且这个界限是广泛的、稳定的、清晰的；保证个人享有某些权利，保证他们不会受到阻碍；允许个人具有某些独立性、影响力和独创精神；让个人与社会平等，并且维护个人的利益。

乍看起来如今的统治者们只是为了一个目的，即带领人民做大事。对此我想说，他们应该多花心思培养一些卓越人物，多关注干事业的人。此外，他们还应该明白一个国家的人要是都变得无力，那么国家就会很快衰败，任何社会形式和政治组织都不能让由这群软弱的公民组成的国家变得具有活力。

我认为当代人的两种观念不但是矛盾的，而且还是有弊端的。

从平等中某些人看到了由它产生的无政府状态的趋势。他们对自己的自由意志十分恐惧，换句话来说他们害怕自己。

那些少数具有学识的人则是另外一种观点。他们看到了由平等产生的无政府状态，同时还发现人们容易被奴役。事前他们在心灵上早就与这种必定出现的奴役产生了妥协，因此他们对维持自由不抱任何希望，所以很早就开始期待会出现新的统治者了。

前者因为觉得自由危险，所以就抛弃了自由；后者因为判定自由没有实现的可能，所以不再追求自由。

假如我赞同后者的看法，就不会写这本书，只能在心里感叹人类的前途了。

平等给人的独立带来了危害。我将这种危害鲜明地指出来，是因为我认为在将来的所有隐患中，这种危害是最令人恐惧的，并且最难预料。我认为它还是能够被战胜的。

我们正在走向民主时代，当今的人们都喜好独立。他们厌恶自己选择的社会情况会一直维持不变，但是无奈之下，只能容忍这种限制。虽然他们对权力表现出热爱，但对行使权力的人却抱有轻视和怨恨感。同时因为他们的微小和流动性很大，所以摆脱权力的束缚并不困难。

在将来，这些本性还会多次出现，其原因是将来的固定不变的社会情况。在长期内，无论确立什么专制都会受到它们的阻挠。此外，它还会向愿意为人的自由而奋斗的每一代人提供新的武器。

我们有对将来担忧的必要。这种担忧能提高人的警惕心，有利于战斗的进行。同时我们还应该摒弃那种让人失去信念和意志力的不安心理。

# 第八章　最后的总结

在本章开始之前，我想对那些可以显示新世界的面貌的各种特点进行最后的归纳，对平等给人带来的一般影响进行一次判定。但是我还没有下定决心，因为这个题目的难度十分大。我觉得就我当前的视野和智力水平来说，还不足以说明这个重要的题目。

我打算描述和评论的是那些刚建立没多久的社会。革命不但导致这样的社会诞生，而且会持续进行。由于时间短，所以新社会还不稳定。就当前的一切来说，在革命胜利后，哪些东西会消失，哪些东西会保留下来，我们还不能作出判定。

新社会还没能完全摆脱旧社会的影响。在革命中，没有人能够判定哪些古老的制度和习俗会随着革命结束而被保留下来或是被消除。

社会情况、法制、思想和人的感情正在发生变化，并且还会持续很长一段时间。但是，它带来的后果绝非其他事情能够比拟。回想过去的时代，我们就会看出它们的变化与当前时代的变化根本就没有相似之处。

未来不再会以过去为基础，人的精神正在日益混乱。

然而，就在社会发生剧烈新变化的时刻，我还是总结出了某些已经初步成形的主要特征。接下来，我开始讨论这个话题。

我发现，世界上一半是善，一半是恶，两者十分平等。极富的家庭已经消失，中等水平的家庭呈现增长趋势。虽然人们的欲望和享受都在按照倍数增长，但他们不会极其富有，也不会万分惨淡。每个人都怀有进取之心，但少有大志。个人都是独立和弱小的，而社会则是积极、强大、有高明的见识。小事是由个人来做的，大事则由国家来做。

精神的影响力减弱了，可是民情却变得温和，立法却变得仁爱。虽然伟大的献身精神和最崇高、最光明、最纯洁的德性都不为人所有，但是因为人们朴实无华的习惯，所以基本上不会出现暴力现象和残酷的事情。人活得越久，其财富就愈有保证。人们的生活虽然朴实，但却十分舒适与安稳。他们的享乐处在高雅和粗鄙之间，既不注重烦琐的礼节，也不具备低级的喜好。我们看不到他们当中有文人雅士和无知贫民。天才逐渐减少，然而知识却得到了全面推广。个人的小小努力汇聚在一起，最终推动了人类理性的发展。某些人的力量虽然强大，但却达不到这个目的。从质量上说，杰出的文艺作品会很少；但是从数量上说，会大幅增加。到那时无论种族、阶级还是祖国的所有束缚都会被打破，而人类也会变得更加团结。

我认为这些特征最普遍和最鲜明的特点都表现在一个方面，那就是财产具有多种多样的形式。一切极端现象基本上都会逐渐减少和消失，中等的东西基本上会代替一切正在逐步减少的最高级的东西。这些中等的东西同以前的时代里相似的东西相比，既不高也不低，既不华丽也不差劲。

这群人既不是杰出的人也不是无知的人，他们在许多方面都相似。看到这种普遍统一的情景，我感到十分悲哀，同时也惋惜这里不再有社会存在。

世界上有最伟大的人和最低贱的人、最有智慧和最无知的人、最富有和最贫穷的人，当他们同时存在的时候，我总是关注前者，并且喜欢前者。然而，我明白是我的弱点决定了我的这种倾向。我考察周围一切对象的时候不能兼顾，只好挑拣最对我胃口的对象。要是换了全能的上帝，他必然会关注所有的事物，并把人类和每个人都看个透彻。

我们不必怀疑，最令上帝高兴的不是某些人的大富大贵，而是整个人类的幸福。我觉得是过时的东西，到了上帝眼里却成了进步的东西。我不喜欢的事物却是上帝喜好的事物。也许平等没那么伟大，但是它十分正义。也正是因为它的正义，它才崇高与美丽。

我要争取做到与上帝一样，用他的观点去看待世间的事物，并且作出评定。

新的情况比旧的社会情况要优越？虽然任何人都不能绝对和全面地对此作出断定，但是它们之间的不同还是显而易见的。

贵族制国家的体制中固有的某些弊端和美德完全不符合当今人的性格，所以它们不会被当今人接受。两者对美德和恶行的认识不一样，前者认为是坏的东西到了后者那里却成了好的东西。从一方的想象中形成的某些思想会受到另一方的精神的抵触。两者好比两个没有相同之处的人，各有各的优缺点和善恶观。

因而，有一点需要重视，那就是正在形成的新社会不能用消失的社会遗留的观点去判定。如果不这样做，就会有失公正。因为这是两个完全不同的社会，两者不能对比。

现代人的祖辈们曾经具有适用于他们的社会情况的美德，要将这些美德强加在现代人身上十分不妥。原因在于，他们祖辈的社会情况已经不复存在，由它形成的善恶随之变得混乱，已经无法识别。

然而，直到现在我们还是不能完全清楚地认识这些情况。

我发现，大部分当代人在选择性地吸收贵族制度下的章程、思想和观念。他们作出取舍之后，想将保留的那部分运用到新的社会。

在我看来，他们的想法十分不切实际。虽然他们投入了大量时间和精力认真地做这项工作，可是到头来却得不到好结果，一切都是徒劳。

在身份不平等的时代，人们享有一些特殊利益；如今平等也正在为人们带来新的利益，我们不应将目光停留在前者，而应该多关注后者。这才是问题的关键所在。我们不需要与祖辈一样，而是要让自己固有的伟大和幸福都能实现。

在谈完这个问题后，接着重温一下我深谈过的一切对象，会让人忧喜交加。我认为虽然有些威胁很严重，但是可以避免，某些大的弊端也能排除。所以，我深信一点：只要民主国家有意愿，那么建立一个崇高和昌盛的社会就不是不可能的。

我还了解到一点：当今某些人觉得人民不可能实现自己做主，只能被外部条件、种族、土地、气候等因素产生的力量束缚。人们没法解释这种力量，也不容易摆脱这种力量。

这个观点不但消极还是错误的，会导致人们不会向上，国家停止发展。人类不可能完全独立，也不可能全部都是奴隶，只不过每个人都被命运限制在了一个不能逾越的小圈子里了而已。人们在划定的范围内还是能够变得强大、实现自由的。国家和民族也是这样。

如今的国家，人们的身份正在变得平等，但是平等对于国家来说既有利也有弊。平等会导致奴役与自由、文明与野蛮、繁荣与贫困两种结果。至于一个国家到底会怎样，就要看它自己的能力了。

# 原作者注

**（第426页，第10行）而他们却坚决不承认人民的多数权利。**

有的贵族抱着很大的热情从事工商业，并且取得了一定的成功。要想了解这方面的一些例子，可以参阅一下世界历史。从整个社会来看，贵族对于工商业的发展一直都不在意。这已经成为一条定律。金钱贵族的出现只是一种特殊情况。

金钱贵族一直有一个想法，那就是用财富使得自己的需要得到满足。人类的最大激情就是对财富的爱好；其他激情都会转移到这种激情上来，或是同这种激情有交汇点。

一个人要是同时具有爱才之心和争名夺权之心，那么要判断这个人是因为贪婪才具有了野心，还是因为有野心才变得贪婪，就十分不容易。这种情况在英国发生过。在英国人看来，荣誉是财富的标志，所以他们希冀发财后能得到荣誉。结果，人人都去从事工商业，都想通过这条最好的捷径满足自己的需求。

在我看来，这种现象实属例外并且不会长久。要是财富只是作为贵族的标志，权力只被富人掌控，但是由其他人来负责执行，这是十分不容易实现的。

国家的社会和政治情况存在两个极端的现象，即世袭的贵族制度、纯粹的民主制度。而金钱贵族就夹在这两个极端之间。

金钱贵族具有自己的特征：它与世袭贵族类似，但是允许少量的公民享有某些特权；它主张民主制度，但是每个人会继续享有特权。这个阶级就好比一座桥，将那两个极端连接了起来。到底是它终结了贵族的等级制度，还是它谱写了民主制度的新篇章，人们很难说清楚。

**（第461页，第30行）她们的神情却透露着坚毅和勇敢的气概。**

我在旅行日记中对那些跟随丈夫来到荒蛮之地定居的美国妇女的境遇作了些记录。这些记录都非常真实，我在这里摘录几段，以便读者有更清晰的认识。

……我们经常会看到刚被开垦完毕的土地，新的居民点几乎都没有什么区别。我们今天晚上在一个居民点暂住，接下来，我就描述一下它是什么样子的。通过它我能想到其他所有居民点。

拓荒者们给牲畜戴上小铃铛，目的是预防它们在森林中走失。铃声从很远的居民点传到我们的耳朵里。没一会儿，森林里又传来了用斧头砍树的声音。我们来到砍树的地方，看到有人正在劳作。道路上有许多树枝和被火烧过的树干或树墩。我们沿着道路走进一片森林，发现这里的树都枯死了，就像暴病而亡。虽然是夏季，但那个时刻却像是寒冷的冬天。我经过认真察看之后，确定了树木枯死的原因。原来树干的一圈树皮都被剥光了，并且痕迹还很深，如此一来，树内的汁液就不能正常循环，树木最终就会枯死。我们了解到，拓荒者首要做的就是这样的事情。刚开始，他们不会将所有的树木都砍倒，让它们成为自己的新财产，而是要在空地之间种植玉米，并且让剩余的树木为玉米提供树荫的保护。这片初具规模的田地代表了文明在荒野中迈出的第一步。走过田地之后，我们来到田地主人的家里。房屋位于一片比较好的田地中间，虽然这里被滥伐过，但是比其他地方要好一些。这里的树木都被砍伐了，还没有垛起来，因而显得有些杂乱。我们还可以看到绿荫土地上的树墩。在荒地四周，有的地方种植了小麦，有的地方刚刚种满柞树。在这片还没有完全被人开发利用的荒地上，许多植物混杂在一起竞相生长。在这片茂盛的植物形成的树荫中间，就是拓荒者的房屋，当地人都叫“滚木小屋”。虽然房屋简陋，但是建成的时间并不长，看起来还是新的。我估计，它长不过三十英尺，高超不过十五英尺。房屋的四壁和顶盖用的都是完整的圆木材料，再用细碎的干草填满缝隙，用泥土封上，既能防雨也能御寒。

夜晚来临之际，我们打算去房屋主人家暂住过夜。

有几个在小树林里游戏的小孩，听到我们的脚步声后，立即爬起来，慌里慌张地跑回家，貌似他们很害怕陌生人。此时，从狗窝里跑出两条没能完全退化野性的大狗，竖起耳朵，伸长脖子，小声地叫唤着。它们是来保护它们的小主人的。房屋主人出来了，先是看了我们一眼，之后慎重地考虑了一下。他打了个手势，让狗返回窝里，又通过自己的方式向狗传达信息：他们不会给我带来危险，你俩放心吧。

我们来到室内，发现里面的摆设完全不同于欧洲农民的风格。很多东西都没有用处，只有极少的东西才是日常必需的。

仅有一个窗户挂着细布窗帘；壁炉是由土坯砌成的，上面摆着一盏灯，照亮了整个屋子；壁炉上方有一支火枪、一张麂皮、一串鹰的羽毛；壁炉右边的墙上有一张美国地图，被风吹得晃来晃去；地图下面是木隔板，上面摆着一些书，其中有《圣经》、弥尔顿的六篇长诗，还有两本莎士比亚的戏剧；几个木柜沿着墙边摆放着；在屋子的中间位置，有一张做工并不细致的桌子，四条腿是用刚砍伐的树干做的，上面的皮是绿色的，仿佛具有生命一样；此外还有一个英国造的灰色瓷茶壶、几个银质的勺子、破损的茶杯，几张报纸摆放在桌子上。

房子的主人颧骨很高，四肢修长，一眼就能看出他之前是新英格兰的居民。通过他的行为举止，我判定他是一个有文化的人，也能看出他不是在这片荒凉的地区出生的。他的特点是乐观好动、有理想、勇于冒险、遇事冷静。他在这里体验野蛮生活，为的就是将来能更好地改造荒野，让这里走向文明。

他看到我们想要进入他的房屋，就走向前招呼我们，并且按他的习惯握了握手。但是我们看出他脸上的表情并不热烈。他先询问我们世界上发生了什么事情，当他得到满意的答复后，就开始保持沉默了。我们猜测，他对世界上的事情感到厌烦，所以就不再继续询问我们了。我们将旅行的目的告诉了他，他为我们提供了必要的信息。虽然他再次陷入了沉默，但依然会诚心诚意地满足我们的需求。他给我们的印象是热情待客，可是其中又透露着一丝冷淡。原因是他认为当前的地位赋予了他待客的义务，因而不得不履行。在他们看来，这是十分痛苦的事情。

房屋的女主人坐在壁炉的另一边，抱着一个小男孩。她没有和我们搭讪，只是一直点头。她跟那个拓荒者一样，都处在大好的生命年华时期。通过她的举止，我们能看出她之前是个高雅的人；通过她的服饰，我们看出她有爱打扮的习惯，并且不减当年半分。然而她四肢粗糙，面容疲劳，眼光既温和又严肃。她的外表给人的整体印象是，由于信奉宗教而具有了一颗安居乐业的心，有一股强烈但是平静的感情。到底是什么力量让她们既不害怕也不轻视生活的艰难困苦呢？对此我并不知晓。

几个孩子围绕在她身边。孩子们不但身体好，而且活泼好动，十分调皮。他们在这里出生，也在这里成长；他们的母亲既感到忧虑也感到欢喜。孩子们虽然小，但都十分健康，可以看出她倾注了大量心血在孩子身上，而且认为这样的付出很值得。

移民们的房屋不但没有卧室，也没有隔扇门。一大家子住在一间大屋子里，晚上共同休息。房屋周围百步开外就是林海，而且人迹罕至。这间屋子就成了一个独立的小世界，在茫茫林海中，它好似一叶载着文明的扁舟。

**（第462页，第22行）平等和其产生的各项制度就是这个特殊的原因。**

身份的平等并不是让人没有道德和不信宗教的原因。可是，人们没有道德且不信教还平等的时候，就会轻易表现出不道德和无宗教信仰的行为。这是因为人们基本上不会相互制约，社会上只存在一个负责治安的阶级。身份的平等不会让民情变化，只是有时会放任其表面变坏而已。

**（第478页，第1行）可是他们表现民族自豪感的形式却不完全相同。**

你会发现美国的大部分人基本上都满意他们当前的制度，当然那些什么也不想和没有勇气表达自己想法的人除外。我的看法与他们十分一致。在我看来，这种舆论倾向可以表明但是不能证明美国法制非常良好。整个民族和全部公民都会因为民族自豪感、立法者对一些激情、偶然事件、隐秘弊端的纵容，以及那些可以让反对派闭嘴的多数人的利益而形成一种错觉。

接下来，我们先看看18世纪的英国。那时这个民族一直在夸赞自己，人人都对自己十分满意。在他们看来，他们的制度没有不好的地方，甚至认为它的明显缺点也是好的。然而今天的英国人认为他们的制度有很多缺陷。到底他们谁是正确的呢？

法国的情况与英国的情况一样。在路易十四当政期间，政府得到了议会中的多数派的强烈支持。当时一些人说，政府贬低了法国人的人格。对此，议会声明那些人都是不正确的。在当前，有人认为虽然当时的法国被奴役，但并不真的存在奴性思想。

当时有些人满怀一种真正的热情赞扬了王权至上的原则。但是，无知的农民不曾受到君主的恩典，高呼“国王万岁”之后，虽死而不为荣。到底谁是错的呢？

所以，评断一个国家的法制不能仅仅参照舆论的倾向，还要以最主要的动机和最普遍的经验作为标准。这是因为每个时代的舆论倾向都是不同的。

一个国家的人民拥护法制，只能说明他们希望既定的法律能稳定地实行下去。

**（第516页，第13行）以此为代价满足新的追求。**

我在本章中只谈到过一种危险。在这里，我要谈论另外一种危险。这种危险虽然极为少见，但是一出现就会让人感到非常恐惧。

平等让人们产生了物质享受的喜好和舒适的生活心理。当它们对民主国家的人民的精神造成侵害并且支配人民的精神时，国家的军队自身可能会喜好和平，但是反对本国基于自身的利益让军队陷入战争。置身这种舒服环境中的士兵开始意识到，与其在战场上冒着风险去实现快速升职，还不如在和平条件下慢慢地、顺当地和不费劲地升职。军队一旦有了这种精神状态，即使士兵们手持武器，也不会有士气可言，当然也不会积极地动用武器。这种军人非但没有战斗力，反而会不攻自破。

你要是认为军队在和平环境下不再与革命具有关系，那就错了。因为军队发动的革命往往都十分迅速，并且时常会遇到重大危险，但是不会太辛苦。从损耗方面说，革命比战争更适合野心家的意愿，仅仅冒下生命危险就行了。对于生命与舒适生活，民主国家的人更加重视后者。

对国家的自由和安宁最具威胁是害怕战争的军队。因为这样的军队不想在战场上表现它的伟大和力量，转而会在其他方面表现。如此一来，官兵们就有可能忽略公民的利益，进而不再保持军人的操守，军队也不再有战斗力，并且可以一再发动叛乱。

在这里，我重复一句：军队自身不能消除这种危险，但是国家可以。要是一个民主国家保留了英勇气概，在必要的时候就能从士兵身上体现出来。

**（第528页，第8行）而不是人的精神随意臆造的。**

人认为手段是单一性的观点的伟大之处，而神认为目的才是。在这种观点的引导下，我们只在意数不清的小事情。人的观点是，强迫人们一起实现同一个目标。神的观点是，引导不同的人行动起来，并且把他们的行动集中起来，使得一切行动都能通过不同的途径，从而完成伟大的计划。

人关于单一性的观点基本上都是简单的，没有活力；而神的观点则完全相反。人认为简化手段可以让自己更伟大。神的目的很简明，就是让手段千变万化。

**（第531页，第13行）而政府的必然发展趋势就是中央集权化。**

民主国家走向中央集权，不仅仅因为它的爱好，而且与国家元首的不断推动作用有关。

我们很容易地就能预测，民主国家里的几乎全部具有强烈野心和杰出才能的人都会想尽办法让社会权力的职能扩大，因为他们都梦想自己有掌握社会权力的那一天。如果跟他们谈论过度中央集权带来的弊端，则不会有任何效果。因为他们集权就是为了自己。

民主国家的官员几乎都不主张地方分权，当然那些舍己为公或没有作为的官员除外。主张地方分权的官员很少，并且这种主张得不到认可。

**（第544页，第14行）他们的领导就是他们之前的监护人。**

我时常问自己一个问题：假如民主的民情继续保持温和，军队发生暴动，某些国家的政府由军人控制，那会有什么后果呢？

依我看来，我在本章谈论的那种现象不会在我们的政府中出现。政府也不会再次出现军人政治的强硬作风。

我相信，在这种情形下，国家会在某些方面将文官的习惯与士兵的习惯协调起来。某些军人精神可以被行政机构拿来运用，某些文官的办事风格也可以被军队采用。如此一来，社会会井然有序，军队会纪律严明，人民和军队就会紧密联系起来。

**（第546页，第16行）那么会被新的残暴的统治者奴役。**

我不敢肯定暴政、无政府状态、专制是当前社会的最大威胁。这些事物让人感到十分恐惧。个人主义使得人们普遍冷漠，正是它们出现的同一个原因。这个原因使得当今行政机构能集中行使一些权力，对民众进行压迫。它还能让一个政党调集三十个人加入战斗，并且也实行压迫。然而这两种现象的出现都是暂时的，因为那个原因不会允许它们长期存在。由于没有力量为它们提供支持，因而它们最终会覆灭。

所以说，漠不关心才是我们最应该反对的，而不是无政府状态或专制。因为无政府状态或专制之所以会产生，就是因为漠不关心存在。

# 后记

本书的翻译，是一个漫长的过程。作为名著，各种文字的版本不计其数，这一方面给我们的翻译提供了更多参考，但同时也增加了甄选鉴别的难度。本书所涉领域较多，为此我们征求了一些朋友的意见，在这里向他们表示感谢：

蔡可、常宏雷、陈刚、陈晓伟、窦海娜、吉宗祥、姜雪力、李朋、李千、刘军、莫晓婷、孙志阳、汪锋、王丙午、王妹娟、武建英、曾庆山、张辉、张培钢、张兆峰、张志菊、赵亮、赵颖、郑志勇、朱建国、富强。

如果没有以上各位的协助，我们的工作不会这么顺利。再次表示感谢！

译者